工商管理经典译丛·旅游管理系列

Business Administration Classics

旅游学（第12版）

TOURISM (Twelfth Edition)

查尔斯·R·格德纳（Charles R. Goeldner）
J·R·布伦特·里奇（J.R. Brent Ritchie） 著

李天元 徐虹 黄晶 译

中国人民大学出版社

·北京·

译者前言

30多年来，由罗伯特·麦金托什教授创始的《旅游学》一直是世界各地高等旅游教育广泛使用的经典教材之一。中国人民大学出版社曾于2008年将该书的第10版引入我国，组织翻译和出版了该版的中译本，受到国内广大读者的普遍欢迎和好评。

继第10版之后，作者又先后两次对该书进行了修订和更新，旨在及时反映旅游业的新发展、新变化，以及旅游研究领域中出现的最新进展。对此，中国人民大学出版社决定引进该书目前最新的第12版，并再一次将新版的翻译任务交给了我们。我等一方面为人大出版社的信任深感荣幸，同时也很有压力。该版的两位联袂作者皆为当今世界旅游学界颇有名望的专家。其中查尔斯·R·格德纳是美国科罗拉多大学博尔德分校利兹商学院旅游学与市场营销学荣誉教授，《旅行研究杂志》的创刊主编，至今仍担任该校可持续旅游研究中心的联席主任；J·R·布伦特·里奇是加拿大卡尔加里大学的旅游管理学资深教授、该校世界旅游教育与研究中心主任，并担任联合国世界旅游组织旅游教育理事会主席。如何做好这一名著的翻译工作，使译文既能体现原作的思想本意，又切实能令国人读懂，并尽可能地不失原作的表述风格，对于我们来说无疑都是很大的挑战。

总之对于这一最新版的翻译工作，我们算是极尽了努力。虽然如此，我们也深知，限于自己的水平和能力，本版译文中仍可能会有欠妥甚至错误之处。为此，我们诚望继续得到广大读者的指教和批评。

担任本版翻译工作的人员为李天元（序言、第1～5章、第18～20章、旅游业中常用英文缩写词精选）、徐虹（第12～17章）和黄晶（第6～11章）。参与工作的其他人员还包括张秀兰和李曼（文稿整理）。全书译文由李天元负责审校和统稿。

李天元

于南开大学

前　言

短短几年之前，太空旅游还只不过是少数宇航先锋的梦想，而如今已成了很多一流大报旅游栏目中无不涉及的报道专题。在腰缠万贯的富豪们纷纷出资排队等候前往太空旅游的同时，普通旅游者所关注的则是空客A380这一运力超800人的巨型客机的出现。美国波音公司对此作出的反应是，准备将形体较之略小、自重相对较轻的波音787型梦幻客机投入商业服务。最重要的是，如今很多的旅游组织商都已认识到，旅游业若要实现兴旺发展，就必须要适应科技进步、油价高企、气候变化以及其他众多方面的环境变化。而且，虽然长期以来旅游组织商的业务工作一直都是凭借人力开展，但如今人们已经预见到，即将到来的机器人时代将注定会改变旅游业的未来面貌———突出表现为，不仅很多常规项目的旅游服务工作适合由机器人去承担，而且旅游产品供应方面所需开展的很多重复性的工作，同样也适合使用机器人去完成。

面对所有这些方面的挑战，旅游业都必须要拿出对策。与此同时，各种旅游博客以及诸如Facebook，Linkedin，YouTube，Twitter，MySpace之类的社交网站的大量出现，也改变了旅游传播方式的潮流。对于如何去应对由此带来的各种市场机会和业务交易，旅游业同样也得拿出对策。除此之外，安全问题仍将是旅游业需面对的挑战和额外成本。所有这些因素都意味着，对于旅游业这一全球最具活力的产业，人们需要不断地进行重新评估。

虽然旅游学的基本原理始终未变，但对于这些原理的实际应用，人们则必须要根据旅游业中出现的新发展和更具挑战性的经济时期的出现，不断地进行重新评价。尽管旅游业目前已然是世界上最大的产业，但是，随着数以百万计来自中国、印度、巴西、俄罗斯等新兴经济体的旅游者开始出国旅游——探求新奇的文化、享受舒适的气候和开展娱乐活动，旅游业的规模将会进一步增长。与此同时，工业化国家中数以百万计的“婴儿潮”时期出生的人，如今也都已步入了退休年龄。他们会利用自己充裕的闲暇时间增加外出旅游的次数。随着人们上网及看电视时间的增多，所有的人都会在某些相关信息的引诱和刺激之下，背起行囊去一睹当今的天下奇观。面对所有这些情况，旅游业都必须要拿出自己的应对之策。为此，《旅游学》（第12版）的内容设计旨在检讨近年来旅游业发展中出现的各种变化，并将这些变化同对旅游学基本理论的讨论联系起来。

本书的编写目的主要是为大学的“旅游学”课程提供一本教材。但本书中也提供了很多有价值的信息，因而也可用于指导各种旅游组织和各类旅游企业的工作开展，其中包括：国家/州/省/地方政府旅游管理部门、会议与旅游局、商会、旅游规划与开发组织、旅游促进机构、旅游住宿企业、旅游景点、交通承运商、燃油供应和汽车制造企业，以及其他各类对“人员流动”感兴趣或与之有关的组织和企业。

本版中的内容更新

同第11版相比，第12版在内容上有所更新。由于旅游业中的情况变化很快，本版修订工作所涉及的内容包括：介绍旅游业中的新发展，更新有关的数据资料，更新对行业领军者的介绍，拓展对某些旅游部门的情况介绍，增添新的信息网站，增列相关的参考文献，并对术语表进行扩充。此外，本版中对家庭旅馆、分时共享、会议业务、可持续旅游、气候变化、社交媒体、移动营销等专题内容的讨论，在篇幅上也都有所增加。

本版中所作的修订和内容更新，旨在探究自本书第11版面世以来旅游业中出现的各种新动向，并讨论这些新发展带给旅游业的各种变化。第12版中的新增内容包括：

- 增设了“领军者介绍”专栏。
- 增设了“环球透视”专栏。
- 第3章中新增了有关科学技术、会议中心、体育场馆及公共设施等方面的管理工作职位的信息，并对学生实习一节的内容作了更新。
- 第5章中新增了关于航空业的信息，更新了关于邮轮业的信息，并增添了将乘火车旅行作为一项旅游吸引物的讨论内容。
- 第6章中新增了“美食旅游”内容。
- 第7章中全面讨论旅游产品流通渠道的变化情况，并新增了有关未来情况及移动营销的信息。
- 第11章中更新了有关老龄旅游者的信息，并新增了“同性恋旅游”内容。
- 第15章中新增了有关护照、签证、旅游伦理及政府政策影响等方面的信息，并对旅游目的地愿景与旅游目的地使命之间的区别作了澄清。
- 对第17章的内容作了大幅修订，全面更新了有关可持续发展以及有关气候变化的信息。
- 第18章和第19章中更新讨论了互联网在旅游调研以及旅游营销中的应用。
- 第19章中增添了有关社交媒体、博客及播客等方面的最新材料。
- 第20章中通过识别诸如太空旅游之类的旅游发展新趋势，对旅游业发展之未来作了新的展望。
- 第15章和第20章中增添了有关危机管理的内容。
- 对各章结尾部分的“互联网练习”作了修订和更新。
- 各章中更新后的所有各项网址，皆可在威立出版公司为本书伴设的网站上进行查阅，网址是：www.wiley.com/college/goeldner。

结构与内容

本书重点探讨旅游学中的主要概念，使旅游业发展成为可能的各项要素，以及旅游业成为国家财富的一个重要来源的原因。本书在撰写时基于全球视角，根据已有的成功经验去讨论旅游发展的原理、实践与哲学。第 12 版中对旅游发展所带来的全球性影响——包括经济方面的影响和社会方面的影响，给予了更多的关注。

若要实现旅游业的成功发展，众多部门必须紧密配合，协同工作，以打造出能令消费者满意的旅游体验。全书分为六个部分，探讨不同的旅游业成分以及各自的功能和重要意义。

第一部分为旅游学总论。讨论旅游发展的全球性影响、旅游发展的历史以及旅游业中的职业生涯机会。

第二部分介绍为旅游者提供商品和服务以及旅游目的地的政府旅游管理部门和私营部门。其中各章分别讨论旅游组织、客运交通部门、住宿和饮食服务部门、旅行代理商和旅游批发商以及旅游景点部门。

第三部分讨论旅游动机、旅游行为以及旅游社会学。

第四部分探讨旅游规划，进一步分析旅游现象的成分构成。其中各章分别讨论旅游政策的制定、旅游供给与需求预测、旅游的经济影响、旅游规划以及环境问题。考虑到环境问题日渐重要，该部分特别着力于充分探讨旅游业管理/环境管理相交界面的问题——因为两者在这一问题上存在很多潜在的冲突。

第五部分探讨的主要领域包括旅游调研和旅游市场营销。

第六部分讨论人们对 2020 年及 2030 年旅游业发展情况所作的预测，并就今天的旅游业应如何做好准备提出建议，以使旅游业能适应未来的发展和迎接明天的挑战。

特　色

为了帮助学生更好地理解和掌握所介绍的知识，本书对若干不同的教学方法进行了整合。

各章开头部分的“学习目的”旨在提醒学生留意该章所讨论的重点内容。

每一章中的“导言”部分旨在提出有关问题的讨论背景，并提供一些相关内容供学生参阅。为了有助于阐明一些重要的论题和概念，书中根据情况需要插入了相关的专栏、图表、照片以及互联网网站。每章的讨论内容都以“本章小结”收尾，以帮助学生巩固所学知识。

每章后面所列的“重点概念”，用于检查学生对该章主题的理解。

为了检查学生对有关主题内容的理解，书中提供了三种类型的练习。复习与讨论题可用于检查学生对该章内容要点的记忆，有些问题则属于至关重要的思考性问题。案例题以假定情况为例，要求学生应用所学知识解决问题。这些案例题可用作书面作业，也可用于课堂讨论。此外，书中还设计了一系列的互联网练习题，其目的是通过让学生去访问一些重要的旅游业网站，并基于自己所作的调查来回答问题，从而提高学生使用互联网的熟练程度。本版中增大了这类练习题的题量。

本版的新增特色之一，是针对时下旅游业发展方面的研究课题，设置了一个新的专栏——“环球透视”，可用作引导学生开展课堂讨论的话题，或是以该专栏中的内容为基础，鼓励学生深入思考时下旅游业发展方面的重点问题。

本版的另一新增特色是设置了“领军者介绍”专栏，介绍当今旅游业中的一些领袖人物和一家世界一流的旅游目的地设计公司（WATG）。此举旨在彰显这些行业领军者对旅游业所作的杰出贡献。

其他可供使用的资源

对于采用本书的教师来说，有一本《教师手册》（Instructor's Manuac）（ISBN 978-1-118-15224-9）可供参考。该《教师手册》中的内容包括教学建议、教学要点、测验题及其答案。该《教师手册》的电子版可通过威立出版社为本书伴设的网站获得，网址是：www. wiley. com/college/goeldner。此外，该网站还可提供本书的教学课件以及书中所涉及的互联网信息源。

本书配有专门设计的题库软件，可供采用本书的教师免费下载。需要者可访问网站www. wiley. com/college/goeldner，先点击“Visit the Companion Sites”，然后再点击“Instructor Companion Site”。

致　谢

值此第 12 版出版之际，我们首先祝福许许多多旅游专业的学生，因为他们一直在使用本书先前的版本。我们还要对他们通过给我们以及给本书出版商写信的方式所做的参与表示感谢。

对所有以电话或信件形式反映其建设性意见，从而为本版及先前版本的撰写和修订工作作出贡献和提供帮助的教育工作者，我们深表谢意。

我们十分感谢本书原稿的所有审阅者，感谢他们对稿件内容所做的有益点评。他们当中包括：

科林斯堡市旅游局（Fort Collins Convention & Visitors Bureau）总裁兼首席执行官Jim Clark

华盛顿州立大学（Washington State University）的 Dogon Gursoy

中佛罗里达大学（University of Central Florida）的 Tammie J. Kaufman

西肯塔基大学（Western Kentucky University）的 Richard F. Patterson

查尔斯顿学院（College of Charleston）的 Wayne W. Smith

黑山州立大学（Black Hills State University）的 Daniel M. Spencer

亚利桑那州立大学（Arizona State University）的 Victor Teye 和 Dallen J. Timothy

在本次修订工作中，他们的点评意见所给予我们的指导程度之高，不论怎样强调都不为过。我们一直都在努力保持本书的创始者罗伯特·麦金托什（Robert W. McIntosh）博士为我们订立的质量标准，值此，我们再一次向他老人家致敬。

我们尤其要感谢澳大利亚詹姆斯库克大学（James Cook University）旅游学系的 Philip L. Pearce 为本书撰写第 9 章“消遣旅游的动机”。我们还要特别感谢西肯塔基大学饭店、餐馆和旅游管理系副教授 Richard F. Patterson 博士为本书编写了很多互联网练习题，并感谢科罗拉多大学的 Cindy DiPersio 承担本书的校对工作。

我们还要感谢威立出版公司的员工，特别是 JoAnna Turtletaub，Mary Cassells，Julie Kerr，Jenni Lee 和 Amy Weintraub 所给予的支持。最后，我们尤其要感谢加拿大卡尔加里大学的 Deb Angus 孜孜不倦地为本书整理书稿、设计图片、编写索引及《教师手册》。

查尔斯·R·格德纳（科罗拉多大学）
J·R·布伦特·里奇（卡尔加里大学）

目 录

第一部分 旅游学总论

第二部分 旅游业的组织

第三部分　理解旅游行为

第四部分　旅游供给、旅游需求、旅游政策、旅游规划与开发

第五部分　旅游调研与市场营销

第六部分　旅游业展望

第一部分

旅游学总论

说明：意大利的佛罗伦萨是为世界各地旅游者所钟情的欧洲旅游目的地。Copyright © Corbis Digital Stock.

第1章 正确认识旅游

学习目的

- 了解旅游及其诸多定义。
- 了解旅游业的构成，认识旅游管理。
- 了解研究旅游学的多种不同方法，确定你自己最感兴趣的方法。
- 认识旅游业对世界经济以及对国家经济的重要程度。
- 认识发展旅游业所带来的利益和所付出的代价。

导　言

祝你一路顺利！

现在，你学习**旅游学**（tourism）的航程已经开始。倘若预测专家和未来学家们所作的预言正确无误，那么你现在所研究的对象乃是当今世界上规模最大的产业。伴随不断出现的新的旅游活动、新的旅游目的地、新的技术、新的市场及新的变化，旅游业的发展朝气蓬勃，充满活力。在各类包价旅游产品、海上巡游产品、探险旅游产品以及个性化旅游线路不断增多的吸引之下，创纪录数量的旅游者如今正在遍游世界各地。所有这些游客及其所开展的活动，都在改变着旅游接待地社会的状况，对旅游接待地的经济和社会产生了不可忽视的影响。在当今社会，无论是旅游所带来的环境问题、文化问题、经济问题，还是旅游目的地方面为吸引游客到访而创造景观的方式以及旅游者的行为方式，都需要人们予以关注。

旅游业（tourism industry）作为一个全球性的产业，如今已是颇具规模，而且仍将会继续成长。在维护环境质量这一前提之下，如何以经过妥善规划的合理开发去实现旅游业的增长是世界各地的旅游规划工作都会面临的一项挑战，不论是在印度尼西亚、尼泊尔、美国、澳大利亚、泰国，还是在法国，概莫能外。本章乃至全书的撰写目的皆在于通过提出问题并提供知识框架，启发你对旅游业这一复杂领域在发展过程中所面对的各种问题与变化，作出自己的思考并提出自己的见解。

什么是旅游

谈起旅游，我们首先会想到的便是那些为了观光、探亲访友、度假、娱乐消遣等目的而前往某地访问的人。他们可能会将自己的闲暇时间用于在旅游目的地开展体育活动、享受日光浴、谈天说地、引吭高歌、驾车兜风、四处漫步、阅读书报，或者仅仅是欣赏该地的风景。如果我们对这一主题作进一步思考，可能会将另外一批人也纳为旅游活动的主体，即那些外出参加会议、外出从事商务或专业活动的人员，以及那些在专业导游的带领下，外出开展修学旅行或进行科学考察的人员。

这些游客所采用的交通方式多种多样，从以徒步方式在荒野公园中跋涉，一直到乘坐飞机前往某一充满动感的城市。当然，这当中还包括乘坐缆车上山，或是站在邮轮的后甲板上眺望蔚蓝的加勒比海，等等。不论人们是以上述这些方式开展活动，还是以自驾车、乘坐大巴/火车/出租车、驾驶摩托车或骑自行车等方式开展活动，皆为处于旅游之中，因而也都是在参加旅游活动。这便是本书所要阐述的内容——人们何以会外出旅游（以及有些人何以不外出旅游），以及他们作为游客的来访与**消费开支**（expenditures），会给旅游目的地的社会和经济带来哪些影响。

若要界定什么是旅游，并全面描述这一概念，人们就必须要考虑那些参与其中并为之所影响的各个人群，因为他们的视角对于全面界定旅游这一概念至关重要。为此，我们可从四个不同的视角去认识旅游：

1. 旅游者。旅游者所寻求的是自己的体验与身心满足。这一点在很大程度上决定着他们对出游目的地以及对所参与的活动的选择。

2. 为旅游者提供商品和服务的企业。商界人士将旅游看做一种营利机会，通过为旅游消费者市场提供其所需的商品和服务实现自己的盈利。

3. 旅游接待地政府。当政者将旅游视为自己辖区内的一种财富因素。他们的这一认识与该地居民能够从这类交易中获得收入有关。他们还认为，接待国际旅游者能给当地带来外汇收入，并且来访旅游者的消费开支能直接或间接地增加当地的税收。在制定旅游政策、组织旅游开发和实施目的地促销等方面，**旅游接待地政府**（host government）都将扮演重要角色（详见第 15 章）。

4. 旅游接待地社区。当地居民通常将旅游看作一项文化因素或就业因素。例如，当地居民所看重的是大量国际游客与他们之间的互动所产生的影响。这种影响对于**旅游接待地社区**（host community）来说，既可能是正面的影响，也可能是负面的影响，或是两种情况兼而有之。

因此，（作为旅游学的研究对象，）我们可将旅游界定为：旅游乃是由旅游者、吸引并接待其来访的旅游供应商、旅游接待地政府、旅游接待地社区以及当地环境等所有各方之间的关系与互动所引发的各种过程、各种活动及其结果。

旅游业是为游客提供旅游体验的多种经济活动、多种服务或多种行业的集合体，其中涉及交通运输业、住宿业、餐饮业、零售商店、娱乐设施以及其他各种相关的接待服务行业。旅游业中包括所有各类旅游产品及相关服务的提供者，它是由旅行社、住宿企业、交通运输企业以及其他所有为旅游者提供服务的企业（包括信息宣传企业）所组成的一个综合性产业。最后，旅游收入则是某一国家、某一行政区或某一由相邻各州/省或相邻各国以交通运输为中心而形成的经济区域之内，来访旅游者的消费开支总额。对于旅游收入这一经济概念，人们还应考虑来访旅游者的消费开支所产生的收入乘数效应（这一点将在第 14 章中进行讨论）。

只有通过考虑旅游的多维性及其与其他各种活动的互动关系，我们才能理解为什么提出一个能令人普遍接受的旅游定义是如此之难。在目前为数众多的旅游定义中，每一种定义的提出都旨在适应某一特定的情况，其目的都是解决某个与此直接相关的问题。因此，缺乏统一的定义这一问题，妨碍了人们将旅游作为一门学科去进行研究，因为一个学科领域的开辟有赖于：（1）要有统一的定义；（2）要能对该现象进行描述；（3）要能对该现象进行分析；（4）要能对该现象进行预测；（5）要能对该现象行使控制。

说明：放松身心地享受美丽的海滩是旅游活动的一种。宁静的圣马丁海滩为人们摆脱现代世界的纷繁芜杂提供了一个惬意的去处。Photo courtesy of the Le Meridian Le Domaine，St. Martin.

现代旅游学作为一门学科，直到最近几十年才引起来自很多领域的学者们的关注。目前人们所作的研究，大都是出于某一特定目的，而且，为了满足研究者或政府官员的特定需要，这些研究所采用的旅游定义大多很狭窄。此外，这些研究的开展也未能采用系统的方法。因此，很多对旅游以及对旅游者所作的界定都是基于对出行距离、停留时间及活动目的等方面的考虑。这使得学者们难以收集到自己所需的统计资料，从而去建立数据库、描述旅游现象以及进行问题分析。

这并非微不足道的小问题。所以，多年来，许多权威机构都曾着手解决这一问题，其中包括国际联盟、联合国（UN）、联合国世界旅游组织（UNWTO）、经济合作与发展组织（OECD）、美国国家旅游资源评审委员会（National Tourism Resource Review Commission）以及美国参议院领导下的国家旅游政策研究特别工作组（U. S. Senate's National Tourism Policy Study），等等。

下面，让我们对多种不同的旅游定义作一综述，以便通过具体的实例，说明人们在达成统一认识方面存在的问题。首先，我们将讨论人员流动（movement of people）的概念、联合国世界旅游组织所使用的有关术语及其定义，以及美国、加拿大、英国、澳大利亚等国所使用的有关术语及其定义。接下去，我们将对旅游者作一总的分类，目的在于反映人们在当今的思考与实践中已达成的一些共识。

联合国世界旅游组织所作的有关定义

1991年，由联合国世界旅游组织召集的旅游统计工作国际会议在加拿大的渥太华召开，会上总结了此前各个国际组织所做的有关工作，并在此基础上，对旅游统计的口径作了修正和拓宽。这次会议还就旅游活动、旅行者、旅游者的界定，提出了一些重要建议。1993年3月4日，联合国统计委员会正式采纳了联合国世界旅游组织所提交的关于规范旅游统计的各项建议。

旅游活动

联合国世界旅游组织对旅游活动所作的界定，突破了认为旅游活动即是“消遣度假”这一陈旧认识。该组织正式采用的定义是：“旅游活动乃是由人们前往外地的旅行以及在该地的逗留活动所组成，是人们出于休闲、商务或其他目的，离开自己的**惯常环境**（usual environment）外出前往某地旅行，并在该地连续停留不超过一年的访问活动。”其中对离开“惯常环境”这一点的强调，旨在排除人们在自己惯常居住区域之内所开展的旅行活动，排除人们在自己的居住地点与工作地点之间开展的那些经常性的定期旅行活动，以及排除其他具有常规性特点的社区内旅行活动。

1. **国际旅游**（international tourism）。其中包括：

a. **入境旅游**（inbound tourism）。指非该国居民来访该国的旅游活动。

b. **出境旅游**（outbound tourism）。指某一国家的居民前去另一国家开展访问的旅游活动。

2. **境内旅游**（interal tourism）。指该国居民以及非该国居民在该国境内开展的旅游活动。

3. **国内旅游**（domestic tourism）。指一个国家的居民在本国境内开展的旅游活动。

4. **国民旅游**（national tourism）。为该国居民之国内旅游与出境旅游的合称（这些人群构成旅行代理商、航空公司及其他各类旅游供应商的本国居民旅游市场）。

旅游者的统计口径

用于对旅游活动作上述分类的基础，是**旅行者**（traveler）这一概念。旅行者的定义是：“任何在两个或多个国家之间或是在其惯常居住国境内的两地或多地之间开展旅游活动的人员。”在旅游统计工作中，对所有各类旅行者都一律称**游客**（visitor）。“游客”这一术语是整个旅游统计体系的基础概念。其中，国际游客是指那些离开自己的惯常居住国去另一国家旅游、在该国的连续停留时间不超过12个月的人员，而且，其主要目的不是去从事从该国获取工资报酬的就业活动。国内游客则是指那些离开自己的惯常环境去本国境内某地旅游、在该地的连续停留时间不超过12个月的人。*

在旅游统计中，游客被进一步分作两类：

1. **一日游游客**（same-day visitors）。一日游游客是指那些没有在到访地的住宿设施内停留过夜的游客。例如，在海上巡游过程中，在到访港口上岸仅停留4个小时的邮轮乘客，或者前来参观某一景点但于当日回返的来访游客，皆划属一日游游客。

2. **旅游者**（tourist）。旅游统计中所称的旅游者是指那些在到访地停留至少一夜

* 此处疑有误，因为按照联合国世界旅游组织的规定，国内游客在到访之地的连续停留时间为不超过6个月。——译者注

的来访游客。譬如，前来进行为期两周度假活动的游客。

游客的访问目的可有多种，主要分为消遣性目的、商务性目的，以及其他目的，譬如出于家庭事务、健身、中转等原因或目的而离家外出。

美国

美国西部旅游调研理事会（Western Council for Travel Research）于 1963 年开始使用“游客”一词，并将“访问量”界定为外来游客进入所调查地区的人次数。1973 年，美国国家旅游资源评审委员会所使用的“旅游者”定义是：“旅游者是指那些除了上下班通勤之外，出于商务、消遣、个人事务或任何其他目的，外出旅行至少 50 英里（单程）的人员，不论其在外停留过夜还是当日返回。”

美国旅游业协会（USTA）调研部在其旅游调查工作中，对一个**旅游人次**（person-trip）所作的界定则是：一个人离家外出旅行 50 英里以上（单程）或者不论出行距离远近而在外停留过夜。换言之，除了交通运输公司的司乘人员、上学/放学回家的学生、执行任务的军事人员以及日常通勤者之外，任何因其他目的而外出旅行的人员，皆应纳入旅游人次统计范畴。

加拿大

每季度开展一次的加拿大旅游调查（Canadian Travel Survey）始于 1978 年，其中对游客来访量的统计口径与美国旅游业协会在旅游调查中所使用的口径相似，同样也是以出行 50 英里为基准，从而不会将出行距离较短的旅行活动或是在诸如多伦多之类的大都市区域之内即可完成的旅行活动纳入旅游统计之中。

实际上，在加拿大的很多国内旅游调查中，用作统计标准的出行距离往往会因调查目的的不同而有差异。虽然人们普遍赞同应将经常性的通勤旅行以及单程的（不再返回的）出行活动排除在外，但是各省用作界定标准的出行距离却不尽相同。例如，安大略省就主张将这一标准定为 25 英里。

说明：在迪士尼世界，旅游者可置身于种种奇幻场景。在佛罗里达州中部这个占地 47 平方英里的度假胜地，客人们会发现一个充满趣味的世界。Photo courtesy of Walt Disney Parks and Resorts.

在加拿大的国际旅游调查中，对旅行者人群的分类主要包括：非本国居民旅行者、本国居民旅行者，以及其他旅行者。无论是非本国居民旅行者还是本国居民旅行者，其中都是既包括当日往返的旅行者，也包括商务旅行者。所谓“其他旅行者”，则是由外来移民、以前的居民、军事人员及交通运输公司的司乘人员等人群所组成。

英国

英国旅游促进局、苏格兰旅游促进局和北爱尔兰旅游局三家联手，共同赞助了一项连续开展的全英国内旅游调查。该项调查的名称为“联合王国旅游调查”（UKTS）。调查内容为该国民众所有在外逗留一夜或以上的出游活动，其中包括：(1) 因度假目的而外出他乡的旅游活动；(2) 因探亲访友（非度假性）目的而外出他乡的旅游活动；（3）因商务、会议等目的而外出他乡的旅游活动。在对旅游活动的测量方面，既涉及按活动规模（出游次数、在外逗留天数）进行测量，也涉及按价值（用于旅游的消费额）进行测量。

英国定期开展的另一项调查——“国际乘客调查”（IPS）——则主要是用于收集海外游客来英旅游的信息以及英国居民出国旅游的信息。该项调查将旅游活动划分为五种不同的类型，分别是：消遣型散客旅游、消遣型团体旅游、商务旅游、探亲访友旅游和其他杂类旅游。

澳大利亚

1979年，澳大利亚产业经济局（Australia Bureau of Industry Economics）开始将停留时间和出行距离同时用作界定旅游者的标准。该机构对旅游者所作的定义如下：“旅游者是离开自己的惯常居住地，前往至少40公里以外的某地去进行访问的人，在该地至少停留24小时，但最多不超过12个月。”

在赞同使用联合国世界旅游组织对旅游活动所作界定的同时，澳大利亚统计局（Australia Bureau of Statistics）认为，该定义中所用的“惯常环境”一词的含义未免有些模糊。为此，澳大利亚统计局明确规定，“当地居民访问该地旅游景点的出行活动不应包含在内”，并且还规定，对于前往自己第二住宅所在地的访问活动，只有在“他们明显是因暂时性的娱乐目的而来访的情况下”，才应将其纳入旅游统计。

旅行者的分类

图1—1中列出了旅行者的主要类别，并反映了居民与游客之间的基本区别，以及旅游经营者所关心的旅行者与非旅行者各自的特征。图1—1还反映出，人们一致认为，应将商务出行和当日往返的出行也都纳入旅游活动的范畴。

说明：旅游活动给人以某些独特的体验，例如在泰国这样有趣的旅游目的地骑大象。Photographs Copyright © 2003 IMS Communications Ltd. www.picture-gallery.com.

图1—1右部所列的“其他类旅行者”，通常不属旅游者的统计范畴，但有些旅游调查工作也有可能会涉及这类旅行者。其中最值得注意的一个人群是日常通勤者，因为对于所有旅游经营者来说，日常通勤者并非其关注的市场对象。在旅游研究中，被排除于旅游统计之外的“其他类旅行者”，通常是指那些在自己所居住社区的地域范围之内旅行的人。为方便起见，人们通常都是以不足某一特定的单程出行距离为标准——例如不足50英里——去界定是否应归属旅游活动。不过，这些“其他类旅行者”却一直是美国交通部全美客运调查的主要对象。那些被列入“移民”类的旅行者，不论是国际移民还是国内移

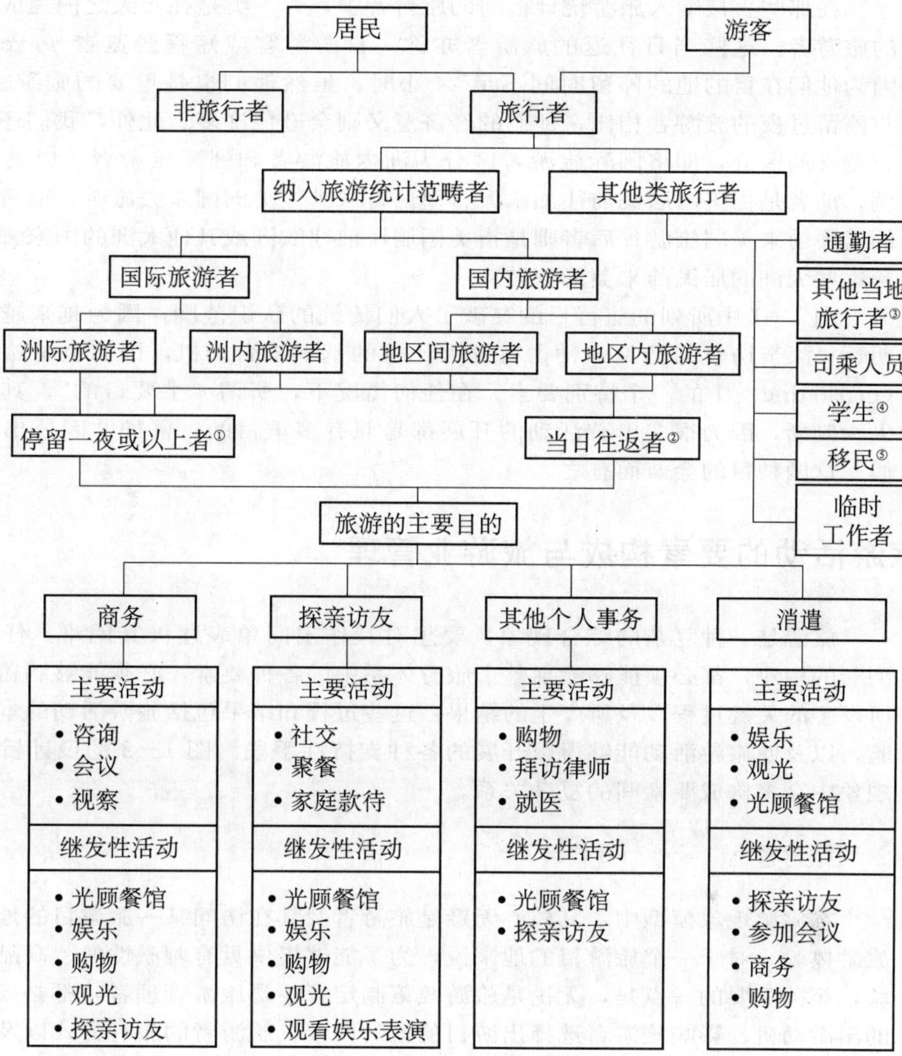

图 1—1　旅行者的分类

注：①国际技术性定义中的过夜旅游者。
②国际技术性定义中的短程游览者。
③外出旅行距离短于旅游活动规定标准的旅行者。例如，离家不足 50 英里的旅行者。
④只在住处与学校之间往返旅行的学生——学生的其他旅行活动属于旅游统计的范畴。
⑤所有搬家前往新居住地的人，包括所有单程旅行者，如出境移民、入境移民、难民、游牧民等。

民，通常也都不属于旅游调查的范围，虽然他们与旅游者都使用相同的设施。然而，对于旅游业来说，移民活动的真正意义并非在于其本身为单程旅行，而是在于从长远看，它们日后会创造出对旅游的新增需求，并且会为这些移民远在他乡的亲友创造出新的旅游目的地。

其他类旅行者人群之所以被排除于旅游研究之外，主要原因是，虽然他们也使用旅游设施和旅游服务，但其出行活动不受旅游促销的影响。纯粹因日常上学和放学回家而旅行的学生，以及纯粹出于临时就业的原因而外出他乡的打工者，便是这方面的突出例子。另一个通常也被排除于旅游研究之外的人群，则是交通运输公司的司乘人员，尽管他们有时可被看做旅游者的一个特别子类。

在那些直接纳入旅游统计范畴的旅行者中，有一类是在当天之内完成其出行活动的旅游者。这些当日往返的旅游者亦称一日游游客或**短程游览者**（excursionists），因为他们在目的地的停留时间不足24小时。虽然他们也是重要的旅游客源，但是，与停留过夜的旅游者相比，他们的经济意义则会逊色许多。此外，我们还可作另一种有意义的区分，即将国际旅游者区分为洲内旅游者和洲际旅游者。以美国的情况为例，前者是指美国居民前往加拿大、墨西哥或其他美洲国家去旅游，或者是这些国家的居民前来美国旅游；后者则是指美国居民前往欧洲或其他大洲的国家去旅游，或者是这些大洲的居民前来美国旅游。

图1—1中所列的旅行目的突破了人们传统的认识范围，因为越来越多的证据表明，“探亲访友”乃是一种占有很大比重的基本出游动机，因而也是旅游**市场营销**（marketing）中的一个特别要素。在任何情况下，所谓“主要目的”，其实都是一种人为判断，因为很多出游活动的开展都是兼有多重目的，譬如“因公出差与消遣度假”这两种目的会兼而有之。

旅游活动的要素构成与旅游业管理

旅游是一种复杂的综合现象，要想对其作出简单表述极其困难。任何旅游“模型”的构建，都必须能够囊括整个旅游体系中的各种要素，必须能够涵盖旅游现象中所发生的关键过程以及所产生的结果。这些过程和结果包括旅游活动的本质、旅游体验，以及使旅游活动能够得以开展的各种支持性手段。图1—2的设计旨在反映旅游现象中众多构成要素间的复杂关系。

旅游者

在旅游现象模型中，其核心无疑是旅游者及其在访问某一旅游目的地时所寻求的旅游体验。对于一个旅游目的地来说，为了能够提供具有刺激性的、高品质的旅游体验，至关重要的一点是，无论是旅游政策制定者还是旅游管理者，都必须了解旅游者的出游动机、影响旅游者选择出游目的地的因素、旅游者的旅行方式以及旅游者在能满足其需要的众多旅游活动中所作出的最终选择。只有在尽可能充分地了解旅游者的这些情况之后，我们才能着手开发那些能够形成本地特色的旅游设施、节庆盛事、活动项目等，使本目的地能够对旅游者具有独特的吸引力。

自然资源与环境

该模型中的一项基础要素——实际上也是很多旅游活动得以开展的基础，是自然资源与环境。任何一个旅游目的地的特色，都主要且永远地表现为该地的**地相**（physiography）（指该地的自然状况和景观）和该地的**气候**（climate）（指该地气温的高低、空气的干湿、风力的大小等情况）。自然环境的第三个构成要素是人。谈到人，我们应当注意区分两个非常重要的类别：（1）那些“属于”该目的地的人（即当地居民）；（2）当前来访的旅游者以及今后将会来访的潜在旅游者（即旅游市场）。

人造环境

旅游现象的另一个层面是由人所创造的**人造环境**（built environment）。人造环境首先包括旅游目的地的社会文化。正如在第10章中将会详细讨论的那样，一个民

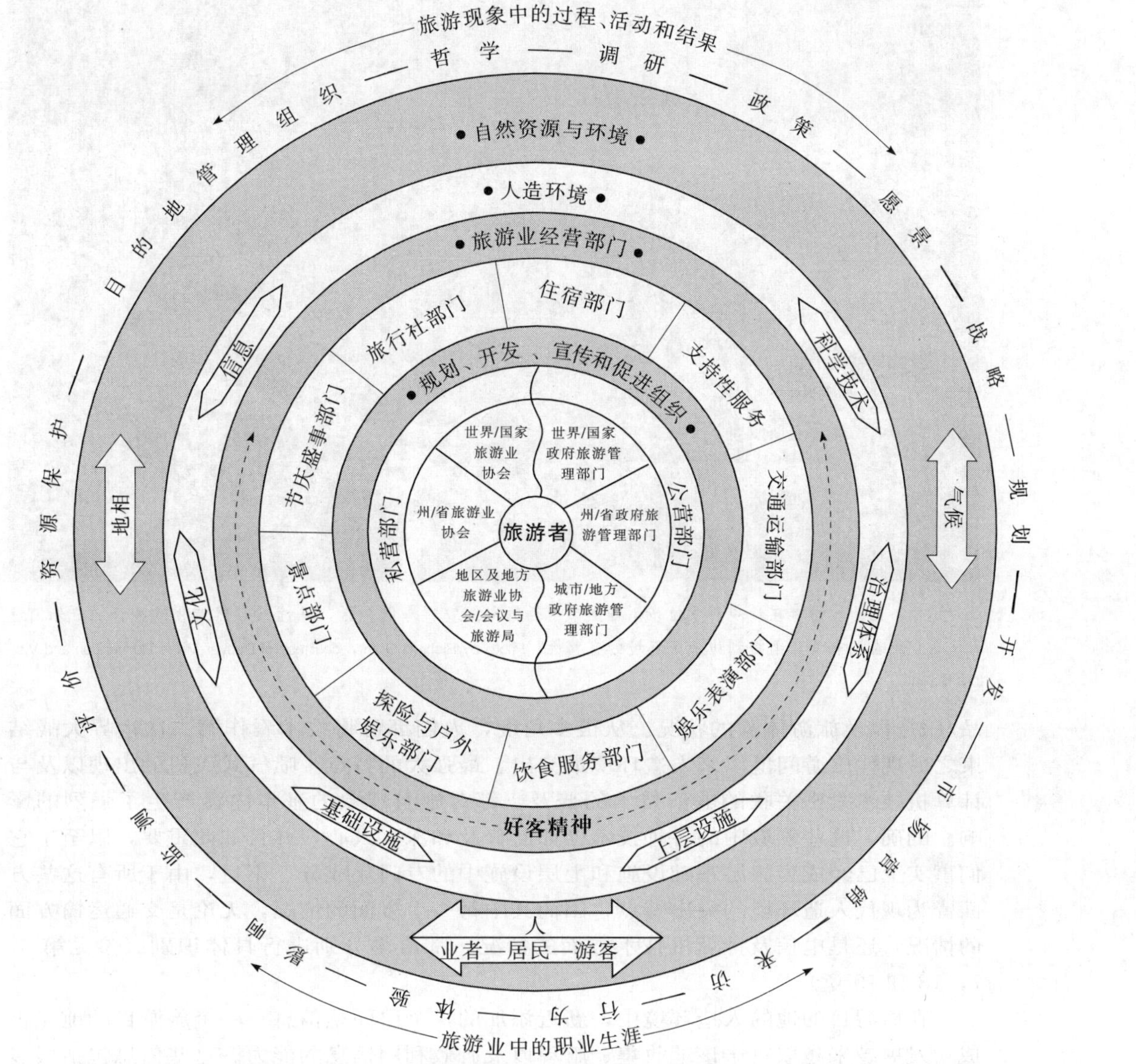

图 1—2　旅游现象：旅游的构成与旅游管理

族的文化反映了该民族过去的发展及现今生活方式的很多层面。文化是一个旅游目的地的持久特征，它不会（而且也不应）仅仅因大力发展旅游而发生改变。

旅游目的地的基础设施是人造环境的又一个层面。为了满足当地居民的需要，诸如道路、排污系统、通信网络之类的公用设施以及很多商业设施（超级市场和零售商店）早已建成。虽然这些基础设施对于来访游客也很重要，但它们的建设主要是为了满足当地居民的日常需要。与之形成对比的是旅游上层设施，它指那些为满足来访游客的需求而专门开发的设施。最明显的例子包括饭店、餐馆、会议中心、汽车租赁设施以及某些大型游览景点等。由于具有专门的旅游导向，旅游上层设施的特点从本质上讲是由来访游客的意愿而不是由当地居民的意愿决定的，尽管当地居民往往也希望受益于这些旅游上层设施的建设。

技术是人造环境中晚近的层面之一，而且影响力越来越大，正在改变着旅游产

说明：图为旅游者在参观科罗拉多州丹佛市附近的印第安群峰保护区，并惊叹自然造化的神奇。户外消遣者已认识到自己有责任维护到访地区环境的完整性。Photo by Richard Grant，courtesy of Denver Metro Convention and Visitors Bureau.

品/服务以及旅游体验的状况。从很多角度，人们都可将技术看作第二次世界大战结束之后现代旅游问世以来人造环境最突出、最强大的特点。喷气式飞机的出现以及与计算机技术紧密关联的电信技术的普及，都对旅游现象的基本内涵产生了强烈的影响。的确，这些领域中的各种技术已如此普及和深入人心，并且如此重要，以至于它们事实上已经成为旅游基础设施和上层设施中的专门化成分。不过，由于所有这些方面皆为现代人造环境的突出特点，因而其中每一个方面的情况，无论是交通运输方面的情况，还是电信及计算机技术方面的情况，都值得分别进行具体识别（参见第5，7，18和19章）。

在旅游目的地的人造环境中，新近添加的一个层面是信息。一个旅游目的地能否成功发展越来越取决于该地收集、解释以及有效利用信息的能力。这些信息包括很多种类：关于潜在旅游市场的信息，它是旅游目的地进行设计与开发工作所必不可少的信息；关于游客满意度的信息，即现有游客对自己旅游经历的质量或所得到的愉悦感的满意程度；关于竞争者及其行动的信息；关于该目的地为游客提供具有吸引力的旅游体验方面的机能或绩效的信息；关于当地居民对发展旅游的理解与支持程度的信息，因为当地居民的理解与支持是该地社会经济制度中不可忽视的因素。

最后，人们常常不够重视的一个层面是旅游业的整个治理体系。关于这个问题，我们将在第15章进行详细讨论。就此处的目的而言，人们应注意的是，旅游业的治理体系（调节旅游业运作的法律制度、行政制度和财政制度）深刻地影响着一个旅游目的地在国际市场上的竞争能力，并且在决定该地旅游企业的获利能力方面发挥着主要的作用。虽然一个国家或地区的治理体系可看作其整体文化演进的一个层面，但这一治理体系会随着观察期内某些有影响的事件和变化的出现而进行调整。有时，这种调整的幅度会非常大，并且可能在比较短的时期内进行。近年来，比较突出的例子有世界各地出现的放松管制及私有化现象，以及随着欧盟（EU）、北美自由贸易区

（NAFTA）等地区贸易集团的形成而出现的经济整合（并最终实现社会整合）过程。亚洲的类似例子如亚太经济合作组织（APEC）和东南亚国家联盟（ASEAN）的出现。更近一些的情况是，2001 年的“9·11”事件促使很多国家的政府在航空旅行和控制入境等方面相继推出了新的管制措施。这些管制措施的推出无论是对国内旅游还是对国际旅游都会产生影响。

旅游业的经营部门

旅游业的**经营部门**（operating sectors）是普通大众所感知的“旅游业”。首当其冲的是由航空公司、公共汽车公司等运输企业所组成的**交通运输**（transportation）部门（见图 1—2），它往往代表着旅游活动中的“行”（详见第 5 章）。对于公众来说，**住宿**（accomodation）部门比较显眼，因为其中有很多著名的“品牌”，如希尔顿（Hilton）、万豪（Marriott）、霍华德·约翰逊（Howard Johnson）、最佳西方（Best Western）等。同样，**饮食服务**（food service）部门中也有很多人们熟悉的知名品牌，其中包括很多世界著名的快餐连锁公司（如麦当劳（McDonald's）、必胜客（Pizza Hut）、汉堡王（Burger King）、肯德基（KFC）），还有一些国际知名的美食餐馆，如巴黎的马克西姆餐厅（Maxim's）、罗马的阿尔弗雷多餐厅（Alfredo's）等。有关住宿部门和饮食服务部门的详细情况，我们将在第 6 章进行讨论。

在旅游业中，**景点**（attractions）部门也有很多非常著名的品牌。无可争议的领导者是迪士尼乐园/迪士尼世界（Disneyland/Walt Disney World）。其他一些举世闻名的景点包括法国巴黎的罗浮宫（Louvre Museum）、俄罗斯圣彼得堡的艾米尔塔什博物馆（Hermitage）、美国的海洋世界（Marineland）与诺氏百乐坊（Knott's Berry Farm）、埃及的金字塔、英国的史前巨石柱、希腊的雅典卫城以及加拿大的尼亚加拉大瀑布等。第 8 章将重点讨论这一部门的情况。

与景点密切相关的部门是**节庆盛事**（events）部门。著名的节庆盛事活动包括德国慕尼黑的啤酒节、加拿大卡尔加里的欢乐巡游、新奥尔良以及巴西的狂欢节、波士顿的马拉松赛以及美国的超级碗橄榄球赛等。除上述时间和地点固定的著名节庆盛事之外，还有一些属于举办地点不固定的国际性节庆盛事，如世界杯足球赛、国际夏季奥运会和冬季奥运会等。

探险与户外娱乐（adventure and outdoor recreation）部门是现代旅游业中增长最快的部门之一。人口、价值观以及生活方式等方面出现的变化正在创造出越来越多的对户外消遣活动的需求，如高尔夫、传统滑雪、单板滑雪、江河漂流、帆伞运动、悬挂式滑翔、山地自行车、登山等。大多数这类活动都具有寻求刺激和置身户外的双重特点。与之密切相关的是，人们对回归自然的向往导致了**生态旅游**（ecotourism）的出现。但是，对“生态旅游”这一术语的定义存在很多问题，生态旅游经常被滥用于泛指所有在自然环境中开展的旅游活动（详见第 8 章和第 17 章）。

在图 1—2 中“自然—人造”领域的另一端，是同样在迅速成长的**娱乐表演**（entertainment）部门。某些旅游目的地——最引人注目的是内华达州的拉斯韦加斯、田纳西州的纳什维尔、密苏里州的布兰森——因世界著名演艺明星的云集演出而得到了发展。比较传统的纽约/百老汇以及洛杉矶/好莱坞，也都在利用演艺资源去巩固自己是世界上“必须一睹”的旅游目的地的声望。

旅行社（trade）部门和**支持性服务**（tourism services）部门虽然不是那么光彩耀眼，却是旅游业的成功与健康发展所必需的部门（详见第 7 章）。**旅行社行业**（travel trade）由零售旅行代理商和旅游批发经营商组成。在将旅游供应商与旅游者连接起来方面，这两类经营实体起着至关重要的作用。对于旅游业的成功发展，多层面的支持性服务部门起着另一种至关重要的支持性作用。计算机支持服务业、零售服务业、金融服务业、专业咨询服务业以及旅游教育部门等，都对旅游系统的有效运转作出了重要而独到的贡献。虽然公众（甚至很多这类企业本身）并不认为这些支持性服务属于旅游业，但事实是，一旦缺少了这些支持性服务，旅游业的发展便会处境艰难。

好客精神

如上所述，旅游业经营部门的责任是向游客交付高品质的旅游体验。不过，需要注意的是，这些体验的提供必须以热情的好客精神为基础。原因很简单，冷淡或漠然的方式远不能使游客得到完美的旅游体验。每一名游客都肯定不希望有关的旅游企业或旅游目的地仅仅将自己看作其无感情的现金收入来源。相反，游客天生都希望自己在目的地旅游期间受到热情接待。有鉴于此，旅游目的地所面对的挑战是，其交付旅游体验的方式必须使来访游客能够感受到自己是受欢迎的，能真正得到为人客的待遇。

旅游者自然知道自己只是一时的过客，但旅游目的地应首先训练旅游业从业人员对旅游者公平、尊重、有礼。其次，旅游目的地还应鼓励当地居民做友好的东道主，善待来访的他乡之客。当地居民应本着友善的态度，在游客需要的情况下，为其提供基本信息和给予帮助。这些细小却重要的姿态对于培育一个旅游目的地的好客精神将起到很大的作用，而当地居民的好客精神将会大大提升游客对所有其他方面体验的感知价值。

规划、开发、宣传和促成组织

人们普遍认为，旅游业的成功最终取决于所有上述经营部门（即旅游业一线部门）为每一名来访旅游者提供高品质旅游体验的能力。然而，一个旅游目的地能否成功，还取决于一个不太为人所知的旅游业部门。这便是读起来不大顺口的**规划、开发、宣传和促成组织**（planning，development，promotion，and catalyst organizations，PDPCO）。那些预想家、政策制定者、战略规划者以及那些能够“促成正确的事情发生”的个人和群体正逐渐成为决定旅游业成功的关键因素。实际上，在旅游业中，“做正确的事”与“正确地做事”同样至关重要。这意味着一个旅游目的地的政策制定者需要确保该地所提供的旅游体验最适合于目标游客，并且需要时刻牢记由该地资源本身所带来的种种局限。

一旦通过有效的规划工作确定了这些适宜的旅游体验，接下去的主要任务就是确保将这些规划转化为相应的必要设施、节庆盛事以及游客活动等项目，从而将这些既定旅游体验的提供“落到实处”。

负责提供这种洞见并负责将相应政策和规划转化为现实的组织，便是人们所称的**旅游目的地管理组织**（destination management organization，DMO）。该组织的具体身份取决于该旅游目的地的发展程度。就大多数国家的情况而言，旅游政策与规划的制定工作都涉及两种非常重要的利益相关者，即公营部门（政府）和私营部门（见图1—2）。在国家层面上，通常都是由中央政府认命某一旅游业管理机构代表政府（如旅游部或国家旅游公司），而代表私营部门的组织则通常是某一全国性的旅游业协会。

在州/省层面上，代表公营部门的组织和代表私营部门的组织通常分别为州/省政府旅游管理部门和州/省旅游业协会。在市/地方层面上，代表公营部门的组织和代表私营部门的组织分别为城市/地方政府旅游管理部门和城市/地方旅游业协会，后者比较普遍的名称便是"会议与旅游局"（详见第 4 章）。

整合/协作式规划与开发的重要性

在图 1—2 中，我们需要注意一下各级公营部门与私营部门之间的分界线。之所以采用波状线来表示，是为了反映整合/协作开展规划与开发工作的重要性。由于公营部门和私营部门分别掌握着（并且往往经营着）大量旅游设施、节庆盛事活动和旅游项目安排，因此，政策的制定、规划与开发工作的不断开展须在一个双方联合、彼此通力协作的组织框架内进行，这至关重要。如果认识不到这一点，就会导致双方在战略规划与开发方面相互掣肘、相互冲突、互不合拍。有鉴于此，每一个旅游目的地都必须致力于建立一个能实现双方整合的旅游目的地管理组织。该组织的名称是什么并不重要，重要的是能够实现通力协作。

旅游的过程、活动和结果

在图 1—2 中，我们需要理解的另一个层面是旅游现象的实质，即环绕这一旅游系统并在其中发生的各种过程和活动的情况以及由此而形成的最终结果的实质。

我们在前面曾谈到，一个旅游目的地应将旅游的所有成分组织起来，使其能够有效地协同工作。正如讨论结果所示，组织工作的结果通常表现为旅游目的地管理组织的成立。为使旅游业成功发展，旅游目的地管理组织应界定该目的地的**旅游哲学**（tourism philosophy），并制定出支持这种哲学的旅游政策、愿景和发展战略（详见第 15 章）。它们的明确将为具体的规划和开发举措指明方向并提供指导，因为这些规划和开发举措将最终决定该目的地所能够提供的旅游体验的种类和品质（详见第 16 章）。

旅游目的地必须通过市场营销工作的有效开展使潜在游客能够得知这些旅游产品的存在（详见第 19 章）。市场营销工作既包括显而易见的促销工作，也包括那些不太引人注意的产品定价工作和销售渠道工作。

成功的市场营销将会为旅游目的地吸引来不同类型的游客。游客访问行为的开展既会为游客自己带来身心享受和难忘的旅游经历，也会给旅游目的地带来某些正面或负面的影响。正面的影响主要是可给旅游目的地带来经济利益（收入和就业机会的增加），负面的影响主要是对该地的生态、社会和文化的完整性造成损害。

对于一个旅游目的地来说，其旅游政策、旅游开发工作以及市场营销方案的成功与否，需通过一系列的指标去进行衡量，其中包括：所实现的游客接待量、所吸引来访的游客类型、游客的行为是否得当，尤其是游客体验质量的情况。对于所有这些方面的结果，旅游目的地管理者应积极设法进行**监控**（monitored），以便能够系统地**评价**（evaluation）该地在开展上述工作方面具备哪些强项以及存在哪些弱点。最后，为了确保旅游业的开发不会破坏其赖以生存的自然资源，旅游目的地管理者还需要有全面的**监管**（stewardship）工作计划（详见第 17 章）。

为了确保旅游业的长期成功，旅游管理者必须要做的最后一项工作是，不断开展对旅游业发展情况的评价。评价的目的在于认真评估整个旅游系统中所有构成部分的工作开展的适当性、效力、效率及总体表现。评价的结果可为下一阶段的政策制定、愿景谋划以及战略规划与开发等工作的开展提供重要信息。

旅游职业生涯

所有前述各个方面、各个部门以及各个组织和企业的工作都需要人去开展，为旅游者提供的各种旅游体验也需要人去开发和经营。“旅游体验”就是所谓的旅游产品，也是旅游现象中人们所欲实现的结果。与其他任何产业一样，负责提供旅游体验的旅游业从业人员需要执行各种各样的组织功能。这些功能涉及的范围很广，既包括相对简单的工作，也包括非常复杂且难度很大的工作（详见第3章）。在为旅游者提供真正令人难忘的旅游体验或真正高效率的商务旅行方面，这些工作都是非常重要的。

旅游业的特点常常表现在需要有大量的一线服务性工作才能保证旅游业的有效运作。例如，住宿服务部门需要配备行李员、前台工作人员以及客房清扫人员等；饮食服务部门需要配备厨师、餐厅服务员、酒吧招待员以及厨房清洁人员等；与娱乐表演、节庆盛事、交通运输等部门的情况一样，旅游景点部门需要配备负责提供各种便利服务的人员以及相关设备的操作人员；探险与户外娱乐部门需要配备向导和领队人员；旅行社以及支持性服务部门则必须配备员工去帮助旅游者计划其旅程，然后在其整个旅游活动开展过程中为其提供所需要的各种信息和帮助。不难看出，上述多种任务的履行需要有大批训练有素的人员，并且能够以高效而友好的方式做好每一项特定的工作。

但是，需要大量服务性工作这一点只不过是“旅游业的外观”，旅游业有时却会因这一外观招致某些人的批评甚至嘲笑。然而，在外观（顺便提一下，旅游业还可提供很多必不可少的兼职岗位，并且可为学生和缺乏技术的劳动力提供初次就业的机会）的背后，是数量巨大且有很大吸引力的工作职位，这些职位要求其从业人员具有高级技术/技能或者接受过管理训练。这些职位的吸引力来自两个非常不同的方面：第一，这些职位与其他任何行业的职位一样，具有同等的挑战性；第二，旅游业的特点意味着这些职位的工作条件大多十分优越，并且这些职位的追求者一般都是那些喜欢见到别人享受生活的人。例如，对于一个大型度假饭店的经理来说，与其他很多行业的经理一样，其职业生涯也具有挑战性，这一职业不仅可以为他带来丰厚的收入，而且可以提供其他很多部门或职业根本不会有的生活方式。

旅游学的基本研究方法

人们往往会通过多种不同的方法去研究旅游。不过，对于究竟应如何去进行研究，目前人们并无一致的认识。下面介绍几种常用的研究方法。

从组织机构角度进行研究

从组织机构角度研究旅游学时的研究对象是各类旅游中间商以及其他从事旅游业务的组织机构，着重研究的是旅行代理商之类的组织。旅行代理商的作用是代表顾客从航空公司、汽车租赁公司、饭店等企业购买有关的旅游服务。这种研究角度要求对旅行代理商的组织、运作方法、经营中的难题、成本和经济地位进行调查研究。利用这种角度进行研究的有利条件是美国人口普查局（U. S. Census Bureau）每5年开展一次对部分服务行业的调查，其中包括旅行代理商和住宿行业，为人们进一步开展研究提供一个数据库。

从产品角度进行研究

这种角度研究的是各种不同的旅游产品以及它们的生产、销售和消费。例如，人们可以研究航空公司的客机座位问题——这项服务是如何产生的，其购买者和销售者有哪些，资金的筹集方法有哪些，如何进行广告宣传等。利用同样的方法，人们可以分别研究汽车租赁、饭店的客房、餐馆的膳食以及其他旅游服务产品等问题，从而揭示整个旅游服务领域的全貌。遗憾的是，利用这种角度开展研究往往太耗费时间，对于在校学生来说，无法很快掌握旅游学的基本原理。

从历史学角度进行研究

对于从历史学角度开展旅游研究，人们应用不多。该角度从历史演进入手对旅游活动和旅游服务机构进行分析，主要探寻旅游活动的发展、其兴衰原因以及人们兴趣变化的原因。由于大众旅游是一种非常晚近的现象，因而这种研究角度的作用有限。

从管理学角度进行研究

这是一种具有企业导向（微观经济）的研究角度，主要研究经营旅游企业所必须开展的各种管理活动，如计划的编制、调研、定价、广告、控制等。这种研究角度目前很流行，它主要借助源于其他学科的研究方法和知识进行研究。虽然本书主要关注的是管理，但读者将看到，本书还采用了其他一些角度。不论采用哪一种角度研究旅游，了解旅游业的管理方法都是非常重要的。产品在变化，企业在变化，社会也在变化，这意味着管理的目标和管理的程序必须根据这些变化作出调整，以适应整个旅游业经营环境的变化。《旅游研究杂志》（*Journal of Travel Research*）和《旅游管理》（*Tourism Management*）是这一领域中一流的学术期刊，两者的特点是都采用了管理学的研究角度。

从经济学角度进行研究

基于旅游业对国家经济和世界经济的重要性，经济学家一直在密切关注旅游业。他们主要研究旅游供给、旅游需求、国际收支、就业、消费、发展、乘数以及其他经济要素。这种研究角度有助于为分析旅游业及其对国家经济和经济发展作出的贡献提供一个框架。这种研究角度的不利之处在于，虽然旅游是一种重要的经济现象，但同时也具有非经济方面的影响，而这种研究角度通常对环境、文化、心理学、社会学以及人类学等方面的相关研究关注不够。《旅游经济》（*Tourism Economics*）是从经济学角度研究旅游的一份杂志。

从社会学角度进行研究

旅游是一种社会活动，因此，它吸引了社会学家的注意。社会学家主要通过分析社会阶层、生活习惯以及主客双方的习俗来研究个人和群体的旅游行为以及旅游的社会影响。虽然休闲社会学仍是一个尚待开发的研究领域，但目前这方面的研究发展很快，并且从社会学角度研究旅游也逐渐得到了比较广泛的应用。由于旅游将会持续对社会产生巨大的影响，因此人们将会越来越多地从社会学角度对旅游进行研究。

从地理学角度进行研究

地理学是一门涉及范围很广的学科，因而地理学家对旅游活动及其空间方面的研究也颇感兴趣。地理学家专门研究旅游区域、环境、气候、景观以及经济方面的问题。这种研究角度可揭示旅游者的活动区域、旅游客流的流向、旅游设施建设给当地景观带来的变化、旅游开发的布局、景区规划，以及旅游业发展带来的经济、社会、文化等方面的问题。因为旅游在很多方面都涉及地理学问题，所以地理学家对这一领域的研究要比很多其他学科的学者所作的相关研究更全面。由于地理学家的研究范围包罗万象——土地利用问题、经济问题、对人口的影响问题、文化问题，因此他们在这一领域中的研究成果值得推荐。游憩地理学是研究旅游专业的地理学家通常开设的一门课程的名称。既然旅游、休闲、娱乐三者紧密相关，那么人们有必要去检索这三个标题之下的相关文献，从而才能了解地理学家在这些不同领域所作的贡献。地理学家对《休闲研究杂志》（*Journal of Leisure Research*）和《休闲科学》（*Leisure Sciences*）等杂志的创办提供了很多帮助。《旅游地理》（*Tourism Geographies*）是于1999年2月推出的一份杂志，旨在为介绍和讨论旅游研究中的地理学观点以及娱乐和休闲研究中有关旅游的问题提供一个论坛。

从交叉学科角度进行研究

事实上，旅游涉及社会的方方面面。文化和遗产旅游需要我们从人类学角度进行研究。由于人们有着不同的行为方式，并且出游目的不尽相同，因此有必要从心理学的角度去确定宣传和推销旅游产品的最佳方式。当旅游者跨越国界开展活动时需要从有关政府部门获得护照和签证，并且由于大多数国家设有由政府运作的旅游开发部门，因此我们会发现政治制度也介入进来，所以需要从政治学的角度研究旅游。任何一个成长为经济巨人的产业，都会因其对大众生活的影响而吸引立法团体（以及社会学家、地理学家、经济学家和人类学家）的关注，这些立法团体负责制定法律、法规，并建立法制环境以监管旅游业的运作，所以我们还需要从法学角度进行研究。交通运输在旅游发展中的重要性意味着客运交通将成为又一种研究角度。旅游涉及的范围如此之大，情况如此复杂，层面如此之多，充分说明人们有必要从多种角度去研究这一领域，每一种角度都对应着不同的任务或目标。图1—3细致地反映了旅游学研究的这种交叉学科的性质以及各学科之间的相互关系。《旅游研究年报》（*Annals of Tourism Research*）是基于交叉学科角度研究旅游的社会科学杂志，是旅游专业学生应阅读的文献之一。

从系统论角度进行研究

旅游学研究所真正需要采用的方法，是从系统论的角度进行研究。所谓系统，是指为了实现某些目的而将一批相关的群体加以整合，从而形成的一个统一整体。这种研究角度将其他各种研究角度整合为一种全面包容的方法，既可用于研究微观问题，也可用于研究宏观问题。它可用于研究旅游企业的竞争环境、客源市场、经营结果、与其他组织的联系、旅游消费者，以及用于研究旅游企业与旅游消费者的互动。此外，它还可从宏观角度去考察一个国家、州/省或地区的整个旅游系统，研究这一旅游系统在该国、该州/省或该地区内的运作方式，以及这一旅游系统与其他系统——如法律制度、行政体制、经济体制和社会体制——之间的关系。

经济意义

1991年以来，世界旅行及旅游理事会（World Travel and Tourism Council，WT-

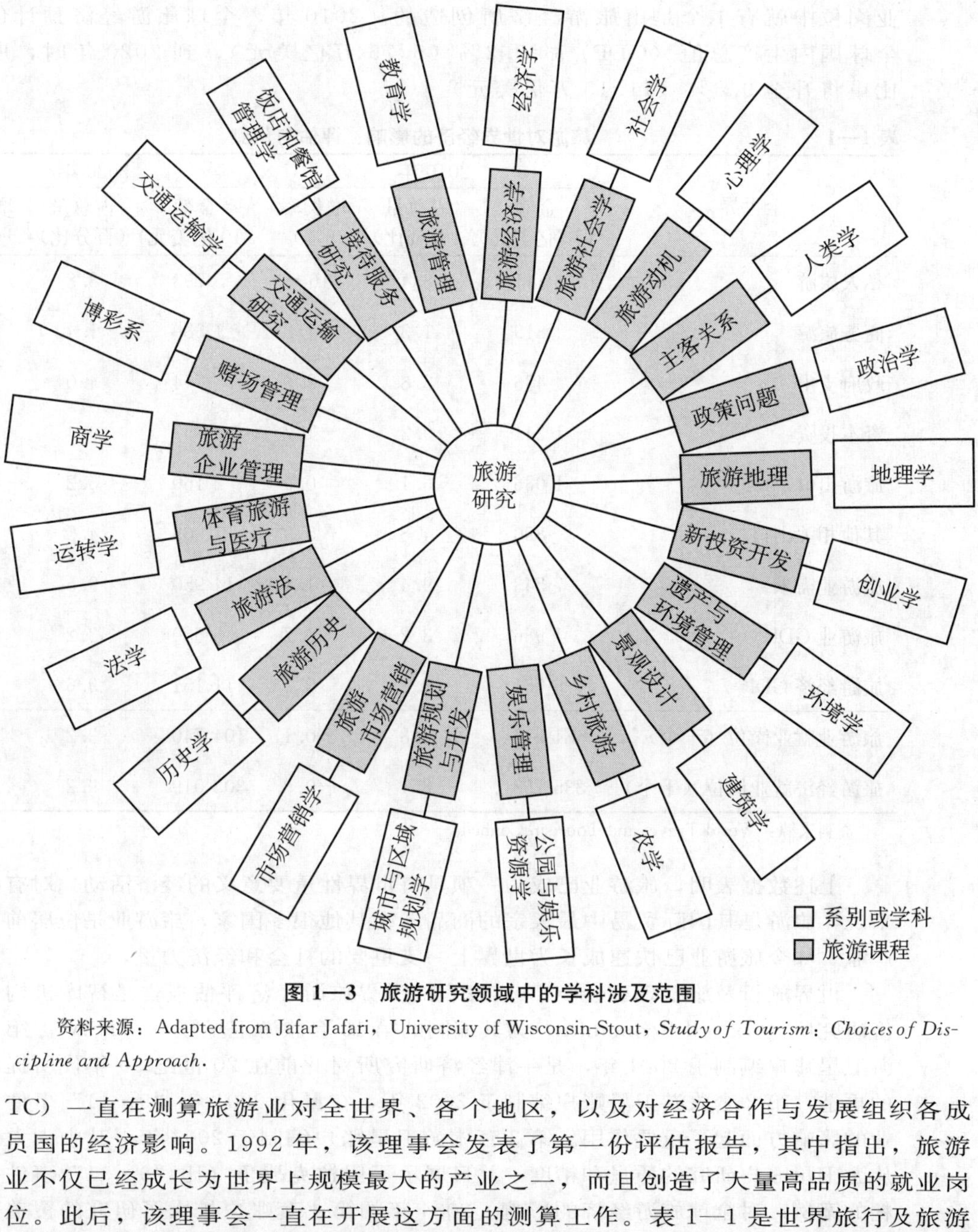

图 1—3　旅游研究领域中的学科涉及范围

资料来源：Adapted from Jafar Jafari，University of Wisconsin-Stout，*Study of Tourism*：*Choices of Discipline and Approach*.

TC）一直在测算旅游业对全世界、各个地区，以及对经济合作与发展组织各成员国的经济影响。1992 年，该理事会发表了第一份评估报告，其中指出，旅游业不仅已经成长为世界上规模最大的产业之一，而且创造了大量高品质的就业岗位。此后，该理事会一直在开展这方面的测算工作。表 1—1 是世界旅行及旅游理事会对 2010 年全世界旅游发展状况的最新评估以及对 2020 年发展情况的预测。2010 年，全球旅游业（国际业务）可望实现收入 5.75 万亿美元，所创造的就业岗位将超过 2.358 亿个（含直接旅游就业和间接旅游就业）。据预测，到 2020 年时，全球旅游业（国际业务）的收入将增至 11.15 万亿美元，并将创造 3.03 亿个就业岗位。

2010 年，全球旅游经济创造的就业岗位（直接与间接）估计为 235 758 000 个，约占全球就业岗位总量的 8.1%，或者说，全球每 12.3 个就业岗位中，就有 1 个是由旅游经济所创造的。到 2020 年时，旅游经济所创造的就业岗位将达到 303 019 000 个，约占全球就业岗位总量的 9.2%，或者说，全球每 10.9 个就业岗位中就有 1 个是由旅游经济所创造的。2010 年，全球旅游经济预计创造了全球国内生产总值（GDP）的 9.2%（5.75 万亿美元），到 2020 年时，所占的比重将升至 9.6%（11.15 万亿美元）。

表 1—1　　旅游对世界经济的影响：评估与预测

全世界	2010 年			2020 年		
	金额（10 亿美元）	占总量（百分比）	增长率（%）	金额（10 亿美元）	占总量（百分比）	增长率（%）
私人旅游	3 111	8.4	16	5 793	8.8	4.1
商务旅游	819	1.3	−1.8	1 589	1.4	4.3
政府支出	436	3.8	2.6	744	4.0	3.1
资本投资	1 241	9.2	−1.7	2 757	9.4	5.3
旅游出口	1 086	6.1	0.9	2 160	5.2	5.2
其他相关出口	850	4.8	5.9	1 908	4.5	6.5
旅游业需求	7 543	9.4	1.1	14 950	9.5	4.7
旅游业 GDP	1 986	3.2	0.7	3 650	3.2	4.0
旅游经济 GDP	5 751	9.2	0.5	11 151	9.6	4.4
旅游业就业岗位（千个）	81 913	2.8	−0.1	104 740	3.2	2.5
旅游经济就业岗位（千个）	235 758	8.1	−0.3	303 019	9.2	2.5

资料来源：World Travel and Tourism Council.

上述数据表明，旅游业已成为一项具有世界性重要意义的经济活动。对有些国家来说，旅游是其国际贸易中最大宗的商品。在其他很多国家，旅游业是位居前三名的产业。如今旅游业已快速成长为世界上一支重要的社会和经济力量。

世界旅行及旅游理事会 2010 年发表的世界旅游经济评估报告是智库机构牛津经济研究所（Oxford Economics）为其编制的第 10 套旅游卫星账户（TSA）。第 1 套旅游卫星账户编制于 2001 年，是牛津经济研究所对此前在 20 世纪 90 年代所提出模型的再造。第 2 套旅游卫星账户编制于 2002 年，在量化 2001 年“9・11”事件对旅游业的影响方面起了重要作用。第 3 套旅游卫星账户编制于 2003 年，其中大大提升了旅游卫星账户研究的质量和精度，并且展示了伊拉克战争（比“9・11”事件情况更糟的案例）对全球旅游经济的影响。2004 年的第 4 套账户扩大了研究的覆盖面，在旅游卫星账户中新增了 13 个国家，从而使该项研究所涵盖的国家总数达到了 174 个。2007 年的账户则是完全依照最初由联合国世界旅游组织、经济合作与发展组织和欧洲统计局（Eurostat）共同提出并于 2000 年得到联合国统计委员会认可的国际标准旅游卫星账户进行编制。如今，这套标准已成为用于编制旅游卫星账户的国际标准（有关旅游卫星账户的进一步讨论，详见第 14 章）。读者若想了解世界旅行及旅游理事会对 181 个国家的旅游经济发展状况所作的最新评估与预测，可访问该组织的网站（www. wttc. org）。

统计数据的获取

在为撰写专著而收集和整理统计数据时，我们经常会遇到数据滞后的问题。例如在修订本书时，2009年的数据才刚刚统计出来。令人遗憾的是，数据滞后的问题正在变得日益严重，而不是有所减轻。当考虑到旅游业是一种动态的和颇具变化性的产业时，统计数据滞后的现实尤其令人苦恼。本书中提供的数据所反映的是有关旅游业及其各部门的规模和重要程度的现状。因此，我们鼓励读者去查阅本书中提供的信息源，以便对有关信息进行更新，从而确定某些动向是在继续发展，还是有了新的变化。获取的最佳途径之一就是利用互联网。我们在很多案例中都提供了相关的网址，以便你自己能去查找最新信息。

随着旅游业的发展，旅游活动的开展由过去只是少数富有者的领地，如今已进入了千百万普通大众的生活。联合国世界旅游组织每年一期的《旅游业概观》（*Tourism Highlights*）和《旅游统计概要》（*Compendium of Tourism Statistics*），都旨在记录旅游活动的发展情况。表1—2显示了联合国世界旅游组织统计的截止到2010年的全球国际旅游接待量及其最近几十年中的强劲增长率。其间，只有2001年的情况为零增长，2003年出现下跌，2009年呈负增长，因为该年很多国家的旅游业（连同其他产业）都因金融及房地产市场的崩盘而受到打击，很多家庭都减少了外出旅游，很多公司压缩了差旅开支。然而尽管如此，联合国世界旅游组织指出，旅游业仍是世界上规模最大的成长型产业，从长远看有着非常光明的发展前景。该组织在《2020年旅游愿景》（*Tourism 2020 Vision*）这一研究报告中曾预测，到2010年，全球国际旅游接待量将超过10亿人次，到2020年将超过16亿人次。无论是联合国世界旅游组织还是世界旅行及旅游理事会所作的预测，都显示出未来旅游业将会继续增长。

表1—2　全球国际旅游接待量

年份	接待量（百万人次）	增长率（%）
1950	25	—
1960	69	176
1970	166	141
1980	288	73
1990	456	58
1995	528	16
1996	561	6
1997	586	4
1998	602	3
1999	626	4
2000	675	8
2001	675	0
2002	695	3
2003	684	−1
2004	755	10
2005	795	5
2006	839	6

续前表

年份	接待量（百万人次）	增长率（%）
2007	894	6
2008	913	2
2009	877	−4
2010	935[a]	7

a. 预测值。

资料来源：United Nations World Tourism Organization（UNWTO）.

根据联合国世界旅游组织的测算，2003年，全球的国际旅游接待总量为6.84亿人次。这是国际旅游业发展异常艰难的一年，有很多负面因素接连出现（伊拉克战争、对恐怖主义的担忧、“非典”的爆发、世界经济持续疲软），从而造成全球国际旅游接待量较2002年下降了1.3%。

所以，在21世纪的头10年中，全球国际旅游活动各年的增长情况不一，有时增速很快，有时增速一般，有时甚至出现了衰退。但是从长远看，人们认为，有一些基本因素将会使旅游活动的规模保持增长格局。旅游需求的回弹力很强，并且历史已经告诉我们，在经历过困难和危机时期之后，旅游活动的规模都会出现回弹。尽管如此，面对经济下滑、恐怖主义活动、地震、海啸、火山喷发、石油危机等堪忧情况的出现，旅游业总是显得很脆弱。

联合国世界旅游组织对2010年情况的初步测算显示，在2010年中，全球国际旅游接待量有了强劲的恢复。该年全世界的国际旅游接待总量达到了9.35亿人次，较2009年增长了7%，净增量为5 800万人次。随着2010年全球旅游发展的恢复，2011年国际旅游活动的规模有望以4%～5%的速度增长，略微高于联合国世界旅游组织所作长期预测的年均增速。

世界10大旅游目的地

表1—3列出了2009年世界上的10大旅游目的地。按国际旅游接待量进行排序，法国名列第一，为7 420万人次，接下去依次为美国、西班牙、中国和意大利。这5个国家的国际旅游接待量占全球总量的31.3%。这10大旅游目的地的国际旅游接待量约占全球总量的45.3%。虽然这说明全球国际旅游活动的开展具有相当大的地理集中性特点，但随着亚太地区很多新目的地的出现，全球国际旅游活动的趋势还是朝着逐渐分散化的方向发展。中国已升至世界10大旅游目的地的第四位，马来西亚已升至第九位，土耳其已升至第七位。

表1—3　　2009年世界10大旅游目的地

排名	国家	国际旅游接待量（百万人次）		2009年比2008年增长率
		2009年	2008年[a]	
1	法国	74.2	79.2	−6.3
2	美国	54.9	57.9	−5.3
3	西班牙	52.2	57.2	−8.7
4	中国	50.9	53.0	−4.1
5	意大利	43.2	42.7	1.2
6	英国	28.0	30.1	−7.0
7	土耳其	25.5	25.0	2.0

续前表

排名	国家	国际旅游接待量（百万人次）		2009 年比 2008 年增长率
		2009 年	2008 年[a]	
8	德国	24.2	24.9	−2.7
9	马来西亚	23.6	22.1	7.2
10	墨西哥	21.5	22.6	−5.2

a. 数据来自 2010 年 4 月联合国世界旅游组织数据库。

资料来源：United Nations World Tourism Organization（UNWTO）.

若是按各国所实现的国际旅游收入额进行排序，同样也会呈现类似的集中性格局。表 1—4 是各国按国际旅游收入额进行排序的情况，其中美国高居榜首，接下来依次为西班牙、法国、意大利、中国、德国、英国、澳大利亚、土耳其和奥地利。就所实现的国际旅游收入而言，美国得益于吸引了较大份额的远程旅游者，他们不仅花钱较多，而且停留时间较长。与之相比，欧洲各国所依赖的客源则多是短程旅游者。若想了解全球的国际旅游统计数字，读者有必要去访问联合国世界旅游组织的网站：unwto.org/en。

表 1—4　　2009 年世界 10 大旅游收入国

排名	国家	国际旅游收入（10 亿美元）		2009 年比 2008 年增长率
		2009 年	2008 年[a]	
1	美国	93.9	110.0	−14.4
2	西班牙	53.2	61.6	−9.0
3	法国	49.4	56.6	−7.6
4	意大利	40.2	45.7	−7.2
5	中国	39.7	40.8	−2.9
6	德国	34.7	40.0	−8.5
7	英国	30.1	36.0	−1.6
8	澳大利亚	25.6	24.8	11.2
9	土耳其	21.3	22.0	−3.2
10	奥地利	19.4	21.6	−5.2

a. 数据取自 2010 年 4 月联合国世界旅游组织数据库。

资料来源：United Nations World Tourism Organization（UNWTO）.

需要注意的是，大部分旅游数据都会有一系列的变更，也就是说，最先发布的数据都是初步估算的数据，用于对有关趋势作初步观察；接下去会有很多的相关数据出现，用以对此前初步估算的数据进行改进；最后出现的数据则是修正后的数据。修正的目的旨在完善并报告这些数据。为了妥善开展旅游业的计划工作，切记一定要去查找和使用那些能提供最新数据的信息源。

加拿大

根据联合国世界旅游组织的统计，在 2009 年最受欢迎的国际旅游目的地中，加拿大居世界第 15 位，其国际旅游接待量为 1 580 万人次。在国际旅游收入方面，加拿大居世界第 16 位，收入额为 136 亿美元。

根据《加拿大全国旅游统计报告》（NTI），2009 年，国内外游客在加拿大的消费开支总额实际下降了 2%，原因在于，国际游客在加拿大的消费开支跌至 15 年来的最低水平。因此，在加拿大的全部旅游收入中，国内旅游消费开支所占的比重连续 5 年都在增长，从 2004 年的占 70%，增至 2009 年的占 80%。

国际游客在加拿大消费开支的减少，折射出一个全球性趋势：在2009年头3个季度中，世界各国的国际旅游收入（按不变价格计算）都出现了下滑。而按照联合国世界旅游组织的说法，面对全球经济危机，全球国际旅游收入已然表现出某种程度的回弹，因为其下滑的幅度仅相当于全球出口总额下降幅度的大约一半。

2009年，国际游客在加拿大的实际消费开支下降了8.7%，为1994年以来的最低水平。与之相比，同年加拿大商品与服务的出口总额下降了14%。来自美国等海外各国的过夜旅游人次，分别减少了6.4%和12.3%。这是自发生“非典”的2003年以来，海外游客来访量首次出现下跌。

加拿大人喜欢出国旅游。由此带来的结果是，2008年加拿大的国际旅游账户出现了空前的赤字，高达126亿美元。在过去的20年中，加拿大人出国旅游的消费开支仅出现过两次下降，一次是在1994年，另一次是在2002年。

美国

在美国，旅游业是位居汽车销售和食品销售之后的第三大零售业。在就业人数方面，旅游业仅次于保健服务业。虽然人们常认为旅游业所涉及的仅是消遣性的出游，但实际上还包括商务旅行、各种会议旅行、学生修学旅行（前提是在目的地的逗留时间不超过一年）、交通运输服务以及住宿服务等。根据美国旅游业协会调研部的调研结果，美国2009年的旅游收入总额为7 313亿美元。这一收入总额中包括外国旅游者在美国的消费开支、国内旅游者的消费开支以及美国的国际航空客运收入。

这些旅游消费开支继而又为美国民众带来了740万个就业岗位，其工资收入总额为1 863亿美元，并且为美国联邦政府、州政府和地方政府带来了总计1 130亿美元的税收。2009年，国际游客在美旅游期间的消费总计1 211亿美元，其中包括国际航空费用，而美国居民在外国旅游期间的消费总计为991亿美元。因此，2009年美国实现了220亿美元的旅游贸易盈余。

根据美国旅游业协会的预测，2010年旅游者在美国的消费开支将达到7 385亿美元，2011年将达到8 057亿美元，2012年和2013年将分别达到8 587亿美元和8 955亿美元。我们鼓励读者去查阅美国旅游业协会基于其旅游预测模型进行测算并发布的《USTA旅游业预测》（USTA Travel Forecast）。该预测报告中还包括了美国商务部国际贸易管理局（International Trade Administration）提供的入境旅游数据。笔者认为，美国旅游业协会是有关美国旅游业发展状况的最具权威性的信息来源，因此读者应去访问该组织的网站（www.ustravel.org）。

旅游活动的开展与世界上大多数行业都有直接或间接的关联，这些行业包括交通运输业、零售业、广告业、体育用品与设备制造业、服装业、食品工业、医疗保健服务业等。旅游还是大多数传播媒体，特别是报纸的旅游版中的重要话题。很多印刷媒体和视频媒体都对报道旅游有着直接的兴趣。另一方面，媒体对于那些参与旅游营销的组织和企业来说同样也很重要，如航空公司、邮轮公司、汽车公司、铁路公司、旅游公司、旅行代理商、汽车租赁公司、住宿企业、旅游景点/吸引物、旅游教育机构等。

所有层次的政治家通常也都非常关注旅游业的开发。他们日益将开发旅游业视为发展经济的手段。在发展旅游业的过程中，他们通过制定法律对土地用途进行规划，继而通过分区规划和建筑规范对旅游设施的建造地点、建造数量以及建筑风格行使控制。公园和户外娱乐设施的建设不仅要考虑旅游者的需要，还要考虑当地居民的需要。很多旅游目的地政府为此征收直接或间接由旅游者及旅游供应商支付的旅游税。旅游的力量有时会在政治上以不寻常的方式得到展现。有这样一个例子，一些环境保护团体为了抗议阿拉斯加州打算射杀 300 匹狼的计划而发起运动，威胁要联合抵制前往阿拉斯加旅游，最终，阿拉斯加州射杀 300 匹狼的计划被迫取消。

很多行业分析人士预测，到 2020 年，旅游业的规模将翻一番，他们为此提出了一些建设性的政策建议。我们相信，如果旅游业界领袖们能够有效地表达他们的意见，这些政策的推出将为期不远。只要旅游开发者以及社会公众都能以明智的、经过深思熟虑的、有计划的方式去实现旅游业规模翻一番的目标，那么这种增长会符合所有人的利益。为了保持并提升那些使一个旅游目的地具有特色和吸引力的品质，人们无疑有责任去注意评价有关的社会因素和环境因素。这些因素包括该旅游目的地的文化、自然资源、人口以及该地的精神。我们希望你们付出努力，帮助实现这些有价值的最终目标。

旅游发展的得与失

旅游发展带给旅游地的得与失既涉及经济方面，也涉及非经济方面。一些主要的**经济影响**（economic impacts）和经济利益上一节中已经作了介绍。此外，还有一些受益领域尚未得到深入研究。这些领域大都与旅游者方面的**旅游的利益**（benefits of tourism）有关，例如，消遣旅游活动的开展有助于人们实现休息和放松，增长见识，了解其他的民族与文化，有助于增进旅游者的身心健康，等等。

毫无疑问，旅游的发展会带来很多利益，但也并非十全十美。即使是提倡发展旅游的人——例如本书作者（有人称我们是旅游业的拉拉队队长）——也都承认，旅游的发展并非有百利而无一害。实际上，也存在**旅游发展的代价**（costs of tourism），而且得与失不可等量齐观。很多因此而付出的社会代价都难以衡量，甚至根本无法测量。有些书籍，如《金色的游牧部落》（*The Golden Hordes*）、《旅游：是福还是祸》（*Tourism：Blessing or Blight*）、《度假者》（*The Holiday Makers*），都指出了旅游发展中出现的一些令人不快的问题。如果对旅游的发展规划和开发不当，的确会产生很多问题。旅游需求可能会与当地居民的需要和希冀形成冲突。欠考虑的开发、不适当的开发、过度的开发或烂尾式开发，都很容易造成对环境的破坏。

人们指责旅游的发展污染了海滩，抬高了劳动力、土地和其他商品的价格，破坏了乡村社会风情，玷污了当地民众的价值观，导致交通拥挤、人满为患、噪声增大、乱丢垃圾、犯罪增加、社会关系紧张、环境变差，使旅游目的地的未来发展失控，只带来低报酬的季节性就业，等等。对于很多旅游业的发展形式来说，这些问题的确是一种通病。在很多情况下，这些指责代表了人们对过度开发旅游业的不满。这些批评意见强调了人们需要的是一种经过全面协调的经济发展计划，而旅游业只是其中的一部分。

应当承认，旅游的发展既非全然是福，亦非全然是祸；既非致命毒药，亦非包治百病的万灵药。旅游的发展既可带来巨大的经济利益，也可带来很多的社会问题。在如何增加旅游的利益方面，世界各地有很多经验。在如何减少旅游发展所带来的社会问题方面，世界各地至少也有一些经验。人们必须要做的事情是对这些得与失进行权衡，争取实现最佳的损益比。

关于旅游的发展对一个国家、州/省或者社区的生活质量会产生哪些正面影响和负面影响，旅游专业的学生和旅游行政管理人员应当对其有清楚的了解。为此，我们需要制作一张损益表。首先，让我们来看一下损益表的正方。旅游的发展：

- 可提供包括技术性岗位和非技术性岗位在内的就业机会，因为旅游业是一个劳动密集型产业；

- 可增加创汇；
- 可增加居民收入；
- 可增加国民生产总值；
- 可在现有的基础设施上进行；
- 可带动基础设施建设，从而有助于刺激当地工商业的发展；
- 可利用当地的产品和资源去实现；
- 有助于使当地经济多元化；
- 往往是一个地区最具兼容性的经济发展方式，与其他经济活动形成互补；
- 有助于扩散发展，缩小地区差别；
- 有较高的乘数效应；
- 可增加政府税收；
- 可拓宽知识和文化视野，克服夜郎自大的思想；
- 有助于改善与收入和生活标准的提高相关的生活质量；
- 有助于增强对遗产和传统的保护；
- 可证明有必要保护和改善环境；
- 可为画家、音乐家以及其他表演艺术家提供就业机会，因为游客对当地文化感兴趣，从而旅游的发展有助于弘扬文化遗产；
- 所提供的旅游和娱乐设施也可为当地居民使用；
- 有助于消除语言、社会文化、阶层、种族、政治、宗教等障碍；
- 有助于为旅游目的地树立有利的对外形象；
- 有助于促进全球共同体的建立；
- 有助于促进国际谅解与和平。

在损益表的负方，我们会发现，旅游的发展，特别是旅游资源的过度开发，会带来一些问题。其中包括：

- 助长对资源的过度需求；
- 造成季节性问题；
- 引发通货膨胀；
- 导致经济发展的不均衡；
- 引发社会问题；
- 使自然环境退化，造成污染；
- 使文化环境退化；
- 助长犯罪、卖淫、赌博等不良现象；
- 增强旅游目的地面对经济和政治变化时的脆弱性；
- 威胁家庭结构；
- 使文化、宗教、艺术商品化；
- 产生误解；
- 引发旅游目的地社会中的冲突；
- 带来疾病传播、经济波动以及交通运输问题。

与所有其他变革一样，旅游的发展也需要付出代价，因而需要对其进行规划和管理。在这方面，人们面对的挑战是如何实现正确的平衡，不仅要使旅游的发展利大于弊，而且要采取措施减小其不利的影响。旅游的发展应当是整个经济发展的一个组成部分，而且必须以可持续的方式加以实现。

□ 本章小结

在本章中，我们探讨了旅游学这一主题。国内和国际旅游活动的迅速增长催生出一个规模巨大的综合性产业，即旅游业。虽然旅游业遍布世界各国，但其品质以及规模差异很大。

旅游业在经济中的重要作用及其未来发展前景，都值得人们进行认真研究。人们对此的众多思考导致各种旅游学研究角度的出现。其中一些属于研究旅游学的基本角度，这些基本角度在本书的不同章节中都有所涉及。读完本书之后，你将学习到很多有关旅游业对社会和经济的影响，并且将会对旅游研究以及旅游所带来的有关世界各地的如此丰富的民族、文化、美景等知识产生浓厚的兴趣。

□ 重点概念

住宿（accommodation）
探险与户外娱乐（adventure and outdoor recreation）
景点/吸引物（attractions）
旅游的利益（benefits of tourism）
人造环境（built environment）
气候（climate）
旅游发展的代价（costs of tourism）
旅游目的地管理组织（destination management organization，DMO）
国内旅游（domestic tourism）
经济影响（economic impact）
生态旅游（ecotourism）
娱乐表演（entertainment）
评价（evaluation）
节庆盛事（events）
短程游览者（excursionist）
消费开支（expenditures）
饮食服务（food service）
旅游接待地社区（host community）
旅游接待地政府（host government）
入境旅游（inbound tourism）
境内旅游（internal tourism）
国际旅游（international tourism）
市场营销（marketing）
监控（monitored）
国民旅游（national tourism）
经营部门（operating sectors）
出境旅游（outbound tourism）
规划、开发、宣传和促成组织（planning，development，promotion，and catalyst organizations，PDPCO）
旅游人次（person-trip）
地相（physiography）
一日游游客（same-day visitors）
监管（stewardship）
旅游/旅游活动/旅游学（tourism）
旅游业（tourism industry）
支持性服务（tourism services）
旅游哲学（tourism philosophy）
旅游者（tourist）
旅行社（trade）
交通运输（transportation）
旅行社行业（travel trade）
旅行者（traveler）
惯常环境（usual environment）
游客/来访者（visitor）

□ 互联网练习

为了方便读者，本章中所提及的互联网网站连同其他一些相关网站，一并列在为本书伴设的网站上：www. wiley. com/college/goeldner。

练习 1

网站名称：世界旅行及旅游理事会

网址：www. wttc. org

背景信息：世界旅行及旅游理事会（WTTC）是全球商界领袖的旅游论坛。该组织的成员是来自旅游业各部门的首席经理人员。这些部门包括住宿业、餐饮业、邮轮业、娱乐业、交通运输业、旅行服务业等。该组织的中心目标是与各国政府合作，以体现旅游业的经济影响。

练习内容

访问世界旅行及旅游理事会网站，查找该组织战略性的优先任务。

练习 2

网站名称：美国旅游业协会

网址：www. ustravel. org

背景信息：美国旅游业协会（USTA）是一家非营利行业组织，总部设于华盛顿特区，代表并代言美国旅游全行业的共同利益。

练习内容

1. 访问美国旅游业协会网站，查找该组织的使命和工作目标。
2. 查阅该组织的经济研究处，并确定出旅游业在美国产生的经济影响。

□ 复习与讨论题

1. 结合你居住社区的情况，识别并说出旅游活动的定义中所包含的四个认识角度。
2. 为什么诸如美国旅游业协会之类的机构所需要的是明确而具体的旅游活动定义？
3. 本书所采用的是哪种旅游研究方法？你自己最感兴趣的是哪种研究方法？
4. 旅游业由哪些部分组成？
5. 旅游景点/吸引物的重要性何在？
6. 为什么地理学家、社会学家、人类学家和经济学家都对研究旅游感兴趣？
7. 2020 年旅游业将会是什么样子？2030 年呢？
8. 一个贡献了 9.2%的全球 GDP 并创造了 2.35 亿个就业岗位的产业如何争取获得人们的承认？
9. 旅游业的发展可带来哪些利益？
10. 旅游的发展所带来的负面问题有哪些？
11. 为什么旅游活动的开展会如此流行？

□ 案例题

1. 假定你是一所高中的经济学教师。你打算去校长办公室拜会校长，说服他将旅游经济学纳为你所教课程的一部分。对此，你会使用哪些依据？

2. 假定你是牙买加这一岛国的旅游部部长。在收集旅游人次以及游客消费开支等数据方面，你会对你属下的统计部门作哪些指示？

第 2 章

旅游发展的历史沿革

学习目的

- 认识古代人类的海陆旅行活动。
- 了解这些活动如何从过去充满艰难和危险的旅行，演化成今天的大众旅游。
- 了解历史上一些伟大的旅行家。
- 与罗马帝国时期的情况相比，找出当今的旅游发展在出游动机、经济环境、政治状况、吸引因素、旅游设施等方面的相似之处。

导　言

> 有些事物我们原本并不理会，然而一旦它引起了我们的关注，我们便会不远万里地跋山涉水前去一睹。我们之所以会如此，要么是因为天性使得我们总是对远方的事物感兴趣，而对附近的事物不以为然；要么是因为无论我们的意愿如何，只要该意愿很容易得到满足，那么这一意愿的强度就会因此而降低；再要么是因为我们并不急于去观看那些我们认为无论何时想看就能看到的东西，总是以为自己还会常有机会见到它们。无论是出于上述哪一种原因，在我们自己生活所在的城市及其郊外，总会有一些连我们自己都很少见过，甚至根本就没听说过的事物。然而，倘若这些事物是存在于希腊、埃及或亚洲……那么我们不仅会经常听到有关它们的传闻，不仅会去阅读有关它们的介绍，而且还会想方设法地前去该地亲眼一睹。
>
> ——小普利尼（Younger Pliny），2 世纪[1]

身为 21 世纪的旅行者，当人们吃力地从头顶上方的行李柜中拽出自己的随身行李，走下飞机舷梯，踏上某一外国旅游目的地时，他们可能会以为自己的旅游活动很前卫。殊不知，如果追溯到古代，那么他们在旅行者的漫长队伍中其实是排在最末尾的。从人类早期开始，“各种形式的交通客运服务（从畜力运输工具到喷气式飞机）和住宿服务（从简陋的小客栈到五星级的豪华饭店）就已经成为无数人的生计”。[2]与当今的旅行者一样，这些早期的旅行者并不是独自完成其旅行活动的。“为旅行者担任向导、提供咨询以及接待等服务都是世界上最早的职业之一。”[3]

如今，旅行者可通过在线预订方式作出自己的出行安排，或是通过旅行代理商预订机票、旅馆客房，并推荐抵达旅游目的地之后该如何开展活动。即便是有了旅行代理商专业化服务的帮助，旅行者在抵达旅游目的地时也常常会感到又脏又累，会抱怨航班拥挤，并且常常希望在办理海关通关手续时无须排长队等候。一对中年夫妇悲伤地回忆说，他们所委托的那家旅行代理商无法预订到它原本推荐的那家旅馆的房间（由于当地正举办汽车节，或是由于教皇的到访，当地各主要旅馆都已客满，因而这对中年夫妇别无选择，只能是订到哪家算哪家）。此外，当他们抵达之后去当地银行兑换当地货币时，那家银行的当地货币已经用光，因而无法进行兑换。于是，该夫妇不得不在设法兑换到当地货币之后，再打车前往那家条件很差的下榻旅馆。而且，在打车时，他们确信该出租车司机不仅不会讲英语，还欺负他们是外来客，故意拉着他们四处兜圈子。不过，即便是遇到了这些问题和令人气恼的事情，夫妇二人仍很兴奋，并且同此前曾去过该地的很多人一样，都觉得不虚此行。

早期开端

大约在公元前 4000 年，**苏美尔人**（Sumerians）发明了货币，贸易开始发展。这标志着现代旅行活动的最早开端。苏美尔人不仅是世界上最早领悟到货币这一概念，并将其应用于商业交易的民族，而且是最早发明楔形文字和轮子的民族，为此，他们应当被看做旅行业务的创始人。那时，人们已经能够以货币或实物交换方式支付交通运输及住宿费用。

大约 5 000 年前，埃及出现了海上旅行。公元前 1480 年，哈特谢普苏特女王（Queen Hatshepsut）前往蓬特（Punt）（据说该地位于非洲东海岸）旅行，这也许是最早出于和平与观光目的而进行的海上旅行。有关这次旅行的记述载于埃及卢克索的一座神庙的墙壁上。这些文字和浮雕属于世界上罕见的艺术品，其漂亮和美感为世人所赞叹。在底比斯门农神像的基座上，还刻有公元前 5 世纪一些希腊旅游者的名字。

自公元前 2700 年起，埃及的法老们开始利用尼罗河流域的优质建筑石料为自己建造陵墓，其中包括卓瑟王的阶梯金字塔（Step Pyramid of Djoser）、狮身人面像、吉萨的三座大金字塔、阿布瑟的金字塔等。早在公元前 1600—前 1200 年的埃及新王国时期，这些硕大的野外奇观就已经开始吸引大量的游人到访。“每座金字塔都是一处神圣场所，因此游客都会花上一点儿时间做祈祷，但他们的来访主要是为了满足自己的好奇心或者纯属为了享乐，而不是出于宗教动机。”[4]

他们的到访所留下来的证物多是一些石刻，例如，“国库官员哈那克哈特（Hadnakhte）会同其兄弟国家元老帕纳克哈提（Panakhti）来孟菲斯西部一游”。[5] 与后来的历代旅游者一样，他们都觉得有必要为自己的到访留下证物。有些人草草地写下了自己的名字，有些人则使用尖锐之物刻石立字。后一种做法非常普遍，我们在术语上将其称为涂鸦（graffiti），这一意大利语的意思是“乱刻乱画”。

当时的旅游者第二个可辨认的特点是，他们都有获得纪念品的迫切愿望。哈克胡夫（Harkhuf）是埃及法老派往苏丹的一名使节。他回国时竟然带了一名受过土著舞蹈训练的俾格米人敬献给埃及的统治者！早期的**埃及人**（Egyptians）出国旅行期间，还会为自己的亲友购买一些廉价的外国商品或者土特产品。公元前 1800 年，正值青春年少的乌扎鲁姆（Uzalum）曾接到这样一份请求：“我以前从未给你写信索要过什么贵重的东西。但要是你打算像父亲一样对待我，就给我一条可戴在头上的精美珠链吧。”[6]

说明：古埃及金字塔和狮身人面像都是世界上最早的旅游吸引物。Photo courtesy of Air France.

古希腊的历史学家希罗多德（Herodotus）曾记述道：

埃及人聚集到一起庆祝节日的活动不是一年一次，而是一年多次。其中规模最大、人气最旺的是在布巴斯提斯举办的节庆盛会……第二位的是在巴西里斯举办的节庆盛会……第三位的是在赛斯举办的节庆盛会……第四位的是在黑利奥波利斯举办的节庆盛会……第五位的是在布陀举办的节庆盛会……第六位的是在帕普莱密斯举办的节庆盛会……每次搞节庆活动都是男男女女一起乘船前往这些地方，每一条船上都挤满了人。在航行过程中，一些妇女打响板，一些男子吹笛子，其余的男男女女则用手打着拍子唱歌……到达布巴斯提斯之后，他们献上丰盛的祭品庆贺节日，在这次盛会上人们喝掉的酒比全年其余时间的饮酒量之和还要多。[7]

当这些庆祝节日的人群抵达活动现场之后，由于活动现场没有任何提供食宿的商业设施，因此他们只能在露天过夜，并且需要自己解决用餐问题。[8] 与之形成对比的是，诸如前述哈克胡夫之类的政府高官在旅行过程中则可以在神庙或政府设立的补给站内下榻。

早期的道路

轮子的发明导致由多头牛或中亚野驴拉的四轮大车的出现。虽然“人或动物行走时只需有小径即可”[9]，但车辆的行走则需要有大道。能够供车辆行走的**早期的道路**（early roads）不多。据记载，当时乌尔的一位君主曾夸耀说，他在一天之内就能从尼普尔抵达乌尔并当天返回（两地之间的距离大约为100英里）。这意味着大约在公元前2050年，马路就已经存在了。[10]不过，当时路况好的道路极少。在希泰人建立统治之前，几乎没有用石块铺成的道路。希泰人在自己的都城与圣坛之间铺设了一条约1.3英里长的道路，以便在祭祀之日供载重马车行走。即使在那时，他们的战车（一种为了作战而发明的轻型马拉车）也能驰骋于乡间的泥泞道路。此外，在经常发大水的地区，桥梁也难得一见。有一首歌颂舒尔吉王（King Shulgi）的赞美诗写道：“‘我将小路拓宽，把国内的大路修直’……但并非每一位美索不达米亚的君主都是舒尔吉那样的人，一定有相当长的时期，没有任何人去‘修直’道路。”[11]

在公元前2000—前1500年克里特文明盛行的古希腊克里特岛，以及在公元前1600—前1200年迈锡尼文明盛行的希腊半岛，其道路状况都比较好。[12]克里特岛有一条宽13.5英尺的双车道公路从海岸边直通首都克诺索斯。希腊的公路通常为单车道，但也有一些道路宽达11.5英尺，车辆可以双向行驶。桥梁与涵洞的设置使得这些道路通行无阻。

当时的旅行者都是哪些人呢？他们主要可分为三类：军队、政府官员、商队。与后来的古罗马人一样，当时的亚述人已经意识到，要想使自己的战车有效地发挥作用，道路畅通是一项基本条件。随着亚述人的帝国从地中海向波斯湾扩张，主要出于军事目的，他们对道路进行了改善。

吉尔伽美什史诗（Epic of Gilgamesh，大约公元前2000年）叙述了一位苏美尔国王在神的指引下进行的旅行活动。我们只要稍微发挥一下想象力便不难想象，这位吉尔伽美什之神可以被看做最早的导游员！这一点为我们相信苏美尔人是旅游业的最早创始者提供了第四个理由。

道路的由来与人口向大城市集中发展有关。公元前326年，亚历山大（Alexander）大帝发现印度的道路修筑得很好。在波斯（今天的伊朗），所有的城市和省份都有通往首都苏萨的道路，这些道路修建于公元前500—前400年之间，其中一条道路长达1 500英里。

罗马人（Romans）大约在公元前150年开始修建道路。这些道路都经过仔细的测量，道路的修建质量很高。修建道路时，先由士兵和壮工挖好路基，然后用石头和夯土找平，最后以块石铺成路面。道路的边缘都镶有路边石，并且路面被设计为略有坡度，以便于排泄雨水。其中一些道路至今仍能使用。

到了图拉真（Trajan）皇帝在位时期（98—117年），罗马帝国道路网的总长度已达到50 000英里。这些道路遍布整个罗马帝国，北起苏格兰和德国附近，南端深入埃及，沿地中海南岸铺筑，向东伸展至波斯湾，即今天的伊拉克和科威特。

罗马帝国驿站之间的距离为5～6英里。通过驿马接力的方式，罗马人一天之内可以完成距离长达100英里的旅行。罗马人还前往地中海地区旅行，参观那里的著名神庙，特别是参观埃及的金字塔等历史丰碑。希腊和小亚细亚也是当时流行的旅游目的地，因为那里有奥林匹克运动会、温泉疗养、海滨胜地、戏剧表演、节庆盛会、体育赛事以及其他多种形式的消遣娱乐活动。罗马人集实现外出旅游的客观条件和主观愿望于一身，从而形成了对旅途住宿以及其他旅游服务的需求。这些旅游服务的供应也因此成为旅游业的早期形式。

与现代旅游者的情况一样，古罗马旅游者也喜欢到处观光。他们同样要使用旅行指南，要雇用向导，也到处涂鸦，并且购买纪念品。这方面的例子很多，而且往往很有趣。古代时期唯一留存下来的旅行指南是一本有关希腊的旅行指南，由一位名叫帕萨尼亚斯（Pausanias）的希腊人写于 160—180 年［时为哈德良（Hadrian）、安东尼·庇护（Antoninus Pius）、马可·奥勒留（Marcus Aurelius）三位罗马皇帝统治时期］。这本旅行指南“是旅游发展史中的一个里程碑。他（帕萨尼亚斯）是卡尔·贝德克尔*（Karl Baedeker）的直系先祖，他的旅行指南与卡尔所写的旅行指南一样，内容客观、全面和准确”。[13]

丝绸之路

1889 年，英国作家鲁德亚德·吉卜林（Rudyard Kipling）写下了常为后人所引用的诗句：“东就是东，西就是西，两者永不相遇。”但事实上，早在 2 000 多年之前，东方和西方就已经在我们今天所称的**“丝绸之路”**（Silk Road）上相遇了。

实际上，称其为“路”可能用词不太恰当。起初，丝绸之路不过是指引人们穿越根本无路可走的大荒原或大沙漠的行进方向，而不是什么客观可见的道路。“丝绸之路上的多数国家都与距离不远的邻国进行贸易，旅行者们就像参加接力赛那样，在这条长度相当于环地球 1/3 的路上分段往来。”[14]

13 世纪，马可·波罗（Marco Polo）从意大利出发前往中国旅行，他是第一位留下深受人们喜爱且流传久远的著述的西方探险家。他的记载也许虚构多于史实，因为这些记载取自很多商贸旅行者的故事，但他的观察往往看上去是真实的。虽然《马可·波罗游记》内容冗长且多有夸张，但它一直位居全球最畅销的图书之列。[15]

与丝绸之路本不是“路”一样，“丝绸”也只是当时贸易货物中的一个品种。西行的商队所贩运的货物有毛皮、陶器、香料、药材、桃、杏，甚至还有大黄。[16]东行的商队所贩运的货物则是贵重金属、宝石、象牙、玻璃制品、香水、染料、纺织品、葡萄树、紫花苜蓿、韭菜、胡荽、芝麻、黄瓜、无花果以及红花。[17]

为了防备土匪劫掠，商人们组成商队，在武装保镖的护卫下结伴而行，商队规模非常大，可有多达 1 000 头骆驼。每头双峰骆驼能负载 400～500 磅的货物。整个漫长的路程被划分为若干个区段。“中国商人带着他们的货物前往敦煌，或者越过长城到达楼兰，在那里将货物以出售或实物交换的方式与来自中亚地区的中间商——帕提亚人、粟特人、印度人、贵霜人——进行交易。后者则接着将这些货物贩运到波斯商人、叙利亚商人以及希腊商人所在的城市。每一次交易都会增加最终产品的成本。这些商品最后经由希腊和犹太企业家之手到达罗马帝国。”[18]

古代世界

在公元前 2000—公元 500 年的漫长时期，地中海各国的旅行活动有了显著的发展。出于贸易、商务、宗教、节庆、就医或教育等目的的旅行活动已经在这一西方文明的摇篮中发展起来。《旧约全书》（Old Testament）中曾多处提到商队和商人的旅行活动。

从公元前 776 年开始，来自各城邦国的**希腊人**（Greeks）每四年一度地汇聚到一起，通过体育比赛的形式去颂扬宙斯神。这种活动后来形成了四场全民性的节庆盛会：**奥林匹克运动会**（Olympic Games）、皮提亚运动会（Pythian Games）、

* 卡尔·贝德克尔（1801—1859），是一位德国出版商，旅行指南作家，是该领域的奠基人。——译者注

伊斯特米亚运动会（Isthmian Games）和尼米安运动会（Nemean Games）。每一场节庆盛会都要向某位神献祭和祈祷，并通过奉献最高水平的体育或艺术表演以示敬仰：

> 这些节庆盛会所聚集的很多吸引人的事物，至今对世界各地的旅游者仍具有吸引力：置身盛大活动之中，享受某种特殊体验；充满节日的欢乐而不失宗教信仰的虔诚；欣赏场景设计之壮观；感受顶级表演者之间的竞赛所带来的刺激；最重要的是，人们有机会参观著名的建筑物和艺术作品。你不妨想象一下复活节期间在罗马举办的现代奥林匹克运动会，以及此间置身圣彼得大教堂宗教仪式的情景。[19]

说明：罗马的圆形竞技场是一个令游客着迷的地方。人们在这里可以目睹罗马帝国的残迹，想象角斗士与狮子决斗的场景，感受昔日罗马皇帝驾临的盛况。Copyright © Corbis Digital Stock.

当时，希腊的旅店只提供过夜住宿。客人如果想洗澡，只能自带毛巾去街上的公共澡堂。在这些澡堂洗澡时，脱下来的衣服需要请人看管，以免被人偷走。“浴具是一种大盆，客人斜躺在里面，由服务员往其身上浇水。”[20]

每天都有不少当地人前往那些供奉康复之神，特别是供奉医神爱斯库拉皮厄斯（Aesculapius）的场所。这些场所通常位于景色优美、空气清新、水源纯净（往往有矿泉）的地方。坐落在埃皮达鲁斯的这类场所还设有休息和娱乐设施，如设有诸神雕像的神庙、遮阴的步行柱廊、露天的大型运动场以及规模位居希腊第二的大型剧场。希腊人认为，休息和娱乐乃医治病患的重要基础。此外，人们还会外出旅行——特别是前往多多纳和德尔菲——去寻求神谕或圣贤的忠告。政治家、将军以及其他很多有权势的人物在采取某一重要行动之前，都会去寻求神谕。苏格拉底（Socrates）的信徒们则前往德尔菲神庙，去聆听这位大师的教诲。[21]

在公元前 5 世纪和公元前 4 世纪，旅行者的构成人员主要是节日宾客、商人、寻医问药的患者以及外出寻求神谕或圣贤忠告的人，但除此之外，还有为数不多的另一类人——纯粹为了消遣而外出的旅游者。如果当时设有奖项评选旅行里程最多者的话，希罗多德（Herodotus）——希腊的“历史之父”——无疑有资格荣登榜首。

希罗多德除了在希腊各地和爱琴海诸岛留下行踪之外，还曾远航去过北非的昔兰尼考察过意大利南部和西西里岛，并且从小亚细亚西海岸的以弗所渡海去访问萨迪斯。他曾经向东渡海去叙利亚，到访巴比伦，然后继续东行到达幼发拉底河，并沿着一个商队的踪迹徒步旅行了数周。根据他的考察，当时的巴比伦古城：

> 呈正方形，边长 14 英里，城墙总长 56 英里。巴比伦城不仅规模庞大，而且建筑壮观，与众不同……其城墙宽 85.5 英尺，高 342 英尺……环城有 100 个入口，皆设有城门、侧柱和青铜过梁……城中房屋高三四层，整座城由笔直的街道分割为街区，所有的街道，无论主辅，皆直抵护城河。[22]

他所记述的这些数字未免有所夸大，这也许是因为它们都得自他的向导。希罗多德乐于转述这些情况，而且与多数现代旅游者一样，他也有赖于向导为自己提供信息。当时任何一位初次进入小亚细亚的希腊人都会遇到语言不通和行为方式不同的问题。直到亚历山大大帝征服波斯帝国之后，希腊人的行为方式才传播到古代东方。

希罗多德的旅行目的很可能是公务与消遣兼而有之，梭伦（Solon）外出旅行的目的也是如此。梭伦在领导雅典渡过危机之后，也曾出国旅行。自 5 世纪后半叶起，随着越来越多的人去雅典参观帕台农神庙以及雅典卫城的其他新建筑，雅典也因此发展成一座旅游城市。

今天的旅游者在某一外国城市遇到麻烦时，通常会求助于本国驻该地的领事。古希腊人在出国旅行期间遇到麻烦时，同样要求助于本国的驻外代表［驻外代表的住处称为普善庐（proxenos）］。这种驻外代表的主要职责是，尽一切可能帮助那些来该地访问的本国同胞，特别是那些公务来访者。[23]其中比较一般的职责可能包括为这些来访者提供食宿接待、帮助他们购买戏票或者为那些遇到资金短缺问题的人提供贷款。更复杂一些的职责则包括代表某一战俘的亲戚去谈判释放该战俘的赎金，或者，如果某人在国外不幸身亡，其继承人可要求本国驻外代表帮助其处理亡故者在该地发生的财务问题。[24]

在公元前 4 世纪末的希腊，尽管存在种种不便和危险，人们仍在不断开展旅行活动。在海上旅行时，人们会担心遇上风暴和海盗；在陆地旅行时，人们会担心路况艰难、客栈凄凉以及土匪抢劫等。只有荷马（Homer）描述的那些富有者，才有可能避开这些糟糕的问题。

这一时期的外出旅行者多为商人、求医者或者节庆盛会的参加者。像世界上第一个伟大的旅行作家希罗多德那样纯粹为个人喜好而外出旅行的人，为数很少。

博物馆产生于古代的近东，成熟于希腊。有些神庙，例如德尔菲的阿波罗神庙和奥林匹亚的宙斯神庙，逐渐积累起很多珍贵的藏品。这些藏品要么来自信徒表达谢意的捐赠，要么来自信徒因盼望自己的许愿能得到实现而进行的贿赂。根据希罗多德的记述，吕底亚的古各斯（Gyges）曾捐献过 6 个金盆，重约 1 730 磅；某位大富豪曾捐赠一座金狮，重达 375 磅。希罗多德选择记述这些藏品，或者因其价值高昂，或者因其具有非凡的艺术品质而值得关注。希腊人没有多少贵金属，但他们凭借自己完美的技能开采了大量的大理石。赫拉（Hera）神庙便是一个例证，从公元前 7 世纪至公元前 3 世纪，人们为该神庙捐建了大量的大理石造像：

> 在希腊各地，到处可见由那些许愿者或还愿者慷慨捐献的雕像和绘画，许多神庙也因此不仅是人们礼拜的殿堂，而且是美术馆——恰如欧洲一些教堂的发展

目的。与当今一些藏有大量艺术品的教堂一样，这些神庙吸引了大量的来访者，他们的主要目的是观赏这些艺术珍品，顺便作祈祷。[25]

在小亚细亚，从亚历山大大帝于公元前334年在以弗所建立平民政府开始，光顾该城市的旅游者在一个季节便可达70万人。该地有很多杂技表演、动物表演、魔术表演，街道上妓女随处可见。以弗所也因此发展成一个重要的贸易中心，并在亚历山大的统治下，成为古代世界上最重要的城市之一。

早期的海船

在建造单帆的大型木船方面，腓尼基人堪称造船大师。到公元前800年，他们已经以自己生活的城市（今天的黎巴嫩沿海地区）为中心，建立起环绕整个地中海的贸易网。作为周围各邻国的中间商，他们既贩运原材料，也贩运制成品，如埃及的亚麻和纸莎草，努比亚的象牙和黄金，撒丁岛的谷物和铜制品，西西里的橄榄油和葡萄酒，本国的雪松木料，东方的香料和调味品等。据推测，他们或许有时也搭载少量乘客。腓尼基人是海上帝国的第一批创建者。

继**腓尼基人**（Phoenicians）之后，希腊人成为强大的海上贸易者。船舶的改进加快了地中海贸易的繁荣。一些商船还运载付费的乘客（不过，诺亚连同他的方舟或许应当被看做最早的海上巡游经营者，虽然他所运载的“乘客”都是一些动物）。与诺亚的乘客有所不同的是，那些乘坐希腊商船出海航行的人需要携带自己的仆从、食物和葡萄酒。令人难眠的船上住宿条件、海上暴风雨、海盗袭击等，都是当时令人担忧的现实问题。

中国人

有些旅游史学者对某些旅游史著述中的欧洲中心论观点持批评态度。其中最著名的是澳大利亚塔斯马尼亚大学（University of Tasmania）的特雷弗·索菲尔德（Trevor Sofield）。他写道：

> 早在4 000年前，中国的皇帝就派大臣们外出旅行——远在罗马帝国和希罗多德之前。所以，这说明，为探索其他文明社会及其发展历史而外出旅行的活动不仅早在乔叟（Chaucer）前去坎特伯雷朝拜、马可·波罗离开威尼斯外出探险之前便已有之，而且其出现的时间可进一步上溯。在诸如印度、中国、尼泊尔、泰国、伊朗、越南、斯里兰卡、缅甸等国家中，有关朝觐旅行活动的历史记载比有关欧洲旅行活动的历史记载要早得多。在这些国家中，客栈以及食宿接待行业的出现也早于欧洲。[26]

索菲尔德和李（Sofield and Li）在他们合撰的《中国的旅游发展与文化政策》（Tourism Development and Cultural Policies in China）一文中谈到，中国国内旅游的主要特点在于4 000年来所形成的有关旅行活动的传统及开展场所，那时人们认为自己的先祖之神和万物之灵都居住在山岳、河流、湖泊以及其他形式的自然界之中。他们指出：

> 从商朝（大约公元前1350—前1050年）的始建，一直到清朝帝制的最后垮台和1912年民国的建立，历代皇帝及其朝廷都注重敬神。在过去的千百年中，这类场所成倍增加，而且，随着佛教逐渐为人们所接受，出现了更多的朝拜圣地。因此，很多古代旅行活动的开展都是出于朝圣目的。[27]

波利尼西亚人

在早期的航海活动中，生活在大洋洲的人有着惊人的表现。他们驾着长度不到40英尺的小独木舟从东南亚出发，先是向南继而向东航行，经由密克罗尼西亚岛群，横渡太平洋前往马克萨斯群岛、土阿莫土群岛和社会群岛。大约在500年，**波利尼西亚人**（Polynesians）从社会群岛出发，渡洋前往夏威夷，两地之间的距离超过2 000英里。整个航行过程是靠观察太阳和星星的位置、海潮和积云的变化以及飞鸟的方向完成的。考虑到淡水和食品供应等方面的问题，能够完成这样的海上旅行，着实令人惊叹。后来，测量时间的沙漏、测量距离的测程索、测量航向的罗盘等器具相继出现，为早期探险者航海旅行活动的开展提供了新的便利。

欧洲人

在4—5世纪，罗马帝国的崩溃为欧洲消遣旅行活动的开展带来了灾难。在这个黑暗时代（从476年西罗马帝国灭亡至1450年近代时期的开端），只有那些最富冒险精神的人才敢外出旅行。在这一历史时期的欧洲，外出旅行是非常危险的事情，因而没有谁会将外出旅行与消遣娱乐相联系。但有一个最著名的例外，就是十字军。

到黑暗时代结束时，大量的宗教朝觐者开始前往一些著名的教堂旅行，如英格兰的坎特伯雷大教堂［乔叟所著的《坎特伯雷的故事》（*Canterbury Tales*）使坎特伯雷大教堂名垂千古］等。但很少有人前往圣域去旅行，因为这种远程旅行不仅费用昂贵，而且非常危险。从1388年开始，英王理查德二世（King Richard Ⅱ）诏令宗教朝觐者携带通行证，这种通行证可谓现代护照的前身。尽管旅途艰险，成千上万的人仍怀着敬畏的心情前往那些神圣的教堂去赎罪或者还愿。

14世纪时的一本旅行指南向朝觐者详细介绍了他们将经过的各个地区，以及沿途将遇到的各类旅店或客栈。当时，除了一些地方小客栈之外，旅店经营行业几乎消失，只有为数不多的旅店分散在欧洲各地。这些旅店一般都环境肮脏，有大量的寄生虫滋生。西班牙和意大利的旅店为每位客人提供一张床，但是在德国以及其他地区的旅店中，客人通常不得不合睡一张床。不过，当时也有几家高级的旅店，在曼德维尔（Mandeville）的游记中对此曾有描述。

不过，任何旅行者，不论其社会阶层如何，在城堡或私人住宅中一般都能得到招待。教堂的修道院或济贫院可以为多数朝觐旅行者提供接待服务，服务内容不仅包括提供食宿，而且能够提供医生和药物，替换穿破了的外衣，提供向导带领来客熟悉当地的情况，甚至可以为需要者提供贷款。这些修道院还可为来访的朝觐者提供闭关静思和祈祷的机会。

当时最有名的中途停留地是位于大圣伯纳德的法兰西高山济贫院（French Alpine hospice of Grand-Saint-Bernard），该济贫院建于962年。（圣伯纳德犬是当地人用于搜寻和营救遇难旅行者的一种救援犬，因有关广告的宣传而出名。）位于西奈山麓的圣凯瑟琳修道院（St. Catherine's monastery）至今仍很兴盛。那些经济条件宽裕的朝觐者会留下慷慨的功德捐赠。

随着朝觐者数量的不断增多，上述接待服务的提供最终成为这些宗教场所的重负。然而，它们不能将穷人拒之门外，更不能拒绝接待贵族。不能拒绝穷人的原因在于，弘扬基督教的慈善精神是教堂的一项重要使命，不能拒绝贵族的原因在于，富有的贵族会给予教堂慷慨的财务捐赠。于是，这些宗教场所能够做并且也越来越倾向于做的事情，就是介绍那些中产阶级去当地的客栈、旅店和酒馆。所以，对于这一时期食宿接待业的发展，教堂和修道院起了非常重要的作用。

大游学

17—18世纪**"大游学"**（Grand Tour）活动的参加者为外交官、商界人士和学者。他们去欧洲旅行主要是到法国和意大利的一些城市。对于当时的学者来说，到巴黎、罗马、佛罗伦萨以及其他一些文化中心去进行考察和学习是一件很时髦的事情。起初，这种大游学是一种教育性质的活动，但人们批评它最终退化成了纯粹追求享乐的活动。《旅游地理学》（*A Geography of Tourism*）一书曾对"大游学"的情况作了如下描述：

> 大游学活动令人感兴趣的方面之一在于它的常规性和定期性。早在1678年，让·加亚尔（Jean Gailhard）就在其所著的《有造诣的绅士》（*Compleat Gentleman*）一书中谈到，作为惯例，大游学活动的开展时间为期三年。而且，书中还谈到了当时人们普遍接受的行程路线，即：在法国，主要是在巴黎，停留很长时间；在意大利停留将近一年，访问热那亚、米兰、佛罗伦萨、罗马、威尼斯等城市；然后借道德国以及各低地国家经瑞士返回。当然，这只是当时最流行的路线，有些人的行程路线会有变化。人们一般认为，"在游历了意大利、法国和那些低地国家之后，在人世间其他地方，除了平庸和野蛮之外，再也见不到其他东西"。[28]

"大游学"一词今天仍在使用，到欧洲——欧洲大陆——的旅游即可追溯到早期的大游学活动。但是，今天的内涵与以往已经大不相同：因为这种旅游活动的开展更有可能是为期三周，而不是为期三年。

美洲人

最早到北美大陆探险的是16世纪的西班牙人，他们主要在佛罗里达州以及美国的西南部地区活动。他们的旅程相当长，并且经常在恶劣的条件下进行。这些西班牙人登陆后开始骑马旅行，美洲印第安人也因此第一次见到了马。在北美东部地区，巴塞洛缪·戈斯诺尔德（Bartholomew Gosnold）于1602年发现了科德角；普利茅斯殖民地则建于1620年。

虽然人们早期的旅行主要是靠步行或骑马，但驾小船或独木舟也可深入美国内陆。当时人们旅行活动的开展一般是自东往西进行。随着道路的修建，乘坐公共马车旅行开始普及，小旅馆也因此成为旅行者常用的住宿设施。当时最引人注目的旅行活动是乘坐封闭式四轮马车横跨大平原去西部地区旅行。这项旅行活动的开展是在美国内战（1861—1865年）结束之后。随着横贯美国大陆的铁路建设的完成，**铁路旅行**（rail travel）也开始普及。韦尔斯·法戈公司（Wells Fargo Company）于1850年组建了美国运通公司。1891年，该公司开创性地推出了世界上首批旅行支票，并开始提供其他方面的旅行服务，后来发展成为旅行代理商，专门为顾客安排旅行和旅游。如今，**美国运通公司**（American Express）已因其旅行支票、信用卡以及其他各种旅游和金融服务而闻名全球。

在美国的旅行发展史中，最重大的事件之一是第二次世界大战期间大批现役军人所作的旅行。1941—1945年，在军队服役的美国人超过1 200万。其中大部分人被派往远离家园的异国他乡执行任务，如被派往欧洲战区和太平洋战区。

由于军队的四处调派以及这些人员经历的丰富和眼界的拓宽，因此大范围的国内

说明：在美国，只有殖民地威廉斯堡能够使来访游客如此广泛地体验 18 世纪的生活。这里有长达一英里的格洛斯特公爵大街、代步马车、重建的数以百计的殖民地时期的住宅和花园。Photo Courtesy of Virginia Tourism Corporation.

旅行也开始变得司空见惯。战争结束后，随着汽油配给制的取消以及小汽车生产的恢复，自驾车旅游开始出现大幅度增长。航空旅游、铁路旅游以及公共汽车旅游都开始增长。

早期（以及后来）的旅游吸引物

观光一直是旅游者的主要活动，这一点自古以来可谓千真万确。我们中的大部分人虽然都听说过古代世界的七大奇观，却很少有人能说出它们的名称。这七大奇观是：

1. 埃及的大金字塔，包括狮身人面像。
2. 巴比伦的空中花园，有时也包括巴比伦城墙和宫殿，位于今天的伊拉克境内。
3. 哈利卡纳苏斯的摩索拉斯陵墓，位于今天的土耳其境内。
4. 希腊奥林匹亚的宙斯神像。
5. 地中海罗得岛上的太阳神巨像，该岛属于希腊。
6. 埃及亚历山大城的灯塔。
7. 以弗所的黛安娜神殿，该地当时属希腊，今属土耳其。

上述七大奇观中，唯有埃及的大金字塔留存至今。

与古代旅游者外出旅行去观赏这些世界奇观一样，现代旅游者也会为了观赏诸如美国大峡谷、约塞米蒂国家公园、黄石国家公园、尼亚加拉大瀑布、大洋和大湖等自然奇观，以及诸如大城市、博物馆、水坝、纪念碑等人造奇观而外出旅行。

说明：埃及大金字塔是古代世界七大奇观中唯一留存至今的奇观。Photo courtesy of United Nations.

环球透视

新的世界奇观

由于古代的世界七大奇观中如今仅存下埃及的大金字塔，所以，瑞士电影制作人伯纳德·韦伯（Bernard Weber）发起了一场广受瞩目的赛事活动——挑选新的世界七大奇观。经过网上投票，人们最初推举出了近200个项目作为候选对象。此后，经由专家组对此进行筛选，最后将候选项目缩减为21个。2005年，人们开始通过在线或打电话方式，对这21个候选项目进行投票。由于无法防止旅游者、着迷此事者、民众、政府、旅游组织等参与者多次重复投票，因而这一推选做法肯定并不科学。

然而即便如此，来自全球各地的千百万人仍通过互联网，参与了对新的世界七大奇观的投票推选。该项活动的组织者于2007年7月7日（07/07/07）宣布了胜出项目。这些最后胜出的项目是：中国的万里长城、约旦的佩特拉古城、巴西里约热内卢的救世主基督雕像、秘鲁的马丘比丘、墨西哥奇琴伊察的玛雅遗迹、意大利罗马的圆形剧场和印度的泰姬陵。

虽然所有这些胜选项目确实都很值得游览，但它们作为新的世界七大奇观能否得到世人的接受和认可，还需拭目以待，因为韦伯所发起的这一推选活动既未获得世界上各主要遗产地组织的支持，也没有得到联合国教科文组织（UNESCO）世界遗产处的认可。

讨论题

由于这些项目被命名为新的"世界奇观"，从中会出现哪些营销机会？

在挑选新的世界七大奇观方面，你认为韦伯的这一做法如何？

温泉、浴场、海滨度假地

在旅游发展史上另一个对游客有吸引力的方面是温泉的开发。最早利用温泉的是古罗马人，随后，在英国和欧洲大陆，温泉也得到了开发。到了18世纪，温泉浴在上层社会中已变得非常时髦。这不仅因为温泉浴能够治病，还因为在这些温泉疗养地人们可开展社交、游戏、跳舞、博彩等活动。英格兰巴思的温泉区就是一处办得很成功的保健与社交胜地。

这一时期，海水浴也变得流行起来，并且有人认为海水浴比温泉浴更有益于人体健康。英国的著名海滨胜地包括布赖顿、马盖特、拉姆斯盖特、沃辛、黑斯廷斯、韦茅斯、布莱克浦和斯卡堡。到1861年，这些成功的海滨胜地都出现了人们对度假旅游的需求有所抑制的迹象。大多数游客不再停留过夜，而是当日返回。光顾当地旅馆的客人仍限于那些有钱人。

因此，这一时期旅游活动的发展实际上应归功于医师，因为是他们在宣传矿泉的药用价值，并且让他们的患者去那些当时所知道的有矿泉的地方。后来，医师们同样也向人们推荐海水浴的医疗价值。虽然这些温泉度假地和海滨度假地最初接待的都是出于健康原因而来的游客，但它们很快就发展成了消遣娱乐中心和博彩中心，吸引着那些家境富有且追求时尚的人，不论他们是身体欠佳还是根本无恙。这一时期的旅游发展还说明，一个旅游企业的成败通常取决于多种因素的共同作用，而不是单纯取决于某一项因素。今天，人们同样会发现，虽然温泉浴并不是旅游者外出旅游的优先选择，但温泉仍不失为旅游**景点/吸引物**（attractions）。在美国，著名的温泉旺地有阿肯色州的温泉城、印第安纳州的弗伦奇利克、科罗拉多州的格伦伍德泉等。海洋也继续对旅游者保持着强大的吸引力，在美国的“阳光地带”更是如此。在旅游开发中，海洋是一流的有利条件之一，这一点可以从前往夏威夷、佛罗里达、加勒比地区以及墨西哥旅游的旅游者数量得到证明。

▷ 早期的经济影响

旅游者在游览金字塔、去海滨度假以及观赏节庆盛会和体育赛事期间，都需要吃饭和住宿，因而他们会花钱购买相应的服务。商人在外出经商期间也是如此。与今天的情况一样，当时这些消费开支的经济影响也很难测量。这可从下面这段引语中得到证明。1620年，托马斯·孟（Thomas Mun）在英格兰的《外贸财富》（*Treasure by Foreign Trade*）一书中写道：“然而，还有其他一些小科目似乎也与这一结算有关，而陛下的海关官员没有注意将其计算进去，其中主要者便是旅行者的消费开支。”[29]

▷ 最早的旅行代理商

1822年，英格兰布里斯托的**罗伯特·斯马特**（Robert Smart）宣称自己是第一个轮船代理商，并开始为乘客代理预订去布里斯托海峡各港口以及去爱尔兰都柏林的船票。

1841年，**托马斯·库克**（Thomas Cook）利用包租火车的方式，专门组织了一次从莱斯特前往拉夫堡（都位于英格兰）的一日游活动，往返全程24英里。同年7月5日，库克包租的列车运送了570名乘客，往返票价为每人1先令。据说这是世界上第一列公开做广告的旅游专列。因此，托马斯·库克可以被认为是第一个名副其实的铁路旅行代理商，他的各种开拓性创举后来被世界各地的人广泛效仿。托马斯·库克公司的业务发展很快，除了组织前往欧洲大陆的陪同式旅游之外，还组织旅行团去美国以及去世界各地旅游。该公司至今仍是世界上规模最大的旅游公司之一。

世界上第一个专门为个人安排包价旅游［**旅行代理商**（travel agents）的基本职能］的人可能是**托马斯·贝内特**（Thomas Bennett，1814—1898）。他是一名英国人，曾在英国驻挪威奥斯陆的总领事馆担任秘书。在担任这一职务期间，他经常为来访挪威的英国名人安排观光旅游。后来，他于1850年建立了一家名为"旅游组织者"的企业，为散客安排旅游线路、交通、食宿，并为其提供"旅行必备用品包"。作为惯例，他总是为自己的顾客提前订妥所需要的马匹和旅馆房间。

▷ 历史上的交通运输

另一项旅游活动要素是交通运输。早期旅游者的旅行方式包括步行、骑乘畜力、乘船以及乘坐车辆。

公共马车旅行

公共马车（stage coaches）发明于15世纪的匈牙利，按指定路线提供定期客运服务。到了19世纪，公共马车旅行已变得非常流行，特别是在英国。公共马车乘客对过夜住宿的需求促进了那些著名英国客栈的最初发展。

水路旅行

早在1772年，英格兰的运河上就有商业性船只经营客货运输业务。之后，布里奇沃特公爵（Duke of Bridgewater）开始在曼彻斯特和伦敦桥（位于沃灵顿附近）之间经营这种**水路旅行**（water travel）运输服务。当时每条船上都设有一间咖啡室，由船长夫人在此经营茶点。1815年，蒸汽机轮船开始在克莱德河、埃文河以及泰晤士河上定期往来。有一张1833年的海报所宣传的内容就是从伦敦出发的轮船观光游。1841年，泰晤士河上的轮船观光游已变得非常普遍，以至于有一位出版商推出了《轮船观光游指南》（*Steamboat Excursion Guide*）周报。

铁路旅行

铁路始建于1825年的英格兰，铁路客运业务的开展始于1830年。当时利物浦与曼彻斯特之间的新建铁路就是为经营客运业务而专门设计的。该铁路公司的董事们最初并没有预见到客运业务量会很大，但时间证明他们错了。每英里仅需付1便士的票价使得对铁路旅行的需求量大增——其规模之大令铁路公司大喜过望。由于铁路票价比公共马车票价低很多，所以铁路旅行很快就得到了人们的普遍接受，甚至对于那些低收入阶层来说也是如此。

不过，早期铁路旅行在英国的发展也遭到了一些人的恶意批评。当时一些最具影响力的媒体似乎都认为铁路这种新的运输方式是魔鬼撒旦的发明。当铁路公司提议修筑一条从伦敦通往乌尔里奇的铁路，以便能够以18英里的时速运送乘客时，有人心怀恐惧地在《每季评论》（*Quarterly Review*）上撰文道："我们可以料想，一旦乌尔里奇的人们将自己交由一部如此高速飞奔的机器摆布，就会像坐在一枚乱跳乱飞的康格里夫火箭上那样被发射出去。"另一位撰稿人则认为该客运铁路建设计划是"令人不屑一顾的空想”。在美国，最早一批铁路兴建于1826—1840年。

汽车旅行

在美国，从亨利·福特（Henry Ford）于1908年推出了著名的T型车开始，小汽车就开始成为人们的旅行工具。这种价格相对低廉的“铁皮盒子”使美国的旅行活动发生了革命性的变化，从而也提出了改善道路的要求。到1920年，全美道路网已经建成，小汽车在人们旅行活动中的支配地位也因此而形成。今天，小汽车旅行里程约占美国城市间旅行总里程的84%，并且在全部出行活动中，这种旅行方式大约占80%。在20世纪二三十年代，**小汽车旅行**（automobile travel）的发展引起了早期汽车旅馆的出现。这些早期汽车旅馆最终演化为现代的汽车旅馆和汽车饭店。继小汽车旅行得到普及之后，公共汽车旅行也很快出现，而且至今仍是一种主要的交通运输方式。

航空旅行

1903年，世界上第一架载人飞机在美国北卡罗来纳州的基蒂·霍克机场起飞。大约16年后，定期航班客运服务开始在德国出现。这就是柏林—莱比锡—魏玛航线，其承运商后来发展成为著名的德国汉莎航空公司（Deutsche Lufthansa）。今天的汉莎航空公司已是世界上一家主要的国际航空公司。世界上第一位飞越大西洋的乘客是查尔斯·莱文（Charles A. Levine）。当年，他乘坐由克拉伦斯·钱伯林（Clarence Chamberlin）驾驶的飞机从纽约直飞德国，飞机在距离目的地柏林118英里的一个地方迫降，最终他们在1927年6月7日到达柏林。此次飞行是在查尔斯·林德伯格（Charles Lindbergh）独自一人驾机从纽约飞抵巴黎这一著名历史事件后不久进行的。

美国第一家航空公司——瓦尼航空公司（Varney Airlines）——创办于1926年，经营定期运送国内航空邮件的业务。不过，这家公司的成立仅比西部航空公司（Western Airlines）早11天，1926年4月17日，西部航空公司也开始投入运营。后来，瓦尼航空公司与另外三家航空公司合并，组建了美国联合航空公司（United Airlines）。1987年4月1日，西部航空公司并入达美航空公司（Delta Airlines）。最初，在载重量允许的情况下，除了邮件之外，飞机只允许搭载一名乘客。第一家经营国际邮件空运业务的航空公司是**泛美航空公司**（Pan American Airways），1927年10月28日，该公司的飞机从佛罗里达州的基韦斯特机场起飞，运送邮件去古巴的哈瓦那。1928年1月16日，在同一条航线上，泛美国际航空公司首次开展客运业务，当时从佛罗里达州至哈瓦那的航程为1小时10分钟，单程票价为50美元。

后来，美国的各家航空公司逐渐将自己的业务扩展到多个城市，甚至一些跨国目的地。第二次世界大战期间，这些航空公司的设备及大部分员工都投入了战争服务。20世纪40年代初，DC-3客机和波音314A客机的投入使用，使得自费航空旅行的乘客数量开始增多，而且**航空旅行**（air travel）更广泛地被人们所接受。由英国人弗兰克·惠特尔（Frank Whittle）发明的喷气式发动机最初应用于B-52轰炸机之类的军用飞机。美国第一架喷气式商用飞机是波音707飞机。1959年1月25日，美利坚航空公司（American Airlines）首次使用喷气式客机作横贯美国大陆的飞行，航线是从洛杉矶飞往纽约。1970年1月，泛美国际航空公司使用当时新问世的波音 747 客机从纽约起飞运送 352 名乘客前往伦敦，宣告了大型喷气客机时代的开始。

协和式飞机的出现标志着超音速飞行时代的开始。协和式飞机是一家英法合资企业的产品，其样机成型于 1967 年，并于 1969 年进行了首次试飞。协和式飞机是飞机工程技术与设计领域中的一个奇迹。这款白色的巨鸟以其向下倾斜的针状机头和宽阔的翼展为突出特征，成为现代社会的一种图标。协和式飞机的飞行时速为 1 350 英里，相当于音速的两倍；飞行高度为 60 000 英尺，几乎是其他喷气式商用客机飞行高度的两倍。在体现旅行大众的想象力方面，或许其他任何民用飞机都比不上协和式飞机。

2003 年 10 月 24 日，星期五，协和式飞机最后一次执行载客飞行任务，此后它退出了英国航空公司（British Airways）的机队。法国航空公司（Air France）于 2003 年 5 月 31 日将协和式飞机从机队中撤出。就这样，在历经 34 年之后，超音速航空的历史篇章画上了句号。它标志着人类航空史上第一次出现这样的情况：在一项重大的技术创新被终止使用的同时，却没有更先进的技术产品可以替代它。

英国航空公司如今已决定将其退役的协和式客机用于展出。今后，这些协和式客机可见于美国西雅图的航空博物馆，美国纽约的航海、航空和航天博物馆，英国菲尔顿的空客公司总部（在布里斯托附近），英国的曼彻斯特机场，英国的希思罗机场，英国爱丁堡附近的航空博物馆，以及巴巴多斯首都布里奇敦的亚当斯机场。

由于具有快速、舒适、安全等特点，以航空运输业的收入客英里来衡量，航空旅行如今已成为人们最主要的公共交通方式。

住　宿

最早的客房是私人住宅的一部分，因而旅行者几乎可以得到家庭成员般的招待。在中东地区以及东方诸国，商队客栈和客店的出现都可上溯到古代。近现代时期，先是公共马车旅行的发展，继而是铁路旅行、轮船旅行、小汽车旅行、公共汽车旅行以及航空旅行的发展，扩大了对**住宿**（accomodation）的需求。其中，铁路旅行的发展促使城市旅馆增多；小汽车以及公共汽车旅行的发展催生了汽车旅馆；航空旅行的发展则引发了机场及其附近区域住宿设施建设的热潮。为旅行者提供接待服务——包括为其提供住宿服务、餐饮服务以及娱乐服务——如今已成为世界上最重要的行业之一。

旅行发展的大事年表

下面列出了两份有关旅行发展的大事年表：（1）古代人类迁移、早期探险家和杰出旅行家活动的大事年表；（2）旅行安排者及其业务、设施、设备和供应商情况的大事年表。入选表中的旅行家和探险家不仅都曾有过长期而艰苦的旅行经历，去过一些当时鲜为人知（并且常常为人们所误解）的地方作探访，而且亲自或者由别人代笔对这些地方作了生动的记述。他们不仅有时会遇到令人难以置信的困难，而且时常会遭遇危险，甚至经历九死一生的困苦。

今天，人们舒适（有时甚至是鼓舞人心）的旅行条件完全得益于现代工艺、设计和工程技术的发展。

古代人类迁移、早期探险家和杰出旅行家活动的大事年表

100万年以前	直立人在东部非洲和南部非洲起源，并大范围往北向中东和亚洲迁移。
35万年以前	直立人开始向早期现代人进化；居住于非洲、欧洲和亚洲。
3万～5万年以前	向解剖学意义上的现代人进化，并从东南亚扩张进入大洋洲和东北亚。
15 000年以前	旧石器时代人自东北亚经由大陆桥进入美洲北部地区。
公元前	
4000年	苏美尔人（美索不达米亚、巴比伦尼亚地区）发明货币、楔形文字和轮子；创造出导游的概念。
2000—前332年	腓尼基人开始海上贸易，航迹遍及整个地中海地区。他们的航行范围可能还远及不列颠群岛、西非沿海地区和亚述尔群岛。
1501—前1481年	哈特谢普苏特女王从埃及出发前往蓬特旅行，据说蓬特位于非洲东海岸。
336—前323年	亚历山大大帝率领军队从希腊进入亚洲，翻越兴都库什山脉（位于今天的阿富汗—克什米尔地区）抵达南亚地区的印度河。
公元	
500年	波利尼西亚人从社会群岛出发，渡洋至夏威夷，航行距离超过2 000英里。
800—1100年	生活在斯堪的纳维亚半岛的维京人（Vikings）建立贸易，并探察冰岛、格陵兰岛以及北美沿海地区。
1271—1295年	威尼斯商人马可·波罗在波斯（今天的伊朗）、西藏（位于中国）、戈壁沙漠、布尔马（位于约旦）、暹罗（今天的泰国）、爪哇岛（位于印度尼西亚）、苏门答腊岛（位于印度尼西亚）、印度、锡兰（今天的斯里兰卡）、西伯利亚以及其他一些地方旅行。
1325—1354年	有“伊斯兰的马可·波罗”之誉的摩洛哥人伊本·巴图塔（Ibn Battuwtah）六次前往麦加朝圣，还曾访问印度、中国、西班牙以及非洲的廷巴克图。
1492—1502年	克里斯托弗·哥伦布（Christopher Columbus）探察美洲，包括巴哈马群岛、古巴、牙买加、中美洲以及南美洲的北部沿海地区。
1497年	意大利航海家约翰·卡伯特（John Cabot）从英格兰的布里斯托港起航，在今天名为新斯科舍的地方发现了北美洲。
1513年	西班牙探险家巴斯科·巴尔博亚（Vasco Núñez de Balboa）发现太平洋。
1519年	费迪南德·麦哲伦（Ferdinand Magellan）从西班牙起航西行，率队环游世界。其本人在菲律宾被杀身亡，但他的一些船员完成了这次绕地球一周的旅行。
1540—1541年	西班牙探险家弗朗西斯科·科罗纳多（Francisco V'squez de Coronado）到今天的亚利桑那州、新墨西哥州、得克萨斯州、俄克拉何马州以及美国西南部其他一些地方寻找黄金、白银和宝石（但没有成功）。
1602年	英格兰探险家和殖民者巴塞洛缪·戈斯诺尔德从（今天的）美国缅因州起航前往纳拉甘西特湾，在途中，发现并命名了科德角。1606年，他的船将首批殖民者运至弗吉尼亚。
1768—1780年	英格兰海军指挥官詹姆士·库克探察北美洲的东北部沿海地区，并在太平洋中发现了新喀里多尼亚、新西兰、澳大利亚和夏威夷。他本人在夏威夷被杀身亡。
1784—1808年	苏格兰人亚历山大·马更些（Alexander Mackenzie）首次踏勘墨西哥以北的北美洲内陆，发现了如今以其名字命名的马更些河与弗雷泽河（Fraser River），前者流入北冰洋，后者注入太平洋。

1804—1806 年	美国人梅里韦瑟·刘易斯（Meriwether Lewis）与威廉·克拉克（William Clark）率先进行了开发美国西部的探险活动，发现了哥伦比亚河，足迹直抵太平洋海岸。
1860—1863 年	英格兰人约翰·斯皮克（John H. Speke）发现尼罗河的源头。尼罗河的源头是从维多利亚湖北岸流出的维多利亚尼罗河。
1925—1934 年	美国水下探险家和发明家威廉·毕比（ William Beebe）发明深海潜水装置，并在百慕大海域下潜 3 034 英尺。
1951—1955 年	美国人伊丽莎白·马歇尔·托马斯（Elizabeth Marshall Thomas）完成在非洲中部卡拉哈里沙漠的探险。
1969 年	美国宇航员尼尔·阿姆斯特朗（Neil Armstrong）、小埃德温·奥尔德林（ Edwin Aldrin，Jr.）和迈克尔·柯林斯（ Michael Collins）首次飞往月球。阿姆斯特朗和奥尔德林先后步出登月舱踏上月球表面，柯林斯继续驾驶指令舱。后来他们驾驶重新接合起来的指令舱和登月舱返回地球。

旅行安排者及其业务、设施、设备和供应商情况的大事年表

公元前	
2000 年	商队客栈（客店）出现于古代的近东地区和东方诸国。这些住宿设施沿商队行走路线分布，为往来的旅行者和商人提供过夜住宿，并为其骆驼和驴子安排歇息的地方。这些人都是结队旅行，以相互协助和抵御盗匪。
776 年	希腊人开始外出旅行去参加奥林匹克运动会。后来，奥林匹克运动会每四年举办一次。

公元	
500—1450 年	在欧洲的中世纪时期，皇室在外地举办社交聚会之前，会派一名先遣人员去勘查最佳旅行路线、寻找食宿设施，然后返回，为该团体担任向导。
1605 年	出租马车在伦敦出现。
1801 年	理查德·特里维西克（Richard Trevithick）在英格兰制造出能够牵引有轨列车的蒸汽机车。
1815 年	英国人约翰·麦克亚当（John L. McAdam）和托马斯·特尔福德（Thomas Telford）发明全天候道路，之后人们用沥青铺设路面。
1822 年	英格兰布里斯托的罗伯特·斯马特（Robert Smart）开始为乘客代理预订去爱尔兰的船票。
1826—1840 年	铁路运输在美国开始运营，先是运输煤炭之类的矿物，后来提供客运服务。
1829 年	第一家“现代”旅馆——特莱蒙特旅馆（Tremont House）在波士顿开业。
1830 年	英格兰开始铁路客运。
1838 年	《旅游者回忆录》（*Mémoires d'un touriste*）一书的作者，笔名为司汤达（Stendhal）的法国人玛丽-亨利·贝尔（Marie-Henri Beyle），据说是第一个在流传作品中使用法语“旅游者”一词的人。
1841 年	托马斯·库克组织旅游专列，运送 570 名乘客从英格兰的莱斯特前往拉夫堡，单程 12 英里。
1850 年	在英国驻挪威奥斯陆的总领事馆中担任秘书的托马斯·贝内特创立名为“旅游组织者”的企业，为来访挪威的英国散客安排消遣旅游线路，并提供其他相关服务。

1873年　美国运通公司成立。由始建于1850年的美国运通公司前身与始建于1852年的韦尔斯·法戈公司合并而成。

1902年　美国汽车协会（American Automobile Association，AAA）在芝加哥成立。

1903年　在北卡罗来纳州的基蒂·霍克机场，莱特兄弟首次驾机飞行成功。

1908年　亨利·福特生产出著名的T型小汽车。

1918年　德国汉莎航空公司在从柏林飞往莱比锡和魏玛的航线上首次推出定期航班客运服务。

1920年　美国道路系统开始作巨大改进。

1926年　瓦尼航空公司和西部航空公司成为美国最早的航空公司。

1927年　查尔斯·林德伯格独自一人驾机从纽约直接飞抵巴黎。

1927年　查尔斯·莱文成为第一位飞越大西洋的乘客，他乘飞机从纽约直飞德国，最后在距离目的地柏林118英里的地方迫降。

1927年　泛美航空公司首次开展国际商业邮件空运业务，该公司的飞机从佛罗里达州的基韦斯特起飞，运送邮件去古巴的哈瓦那。

1928年　泛美航空公司首次在同一航线上运送乘客。

1931年　美国轮船代理商协会（American Society of Steamship Agents）在纽约成立。

1936年　美国航空运输协会（Air Transport Association，ATA）在芝加哥成立。

1939年　英国人弗兰克·惠特尔制成第一架喷气式飞机发动机。

1944年　美国旅行代理商协会（American Society of Travel Agents，ASTA）成立。其前身是美国轮船代理商协会。

1945年　第二次世界大战结束，大众旅游时代开始。

1951年　亚太旅游协会（Pacific Asia Travel Association，PATA）在夏威夷檀香山成立。

1952年　美国国会建立全国州际公路系统。

1954年　英国生产出第一架喷气式客机彗星号。

1958年　美国波音公司生产出波音707喷气式商用飞机。

1959年　美利坚航空公司首次使用波音707飞机飞行从洛杉矶至纽约的横贯美国大陆的航线。

1961年　美国国会通过提案，设立美国旅行事务署（USTS）。

1964年　美利坚航空公司建成“SABRE”计算机预订系统（CRS）。

1970年　泛美航空公司首飞波音747宽体客机，从纽约运送352名乘客去伦敦。

1978年　英国航空公司和法国航空公司开始使用超音速的协和式飞机进行客运服务；美国通过《航空自由化法案》(U. S. Airline Deregulation Act)。

1990年　柏林墙被拆除。

1994年　“旅游时代”（age of travel）服务出现，旅游消费者只需打一个电话就可完成大多数复杂的旅行计划和服务安排；全程涉及的服务商可能包括多家航空公司、一家邮轮公司、多家观光公司、一家汽车租赁公司、其他的地面服务公司以及娱乐表演公司——所有这一切都可通过计算机全球预订系统进行预订，除偶然发生的杂项消费之外，旅游全程的费用都可使用信用卡支付。

1994年　英法之间的英吉利海峡隧道铁路通车。

1995年　达美航空公司对支付给旅行代理商的国内机票代理佣金实行封顶；作为20年来美国首次新增的机场，丹佛国际机场（DIA）开业；美国白宫旅游会议首次举行。

1996年	阿拉斯加航空公司（Alaska Airlines）成为第一家通过互联网接受在线预订和网上支付的航空承运商。
1998年	耗资200亿美元的香港新机场启用。
2001年	丹尼斯·蒂托（Dennis Tito）成为世界上第一位自费太空旅游者。
2001年	对美国发动攻击的“9·11”事件。
2003年	协和式飞机退役。
2006年	阿诺什·安萨莉（Anousheh Ansari）成为首例自费太空游的女性。
2007年	新加坡航空公司率先将空客A380客机投入商业服务。
2009年	由于美国、欧洲等地出现经济衰退，致使人们放弃外出旅游，旅游业因此在2008年和2009年遭受了巨大打击。
2011年	日本全日空航空公司（ANA）首次将波音787客机投入商业服务。

说明：从20世纪90年代初开始，捷克共和国首都布拉格已成为最受欢迎的东欧旅游目的地之一。Copyright © Corbis Digital Stock.

□ 本章小结

早期探险家、商人和航海者为现代旅游的发展打下了基础。千百年来，人类对提供旅行便利条件的需求始终未变：修筑道路、建造车船以及提供过夜住宿等方面的活动都可以追溯到古代。那些勇敢的探险家深入蛮荒之地所作的考察和发现，增进了当时的人们对世界真实情况的了解。

在过去的数百年中，诸如测量时间的沙漏、计算航行距离的测程索、测量航向的罗盘等器具的发明使得海上探险的成功开展成为可能。早期波斯道路以及罗马帝国道路的修筑，实际上主要用于考察、军事、运送贡品以及消遣旅行等目的。

此后，交通运输方面众多的发明和创造，如改良的道路、公共马车、客运铁路、客运轮船、小汽车、大客车、飞机等，为人们提供了更加快速、更加舒适的外出旅行方式。伴随着旅游目的地选定、相关的服务项目、提前预订等便利因素的不断增加，客店和旅馆也都变得更加宽敞、舒适。

然而，就今天的情况而言，要使旅游市场的规模不断扩大所需具备的条件与罗马帝国时期相比并没有什么不同。如果能够使潜在旅游者确信外出旅游是安全、舒适的，并且会不虚此行，那么旅游业肯定会兴旺发达。随着罗马帝国的衰亡，旅游活动的开展也走向衰落，原因在于富有阶层人数减少、路况恶化、乡间盗匪肆虐、恶棍横行。今天，战争、社会动荡以及恐怖活动同样阻碍着旅游的发展。和平、繁荣、有效的营销以及合理的旅游价格仍然是实现全球旅游增长的必要条件。

□ 重点概念

住宿（accommodation）
航空旅行（air travel）
美国运通公司（American Express）
景点/吸引物（attractions）
小汽车旅行（automotive travel）
早期的道路（early roads）
埃及人（Egyptians）
大游学（Grand Tour）
希腊人（Greeks）
奥林匹克运动会（Olympic Games）
泛美航空公司（Pan American Airways）
腓尼基人（Phoenicians）
波利尼西亚人（Polynesians）
铁路旅行（rail travel）
罗伯特·斯马特（Robert Smart）
罗马人（Romans）
丝绸之路（Silk Road）
公共马车（stage coaches）
苏美尔人（Sumerians）
托马斯·贝内特（Thomas Bennett）
托马斯·库克（Thomas Cook）
旅行代理商（travel agents）
水路旅行（water travel）

□ 互联网练习

为了方便读者，本章中所提及的互联网网站连同其他一些相关网站，一并列在为本书伴设的网站上：www. wiley. com/college/goeldner。

练习1

网站名称：国家游乐园历史学会（The National Amusement Park Historical Association）

网址：www. napha. org

背景信息：国家游乐园历史学会是一家国际组织，致力于游乐园和主题公园行业——过去、现在和未来——的研究与弘扬。

练习内容

1. 追溯游乐园从欧洲中世纪开始发展直至今天的演进情况。
2. 在今天的美国，游乐园行业有何发展趋势？

练习2

网站名称：全美历史保护托管会（National Trust for Historic Preservation）

网址：www.preservationnation.org

背景信息：全美历史保护托管会是一个由私人出资的非营利组织，旨在为保护美国的各种古迹和振兴美国社会文化而开展指导、教育和宣传工作。

练习内容

1. 由全美历史保护托管会进行管理的历史遗址有哪些？

2. 全美历史保护托管会从何处获得活动经费？

3. 全美历史保护托管会能否决定哪些建筑物属于历史建筑？

□ 复习与讨论题

1. 学习有关旅游发展史的基本知识有何意义？

2. 当代旅行者的出行动机及其所看重的问题与古代旅行者的情况一样吗？

3. 对哥伦布、卡伯特、巴尔博亚、麦哲伦等早期航海探险家来说，促使其外出旅行的主要动力是什么？

4. 举例说明早期的向导是如何开展工作的。为什么说他们起的作用非常重要？他们当时的职责与今天的导游一样吗？他们的道德规范如何？（讨论时，也包括旅游陪同人员。）

5. 罗马帝国时期的旅游活动与当代的旅游活动有何相同之处？

6. 为什么奥林匹克运动会自公元前776年以来能够一直延续下来？

7. 在21世纪，国际旅行者的外语能力何以肯定会有所提高？

8. 某人持有的货币能兑换其他任何国家的货币吗？

9. 目前使用欧元的国家有哪些？

10. 对大多数游客来说，博物馆、大教堂和美术馆真的很重要吗？试列举一些鲜明的例子。

11. 在早期的旅行发展中，宗教动机何以会很重要？这种动机今天还存在吗？倘若仍然存在，试列举一些这方面的例子。

12. 早期的宗教场馆，如教堂和修道院，常常会为旅行者提供住宿。试说明它们这样做的原因。

13. 马可·波罗的游记对文艺复兴时期（14—16世纪）欧洲人旅行活动的增长有何影响？

14. 为什么铁路旅行会取代公共马车旅行？

15. 医疗和健康方面的旅游动机今天还重要吗？

16. 试介绍一些古代的旅游吸引物。它们今天仍很重要吗？为什么？

17. 对于中远程旅游来说，航空为什么会成为主要的交通方式？

18. 第一个旅行代理商是谁？他当时提供哪些方面的服务？谁是第一个铁路客运代理商？谁是第一个经营组团业务的旅游经营商？谁是第一个轮船客运代理商？

19. 计算机预订系统可在哪些方面为旅行代理商以及旅游者提供帮助？

20. 你认为今后20年的旅游发展将会是什么样子？

□ 案例题

哈里斯夫人（Mrs. Harris）是一位成功的博物馆管理者。该博物馆的主任交给哈里斯夫人一项任务，要求她利用全馆展区筹办一项关于“旅游发展史”的专题展览，展期为9个月。哈里斯夫人对此颇感兴奋，因而聘请你作为旅游顾问帮她筹备该项展览。对于该项展览中应包括哪些内容，你会为她提供哪些建议？

该项展览的内容最好应聚焦于哪些历史时期？对于这些时期的交通方式、代表性人物、所出现的科技创新等，你会有哪些提议？该项展览需具备哪些特色方可确保能吸引大批观众来访？

□ 注　释

[1] Lionel Casson, *Travel in the Ancient World* (London: Allen and Unwin, 1974), p. 253. A note on style: B.C.E. (Before the Common Era) and C.E. (Common Era), used by some authors and often used in scholarly literature, are the alternative designations corresponding to B.C. and A.D.

[2] Eric Friedheim, *Travel Agents: From Caravans and Clippers to the Concorde* (New York: Travel Agent Magazine Books, 1992), pp. 27–28.

[3] Ibid., p. 5.

[4] Casson, *Travel in the Ancient World*, p. 32.

[5] Ibid., p. 32.

[6] Ibid., p. 34.

[7] Ibid., p. 31.

[8] Ibid., p. 35.

[9] Ibid., p. 25.

[10] Ibid.

[11] Ibid., p. 27.

[12] Ibid.

[13] Ibid., p. 299.

[14] Peter Neville-Hadley, *China: The Silk Routes* (Old Saybrook, CT: Globe Pequot Press, 1997).

[15] J. D. Brown, *Frommer's China: The 50 Most Memorable Trips* (New York: Simon & Schuster, 1998), p. 371.

[16] Neville-Hadley, *China*, p. 61.

[17] Stephen G. Haw, *A Traveller's History of China*, 2d ed. (New York: N.W. Publishing Group, 1998), pp. 84–85.

[18] Judy Bonavia, *The Silk Road from Xi'an to Kashgar*, revised by William Lindesay and Wa Qi, 2d ed. (New York: W.W. Norton & Co., 1999).

[19] Casson, *Travel in the Ancient World*, pp. 76–77.

[20] Ibid., p. 89.

[21] Ibid., pp. 84–85.

[22] Ibid., p. 99.

[23] Ibid., p. 93.

[24] Ibid., pp. 240–241.

[25] Ibid., pp. 240–241.

[26] Internet correspondence.

[27] Trevor Sofield and Sarah Li, "Tourism Development and Cultural Policies in China," *Annals of Tourism Research*, vol. 25, no. 2 (1998), pp. 362–392.

[28] H. Robinson, *A Geography of Tourism* (London: Macdonald and Evans, 1976), p. 13.

[29] Quoted in George Young, *Tourism: Blessing or Blight?* (Middlesex, UK: Pelican Books, 1973), p. 1.

第3章

职业生涯机会

学习目的

- 评价旅游领域中未来的就业机会。
- 了解旅游业中的职业。
- 发现哪些职业符合你的兴趣和能力。
- 了解更多的就业信息源。

导　言

所有在校学生最终都要离开校园，去寻找一份职业生涯导向的工作。这是一个颇具难度的决策时刻，因为对于自己应去追求哪些目标，或者应去实现哪些雄心壮志，学生心中往往会充满困惑。对于学生来说，直面自己的找工作问题是一项具有挑战性的任务。在寻找工作的过程中，你是在营销一项产品——你自己，因而你必须做好有关的沟通工作，使某个预期雇主确信你具备该组织所需要的工作能力，并且确信对于该组织来说，你将是一份有价值的资产。

就业预测

根据世界旅行及旅游理事会所作的评估，2010 年全世界约有 2.358 亿人就业于因旅游业需求而得以存在的工作岗位，约占全球就业劳动力总量的 8.1%。虽然旅游业的贡献涉及国内生产总值、资本投资、就业、外汇创收等诸多方面，但最重要的贡献在于能够创造就业。根据世界旅行及旅游理事会的**就业预测**（employment forecasts），到 2020 年，全球将有 3.03 亿人就业于由旅游业所创造的工作岗位，约占全球就业总量的 9.2%，或者说，全球每 10.9 个就业岗位中，就有 1 个是因旅游业的需求而存在。

简言之，旅游业是世界上增长速度最快的产业之一，因而有些用人单位会担忧找不到足够的人手去填充自己空缺的工作岗位。

旅游业的从业要求

你适合从事旅游工作吗？你喜欢从事与人打交道的工作吗？你具备领导能力吗？在某位顾客可能表现得无礼和令人厌烦的情况下，你还会真诚地关心他的利益与需要吗？对于这些问题，如果你都能作出肯定的回答，那么你就能够在旅游业中找到一份工作。你必须要能做到喜欢并行之有效地为他人服务。倘若你做不到这一点，那么旅游业就不是你适合从事的行业。在顾客表现愉快、态度谦和的情况下，你很容易能做到待之以礼。但是，在为各种不同类型的人——特别是在为那些态度苛刻或办事优柔寡断的顾客——提供服务的情况下，你需要进行大量的自我约束。在旅游过程中，顾客可能经常会改变主意。这就要求旅游从业人员要有忍耐精神，要有保持心情愉快的个性。

你还需要考虑自己是否具备很多旅游工作所要求的体能条件。长时间站立工作，或者在某种炎热、潮湿或寒冷的环境中进行工作，都是令人很难受的事情。例如，作为航空公司检票员，你在工作中可能需要面对人群拥挤所带来的压力；作为旅行社的咨询人员，你必须要有洞察力，善于倾听，并且镇定自若；作为一处大型度假地的经理，你经常需要处理复杂的预算决策和投资决策问题；作为某地旅游局的负责人，你必须要有能力领导和协调不同部门的工作。总之，在判定自己能否胜任某个工作职位时，你首先应对自己的身心特点和技能状况作出必要的评价。

为了增大找到工作的机会，为了确定自己是否喜欢该项工作，你可以去走访一些与旅游相关的企业。在走访过程中，你可以访谈该企业的经理、领班及员工，并争取获得实习机会。工作经验很重要。一旦有了工作经验，你便能在世界各地更大范围的各类旅游企业中运用这些工作技能。

职业生涯范围

旅游业是当今世界上规模最大的产业之一。它由很多部门共同组成，其中的主要行业包括交通运输业、住宿业、饮食服务业、零售业、旅行社行业，此外还涉及其他各种旅游服务业务，提供历史文化知识、探险、体育运动、户外消遣、娱乐表演等方面的服务。所有经营旅游服务的企业，都需要聘用知识渊博且具有想象力的业务经理。

通晓旅游、娱乐、商业、休闲等方面的知识是一个人从事旅游业的必备条件。很多旅游业务技能同时也是社会普遍需要的工作技能，在众多领域中都有很多的应用机会。

由于旅游业涉及众多不同的部门，并且每个部门中都有多种就业机会和生涯道路，所以我们不可能全面罗列和介绍旅游业中所有的工作职位。不过，作为有志于从事旅游业工作的学生，你不妨注意了解以下一些领域中的情况。对于其中很多领域的情况，本书第5～8章中有更为详细的介绍和讨论。

目前很多旅游行业都编有相当全面的工作岗位清单，其中包括那些并不需要高深技术的入门级工作岗位。人们之所以将这些入门岗位列出，一方面是因为它们是旅游业岗位工作的组成部分，另一方面则是因为管理者的任务中包括为这些岗位招聘工作人员，并负责督导这些岗位工作的开展。

旅游业中的科技岗位

在旅游业中，科技性的工作机会遍布于所有各个层级的工作之中。在旅游经营管理工作中，信息技术一向都很重要，而且，随着各种新设备的出现以及对原有设备的改进，信息技术的重要性程度仍在不断提升。例如，在利用先进的信息技术、借助各种导航系统为旅游者提供信息服务方面，个人数字助理器（PDA）或移动电话的使用正在快速增加。

所以，为了实现最佳的工作成效，旅游管理者将需要聘用更多的技术劳动力。熟悉网络技术的人员，以及熟悉用户界面、模块、数据库管理、计算机编程、商业情报、商业分析、市场调研及计算机制图等方面技术的人员，皆有望在旅游业中觅得就业机会。

除了信息技术之外，随着旅游业技术工作与很多其他相关行业的结合，一些新型的旅游产品也已出现。这些新型的旅游产品包括医疗旅游、教育旅游、农业旅游、海洋旅游以及太空旅游等。

能在旅游业中创造就业岗位的另一项科学技术，则是全球定位系统（GPS）。全球定位系统作为一种辅助手段，目前已广泛应用于世界各地的导航工作。此外，它还是一项有用的工具，可用于绘制地图、开展国土调查，以及用于处理商务等方面的工作。确实，人们很难说出哪一个领域中没有全球定位系统的用武之地。由于其功能之广，如今已为各领域的人群所应用，其中包括：科学家、飞行员、军队、远足者、骑自行车旅行者、商务旅行者、外出度假者、野外探险者、玩海者、渔夫、狩猎者以及热气球运动爱好者等。欲知这方面的更多信息，读者可访问以下网站：www.garmin.com；www.tomtom.jobs。

航空公司

航空公司（airlines）是旅游业中的主要雇主之一，可提供多种不同层次的就业岗位，其中包括预订代理人、航班乘务员、飞机驾驶员、航空工程师、航空机械师、飞机养护人员、行李搬运工、航空饮食服务人员、销售代表、销售人员、计算机专家、培训工作人员、行政办公人员、部门职员、票务代理、调研人员等。由于航空公司的经营必须符合安全要求以及其他方面的要求，因而还可为人们带来在美国联邦航空管理局（FAA）中工作的机会。美国联邦航空管理局需要聘用空中交通管理员以及其他方面的各种专家。此外，各个机场也都需要雇用从停车场服务人员到机场管理人员等一系列的员工。航空运输协会之类的组织也需要雇用人员从事相关的政策研究和航空安全事务等方面的工作。

公共汽车公司

公共汽车公司（bus companies）需要雇用管理人员、票务代理、销售代表、旅行团领队、目的地接待人员、问讯处服务人员、行政人员、司机、人事管理及员工培训工作人员。

邮轮公司

邮轮业是当今旅游业中增长最快的部门。邮轮业中的工作机会包括：销售代表、行政办公人员、市场调研员、娱乐活动指导人员以及公司高级管理人员等。由于邮轮业和住宿业在业务经营上非常类似，因而**邮轮公司**（cruise lines）中很多工作岗位的设置都与住宿业中的情况相同。

铁路公司

承担铁路客运服务的公司，在美国主要是美铁公司（Amtrak），在加拿大则是加拿大国铁公司（Via Rail）。欧洲、日本以及世界其他地区的铁路客运比北美发达得多，因而所提供的就业机会也多于北美。**铁路公司**（railroads）所需雇用的人员包括：管理人员、客运服务代表、客流分析员、市场营销经理、销售代表、预订/售票员、情报专家、列车长、工程技术人员、列车乘务员和餐车服务员、车站工作人员等。

汽车租赁公司

随着消遣旅游和航空旅游的增多，并且随着航空/自驾车一条龙服务业务的增长，**汽车租赁公司**（rental car companies）正在成为旅游业中一个日益重要的部门。这个部门所需雇用的人员包括：预订代理商、汽车租赁业务的销售代理、各类办事人员、服务人员、汽车修理技工以及地区经理人员等。

饭店、汽车旅馆和度假村

饭店和汽车旅馆中的就业领域非常广泛。具有代表性的职位包括：地区经理、总经理、驻店经理、审计员、会计师、实习管理人员、销售主管、会议销售主管、人事业务主管、调研业务主管、邮件办事员、客房分派员、预订受理员、前台经理、客房清扫员、服务主管、迎宾员、前厅行李员、门卫、客房服务员、厨师、烹调人员、帮厨、库房管理员、洗碗工、餐厅服务员、酒吧招待员、餐饮服务学徒、供暖和空调人员、维修保养工、工程人员、电工、水暖工、木工、油漆工、洗衣房工人等。

说明：旅游度假地可提供很多在富有魅力的环境中从事管理工作的就业机会。Photo courtesy of Holiday Inn Family Suites Resorts，Lake Buena Vista，Florida.

同饭店和汽车旅馆一样，度假村往往也都设有上面所提到的那些工作职位。然而有所不同的是，规模较大的度假村在所有上述领域中都将提供更多的就业机会。在承接社交盛会、举办娱乐演出以及在经营诸如网球和高尔夫之类的户外娱乐项目等领域，度假村还可提供其他方面的就业机会，如滑雪度假村需要配备滑雪运动教练、安全巡逻人员等。目前，美国饭店与住宿业协会（American Hotel and Lodging Association，AHLA）已推出在线职业中心网站，其中列有住宿业中目前待聘的空缺岗位，网址是 www. ahla. com，打开之后点击“career center”。

全球分销系统与在线旅游公司

目前，世界上经营全球分销系统（GDS）的大型公司有三家，此外还有一些规模较小的公司。所谓全球分销系统，实际上就是用于销售多家航空公司的机票、预订饭店客房、预订租赁汽车以及用于进行其他相关旅游交易的计算机预订系统。

这一经营领域中的三家大公司分别是 Amadeus 公司、Sabre 公司和 Travelport GDS 公司，后者包含 Galileo 系统和 Worldspan 系统。这三家公司拥有当今世界上一些规模最大的在线旅游公司的产权，因而提供了数以千计的就业岗位。例如，Sabre 公司所聘用的雇员高达 6 800 人，并且还拥有 Travelocity 这一大型在线旅游代理公司。其他一些大型的在线旅游代理公司则分别是 Expedia 公司、Orbitz 公司、Priceline 公司、Cheap-Tickets 公司以及 Hotwire 公司。此外，很多规模较小的在线旅游公司也都提供从查找信息到订购产品等多种服务项目。这类公司中一些具有代表性的职业岗位包括：IT 策划师、软件设计工程师、网络工程师、IT 语音网络工程师、软件开发主管、数据库开发员、营销策划主管经理、市场营销经理、销售经理、顾客关怀工作主管、服务质量主管、客户服务代表、市场营销分析师、客户经理、全球人员招聘工作者、艺术指导、欺诈行为分析师、财务分析师、顾客分析师、推销分析师、住宿业务管理员、产品经理、公司法律顾问以及呼叫中心代表等。

环球透视

旅游从业者心目中旅游就业的 10 大长处

1. 多样性。每个旅游从业者都表示喜欢自己工作的多样性，因为每一天的工作内容都会有所不同。很多人都说，“我很少有哪一天感到乏味”。其他人对此也都表示赞同，认为“从来没有令人感到枯燥无味的时候”。旅游工作中有多种不同的挑战。大多数从业者都因自己没有日复一日地陷入可预知的例行工作而感到开心。

2. 与人打交道。旅游从业者喜欢有机会接触来自世界各地的人，并喜欢与之打交道。当得知自己的工作确实为这些顾客提供了帮助时，很多人都会为此感到欣慰。

3. 与其他旅游从业者一道工作。旅游从业者都很欣赏自己的同行。他们认为，旅游业中的工作人员往往都充满朝气、讨人喜欢，并且为人乐观。令很多人都喜欢的一个事实是，旅游业中有很多年轻的雇员。在旅游业中，大约 50%的雇员都处于 15～24 岁这一年龄组。

4. 学习机会多。旅游从业者认为，由于旅游业正在成长，其中会有很多不同类型的工作岗位和个人发展机会。他们认为，自己有可能会获得在很多不同类型旅游领域中工作的经历。旅游业中可提供的职业路径很多，并且有很多学习新技能的机会。

5. 上进潜力。旅游从业者都积极向上，希望自己能有机会在旅游业中较快地实现个人发展。他们认为，同很多其他产业中的情况相比，在旅游业中，只要工作努力，便能较快地得到升迁。

6. 培养国际化的工作技能。另一个可取的方面是，掌握了旅游领域中的工作技能，可使你能去世界各地进行发挥。旅游从业者认为，一旦你有了经验，便能去世界上很多不同的地方工作。

7. 入门容易。在旅游业中，人们很容易便能找到一份初级岗位的工作，很多旅游业员工都对此心存感激。“你不必非得去读大学。不过，如果你打算在旅游业中发展你的职业生涯，那么最好还是去接受旅游培训和旅游教育。”

8. 培训机会。与此同时，令旅游业员工感到高兴的是，如今有很多旅游培训/教育项目可供自己拓展旅游业知识，而且其中有很多知识都可利用业余时间去进行在职修读。

9. 获得小费！在旅游业中，很多员工都乐于以小费去补充自己的收入。他们喜欢自己有能力通过提供优质服务，去影响顾客给予小费。

10. 创造性。旅游从业者认为，在旅游业中，有很多工作都容许你自己独立思考并创造性地加以开展。

资料来源：Canadian Tourism Human Resource Council.

讨论题

1. 你在考虑求职机会时，上述这10大长处中，对你最有吸引力的是哪一项？
2. 在旅游业中，“同别人一道工作”这一因素的重要性何在？

旅行代理商

旅行代理商（travel agent）的规模不一，其中既有规模很小的企业，也有规模很大的企业。同其他行业中的小型企业一样，在小型的旅行代理企业中，所有业务的运营都由为数很少的几个人来完成，其工作包括文秘、旅游咨询服务和管理。大型旅行代理公司中的就业岗位类型较多，包括：分店经理、企业客户专家、国内旅游咨询顾问、国际旅游咨询顾问、调研主管、广告经理。此外，还可能设有会计人员、文档管理员、销售人员、旅游活动策划师、导游、预订办事员、团体协调人、实习生、操作人员、行政助理、广告专员、计算机专员等。

经营组团业务的旅游公司

经营组团业务的旅游公司（tour company）所提供的就业机会包括：旅行团领队或陪同、旅行团协调员、团体旅游策划员、广告员、预订专员、会计人员、销售代表、团体旅游专员、奖励旅游协调员、成本专员、饭店协调员、办公室督导员以及各方面的管理人员。通常的情况是，院校毕业生加盟这类旅游公司后，先是作为实习管理人员在该公司各部门中工作一段时间，然后才被派到长期性工作岗位。

说明：通过制作味道可口、营养丰富、令人欲罢不能的膳食，专业厨师会获得极大的满足。Photo courtesy of Doral Golf Resort and Spa.

饮食服务业

正在快速成长的**饮食服务**（food service）业可提供很多的就业机会，包括：餐厅领班、餐厅服务员、餐厅服务员助手、厨师、烹调员、酒吧招待员、餐厅经理、助理经理、人事主管、食品营养师、菜单设计师、收银员、餐饮服务督导员、采购员、屠宰员、饮料制作员、帮厨、洗碗工等。此外，饮食服务业还需要聘用受过高级培训、有资深行业背景的管理人员，负责检查大型连锁餐馆企业的发展和经营绩效。

旅游教育

随着全球旅游业的持续发展，对**旅游教育**（tourism education）的需求也在增长。近年来，一些职业学校和很多高等院校都新增了旅游专业，一些院校对原有的旅游专业进行了扩充，一些行业协会推出了旅游教育和证书培养计划，还有一些私营企业也开设了旅游学校。所有这些都为人们从事教育行政工作、教学工作、科研工作及教学辅助工作提供了就业机会。

旅游调研

旅游调研（tourism research）主要是收集和分析第一手资料和第二手资料。旅游调研人员负责策划市场研究和消费者调查，并实施调研项目。各级旅游行政组织以及一些私营企业中都设有这类调研工作岗位。

旅游传播

旅游传播（travel communications）领域中可提供的就业岗位包括：编辑人员、专职撰稿人和自由撰稿人。多数大型旅游企业还需要聘用公关人员。他们负责采写、编辑和发布信息，策划传播方法，争取公共宣传，安排特别活动，开展公共演讲，策划公关活动，等等。旅游摄影师也有可能在旅游报刊或公关领域找到就业岗位。电视媒体可提供的就业机会也在增加。对于旅游业来说，互联网如今已成为一项主要的传播与沟通媒介，因而也能提供一系列的就业机会。

娱乐与休闲业

娱乐（recreation）与休闲业可提供大量的就业岗位，包括：活动辅导员、水上运动专员、滑雪教练员、公园巡护员、博物学家、博物馆向导、残疾人活动策划人员、林务管理员、野营辅导员、音乐会促销宣传员、救生人员、网球及高尔夫教练员、各种体育运动队教练以及戏剧艺术导演等。很多娱乐工作者都可教授手工艺制作方法。度假村、公园以及娱乐场所往往都设有娱乐主管，他们会聘请有关专家与年长群体或是与青年群体一起工作，由专家担任野营顾问或者讲授诸如划船和水上航行之类的技能。此外，娱乐与休闲业还可提供经理人员、督导人员以及行政工作之类的就业岗位。

景点/吸引物

诸如游乐园和主题公园之类的**景点/吸引物**（attractions）是旅游就业机会的主要来源之一。大型景点企业，如迪士尼世界、迪士尼乐园、六旗公园（Six Flags）、欧罗巴公园（Europa-Park）、蒂沃利公园（Tivoli Gardens）、海洋世界（Sea World）等，所提供的就业机会范围很广，从高层管理职位一直到基层的经营和维修保养工作职位。

说明：乐高乐园（LEGOland®）这一商业品牌吸引着世界各地的购物者购买该公司的产品和光顾该公司设立的主题公园。图为在位于卡尔斯巴德的加州乐高乐园中，一名售货员正在愉快地展示该公司的著名产品。LEGO, LEGOLAND, the LEGO, and LEGOLAND logos and the brick configuration are trademarks of the LEGO Group and are used here with special permission © 2005 The LEGO Group.

领军者介绍

唐·德鲁

美国M.O.S.T.E.公司创始人兼首席执行官

唐·德鲁（Dawn Drew）于1994年12月加入美国地理学会（National Geographic Society），担任该学会《美国地理旅行家》（*National Geographic Traveler*）杂志的广告部主任。在该学会工作的9年中，她曾先后两次得到晋升，第一次是在1998年，受聘为《美国地理旅行家》杂志的出版人，两年后升任副总裁。

在美国地理学会任职期间，她所领导的《美国地理旅行家》杂志曾多年实现了广告数量和广告收入的双增长。她还负责监管该杂志全国销售队伍的发展，并通过品牌延伸的方式，成功地将该杂志从双月刊发展为每年出版8期。该杂志所取得的成就很多，其中包括：

- 出版过部头最大的几期，在广告刊发量和广告收入方面都创下了纪录。
- 首次推出了该杂志的专题版——“发现欧洲”。
- 连续两年被《广告周刊》（*Adweek*）评选为“畅销刊物”。
- 推出了《美国地理旅行家校园版》（*National Geographic Traveler on Campus*），针对近百万名对出国留学/教育旅游感兴趣的在校大学生。
- 推出了《美国地理旅行家》的特别增刊，内容为从文化视角聚焦某一特定旅游目的地。
- 创办了“美国地理旅行家融入式目的地体验活动”。这种活动旨在目标市场地域举办，内容为：以某一特定“样本”旅游目的地为主题，通过组织人们品尝该地的食品酒饮，展览有关该地风情的照片，讲解摄影技术，由来自该地的艺术家进行现场音乐演出等活动，让普通消费大众及《美国地理旅行家》的读者以置身当地氛围的方式，获得对该旅游目的地的了解和体验。

除了负责该杂志的出版工作，唐·德鲁在旅游业中也一直表现活跃。自1996年以来，她一直任美国旅游业协会董事会的董事，并曾连续三年担任该协会调研委员会的主席，目前担任该协会市场营销委员会的主席。在过去5年中，唐·德鲁一直在美国旅游业协会中担任行政要职，目前为该组织的第二副主席。唐·德鲁于2009年出任美国旅游业协会主席，成为首位担任该职位的杂志出版人。

在她担任美国旅游业协会调研委员会主席期间，《美国地理旅行家》杂志成功地与美国旅游业协会调研处联手合作，完成了一项具有里程碑意义的研究——“地理旅游”。首期研究报告的主要内容为：美国民众对可持续旅游的了解以及美国民众的出游习惯。最新一期的研究报告于2007年10月在美国旅游业协会“市场展望论坛”会议推出，作为亚太旅游协会（PATA）的一名积极会员，唐·德鲁也是该协会董事会的成员，是该协会中可持续旅游委员会的发起人和首届主席，最近又被选作负责人，分管该协会产业理事会（Industry Council）的工作。该产业理事会由来自亚太地区的50个代表政府的会员所组成。

唐·德鲁还是总部设在伦敦的威尔士亲王国际商业领袖论坛（Prince of Wales' International Business Leaders Forum）顾问委员会的成员。她通过这一联系纽带，与一些旅游企业[如万豪公司、英国航空公司、东方文华公司（Mandarin Oriental）等]共同努力，组织了倡导可持续旅游发展的“国际旅游合作论坛”。

唐·德鲁的职业生涯起始于出版业，当时是在《商业周刊》杂志社做实习编辑，为诸如影视部、书评部之类的专栏部门工作。此后，她进入一家公关公司工作。这不仅使她能发挥自己的写作技能，而且学会了公关业务，为她后来在出版业中从事宣传与营销工作奠定了基础。

证实唐·德鲁之能力的工作单位是W杂志社。在该杂志社任职期间，她先是担任推广部经理，之后又做了4年的营销部主任。此后，她转入《亚特兰大月刊》（*Atlantic Monthly*）杂志社担任同样的职位，后来又转入另一家杂志从事广告销售工作。

唐·德鲁在《纽约时报》（*New York Times*）杂志集团正式工作了8年。在该集团，她先在《高尔夫文摘》（*Golf Digest*）杂志社从事销售工作，此后又先后进入《网球》（*Tennis*）和《美开乐》（*McCall's*）两家杂志社担任销售管理工作。

唐·德鲁在《美国地理旅行家》杂志社工作期间所取得的成功与发展，很大程度上缘于该杂志在同业中所实现的领军角色，以及该杂志为自己作出的可靠定位——在所有面向消费者出版的同类杂志中成为唯一一本能全面且及时地满足经常性外出旅行者实际需要的杂志。该杂志社所开展的业务活动、所展现的奉献精神以及对旅行活动的兴趣，为该杂志赢得了700多万读者，创造了数百万美元的营业收入，提升了该杂志在同业中的地位，受到了那些十分活跃且富有旅行经验的消费者的欢迎。

在工作之余，唐·德鲁喜爱摄影，并希望自己有朝一日能被美国国家地理学会（National Geographic Society）发现。此外，她还喜欢美食烹饪，是这方面杂志的热心读者。

唐·德鲁毕业于美国塔夫茨大学（Tufts University），主修政治学和国际法专业。她对国际事务一直怀有很大兴趣，并且精通法语和西班牙语。她曾去过亚洲、加勒比地区、欧洲、南太平洋地区以及北美地区的很多地方，有时是为了消遣度假，有时则是出于工作需要。

未来：我们都将会从事旅游工作

旅游业及其基于社区的可持续发展未来

我曾思考过旅游业发展的未来。所思考的问题是：未来旅游业的发展有朝一日将会成为什么样子，而不是旅游作为一项产业未来将有力量去做哪些事情。本人天性乐观，在旅游业中工作了如此之久，至今仍认为，旅游的发展可以医治我们所面临的很多社会病。但是，有一项呼唤要求我们必须作出应答——除了旅游活动之外，没有其他更好的方式能将“富人”与“穷人”联结到一起。

全球性的经济萧条已经给世界各地的劳动力就业带来了负面影响。作为当今世界上最大的雇主之一，旅游业不仅有机会让失业者重返工作，而且还能造就职业生涯和实际商业的发展，从而在经济上可使当地的社区发展得以持续。

职业生涯与商务发展并非只能通过就职于大公司或是在大都市区的新兴企业中工作才可实现。近来人们已经认识到旅游者对获得真实体验的需求，从而使边远地区的民众同样有机会获得旅游收入。事实上，消费者在外出旅游时所寻求的正是这种原汁原味的真实体验。

诸如购买手工制作的独具一格的纪念品，在当地居民家中或是在当地社区中心用餐之类的亲身接触等，这些仅是旅游者在追求原汁原味的体验方面的几个例子——所有这一切皆可通过开发旅游业，将其转化为具有可持续性的商业性业务。

新出现的情况是，诸如美国等经济发达国家将开始提供越来越多的机会，吸引旅游者去访问该国那些不大出名的小地方。许多的主要旅游目的地国家都已开始考虑如何使旅游者不只是游历那些规模较大的城市和景区，更要能深入到乡村地区，从而使旅游收益进一步渗入乡村。

由印度旅游部（Ministry of Tourism）与联合国开发计划署（UNDP）联手策划的印度乡村旅游发展计划的成功实施便是这方面的一个突出案例，从而为很多地方在这方面能有何为以及应有何为树立了榜样。该项计划中所涉及的每一个村庄都可为来访游客提供某种文化及社会体验，其中包括享用当地的饮食、购买当地的手工艺品、观看当地的文娱表演，以及下榻当地的住宿设施等。这不仅会使旅游者获得难忘的旅游经历，而且能为生活在乡村地区的民众创造商业机会，从而将会在经济上使其生活得以维持。该计划中所涉及的各个村庄都很容易到达，并且在营销宣传方面都能得到来自联邦政府及地方政府的支持。

这种发展商业的做法，连同为小型或个体旅游企业的创办提供少量资金支持，目前正在成为全球性的常规模式。这也是通过旅游业的发展以帮助维护各地的文化、维持基本生活工资、使全体公民都能为该地社会发展作贡献的途径之一。

节庆与盛事活动

举办节庆与盛事活动是旅游业中成长最快的领域之一。节事管理作为旅游的一个业务领域，如今变得更加专业化，因而正在成为一个新的就业机会来源。节事活动的举办正在创造出一些专门的机构，并促使这些机构朝向全年化运作的方向发展。国际特殊事件协会（ISES）设有一个职业生涯中心，读者可访问该组织的网站 www. ises. com，登录网站后点击“Career Center”。

体育旅游

体育运动在全世界都很流行，很多体育运动队和体育企业的规模都在不断扩大，从而在其管理和营销领域提供了很多就业机会。

旅游办事处和旅游问讯中心

旅游办事处和旅游问讯中心（tourist offices and information centers）提供的就业岗位数量也很多。很多地方的商会都具有旅游信息中心的职能，并专门雇人负责提供这方面的信息。美国的很多州也都设有旅游问讯中心。州旅游办事处的就业岗位包括：办事处主任、主任助理、副主任、旅游代表、经济发展专家、负责旅游宣传的主任助理、统计分析师、公共信息发布员、负责公共关系的主任助理、营销工作协调员、信息传播专家、旅游文稿编辑、媒体联络员、媒体专家、摄影师、行政助理、信息专家、媒体协调员、旅游文献管理员、文件撰稿人、新闻和信息主管、市场分析人员、调研分析人员、经济专家、文秘人员、旅行团协调员、问询接待员等。

会议与旅游局和旅游目的地管理组织

随着越来越多的城市都开始发展旅游业，旅游目的地管理组织中的就业机会也在不断增多。目前，很多城市都在利用财政资金建设会议中心，以增强自己在这一正在成长的市场中的竞争能力。**会议与旅游局**（convention and visitors bureaus）的工作开展需设首席行政官、管理人员及其助理、调研主任、信息专家、市场营销人员、公共关系人员、销售人员、文秘人员以及各职能部门的办事人员。专职会议管理协会（PCMA）设有一职业生涯中心，各雇主单位可将其岗位招聘信息在该中心进行发布。求职者可访问该中心的网站，网址是 www. pcma. org/careers. htm。

会议策划商

会议策划（meeting planning）是一正在发展中的职业。很多社团和企业都聘用专职的会议策划人员为其安排、计划和组织会议。国际会议策划商协会（MPI）设有一个易于使用的职业生涯网站，名称为“职业生涯客户在线招聘信息源”（Career Connections On-line Job Resources）。人们可通过访问 www. mpiweb. org 去了解这些有价值的信息。

会议中心/体育场馆/公共设施管理

在世界各地，会议中心、会展场馆、体育场馆、演艺中心、剧院以及各种专门用途场馆设施的管理工作，皆能提供就业机会。在设施管理领域，可提供的就业机会包括：财务工作、设施运营工作、集会活动管理工作、招商项目管理工作、市场营销工作、人力资源工作以及票房管理工作等。SMG 公司是这一领域中位居一流的一家企业，该公司旗下管理着 77 个竞技场、9 个体育场、67 个会议中心、52 个表演艺术中心、17 个其他类型的场馆设施。欲知有关详情，读者可访问该公司的网站：www. smgworld. com/career _ opportunities. aspx。

博彩

博彩（gaming）是旅游业中发展最快的部门之一。在今天的美国，你很难见到哪一个州不允许赌博，或者有关博彩的提案没有成为该州立法机构的议题。从设在内河船舶上的赌场，到设在印第安人保留地中的赌场以及其他各种各样的陆基赌场，新的博彩目的地不断涌现。这些赌场可提供的就业岗位包括：管理工作、营销工作、机修工作、文员工作以及设施养护工作。

其他方面的职业生涯机会

以上列出了一大批范围相当广泛的职业生涯机会。此外，其他方面的职业生涯机会还包括：俱乐部管理、博物馆管理、遗产管理、会展管理、会展装潢设计、演艺管理、公司差旅部、饭店公司代表、（供乘客机上阅读的）航空杂志、行业杂志、行业协会以及专业协会等领域的相关工作。

旅游业中的职业生涯发展路径

除考虑上述旅游业部门中某种类型的工作职位以外，你还有必要了解一下自己可能会追求的各种**职业生涯发展路径**（career paths）。由于旅游业规模如此巨大，涉及范围如此广泛，因而它可以提供很多种具有挑战性的工作职位。虽然每一种职位都有其自身的发展机会和条件要求，但人们将发现，从不同旅游部门的多种就业岗位中得到的工作经验能够加深自己对旅游业的全面理解。根据一个人自身的职业生涯目标，这种全面理解对于他申请担任某些类型的职位来说价值尤其重大。例如，申请就职于旅游目的地管理组织，或者申请就职于国家或州/省政府旅游主管机构。

为了给旅游业从业人员提供个人发展的机会，教育工作者和实业界的人事经理都一直在致力于提出旅游业中的职业生涯发展路径这一概念。为了说明这个概念，图 3—1 给出了一个示意模型。该模型的基本前提是：人们可根据自身情况选取不同的个人发展路径，先是经由教育系统，继而经由在旅游业从业，实现个人职业生涯的发展。一个人根据自己受过的培训和所获得的工作经验，加上自己在工作中的优秀表现，就可以从不同层次的职位出发，沿着自己的职业生涯发展路径前进，实现担任高层管理职位的最终目标。虽然并非所有人都有能力或者都希望经历该模型中的所有发展层次，但该模型确实为那些感兴趣的人提供了一份有关职业生涯发展路径的简要说明。此外，该模型还说明了个人受过的培训和所获得的工作经验需要怎样结合才能取得有关的工作职位。

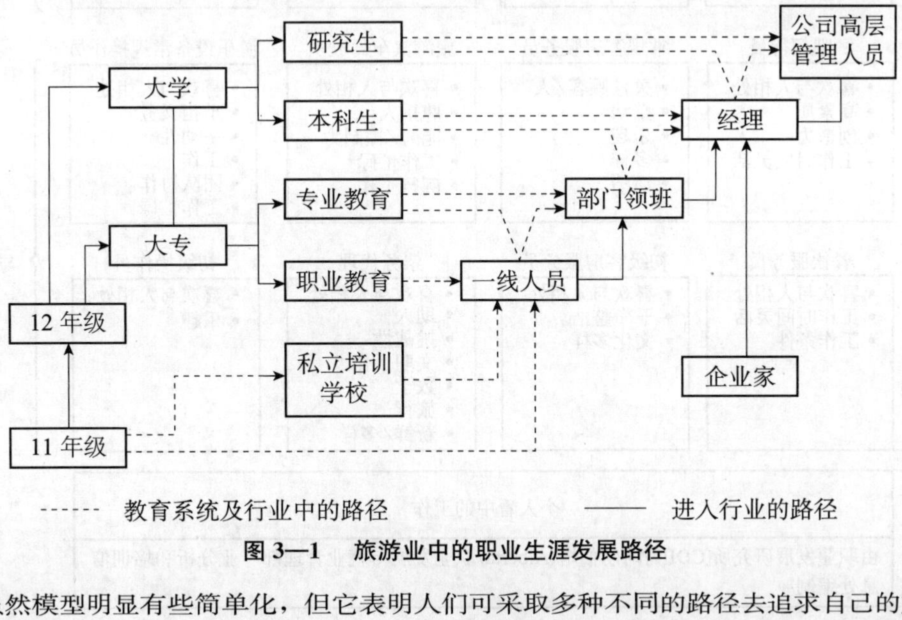

图 3—1　旅游业中的职业生涯发展路径

虽然模型明显有些简单化，但它表明人们可采取多种不同的路径去追求自己的旅游职业生涯。当然，对于不同的人来说，各自所要追求的具体职位不尽相同，这取决于他们特定的教育背景以及职业技能。对职业生涯发展路径的选择还反映了一个人的价值准则和兴趣。图 3—2 就显示了一个人所选择的职业将如何反映他的价值准则和兴趣。

图 3—2　旅游业中的职业生涯发展路径以及职业、价值准则和兴趣样例

* 这里所列的价值准则和兴趣仅为部分例子。收集资料时采用的是一个很小的专家样本。

正如图 3—2 所示，一线员工必须喜欢与人打交道，并且有为顾客提供高品质服务的浓厚兴趣。作为企业家、经理以及部门领班，还须拥有一些其他方面的价值准则和兴趣，从而使他们能够应对市场变化带来的各种挑战。

实　习

你要想在旅游业中找到理想的工作，最佳方法之一是获得在旅游企业**实习**（internship）（合作教育）的机会。旅游业领域中有大量的实习机会。大多数实习计划的设计都是为了使学生能有机会完成以下五件事情：

1. 获得有价值的实践操作经历，以补充其所学的理论知识。
2. 学习将来可能会用到的实用技能。
3. 树立专业思想。
4. 与当地实业界互动，了解某家公司或某家小型企业的日常运作情况及其长远发展的战略方向。
5. 加深对自己所选领域的理解。

很多组织或企业都备有学生实习计划并提供实习机会，如万豪公司、凯悦公司（Hyatt）、迪士尼公司、环球影城（Universal Studios）、喜达屋公司（Starwood）以及世界旅行及旅游理事会等。万豪公司制定学生实习计划的设计旨在激发学生对饭店管理的兴趣，鼓励学生到万豪工作。通过这种实习，学生也可以获得在住宿业中从事管理工作所必需的实际工作经验。此外，学生实习计划的实施还可使万豪公司有机会对潜在的管理职位候选人进行可靠的评价。万豪公司下属的丽思卡尔顿饭店公司（Ritz Carlton Hotels）以及万豪旅馆、度假村和套房住宿公司（Marriott Hotels, Resorts and Suites），文艺复兴饭店公司（Renaissance Hotels），公寓旅馆公司（Residence Inn），庭院旅馆公司（Courtyard），汤普雷斯套房旅馆公司（Townplace Suites）及其分时度假企业——万豪国际度假俱乐部（Marriott Vacation Club International），都为学生提供这种实习机会。欲知有关详情，读者可访问网站 www. marriott. com/careers/College. mi。

凯悦公司为学生制定的实习计划旨在激发学生对饭店管理工作的兴趣，为学生提供某种场所去实际体验有关饭店业领导者的文化。在接待学生实习的同时，也使得凯悦公司有机会为自己物色潜在的管理人员，并于他们就学期间，继续发展与他们的关系。凯悦公司为学生提供的实习内容分为多种不同的学科，并且所实习的内容视实习地点的所在国家而有差异，具体情况按可提供的实习岗位而定。欲知这方面的详情，读者可访问网站 www. explorehyatt. jobs。

迪士尼公司在为学生提供职业实习方面也分为多种不同的学科。实习地点包括迪士尼世界度假村（Walt Disney World® Resort）、迪士尼乐园度假村（Disneyland® Resort），以及沃尔特·迪士尼构想工程公司（Walt Disney Imagineering）。其中每一处地点都为学生提供实习机会，锻炼学生应用课堂知识的能力，使其在与迪士尼公司的专业人员建立关系的同时，获得宝贵的实际工作经验。欲知这方面的详情，读者可访问网站 www. disney. go. com/disneycareers/internships。

奥兰多的环球影城宣称自己所设计的实习计划可为实习者的人生和履历增添更多的心动刺激，提供实习的目的是帮助学生就自己所学的专业，在这一世界级的度假胜地获得宝贵的工作经验。欲知这方面的详情，读者可访问网站 www. universalorlandojobs. com。

喜达屋公司也为大学本科在校生提供发展职业生涯的机会。每值学校放假期间，都有数以百计的学生去喜达屋旗下饭店各部门实习，以获得宝贵的工作经验。实习生有机会体验喜达屋公司的企业文化，从而能帮助他们确定自己毕业后在该公司工作是否符合自己的职业选择。喜达屋公司也会借此了解这些学生的情况。该公司在挑选毕业生加入其管理人员培训计划时，会优先考虑那些此前曾在该公司成功完成实习的人。喜达屋公司旗下有多个不同的品牌，包括在全世界各著名旅游目的地都可见到的喜来登饭店、威斯汀饭店（Westin）、福朋饭店（Four Points）、W饭店（W Hotels）、圣瑞吉斯饭店（St. Regis）、奢华集饭店（The Luxury Collection）、勒美丽殿饭店（Le Mériden）、爱丽蒙特饭店（element）以及阿劳夫特饭店（Aloft）等。欲知有关这方面的详情，读者可访问网站 www.starwoodhotels.com/corporate/careers/recruiting/internships.html。

世界旅行及旅游理事会所提供的实习计划是，将所选中的实习生安排到该组织内，为其提供机会获取旅游业中的工作经验。所安排的实习期长短不一，从3个月到6个月，实习内容涉及多种不同的任务，旨在使学生一方面熟悉该组织的工作，同时在该组织的日常运作中扮演实际角色。全年提供的实习岗位为数有限，以滚动的方式接受学生对未来岗位的实习申请。该组织鼓励申请者通过电子邮件将申请书及个人简历发送给该组织的首席运营官易卜拉欣（Ufi Ibrahim），邮箱是 wttcvp@yahoo.co.uk。

上述例子简要地描述了可提供实习机会的情况。对于有关的详情，学生可上网查找。实习机会遍及世界各地。通过访问网站 www.goabroad.com，你可发现大约有367个组织为学生提供约775项海外实习计划。

有关职业生涯的其他信息源

本书列举了旅游业领域中现有的大多数求职机会。我们希望这些概述能为你提供一种指南。还要指出的是，由于这些行业的涉及范围很广，因而值得我们对各个行业作进一步的深入研究。在考虑求职机会时，很重要的一点是：在你投入大量时间找工作之前，先要注意收集信息。下面所列的是一些与旅游就业有关的优秀参考资料：

- 互联网。
- Eberts, Marjorie, Linda Brothers, and Ann Gisler. *Careers in Travel, Tourism, and Hospitality*. New York: McGraw-Hill, 2005.
- Rubin, Karen. *Inside Secrets to Finding a Career in Travel*. Indianapolis, IN: JIST Works, 2001.

有一本介绍如何找工作的书尤其值得推荐：

- Bolles, Richard. *What Color Is Your Parachute? A Practical Manual for Job-Hunters and Career-Changers*. Berkeley, CA: Ten Speed Press, 2010.

本章中所提供的信息对你来说应当是一个重要的起点。然而实际上，这些信息仅是冰山之一角。至于是否有必要对这一主题作深入探究，以及是否有必要去获取更多的信息，则需要由你自己决定。此外，你不仅需要了解旅游业及其相关领域的职业情况，还需要懂得如何去推销自己——如何写好个人简历以及如何在面试过程中表现自己。很多介绍如何找工作的书都能帮助你完成这一任务。

本章小结

旅游业可提供很多令人兴奋且具有挑战性的就业岗位。正如第1章所指出的那样，旅游业已是当今世界上规模最大的产业。无论是在美国，还是在世界其他地方，旅游业都有望成为一个成长性产业。劳动密集型的旅游业需要大量的有志者——不分年龄与背景——参与其中。那些有备而来、精力充沛、具有与人打交道的才能、愿意献身于提供高品质服务的人，将发现自己会沿着这一职业生涯阶梯走向成功。但是，对于那些以某种创新视角去审视旅游业，能够自己设计最适合个人兴趣的职业生涯阶梯的人来说，则会实现更大的成功，获得更大的个人满足。

□ 重点概念

航空公司（airlines）
景点/吸引物（attractions）
巴士公司（bus companies）
职业生涯发展路径（career paths）
会议与旅游局（convention and visitors bureaus）
邮轮公司（cruise lines）
就业预测（employment forecasts）
饮食服务（food service）
博彩（gaming）
实习（internship）
会议策划（meeting planning）
铁路公司（railroads）
娱乐（recreation）
汽车租赁公司（rental car companies）
旅游公司（tour company）
旅游教育（tourism education）
旅游调研（tourism research）
旅游办事处和旅游问讯中心（tourist offices and information centers）
旅行代理商（travel agent）
旅游传播（travel communications）

□ 互联网练习

为了方便读者，本章中所提及的互联网网站连同其他一些相关网站，一并列在为本书伴设的网站上：www. wiley. com/college/goeldner。

练习 1

网站名称：饭店行业网（Hospitality Net）

网址：www. hospitalitynet. org

背景信息：饭店行业网是饭店行业最主要的网上信息源，所提供的信息涉及就业机会、重大活动、行业新闻、与其他网站的链接等。

练习内容

1. 该网站上列出的工作机会有哪些类别？

2. 选择某一类别，并找出你所感兴趣的工作职位。介绍这一职位的情况，说明其在哪里可以找到以及为什么对你有吸引力。

练习 2

网站名称：世界旅行及旅游理事会

网址：www. wttc. org

背景信息：世界旅行及旅游理事会是全球商界领袖的旅游论坛。该组织的成员是来自旅游业各部门的首席经理人员。这些部门包括住宿业、餐饮业、邮轮业、娱乐业、交通运输业、旅行服务业等。该组织的中心目标是与各国政府合作，以体现旅游业的经济影响。

练习内容

对于未来十年旅游业中的就业情况，世界旅行及旅游理事会有何预见？

练习3

网站名称：Cool Works. com

网址：www. coolworks. com

背景信息：Cool Works网站旨在供人寻找世界上一些著名地点的季节性工作机会、实习机会或求职机会，所涉及的范围包括一些著名滑雪度假地、农场庄园、主题公园、经营组团业务的旅游公司以及国家公园的工作机会。

练习内容

1. 该网站上列有哪些实习机会？
2. 所列的志愿者计划有哪些特点？
3. 所列的哪种工作岗位对你有吸引力？

□ 复习与讨论题

1. 旅游业的就业增长潜力如何？
2. 就旅游业职业生涯而论，目前对你最具吸引力的是哪个职位？
3. 获得这个职位需要做好哪些准备？
4. 担任这个职位可给你带来的回报大概有哪些？
5. 分析这个职位以后的晋升机会。
6. 你的书面和语言沟通能力是否足以使你胜任某个职位？
7. 你在选择进行面试的公司时，都使用哪些标准？
8. 你选择职业时，薪水重要吗？
9. 评价人们对你所选中的那一职业的工作满意度。

10. 2020年的旅游业将会是什么样子？2030年呢？根据你的想象，到那时自己可能会担任什么职位？

□ 案例题

1. 唐奈（Donnell）即将从四年制的大学本科旅游专业毕业。目前已有好几份工作等待她的加盟。哪种类型的组织能为她提供最广泛的经验？她的初始薪水重要吗？

2. 吉姆（Jim）是一名成功的度假村经理。一天，一位非常聪明的高年级高中生来拜访他，因为这位高中生特别希望自己将来也能成为一名度假地经理。对于学业方面的条件准备，吉姆会为他提出哪些建议？

第二部分

旅游业的组织

说明：美国的达拉斯沃思堡机场占地 17 500 英亩。在图的中心区域，可见到购物设施和机场饭店。这些设施与其他候机楼之间有自动化的穿梭列车提供运输服务。

第 4 章

旅游组织的类别

学习目的

- 了解为其成员提供服务的各类旅游组织。
- 认识旅游组织在职能和类型上的多样性。
- 了解各州政府支持官方旅游机构的原因。
- 了解国家、地区及行业组织的结构与运作。

导 言

旅游组织的情况十分复杂，所涉及的机构数以千计。本章主要讨论其中一些在旅游目的地行使催化、规划、开发及促销宣传等职能的组织。如图 4—1 所示，无论是在哪一个层级的旅游目的地，所有这些职能的实施都会涉及公营部门与私营部门之间的高度合作与互动。旅游目的地的层级可按地理区域进行划分，譬如将世界划分为不同的国家，而国家一般又可划分为不同的地区、州/省以及中心城市。

除按地理区域进行划分以外，还可以根据以下标准对旅游组织进行划分：根据所有权，可分为政府性组织、半政府性组织、非政府组织等；根据职能或活动类型，可分为调控组织、供应组织、营销组织、开发组织、咨询组织、调研组织、教育组织、出版组织、专业协会、行业组织以及消费者组织等；根据行业，可分为交通（航空、公共汽车、铁路、汽车、邮轮）组织、旅行代理商、旅游批发商、住宿组织、景点/吸引物组织以及娱乐组织等；也可根据是否为营利性划分成营利性组织或非营利组织。

第 4～8 章通过大量的实例探讨了旅游组织的主要类型以及它们是如何运作和相互作用的。本章讨论官方国际旅游组织，第 5～8 章讨论构成旅游产业的私营组织和企业。

国际组织

本节的讨论内容首先聚焦于那些代表旅游业中的公营部门和私营部门、有着很大

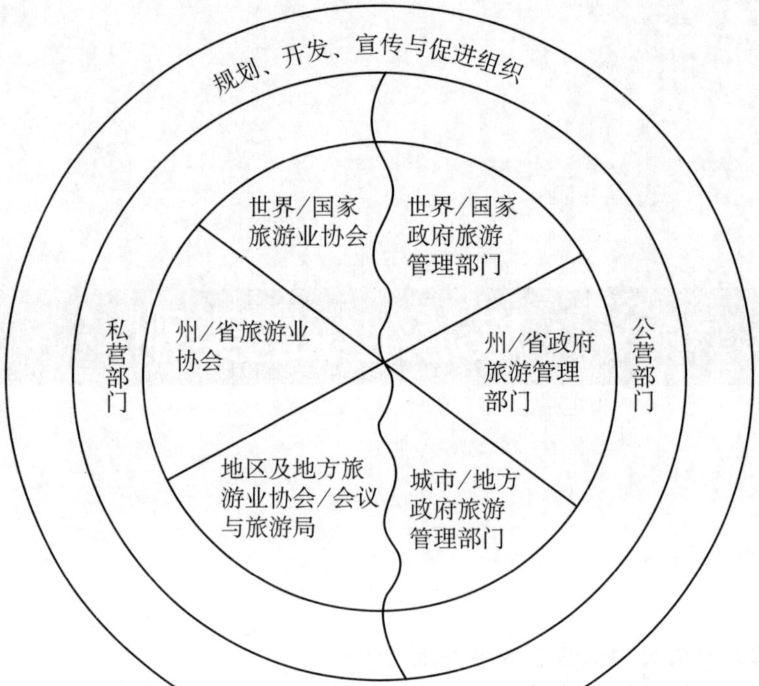

图 4—1　各级旅游组织

影响力的旅游组织，并探讨这些组织的性质及其业务活动。这些组织无论是在道义方面，还是在实际发挥作用方面，在旅游业中都起着引领作用。它们协调并强化各种旅游组织/企业的业务开展和工作效能，从而影响着旅游业中公营部门的治理成效和私营部门的作用发挥。

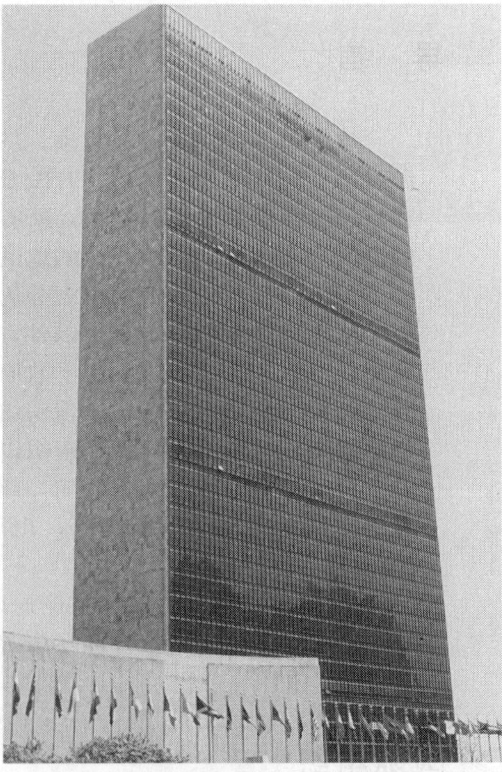

说明：联合国世界旅游组织是联合国的一个专门机构，其目标是在全球范围内推广和发展旅游。

Photo by Ron Nelson.

联合国世界旅游组织

联合国世界旅游组织（United Nations World Tourism Organization，UNWTO）是当今世界旅游领域中最知名且最具影响力的国际组织。该组织是旅游政策问题的全球论坛，起着为广大国际旅游部门提供道义引领的作用，同时也是其加盟会员获取旅游知识的现实来源。目前该组织的会员包括 154 个主权国家，7 个自治地区。此外，该组织还有 400 多个联系会员。这些联系会员分别代表有关的地方政府、旅游协会、教育机构，以及航空公司、饭店集团、旅游经营商等私营企业。该组织是联合国的一个专门机构，总部设在马德里。这一身份使得该组织能够作为正式会员加入联合国系统行政首长协调理事会（United Nations System Chief Executives Board for Coordination，CEB)。该理事会负责根据政府间经济合作与发展的整体方针精心制定整个系统的战略。联合国世界旅游组织的加入将会突出旅游在推动社会经济发展以及实现新千年发展目标中的作用。

联合国的专门机构都实行自治，拥有自己的规章、预算、管理委员会、职员以及出版业务。它们每年一次或每两年一次向联合国经济与社会理事会报告工作。虽然联合国大会可检查它们的预算并提出建议，但仍由各专门机构对自己的运作行使最终控制。

因此，联合国世界旅游组织是一个经联合国授权，在促进可信赖的、可持续的、人人可参与的旅游发展方面发挥核心与决定性作用的组织，其宗旨是促进经济发展、国际谅解、和平与繁荣以及对人权和基本自由的普遍尊重和遵守。在努力实现该宗旨的过程中，联合国世界旅游组织特别关注发展中国家在旅游领域的利益。

联合国世界旅游组织的前身是 1925 年在海牙成立的国际官方旅游宣传组织联盟(International Union of Official Tourist Publicity Organizations，IUOTPO)。第二次世界大战后，该组织更名为国际官方旅游组织联盟（International Union for Official Tourism Organizations，IUOTO)，总部迁至日内瓦。国际官方旅游组织联盟后来更名为世界旅游组织（WTO)，并于 1975 年 5 月在马德里召开首届全体大会。1976 年年初，受西班牙政府之邀，联合国世界旅游组织将秘书处设在马德里，西班牙政府为其提供总部办公大楼。1976 年，联合国世界旅游组织成为联合国开发计划署的一个执行机构，并于 1977 年与联合国签署了正式的合作协定。2003 年 10 月，联合国世界旅游组织成为联合国的一个专门机构，从此确定了它在国际旅游事务中的领导角色。联合国世界旅游组织服务于联合国旨在减少贫困、促进可持续发展的新千年发展目标。

联合国世界旅游组织的业务活动很多。向发展中国家传播旅游知识就是其中的一项主要任务。该组织利用其在旅游领域中几十年来积累的经验，帮助世界各国实现可持续发展的目标。该组织的所有计划均基于可持续性原则，以确保旅游业开发所带来的经济获益不会以破坏环境及破坏当地文化为代价。

联合国世界旅游组织以其统计和调研工作而闻名。调研工作一直是该组织最重要的贡献之一，主要包括制定旅游测量及报告工作的国际标准、测算旅游对各国经济的影响、预测发展趋势、出版有关的调研结果等。

人力资源开发是该组织的另一个目标。在这方面，该组织为旅游教育制定了标准。由顶尖的旅游教育/培训机构和旅游研究机构所组成的联合国世界旅游组织教育委员会负责教育规划工作，包括对旅游教育机构的资质认证（TedQual）以及对旅游专业毕业生的能力测试（GTAT)。由此可见该组织在推进旅游课程标准化，以及在促使旅游学位更具国际可比性等方面所作出的努力。联合国世界旅游组织还为成员国的旅游官员举办报告会、远程教育课程以及实习课程。

联合国世界旅游组织一方面通过消除或减少政府对国际旅游的管制，另一方面通过实行护照、签证等的标准化，来推动世界旅游的发展。该组织通过制定有关旅行自由、残疾旅行者无障碍旅行、安全等方面的技术标准来改进旅游活动的质量，并通过有效的媒体关系以及充当国际旅游信息交换中心来改善成员国政府的旅游促销效能。

除以上全球性活动外，联合国世界旅游组织还涉足地区性活动。世界上每一个地区——非洲、美洲、东亚及太平洋地区、欧洲、中东和南亚，都得到了联合国世界旅游组织驻该地区代表的特别关注。这些地区代表负责与该地区内各国的高级旅游官员会晤，分析存在的问题并协助寻找解决办法。他们作为各国旅游主管机构与联合国开发计划署之间的联系纽带，促成某些特别的开发项目；组织有关的专题研讨会，如墨西哥的旅游推广或者吉尔吉斯斯坦的生态旅游等；就许多国家共同存在的问题举办地区性会议，以使各成员国之间能够相互交流经验，为实现共同目标而努力，例如东欧地区的安全问题以及加勒比地区的航空与旅游政策等。

目前联合国世界旅游组织正在实施的重点工作项目包括：通过发展可持续旅游减轻和消除贫困，在旅游业中保护儿童免受性剥削，危机管理，生态旅游，以及旅游安全。欲知更多详情，读者可访问联合国世界旅游组织的网站 www.unwto.org。

领军者介绍

塔勒布·瑞法

联合国世界旅游组织秘书长

在个人背景方面，塔勒布·瑞法（Taleb Rifai）不仅具备在旅游领域从政的丰富经验和技术知识，而且有曾在多个国际组织实际参与或主持工作的丰富经历。这一背景同时也为他提供了经济、商务以及学术等方面的广博经验。

2009年10月，在联合国于哈萨克斯坦阿斯塔纳召开的全体大会上，塔勒布·瑞法被推选为联合国世界旅游组织秘书长，任期4年，从2010年1月1日开始履职。

在此之前，塔勒布·瑞法曾于2006年2月至2009年2月担任联合国世界旅游组织的副秘书长，并曾连续三年（2003年1月至2006年2月）担任国际劳工组织（ILO）的副理事长，所承担的职责包括全面督导国际劳工标准的实施，并就劳工市场和就业政策问题——特别是中东地区的劳工市场和就业政策问题——提供指导性建议。

塔勒布·瑞法最后升任联合国世界旅游组织秘书长这一职位，他有着令人印象深刻的教育背景。他于1983年在费城的宾夕法尼亚大学（University of Pennsylvania）获得城市设计与区域规划专业博士学位；1979年在芝加哥的伊利诺伊技术学院（IIT）获得工程与建筑学专业硕士学位；1973年在埃及的开罗大学（University of Cairo）获得建筑工程学专业的学士学位。

1973—1993年期间，他在约旦和美国从事研究与教学工作，以及建筑与城市设计方面的实际工作。他曾在安曼的约旦大学（University of Jordan）任建筑学教授，并在费城、芝加哥和麻省理工学院（MIT）讲授过多门课程。作为一名建筑师，他曾多次在国际竞标中胜出，监理过不计其数的工程项目，特别是一些复原和修复老城区的工程项目。

1993—1997年期间，塔勒布·瑞法积极参与约旦有关政策的谋划工作，提出了多项贸易与投资策略，身为约旦派驻美国华盛顿特区经济使命工作组的组长，他竭力促进约旦与美国之间的贸易、投资，以及两国之间的经济关系。1995年，他成为约旦新组建的投资促进公司（IPC）的总经理，负责组织有关政策的制定与实施，旨在为约旦吸引外国直接投资。

他曾受命担任约旦水泥公司（Jordan's Cement Company）的首席执行官。该公司是约旦最大的公共股权公司之一，雇员规模超过4 000人。1998年，他作为该公司的首席执行官，通过引入闻名世界的法国 Lafarge 水泥公司，成功地领导并指挥了约旦的首次大规模私有化与公司重组项目。在重组之后由法国 Lafarge 公司进行管理的新公司中，首席执行官一职仍由塔勒布·瑞法担任。

1999—2003 年期间，塔勒布·瑞法曾在约旦政府中任过好几个部的主管大臣，最初是担任计划与国际合作部大臣，负责主管约旦的“发展议程”以及与外方捐赠者/机构的双边及多边关系。此后，他被任命为信息部大臣，在担任约旦政府发言人的同时，负责主管该国的通信和公共媒体。在这一任职期间，他对公共媒体——特别是约旦的国家电视网——进行了重组。2001 年，他又受命转到旅游与文物部任职。

在担任旅游与文物部大臣期间，塔勒布·瑞法通过与联合国教科文组织及世界银行联手合作，在皮特拉古城建立了约旦的第一个考古公园。此外，他还曾监管过杰拉什、死海、瓦迪拉姆等地数个大型旅游开发项目。身为主管旅游事务的大臣，他还曾担任约旦国家旅游局局长、阿芒旅游学校（Ammon School for Tourism and Hospitality）校长，并担任过联合国世界旅游组织执行理事会的主席（2001 年选举产生）。

塔勒布·瑞法是一名约旦人，出生于 1949 年，曾去过很多国家旅行和演讲，并多次荣获勋章，其中包括约旦王国的最高勋章之一 ——为公共服务工作杰出者颁发的 Al Kawkab 勋章，以及法国、意大利及其他国家颁发的多枚高级勋章。

在其职业生涯过程中，塔勒布·瑞法始终都是一名改革者和统一意志的缔造者——这乃是一个人在领导和实现不断变革方面所需具备的两项重要素质。他为实施改革而不断提出新思想的能力，以及团结他人一道工作的能力，在其所有工作中——尤其是在对约旦电视网进行重组的工作中，在对约旦水泥公司实行私有化的工作中，以及在为联合国世界旅游组织的工作开展提出新思路方面——皆有明显的表现。

寄语未来

据估计，目前旅游业对全球国内生产总值的直接贡献约为 5%，占全球商业服务出口总值的 30%，旅游业所创造的就业岗位约占全球就业总量的 6%～7%。旅游业这一领域如今仍在快速成长。

2009 年，尽管全球经济危机给旅游业带来了巨大挑战，但全球跨国出游的活动规模仍达到 8.8 亿人次，全球实现的国际旅游收入为 8 520 亿美元。到 2020 年时，全球国际旅游活动的规模据估计将为 16 亿人次，全球国际旅游消费总额将超过 2 万亿美元。与此同时，规模四倍于国际旅游的国内旅游，肯定也将会继续兴旺发展。

伴随着这一非凡的规模增长，旅游服务的标准与质量也在不断改善，竞争与创新的程度也在不断提升，人们对可持续发展这一原则也有了越来越多的了解与遵从。面对气候变化问题所带来的挑战，随着人们认识程度的提高，旅游者对体验绿色旅游的需求将会越来越高。为此，对旅游业形成的挑战则是，需要探索更多的方式去实施环保政策。

联合国世界旅游组织制定的全球旅游伦理规范将外出旅游看作全体地球居民人皆有之的一项权利。民众对旅游活动日趋广泛的参与，实为一种正面现象，不仅能创造经济财富和增加就业，而且有助于促进社会发展和实现世界大同。

世界旅行及旅游理事会

世界旅行及旅游理事会（World Travel and Tourism Council）是全球商界领袖的旅游论坛。该理事会由全球100家最著名企业的总裁、董事长和首席执行官组成，这些企业涉及住宿业、邮轮业、娱乐业、交通运输业，以及其他各类与旅游相关的服务行业。世界旅行及旅游理事会是全球唯一一个代表旅游部门中私营力量的国际组织。该组织成立于1990年，领导机构是由19个成员组成的执行委员会。该执行委员会每年召开两次会议，并向由全体成员参加的年会提交工作报告。该执行委员会的日常运作则是由在伦敦总部工作的会长及为数不多的职员负责开展。

世界旅行及旅游理事会的使命是增强人们对旅游的经济贡献和社会贡献的认识，并与世界各国政府合作，通过制定相应的政策，挖掘旅游业的潜力，以创造就业和繁荣经济。该理事会认为，旅游业中所有利益相关者之间皆为合作伙伴关系；旅游业的发展应符合国家经济的需要、当地政府及地区政府的需要，以及当地社会的需要。实现这一愿景的基础是：(1) 政府能将开发旅游业置于头等优先的地位；(2) 企业能兼顾经济利益与社会、文化及环境效益之平衡；(3) 共同协力追求长期的经济增长与社会繁荣。

该理事会的活动可归纳为以下三大主题：

1. 全球性的活动。世界旅行及旅游理事会致力于应对影响全球旅游业发展的各种挑战与机遇。该理事会经其成员授权代表旅游业同世界各国政府进行对话，并且以政府及私营部门方面的实例，积极宣传他们在发展旅游业方面的最佳做法。我们可在该组织的网站上找到这方面的一些源自世界不同地方的案例研究。

2. 地区性的助力行动。这类助力行动的推出，所针对的是那些虽有巨大的旅游开发潜力，但由于缺乏计划或缺乏资源而难以实现经济增长的国家和地区。这类行动的目标是：通过与该地政府、当地领袖，以及与该理事会的有关会员联手合作，找出并消除阻碍该地经济增长的因素，从而将该理事会的使命转化为实际行动。

3. 经济研究。目前，世界旅行及旅游理事会聘用牛津经济预测公司（Oxford Economics and Accenture）广泛开展调研，以确定目前旅游业的总体规模及其对全世界、各地区和各国经济的贡献。世界旅行及旅游理事会的预测结果所传达的信息是：旅游业是世界上规模最大的产业；其规模一直在增长，增速超过大部分其他产业；旅游业将会继续强劲增长；旅游业的开发能创造就业和提升国内生产总值。世界旅行及旅游理事会打算继续发布这方面的预测，并继续改进其预测方法。事实上，世界旅行及旅游理事会发布这种经济影响报告的次数越来越多，并且在联合国世界旅游组织的赞助下已经开发出了国际标准的卫星账户系统。该理事会2010年预测报告中涉及191个国家的情况，报告中显示，当前旅游业带来的就业岗位多达2.358亿个，贡献了全球国内生产总值的9.2%。在促使人们了解旅游经济的重要性方面，世界旅行及旅游理事会所做的工作比其他任何组织都多。欲知更多详情，读者可访问该理事会的网站 www.wttc.org。

国际旅游旅行从业者协会

国际旅游旅行从业者协会（Skål International）是一家国际性的旅游专业组织，会员为世界各地的旅游业领袖。该组织的宗旨是促进全球旅游业的发展与友谊。该组织成立于1934年，目前有近20 000个会员，来自全球89个国家的480个地点。该组织的总部设在西班牙的托雷莫里诺斯。

国际旅游旅行从业者协会作为联合国世界旅游组织的联系会员，赞同该组织的使命——促进负责任、可持续、所有人皆可参与的旅游发展。该协会不仅采纳了联合国世界旅游组织所制定的“全球旅游伦理规范”，而且还是联合国世界旅游组织“保护儿童行为规范”的赞助者。继联合国宣布 2002 年为“生态旅游年”之后，国际旅游旅行从业者协会推出了“生态旅游奖”，旨在弘扬和表彰全球各地在发展旅游业方面所推出的那些最佳做法。在倡导改革和鼓励保护环境方面，国际旅游旅行从业者协会是旅游业中一支强大的力量。欲知更多的详情，读者可访问该组织的网站 www.skal.org。

国际航空运输协会

国际航空运输协会（International Air Transport Association，IATA）是以国际航空运输企业为会员的全球性组织。目前其会员为大约 230 家航空公司，占全球国际定期航班总量的 93%。该组织的主要职能是促进世界航空网络中任何一条航线的客运和货运安全。人们可使用某种货币以统一的价格购买票据完成其航空旅行，并且在任何地方都能获得相同的服务质量。货物和邮件的运输也适用同样的原则。

国际航空运输协会不仅对票据实行标准化，而且对运单、行李检查以及其他类似文件也实行标准化。这些措施旨在协调与统一处理和清算程序，使快速的联运预订和航班衔接成为可能。国际航空运输协会还建立了一套稳定的国际运价模式，从而使许多独立经营的国际航线联结起来，形成一个统一的公共服务系统。

国际航空运输协会今后将继续为国际航空业制定标准和程序，以促进联运和强化顾客服务作为主要目标。此外，它还涉足其他许多领域，如行业支持、环境、消费者问题、调控、法律援助、企业沟通、时刻表制定、便捷、安全及服务。

国际航空运输协会是世界航空业信息的重要来源。其航空产品数据库可使人们对 30 家主要承运商的产品进行比较。其年刊《世界航空运输统计》(*World Air Transport Statistics*) 发布有关国际航空运输的权威数据。另外，国际航空运输协会还对客运和货运情况进行预测，其市场调研数据可为航空业制定战略和战术营销规划提供决策依据。

总之，国际航空运输协会的使命是代表并服务于世界航空运输业。国际航空运输协会为四个与世界航空运输体系的顺利运作密切相关的群体——航空公司、公众、政府以及诸如供应商及旅行和货运代理商之类的第三方——提供服务，并与国际民用航空组织（International Civil Ariation Organization，ICAO）紧密合作。国际航空运输协会的总部设在蒙特利尔，执行办公室设在瑞士的日内瓦，在世界各地设有地区办公室。国际航空运输协会的网址是 www.iata.org。

国际民用航空组织

国际民用航空组织作为联合国的一个专门机构，是民用航空领域的全球性论坛。该组织成立于 1944 年。国际民用航空组织的工作目标是实现自己的愿景——保障安全，并通过各成员国的合作，实现民用航空的可持续发展。为了执行这一愿景，该组织为 2005—2010 年期间的工作开展设立了六个方面的战略目标，分别为：

1. 提升全球民航业务中的乘客安全。
2. 提升全球民航业务中的设备安全。
3. 尽力减小全球民航对环境的负面影响。

4. 提升航空运营工作的效率。

5. 维护航空运营工作的连续性。

6. 强化对国际民航的法制。

国际民用航空组织的网址是 www. icao. int。

旅游促进和平国际学会

旅游促进和平国际学会（IIPT）是一家非营利组织，致力于促进和支持旅游业为了实现国际谅解与合作、改善环境质量、保护遗产而采取的行动，希望通过这些行动的推出，能有助于带来一个和平的具有可持续性的世界。

该组织的成立基于这样一种愿景：旅游业既是当今世界上最大的产业，同时也正在成为第一个全球性的和平产业，并且该组织认为，每一名旅游者都有可能成为民间"和平大使"。

旅游促进和平国际学会的首要目标是：促进旅游业成为一支有助于消除贫困的重要力量（参见第10章）。

开发性组织（国际性组织和全国性组织）

融资一直是旅游开发中的主要问题。很多大型金融组织都愿意提供开发性贷款，其中国际性的这类组织包括：**世界银行**（World Bank，美国）、国际金融组织（International Finance Corporation，总部设在美国）、石油输出国组织国际开发基金（OPEC Fund for International Development，总部设在奥地利）、非洲开发银行（African Development Bank，总部设在科特迪瓦）、东非开发银行（East African Development Bank，总部设在乌干达）、泛美开发银行（Inter-American Development Bank，总部设在美国）、加勒比开发银行（Caribbean Development Bank，总部设在巴巴多斯）、亚洲开发银行（Asian Development Bank，总部设在菲律宾）、欧洲投资银行（European Development Bank，总部设在卢森堡）、欧洲地区发展基金（European Region Development Fund，总部设在比利时）、欧洲复兴开发银行（European Bank for Reconstruction and Development，总部设在英国）、伊斯兰开发银行（Islamic Development Bank，总部设在沙特阿拉伯）以及阿拉伯经济社会发展基金（Arab Fund for Economic and Social Development，总部设在科威特）。一些国家中则设有全国性的这类组织，例如墨西哥的国家旅游发展信托基金（FONATUR），巴西的巴西旅游协会（Embratur），等等。此外，在那些打算扩大本国饭店业的开发或者打算增建其他类型旅游供应设施的国家中，政府也有意为这类开发项目提供低息贷款、资金补贴，或其他形式的财政鼓励。

经济合作与发展组织

经济合作与发展组织（Organization for Economic Cooperation and Development，OECD）是根据1960年12月14日在巴黎签署的一项公约成立的。该公约规定，经济合作与发展组织应当以促进下列目标的实现为己任：（1）在保持金融稳定的同时，实现最大化的可持续经济发展和就业，并不断提高成员国人民的生活水平，以此对世界经济的发展作出贡献；（2）促进成员国和非成员国家在经济发展过程中实现合理的经济扩张；（3）促进符合国际准则的、多边的、平等的国际贸易的发展。

经济合作与发展组织的成员有澳大利亚、奥地利、比利时、加拿大、智利、捷克、丹麦、芬兰、法国、德国、希腊、匈牙利、冰岛、爱尔兰、意大利、日本、韩国、卢森堡、墨西哥、荷兰、新西兰、挪威、波兰、葡萄牙、斯洛伐克、西班牙、瑞典、瑞士、土耳其、英国和美国。经济合作与发展组织旅游委员会（OECD's Tourism Committee）是一个就影响国际旅游发展的调控政策和结构变化进行交流的论坛。该委员会鼓励旅游活动更加自由化，无论它是发生在其成员国地区之内还是这一范围之外；同时该委员会还承担了创新性统计方法的开发工作，以提高人们对旅游经济作用的认识。经济合作与发展组织在其新近发布的研究报告《旅游业趋势与政策 2010》（OECD Tourism Trends and Policies 2010）中，对过去 20 年中旅游业的发展趋势以及该组织旅游委员会所贯彻的政策进行了回顾，对过去 20 年中该组织成员国旅游业的发展情况以及对全球金融及经济危机对旅游业的影响进行了评价，并且首次对 12 个非成员国的旅游业数据及政策动向作了分析，其中包括巴西、中国、印度等新兴经济大国。该组织的网址是 www.oecd.org。

地区性国际组织

在诸如欧洲地区、亚太地区之类的世界各大区中，有的地区为了在竞争中强化自己的旅游吸引力而建立了专门的调研机构或促进机构。这类机构的工作开展使本地区对客源市场有了更多的了解，并聚焦于将整个地区作为一个旅游目的地。

亚太旅游协会

亚太旅游协会（Pacific Asia Travel Association，PATA）成立于 1951 年，旨在推动、促进和便利世界上其他地区的居民前来亚太地区旅游，并鼓励本地区居民去本地区内及环太平洋各旅游目的地开展旅游。该组织的会员构成中涉及政府、航空公司、轮船公司、饭店企业家、旅游公司、旅行代理商以及其他与旅游业相关的各类企业/机构。如今，该组织已成为亚太旅游业中的领导者。该组织的会员彼此交流思想，寻找问题的解决方案，共同参与塑造亚太地区旅游业的未来。目前该组织总计有来自世界各地的 2 000 多名会员。自成立以来，该组织对其会员来说一直是准确、最新信息的重要来源，信息内容所涉及的领域包括市场营销、旅游预测、旅游开发、旅游信息、旅游教育、可持续旅游发展以及其他各种与旅游业相关的活动。在每年举办的年会上，该组织都会对所开展的活动及长远性计划进行检讨与调整。

说明：亚洲是世界上发展最快的旅游目的地之一。亚洲许多地区都能为具有西方文化背景的游客提供有价值的旅游体验，马来西亚首都吉隆坡就是其中之一。Photo courtesy of the Malaysia Tourism Board.

旅游业的未来有赖于保护该地区的环境资源、遗产资源和文化资源。为了确保可持续发展，亚太旅游协会致力于在全行业范围内发起有关行动，并为有关资源保护的会议提供赞助。该组织还设有“金奖计划”，对这方面的重大成果进行表彰。

除了该组织自身的努力之外，亚太旅游协会的工作还因其世界各地联系分会中数以千计的旅游专业人士的配合而得以拓展。亚太旅游协会的运营总部设在泰国的曼谷，行政总部设于美国加利福尼亚州的奥克兰。其他办事机构分别设于悉尼、北京、迪拜以及法兰克福。该组织的网址是 www. pata. org。

欧洲旅游委员会

欧洲旅游委员会（European Travel Commission，ETC）是 39 个成员国的国家旅游组织之间进行协作的战略联盟。该委员会成立于 1948 年，作为“欧洲国家旅游办事处”发挥着独一无二的作用。欧洲旅游委员会的目标是从主要的海外市场吸引众多的潜在及现实的海外游客来欧洲。它通过开展促销活动和举办行业展览会实现其目标。欧洲旅游委员会的总部设在比利时的布鲁塞尔。欧洲旅游委员会的网址是 www. etc-corporate. org。

全国性组织

大多数国家认为很有必要设立旅游目的地管理组织。旅游目的地管理组织通过对目的地及其所要吸引的市场的深入了解，监测和促进目的地的协调发展。

美国旅游业事务署

美国商务部（U. S. Department of Commerce）下设的**美国旅游业事务署**（Office of Travel and Tourism Industries，OTTI）扮演美国国家旅游局的角色。该组织是美国国际旅游统计数据的主要来源，负责旅游政策及行业关系的协调，以及制定美国的国际旅游促销计划。该组织创设于 1996 年 4 月，因为当时美国国会取消了对原美国旅游管理局（USTTA）的拨款。美国旅游管理局所担负的职能是：制定旅游政策，促进海外游客来美旅游，收集并报告入境旅游和出境旅游的统计数据。美国旅游管理局成立于 1981 年，取代了于 1960 年设立的美国旅行事务处（USTS）。美国旅游业事务署目前有 13 名工作人员，由署长负责并向商务部主管服务业的助理副部长报告工作。后者向美国商务部内一名主管国际贸易事务的副部长报告工作。商务部是美国联邦政府内所设的 15 个部之一。美国旅游业事务署的主要职能包括：

- 管理美国的旅游统计系统，旨在评价旅游业的经济贡献，并提供有关美国入境旅游和出境旅游情况的各种统计数据。
- 设计和管理有关扩大美国旅游出口的举措。
- 制定和管理美国的旅游政策、发展战略及宣传主题。
- 为扩大美国的旅游出口（国际入境旅游）及国内旅游经济的开发提供技术性协助。
- 会同旅游宣传公司（Corporation for Travel Promotion）一起工作。

调研工作

美国旅游业事务署目前掌管 9 项调研计划，全面提供有关国际入境旅游者的各种信息，旨在帮助旅游业了解随时都在发生变化的国际客源市场：

1. 根据美国国土安全部（DHS）的数据而设立的“国际游客到访量数据库”。在了解海外游客来美旅游的规模方面，该数据库是唯一的信息源（注：此处所称的“海外”，不含加拿大和墨西哥）。

2. 根据美国国土安全部的数据而设立的“国际航空客流数据库”，其中包括美国出境旅游的航空客运量，此外还包括按航空港和国别进行统计的美国航空公司及外国航空公司运送国际乘客来美的客流量，以及运送国际乘客离美的客流量。该数据库是这方面情况的唯一信息源。

3. 官方航空公司指南数据库，用于提供有关离美出境航班的样本框数据。

4. 国际航空旅游者调查（或称机上调查）。此为美国旅游业事务署一项主要的调研计划。调查内容为来访美国的国际旅游者以及美国出国旅游者的有关信息数据，由美国旅游业事务署负责组织这些信息数据的收集与发布。每个月都在80多家美国及外国航空公司的离美航班上收集有关旅游者人员特点的30多项主要数据。每年都会将60 000～95 000份调查记录收集上来，并将有关数据分别按相应的入境旅游者人群和出境旅游者人群进行分析和权衡。这一调查计划可就美国出境旅游者前往哪些外国目的地以及来美的海外游客访问哪些州及哪些城市，作出全面且可比的估量，同时也是这方面唯一的信息源。

5. 美国旅游卫星账户（TTSA）。此为一经济研究工具，用于较准确地测量旅游业对美国经济的影响。该账户同时还能测量旅游业创造就业的情况，以使所测量的结果同采用美国国民账户系统进行测量的结果具有可比性。该账户之所以称之为“卫星账户”，是因为这一账户派生于美国国民收入账户。

6. 美国国际旅游收支数据。美国旅游业事务署调研处的工作人员与美国经济分析局（BEA）联手工作，旨在估算美国以及其他30多个国家的旅游出口额和旅游进口额。

7. 以加拿大统计局的有关数据为基础，调查加拿大人来美旅游的情况。加拿大是美国最大的入境旅游客源市场。美国旅游业事务署每年都发布加拿大游客的来访量及其人员特征。

8. 与一家私营部门机构联手，发布国际来美旅游预测。工作内容为：基于一个经济计量模型，预测40个重要的国际客源市场未来数年的来美旅游人次及其增长率。

9. 针对几个重点入境旅游客源市场的情况，每个季度通过互联网发布一期“旅游市场行情晴雨表”，旨在就各重点客源国中的旅游需求及市场状况提供短期预测。

美国旅游业事务署调研处的工作人员还负责管理该组织的网站。有关上述9个方面调研结果的简要信息皆挂入该网站。此外，美国旅游业事务署还通过出版发行《旅游业新闻》（*TInews*），告知订户有关美国国际旅游市场中的最新发展。有关美国旅游业事务署上述调研工作的信息，以及该组织所有各职能领域的具体内容，其网站上皆有提供。欲了解更多的详情，读者可访问其网站 www. tinet. ita. doc. gov。

顾问委员会

美国旅游业顾问委员会（US Travel and Tourism Advisory Board）是一个就有关美国旅游业事务向美国商务部提供参谋意见的机构。该委员会的任务是：就影响美国旅游业的政府政策及工作方案，向商务部部长提供建议，就目前存在以及正在出现的问题提供应对意见，因此该委员会也是讨论与旅游业有关的问题并提议相应解决方案的一个论坛。

该委员会由至多30名成员组成，具体人选由商务部部长指定。这些成员代表全美众多旅游行业中不同地域、不同规模的公司和行业组织。至于成员的任期，只要部长不提出异议，通常都是从接受任命之日起一直到该届委员会的任期结束。

协助旅游出口

旅游业事务署以提供市场分析及市场情报方面的咨询服务方式，向美国的各类旅游供应商——无论是旅游接待社区还是个别旅游企业——提供出口协助。这方面的服务工作，连同商务部商业服务署全国性及全球性促销宣传活动的开展，可使美国旅游供应商深入了解客源市场状况及有关的行情，从而采取措施鼓励更多的国际旅游者到访美国。

这一协助美国旅游出口的核心工作通过美国旅游业事务署的旅游贸易专家和调查分析人士进行外延式的开展。所谓外延式的开展，是指同各地旅游局的人员一起在有关的旅游接待社区开展工作；同旅游行业协会一起在有关的旅游企业、有关州的政府旅游事务处以及其他与旅游业有关的联邦政府机构开展工作。对于美国旅游业事务署来说，在有效地开展协助美国旅游出口方面，一个关键性的合作伙伴便是国际贸易局（ITA）属下的商业服务处。该机构在美国各地设有100多个协助出口办事处，并在全世界80多个国家设有150多个驻外办事处。

政策

在有关美国旅游业的国内政策和对外政策事务方面，美国旅游业事务署扮演着一种积极角色。在国内政策方面，美国旅游业事务署起着美国旅游政策委员会（TPC）秘书处的作用。美国旅游政策委员会是依法成立的一个跨政府机构的委员会。成立该委员会的目的在于确保联邦政府在决策时能考虑国家的旅游利益。该委员会的主要职能是：协调联邦政府各行政机构中与国际旅游、娱乐及国家遗产资源有关的国家政策和工作计划。美国旅游政策委员会最初组建于1981年，后经1996年的《美国国家旅游组织法案》（U. S. National Tourism Organization）重新授权，并从当年开始履行工作会议。该委员会曾介入过签证政策问题、新的入/出境规定、将中国开放为美国的出游目的地以及众多其他方面政府政策问题的决策过程。美国旅游业事务署曾在多个国际政府间组织中参与全球旅游开发活动。作为代表美国政府的国家旅游局，美国旅游业事务署在亚太经济合作组织旅游工作组、经济合作与发展组织旅游委员会以及联合国世界旅游组织等国际机构中代表美国。美国旅游政策委员会的成员构成包括：

- 历史保护顾问委员会（Advisory Council on Historic Preservation）；
- 农业部（Department of Agriculture）；
- 商务部（Department of Commerce）；
- 教育部（Department of Education）；
- 卫生和公共服务部（Department of Health and Human Services）；
- 国土安全部（Department of Homeland Security）；
- 住宅与城市发展部（Department of Housing and Urban Development）；
- 内务部（Department of Interior）；
- 劳工部（Department of Labor）；
- 国务院（Department of State）；
- 交通部（Department of Transportation）；
- 环境保护署（Environmental Protection Agency）；
- 总统办公室（Executive Office of the President）；
- 管理和预算事务署（Office of Management and Budget）；
- 总统艺术和人文委员会（President's Committee on the Arts and the Humanities）；

● 小企业管理局（Small Business Administration）；

● 美国陆军工程兵团（U. S. Army Corps of Engineers）。

如果所研究的问题对联邦政府某些其他机构的工作也有影响，则会要求它们也参加旅游政策委员会的讨论。

《旅游促进法案》

美国的《旅游促进法案》（Travel Promotion Act）由美国总统奥巴马于 2010 年 3 月 4 日签署。该法案对美国商务部的运作、管理及经费拨款等方面的工作将会产生重大影响。特别是：

● 依据该法案设立了旅游宣传公司。该公司是一家非营利实体，旨在传播美国的入境政策，促进来美消遣旅游、商务旅行和学术旅行。

● 该法案授权美国商务部，经与美国国务院和美国国土安全部进行协商，任命旅游宣传公司的董事会，审批该公司的年度工作目标，并将该公司的工作报告转呈美国国会。

● 依据该法案从签证费中拨款资助该公司的工作。按计划，第一年的资助额为 1 000万美元；第二年的资助额为 1 亿美元，外加由旅游实业界提供 50%的配套款（配套款中的 80%可用实物支付，其余 20%必须以现金支付）；第三年、第四年和第五年的资助额均为 1 亿美元，外加由旅游实业界提供 100%的配套款；由于 2014 年是该法案执行期的最后一年，所以从第六年起，对该公司的经费资助完全由旅游实业界评估和提供。

● 在美国商务部内设立旅游宣传办公室。办公室主任人选由商务部部长任命并向后者报告工作。该办公室的任务是与前述旅游宣传公司进行联络，并负责很多其他有关工作。

● 此外，该法案还扩大了对目前由美国国际贸易管理局下属美国旅游业事务署所辖调研工作的授权。

加拿大旅游委员会

加拿大旅游委员会（Canadian Tourism Commission，CTC）成立于 1995 年，旨在促进加拿大旅游业的发展，充分利用好这一成长速度最快的国际性产业。加拿大旅游委员会致力于将加拿大作为一个理想的旅游目的地去进行营销，向加拿大旅游实业界提供及时准确的信息以帮助其决策，并以此促进加拿大旅游业的成长，提升加拿大旅游业的获利能力。该委员会以公营部门和私营部门的联手结伴为特色，为促进旅游业的发展提供了一种具有创意的途径。这一途径即是产业引领和市场驱动。该委员会认为，在发展旅游业方面，所需的专业知识和专门技能主要来源于旅游业自身。因此，该委员会在设计、推出和资助旅游营销及旅游调研活动时，都是以同有关的省/地区旅游行业协会、有关的政府机构，以及同有关的饭店/旅行社/航空公司/景区景点的管理者联手结伴的方式进行。加拿大旅游委员会所编制的旅游规划是世界上最好、最全面的旅游规划之一，成为许多国家努力效仿的范本。该委员会的总部设于不列颠哥伦比亚省的温哥华市，并在 9 个重点国际客源国中设有办事处，在印度和巴西聘有服务总代理。该委员会的网址是 www.CanadaTourism.com。

澳大利亚旅游局

澳大利亚旅游局（Tourism Australia）是 2004 年 7 月 1 日成立的一个机构。该组织由澳大利亚旅游委员会（Australian Tourist Commission）、澳大利亚国内旅游促进局（See Australia）、旅游调研局（Bureau of Tourism Research）、旅游预测理事会（Tourism Forecasting Council）等原有的四个机构合并而成，以便集中利用这些机构的技能与知识。另外，针对旅游业及市场的需要，还组建了两个新的业务单位，一个是澳大利亚旅游节事管理局（Tourism Events Australia），另一个是澳大利亚旅游调研局（Tourism Research Australia），后者在职能上实为旅游调研局和旅游预测理事会的合并。如今澳大利亚旅游局是澳大利亚政府法定的负责国际和国内旅游市场营销工作以及发布旅游调研和预测信息的权威机构。澳大利亚旅游局的主要工作目标是：促使国际游客前往澳大利亚旅游以及促使澳大利亚居民在本国境内各地开展旅游，帮助推进旅游业的可持续发展，以及帮助澳大利亚增加旅游业的经济收益。澳大利亚旅游局是世界上表现出色的国家旅游组织之一，也是值得其他国家效仿的一个好榜样。该组织的网址是 www. tourismaustralia. com。

美国联邦航空管理局

美国联邦航空管理局（Federal Aviation Administration，FAA）是政府管制机构的一个范例，担负着众多有关实现高效、安全航空旅行的责任。这一美国交通部下属的政府机构负责制定规则、监控航空公司及机场的运营。该管理局的具体职能涉及空中交通管制、航空安全、飞行标准、航空工程、机场管理区、航空公司的设施以及新飞机的合格认证等。美国联邦航空管理局还负责对飞行员和飞机工程师进行考核并颁发资质证书。该组织的网址是 www. faa. gov。

美国交通部

美国交通部（U. S. Department of Transportation）的使命是确保美国有一个快速、安全、高效、便利且人们用得起的交通运输系统，满足国民在这方面的利益，提高美国人民今天乃至未来的生活质量。美国交通部内下设的机构包括交通部部长办公室（OST）、联邦航空管理局（FAA）、联邦公路管理局（FHWA）、联邦汽车运输安全管理局（FMCSA）、联邦铁路管理局（FRA）、联邦联运系统管理局（FTA）、海事管理局（MARAD）、全国高速公路交通安全管理局（NHTSA）、巡视长办公室（OIG）、管道及危险品运输安全管理局（PHNSA）、调研与创新技术管理局（RITA）、圣劳伦斯海道开发公司（SLSDC）以及水陆交通运输局（STB）。

其中值得特别注意的是调研与创新技术管理局，因为这一机构中设有交通运输统计局（BTS），可提供多种交通运输方面的统计数据。该组织的网址是 www. dot. gov。读者可参见第5章“客运交通”。

美国国土安全部

“9·11”事件使得**美国国土安全部**（Department of Homeland Security，DHS）成为对美国旅游业具有影响作用的另一政府机构。美国设立国土安全部的一个主要目的是为全美为数众多的、与保卫国家安全有关的组织和机构建立一个统一的核心。美国交通安全管理局（TSA）负责维护美国的交通体系，其作用在机场安检方面表现得最突出。安检工作是一项艰巨的任务，因为每年有 7.3 亿人次乘坐商用飞机旅行，需要安检的行李超过7亿件。目前，在美国国土安全部中已经设立了一个新的与旅游有关的职位，代表旅游业的利益，并尽可能减少不安全因素对旅行的破坏，努力实现安全目标。要想获得更多信息读者可访问以下网址：www. tsa. gov 和 www. dhs. gov。

美国国务院

美国国务院（U. S. Department of State）在美国国际旅游事务中扮演着非常重要的角色。该机构负责向美国公民发放护照，并负责向来美访问的外国公民颁发签证。美国国务院的政策具有全球性的影响。近年推出的《西半球旅行提案》（WHTI）便是这方面的一个例子。2004 年推出的《情报工作改革和预防恐怖主义条例》（Intelligence Reform and Terrorism Prevention Act）要求美国国土安全部和美国国务院制定并实施一项计划，要求所有的旅行者——不论是美国公民还是外国国民——在进入美国时出示护照或其他证件，或要求同时出示能证明其身份的多种证件。2006 年，美国国会对该条例中的部分条款进行了修正。《西半球旅行提案》的推出就是为了执行美国国会的这一授权。

从 2007 年 1 月 23 日开始，美国政府要求所有在美国与加拿大、墨西哥、南美各国及百慕大之间作航空旅行的美国公民，必须出示有效的美国护照、航空登记牌或美国海岸警卫队颁发的商务海事证。从 2008 年 1 月 1 日起，同样的要求在陆路旅行和海上旅行中开始生效。

《西半球旅行提案》（WHTI）的施行导致美国公民对护照的需要量大增。目前，领取美国护照的人数已达 8 550 万人，占美国人口总数的近 28%。与加拿大的情况相比，美国的这一比例相形见绌。在加拿大，持有护照者在加拿大人口中所占的比重高达 40%。

美国国务院的另一项责任是向国民发布旅行警示。当美国国务院建议国民避免前往某些国家旅行时，便会发出旅行警示。此外，美国国务院还针对世界上每一个国家的情况发布“领事信息一览表”（Consular Information Sheet），所提供的信息内容包括该国的卫生状况、社会犯罪状况、入境条件要求、所使用的货币、有哪些社会不稳定的区域，以及最近的美国大使馆或领事馆的坐落地点。

其他（美国）政府机构

在美国，还有其他很多政府机构也都对旅游业的发展发挥着积极作用。美国国务院（U. S. Department of State）负责主管护照签发；美国海关总署（U. S. Customs Service）负责对国际旅行进行监控；美国人口普查局（U. S. Bureau of the Census）负责汇编旅游统计数据；州际商业委员会（Interstate Commerce Commission）负责规范公共汽车运输；全国海事委员会（National Maritime Commission）负责主管船运；国家公园管理局（National Park Service）和森林管理局（Forest Service）提供并管理许多自然景点/吸引物和设施；土地管理局（Bureau of Land Management）会介入一些旨在发展旅游的项目（如“昔日乡村小路”、“重回昔日历险”、“观赏野生动物”等）；垦务局（Bureau of Reclamation）管理着美国西部 17 个州的 300 多处户外娱乐区；联邦公路管理局（Federal Highway Administration）会介入以发展旅游和保护环境为目标的国家景观道路建设项目。此外，介入旅游开发工作的其他政府机构还包括全美历史保护托管会（National Trust for Historic Preservation）、国家海洋避难所计划（National Marine Sanctuary Program）、田纳西流域管理局（Tennessee Valley Authority）、陆军工程兵团、鱼类及野生动物管理局（Fish and Wildlife Service）、移民归化局（Immigration and Naturalization Service）等。

美国旅游业协会

总部设于华盛顿特区的**美国旅游业协会**（U. S. Travel Association，USTA）是美国最主要的民间旅游组织。该协会组建于2009年1月1日，由原旅游业协会（TIA）和旅游业圆桌协会（Travel Business Round table）合并而成。这一非营利性的民间社团是美国所有各旅游行业的统一组织。在美国，有50多万家不同类型的企业从事旅游业务，为旅行者提供种类繁多的服务。

原旅游业协会最初成立于1941年，如今的美国旅游业协会已从当初以旅游官员为会员的小型社团发展成一个全国性的非营利组织。目前，该组织的会员涉及旅游业的所有构成部分：航空公司、景点/吸引物、饭店和汽车旅馆、旅行代理商、旅游经营商和中间商、会议与旅游局、州政府旅游办公室、地区和地方旅游组织、餐饮企业、汽车租赁公司、城际公共汽车与铁路运输公司、邮轮公司，以及其他那些我们所知道的旅游业构成部门。

美国旅游业协会通过以下途径为美国的旅游业服务：开展国内外营销；开展旅游调研，并向旅游企业和旅游者提供有关的出版物和报告；为旅游企业提供战略指导；设立代表各行业的理事会和委员会；设立基金会支持旅游学术研究；设立奖项表彰旅游业中有成就的个人和组织。

美国旅游业协会当前的使命是：作为全美旅游业的代表，推动与促进美国的入境旅游和国内旅游。该组织有七项工作目标，分别是：

1. 促进人们对旅游业的广泛了解，即旅游业是一个能对整个国家的经济、文化和社会健康做出贡献的重要产业（访问网站 www. poweroftravel. gov）。

2. 组织、协调并实施美国旅游业的全局性营销活动，促进美国入境旅游和国内旅游的发展。

3. 谋求对国家的有关政策、发展计划和立法工作施加影响，使其能够顺应旅游业发展的需要。

4. 改善国内旅游者和入境旅游者的体验质量，包括在获取信息方面的体验、抵达美国时的体验、在美停留期间的体验以及离开美国时的体验。

5. 提升美国旅游业协会作为权威信息源的地位，方便人们对美国旅游业信息的了解及有关调研工作的需要。

6. 提高旅游业的凝聚力，为行业领袖提供沟通论坛。

7. 调配资源，制定并实施有益于旅游业发展的工作计划。

美国旅游业协会下设的各行业委员会是本行业部门的喉舌，代表本行业部门发出统一的声音，有助于使本部门所关心的立法问题得以解决；有助于实施本部门的教育项目；为整个协会有关政策和工作计划的制定提供建议。下面对各个委员会作简要介绍。

州旅游主管全美委员会（National Council of State Tourism Directors，NCSTD）成立于1969年，是美国旅游业协会下设的第一个全国性委员会。其目的是为各州的旅游管理者就各州和地区旅游办公室共同面临的问题提供一个交流思想与信息的论坛，从而在国家的层面上对产业问题有统一的定位。虽然各州和地区之间在各自需要解决的问题及优先顺序方面会有很大的不同，但仍有很多共同关心的领域，如教育、沟通、营销、调研以及公共事务等。在这些共同关心的领域，州旅游主管全美委员会作为催化剂，可提出有益于各州/地区旅游业进而有益于全美旅游业的发展计划。

目的地组织全美委员会（National Council of Destination Organizations，NCDO）

的前身是成立于1976年的地区及地方旅游组织全美委员会（National Council of Area and Regional Tourism Organizations，CARTO）。1999年，地区及地方旅游组织全美委员会与城市旅游组织全美委员会（National Council of Urban Tourism Organizations，NCUTO）合并，组成目的地组织全美委员会。该委员会代表400多家作为美国旅游业协会会员的目的地营销组织。目的地营销组织关注于便利和促进游客到本地区旅游以及促进本地区区内旅游的发展。目的地组织全美委员会为目的地营销组织的专业人士提供论坛和交流平台，使他们能够解决各个地区普遍面临的问题，并在全国性议题上达成共识。

全美旅游景点委员会（National Council of Attraction，NCA）成立于1976年。它的成立将美国旅游业协会中种类繁多的景点/吸引物成员统一起来，不仅包括历史的、文化的、科学的和自然的景点/吸引物及主题性娱乐场所，还包括与景点/吸引物相关的服务组织。该委员会现有200多个会员。

目前美国旅游业协会支持的四项大型营销活动分别是：

1. 发现美国：国际旅游展销会（Discover America International Pow New）。这一广泛享有国际赞誉的旅游展销活动将来自70多个国家的国际旅游经营商和旅游记者与美国的各类旅游供应商聚集到一起，不仅可实现价值35亿美元的美国旅游产品的销售，而且可为美国旅游产品带来价值不可估量的媒体宣传。详情可参见 www. ustravel. org/events/international-pow-wow。

2. 旅游市场展望论坛（The Marketing Outlook Forum）。此为一年一度的旅游市场知识教育盛会，通过举办为期两天的密集式系列讲座，帮助业界领袖了解和应对当前旅游业中的有关问题，并提供有关未来旅游业格局的详细预测。详情可参见 www. ustravel. org/events/marketing-outlook-forum。

3. 发现美国：全美国内旅游营销宣传（Discover America National Domestic Travel Marketing Program）。这是一项持续举办的、多方位的、全国性的旅游宣传活动，目的是通过开展有主题的促销宣传、提供电子式旅游信息，以及对特定标识语的普遍使用，鼓励国内民众游历美国。详情参见 www. ustravel. org/marketing/discover-america/discoveramerica-com。

4. 发现美国展览会（Discover America Davilions）。此为以“发现美国”这一品牌为统领的国际旅游营销宣传活动。详情可参见 www. ustravel. org/events/discover-america-pavilions。

关于上述这些营销活动组织工作的详情，读者可访问美国旅游业协会及发现美国的网站，网址分别是 www. ustravel. org 和 www. discoveramerica. com。

领军者介绍

罗杰·道

美国旅游业协会主席兼首席执行官

罗杰·道（Roger Dow）是美国旅游业协会的主席兼首席执行官。该协会是一家全行业组织，代表美国旅游业这一年营业额高达7 040亿美元的庞大产业中的所有行业。美国旅游业协会的总部设于华盛顿特区，在欧洲、亚洲和拉丁美洲分别设有代表机构。

美国旅游业协会的使命是促进美国的国际入境旅游和国内旅游，具体任务包括：向政界领袖宣传旅游业的作用，提供权威性的旅游调研与分析数据，主办包括国际旅游展销会在内的各种重大的年度营销活动。此外，美国旅游业协会还负责管理美国的官方旅游网站 DiscoverAmerica. com。

罗杰·道在引领全行业促成《旅游促进法案》的出台方面起了很大的作用。该法案由奥巴马于2010年3月签署施行，成为美国前所未有的首例旨在促进国际游客到美访问的旅游宣传立法。

罗杰·道自2005年开始担任现职。此前，他曾在万豪国际公司工作了34年，起初是在一家万豪饭店从事夏季救生员的工作，后来一路晋升至公司资深副总裁，负责主管该公司的全球销售工作，领导万豪公司中由世界各地10 000多人组成的销售队伍的工作。他在该公司工作期间成就很多，其中包括设计并推出了"万豪礼赏"（Marriott Rewards），该计划是世界上最早面向经常性旅游者推出的奖励计划。

罗杰·道曾被同行们评选为美国旅游业协会的年度最佳执行官。《协会动向》（*Association Trends*）在颁布这一荣誉时曾指出，罗杰·道的功绩在于能够团结整个旅游业开展工作，并大大提升了旅游业协会对美国国会的影响力。此外，他还被会议行业理事会选入该领域的"名人堂"；被会议专业人士国际联合会（MPI）评选为该行业中的最佳领导者之一；被《会议新闻》（*MeetingNews*）杂志选为会议行业中最具影响力的25人之一；在2009年被美国社团执行官联合会（ASAE）授予联合会领袖奖。美国的约翰逊威尔士大学（Johnson & Wales University）还向罗杰·道颁发了荣誉学位（旅游服务业管理方向的工商管理博士学位）。

罗杰·道经常就领导力、销售、市场营销以及管理等主题在各种会议上发表演讲，并与人合作出版过两本著作，一本是《因势利导——针对员工、客户和利润开展工作的八点重要思考》（*Turned on—Eight Vital Insights to Energize Your People Customer and Profits*），另一本是《信任第一——商务关系中基于信任的比较优势》（*The Trust Imperative—The Competitive Advantage of Trust-Based Business Relationships*）。

罗杰·道目前或曾经是很多组织的董事会成员，其中包括担任ASAE的董事、PCMA的董事、ASAE基金会的董事、MPI基金会的董事长、GWSAE的董事、RE/MAX国际公司的董事，此外还担任亚利桑那州立大学（Arizona State University）服务领导力中心的顾问委员会委员，以及里士满大学罗宾斯商学院（University of Richmond Robins School of Business）的顾问委员会委员。

罗杰·道曾服役于美国陆军第101空降师，参加过越战，并曾因此获颁铜星军功章及其他奖励。

罗杰·道是新泽西人，曾获得西东大学（Seton Hall University）颁发的科学学士学位。在该校就读期间，他曾担任高年级学生会主席、学生摔跤队队长和TKE学生联谊会秘书。

1991年，他被选为该年度的TKE校友代表，并接受美国总统罗纳德·里根的颁奖。

目前，罗杰·道与夫人居住在马里兰州的波托麦克市。

寄语未来

《旅游促进法案》的通过使得美国在发展旅游业方面前进了一大步，能在全球旅游市场中更具竞争力。它不仅有助于最终扭转自“9·11”事件以来海外来美入境旅游的颓势，而且随着新游客的涌入，将会振兴美国的经济，创造新的就业机会，并改善国际客源市场对美国的感知。

我对美国各地及各类旅游供应商的建议是，要做到灵活、耐心、勇于创新、主动接受新的思想。旅游业界应积极开动脑筋，继续想方设法少花钱多办事，并减少思想守旧。我的最后一点建议是，作为一项产业，我们需要随时警惕任何新的挑战的出现。近来出现的一些事件——诸如会议危机、流感突发、石油泄漏等——都表明，我们再也担负不起躺在荣誉桂冠上睡大觉了。

地区性组织

地区性旅游组织以吸引旅游者到本地区旅游为目标。地区性组织有多种不同的类型，有些是国际组织，有些是州际组织，有些则是县际组织。这方面的例子很多，从覆盖整个太平洋地区的亚太旅游协会，到以促进美国南部各州旅游为工作目标的美国南部旅游组织（Travel South USA），皆为地区性旅游组织。西密歇根旅游协会（Western Michigan Tourist Association）旨在宣传整个西密歇根地区，所涉及的地域范围从印第安纳州西北部一直到麦基诺水道，覆盖了整个半岛下部的一半。宾夕法尼亚州可能是区域性旅游组织数目最多的一个州。该州旅游办事处的工作为71个不同的机构所支持，2009—2010财政年度有多个区域性的营销合作资助项目或旅游宣传资助项目。

州级和地方社区组织

由于各州/省在行政上独立于国家政府，并且由于它们往往具有相当独特的市场吸引力，因而通常都会设立一个独立的州/省旅游部门去促进和协调该旅游目的地的开发。同样，在各州/省中，一些规模较大的城市由于有其独特的旅游吸引力，因而也会设立自己的旅游目的地管理组织去促进和帮助该城市/地方社区发展旅游业。这类地方性旅游目的地管理组织的工作开展往往都效率很高，因为它们自身也会从中受益。

州级组织

在美国，从传统上讲，很多州都一直将促进旅游业的开发作为发展经济的一种手段。绝大多数的州都依法设有**州旅游事务处**（state tourism offices），负责本州旅游业的有序发展。这种州旅游事务处的工作一般包括：提供信息，进行安排广告，进行公共宣传，以及对本州的娱乐资源、自然景观、历史遗产、公路设施、旅游景点/吸引物等方面的情况开展调研。

在全美50个州中，每个州都设有政府机构负责旅游业的开发与推广。在这方面，大多数州的情况都是设置一个机构负责此事，但马萨诸塞州则设有三个实体，即该州旅游事务处的工作还由马萨诸塞州国际贸易议政会进行补充，负责该州的国际旅游开发，此外该州还设有会议中心管理处，负责为该州吸引会展市场。在得克萨斯州，则有两个实体为旅游开发工作划拨款项和提供资源。

同其他各州相比，夏威夷州和阿拉斯加州的情况略有不同，不论是夏威夷旅游管理局还是阿拉斯加社区与经济开发部，都是将该州的旅游营销宣传工作外包给民间的私营组织。而大部分州的情况是将该州的旅游事务处设在经济发展部（Department of Economic Development）或商务部（Department of Commerce）内。

说明：美国各州政府制定了许多影响旅游的法律和法规。各种促销、交通、食品、餐馆检查、有经营许可的邮轮等组织以及其他许多组织就是例证。Photo by South Dakota Tourism.

地方社区组织

绝大多数的地方社区也都认识到了旅游业的重要性，并为此设立了会议与旅游局。在许多规模较小的社区，则是由**商会**（chambers of commerce）或**度假村协会**（resort associations）行使同样的职能。目前，规模较大的城市都有自己的中心会议设施，为了支持这些设施，它们也都做了大量的促销宣传工作。

地方社区旅游办事处的设置已有很长的历史。在法国，第一个旅游办事处设立于 1875 年，地点在热拉梅，其后，格勒诺布尔也于 1889 年设立了旅游办事处。在荷兰，第一个旅游办事处（荷兰语即 Vereniging voor Vreendenverkeer，VVV）是 1885 年在林堡省的小城法尔肯堡成立的，旨在推广该城市并向旅游者提供帮助。它是当代荷兰地方旅游办事处的鼻祖，荷兰各地的旅游办事处至今仍沿用“VVV”的称呼。

城市会议与旅游局

会议与旅游局（convention and visitors bureau，CVB）是一个不以营利为目的的伞状组织，代表一个城市或市区吸引并服务于所有各种类型的来访旅游者，无论其来访目的是商务、消遣，还是两者兼而有之。会议与旅游局通常也被称作旅游目的地管理组织或旅游目的地营销组织。在所在地区的对外旅游业务中，会议与旅游局是唯一能将市政府、旅游行业协会以及各类旅游供应商的利益联系到一起的组织。

在多数大都市地区，都市旅游还是一个越来越重要的创收和就业来源，因此有必要采取协调一致的努力去促成它的发展。这一发展的实现，最好是通过会议与旅游局在不断改进该城市为各类会议策划者、商务旅行者及消遣旅行者提供服务的范围和服务质量方面所起的作用去进行培育。

对于一个城市来说，会议与旅游局是潜在的来访游客与该地旅游接待企业间的联系桥梁。它所扮演的角色既是信息交换中心、会议管理咨询顾问，又是该城市的宣传推广机构，并且往往也是都市开发与复兴的催化剂。

会议与旅游局为会议策划者提供的服务通常包括：介绍该城市的情况、充当该地旅游供应商与会议策划者之间的联络人，以及行使对会议服务行业的管理。会议市场规模巨大，据会议行业理事会（Conventional Industry Council）的估算，会议接待服务是一个年产值达 2 630 亿美元的产业（参见第 6 章）。

国际旅游目的地市场营销协会

大多数城市的会议与旅游局都加入了**国际旅游目的地市场营销协会**（Destination Marketing Association International，DMAI），该协会位于华盛顿特区。这一团体成立于 1914 年，最初的名称是会议局国际协会（International Association of Convention Bureaus，IACB），目的是在吸引和服务于会议市场方面，促进可靠的专业化运作。1974 年，会议局国际协会改称会议与旅游局国际协会，以反映大多数会员单位都越来越多地介入了旅游促销工作这一实际情况。2005 年 8 月，该组织进一步更名为国际旅游目的地市场营销协会，以澄清本组织会员所从事的工作（即从事旅游目的地市场营销工作）。

该协会自成立时起就在旅游业中占据了强有力的领导地位。该协会目前有 2 800 多名会员，来自 30 多个国家 650 多个城市的旅游目的地管理组织。该协会为其会员提供大量的机会进行专业对话，并就有关会议举办单位的数据资料进行行业交流。

说明：世界各地的旅游问讯中心都可为旅游者提供实时的信息与服务。图为位于西班牙托雷莫利诺斯的旅游问讯中心。Photo courtesy of the author.

国际旅游目的地市场营销协会的会议信息网（MINT）是世界一流的数据库，可对20 000多个社团/公司举办会议的情况（包括历史情况和未来情况）进行跟踪。该数据库可为数以千计的会议与旅游局、饭店和汽车旅馆企业以及其他经营会议服务的供应商提供营销和销售指导。详情可访问www.empowermint.com。

为鼓励会员间的交流，国际旅游目的地市场营销协会每年都召开一次年会，每年都举办销售或行政管理讲习班并颁发结业证书，组织专题讨论会和讲座，定期研究会议行业的发展趋势，提供咨询服务，并通过政府与业界的关系沟通，为会员提供服务。该协会的网址是www.destinationmarketing.org。

旅游教育与教育组织

旅游产品供应商寄望于教育组织能成为本行业所需人才的来源。这些教育组织包括中学、职业学校、高职或社区学院、四年制的大学，以及由行业协会设立的学校和学院。大多数高级中学都提供某些对旅游企业有价值的课程，如本国语、外语、地理、历史、写作、计算机应用、文秘技术、簿记以及食品制作，等等。很多职业学校都旨在为各种旅行社、航空公司、住宿业、餐饮服务业以及其他类型的旅游企业培养入门水准的员工。高职或社区学院则是旨在就可应用于旅游业的各种技能提供教育和培训。

旅游行业协会和很多专业学会也很积极地介入旅游教育。美国旅行代理商协会（American Society of Travel Agents）、美国旅游学院（the Travel Institute）、美国饭店和住宿业协会教育学院（the Educational Institute of the American Hotel and Lodging Association）、全美餐馆协会教育基金会（the National Restaurant Association Educational Foundation）以及英国旅游学院等所提供的各种教育项目及自学课程，皆为这方面的例子。大多数的公交运输商——尤其是航空公司——所提供的各种教育/培训项目，不仅是为了培养自己的员工，而且适用于培养旅行社的工作人员。国际劳工局（ILO）（联合国的下属成员，总部设于瑞士的日内瓦）也设有多种与旅游职业有关的培训项目。同样，联合国世界旅游组织为各国官方旅游部门的工作人员提供培训课程。

很多四年制的大专院校也提供这方面的工作技能及管理教育。为了适应旅游业的多样性，很多商业学校、饭店及餐馆管理学校、自然资源学院、商业娱乐管理系、社会学系、地理学系以及人类学系等，也都开设与旅游有关的课程。有些院校还开设了旅游专业的研究生教育。除了上述这类教学课程，高等院校还开展了大量的研究工作并向旅游业界提供研究成果。

饭店、餐馆、团体膳宿供应机构教育国际理事会（ICHRIE）出版过一本这类机构的名录，其中列有北美及海外地区提供两年制、四年制及研究生教育项目的学校名单。这一名为《食宿接待、旅游、烹饪艺术专业院校培养计划指南（第9版）》（*Guide to College Programs in Hospitality，Tourism and Culinary Arts*，9th edition）的出版物中对每一个教育项目都提供了至关重要的统计说明，包括学生的入学、专业特点、学分制度、入学及毕业的条件要求，以及办学经费的来源。该出版物的光盘和纸质文本可从ICHRIE组织获取。详情可访问该组织的网站www.chrie.org。

最后值得一提的是，在美国，各赠地院校（land-grant schools）还通过合作延伸服务网络提供教育服务，该服务网络在美国所有50个州中都设有工作站。一些州的有关院校还向各类旅游企业的管理人员提供教育服务，所涉及的旅游企业包括饭店、汽车旅馆、餐馆、娱乐会所、游艇船坞、小型服务企业等。有时这些院校还为这些行业的管理人员推出短训课程以及举办专题会议，以使他们能够更加有效地开展工作。这些教育服务都是由各赠地院校提供，通过所在州的合作延伸服务工作站进行，后者的工作由美国农业部给予部分拨款支持。

旅游研究协会（TTRA）有 150 多位来自教育领域的会员。此外，该组织在年会期间还举行教育工作者会议。全美娱乐与公园协会下面还设有一个分会，称为公园与娱乐教育工作者学会（SPRE）。这一团体致力于研究恰当的课程设置，并设计教学及研究计划。饭店和餐馆领域的教育工作者则组建了饭店、餐馆、团体膳宿供应机构教育国际理事会，致力于改进教学方法，以及针对所有各个层级的教学——从高中一直到四年制大学——进行课程开发。国际旅游教育工作者学会（ISTTE）致力于改进旅游教学工作，每年举办一次年会，并出版该组织的新闻简报。最后值得一提的教育组织是国际旅游研究院（IAST）。该组织致力于改进旅游教育及科研工作。

□ 本章小结

联合国世界旅游组织代表着政府对世界旅游发展的关注与支持。各个国家、州/省分别设有自己的旅游促进与开发组织，在各自辖区内推广旅游，并与其他团体就旅游推广事宜进行协调。大多数政府都通过民用航空管理委员会、航空管理局、海关办公室、护照管理局等机构发挥对旅游的调节及促进作用。政府机构通常汇编调研统计资料并收集数据。政府也经营旅游企业，如航空公司、国家公园，有的还经营饭店和野营地。

□ 重点概念

加拿大旅游委员会（Canadian Tourism Commission）
商会（chambers of commerce）
会议与旅游局（convention and visitors bureau）
美国国土安全部（Department of Homeland Security）
国际旅游目的地市场营销协会（Destination Marketing Association International）
欧洲旅游委员会（European Travel Commission）
美国联邦航空管理局（Federal Aviation Administration）
国际航空运输协会（International Air Transport Association）
美国旅游业事务署（Office of Travel and Tourism Industries）
经济合作与发展组织（Organization for Economic Cooperation and Development）
亚太旅游协会（Pacific Asia Travel Association）
度假村协会（resort associations）
州旅游事务处（state tourism offices）
澳大利亚旅游局（Tourism Australia）
世界银行（World Bank）
联合国世界旅游组织（United Nations World Tourism Organization）
美国交通部（U. S. Department of Transportation）
美国旅游业协会（U. S. Travel Association）
世界旅行及旅游理事会（World Travel and Tourism Council）

□ 互联网练习

为了方便读者，本章中所提及的互联网网站连同其他一些相关网站，一并列在为本书伴

设的网站上：www.wiley.com/college/goeldner。

练习1

网站名称：联合国世界旅游组织

网址：unwto.org/en

背景信息：联合国世界旅游组织是当今旅游领域最具影响力的国际组织。它是旅游政策问题的全球性论坛，也是旅游业知识的现实来源。

练习内容

查阅联合国世界旅游组织的网站，并找出下列信息：

1. 联合国世界旅游组织如何与其成员以及非成员进行沟通？

2. 随着旅游领域全球化竞争的日益激烈，质量已成为能够决定成败的因素。联合国世界旅游组织有关旅游中质量与交易的规定旨在帮助各成员目的地提高质量，以使其更具竞争力并确保可持续发展。联合国世界旅游组织关于质量方案的基本内容是什么？

3. 列出联合国世界旅游组织的五种出版物，并说明它们对旅游从业人员何以能有助益。

练习2

网站名称：亚太旅游协会

网址：www.pata.org

背景信息：亚太旅游协会成立于1951年，旨在推动、促进和便利世界上其他地区的居民前来亚太地区旅游，并鼓励本地区居民去本地区内及环太平洋各旅游目的地开展旅游，目前已成为亚太旅游业的领导者。

练习内容

查阅亚太旅游协会的网站，并找出下列信息：

1. 亚太旅游协会对可持续旅游发展所作的承诺。

2. 亚太地区入境旅游接待量的最新统计数据。

□ 复习与讨论题

1. 联合国世界旅游组织已经将旅游扶贫作为其特别优先考虑的内容之一。你认为这是可行的吗？你预计该组织在努力开发与实施这项计划的过程中将会遇到的主要困难是什么？

2. 如果你是泰国的旅游部部长，你可能会向联合国世界旅游组织寻求哪类帮助？向亚太旅游协会寻求哪类帮助？

3. 旅游业是美属萨摩亚的第一大出口产业。美属萨摩亚的旅游管理机构该如何去进行组织？

4. 你认为教育是任何旅游组织都应具有的一项主要职能吗？为什么？

5. 如果你是一家像墨西哥的全墨旅游发展信托基金（FONATUR）那样的大型国际开发银行的行长，你会对世界旅行及旅游理事会有什么兴趣？

6. 辩证地说，为什么一个国家的政府交通部门应该有权力去管制或控制客运票价或货运价格？

7. 参照问题6，一家国际性民间组织，比如国际航空运输协会，有权力管理客运航空票价吗？如果回答是肯定的，为什么？

8. 解释总部设在巴黎的经济合作与发展组织如何能够帮助其欧洲成员国家发展旅游。

9. 假设你正在美国众议院各位议员面前发表你支持明年的旅游业事务署预算的看法，你将阐明哪些主要观点？

10. 诸如美国旅游业协会之类的全国性民间组织，有存在的必要吗？

11. 一位州参议员强烈反对旅游促销预算。他激动地说："我们需要这些钱以使我们拥有更好的学校。"作为该州参议院旅游委员会的成员，你如何对此进行反驳？

12. 假设你是一名加拿大公民，如果你上缴的税金被用于与美国旅游业事务署一起开展的联合调研，你有何感想？

13. 旅游业事务署的工作与美国贸易赤字之间有关系吗？

14. 一个城市的会议与旅游局如何发挥作用？这个组织通常如何筹措资金？

15. 作为一家经营良好的度假地住宿设施的管理者，你会向董事会提出哪些论据，以使你所加入的地区性旅游促销组织获得财务支持？

16. 如果你作为一家饭店的经理加入了一个旅游协会，并在它的出版物上刊登了一则广告，你如何确定这种投资是否带来了回报？

□ 案例题

1. 某个旅游热点州的公园管理工作陷入了困境，因为州政府无法继续再为该州的公园系统提供足够的资金。为此，州长提出了对该州的公园实行"群体维护"的政策。这意味着该州将对指定区域内的所有公园作为一个群体进行管理，而所有其他独立存在的公园将被排除在外。这些公园的游人到访量每年达数百万人之多，因而是该州旅游业的一个重要组成部分。有哪些可行的办法可用于解决该州公园系统的资金困难？

2. 两名市议会议员正在争论。他们关注的问题是该市为即将到来的财政年度所作的旅游促销预算提案。其中一名议员主张认可该项提案，而另一名议员则提出，"由于高比例的漏损，外来旅游者在本市的消费并不会带给我们很多收益，所以我不赞成这项提案；我们别再考虑它了"。假定你作为会议与旅游局的代表也参加了该次会议。对于这一争论，你会作何反应？如果你认为你的观点陈述不是很有说服力，那么作为支持旅游业的正方，为了强化你的观点陈述，你应立即着手开展哪些调研工作？

第5章 客运交通

学习目的

- 理解交通运输在旅游业中的重要地位。
- 了解航空业及其在旅游业中扮演的角色。
- 认识小汽车在旅行方式中的支配地位。
- 了解铁路旅行和大巴旅行扮演的角色。
- 了解邮轮业。

导　言

在第5～8章，我们将集中讨论旅游业中的各个经营部门。首先从交通运输部门开始讨论。如图5—1所示，旅游业中的这些经营部门是整个旅游现象（见图1—2）中一个至关重要的组成部分。由于向游客交付旅游经历的正是这些经营部门，因而媒体、公众以及游客往往都将这些经营部门视作“旅游业”。这些经营部门的任务是负责开发旅游服务项目，并以好客精神为游客提供美好而难忘的旅游体验。

当我们将注意力转向交通运输部门时，会发现，从远古时代开始，人类就一直在以各种不同的方式开展旅行活动，从最初的徒步旅行，直至如今的乘坐超音速飞机旅行。旅游与交通有着密不可分的联系——确实，对于交通运输在旅游业中的重要性，无论怎样强调都不过分。世界旅游的发展，也会对交通运输部门提出新的需求（见图5—2）。通过观察各种客运交通方式所处的位置，我们会发现，航空旅行在中远程旅游中占据主导地位；自驾车旅行在短途旅游中占支配地位，因而也是国内旅游中最普遍的旅行方式。汽车旅行在地区和国际旅游中也非常重要。虽然如今铁路旅行与过去相比作用有限，但这种旅行方式的市场份额还会有所增加，尤其在欧洲和亚洲更是如此。高速火车的发展将会使铁路的客运量增加。

长途大巴运输可覆盖其他公交方式所无法提供服务的很多地区，但从数量上看，在全部公路客运里程中，长途大巴所占的比例很小。目前，海上巡游正变得更加流行，因而也是增速最快的旅游细分市场，不过其市场规模仍然很小。

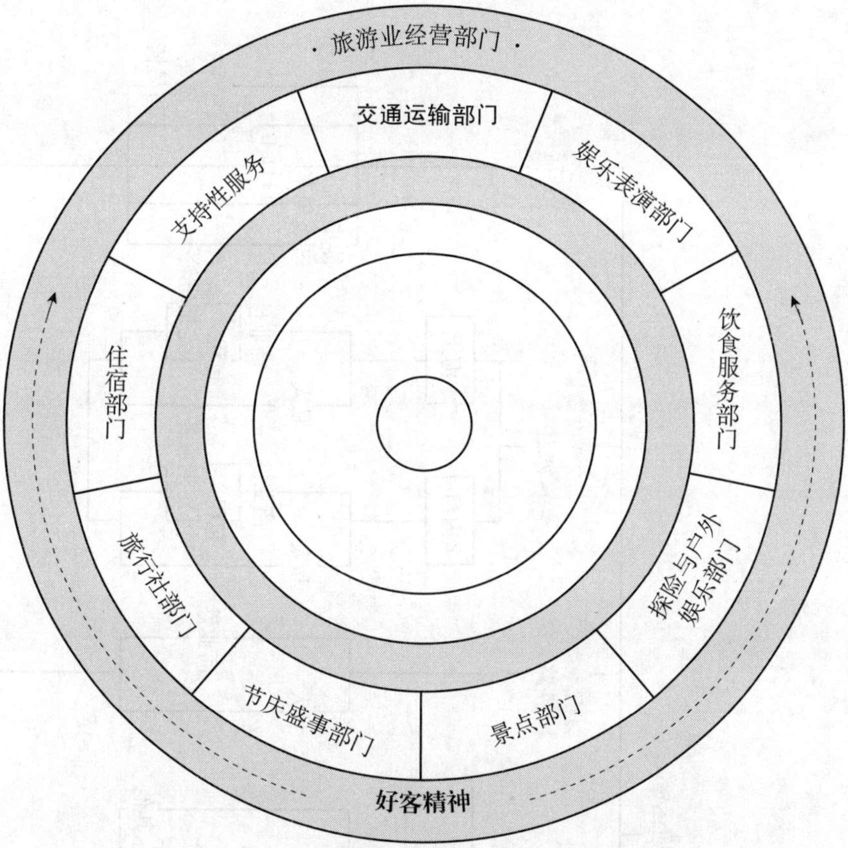

图 5—1 旅游业经营部门：交通运输

由于世界旅游的发展，客运量的增加给交通设施带来了压力，并因此产生一定的负面影响。由于世界各地的情况不尽相同，因此所形成的压力程度也不尽相同。尽管如此，对世界各地来说，这类问题的性质似乎都一样。以下是政策制定者亟须注意的一些问题：

1. 交通堵塞。多数客运交通方式都伴有严重的拥堵问题，尤其是在高峰时段内的道路和机场。在一些主要城市，交通堵塞甚至到了车辆无法移动的地步。交通堵塞意味着延误，意味着时间和能源的严重浪费。

2. 安全。确保**安全与安防**（safety and security）是发展旅游的一项基本要求。"9·11"事件之前的情况是如此，如今则变得更加重要。

3. 环境。倘若一个地区不具备足够大的旅游承载力，那么客运量的增加就有可能会破坏该地的环境。因此，在计划扩建该地的交通设施时，必须要将经济、社会、文化及自然环境等方面的成本考虑进去。

4. 季节性。旅游需求的季节性变化会造成某些时期出现过度拥挤的现象，而在其他时期则又会出现设施利用率和座位占用率很低的情况。在旅游高峰期，交通堵塞问题、安全问题以及环境问题将会变得更加严重。

所有上述问题都是交通规划者所面对的挑战。这些问题一直并将会继续对旅游者的度假体验产生负面影响。交通问题还有可能会使旅游目的地的形象不佳。因此，本章在对各种交通运输方式进行回顾的同时，将探讨如何对这些交通方式进行开发和整合，以使其能以尽可能理想的方式服务于旅游者。

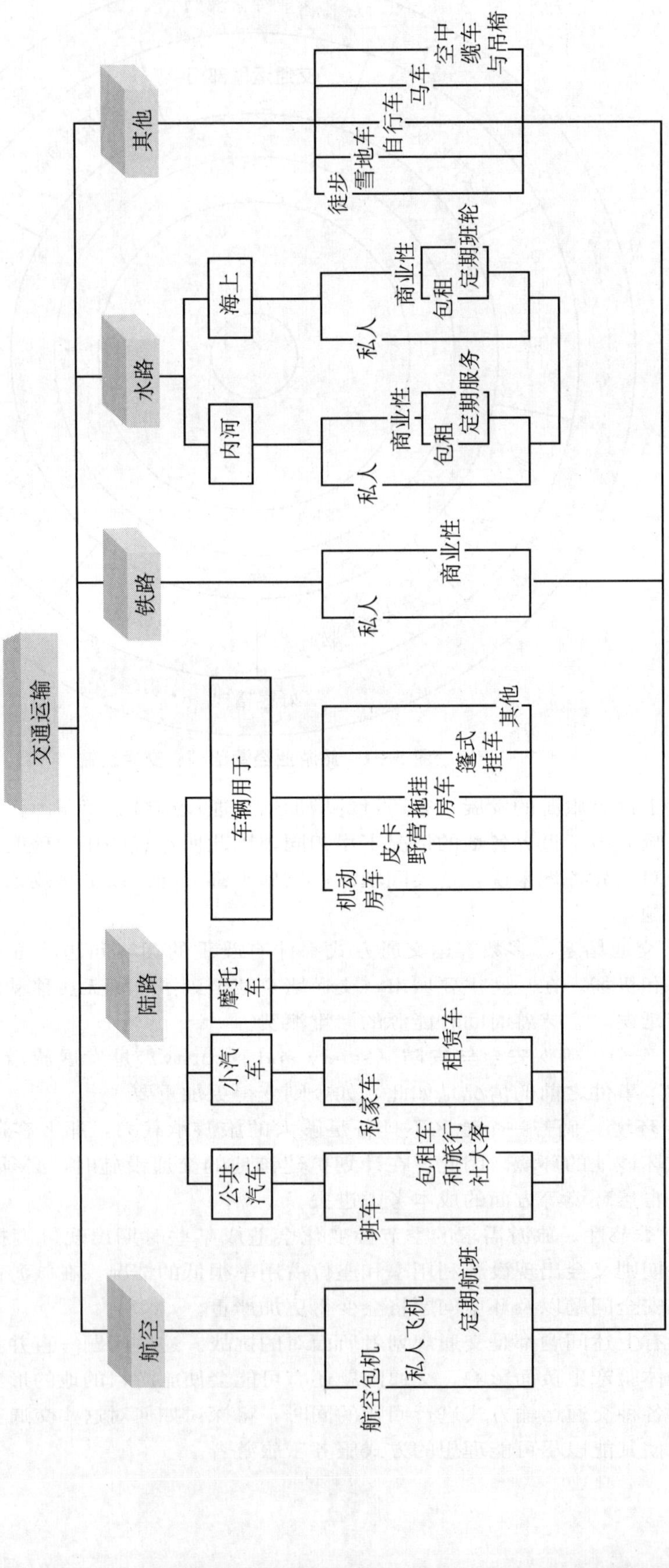
交通运输
航空
陆路
铁路
水路
其他
航空包机
私人飞机
定期航班
公共汽车
小汽车
摩托车
车辆用于
班车
包租车和旅行社大客
私家车
租赁车
机动房车
皮卡
野营拖挂房车
篷式挂车
其他
私人
商业性
内河
海上
私人
商业性
包租
定期服务
私人
商业性
包租
定期班轮
徒步
雪地车
自行车
马车
空中缆车与吊椅

图5—2 客运交通结构

航空业

1903年12月17日，在北卡罗来纳州的基蒂·霍克机场（Kitty Hawk），莱特兄弟（Orville and Wilbur Wright）开启了航空飞行时代——当时奥维尔·莱特驾驶一个有动力装置、机体重于空气的飞行器，完成了首次由人操作的持续飞行。虽然这一举世闻名的首次飞行仅持续了不到1分钟的时间，但从此改变了整个交通世界。如今，航空旅行已改变了人们看待时间和距离的方式。在我们庆贺人类实现驾机飞行已逾百年的今天，我们会发现，**航空业**（airline industry）已从一个婴儿成长为一个巨人。就全球航空业的规模而言，目前已有1 715家航空公司，27 024架飞机，3 670个机场，每年有2 860万个定期航班，所载运的乘客量为24亿人次。仅在美国，商业航空的年营业额便已超过1 500亿美元，所雇用的员工规模超过55万人。[1]

低成本航空承运商（LCC）也称低成本航空公司，有时亦称打折或廉价航空公司。这是一种通过取消很多传统的乘客服务项目而实行低票价经营的航空公司。低成本航空承运商这一概念最初是在20世纪50年代初由美国当时的太平洋西南航空公司（Pacific Southwest Airlines）提出，并在最近20年中成为航空业中最为成功的经营做法之一。现今的美国西南航空公司开业于1971年，也是美国最成功的低成本航空公司。该公司一直是其他低成本航空公司所效仿的榜样。在美国，低成本航空公司目前约占全国航空运力的30%；在欧洲，该类公司目前约占全欧洲航空运力的25%；在亚洲，该类公司在航空业中所占的比重目前也在增大。

低成本航空承运商在开展经营方面的一些典型做法包括：

- 乘客舱位全部实行一个级别。
- 所用客机全部为同一个机型，以减少机队的维修费用。
- 使用二级机场。
- 实行快速转机。
- 提供点对点的客运服务。
- 不实行座位预留。
- 员工的工作角色实行多元化。
- 实行互联网预订。
- 产品朴实无华，唯以实行低票价为根本。

低成本航空承运商目前正在增多。这无疑会形成对那些大型航空承运商的威胁，使其维持原有的获利能力变得更加困难。面对大型航空公司的竞争，诸如西南、捷蓝（JetBlue）、越空（AirTran）、西捷（WestJet）、易捷（EasyJet）等低成本航空公司如今都在成长，并已在市场中立足。而且，这些低成本航空公司也都在实现盈利。世界各地一些新的低成本航空承运商也在加入这一队伍。瑞安航空公司（Ryan Air）和神采航空公司（Spirit Airline）似乎都在竞相争取使自己加入“票价更低者”的队伍。继取消可躺式座位、窗口遮光板、座位罩和座位袋之后，瑞安航空公司目前还扬言要向使用厕所的乘客收费，而且还宣称拟推出站票。不论这些做法是否现实，这些宣传都使得瑞安航空公司这一名称凸显于公众面前。

全球航空业中的亮点是亚太地区。该地区充满活力的经济发展不仅为本地区的航空公司带来了利润，同时也给区外的航空承运商带来了大量的亚太地区业务。目前，这一地区是世界上航空旅行发展的中心。

世界经济以及旅游业的发展都需要有一个健康的航空运输体系。如果没有航空旅客，那么供租赁的汽车就没人租用，旅馆的床位也销售不出去，景点也就不会有人去参观。航空公司使远程旅行的发展出现了革命性的变革，航空旅行的通达范围和飞行速度极大地拓展了旅游者使用与原先相同的可自由支配时间和资金所能完成的活动内容。

例如，今天人们环球飞行所用的时间可能比驾车横穿美国大陆的时间还要短。同时航空运输体系有着令人难以置信的效率：你只需往某个航空公司或旅行社打一个电话，订购一张你意欲前往的目的地的机票；然后你所要做的事情只是去机场托运行李，并乘坐飞机抵达最终目的地。保障这一切顺利实现的后勤工作虽然很复杂，但这一系统运行良好。例如，新的美国联合航空公司（连同其旗下的各个分公司）每天有大约 5 800 个航班飞往美洲、欧洲和亚洲的 371 个目的地（www. united. com）。

说明：喷气式飞机能在最短时间内运送数百名乘客。航空旅行是最舒适的中长途旅行方式。Copyright © Corbis Digital Stock.

航空旅行的主要优点是速度快，使人们有更多的时间从事其他活动，但对于想要乘飞机旅行的人来说，也有不利的方面。这些不利的方面包括：有些人对乘坐飞机心怀恐惧；有很多地方都不在航空运输的服务范围之内。还有一个问题是，抵离机场所需时间很长，甚至常常超过飞机飞行所用的时间。

在美国，根据航空运输协会所作的分类，那些年营业收入超过 10 亿美元的航空公司称为大型（major）航空公司。目前这类大型航空公司共有 20 家，按公司名称的英文字母排列分别为：ABX 航空公司、越空航空公司、阿拉斯加航空公司、美利坚航空公司、美洲鹰航空公司（American Eagle）、ATA 航空公司、阿特拉斯航空公司（Atlas/Air）、科姆埃尔航空公司（Comair）、大陆航空公司、达美航空公司、运捷航空公司（ExpressJet）、联邦快递航空公司（FedEx）、边疆航空公司（Frontier）、捷蓝航空公司、梅萨航空公司（Mesa）、天西航空公司（Sky West）、西南航空公司、联合航空公司、UPS 航空公司以及合众国航空公司（US Airways）。那些年营业收入在1亿~10亿美元的航空公司称为国民（national）航空公司，其中包括：国际空运公司（Air Transport International）、威斯康星航空公司（Air Wisconsin Airlines）、Allegiant航空公司、阿罗哈航空公司（Aloha Airlines）、亚美利捷航空公司（Amerijet）、美箭航空公司（Arrow Air）、阿斯达航空公司（ASTAR Air Cargo）、密克罗尼西亚大陆航空公司（Continental Micronesia）、长青国际航空公司（Evergreen International Airlines）、公务航空公司（Executive Airlines）、佛罗里达西部航空公司（Florida West）、双子座空运公司（Gemini Air Cargo）、够捷航空公司（GoJet Airlines）、夏威夷航空公司（Hawaiian Airlines）、地平线航空公司（Horizon Air）、喀利塔航空公司（Kalitta Air）、米萨巴航空公司（Mesaba Airlines）、迈阿密国际航空公司（Miami Air International）、中西部航空公司（Midwest Airlines）、北美人航空公司（North American Airlines）、欧姆尼国际航空公司（Omni Air International）、顶峰航空公司（Pinnacle Airlines）、PSA航空公司、南方航空公司、神采航空公司、太阳国航空公司（Sun Country Airlines）、USA3000航空公司、美国杰特航空公司（USA Jet）和世界航空公司（World Airways）。年营业收入不足1亿美元的地区性航空公司大约有100家。

按客运营业收入排序，位居美国前9名的航空公司如表5—1所示。该表中显示，在与西南航空公司合并之后，达美航空公司成为美国2009年的第一大航空承运商。联合航空公司与大陆航空公司于2010年合并，从而使得联合航空公司在客运营业收入方面成为目前美国最大的航空承运商。将表5—1中联合航空公司的数据与大陆航空公司的数据相加，便可发现这一点。

表5—1　　按客运营业收入排序的2009年美国前9大航空公司

航空公司排序	客运营业收入额（10万美元）
1. 达美航空公司	18 522
2. 美利坚航空公司	15 037
3. 联合航空公司	11 910
4. 西南航空公司	9 892
5. 大陆航空公司	9 244
6. 合众国航空公司	6 752
7. 捷蓝航空公司	2 928
8. 阿拉斯加航空公司	2 439
9. 越空航空公司	2 089

资料来源：Business Travel News.

将表5—1与表5—2作比较是一件很有意思的事情。表5—2中所显示的是基于客运营业收入排序的2009年世界前20大航空公司。值得注意的是，位居前10名的航空公司中，美国的航空公司占据了5席。然而等到联合航空公司与大陆航空公司的合并最终完成之时，在世界前10大航空公司中，美国的航空公司所占的席位将变为4个。

表5—2　　按客运营业收入排序的2009年世界前20大航空公司

航空公司排序	客运营业收入额（10万美元）
1. 法国-荷兰航空公司（Air France-KLM）	23 314
2. 汉莎航空公司	22 598
3. 达美航空公司	18 522

续前表

航空公司排序	客运营业收入额（10万美元）
4. 美利坚航空公司	15 037
5. 联合航空公司	11 910
6. 英国航空公司	10 548
7. 西南航空公司	9 892
8. 澳洲航空公司（Qantas）	9 336
9. 大陆航空公司	9 244
10. 全日空航空公司（ANA）	9 117
11. 阿联酋国际航空公司（Emirates）	8 981
12. 加拿大航空公司（Air Canada）	8 099
13. 新加坡航空公司（Singapore）	7 633
14. 中国南方航空公司（China Southern）	7 322
15. 合众国航空公司	6 752
16. 中国国际航空公司（Air China）	6 245
17. 国泰航空公司（Cathay Pacific）	5 921
18. 泰国航空公司（Thai Airways）	5 599
19. 伊比利亚航空公司（Iberia）	4 765
20. 大韩航空公司（Korean Air）	4 686

资料来源：Business Travel News.

有关美国航空业信息的最佳数据来源之一是美国航空运输协会的年度报告。另外，国际航空运输协会（参见第4章）也预测并发布关于世界航空运输业的财务及运输量的统计数据。该组织的《世界航空运输统计》（*World Air Transport Statistics*）目前已出版至第55期，被认为是唯一最及时和最权威的国际航空公司数据来源。

《航空运输世界》（*Air Transport World*）这一刊物每年都发布《世界航空公司报告》，通常都是在该刊物每年的7月号上发表。读者可从该杂志社获取该报告，联系电话是：(202) 659-8500，或者可访问该杂志社的网站：www.atwonline.com。该报告的内容十分丰富，其中包括：世界前25位航空公司的排名；世界航空公司的财务统计；非洲、亚太、加拿大、欧洲、拉丁美洲/加勒比、中东等地区的航空公司情况；美国各大型航空公司的情况；美国各国民航空公司的情况；美国各货运航空公司的情况；美国各地区性/专门性航空公司的情况，以及世界各航空公司机队的构成情况，等等。《航空运输世界》为月刊，由Penton Media公司出版发行。

有关航空业情况的另一个有价值的信息源是美国联邦航空管理局。保护消费者是美国交通部的职责。

放宽管制、组织结盟与公司兼并

自从美国政府放宽了对航空业的管制，航空业的情况也因此有了重大变化。自1978年10月美国通过了航空自由化法案以来，转眼已经过去了33年。回首过去，我们可以看到，这一法案的出台与实施导致了航空业中诸如公司合并、航站枢纽系统、竞争时实行低票价以及缺乏竞争时实行高票价等情况的出现。

由于航空公司间的兼并以及建立战略联盟的浪潮已经发生，并且更多的兼并与**联盟**（alliances）也在酝酿之中，未来的航空业将会更加集中化。如今，美国6家最大的航空承运商都已加入了战略联盟。自1992年荷兰皇家航空公司与美国西北航空公司联手以来，人们一直在热议航空公司间建立国际联盟的问题。美国联合航空公司加入了星空联盟（Star Alliance，创建于1997年5月）。该联盟的成员最初包括德国汉莎航空公司、加拿大航空公司、泰国航空公司和斯堪的纳维亚航空公司（SAS）。此后，星空联盟的成员中又添加了亚得里亚航空公司（Adria Airways）、爱琴海航空公司（Aegean Airlines）、中国国际航空公司、新西兰航空公司（Air New Zealand）、全日空航空公司、韩亚航空公司（Asiana Airlines）、奥地利航空公司（Austrian）、蓝天1号航空公司（Blue1）、英国中部航空公司（bmi British Midland）、布鲁塞尔航空公司（Brussels Airlines）、大陆航空公司、克罗地亚航空公司（Croatia Airlines）、埃及航空公司（EGYPTAIR）、波兰航空公司（LOT Polish Airlines）、上海航空公司（Shanghai Airlines）、新加坡航空公司、南非航空公司（South African Airways）、西班牙斯潘航空公司（Spanair）、瑞士航空公司（SWISS）、TAM航空公司、葡萄牙TAP航空公司、土耳其航空公司（Turkish Airlines）、合众国航空公司。通过加入星空联盟，美国联合航空公司可通过与该联盟成员的衔接，提供通往全世界181个国家和地区11 160个目的地的客运服务（www.staralliance.com）。

天合联盟（SkyTeam）是另一个全球性的航空公司联盟。该联盟的成员包括：Aeroflot航空公司、墨西哥航空公司（Aeromexico）、欧罗巴航空公司（Air Europa）、法国-荷兰航空公司、意大利航空公司（Alitalia）、中国南方航空公司、捷克航空公司（Czech Airlines）、达美航空公司、肯尼亚航空公司（Kenya Airways）、大韩航空公司、TAROM航空公司和越南航空公司（Vietnam Airlines）。它是世界上辐射范围最广的航空运输网络之一。通过这一网络，天合联盟可为其乘客提供覆盖169个国家和地区的898个目的地的航空客运服务，每天提供的航班超过13 000个（www.skyteam.com）。

美利坚航空公司会同英国航空公司也发起了一个与国泰航空公司、芬兰航空公司（Finnair）、西班牙伊比利亚航空公司（Iberia）、日本航空公司（Japan Airlines）、智利航空公司（Lan）、马拉维航空公司（Malev）、墨西哥人航空公司（Mexicana）、澳洲航空公司、约旦皇家航空公司（Royal Jordanian）以及S7航空公司联手合作的全球性航空公司联盟，取名为“寰宇一家”（Oneworld）（www.oneworld.com）。该联盟还打算继续扩招成员。此外，目前世界上还有很多其他的航空公司联盟及合作同盟，无法在此一一列举。尽管如此，以上所述的三大联盟足以表明当前航空业中的集中化程度之高。

由于各联盟组织继续添加新的成员，以及由于航空公司间洽商合并的情况仍在继续，更多联盟组织的出现和更多公司兼并的发生将是未来航空业的潮流。2010年9月，更多的公司兼并已经出现。西南航空公司已经宣布，打算以14亿美元的现金和股票收购规模较小的越空航空公司。该项收购计划有望于2011年完成。这反映出航空业中的公司兼并正在加剧。西捷航空公司与美利坚航空公司也已开始谈判合作协议，在此基础上，这两家公司有望进一步达成一项代码共享协议。西捷航空公司计划在2011年继续与其他航空公司增签3项或4项代码共享协议。

这些联盟组织的出现会使消费者从中受益吗？会给消费者带来更多的选择、更顺畅的航程衔接、更低的票价、更大的便利吗？会给经常性乘客带来更多的里程积分吗？或者，航空公司间的兼并以及航空公司联盟组织的出现会形成寡头垄断和市场垄断吗？会导致机票价格的攀升吗？会导致无竞争情况的出现吗？对于这些问题，只能由时间和政府的行动来回答。可以预料的是，这一公司兼并与战略结盟的趋势仍将持续，除非政府管制机构加以制止，目前，美国和欧盟的有关管理当局正在分析该如何应对大型航空公司间的兼并与结盟。它们所作的决策将会影响世界航空业的未来。

环球透视

开放的天空

2010年6月24日，美国方面的代表与来自欧盟及其27个成员国的代表签署了一项“第二阶段”的民用航空协议，旨在就一系列的航空问题扩大美国—欧盟合作。这项协议是美国—欧盟于2007年4月所签订的“开放天空”协议的升级版。这项遵从消费者、拥护竞争的协议取消了对美国—欧盟成员国之间航空服务方面的原有限制，允许来自双方的各航空公司基于消费者对客/货运输服务的需求情况自由挑选航线和飞行目的地，彼此不限制对方航空承运商的数目或航班数量。总部设于澳大利亚悉尼的“亚太航空中心”（CAPA）也曾预言，在亚洲，航空自由化将会成为一种发展势头。在加拿大，人们称航空服务自由化为“蔚蓝天空”。目前加拿大正在朝这一目标前进，并且已经达成了几项协议。

这类开放天空协议的签订，为国际航空市场的自由化和减少政府的干预订立了基本规则。这些规则的条款适用于航空客运业务、单纯货运业务以及客/货兼营业务，并且全面涵盖定期航班服务和包机服务。其中的重点条款涉及八个方面：

1. 自由市场竞争。对国际航线的选择、所派航空公司的数目、运力的大小、航次的频度以及所使用的机型等，皆不作任何限制。

2. 价格由市场力量确定。只有在当事国双方政府对某一运价一致表示反对的情况下，该运价才不得实施。此外，只有出于旨在确保竞争的某些特定原因，某一运价才不会允许实施。

3. 实行商业保护。例如：

- 当事国双方所有的航空承运商皆可在对方国内设立销售办事处，并且皆可将自己的所得立即转换为硬通货并将其寄回本国，而没有任何限制。
- 各航空承运商可自由地在对方国提供自己的地面服务，或自由地挑选其他的地面服务提供者。双方合并的航空公司可安排其航空货物的地面运输，并保证会得到海关服务。
- 在收取使用费方面对双方的航空承运商一视同仁而无歧视，都是基于成本进行确定。

4. 市场营销合作方面的约定。各航空公司可与对方国家的航空公司或是第三国的航空公司进行代码共享或代码租借，具体情况视惯常的管制条例而定。另有附加条款规定航空公司与地面交通运输公司之间可实行代码共享。

5. 有关消费者磋商与仲裁的条款。这方面的文本内容包括用于解决双方就所订协议产生理解分歧的程序。

6. 自由包机的约定。在遵从对方国的包机管制条例的前提下，航空承运商可选择经营包机业务。

7. 航空安全。各方政府都同意遵从高标准的航空安全，并且都同意在某些情况下为对方国家的航空公司提供帮助。

8. 可供选择的自由货运权利。这方面的规定授权某一当事国的某一航空公司可在对方国家与某一第三方国家之间经营全货运业务，所经营的航班不连接自己本国的国土。

开放天空协定既可以是双边协定，也可以是多边协定。目前美国已签订了96项关于开放天空的双边协定，涉及全世界各个地区、各种经济发达程度的国家。关于这些国家的名单，可参见美国国务院的网站：www.state.gov。

讨论题

1. 什么是开放天空协定？
2. 对于航空公司、消费者以及国家来说，签订开放天空协定是好事吗？

未来的成长

全世界以及美国的航空运输未来都有望会继续增长。如同过去的情况一样，其增速会因战争、"非典"之类的疫病、海啸、火山喷发以及经济衰退等情况的出现而放缓。但尽管如此，长远的未来趋势仍是继续增长，即便是有可能会遇到上述挫折。

根据美国联邦航空管理局对未来 20 年（2010—2030 财政年度）的预测，2010 年美国航空业的国内客运量将会增长 0.5%，然后将会以平均每年 2.5%的增速继续增长，直至 2030 年（见表 5—3）。2009 年美国航空业的客运量为 7.04 亿人次，2023 年将升至 10 亿人次，2030 年将达到 12.1 亿人次。据预测，在未来 20 年间，美国航空业的国内客运量和国际客运量分别会以 2.5%和 4.2%的年均速度增长。欲知目前的有关详情，读者可访问网站 www. faa. gov 并点击"Aviation Forecasts"。

航空运力的增大是旅游业得以实现未来发展的一个基本要素，因为旅游业的发展是与航空运输的业绩表现联系在一起的。如果没有航空客运量的增长，那么租赁汽车、使用住宿设施、访问景点的新游客人数便会减少。

表 5—3　美国商业航空承运商[a]定期航班运送美国乘客的交通总量

财政年度	航空客运量（百万人次）			客英里数（10 亿英里）		
	国内	国际	合计	国内	国际	合计
2010	634.1	73.4	707.4	551.5	220.7	772.2
2011	645.7	76.3	722.0	561.5	231.0	792.5
2012	667.7	79.7	747.3	585.5	242.7	828.2
2013	687.8	83.2	771.1	608.3	254.9	863.2
2014	705.5	86.9	792.4	629.1	267.6	896.7
2015	723.1	90.6	813.7	650.3	280.5	930.8
2016	740.6	94.3	834.9	671.1	293.8	964.9
2017	758.2	98.1	856.3	692.4	307.3	999.7
2018	777.4	102.2	879.6	715.4	321.6	1 037.0
2019	798.3	106.5	904.8	740.4	336.9	1 077.3
2020	821.4	111.1	932.6	767.8	353.2	1 120.9
2021	842.5	115.7	958.2	792.9	369.6	1 162.4
2022	863.3	120.5	983.7	818.1	386.4	1 204.4
2023	884.7	125.3	1 010.1	844.2	403.8	1 248.1
2024	906.4	130.3	1 036.7	870.8	422.0	1 292.8
2025	929.3	135.6	1 064.9	899.0	441.2	1 340.2
2026	952.4	141.1	1 093.5	927.0	461.1	1 388.1
2027	974.9	146.7	1 121.5	954.7	481.6	1 436.2
2028	997.9	152.4	1 150.3	983.2	502.8	1 486.0
2029	1 021.0	158.3	1 179.3	1 012.1	524.8	1 536.8
2030	1 045.5	164.5	1 210.0	1 042.6	547.9	1 590.6

续前表

财政年度	航空客运量（百万人次）			客英里数（10亿英里）		
	国内	国际	合计	国内	国际	合计
平均年增长率						
2000—2009	−0.2%	2.9%	0.1%	0.8%	2.1%	1.1%
2009—2010	0.4%	0.9%	0.5%	0.4%	0.3%	0.3%
2010—2020	2.6%	4.2%	2.8%	3.4%	4.8%	3.8%
2009—2030	2.4%	4.0%	2.6%	3.1%	4.4%	3.5%

a. 美国大型航空公司与地区航空承运商的总计。

资料来源：Federal Aviation Administration，U. S. Department of Transportation.

一些预测

美国目前所使用的20世纪中期的空中交通管理系统已经老化，为了适应未来航空旅行的增长，将不得不以21世纪基于卫星定位的智慧技术去加以替代，以尽可能提升对空中交通的指挥效率。由美国联邦航空管理局提供的一种基于卫星定位的系统目前正在宾夕法尼亚州费城试用。这一系统的名称为自动跟踪式监视播音系统（ADS-B），是下一代航空交通系统（NextGen）的核心技术。

如果目前的试验取得成功，那么无线射频识别技术（RFID）将会大大地减少托运行李的丢失。然而这一技术的采用是否有可能终结乘客托运行李的丢失呢？航空燃油的价格将会驱使人们寻找新的技术，从而导致人们去开发其他替代燃料，以及开发更为节能并且更为环保的航空器。有人预测10年后的飞机很有可能会使用生物燃料飞行。

未来航空公司将会继续扩大对零星服务项目进行收费的范围。这类收费的零星服务包括行李托运、优先选择座位、餐饮服务以及使用枕头等。

由于分子诊断学、面孔识认、虹膜识别以及纳米探测等方面科技的进步，这类高科技的应用有可能会加快消费者通过机场安检的速度。

有些低成本航空公司将会合并，并且将会开展跨越大西洋和太平洋的国际飞行业务。

美国航空运输协会

支持航空业的有三大组织。我们已经在第4章的国际组织部分对国际航空运输协会和国际民用航空组织作了讨论，它们是调控航空旅行的两大重要组织。还有一个主要的美国组织则是**美国航空运输协会**（Air Transport Association of America）。

1936年，14家当时羽翼未丰的航空公司聚首芝加哥，共同组建了美国航空运输协会，旨在“致力于促进航空运输业务的改善，在力所能及的范围内，采取一切措施服务于本协会成员及全体公众的利益和福祉”。

根据美国航空运输协会华盛顿特区总部的信息，该协会是全美成立最早、规模最大的航空运输行业协会，目前其会员中有17家美国的航空公司，并有3家外国航空公司作为联系会员，客货运输量占全美经营定期航班业务的航空公司客货运输总量的95%。

在美国航空运输协会的组织下，各成员航空公司在非竞争领域开展合作，以改进航空服务，提高安全性和工作效率。美国航空运输协会的使命是：通过促进航空安全、提升行业地位、组织面向全行业的活动、确保公众的理解等方面工作的开展，为本协会的成员航空公司提供支持与协助。

因此，虽然在开展业务方面，航空公司之间以及航空公司与其他类型的运输公司之间存在激烈竞争，但是在对全行业都非常重要的事务方面——如安全、技术进步以及改善旅客服务等，它们对彼此之间的相互合作同样也都非常关注。

尽管美国航空运输协会的议事日程会不断变化，但重大的优先性议题始终没有变化。这些重大的优先性议题包括：

- 帮助航空业持续提供世界上最安全的交通运输系统。
- 倡导美国联邦航空管理局的空中交通管制系统的现代化，以便改进对航空公司顾客的服务并有益于环境。
- 与国土安全部和交通安全管理局联手工作，确保航空乘客、航空公司机组人员以及飞机与货物的安全。
- 设法阻止不利于航空公司及其顾客的立法和管制行为，如强制行业实行的票价、路线、服务或者时间控制。
- 在联邦、州和地方层级的课税问题上，努力争取降低对航空公司及其顾客征收的不合理的税/费率。
- 提高本行业的引资能力。
- 帮助制定国际航空政策，以确保美国的航空公司与国外航空公司进行公平竞争。

自其成立以来，美国航空运输协会见证了航空业从20世纪30年代初创时的小型企业发展到在世界经济中发挥关键作用的成长历程。该组织的成员在塑造航空运输的未来发展方面将继续发挥主要作用。

美国航空运输协会的地址是：1301 Pennsylvania Avenue NW，Suite 1100，Washington，D. C. 20004；电话是：(202) 626-4000；网址是：www. airlines. org。

▷ 铁路运输业

在美国，铁路客运曾经是主要的旅行方式，并在1920年发展到顶峰。后来，很多大型铁路公司都退出了客运业务，现在保留下来的铁路客运服务（不含通勤服务）主要由美铁公司承担。加拿大的情况与美国类似，未来的铁路客运服务主要由加拿大国铁公司承担。

在北美以外的世界其他地区，铁路客运服务的范围比较广泛，**铁路运输**（rail transportation）也因此发挥着更加重要的作用。很多国家都有采用高速列车的超现代化铁路系统在运行。高速铁路能够以一种经济、高效的方式提供客运服务，从而成为人们外出旅行时除航空之外的又一种选择。法国和日本都以其高速列车闻名。法国政府负责为其国有铁路公司（SNCF）提供铁路基础设施。日本也在继续改进和扩大发展其著名的“子弹头列车”。世界上一些规模最大的铁路运输系统可见于俄罗斯、印度和中国。

澳大利亚的铁路旅行在2004年2月取得了重大进展，因为澳大利亚开通了从艾丽斯斯普林斯至达尔文的全长882英里的新铁路线。人们终于可以乘坐传奇的“‘干’号火车”（Ghan Train）穿越澳大利亚，从南部的阿德莱德抵达北部的达尔文。

美铁公司

美铁公司（Amtrak）是美国铁路客运公司（National Railroad Passenger Corporation）对外营销时所使用的名称。美国政府通过美国交通部握有该公司的控股权。美铁公司的业务是为美国主要的城际市场提供铁路客运服务。美铁公司依据1970年的《铁路客运服务法案》（Rail Passenger Service Act）而成立。

美铁公司有长期亏损的历史，目前靠联邦政府提供的补贴维持其客运业务的经营和基础设施的维护。补贴额通常为年度拨款。美铁公司之所以能够以目前的形式继续运营，完全有赖于联邦政府提供补贴。

美铁公司经营全美的铁路网，线路系统总长21 000英里，服务范围涉及美国46个州中的500个目的地以及加拿大的3个省。在2009财政年度，美铁公司运送了2 710万人次的城际旅客。美铁公司有19 000多名雇员。这些雇员隶属美国14个不同的工会组织。

在2009财政年度，美铁公司的全部营业收入仅为23.5亿美元，所发生的费用开支却为35亿美元。同年联邦政府对美铁公司的拨款总计14.9亿美元，其中4.75亿美元为营业资金，7 500万美元为工资支付款，9.4亿美元用于资本投资（其中2.85亿美元用于偿还债务）。美铁公司宣称："倘若在资本成本和/或营业费用方面没有政府以某种形式提供支持，那么世界上任何国家的铁路客运系统都无法运作"。[2]美国至今仍在继续对美铁公司和铁路运输服务进行大量的投资。

美国2008年通过的《客运铁路的投资与改善法案》（The Passenger Rail Investment and Improvement Act）为美铁公司确定的目标角色是：作为美国铁路客运服务的提供者。由于认识到人们希望全国各地都有铁路客运服务，因此该项立法还就开发与拓展铁路客运服务赋予各州更大的控制权。此外，2009年的该法案还规定提供13亿美元给美铁公司，用于加快客运铁路的资本投资。

2010年1月，白宫宣布将该法案拨款中的80亿美元拨付给31个州，以鼓励它们拓展和开发城际客运高速铁路。美国总统奥巴马的愿景是在美国打造和维系一个重振活力的客运铁路网，而开发和拓展城际客运高铁则是这一愿景的基石。在拨给这些州的80亿美元中，近60%都将投放于高铁线路的建设与客运服务。这些高铁线路及客运服务目前已经是或者未来将会是美铁公司运营系统的组成部分。[3]

美铁公司的组建最初是作为一项实验推出的，旨在验证铁路客运对于平衡全美交通运输系统的重要性。在20世纪70年代中期，美铁公司一直得到政府支持的关键原因在于石油禁运（对航空运输）的重大影响，因而政府认识到有必要发展其他替代形式的交通运输。

在有些地区，美铁公司是最主要的公共交通承运商。在全美人口最稠密、交通最拥堵、污染最严重的一些交通走廊，例如华盛顿特区—波士顿东北线、圣迭戈与洛杉矶之间、旧金山与萨克拉门托之间、圣路易斯与芝加哥之间以及芝加哥与底特律之间，美铁公司可提供既节能又环保的交通运输服务。目前，在纽约与华盛顿特区之间的航空—铁路联运业务中，近一半的市场由美铁公司提供服务。如果把两地之间的众多城市（如巴尔的摩和费城）也都包括进去，那么美铁公司在这一航空—铁路联运市场中所占的份额将会升至70%。

2000年12月，美铁公司在波士顿与华盛顿特区之间推出了名为Acela Express的高铁客运服务，旨在服务于这一东北走廊地区。乘客能舒适地享受到时速150英里的高铁旅行服务。其实，这一铁路线并不像其他一些国家中的高铁线那样快。但该项服务有望提高美铁公司的收入。它将成为美国太平洋西北部地区、中西部地区以及南部地区高速列车的样板，也是美国目前唯一一条在运营的高铁线路。

由于美铁公司由政府提供补贴，因此很多其他运输形式的交通供应商（特别是巴士运输商）都认为，美铁公司是在借纳税人的帮助为自己吸引顾客。

说明：美铁公司的Acela Express列车是铁路交通采用最新技术的例证。美国东北走廊地区的乘客能够享受舒适的现代化高速铁路旅行，列车时速高达150英里。Copyright © 2001 Amtrak. Photo provided as a courtesy by Amtrak.

高速铁路

目前，有时速125～185英里的火车在运行的国家包括比利时、中国、芬兰、法国、德国、意大利、日本、葡萄牙、韩国、西班牙、土耳其以及英国和美国。由于一些因素制约了高速公路及航空运输系统的增长，因而高速铁路的出现有可能会减轻其他交通运输系统中的拥挤程度。高速火车每客英里的能耗低于飞机和汽车，并且能够以快于汽车的速度运送乘客。虽然高速火车的运行速度不如喷气式客机快，但就距离相对较短的旅行而言（300英里），却有着很多胜过航空的长处，因为后者需要有一段路程前往机场，然后办理乘机手续，经过安全检查，飞抵目的地机场后还要辗转去市中心，所有这一切都需要消耗时间。在发展高速铁路方面，日本和法国一直是主要的领先者。

日本

日本是世界上最先发展现代高速铁路的国家之一。很多人都认为日本是现代高速铁路这一概念的发明者，因为早在1964年，该国便推出了著名的子弹头列车，运行时速高达132英里。很多国家至今仍没有能以这一速度运行的火车。今天，日本已经有了以186英里的时速运行的列车和发车频率最高的铁路运输网。日本火车的速度纪录是每小时277英里。日本的高铁运输网曾是世界上规模最大的高铁运输网，但2007年4月，中国开通了线路总长3 750英里的高铁运输网。

法国和欧洲

在发展现代高铁方面，法国是又一个领先者。法国高铁的最高速度纪录创立于

2007年4月13日，为每小时357英里。法国有着欧洲最发达的高铁运输网。自1989年以来，每天都有列车在以186英里的时速运行，因此也鼓励了德国、比利时、荷兰、英国以及西班牙等欧洲国家的高铁建设。

法国的高速列车诞生于1981年。从那时开始，欧洲铁路运输业［在法国艾尔斯托姆公司（Alstom）和德国西门子公司（Siemens）的带领下］一直位居高速列车创新的前沿。流线型的车体设计、底盘下的牵引系统以及所采用的倾侧技术都使得欧洲的高铁列车能够实现如此高速。如今限制走行速度的因素是所使用的路轨，由于各国的路轨系统不尽相同，因而给跨境运输造成了很多问题。

中国

从2004年3月开始，上海的磁悬浮列车将上海市区与浦东国际机场连接起来。这一磁悬浮列车从德国进口，运行速度为每小时268.7英里。中国有一项颇具进取性的高铁发展计划，并于2007年4月在一些大城市之间开通了若干条高铁线路。这些线路的开通使中国成为拥有世界上最大规模高铁运输网的国家，从过去的排名最末跃升至第一。

作为旅游吸引物的火车旅行

火车可为人们提供一种浪漫而惬意的度假方式。目前世界上已有很多高水准的体验火车度假项目。一些著名的旅游列车包括：印度的“皇宫列车”(Palace on Wheels)，南非的“蓝色列车”（Blue Train），瑞士的“冰川快车”（Glacier Express），法国和奥地利的“东方快车”（Orient Express），墨西哥的“铜色峡谷”(Copper Canyon)，加拿大的“洛基山登山者号”(Rocky Mountaineer)，澳大利亚的“‘干’号火车”，苏格兰的“皇家苏格兰人”（Royal Scotsman），俄罗斯、蒙古国、中国的“西伯利亚铁路”(Trans Siberian Railway)，英国的“西部高地铁路”（West Highland Railway），以及美国科罗拉多州的“杜兰戈与希尔沃顿窄轨铁路”(Durango and Silverton Narrow Gauge Railroad)。

巴士汽车客运业

据美国巴士协会（American Bus Association，ABA）的报告，目前北美大约有35 000辆商用巴士汽车用于经营包租、团体旅游、常规线路交通服务以及其他的特别业务。目前美国巴士汽车客运业的年客运量约为7.52亿人次，经营常规线路交通服务的运输公司每天上路的城际巴士客车总计为8 000～10 000辆。巴士汽车客运业提供的服务范围很广，定期班次的城际客运服务占其总里程的一半，包租业务占其总里程的1/3，其余部分的里程则为团体旅游服务、私人通勤服务、机场往返服务以及其他类型的业务。

2008年，美国**客运巴士**（motorcoaches）的行驶总里程大约为18亿英里，平均每辆车行驶51 868英里。在巴士汽车客运业务中，超过半数的乘客是青年学生和老年人。

在美国，按每加仑油耗所行驶的客英里进行测算，与所有其他形式的汽车旅行相比，城际巴士客运服务是最节能的交通方式。平均而言，巴士客运业每加仑的油耗可完成206.6客英里，与之相比，单人小汽车每加仑的油耗为27.2客英里，市区公共汽车每加仑的油耗为31.4客英里。由布拉德利（M. J. Bradley）等人所作的《不同交通工具能耗及废气排放情况的最新比较》（Updated Comparisons of Energy Use and Emissions from Different Transportation Modes）研究也显示，在所分析的14种交通工具中，长途大巴每客英里的碳排放最低。

巴士客运业的构成基本上都是小型企业。在该行业的3 500多家公司中，90%的公司所拥有的大巴都不足25辆。这些小企业的营业用车大约为19 000辆，营运里程占全行业总量的近乎40%，客运量占全行业总量的1/5。在巴士客运业中，超过半数的工作岗位都是由雇员不足50人的小型企业所提供。全行业的雇工规模为20万人，但这一数字不包括在车辆制造与供应部门工作的人。显然，巴士客运业对地方社区的旅游收入有着重要的贡献。仅是华盛顿特区每年接待的2 100万来访游客中，就有23.4%是乘坐巴士抵达。这些游客中即使只有一半在该地停留过夜，也会有4.24亿美元的游客消费额流入当地的接待企业。

在经常出现脱节的美国交通运输系统中，巴士客运还是多种交通运输工具实现彼此联运的黏合剂，因为巴士可将抵/离机场、火车站、海港的乘客同他们最终所要前去的居住地点、工作地点或旅游目的地连接起来。

说明：巴士客运是世界上最普遍的城际公交形式，既可提供班车服务，也可提供包租服务。图为大巴运载乘客从澳大利亚的艾丽斯斯普林斯前往艾尔斯岩。Photo by the author.

常规/专线/定时运营的巴士客运服务

在美国，大约有100家私营公司经营常规线路的巴士汽车客运服务。在经营常规城际线路客运服务的公司中，灰狗公司（Greyhound Lines，Inc.）是唯一一家全国性的巴士客运经营商，其运营范围涉及2 300多个目的地，每天发车13 000辆。使用灰狗公司服务的乘客每年多达250万人。灰狗公司旗下有3家在美国经营的子公司，因而这些子公司也是覆盖全美的灰狗运输网的组成部分。这3家子公司是：Valley Transit公司，业务地域为得克萨斯州—墨西哥边境地区；Crucero USA公司，业务地域为南加利福尼亚州和亚利桑那州乃至进入墨西哥；Americanos USA

公司，经营从得克萨斯州和新墨西哥州前往墨西哥各站点的运输业务。灰狗公司旗下还有一家灰狗旅游服务公司，面向工商企业、会议、学校以及其他团体客户提供包车旅游服务。

此外，灰狗公司还与美国各地一些独立经营的巴士公司签有联运伙伴关系。在灰狗公司的全美线路系统中，这些巴士公司为灰狗公司运营的定时班车提供补充性服务，可连通全美各地的很多小镇。

美铁公司的乘客可衔接使用灰狗公司的服务，前往那些没有铁路运输服务的城市。所谓联运服务，是指乘客在购买火车票的同时，可从美铁公司购买与之衔接的巴士客票。当然，如果乘客自己愿意，也可直接从灰狗公司购买巴士客票。

灰狗公司在加拿大也设有子公司（Greyhound Canada），每年运送数以百万计的乘客往来于加拿大的各个省和地区。该公司还在加拿大的各地站点提供包价（交通＋导游）的灰狗旅游快车（Greyhound Courier Express）服务。

在墨西哥，对于那些希望乘坐灰狗巴士在美国旅游的人来说，灰狗公司设在墨西哥的子公司（Greyhound de Mexico）可通过设在墨西哥全国各地的逾百个代销点出售灰狗巴士客票。这些代销点还出售某些墨西哥巴士公司的客票，这些墨西哥巴士公司的运线可在美-墨边境的一些城市与灰狗公司的服务线路相衔接。目前灰狗公司的产权为总部设于苏格兰阿巴丁的第一集团公司（First Group Plc）所拥有。欲知更多的详情，读者可访问 www. greyhound. com。

“旅途交通运输系统”（Trailways Transportation System）是由一些独立自营的巴士客运公司所结成的一个联盟组织。这些公司聚拢在“旅途”这一品牌名称下，经营城际巴士客运服务，其业务地域覆盖了美国的大部分地区，涉及 1 000 多个目的地，年客运量超过 1 600 万人次。其他独立自营的巴士客运企业则都是在某个地区内提供支线服务，将乘客输向“灰狗”系统或“旅途”系统，输向美铁运输系统，以及输向飞机场。在美国，有城际巴士客运服务的城镇大约为 3 300 个。与之相比，在美国，提供定期航班空运服务的机场大约为 400 个，美铁公司所设的火车站大约为 500 个。

包租与团队旅游

无论是国内旅游者还是国际旅游者，都是用量很大的巴士顾客人群，因为乘坐巴士旅行可使他们能有时间与很多朋友一起观赏和体验沿途风光，而无须像自驾车那样，需要自己不断查看交通地图和应对路面状况。在世界各地的巴士公司业务中，承接旅行团和提供包车服务将会继续兴旺发展。由于巴士旅游颇为受人欢迎，如今世界各地经营组团业务的旅行社都在组团前往众多的旅游目的地，并以某一经济实惠的价格，利用设备先进的车辆安全地将人们运至旅游目的地。

根据美国巴士协会的调查，大多数的巴士公司都提供包车服务。在巴士包车服务方面，居前 3 位的主要业务分别是：剧场演出用车、赌场用车和观光旅游用车。在美国以及世界各地，观光旅游团的构成及规模多种多样。在这方面，巴士公司可提供包车一日游、历时 3～7 天的包车短期休假游，以及历时更长的包车旅游。巴士汽车的车型分为 19～85 座，可服务于多种不同类型的旅游团前往各种不同类型的旅游目的地。

团体旅游可使消费者在出游过程中身心放松而无忧，在一位能干的司机兼导游的掌控下，沿着某一线路开展活动，给消费者留下终生难忘的体验。

趋势

在下一次参加巴士旅行团出游的旅程中，你是希望一路欣赏故事片，还是希望靠在舒适的座位上放松休息？如果你以为这些只有在乘坐飞机旅行时才能做到，那你就错了。乘坐大巴悠闲地旅行如今已成为游览北美的一种普遍方式。现代的巴士旅游与你记忆中孩提时代的情况已是天壤之别。忘掉你对公交车上拥挤、憋闷的记忆吧！今天的豪华大巴都已配置了无线局域网、平面DVD、iPod、联播网（hook-ups）、可调式座椅以及空调等设备，因此已成为最安全、最清洁的运输方式之一。与乘坐商业航空公司的飞机旅行相比，包乘豪华大巴旅行更为奢华。

巴士客运组织

美国巴士协会是城际巴士客运行业的全国性组织，是该行业统计数据的主要来源。美国巴士协会所代表的是美国及加拿大的大约1 000家巴士客运公司和巴士旅游公司。协会成员的经营范围涉及包租、团体旅游、常规线路、机场班车、特殊业务以及合同委托服务（通勤班车、校车、衔接转运）。此外，该协会还有2 800个成员是与北美巴士客运业有合作关系的旅游企业以及汽车配件和服务的供应商。美国巴士协会所在地还是美国巴士协会基金会（ABA Foundation）办公地点。美国巴士协会基金会是一家非营利组织，工作重点为学术研究、开展调查和组织继续教育。美国巴士协会的总部设在华盛顿特区市中心，通信地址是：700 13th Street NW，Suite 575，Washington，D. C. 20005-5923；电话是：（202）842-1645；传真是：（202）842-0850；电子邮箱是：abainfo@buses. org；网址是：www. buses. org。

巴士客运联合会（United Motorcoach Association，UMA）是该行业中的另一个行业协会，1971年成立时名为"美国巴士业主联合会"（United Bus Owners of America）。该组织目前有1 000多个会员，分布在北美各地，会员中包括巴士客运企业、巴士生产商、供应商和经销商。会员中的巴士客运企业提供种类繁多的包车服务，其中多以团体为服务对象。其他业务包括提供团体旅游、校车、城际中转、通勤、班车等方面的服务。该联合会的会员中，既有仅拥有1～2部车的小型客运公司，也有拥有数百辆巴士的大型客运公司，既有专门经营团体旅游业务的小企业，也有经营城际线路服务、包车业务以及在全美范围内经营团体旅游的大公司。

巴士客运联合会的通信地址是：113 S. West Street，Alexandria，VA 22314-2824；电话是：（800）424-8262或（703）838-2929；电子邮箱是：info@uma. org；网址是：www. uma. org。

▷ 小汽车

世界上大多数旅行活动的开展都以**小汽车**（automobile）为交通工具。在美国，小汽车旅行是旅游业中不可或缺的重要组成部分，79%的国内旅行都是使用私人的小汽车、皮卡车、野营拖车/休闲用车（RV），或是使用租赁的小汽车。经济、灵活、便利等特点使得小汽车旅行成了全球最流行的交通方式。由于全世界小汽车的保有量持续增加，在未来的几十年中，使用小汽车仍将是占支配地位的交通方式。

无论是美国航空运输协会、联邦公路管理局、美国人口普查局所作的研究，还是美国旅游业协会调研部所作的研究，所有的研究均证明了小汽车旅行的支配地位。毫无疑问，在城际客运中，很大一部分是由小汽车完成的。调查数据还表明，这种状况已经持续了几十年。虽然能源危机曾对自驾车旅行造成了一定的打击，导致部分客运业务向公共交通承运人转移，但自驾车旅行的减少量很有限。不过，由于小汽车旅行的绝对支配地位，即便是只有其中一小部分向公共交通承运人转移，也会导致公共交通客运业务量的巨大增长。

州际高速公路系统的建成极大地刺激了度假旅行，特别是长途度假旅行的发展。它使得自驾车旅行速度更快并且更加舒适。如今人们主要关心的是对高速公路网络的维护。越来越多的证据表明，对高速公路系统需要做大量的修复工作，以防路况进一步恶化。糟糕的路况不仅会增大行车的油耗，使车辆受损，从而会加大自驾车出游者、巴士运营者以及其他使用者的开销，而且，如果得知某条高速公路境况不佳，可能会致使自驾出游者改选其他目的地，以避免遇到麻烦。

说明：经济可承受性、灵活性和便利性使小汽车旅行成为全世界最普遍的交通方式。Photo by the author.

总的来说，人们对自驾车旅行持肯定态度。自驾车出行的关键特点是可直接抵达目的地，并且行止便利。人们可在白天或夜晚的任何时间离开家门，驱车前往自己所选定的目的地。当两个或更多的人乘一辆车出行时，人均旅行成本会比选用其他交通方式更为低廉。在远程出游的情况下，航空会成为自驾车的主要竞争者。旅游者势必会就航空旅行在高品质的服务、速度快、旅途舒适等方面的优点，对照自驾车旅行在价格和可达性方面的优点进行权衡。

休闲用车

特别值得一提的是**休闲用车**（recreation vehicle），因为根据美国休闲用车行业协会（Recreation Vehicle Industry Association，RVIA）的信息，目前美国在用的休闲用车有 830 万辆，车迷大约 3 000 万人。每 12 个有车家庭中，便有一家拥有休闲用车。据预测，到 2011 年时，拥有休闲用车的家庭将增至 850 万户。驾驶休闲用车出游者平均每年旅行 4 500 英里，在车中度过的时间为 26 天。在加拿大，私人休闲用车的拥有量估计达 50 万～85 万辆。虽然由于能源危机、经济不景气和伊拉克战争之类事件的影响，休闲用车市场会出现波动，但人们对休闲用车的需求仍然规模巨大，年销售额为80亿～140亿美元。[4]

20世纪90年代中期推出的滑出技术，现已应用于起居室、餐厅、卧室和厨房。人们只要按一下按钮，该机械装置便会使该房间的一部分连同其中放置的东西——如床、桌子或冰箱等——向外滑出，最多可达3.5英尺。这种滑出式装置可应用于多种休闲用车：自行式房车，拖挂式房车，甚至折叠式宿营拖车。电子设备也已用在休闲用车旅行之中，直播卫星系统、计算机接口、车载全球定位系统以及后视镜显示器等，如今都已是可供选择的流行配置。

在美国，休闲用车拥有者的典型特征是：49岁，已婚，有住房，年收入68 000美元。密歇根大学（University of Michigan）的一项研究表明，在美国“婴儿潮”时期出生的人购买休闲用车的意愿最强。在户主年龄为35～54岁的家庭中，近9%的家庭都拥有一辆休闲用车；与之相比，在户主年龄为55岁以上的家庭中，休闲用车的拥有率略低一些，为8.6%。[5]

休闲用车出租业的稳步成长具有重要的经济意义。美国休闲用车出租业协会（Recreation Vehicle Rental Association，RVRA）的报告中指出，其成员正在迅速发展，强劲的市场需求已促使许多企业进入了休闲用车出租市场，同时其他的休闲用车出租企业也都扩大了经营规模。400多家全国休闲用车出租连锁店及地区旅游汽车经销点都备有先进的、新款的休闲用车供出租。

世界各地的旅行社正在对这一需求作出反应。它们把休闲用车出租信息纳入宣传手册。一些汽车租赁公司也提供各种包价旅行产品，包括为打算以航空/自驾车方式和铁路/自驾车方式出游的顾客提供相应的联运服务，以及提供单程组合、淡季价格、度假计划、导游陪同及野营地折扣等服务。最近，外国游客的急剧增加推动了休闲用车出租市场的增长，光顾的外国游客主要来自日本、澳大利亚、新西兰和英国。据估计，每年大概有50万海外游客租用休闲用车。休闲用车行业协会的网址是www.rvia.org。

高速公路与景观道路

国家景观道路计划（National Scenic Byways program）的实施推进了美国小汽车旅行的发展。1991年的《地面运输联运效率法案》（Intermodal Surface Transportation Efficiency Act）确立了景观道路建设计划，规定6年内提供8 000万美元用于实施经选定符合条件的景观道路开发项目。根据联邦公路管理局的资料，美国有总长400万英里的普通公路，其中有大约51 500英里被指定为景观道路或潜在的景观道路。全部50个州都有景观道路，平均每个州有9条。《地面运输联运效率法案》后于1998年6月9日重新修订为《21世纪交通运输衡平法案》（TEA-21）。这一法案将确保国家景观道路计划的继续进行，并授权拨款1.48亿美元用于改善具有自然或历史价值的道路。与1991年的法案相比，《21世纪交通运输衡平法案》授权划拨给交通运输的经费增长了40%，为期6年的拨款额为2 160亿美元。2005年，《21世纪交通运输衡平法案》经再次修订，改称《安全、可靠、灵活、高效的交通运输衡平法案》（SAFETEA-LU），其中授权为公路建设、公路安全及公共交通运输工作提供总计为2 441亿美元的经费拨款，成为美国有史以来对发展地面交通运输的最大投资。

该项法案还授权在2009年底之前向有关的州以及印第安部落提供总计为1.75亿美元的技术援助拨款，用于制定景观道路开发计划，以及用于实施对指定道路项目的开发。这些道路皆因在景观、历史、文化、自然、娱乐或考古等方面品质杰出而入选“国家景观道路”（National Scenic Byways）、“全美式道路”（All-American Roads）

或“美国之路”（America's Byways），或是被选为州级的景观道路或印第安部落景观道路。此外，该项法案还授权拨付总计1 350万美元的资金，用于资助由美国之路资源中心（America's Byways Resource Center）提供的技术援助及教育活动。2009年10月，美国交通部部长宣布将新指定的42条道路列入“美国之路”范围，其中有5条是26个州中的“全美式道路”，37条是这些州中的“国家景观道路”，从而使“美国之路”的数量增至151条。

汽车租赁

汽车租赁（rental car）是自驾车旅行得以发展的一个重要方面。如今自驾车市场的增长已经赶上或超过了航空旅行。虽然商务客人无疑是汽车租赁服务的主要使用者，但汽车租赁服务的度假市场也很大，而且有多重目的的外出旅行者也经常使用汽车租赁服务。

对于汽车租赁业务来说，航空旅行市场至关重要。在美国，汽车租赁公司得自于机场的营业收入在其营业总收入中占有相当大的比重。Hertz公司是这方面的领先者。该公司得自于机场租车业务的营业收入占全行业机场租车业务营业总收入的25%。

根据《商务旅行新闻》（*Business Travel News*）所作的“2010年商务旅行调查”（2010 Business Travel Survey），全美汽车租赁行业的总收入为250亿美元左右。大型的汽车租赁公司如Hertz公司、Avis公司、Budget公司、National公司、Alamo公司以及Dollar Thrifty公司等。表5—4中列出了2009年营业总收入的前5位排名情况。

表5—4　2009年美国汽车租赁公司的营业收入排名

汽车租赁公司	营业收入（10万美元）
1. Enterprise	12 100
2. Hertz	6 000
3. Avis	3 100
4. Budget	1 400
5. Dollar Thrifty	1 648

资料来源：Business Travel News.

近年来，由于公司兼并的发生，一些大型汽车租赁公司的产权有了重大变化。如今Enterprise公司兼并了Alamo公司和National公司（但仍将其用作Enterprise旗下的两个品牌）。Avis公司在收购了Budget公司之后，组建了Avis Budget集团，但仍将这两个品牌作为两个不同的实体进行经营，其中Avis的目标市场为高端的消遣型顾客，而Budget则是将追求廉价的租客作为目标市场。Hertz公司和Avis Budget集团都在谋求收购Dollar Thrifty公司。

Enterprise公司是汽车租赁业中的一个奇迹。这个私人所有的汽车租赁企业在美国汽车租赁业中年营业收入最高（1 210多万美元），并且是美国可供租赁汽车数量最多的公司之一，拥有约84.2万辆汽车。它刚成立时是一家为投保汽车提供替代用车服务的保险公司，向那些其车辆受损或被盗或正在维修中的人提供汽车租赁服务。除这部分细分市场之外，Enterprise公司现已在全球面向所有的汽车租赁市场提供服务。不过，机场市场由另外四大公司控制：Hertz，Avis，Budget和National。Enterprise公司会将汽车直接送达打电话要求租车的顾客。

计算机导航系统已被安装到供租赁的汽车上，预计其吸引力还会不断增加。通过互联网预订的汽车租赁业务量也在增加。

许多汽车租赁系统都已国际化，经营范围几乎涉及世界上所有的旅游目的地。汽车租赁公司在国内外均可安排汽车的购买、租用或出租。这类公司包括：美洲汽车租赁公司（Americar Rental System）、信诺汽车租赁公司（Auto Europe）、欧洲国际汽车租赁公司（Europcar International）、Hertz 国际汽车租赁公司（Hertz International，Ltd.）、凯姆威尔集团（Kemwel Group，Inc.）、因特汽车租赁公司（Inter Rent）等。

计程车与豪华轿车服务

计程车与豪华轿车服务（taxi and limousine service）是旅游业中的一个重要组成部分。对于航空公司、巴士公司、铁路公司和邮轮公司来说，地方交通公司的运输服务至关重要。如果没有后者，商务差旅人士和旅游者都难以在目的地开展往来活动。市内电车、无轨电车、坡道缆车以及空中缆车服务也都是计程车服务的一种形式，它们作为娱乐和观光的一种形式，对自然景观目的地的游客有着特殊的吸引力。

位于马里兰州肯辛顿的计程车、豪华轿车与辅助客运系统协会（TLPA）是一主要的计程车行业协会。该组织目前有 1 000 名会员，皆为各类计程客运车队的业主，运营车辆多达数千，其中包括计程车、豪华轿车、厢式汽车、机场班车以及小巴。该协会每年举办一次年会和交易会，参与政策游说活动，并出版季刊《交通领导者》（*Transportation Leader*）。

美国豪华轿车协会（National Limousine Association）设在新泽西州的马尔顿，1985 年成立，有 2 000 个会员，其中包括豪华轿车的业主兼经营者，以及豪华轿车的制造商和供应商。该协会致力于促进和提升本行业的专业水准，维护成员的共同利益，以及促进对豪华轿车的使用。它监督法规的制定，主办有关安全和管理问题的讲座，汇编统计资料，并提供保险计划。

石油公司

世界各地的**石油公司**（oil companies）都与汽车旅游有着非常重要的利益关系，因此它们往往采取多种方法满足旅行者的需要。在美国，许多大型石油公司都出版道路交通图。有些公司还组织了汽车俱乐部，如阿莫科汽车俱乐部（Amoco Motor Club），为会员提供旅行信息与线路指导服务。

汽车俱乐部

美国小汽车协会（American Automobile Association，AAA）是世界上最大的以个人为会员的旅行团体，在美国和加拿大拥有 5 000 多万会员。该组织在会员中推广多种不同形式的旅行，以自驾车旅行作为其中的基本交通方式。该组织还在世界各地经营与旅行社相似的旅行服务。美国小汽车协会旅行社也为非会员提供旅游服务，并因此与其他旅游公司和零售旅行代理商形成竞争关系。这种额外服务的提供给汽车俱乐部带来了一定的魅力和社会地位，因求助有关的旅游服务而走进汽车俱乐部办事处的一些非会员人士，往往也有望成为该汽车俱乐部的新成员。

美国小汽车协会向其会员提供应急道路服务，并且还通过它在各个州及城市的联系组织（如密歇根 AAA）为驾车者提供保障服务，出版多种交通图和旅游指南，并设有一全国性的旅行委员会和旅行观光办事处。旅游指南的主要内容是介绍有关地方的历史、景点、令人感兴趣的事物以及经美国小汽车协会的驻地代表巡视并认证过的酒店、度假村、汽车旅馆和餐馆的情况。其中所列的所有食宿接待企业均是在美国小汽车协会驻地代表所提交的满意度报告的基础上选出来的。

另一个会员分布地域更广的组织是总部设在英国伦敦的世界旅行与汽车组织（World Touring and Automobile Organization）。类似的其他组织还包括：总部设于华盛顿特区的国际道路联合会（International Road Federation）；总部设于华盛顿特区的泛美高速公路大会（Pan American Highway Congress）；总部设于布宜诺斯艾利斯的美洲旅游与汽车俱乐部联合会（Inter-American Federation of Touring and Automobile Clubs）；以及总部设在巴黎的国际汽车联合会（International Automobile Federation）。

邮轮业

国际邮轮公司协会（CLIA）指出，海上巡游是目前旅游业中增长最快的细分市场，无论是邮轮乘客的规模、邮轮船只的数量，还是邮轮的载客能力，目前都在迅猛增长。**各邮轮公司**（cruise lines）也都在扩充自己的船队，增添新的娱乐设施以及到岸访问的港口。同其他旅游供应部门中的情况一样，邮轮业中也在发生大量的公司并购。

自 1990 年以来，邮轮业的年平均增长率为 7.2%。1990 年，邮轮业的乘客接待量为 380 万人次；2009 年，邮轮业创下了乘客接待量的新纪录，为 1 340 万人次（见表 5—5）。2009 年，平均每次游程的时间为 7.2 天。据国际邮轮公司协会的估计，2010 年的邮轮乘客接待量将会达到创纪录的 1 440 万人次。作为支持这一增长的条件，邮轮业中已经推出了 12 条新船，从而为整个船队新增了 23 080 张床位。此外，国际邮轮公司协会的会员公司还投资 215 亿美元用于购买 26 条新船。这些新船将在 2010—2012 年年底期间投入运营，从而会使邮轮业的接待能力增长 18%。

表 5—5　　邮轮乘客的年增长情况　　单位：千人次

年份	北美地区	外国	全世界
1990	3 496	278	3 774
1991	3 834	334	4 168
1992	4 023	362	4 385
1993	4 318	410	4 728
1994	4 314	486	4 800
1995	4 223	498	4 721
1996	4 477	493	4 970
1997	4 864	516	5 380
1998	5 243	625	5 868
1999	5 690	647	6 337
2000	6 546	668	7 214
2001	6 637	862	7 499
2002	7 472	1 176	8 648
2003	7 990	1 536	9 526
2004	8 870	1 590	10 460
2005	9 671	1 509	11 180
2006	10 078	1 928	12 006
2007	10 247	2 316	12 563

续前表

年份	北美地区	外国	全世界
2008[a]	10 093	2 912	13 005
2009[b]	10 198	3 244	13 442

a. 估计数字。

b. 预测数字。

资料来源：Cruise Lines International Association.

虽然轮船作为交通运输工具早已有之，但邮轮业却很年轻。邮轮业的目的实际上旨在提供一种度假旅游体验，而不是旨在提供点到点的交通运输。虽然现代邮轮业只有短短30年的历史，但已成为美国旅游业中的重要组成部分。根据商业调查与经济咨询公司（BREA）的一项研究，2008年北美邮轮业带来了402亿美元的经济活动总收入，为美国创造了357 700个就业岗位。

过去，大多数邮轮公司都将其营销努力聚焦于北美顾客。然而，随着近年来作美式海上巡游的欧洲、南美及亚洲度假者数量的显著增多，邮轮公司已开始将注意力更多地放在国际市场。另外，一些邮轮公司已经将一些船只放到欧洲和亚洲开展季节性经营，并因此提升了它们在欧洲和亚洲客源市场中的知名度。

邮轮业的业绩表现及其所赢得的顾客满意度为旅游业中的其他行业树立了榜样。所有其他类型的度假经营部门在产品满意度和顾客回头率方面都只能望其项背。

邮轮业的发展不仅反映在乘客规模的增长和船只运载能力的增大，而且还反映在到岸港口的增多。

说明：邮轮业是旅游业中发展最快的部门之一。预计这种发展势头仍将持续，今后几年有许多新船只计划投入运营。Copyright © Carnival Cruise Lines.

国际邮轮公司协会的成员公司

阿玛内河游船公司（AMA Waterways）
美洲邮轮公司（American Cruise Lines）
阿瓦隆内河游船公司（Avalon Waterways）
阿扎玛拉俱乐部邮轮公司（Azamara Club Cruises）
嘉年华邮轮公司（Carnival Cruise Lines）
名流邮轮公司（Celebrity Cruises）
歌诗达邮轮公司（Costa Cruises）
水晶邮轮公司（Crystal Cruises）
卡纳德轮船公司（Cunard Line）
迪士尼邮轮公司（Disney Cruise Line）
荷美轮船公司（Holland America Line）
赫梯格鲁敦邮轮公司［Hurtigruten，曾用名挪威海岸巡游公司（Norwegian Coastal Voyage Inc.）］
MSC 邮轮公司（MSC Cruises）
挪威邮轮公司（Norwegian Cruise Line）
大洋洲邮轮公司（Oceania Cruises）
保罗高更邮轮公司（Paul Gauguin Cruises）
珍珠海邮轮公司（Pearl Seas Cruises）
公主邮轮公司（Princess Cruises）
丽晶七洋邮轮公司（Regent Seven Seas Cruises）
皇家加勒比国际邮轮公司（Royal Caribbean International）
海韵邮轮公司（Seabourn Cruise Line）
海梦游艇俱乐部邮轮公司（SeaDream Yacht Club）
银海邮轮公司（Silversea Cruises）
寰宇内河游船公司（Uniworld River Cruises）
风星邮轮公司（Windstar Cruises）

邮轮港

佛罗里达州的一些港口为大多数在美国经营的邮轮公司用作母港，这主要是因为该州紧邻加勒比海这一主要的巡游水域。这些巡游活动的开展大都历时 3 天、4 天或 7 天，但也有一些游程为 10 天或 14 天。迈阿密目前宣称自己是“世界邮轮之都”。劳德代尔堡、坦帕、卡纳维拉尔等港口也都是一些邮轮的母港。有些在加勒比海域经营的邮轮也以新奥尔良为母港。

对于前往新英格兰地区、百慕大群岛、加拿大沿海诸省巡游的那些邮轮来说，纽约和波士顿则是它们常会到访的口岸。在美国西海岸，洛杉矶和圣迭戈也被一些邮轮用作母港，由这些地方驶往墨西哥作为期 3 天、4 天或 7 天的海上巡游。旧金山和西雅图也是邮轮经常到访的港口。对于前往南加勒比海域作 7 天巡游的邮轮来说，美国自治联邦岛波多黎各的首府圣胡安如今也已成为受欢迎的停靠口岸。

近年来最红火的夏季海上巡游区域是阿拉斯加海湾。这些海上巡游活动经常与阿拉斯加内陆及加拿大育空地区的陆上游览活动相结合。这些邮轮大多是从加拿大不列颠哥伦比亚省的温哥华出发。

覆盖全球的邮轮线路

对于国际邮轮公司协会的成员公司来说，虽然加勒比群岛仍将继续是首要的全年性目的地，但它们也在全球其他海域开展业务。在夏季期间，地中海海域接待的邮轮数量在不断增多。国际邮轮公司协会的报告指出，邮轮业对欧洲和东南亚线路的重视程度将会继续增大。2010 年，加勒比海域所占的业务份额为 41%，接下去的排名依次为地中海海域、欧洲海域、阿拉斯加海域和墨西哥海域。虽然这些海域的巡游业务一直都很强劲，但趋势显示，一些更为遥远的海区——例如亚洲、南美以及南太平洋等——正在成为海上巡游的热点目的地。

安全

邮轮业最需要优先考虑的事情就是确保乘客和船员的安全。在这方面，国际邮轮公司协会一直在与美国国土安全部紧密合作，后者目前下设有美国海岸警卫队（U. S. Coast Guard）、海关与边境保卫局（Customs and Border Protection）、移民与海关执法局（Bureau of Immigration and Customs Enforcement）以及交通安全管理局。通过与这些机构的合作，邮轮业能够确保遵守所有旨在维护船上安全的美国及国际海事标准。

公司并购

同整个旅游业中的情况一样，邮轮业中的公司并购也一直在发生。世界上最大的邮轮企业嘉年华公司最近收购了公主邮轮公司，并且此前已经成为卡纳德轮船公司、歌诗达邮轮公司、荷美轮船公司、风星邮轮公司和海韵邮轮公司的业主。皇家加勒比国际邮轮公司是世界上第二大邮轮企业，最近又收购了名流邮轮公司。随着这两大邮轮企业都在增添新船，竞争变得异常激烈。此外，迪士尼公司现在也已介入了海上巡游业务，并且也在准备增添一艘新船。

虽然国际邮轮公司协会的成员拥有北美邮轮市场 90%多的市场份额和 80%多的船队规模，但有些货轮、内河游船、游艇、渡轮以及包租船只也提供水上巡游度假服务，从而成为对全世界邮轮船队的补充。在美国，大约有 80 艘货轮为数量有限的乘客（例如 6～12 人）提供随船巡游度假服务。搭乘这类货轮巡游的特点是：游程往往历时较长，会驶往乘客所不知道的一些地区，日程安排常会有变，并且价格较为适中，因此对较具冒险精神的旅行者很有吸引力。

内河游船旅游

同海上巡游的情况一样，在过去 10 年中，内河游船旅游也有了快速的发展，特别是在欧洲，所接待的乘客人数翻了两番。

与海上巡游相比，内河游船旅游的特点是：游船的船体往往比较小，每次运载 100～150 名乘客，通常只在白天航行，并且会将登岸访问沿河的一些城市以及一些具有文化或历史意义的地点纳入全程游线之中。这类内河游船旅游在很多方面更像是一种团体旅游，而非真正的水上巡游。同巴士旅游相比，内河游船旅游有一个明显的竞争优势——途中每到达一站时，人们无须先打开行李，离去时再打包行李。与海上巡游相比，内河游船旅游也有一项优势——乘客没有晕船的风险。在作内河游船旅游时，乘客可舒适地坐在船上观赏两岸的风光。这一特点对老龄旅游者具有吸引力，老龄旅游者也因此成为内河游船旅游的主要客源市场。未来 20 年中欧洲及北美人口的快速老龄化，决定了内河游船旅游的市场规模将会继续增长。

目前热门的内河游船旅游目的地包括：埃及的尼罗河、中国的长江、巴西的亚马逊河、俄罗斯圣彼得堡与莫斯科之间的内河流域、乌克兰的第聂伯河，以及欧洲的莱茵河、多瑙河、梅恩河、塞纳河、罗恩河以及埃尔伯河等。驳船运河游在欧洲的很多地方也很流行。

维珍公司（Viking）是当今世界上规模最大的内河游船公司。其他的大型经营者包括阿玛内河游船公司、阿瓦隆内河游船公司、Croisi Europe 公司、Globus/Cosmo 公司、INTRAV 公司、Lüftner 公司、Grand Circle 公司、Nicko Tours 公司、Scylla 公司和寰宇公司。

国际邮轮公司协会

国际邮轮公司协会是一个从事营销与推广的行业组织，由 25 个服务于北美的大型邮轮公司组成，邮轮总数超过 200 艘。该协会成立于 1975 年，出于邮轮业需要有一个媒介来推广海上巡游这一考虑而组建。2006 年，该协会与国际邮轮公司理事会（ICCL）合并，后者创立于 1990 年，致力于参与邮轮业规则与政策的制定工作。如今，国际邮轮公司协会的工作内容包括：对有助于促成船上环境安全、健康的各种措施进行推广；组织教育活动；培训代理人员；宣传和解释邮轮度假不仅价值高、可取，而且人们有能力支付。

1984 年中期，联邦海事委员会将该行业中的其他社团组织并入国际邮轮公司协会，从而使其成为唯一的邮轮业营销组织。国际邮轮公司协会代表着邮轮业中 97% 的企业，而且有 14 000 多家旅行代理商是该协会的联系会员。这些旅行代理商使用该协会的标识，表明自己是海上巡游度假产品的权威代理商。国际邮轮公司协会总部的地址是：910 SE 17th Street，Suite 400，Fort Lauderdale，FL 33316；电话是：(754) 224-2200；传真是：(754) 224-2250；网址是：www. cruising. org。

其他交通方式

虽然旅游者都是乘坐飞机、火车、大巴、计程出租车、客船或邮轮到访旅游目的地，但其他各种交通方式同样也是旅游活动的有机组成部分。徒步便是其中最为重要，却又最容易被人忽略的一种旅行方式。很多旅游者和当地居民都是以步行作为主要的旅行方式。旅游者是伟大的步行者，他们常会走很远的路去观光游览，或是步行前往某个目的地，步行去咖啡馆或意大利冰淇淋店。因此，步行的环境、旅游者步行的路面及其活动的区域都必须能够令人满意并且安全。旅游规划人员必须将徒步旅行纳入该地的旅游开发规划。

澳大利亚布里斯班市市内的河边走道就是一个成功的规划实例。它提供了一个有吸引力的、安全的整体交通方案，旅游者和当地居民均能从中受益。相反，如果是在埃及的开罗或是在马来西亚的吉隆坡，那么徒步旅行将会是一种挑战。

徒步旅行在全世界都很盛行，像乡村步行者（Country Walkers）这类公司所推出的多条徒步旅游线路，就是这一点的明证。该公司的宣传口号是："一次一步，探索世界"（Explore the world one step at a time）。

骑自行车是一些旅游者所选用的另一种交通方式。有些旅游公司以组织自行车旅游为主要业务。荷兰的 Hoge Veluwe 国家公园中设有分别供小汽车、自行车和步行者专用的道路。专为骑行自行车设计的道路总长超过 27 英里。虽然大多数人都是为参观克罗-勒穆勒博物馆（Kroller-Muller Museum，因梵高的画而著名）才来光顾这一国家公园，但公园中也有着非常吸引人的雕塑园、森林和沙丘。你可以骑车游览公园，这是因为该公园中有 1 000 多辆免费供游人使用的白色自行车。这批自行车减少了公园中公共汽车和小汽车的流量，同时也能让旅游者方便地尽情游览。

对某些度假区和旅游目的地来说，电车、电缆车、封闭式缆车以及上山吊椅也是重要的交通方式。它们便利了旅游者的流动，在很多情况下能将旅游者运送到一些原本不可能到达的地方。同时，它们本身也有可能成为旅游吸引物。

□ 本章小结

交通运输服务和设施是旅游业的有机组成部分。事实上，所有形式的旅行的成功都依赖于恰当的交通方式。交通运输服务和设施是旅游业的生命之血得以流动的命脉。在美国，航空旅行在中长途旅行中占统治地位，而私人汽车运载着大批（约 80%）的短程旅行者。汽车在远程和国际旅行中也非常重要。汽车租赁很普遍，因为它们是航空旅行的补充。20 世纪 50 年代起，火车旅行在美国出现严重下滑，但它在两地通勤以及长途运输中仍很重要。有长途汽车客运服务的地方要比有航空或铁路服务的地方多得多，但长途汽车在所有机动车辆总里程中只占相当小的份额。邮轮度假已成为美国旅游业中增长最快的细分市场，定期都会有全新的或者整修一新的邮轮加入巡游路线。

客运企业协会和团体对该行业的健康发展至关重要。其中一些最重要的组织有：美国航空运输协会；美国汽车客运协会、汽车客运联合会、美国汽车协会［与加拿大汽车协会（Canadian Automobile Association）联合］；世界旅行与汽车协会；休闲用车行业协会；出租车、豪华轿车与辅助客运系统协会；全美豪华轿车协会；国际游船公司协会。

几乎所有形式的旅游的发展都伴随着客运量的增加，有时这会带来一些问题。例如，街道及机场终点站的交通堵塞可能会极其严重。成功的旅游取决于安全与安防这两个基本要素。任何一种交通运输形式都会对环境产生不利影响。要使这种不利影响最小化就需要有认真的规划、深入的认识以及相应的保护措施。

长期预测显示，对交通运输的需求还会不断增长。交通运输业的税费和汽油价格的上涨在产生负面影响，人们希望能够减轻这些负面因素的影响。在欧洲和亚洲，由于高速火车的投入使用，火车旅行正在不断增加。

□ 重点概念

航空业（airline industry）
美国航空运输协会（Air Transport Association of America）
联盟（alliances）
美国小汽车协会（American Automobile Association）
美国巴士协会（American Bus Association）
美铁公司（Amtrak）
小汽车（automobile）
邮轮公司（cruise lines）
客运巴士（motorcoaches）
国家景观道路计划（National Scenic Byways program）
石油公司（oil companies）
铁路运输（rail transportation）

休闲用车（recreation vehicle）　　汽车租赁（rental car）
安全与安防（safety and security）
计程车与豪华轿车服务（taxi and limousine service）

□ 互联网练习

为了方便读者，本章中所提及的互联网网站连同其他一些相关网站，一并列在为本书伴设的网站上：www. wiley. com/college/goeldner。

练习 1

网站名称：国际邮轮公司协会

网址：www. cruising. org

背景信息：国际邮轮公司协会的主要目标是帮助 14 000 多个挂靠代理商能够更成功地从繁荣和有利可图的巡游市场中赢得业务。国际邮轮公司协会有 25 个成员公司，代表着整个邮轮业中 97%的企业。

练习内容

（1）你在为一家旅行社工作，在你的办公室里正坐着一家人。刚开始和他们交谈的时候，你意识到这个家庭中的妻子对邮轮旅游非常感兴趣，但丈夫明显有些保留。在经过几分钟的探询之后，丈夫道出了对于邮轮巡游的以下几点考虑和疑惑：1）会觉得很乏味，也感觉受限制；2）担心晕船；3）邮轮旅游只是富人的消遣；4）你们在船上能给孩子提供什么？5）有什么夜生活？为了向这个家庭销售邮轮旅游产品，你会如何对这些考虑/疑问进行解释？

（2）选择一家邮轮公司，总结一下该公司在邮轮旅游过程中所提供的娱乐活动项目。

（3）选择一家邮轮公司，找出它为度蜜月的夫妇以及为带小孩的家庭各提供了何种打包组合产品。

练习 2

网站名称：美国航空运输协会

网址：www. airlines. org

背景信息：美国航空运输协会是美国主要航空公司的行业组织。该协会的成员航空公司及其联系单位的客货运量占全美航空业总量的 90%。

练习内容

（1）该网站就航空安全说了些什么？

（2）对未来的航空旅行作了哪些预测？

□ 复习与讨论题

1. 解释航空旅行成为当前中远程旅行的主要方式的原因。
2. 美国的铁路客运在 1920 年以后走向衰落的原因是什么？
3. 识别引发长途巴士旅行复苏的社会因素和经济因素。
4. 对邮轮旅游的主要吸引力作一描述。
5. 为什么邮轮旅游市场有望继续保持其非同一般的增长态势？
6. 什么方法能够部分地解决主要机场的汽车拥堵问题？
7. 与上题类似，整理一下你关于缓和航班抵/离港拥堵问题的想法。
8. 如果你事先知道在开车前往机场的路上会遇到交通堵塞，因而需要花很长的时间才能到达机场，然后又得在航空公司离港服务台前排队等候 30 分钟办理手续，再有 30 分钟用于安检，而且你也知道飞机在起飞前会在跑道上停留30分钟。你认为你还会有一个愉快的行程吗？

9. 评价安全与安防在各种形式旅行中的重要性。最安全的客运方式是什么？

10. 综合考虑各种交通运输工具，如何才能尽可能地减少对环境的破坏？

11. 如果你是一家航空公司的营销主管，你会实施什么计划来平抑需求高峰与低谷的波动？

□ 案例题

1. Rotary 俱乐部的项目主任让你谈一下邮轮旅游的好处。他还暗示该俱乐部可能有意组织其成员携带妻儿进行一次团体邮轮旅游。你的谈话内容会是什么？

2. 航空运输确实是一个全球性的产业。然而，很多国家颁布的各种各样的航空管制与限制法律正在阻碍对世界航空公司的旅行需求的未来发展。一个全球化竞争和内部连通的“新世界秩序”已初现端倪。首个“开放天空”协议是在美国与荷兰这两个国家之间签署的。这个被称为“开放天空Ⅰ”（Open Skies Ⅰ）的协议，标志着航空业全球化的开端。该协议废止了所有有碍航空公司效率的法规和外交环境以及其他贸易壁垒。同时，它还鼓励竞争。“开放天空Ⅰ”完全解除了对两国之间航空服务的管制。如果此类协议能在更广的范围内成为现实，它将如何影响对世界航空公司的旅行需求？举几个例子加以说明。

□ 注　释

[1] International Air Transport Association and Air Transport Association of America annual reports, news releases, speeches, and Web sites.

[2] Amtrak Annual Report, 2009, p. 9 and www.amtrak.com.

[3] Amtrak Annual Report, 2009, p. 4.

[4] RVIA, *Industry Profile 2009* (Reston, VA: RVIA, 2010), and the RVIA Web site.

[5] Richard Curtain, *The RV Consumer Demographic Profile* (Reston, VA: RVIA, 2005) and the RVIA Web site, Frequently Asked Questions and Quick Facts Section.

第6章 食宿接待与相关服务

学习目的

- 了解住宿业，包括其悠久的历史、行业协会、著名企业及在经济中的重要作用。
- 充分认识规模庞大的餐饮服务业。
- 了解度假村与分时度假经营模式目前的动向。
- 认识会议市场以及会议筹划者对旅游业的重要性。

导　言

正如在第 2 章中指出的，为旅行者提供过夜住宿可追溯至古代，因而住宿业是世界上最古老的一种商业性业务。最早出现的是私人住宅中的客房，然后是商队客栈以及修道院提供的招待所。如今，住宿和餐饮经营具有重大的经济意义。很多住宿地点都提供会议室、会议设施与服务、餐厅、酒吧、娱乐设施、礼品店、赌博设施、康体俱乐部以及其他设施。图 6—1 是从图 1—2 中选取的旅游业经营部门。从图 6—1 中可以看出，住宿接待和餐饮服务是旅游业中非常重要的部门。关于住宿设施的构成，请参见图 6—2。在本章中，我们主要考察住宿业和规模更庞大的餐饮服务业，以及会议与其他相关服务。

住宿业

根据联合国世界旅游组织的估计，全世界饭店客房总量的年增长率约为 2.5%。客房出租率虽经常变动，但平均出租率约为 65%，诸如伦敦、北京、纽约、旧金山、夏威夷、加勒比地区和拉斯韦加斯这样的地方，出租率会更高。

饭店住宿设施多集中于欧洲和北美。在全世界的客房供应中，欧洲的份额占 44.7%，美国占 27%，两者合计超过 71%；亚洲和太平洋地区占 13.9%；非洲占 3.1%；中东占 1.5%。其中亚太是全球增长最快的地区。

根据美国饭店与住宿业协会（American Hotel and Lodging Association，AH&LA）

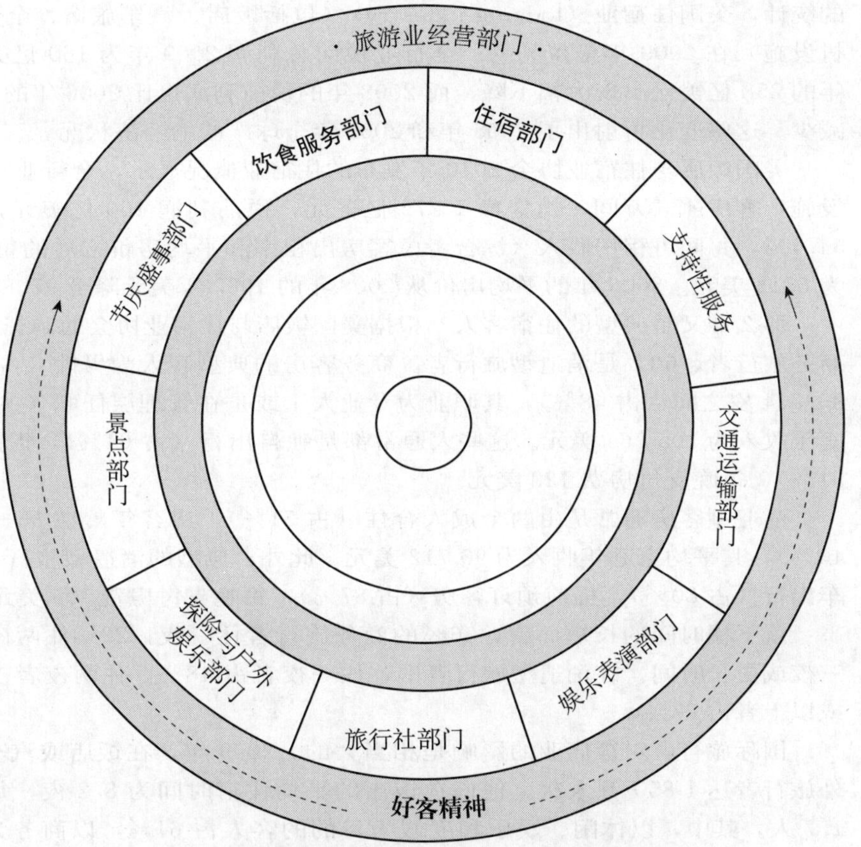

图 6—1　旅游业经营部门：住宿接待和餐饮服务

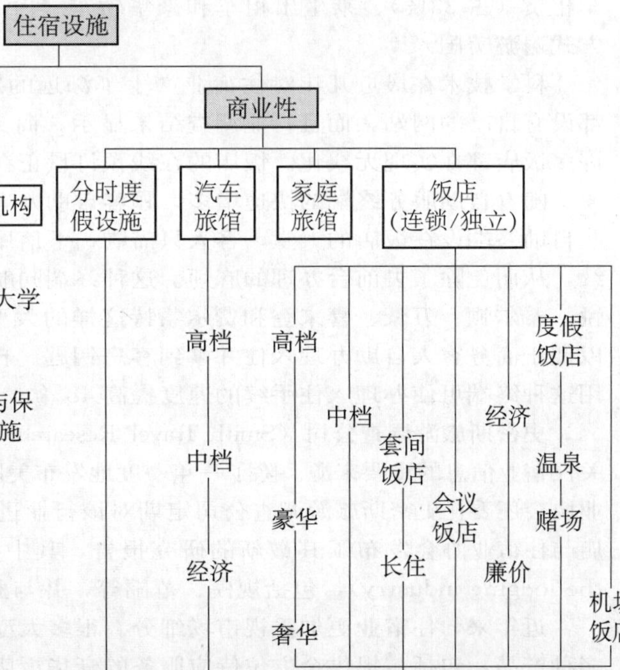

图 6—2　住宿设施的构成

的统计，美国**住宿业**（lodging industry）（包括饭店、汽车旅馆、全套房旅馆、度假村设施）在2009年是盈利的。全行业税前总利润2009年为160亿美元，但较2008年的258亿美元出现大幅下降，而2008年的税前利润也比2006年的266亿美元有所减少。这些变化折射出了2008年和2009年全球严峻的经济状况。

美国饭店与住宿业协会2010年发布的住宿业概况显示，全行业有50 800处住宿设施，客房476万间，销售额1 272亿美元，税前利润160亿美元，客房出租率为54.7%，每间可租房收入（综合考虑客房出租率和平均房价之后的每间可租房收入）为53.5美元。2009年的平均房价从2008年的106.84美元降至97.85美元。[1]

那么谁又是典型的住宿客人？根据美国饭店与住宿业协会的调查，40%的顾客是商务旅行者，60%是消遣型旅行者。商务客房的典型客人为男性（占69%），年龄在35～54岁之间（占48%），其职业为专业人士或是在管理层任职（占53%），平均家庭年收入为105 764美元。这些人通常都是独自出行（占64%），提前预订客房（占91%），每晚支付房费123美元。

消遣型客房通常是由两个成人合住（占51%），房客年龄在35～54岁之间（占40%），其平均家庭年收入为90 712美元。此外，典型的消遣型旅行者通常都是自驾车出行（占80%），提前预订客房（占87%），每晚支付房费105美元。

就下榻时间的长短而言，36%的商务旅行者住一夜，22%住两夜，其余42%住三夜或更长时间。在消遣型旅行者中，住一夜者占48%，住两夜者占25%，住三夜或以上者占27%。

国际旅行者对饭店业的影响是相当大的。2009年，在饭店或汽车旅馆住宿的海外旅行者达1 850万人次。他们在饭店的平均住宿时间为8.2夜，每间客房平均住1.7人。其中，以休闲、娱乐和度假为目的的客人占61%，以商务为目的的客人占27%。这些极具流动性的旅行者在美国境内活动期间平均访问1.6个州。他们通过汽车租赁（占33%）、乘坐出租车和豪华轿车（占48%）以及飞机（占27%）等旅行方式遍游美国。[2]

科学技术在最近几年对住宿业产生了深远的影响。现在，超过90%的饭店企业都设有自己的网站，而且行业调查结果显示，商务旅行者希望客房内有互联网接入。许多饭店都在实现无线化。饭店的在线预订量正在增大。

随着自助服务终端的快速增多，顾客自助办理入住和结账的现象在持续增加。这些自助终端设在饭店的大堂，客人只需刷一下信用卡即可完成登记入住或结账离店手续，从而免除了去前台办理的麻烦。这种终端同航空公司所使用的设备相类似。像凯悦、希尔顿、万豪、喜来登和费尔蒙特这样的大型饭店连锁集团都在普及这种终端，以便于商务客人自助办理入住并拿到客房钥匙。自助终端制造商NCR公司表示，利用这种终端可使办理入住手续的速度提高48%。

史密斯旅游调查公司（Smith Travel Research）以及美国饭店与住宿业协会皆为有关住宿业信息的重要来源。除了一年一度地发布美国住宿业概况之外，美国饭店与住宿业协会还委托史密斯旅游调查公司定期对该行业进行全面的调研分析。2010年美国饭店与住宿业协会发布了其最新的研究报告，其中分析了**住宿业发展趋势**（trends of the lodging industry），包括规模、范围等，并与此前的研究结果作了比较。

近年来，住宿业更加重视市场细分。很多大型饭店连锁集团都在经营价位不同的多种产品，包括：提供全方位侍应服务的豪华饭店、全套房豪华饭店、度假饭店、价格适中的全方位服务饭店、价格适中的全套房饭店、价格适中的有限服务饭店以及经济型或廉价的汽车旅馆。人们对饭店和汽车旅馆有多种不同的分类方法。最常用的一

说明：图为位于亚利桑那州斯科茨代尔的腓尼基度假饭店（Phoenician Resort）宽敞、高雅、舒适的双人客房，客人从客房中还可欣赏到沙漠景观。Photo courtesy of the Phoenician.

种方法是按地理位置——例如位于度假地、市中心、机场、郊区或高速公路房——进行分类。

企业排名

住宿业中有不少规模非常大的企业，而且很多大型连锁集团至今仍在不断壮大。*Hotels* 杂志［由营销与技术集团（Marketing and Technology Group）出版，其总部设于芝加哥，是一家专业提供全球旅游与酒店餐饮业信息的 B2B 传媒企业］每年都对世界 325 家最大的酒店连锁集团进行排名。2010 年 10 月刊发布了关于大型住宿企业的第 40 个年度排名。表 6—1 中所列为前 25 家企业的排名情况，是反映住宿业集中化程度的明证。该排名以客房数为基础，前十大酒店集团总计拥有 430 万间客房。其中，洲际酒店集团以 646 679 间的总客房数继续位列榜首。排在第二位的是温德姆酒店集团［过去名为圣达特（Cendant）］，总客房数为 597 674 间。万豪国际以 595 461 间客房名列第三，希尔顿全球以 585 060 间排名第四，雅高酒店以 499 456 间位列第五。

表 6—1　　排名前 25 位的饭店连锁集团

排名[a]	公司名称/总部所在地	客房数（2009 年）	饭店数（2009 年）
1	洲际酒店集团（Inter Continental Hotels Group），英国温莎	646 679	4 438
2	温德姆酒店集团（Wyndham Hotel Group），新泽西州帕西帕尼	597 674	7 114

续前表

排名[a]	公司名称/总部所在地	客房数（2009年）	饭店数（2009年）
3	万豪国际（Marriott International），马里兰州贝塞斯达	595 461	3 420
4	希尔顿全球（Hilton Worldwide），弗吉尼亚州麦克利恩	585 060	3 530
5	雅高酒店（Accor Hospitality），法国巴黎	499 456	4 120
6	美国精品国际（Choice Hotels International），马里兰州银泉市	487 410	6 021
7	最佳西方国际（Best Western International），亚利桑那州菲尼克斯	308 477	4 048
8	喜达屋酒店与度假村（Starwood Hotels & Resorts Worldwide），纽约州白原市	298 522	992
9	卡尔逊国际（Carlson Hospitality Worldwide），明尼苏达州明尼阿波利斯	159 756	1 058
10	凯悦酒店集团（Hyatt Hotels Corp），伊利诺伊州芝加哥	122 317	424
11	西山酒店集团（Westmount Hospitality Group），得克萨斯州休斯敦	113 771	803
12	卢浮宫集团（Groupe du Louvre），法国巴黎	91 409	1 097
13	锦江国际酒店（Jin Jiang International Hotels），中国上海	89 251	546
14	TUI集团（TUI AG），德国汉诺威	83 728	297
15	雷兹多酒店集团（Rezidor Hotel Group），比利时布鲁塞尔	83 200	389
16	LQ管理集团，得克萨斯州欧文市	78 945	766
17	索尔·梅丽亚集团（Sol Meliá SA），西班牙马略卡岛帕尔玛	76 887	305
18	延住酒店（Extended Stay Hotels），南卡罗来纳州斯帕坦堡	76 384	686
19	如家酒店集团（Home Inns & Motels Management），中国上海	71 671	616
20	Vantage酒店集团（Vantage Hospitality Group），佛罗里达州科洛尔斯普林斯	65 232	906
21	NH酒店集团，西班牙马德里	61 317	401
22	格林豪泰酒店管理集团（GreenTree Inns Hotel Management Group），中国上海	49 700	450
23	州际酒店与度假村集团（Interstate Hotels & Resorts），弗吉尼亚州阿灵顿	46 129	228
24	巴塞罗酒店与度假村集团（Barcelo Hotels & Resorts），西班牙马略卡岛帕尔玛	45 939	181
25	MGM度假村国际，内华达州拉斯韦加斯	45 701	16

a. 排名以客房数为据。

资料来源：*Hotels*，October 2010.

Hotels 杂志的这一排名是全球性的。在所列出的前25大国际特许经营酒店连锁集团中，有14家公司的总部设在美国；英国有排名第一的洲际酒店集团；法国有排名第五的雅高酒店和排名第十二的卢浮宫集团；中国有排名第十三的锦江国际酒店、排名第十九的如家酒店管理集团和排名第二十二的格林豪泰酒店管理集团；德国的TUI集团排名第十四；比利时的雷兹多酒店集团排名第十五；西班牙的索尔·梅丽亚集团排名第十七，NH酒店集团排名第二十一，巴塞罗酒店集团排名第二十四。

相关术语

● 平均每日房价（average daily rate，ADR）。所售出客房的平均房价。计算方法是：ADR＝客房总收入/客房销量。

● 餐饮收入（F&B revenue）。来自食品（包含咖啡、牛奶、茶和软饮料）、酒水（包括啤酒、葡萄酒和烈性酒）、宴会以及其他餐饮服务产品的销售收入。所谓其他餐饮服务产品的销售收入包括会议房间租金、视听设备租金、服务费或餐饮部的其他营业收入（包含宴会服务费）。

● 客房出租率（occupancy）。一定时期内可供出租房间的占用比例。计算方法是：客房出租率＝实际租出的客房数/可供出租的客房数。

● 每间可租房收入（revPAR）。计算方法为：一定时期内的客房总收入除以同期内可供出租的房间总数。每间可租房收入不同于平均每日房价，因为每间可租房收入会受未占用的可出租房间数的影响，而平均每日房价所表示的只是实际租出的房间的平均价格（客房出租率×平均每日房价＝每间可租房收入）。

● 客房收入（room revenue）。因销售或出租客房而实现的营业总收入。

● 可供出租的客房数（客房供应量）[rooms available（room supply）]。计算方法为：住宿企业一定时期内的客房数乘以该时期的历时天数。例如：某饭店某月每天可出租客房100间×一个月31天 ＝ 该月份的客房供应量3 100间。

● 客房销量（客房需求量）[rooms sold（room demand）]。一定时期内售出的客房间数（不包括免费房）。

● 总收入（total revenue）。指一个饭店企业的全部营业收入，包括出租客房、餐饮、停车、洗衣、电话、其他服务等。

发展趋势

住宿业的发展趋势表现为从独立经营向连锁和特许经营的方向发展。连锁集团的规模越来越大，同时合作集团或自愿联合组织也在发展。无论是独立经营的企业还是连锁集团，都发现联合在一起进行营销将使自己更加有利可图。

并购的趋势将会继续，因为连锁集团具备提高生产率的潜力及规模优势，能够最有效地实施培训和员工选择方案，最有效地对设施布局、价格、广告、设备、技术、营销等方面进行管理，并且可将一家成员饭店行之有效的办法在整个集团内进行推广。合作集团之所以盛行的一个原因是，那些并非连锁集团成员的独立经营企业作为合作集团的成员能够获得连锁集团所具有的营销优势。

特许经营（franchising）在住宿业中广为人知，并在市场中快速渗透。然而，人们对特许经营的看法并不一致。许多管理部门认为，对特许经营很难进行控制，很难保证连锁集团对外宣传的质量和达到预定的标准。因此，很多连锁集团为了便于管理并确保实现所期望的质量水平，正在逐步收回特许经营权。而另一方面，企业可通过特许经营快速向前发展，因为它们能够通过授予特许经营权而积累资金，从而更快地实现扩张。此外，特许权受让方因已将自己的资本投入集团，因而也迫切希望该集团能够成功。

加盟特许经营的好处是，特许权受让方能够获得知名的“品牌名称”、获得知识、建议以及有经验的经营者的支持。由于特许经营连锁集团会在所有成员之间分摊促销、广告和预订系统的成本，从而会使单位成本降低很多。如果特许权出让方拥有良好的声誉和形象，那么特许权受让方则会从中获益很多。大多数开展特许经营的企业同时也经营自己拥有产权的饭店。随着住宿业的发展与成熟，预计行业内的特许经营将会减少，这会使连锁集团能够更多地对其成员饭店的经营进行控制，从而能够保证期望质量的实现。日益加剧的竞争以及不断完善房产设施的需要都要求连锁集团必须具备实现这些改进的能力。

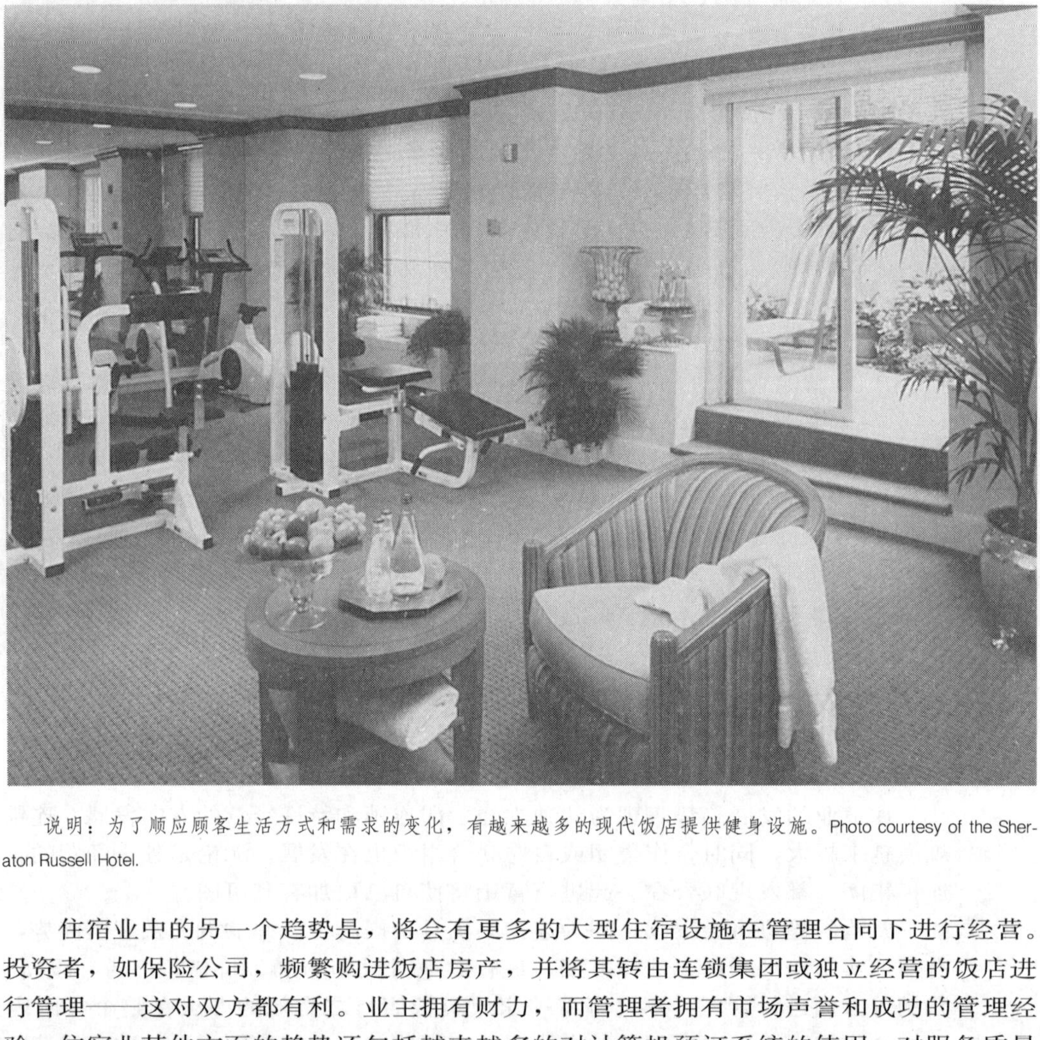

说明：为了顺应顾客生活方式和需求的变化，有越来越多的现代饭店提供健身设施。Photo courtesy of the Sheraton Russell Hotel.

住宿业中的另一个趋势是，将会有更多的大型住宿设施在管理合同下进行经营。投资者，如保险公司，频繁购进饭店房产，并将其转由连锁集团或独立经营的饭店进行管理——这对双方都有利。业主拥有财力，而管理者拥有市场声誉和成功的管理经验。住宿业其他方面的趋势还包括越来越多的对计算机预订系统的使用、对服务质量的重视以及对收益管理技术的运用。

家庭旅馆，招待所，旅店

在住宿业中，上有大型饭店连锁公司，下有**家庭旅馆**（bed and breakfasts，B&B）、招待所和旅店，这一方面反映出住宿接待设施具有多样化的特征，同时也反映出这样一个事实，即小型企业构成了旅游业的很大一部分。这些小型住宿企业涉及多种不同的经营类型。家庭旅馆是一种提供过夜住宿和早餐服务的小型住宿设施。典型的家庭旅馆通常是某家庭将自己的私人住房用于商业目的，供出租的客房数量往往少于 10 间。

对于如何界定招待所（guest house）这种住宿设施，人们没有形成统一的认识。在世界各地，有些地方的招待所类似于旅舍、家庭旅馆或旅店，而在另外有些地方（例如在加勒比），人们认为它是一种价格较为低廉的饭店设施，还有一些地方则是将招待所等同于为客人提供过夜住宿的私有住房。在英国，家庭旅馆与招待所这两者之间并无太大差别。

乡村旅店（country inn）是一种提供住宿和饮食（通常是早餐和晚餐）服务的自营住宿设施。这种旅店的规模通常要大一些，一般有10间或更多的客房，此外还提供多种便利服务设施。很多旅店都会在其公共区域提供互联网、杂志、冷/热饮、游戏、壁炉、冰箱、报纸、电话、糖果点心、鲜花和电视；客房中可能备有互联网、电视、奢华床品/布草、品牌化妆品以及睡袍。

旅店经营者国际专业协会（PAII）认为，家庭旅馆和旅店这两种住宿设施都是由业主自己经营，这两个词可以混用。

在美国，家庭旅馆发展之初的情况是，洗浴设施为住宿客人公用，便利服务项目很少，价格低廉且不正规。然而今天，许多家庭旅馆都已发展成为提供舒适、高水准接待服务的住宿设施，其中既有豪华等级者，又有经济等级者。

我们可从其行业协会——旅店经营者国际专业协会——所提供的资料中，了解家庭旅馆的特点与运作。该协会通过行业分析，研究家庭旅馆的运营、营销与财务问题。该组织所发布的这一研究报告，是该领域中全美唯一具有权威性和综合性的研究报告。《PAII 2009—2010年行业研究》（PAII 2009-10 Industry Study）中显示，该年度家庭旅馆行业的总产值为34亿美元，平均每家家庭旅馆拥有客房6间，日平均房价为150美元，平均出租率为41%，每间可租房收入为58美元。该项研究中发现，29%的家庭旅馆地处乡村，23%为市区住房，5%为市郊住房，43%为村舍；87%的家庭旅馆都设于旅游目的地/度假地；94%的客房设有私人浴室；每处家庭旅馆的平均占地面积为5 700平方英尺；36%的这类住宿设施都被当地、州或国家历史保护组织认定为"历史建筑"；72%的家庭旅馆由业主夫妇经营；79%的经营者是在店中生活；家庭旅馆一般都提供免费的高速无线上网。[3]

对于不同年龄和来自不同地区的旅游者来说，家庭旅馆是他们亲身体验当地人生活方式的最佳渠道。家庭旅馆的主人可成为该地区的最佳宣传大使。在美国有很多这样的例子，正是由于家庭旅馆的设立而拯救了否则或许已遭损毁的某一历史遗产。

家庭旅馆预订服务商对这类家庭旅馆进行巡视和认证，进行持续的质量控制，并可为旅游者提供一站式购买服务。一旦其预订系统出现问题，它们能给旅游者提供多种其他的信息源。这些预订服务公司为私人企业，或者为合伙经营或单独所有，每家公司代理35家到上千家家庭旅馆。

旅店经营者国际专业协会是一个代表家庭旅馆和乡村旅店业主的行业协会，为该行业提供教育、沟通、公关、网络协作和调研等方面的服务。访问网站 www. innkeeping. org，可了解该组织最新的研究。家庭旅馆行业最大的国际旅游网络平台是 BedandBreakfast. com，总部位于得克萨斯州的奥斯汀。为了自身发展并推进人们对家庭旅馆是"更好的住宿方式"的认识，该组织已与旅店经营者国际专业协会展开合作。

确定全世界家庭旅馆和旅店的数量并非易事。BedandBreakfast. com 在其全球数据库中列有11 000家家庭旅馆的名单，并提供可在美国和加拿大大约4 000家家庭旅馆中使用的礼品卡。该网站显示，"BedandBreakfast. com 由 HomeAway 公司所有并经营，该公司是全球在线度假租赁行业的领头羊，掌握着遍及全球120个国家超过475 000间有偿度假租赁房屋资源"（参见 www. bedandbreakfast. com/about/index. aspx 以及 www. homeaway. com）。

通过该网站提供的信息介绍、图片以及多达 10 万条的顾客评论，旅游者可找到自己理想的家庭旅馆或者小型旅店，并可在近 2 000 家这类住宿设施中进行预订，因为该公司同时还经营 RezOvation 预订系统。在房产管理系统、在线预订、网站设计以及针对家庭旅馆市场的网络营销领域中，该公司是一家领袖企业。

领军者介绍

马里奥特

万豪国际公司主席兼首席执行官

马里兰州贝塞斯达

马里奥特（J. W. Marriott）是世界上最大的国际饭店公司——万豪国际——的董事长兼首席执行官。在他领导万豪的 50 多年中，万豪从最初的家庭餐馆变成了如今的全球化住宿企业，在 70 个国家和地区拥有 3 500 多家酒店。

马里奥特的目标是将万豪打造成全球住宿业的领袖。因此，他格外强调对客人的服务，强调运营知识应广博，强调对具有高超服务技能的多元化人力资源的开发，并且强调在同业中能提供最好的酒店品牌产品。在他的领导下，万豪国际赢得了顾客、业主及特许加盟商的支持，一直保持着稳定的增长和收益。

马里奥特亲力亲为的管理风格在住宿业中众所周知。他建立了一种受到高度认同的公司文化，这一公司文化强调员工的重要性，承认员工为本组织创造的价值。万豪国际的“服务精神”文化的基础是 80 多年前马里奥特的父母所信奉的经商哲学：“如果你能使员工树立工作自豪感，他们就会为顾客提供出色的服务。”如今，大约有 30 万名员工在全球各地的万豪酒店中为顾客提供服务。

万豪国际还以最佳雇主而著称。它在实行多元化、履行社会责任和争取社区参与方面所作的投入之大，广为公众熟知。在《财富》杂志历年评出的最受尊敬企业、最佳雇主和最适合少数族裔工作的企业榜单上，万豪集团一直榜上有名。

马里奥特年轻时就具有对商业的热情。他在读高中和大学期间，曾在“热卖店”（Hot Shoppes）连锁餐厅尝试了多种不同岗位的工作。1956 年，他全职进入该企业工作。此后不久他便掌管了万豪的第一家酒店。马里奥特 1964 年先后担任了该公司的执行副总裁、总裁，1972 年被推选为首席执行官，1985 年成为董事长。

马里奥特是住宿业中的革新者。20 世纪 70 年代末，他开始将万豪从经营饭店转向产权管理和特许经营模式。他的这一战略选择加快了该公司的成长速度，从而稳固了他的领导地位。这一改革的结果是，原公司被分拆为两家公司，一家是由马里奥特带领的饭店管理和特许经营公司——万豪国际，另一家则是由他的胞弟理查德·马里奥特（Richard Marriott）负责的饭店产权公司——万豪地产国际（Host Marriott International）。

万豪国际旗下汇集了 18 个酒店品牌，其范围从服务项目有限的低端酒店一直到提供全方位侍应服务的豪华酒店，能满足所有各类旅行者的需求。如今，由该公司管理和特许加盟的酒店品牌包括万豪（Marriott）、JW 万豪（JW Marriott）、丽思卡尔顿（The Ritz-Carlton）、万丽（Renaissance）、万豪居家（Residence Inn）、万怡（Courtyard）、万豪唐普雷斯（Towne-Place Suites）、万豪费尔菲得（Fairfield Inn）、万豪春丘（Spring Hill Suites）、宝格丽（Bulgari）等；由该公司开发和经营的产权式度假村品牌包括万豪度假俱乐部（Marriott Vacation Club）、丽思卡尔顿目的地俱乐部（The Ritz-Carlton Destination Club）、万豪格兰特（Grand Residences by Marriot）；特许和管理的全所有权住宅品牌包括丽思卡尔顿公寓（The Ritz-Carlton Residences）、JW万豪公寓（JW Marriott Residences）、万豪公寓（Marriott Residences）等；此外，该公司还经营万豪行政公寓（Marriott Executive Apartments）、万豪企业服务公寓（Marriott ExecuStay，提供配有家具的公司用房）以及会议中心等。

马里奥特还担任威拉德和爱丽丝马里奥特基金会（J. Willard & Alice S. Marriott Foundation）的董事，是全美商业理事会（National Business Council）和世界旅行及旅游理事会执行委员会的成员，美国国家地理学会（National Geographic Society）托管董事会的董事，美国海军学院基金会（United States Naval Academy Foundation）的会长，总统出口资政会（PEC）的主席，美国边界安全开放顾问委员会（SBODAC）和美国旅游顾问委员会（TTAB）的委员。最近，他又成为梅奥诊所资金运动（Mayo Clinic Capital Campaign）的主席。

马里奥特毕业于华盛顿的圣奥尔本斯中学（St. Albans School），在犹他大学（University of Utah）获得了银行与金融专业的学士学位。他曾担任过美国海军军官，是耶稣基督末世圣徒教会（The Church of Jesus Christ of Latter-day Saints）的活跃成员。他与前妻唐娜·加尔夫（Donna Garff）有4个子女、15个孙子（女）和5个重孙子（女）。

寄语未来

2012年，万豪迎来了85岁生日。我们从最初在华盛顿市区仅有九个凳子的乐啤露摊儿起家，已经走了很长的路。如今，万豪在70个国家和地区拥有超过3 500家酒店，大约有30万名员工在全球各地的万豪酒店中为顾客提供服务。我们的员工，就如我们的顾客，来自各行各业。他们的语言不同，将自身文化的深度和独特性融入到工作之中。

目前旅游业正在从我职业生涯中遭遇过的最严重的经济衰退中复苏。我们期待着它未来有巨大的增长。万豪比以往更加注重全球化，我们在中国、印度和非洲这样一些令人振奋的国际市场中开设了酒店。这些国家中产阶层的成长意味着会有更多的旅游者开始外出探索世界。

我相信通过美国旅游促进局（Brand America）的工作开展，《旅游促进法案》将有助于吸引更多的游客来访美国。为了让游客能有积极的体验，我们在改善签证和入境流程方面依然有很多工作要做。同时，我们需要让全世界知道美国不仅向企业开放，也期待更多的游客前来。

分时度假

分时度假（timeshare）是拥有房产产权或使用权的一种形式，或者说是这种产权或使用权形式的房产设施。分时度假也称为假期产权。这种房产设施通常为多方共同持有使用权的度假村公寓单位。每位购买者都会获得该设施某段时间（通常为一周）内的使用权，而且通常是每年的同一时间段。实际上，许多分时度假购买者往往不止购买一周。所购买的度假房产也有可能是以半产权或半使用权为基础，此外还有一些是基于积分制的假期产权方案。

分时度假所有权的转让

如果你购买了分时度假产品，你可以选择在后半生或是在购买合约上规定的若干年中拥有自己的度假房产，也可以选择将其出售，因为这是你自己的合法资产。当你购买了这种度假房产的使用权后，你可以选择将这一使用权出租、出售、与他人交换，或是作为遗产赠与他人。你和其他的分时度假所有者共同拥有这一度假房产。

分时度假所有者共同分享这些度假房产及其公用区域的使用权，并共同分担其维护费用。这类度假村的管理通常由业主委员会负责。由分时度假所有者推选主管人员负责管理这些度假房产的开支、维护工作以及对有关管理公司的选择。

分时度假使用权的时段选择

开发商拥有由度假公寓或单位组成的度假村的所有权。按照周或者按照与之相当的积分数，每一间公寓可被分割成不同的时段。你可以购买若干年——通常是 10～50 年期间某个时段的度假使用权，当合约终止时，你所购买的这一使用权便重新回到房产所有者手中。你所拥有的权益在法律上被视为个人资产。你每年在度假村使用的度假单位可能会有所不同。你除了需要为这一时段的使用权支付费用外，每年还需要支付维护费。

不同的度假使用权选择方案会影响人们对度假单位的使用：

● 固定或非固定时间使用。如果你选择固定时间使用，则意味着你购买了在一年中某一特定周的使用权；如果你选择非固定时间使用，那么你每次需要使用时，可提前预订自己所喜欢的那一时段。管理者对这一预订的确认，往往实行先到先得的原则。

● 长时段使用权。在这种情况下，你所购买的是大份额的度假使用权，比如每年使用 13 周或 26 周，而不是一周。

● 隔年使用权。指每隔一年使用一次该度假单位。

●“分割”或“切割”度假单位。指你可使用该度假单位的一部分，而将其他空间用于出租或交换。这种度假单位通常设有两三个卧室和盥洗室。

● 积分度假计划。你购买一定量的积分，然后用它们换得一个或多个度假村某段时间的使用权。如果你加入了积分度假计划（常被称作度假俱乐部），你使用某一度假时段时，所需的积分数会因停留时间的长短、该度假单位的面积、该度假村所处的地理位置以及你打算使用的具体时间的不同而变化。

由于许多国家对外国人获得房产所有权都有政策限制，因此通过出售使用权去进行度假地开发是一条可行的途径。墨西哥就是一个例子。经过多年的发展，一些度假地在其所提供的分时度假时段的购买方式上，不断创新而且日益成熟。虽然 51%的度假村仍是按传统的以周为单位的时段来进行销售，但 49%的度假村都在提供某些形式的积分制产品，而且有 31%的度假村可提供隔年一次的使用权。不少度假村为了增强灵活性，推出了一些定制方案：28%的度假村允许从固定时段使用（每年相同的周）转换为变动时段使用（使用权持有人可在不同的年份选择不同的周），46%的度假村都提供升级方案，53%的度假村都可从周时段转换为等量积分。

如今在多数的度假村中，度假所有权持有者的利益会包含该地产的契约性权益。其他一些分时度假项目并不涉及地产权益的转让，而更类似于会员共享。是否拥有地产权益通常不会影响你怎样使用自己的分时度假。

虽然分时度假这一概念通常被认为是对某目的地度假住宿设施的所有权，但此种住宿形式目前已衍生出一系列基于类似租用概念进行销售的产品。目前这一概念也已应用于航空、汽车、休闲用车、船舶、邮轮、野营地以及私人住宅俱乐部等领域。

分时度假的交换

度假所有权的主要吸引力在于，持有人之间可私下或是通过中介彼此交换自己所拥有的度假周或时段，从而使其有机会能在全球其他数千个度假地停留住宿。目前受理这种交换业务的中介已有很多，其中规模最大者当属RCI集团与分时国际集团(Interval International)。RCI集团［过去曾用名国际分时度假交换公司（Resort Condominiums International)］隶属温德姆国际集团，成立于1974年，致力于为公寓业主提供交换服务。时至今日，该集团通过其分时度假交换网络，为全球300多万分时度假所有者提供交换假期服务，范围覆盖101个国家的3 700多个度假村。该集团的网址是www. rci. com。分时国际集团涉足度假所有权市场已超过34年。该公司拥有分布在超过75个国家的2 500多个度假村的交换网络，在14个国家设有办事处，为大约200万会员提供服务，其网站为www. intervalworld. com。RCI和分时国际集团向会员收取年费，并在达成交换后收取服务费。分时度假持有者也可通过一些独立的中介公司去交换其度假使用周。此外，他们还可利用某些形式的公告板与其他持有者进行接洽和交易，从而实现彼此直接交换。

行业概览

美国度假村发展协会（ARDA）是分时度假和假期所有权领域中的权威性信息来源。该协会通过其研究机构（AIF）定期对度假所有者、经济影响、财务表现以及行业状况展开研究。该协会的网址是www. arda. com。

根据美国度假村发展协会最新发布的全球性报告，全世界共有5 425个度假村，分别位于95个国家。图6—3显示了分时度假村的区位分布情况。北美以31%的份额名列前茅，其中美国最多。25%的度假村位于欧洲，其中以西班牙居多；16%在拉丁美洲，以墨西哥为首；14%在亚洲，日本最多；其余情况大概是非洲占6%，加勒比地区占5%，太平洋地区约占3%。

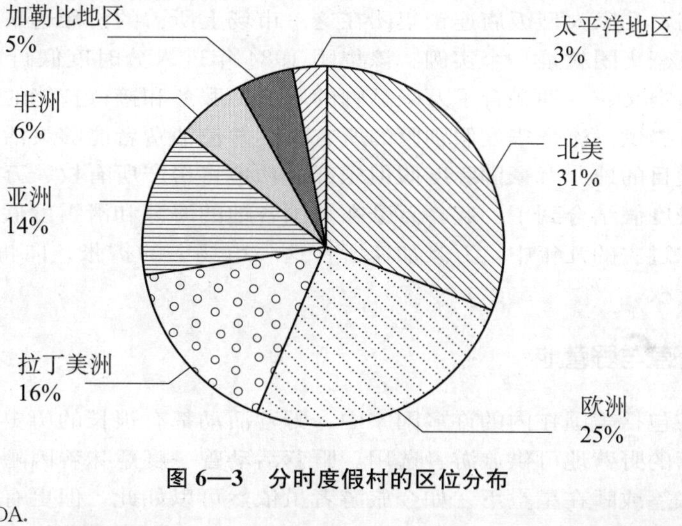

图6—3　分时度假村的区位分布

资料来源：ARDA.

美国度假村发展协会的研究报告中显示，2009年美国有1 548个度假村，总计约170 200个住宿单位，平均每个度假村有110个住宿单位。其中，6%的住宿单位仅为一个房间，23%设有一间卧室，66%设有两间卧室，设有三间或以上卧室的住宿单位占6%。消费者所拥有的分时产权共计720万个，占用率高达79.7%。佛罗里达、加利福尼亚和南卡罗来纳的度假村最多，全美39%的分时度假村位于这三个州。从度假村的类型看，31%的度假村位于海滨目的地，所占比例最高；位于乡村/湖区的度假村位居其次（占18%）；高尔夫和滑雪度假村各占10%。

2009年，分时产权销售额为63亿美元，比2008年大幅下降了35%，经济状况以及银行消费贷款的匮乏是造成这一情况的主要原因。该行业目前正在从这一严重衰退中逐渐恢复。虽然销售额出现下降，每个分时度假时段的平均费用却比2008年有了2%的小幅上涨，已上升至20 468美元。在该行业的发展历史上，积分制产品的销量首次超过了传统的以周为单位进行销售的产品。2009年分时度假村的占用率高达79.7%，根据史密斯旅游调查公司的报告，同年美国饭店业的出租率仅为54.7%。

分时产权所有者的情况

分时产权所有者的平均年龄为48岁，平均家庭收入为94 933美元，75%的人已婚，9%的人有同居伴侣。在分时度假所有者中，“婴儿潮”时期出生者所占的比例最大，为45%。产权拥有者平均有8.26年的度假时长，他们认为对其最有吸引力的度假村特征包括海滨（52%）、景点/娱乐（48%）和购物条件（39%），而促使他们购买的最主要因素包括高质量的住宿设施（93%）、能够节省未来的度假费用（90%）以及分时度假公司的信用水平（90%）。分时产权所有者中对其使用经历持积极态度者所占的比例高达86%。每次度假活动同行人数（包括产权所有者本人在内）的平均值为3.71。

分时度假的未来

在美国，分时度假的市场规模未来有望继续增长，因为诸如迪士尼、万豪、凯悦、四季（Four Seasons）、华美达（Ramada）、雅高、喜达屋、希尔顿之类的大公司如今都已介入该业务领域，为该行业带来了高质量水准、档次提升及更好的声誉。分时度假已成为人们主流的度假选择。如今一些最具声望的饭店企业都在经营分时度假产品，几家大型饭店连锁集团在这一市场上所占的份额越来越大。

万豪集团就是一个实例。该集团1984年进入分时度假行业，并开始对该行业进行重新定义。一种融合了万豪品牌的质量、服务和接待技能的新产品被创造出来，为消费者提供一流豪华度假别墅的所有权，并使消费者能够灵活地体验全世界所有知名的度假目的地。万豪国际度假俱乐部成功地将房产所有权、万豪质量管理与一定费用下终身度假结合到了一起。万豪在美国各地的海滨和滑雪度假地拥有大约2 000处别墅。在过去的几年中，万豪加速了在这一市场上的扩张，向将近40万人售出了假期时段产权。

野营与野营地

在包括美国在内的许多国家中，野营活动都有很长的历史。有多达数百万的公共及私营的野营地可供旅游者选用。野营活动曾一度意味着因陋就简地生活，意味着要搭建帐篷或睡在星空下。如今旅游者虽依然可以如此，但更有可能的是，他们泊好一辆休闲用车并宿住其中，或者租住在小木屋、小别墅或旅馆中。休闲用车泊车点和野营地可提供多种设施、活动和服务，以提高顾客的舒适度。许多野营地都供电，提供有线电视接入、计算机接口、无线上网服务、热水淋浴以及洗熨设备。美国休闲用车泊车点与野营地协会（National Association of RV Parks and Campgrounds）是一家全国性组织，代表了北美超过 3 700 处泊车点和野营地。该协会的总部设在弗吉尼亚州的福尔斯彻奇，其网址是 www. arvc. org。

住宿业组织

2010 年，美国饭店与住宿业协会成立 100 周年（1910—2010 年）。该协会的总部位于华盛顿特区，向 11 000 个会员提供美国国会的国家政策主张等方面的信息，并为会员提供有关公共关系和形象管理、教育、调研与信息服务以及其他增值服务，旨在为住宿业提供最为基础的帮助，并确保营造一个积极的商业环境。该协会还作为产值 1 340 亿美元的住宿业的代表，向外界及时提供有价值的住宿业新闻、统计数据及专业评论。

此外，美国饭店与住宿业协会与 44 个州的协会展开合作，为会员提供当地的信息，从而使其能节省成本。在校学生对该协会的信息中心和教育基金会尤其感兴趣，信息中心可向学生回答各种有关该行业的问题，教育基金会在 2009 年向大约 370 位有发展前途的学生和业内人士发放了超过 55 万美元的奖学金。

美国饭店与住宿业协会教育学院（EI）是饭店及旅游教育领域中的佼佼者。该学院提供高质量的饭店与旅游方面的教育、培训，并面向全球饭店与旅游管理院校及行业提供职业资格认证服务。该学院通过推出在线学习、远程授课、视频、讲座、教材以及学习指导等多种方式，为各层次的饭店从业人员提供学习资料。该协会的网址是 www. ahla. com，教育学院的网址是 www. ahlei. org。

设在瑞士日内瓦的国际饭店与餐馆协会（International Hotel and Restaurant Association，IH&RA）是一个由 100 多个国家的饭店与餐馆企业组成的全球性网络。它代表并保护其成员，推动其成员的发展，并且为它们提供信息。该协会的研究报告为其成员提供有关全球饭店及餐饮服务业以及职业、税收和技术等方面有价值的信息。该协会的网址是 www. ih-ra. com。

住宿业信息来源

20 多年来，史密斯旅游调查公司（STR）一直被公认为最领先的饭店标杆数据和调研服务的提供者。2008 年该公司将其非北美地区的分公司与世界两大领先的饭店数据服务机构——德勤（Deloitte）旗下的 HotelBenchmark 以及 Bench——进行合并，组建了史密斯全球旅游调查公司（STRG）。史密斯旅游调查公司继续服务于自其 1985 年成立以来就一直为之提供服务的北美市场，而史密斯全球旅游调查公司则面向全球用户，为其提供广为人知的 STAR 报告。这两家公司都追踪有关饭店业的供给和需求信息，并为所有主要的国际饭店连锁品牌提供有价值的市场份额分析。史密斯旅游调查公司所作的饭店数据调查，涵盖了代表着 500 多万间客房的数万家饭店，是全球最领先的饭店业绩发展趋势数据服务的提供者。该公司旗下的成员企业还有 Hotel News-Now. com，RRC Associates，STR Analytics。该公司的网站是 www. strglobal. com。

有关住宿业的另一个信息来源是 PKF 咨询公司，该公司发布的《饭店业趋势》（*Trends® in the Hotel Industry*）是各饭店企业年度财务报表的汇编。自 1936 年起，PKF 就开始收集全美数千家饭店的年终营业报表。它从这些报表中提取出 200 种特定的收支项目，并将这些数据以统一格式进行汇总，以便形成参考基准。在美国，*Trends®* 数据库是历史最久的饭店财务信息来源。该公司的网址是 www. pkfc. com。

安永公司（Ernst and Young）对诸如全球性信用紧缩、资本稀缺、绿色建筑以及人口变化趋势等影响住宿接待部门的关键因素进行研究。该公司出版了《全球饭店与休闲展望》（*Global Hospitality and Leisure Outlook*）和《美国住宿业报告》（*U. S. Lodging Report*）。该公司的网址是 www. ey. com。此外，提供住宿业信息的其他机构还有普华永道公司（PricewaterhouseCoopers）和美国人口普查局。

饮食服务业

早期的餐饮服务

与住宿业一样，**饮食服务业**（food service industry）也是一种非常古老的商业形式。这类商业服务是从早期的旅店和修道院中分离出来的。一些城市中的小餐馆开始供应诸如汤和面包之类的简单饮食。1765 年在巴黎开业的“神韵餐馆”（le restaurant divin）便是其中一例。当时非常有名的英式客栈则供应食物、饮品和住宿。

在美国，早期的小酒馆、客栈和旅店通常都提供食品和住宿。今天，这类设施可在弗吉尼亚州殖民地威廉斯堡见到。当时，人们经常在这类客栈中讨论政治及其他引人关注的事情。

随着公共马车的发展，这类客栈开始在道路沿线和一些社区经营餐饮和住宿。有人认为这些路边客栈是美国饭店业的真正开端。随着城市的发展，餐馆也开始增多。在 19 世纪 20 年代的纽约市，出现了一些颇有历史影响的餐馆，它们是尼布罗花园餐馆（Niblo's Garden）、无忧餐馆（Sans Souci）和戴尔莫尼科餐馆（Delmonico's）。

这些早期的餐馆经常采用法式服务。在法式服务中，一些主菜由餐厅领班在客人餐桌旁现场烹制，有时用小火炉给食物加热，然后把菜品从较大的餐具中摆放到客人的餐盘上。每种食物的做法和数量由个人选择。相反，俄式服务是把预先确定好份数的一整盘烹制好的菜品端出来再分给每一位客人。

菜单可有两种类型：零点菜单和套餐菜单。零点菜单上完整地列出了当天所提供的所有的餐饮品种，顾客可依据个人喜好从中选择。套餐菜单是一些搭配好的餐饮品种的组合。

餐饮场所的业务交易量很大。虽然这种消费活动的主体多是当地居民，但餐饮也是旅游者所钟爱的一种消遣娱乐活动，如果没有了旅游者市场，餐饮服务业将会面临困境。餐饮服务业的结构见图 6—4。

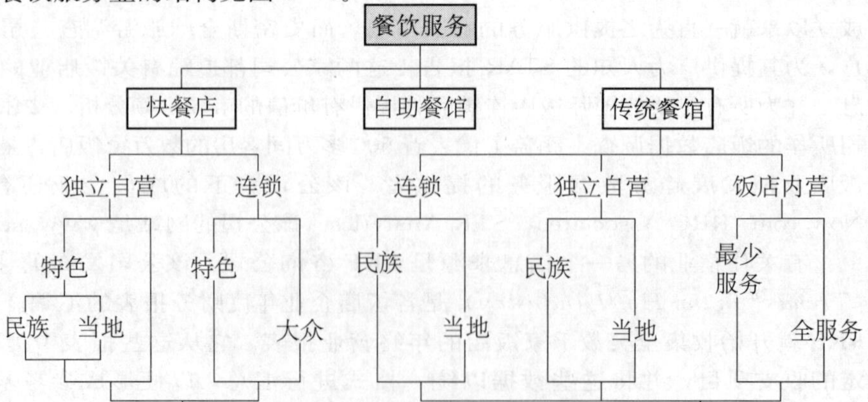

图 6—4　餐饮服务业的结构

据美国餐馆协会（National Restaurant Association，NRA）预测，餐饮行业2010年的销售额会达到5 800亿美元，相当于美国国内生产总值的4%，比2009年高出2.5个百分点。与2008年和2009年分别为−1.2%和−2.4%的负增长情况相比，销售情况有所改善。全美94.5万家餐馆的雇员人数为1 270万，也就是说，为超过9%的美国劳动力提供了就业机会，使得该行业成为美国国内雇用人员最多的私营部门。虽然2009年餐饮行业雇员人数减少——这种情况在近半个世纪中只发生过两次，但该行业的表现仍强于全美经济的平均发展水平，而且2010年的就业人数即将恢复增长态势。到2020年，该行业的雇员总数预计将达到1 400万，新增工作岗位130万个。餐饮服务行业的从业人员通常为30岁以下的单身女性，以兼职为主。与其他零售业相比，餐饮服务行业雇用了更多的少数族裔管理人员。每年大约1 300亿美元的餐饮服务销售额来源于旅游者，他们或者在咖啡店里吃早餐，或者在航班上用餐，或者从公交汽车站的自动售货机买三明治，或者在游船上享受有十道佳肴的美食。包括海外游客在内的旅游者在餐饮上的花费要比除交通以外的任何花费都多，旅游者的消费占了餐饮服务行业总销售额的约1/4。[4]

社交媒体在餐馆企业营销中的作用愈发重要。良好的社会化营销方案以及对包括Facebook，Twitter，Yelp和YouTube在内的社交工具的深入了解，有助于餐饮经营者更好地应对经济环境的影响。“口碑传播”已转移到在线进行，越来越多的消费者都使用互联网去浏览菜单、办理预订，并了解其他用餐者的推荐意见。另一个发展趋势则是很多餐馆企业都已开始使用电子邮件、互联网和手机短信来开展营销。

餐馆经营商继续努力走绿色化的发展道路，表现为使用节能设备、使用可循环利用的材料、减少用水。绿色意识不仅有助于节约成本，还能促进销售。40%的全服务餐馆以及31%的快餐馆都计划在2010年投入更多的资源去实现绿色化发展。多达40%的消费者都表示自己会根据餐馆的环保行动做出消费选择。

餐饮服务行业由餐馆、旅行餐饮服务以及自动售卖机和机构订餐服务组成。餐馆包括快餐店、咖啡店、特色餐馆、家庭餐馆、自助餐馆以及经精心营造“气氛”的全服务餐馆。旅行餐饮服务包括在饭店和汽车旅馆中的餐饮经营，向驾车旅行者提供的路边服务，以及在航班、火车和轮船上提供的所有餐饮服务。在公司、医院、疗养院等机构中的订餐服务不被视为旅游业的构成部分。

在过去的20年中，餐饮业取得了显著发展。其中**快餐公司**（fast-food companies）的表现尤为突出，而特许经营又是快餐市场中发展最快的部分。这一显著增长是以损害其他餐饮服务经营商和超市的利益为代价的。特许经营商控制了将近3/4的快餐店，它们的汉堡、鸡肉、肉排和比萨统治了整个快餐业务。

快餐连锁之所以获得了巨大的成功，部分原因在于它们对其菜品种类进行限制，这赋予它们更强的购买力、更少的浪费、更高的控制比例，并且运营成本更低，而这一点对于消费者来说很重要。在餐馆行业中快餐连锁的劳动生产率最高。大多数的快餐经营使用一次性的纸制和塑料餐具；但由于不提供常规服务以及无须雇用刷洗餐具的员工而节约下来的成本大大抵消了用于这些材料的花费。快餐连锁经营还具有专业化的优势；它们已成为菜单所列食品的制作专家，成为工作简化和运营系统的专家。无论在餐馆业还是在住宿业，特许经营作为一条实现快速发展的途径都被广泛采用。利用特许加盟者的资本，企业可更快速地实现市场渗透。

如前所述，在不断发展的快餐业中特许经营部分占了将近3/4。特许经营对于双方都有利。加入特许经营的一方可以获得启动帮助、管理建议、购买力、宣传以及由于在大量单位之间分摊固定成本所引致的低单位成本。授权特许经营的一方具有资本

说明：真是不寻常的服务生！在迪士尼乐园用早餐这一特殊经历会让孩子惊喜不已，这已成为家庭度假的一个亮点。Photo courtesy of the Disneyland Hotel.

投入较少、发展快速以及有特权收益的优势。快餐特许经营商在其市场中集中化趋势明显。七大快餐连锁企业拥有几乎一半的快餐店和几乎一半的销售额。以下这些特许经营快餐连锁企业的名字家喻户晓：麦当劳、肯德基、A&W、温迪（Wendy's）、奶品皇后（Dairy Queen）、汉堡王、必胜客、Arby's 以及塔可钟（Taco Bell）。

虽然快餐是餐馆业中增长最快的部分，但行业中其他提供高质量服务的部分也不容忽视。这些餐馆多是以那些寻求特别的或者不同的外出就餐经历的顾客为业务基础。餐馆管理者通过特别的菜单、不同的气氛以及高质量的菜品和服务最有效地满足了这种需求。所出现的新概念或新趋势包括：民族风味餐馆，尤其是那些有东方风味或墨西哥风味的餐馆；对健康食品、鱼类、土特产和地方菜品需求的增加；菜品分量的变化。

菜单变化趋势

美国餐馆协会每年都对美国烹饪联盟（ACF）成员厨师进行年度调查，并发布综合性的烹饪和菜单发展预测报告。在其最新发布的《厨师调查：2010 年热点》（*Chef Survey：What's Hot in 2010*）中，1 800 多位专业厨师对餐馆菜单中的 214 道美食按热门趋势、昨日热点、经久不衰等方面进行了排名。

本地产的农产品、本地产的肉和海鲜、烹饪的可持续性、迷你甜点以及本地产的葡萄酒和啤酒是五大最突出的热门趋势。位居前十位的热门趋势中还包括儿童营养餐、更低价格的半份/小份菜品、原料标有农场品牌、无麸质/食物过敏提示以及海鲜供应的持续性。另外，民族风味美食和调料，包括地方性的民族风味菜肴和混合制作（融合式）菜肴，也是一大亮点。消费者对品尝法式餐、西班牙餐、日本餐（不包括寿司）、泰国餐、美国黑人料理以及寿司也都颇感兴趣。

昨日热点方面包括盒装葡萄酒、鸵鸟/鸸鹋肉、海胆、动物内脏、瓶装水、功能饮料、加味水。一些常年受欢迎的经久不衰美食包括煎蛋卷、通心粉、番茄/法式炸薯条、黄瓜、法式布蕾、汤、加利福尼亚葡萄酒、传统鸡尾酒、坚果和牛油果。

美食旅游者

虽然餐饮一直都是旅游者旅游体验的组成部分，但**美食旅游**（culinary tourism）本身作为一个相对较新的市场发展起来，却是近十年的事。如今，人们可以找到有关美食旅游的网站和书籍，在地方、州以至全国性的旅游会议上也可以看到与此相关的议题。国际美食旅游协会（ICTA）对美食旅游的解释是：对各种独特的、令人难忘的美食体验的追求。虽然这种体验通常发生在旅行过程中，但一个人也可以成为居家美食旅游者。Wikipedia将美食旅游解释为：体验某个国家或地区的美食，现已被视为旅游体验的重要内容。外出用餐在旅游者中很普遍，美食有可能是人们决定选择何时、去何地旅游的一项主要驱动因素。饮食也被认为是文化旅游的一部分，有人将其与农业旅游联系在一起。葡萄酒旅游、威士忌旅游和啤酒旅游都包括在美食旅游之内。

人们认为，博林格林州立大学（Bowling Green State University）的露西·朗（Lucy Long）教授在其1998年出版的《美食旅游》（*Culinary Tourism*）一书中首先提出了“美食旅游”这一概念。她认为，美食旅游是探索性的活动——人们去探寻新的食物，同时通过食物去探索新的文化和生存方式。美食旅游关乎群体，他们用食物去“出售”其历史，并去塑造自己适应市场需要、有广泛吸引力的形象；它也关乎个体，他们通过品尝食物去满足自己的好奇心。[5]露西·朗教授指出，美食旅游研究涉及历史学、营养学、烹饪艺术、旅游学、心理学和社会学。

国际美食旅游协会认为美食旅游包括各种美食体验。美食旅游绝不仅仅是品尝和食用，其涵盖内容之广涉及烹饪学校、食谱和厨房用具商店、品酒之旅、烹饪之旅和旅游团领队、节事、美食类媒体、指南、厨师、酒庄、啤酒厂、酿酒厂、食品原料生产商和加工商、美食景点，等等。

餐饮行业一直都清楚这样一个事实，即品尝食物、葡萄酒以及其他美食体验不但是旅游者旅途中的重要组成部分，而且是强有力的出游动机。美国旅游业协会的一项研究表明，25%的消遣型旅游者表示，食物是其选择出游目的地时的重要考虑因素。在旅游者看来，“食”是旅游体验的重要部分，他们认为体验某一国家的美食对于了解该国的文化是非常必要的。

世界上知名的美食旅游吸引物包括德国慕尼黑的十月啤酒节（Octoberfest）、苏格兰的威士忌品酒活动、加利福尼亚纳帕的葡萄酒品酒活动、意大利都灵每两年一届的美食活动、英国伦敦哈罗得百货公司的食品卖场（Harrods Food Hall）、瑞士的圣摩里兹美食节（St. Moritz Gourment Festival），以及日本东京的筑地鱼市场（Tsukiji Fish Market）。

餐馆业组织

美国餐馆协会是餐饮服务领域中最重要的行业协会。成立90多年来，该协会作为餐馆业的代表，为其提供教育服务，促进行业发展。美国餐馆协会与 53 个州级的餐饮协会密切合作，组建了美国餐馆协会教育基金会（NRAEF），进一步加强对该行业未来专业人才的培养。该基金会还提供奖学金。

说明：佛罗里达州基西米市的老城乐园（Old Town Amusement Park）以“所有美式食品”（All American Food）为特色。图为一个家庭在开始怀旧之旅以前享用汉堡、法式薯条和乐啤露的情景。这种怀旧之旅能够让人通过视觉、听觉和嗅觉去感受更加简单、更加无忧无虑的时光。Photo Courtesy of Old Town.

美国餐馆协会的会员覆盖整个餐饮接待行业。餐馆会员中包括厨师拥有的餐馆、家庭连锁餐馆、特许经营快餐馆、委托供餐服务机构、供应商、分销商和咨询顾问，此外，还包括该行业教育团体中的学生和教师会员。

美国餐馆协会为会员提供的活动、项目和服务主要有：（1）支持并代表会员，营造并维护积极的舆论环境和有利的政策环境；（2）有助于收入增长、利润提升以及员工发展的工具和解决方案；（3）教育和网络体系；（4）负责任的管理工作，帮助会员提升在行业中的地位。美国餐馆协会的地址是：1200 Seventeenth Street NW，Washington，D. C. 20036；电话是：（202）331-5900；网址是：www. restaurant. org。

会议行业

会议市场的发展引起了旅游专业的学生对该领域的兴趣。各种会议的大量增加，需要更多的会议筹划者、会议咨询专家以及向会议筹划者提供产品与服务的供应商。会议行业通常涵盖主要的食宿接待服务要素，如住宿和餐饮服务，同时还涉及其他要素。对于那些有兴趣在旅游业就职的人来说，会议行业是一个富有挑战性同时又可获得回报的选择。

会议筹划者

专业**会议筹划者**（meeting planners）的任务通常包括：选择会议地点、与饭店

说明：会议业务对地方经济有重要意义。Courtesy of The Greater Minneapolis Convention & Visitors Association © Bob Perzel.

签订合同、与航空公司协商、撰写合同、筹划餐饮、准备标牌、交通管理、准备视听设备、现场后勤保障、筹划教育性的会议及学术报告、开发奖励性会议、与其他国家和饭店协商奖励旅游事宜、编制预算、促销、开展公关，以及筹划特殊活动和会后游览活动。在公司、专门性的协会、教育机构、商业展览和政府机构中都可能会有会议筹划者。

有一些组织专门服务于会议行业，其中规模最大的是国际会议专业人员联合会（MPI）。该联合会通过为会员提供知识和理念以及市场信息去帮助他们，其愿景是发展成为一个有价值的全球性会议业团体。国际会议专业人员联合会有 24 000 个会员，分属全球 71 个分会和俱乐部。其网址是 wwww. mpiweb. org。

会议管理专业协会（PCMA）代表来自美国、加拿大和墨西哥三国 17 个分会的 6 000 多名专业人士。会员中包括会议筹划专业人员、供应商、教师和学生。专业人员是指负责会展及研讨会开发、组织、地点选择和管理的从业个体；供应商是提供会议接待服务的企业。会议管理专业协会的网址是 www. pcma. org。

企业会议专业协会（SCMP）成立于 30 多年前，目的是帮助企业会议专业人员加强与同行之间的交流，获取先进的知识以及强化专业技能。企业会议筹划者、饭店/会议中心/旅游局中的专业服务人员、独立会议筹划人以及学生会员之间这种独特的合作关系，为实现高水平的专业表现创造了条件。企业会议专业协会的网址是 www. scmp. org。

政府会议专业协会（SGMP）是一个面向从事筹划政府会议的个体以及为这些会议筹划者提供会议接待设施和服务的企业而设立的全国性协会。其会员包括联邦、州和地方政府的雇员，以及政府委托的专职或兼职从事政府会议管理工作的会议筹划者。该协会的使命是强化政府会议专业人员的专业知识和技术，其网址是 wwww. sgmp. org。

会议

无论采用何种用称——会议（conference）、大会（convention）、集会（meeting）、交易会（trade show）、展览会（exhibition）、讨论会（symposium）、研讨会（seminar），这一市场都非常庞大。会议对于许多社区以及当地的饭店、餐馆、交通运输业和视听设备生产企业的健康发展来说都至关重要。由于会议业巨大的经济影响，多数大城市都设有致力于会议招徕与接待工作的会议中心。人们常将这一部门称之为**会奖旅游**（meetings，incentives，conventions，and exhibitions，MICE）。这些组成部分中似乎只有“I”不是很容易理解。奖励（incentives）是促使员工努力工作的有力因素，而旅游是一种主要的奖励形式。因此，奖励旅游就是将旅游作为一种奖品，奖给那些完成或超额完成工作任务或者工作中表现优秀的员工。会奖旅游中的其他各组成部分一般都有其专业性或教育性目的，而奖励旅游作为一种奖励形式，通常纯属娱乐性目的（参见第7章中的奖励旅游公司）。

会奖旅游是指这样一种旅游类型，即通常经过事先计划和宣传，规模不等的群体为了某特定目的而汇聚到一起。作为行业用称，会奖旅游这一术语尤其在亚洲广为使用。在其他地方，如会议行业理事会（CIC），则用“会议行业”这一概念去称呼该部门。会议行业规模庞大，其兴衰与经济发展的起落同步。会议行业理事会每五年开展一次经济影响研究，以揭示该行业的经济贡献。2005年9月发布的2005年会议、展览和奖励旅游业的经济影响研究结果显示，会议行业是一个全年365天在全美各地区不停运转的行业。总体来看，2004年它带来了总计1 223.1亿美元的直接营业收入，成为第29个对GDP贡献最大的部门。会议行业的营业额和税收收入对包括从餐馆、交通到零售商店和其他服务部门在内的每一个地方经济部门均有带动作用。同时，该行业为美国提供了170万个就业机会。

2010年4月，会议行业理事会启动了新一期的影响研究。该项研究的名称为《会议行业对美国经济的意义》（The Economic Significance of Meetings to the U.S. Economy），由普华永道公司负责实施。会议行业理事会于2011年2月17日发布了该研究报告。研究结果显示，美国会议行业带来了2 630亿美元的直接营业收入，创造了170万个直接工作岗位，带来了143亿美元的联邦税收以及113亿美元的州和地方税收。联合国世界旅游组织对会议的界定标准是：10个或以上的参加者在某一约定地点聚会至少4个小时。根据这一标准，该项研究将2009年在美国举办的180万个会议纳入了研究范围。如果将直接消费额及其乘数效应都考虑在内，这180万个会议在美国全部经济活动中的总产出相当于9 070亿美元，为美国创造了630万个工作机会，对GDP的贡献为4 580亿美元，带来了640亿美元的联邦税收以及460亿美元的州和地方税收。关于这方面的详细数据、新闻简报及其他更多内容，读者可登录网站 www. meetingsmeanbusiness. com 进行查阅。[6]

谈到会议行业，必然会特别提及会议行业理事会。该组织是一个由31个在这一领域内领先的美国及国际组织所组成的非营利联盟。该组织的会员均是该行业中的“名门望族”，代表着该行业内的约103 500名个人及19 500家企业和实体。该组织致力于推动信息交流，制定促进行业专业化发展的计划，就会议行业深远的经济影响同公众进行沟通。下面所列为该理事会的会员名单，从中也可看出会议行业的涉及范围及其可提供的信息：

- 会议管理顾问联盟（AMMC）；
- 协会管理公司研究院（AMC Institute）；
- 美国饭店与住宿业协会（AH&LA）；
- 美国协会主管联合会及中心（ASAE & The Center）；
- 会议运营管理协会（ACOM）；
- 学院会议与活动总监国际协会（ACCED-I）；
- 旅游目的地管理人员协会（ADME）；
- 展览业研究中心（CEIR）；
- 工程与科学学会主管理事会（CESSE）；
- 国际旅游目的地营销协会（DMAI）；
- 展览服务与承包商协会（ESCA）；
- 财务与保险会议筹划者协会（FICP）；
- 绿色会议产业理事会（GMIC）；
- 医疗保健会展商协会（HCEA）；
- 国际酒店服务销售与营销协会（HSMAI）；
- 国际场地经理协会（IAVM）；
- 国际会议中心协会（IACC）；
- 国际展事协会（IAEE）；
- 国际专业会议组织者协会（IAPCO）；
- 国际演讲局协会（IASB）；
- 国际会议协会（ICCA）；
- 国际节事学会（ISES）；
- 会议专业人士国际组织（MPI）；
- 美国餐饮经理人协会（NACE）；
- 美国非洲裔会议筹划者联盟（NCBMP）；
- 美国演讲者协会（NSA）；
- 专业会议管理协会（PCMA）；
- 宗教会议管理协会（RCMA）；
- 政府会议专业协会（SGMP）；
- 奖励旅游经理人协会（SITE）；
- 美国旅游业协会（U. S. Travel Association）。

会议行业理事会的网址是 www. conventionindustry. org。

尽管国内会议是大多数会议接待地最大的业务来源，但国际性会议同样也是一个非常有吸引力的细分市场。另外，国际性会议经常是一些规模大、令人瞩目的会议，能吸引大量的媒体报道，例如，一年两次的联合国世界旅游组织代表大会和一年一次的达沃斯（瑞士）世界经济论坛——该论坛以世界政界和经济界领袖所做的主要发言为特征。

此外，那些规模相对较小但受关注度较高的国际集会往往也能大幅提升举办地的国际知名度。世界 20 大经济体政府首脑的 G20 峰会就是一个例子，按直接参与者人数来说虽然规模相对较小，却是在会议大事记中得到最广泛关注的事件之一。

国际会议协会致力于收集并传播有关其会员的国际会议的信息。该协会代表着来自与国际盛会有关的组织运作、交通和膳宿接待等业务领域的主要专家。该协会由分布于世界上 85 个国家的 900 多家团体会员组成。

国际会议协会主要通过其线上数据库，向会员提供有关以往协会会议的历史回顾以及将来可能举办的会议的搜索方法，协助会员识别业务商机。针对由一些国际协会组织的、至少在三个国家轮流定期召开的会议，该协会还公布主办或者寻求主办这些会议的海外国家及城市的排名。包含2009年数据的2010年数据库便提供了这一排名情况，如表6—2所示。

表6—2　国际会议协会根据2009年组会数量的国家和城市排名

每个国家的会议数量			每个城市的会议数量		
排名	国家	会议数	排名	城市	会议数
1	美国	595	1	维也纳	160
2	德国	458	2	巴塞罗那	135
3	西班牙	360	3	巴黎	131
4	意大利	350	4	柏林	129
5	英国	345	5	新加坡	119
6	法国	341	6	哥本哈根	103
7	巴西	293	7	斯德哥尔摩	102
8	日本	257	8	阿姆斯特丹	98
9	中国	245	9	里斯本	98
10	奥地利	236	10	北京	96
10	荷兰	236	11	布宜诺斯艾利斯	90
12	瑞士	214	12	首尔	90
13	加拿大	213	13	布达佩斯	87
14	瑞典	184	14	马德里	87
15	韩国	176	15	布拉格	86
16	澳大利亚	169	16	伦敦	83
17	葡萄牙	168	17	伊斯坦布尔	80
18	丹麦	151	18	圣保罗	79
19	阿根廷	145	19	曼谷	76
20	比利时	130	20	雅典	75

资料来源：International Congress and Convention Association.

根据2009年所组织的国际会议数量排序，美国和德国是分别位列第一和第二的国家，自2004年开始，情况一直如此。西班牙仍保持第三位，意大利则从第六跃升到第四，英国继续位列第五。中国和奥地利（同荷兰并列第十）则是第一次进入前十名。

维也纳连续第五年成为最受欢迎的城市。巴塞罗那从第三位上升到第二位；巴黎在2008年曾与维也纳并列第一，2009年排在第三。前20位中唯一一个新入围的城市是马德里，排在第十三。欲知详情可登录网站 www.iccaworld.org。

在美国，随着会议中心数量的持续增长，有可能出现会议设施供应过剩的情况。美国的许多城市正在新建或扩建会议中心。虽然美国的会展业处于世界领先地位，但无论从参加者人数来看还是从展览和会议空间大小来看，设施的增长都超过了需求的增长。

其他服务

还有很多其他机构为旅游者提供必要的服务，比如医院和医疗服务，治安服务，垃圾清运和处理服务，洗衣服务，市政服务，诸如百货商店、药店和服装店之类的零售服务，广告公司，市场营销咨询，报刊（包括旅游报纸和旅游期刊），旅行作家，电视台，以及杂志。

本章小结

住宿与餐饮服务是旅游业供给方的基本组成部分。这些服务最早出现的时间可上溯至古代。世界饭店客房总量在以年约2.5%的涨幅增加。平均客房出租率约为65%。但这些数据往往会有很大变动。20世纪80年代出现了大量的过度建设与亏损，北美尤为严重。但到90年代末实现了盈利。进入新世纪以后，住宿业仍是盈利的，但又遭遇了“9·11”事件、战争、恐怖主义和“非典”以及经济衰退。世界住宿接待设施中约70%位于欧洲和北美。家庭旅馆行业出现了增长以及向更多的特许经营、连锁或合作方向发展的趋势。

度假村和分时度假协议也在全球范围内不断发展。目前全世界有数个分时度假村。美国饭店与住宿业协会是美国最具影响力的住宿行业协会，但北美和其他地区的许多组织也在发挥着积极的作用。餐饮业务交易量很大。在美国，2010年餐饮业的总产值预计达到5 800亿美元，雇员超过1 270万人，使得该行业成为全美提供就业机会最多的私营部门。美国餐馆协会是该行业最重要的行业协会。

参加会议是商务旅行的一个主要原因，会议行业有着巨大的经济影响。会议消费刺激了整个旅游业的发展。

会议筹划是一个重要且在不断发展的行业。那些参加会议的人期望获得有价值的经历。这样，专业会议筹划者对这类活动的成功组织就是至关重要的。会议筹划者能安排好一个成功的会议所必需的一切事务，无论是交通服务还是特殊活动。他们尤其擅长组织会议所需要的协商与洽谈。一些公司、协会、政府机构以及其他组织已设立了自己的会议筹划部，由自己的雇员来行使这项重要的功能。

重点概念

美国饭店与住宿业协会（American Hotel and Lodging Association）
家庭旅馆（bed and breakfasts，B&B）
美食旅游（culinary tourism）
快餐公司（fast-food companies）
饮食服务业（food service industry）
特许经营（franchising）
住宿业（lodging industry）
会议筹划者（meeting planners）
会奖旅游（meetings，incentives，conventions，and exhibitions，MICE）
美国餐馆协会（National Restaurant Association）
分时度假（timeshare）
住宿业发展趋势（trends of the lodging industry）

互联网练习

为了方便读者，本章中所提及的互联网网站连同其他一些相关网站，一并列在为本书伴

设的网站上：www. wiley. com/college/goeldner。

练习1

网站名称：美国餐馆协会

网址：www. restaurant. org

背景信息：美国餐馆协会提供有关消费者研究的信息，预测餐馆业发展趋势，并提供可反映行业当前所面临的趋势与问题的新闻简报。

练习内容

（1）选择美国的一个州或一个地区，描述该州/地区餐馆业的发展潜力。

（2）你认为旅行对该州/地区餐馆业的发展有何影响？为什么？

练习2

网站名称：国际会议协会

网址：www. iccaworld. org

背景信息：国际会议协会是会议行业的全球性组织。

练习内容

（1）将你在国际会议协会统计报告中找到的信息进行分类。

（2）总结一下国际会议协会所提供的教育活动。

□ 复习与讨论题

1. 为什么世界住宿业在经济正常发展的年份中会以每年约2.5%的速度增长？
2. 说明拉斯韦加斯饭店出租率高的原因。
3. 对美国目前新建住宿设施扩张缓慢的趋势进行解释。
4. 什么是美食旅游？
5. 导致欧洲和北美的住宿业集中化的原因是什么？
6. 与独立经营饭店相比，连锁及统一品牌饭店与汽车旅馆为何能够在全球进行持续扩张？
7. 解释特许经营。特许经营的发展趋势以及好处是什么？举例说明。
8. 列举美国饭店与住宿业协会为其成员提供的服务。各州的饭店与汽车旅馆协会是其成员吗？
9. 与第8题类似，美国餐馆协会的成员能从协会得到哪些服务？
10. 解释分时度假。说明它与拥有自己的度假地房产相比的优势所在。
11. 影响人们参加会议的因素有哪些？
12. 你对专业会议筹划者这一职业感兴趣吗？如果感兴趣，那你会从什么地方更好地了解该领域？

□ 案例题

1. 假定你是一家度假饭店的餐饮经理，这家饭店位于像弗吉尼亚州殖民地威廉斯堡那样的令人感兴趣的历史旅游目的地。最近，你决定让餐厅所有服务人员都换上该地区作为早期商业中心在历史上鼎盛时期人们的典型着装。一些员工反对这一计划，说这是愚蠢的想法，而且那样着装使他们看上去很不正常。你会作何反应？

2. 安吉洛（Angelo V.）与他的儿子伦纳德（Leonard）是一家可容纳150人就餐、提供餐桌服务并且质量上乘的餐馆的共有人。伦纳德逐渐获得了更多的权力并肩负着更多的管理职责。然而，最近他与父亲在是否加入所在州餐馆协会和美国餐馆协会的问题上产生了严重分歧。安吉洛认为入会就是浪费钱。如果你是伦纳德，你赞成入会的理由是什么？

□注　释

[1] American Hotel and Lodging Association, *2010 Lodging Industry Profile* (Washington, DC: AH&LA, 2010) and www.ahla.com.

[2] Ibid.

[3] Professional Association of Innkeepers International, *Industry Study of Innkeeping Operations and Finance, 2009-2010 edition* (Haddon Heights, NJ: PAII, 2010) and www.innkeeping.org.

[4] Hudson Riehle, *2011 Restaurant Industry Forecast* (Washington DC: National Restaurant Association, 2010) and www.restaurant.org.

[5] Lucy Long, "A Folkloristic Perspective on Eating and Otherness," in *Culinary Tourism* (Lexington: University of Kentucky Press, 2004).

[6] PriceWaterhouseCoopers, *The Economic Significance of Meetings to the U.S. Economy* (Alexandria, VA: Convention Industry Council, 2011) and www.meetingsmeanbusiness.com.

第7章 分销过程中的组织

学习目的

- 熟悉旅游分销系统的组织及其功能。
- 了解旅行代理商的作用及其在分销系统中的优势。
- 考虑互联网对分销系统日益增强的影响。
- 分析旅游批发商的作用。
- 认识旅游供应商对所有分销渠道的综合利用。

导　言

旅游分销渠道是一种运营结构、系统，或者说是将各种各样的组织结合在一起的纽带，通过旅游分销渠道，旅游产品的生产商向购买者介绍、销售或者确认旅行安排。比如，对一家邮轮公司来说，在每一个有 5 000 人及以上人口的市场中都建立一个销售办事处是不切实际的。最有效的方式是通过美国的 15 000 多家零售旅行代理商进行销售，并根据其售出的产品数量向这些代理商支付佣金。邮轮旅游也可以通过旅游批发商（这些旅游批发商会把一次游船旅游纳入其度假包价产品中）这类**中间商**（intermediaries），通过各公司的旅行办公室，通过互联网或汽车俱乐部之类的协会来进行销售。这样，该邮轮公司便选用了组合式分销渠道去销售其海上巡游产品。图7—1 为从图 1—2 中提取的旅游业经营部门。从图 7—1 中可以看出，旅行社部门是旅游业中的一个重要部门。旅游**分销渠道**（distribution channels）与农业或制造业等基础产业的分销渠道类似（见图 7—2）。它们的产品也通过批发商、分销商和经纪人到达最终消费者。虽然与其他的产业有相同之处，但是旅游分销系统也有自己的独特性。旅游产品主要是无形的服务。在销售过程中没有能够被储存起来，然后从一个销售中间商流动到另一个中间商手中的有形物。相反，这种“产品”具有较强的时间性，如只能在某一天可用的一间饭店客房。如果这间客房在那一天没有销售出去，那么它的收益就永远丧失了。

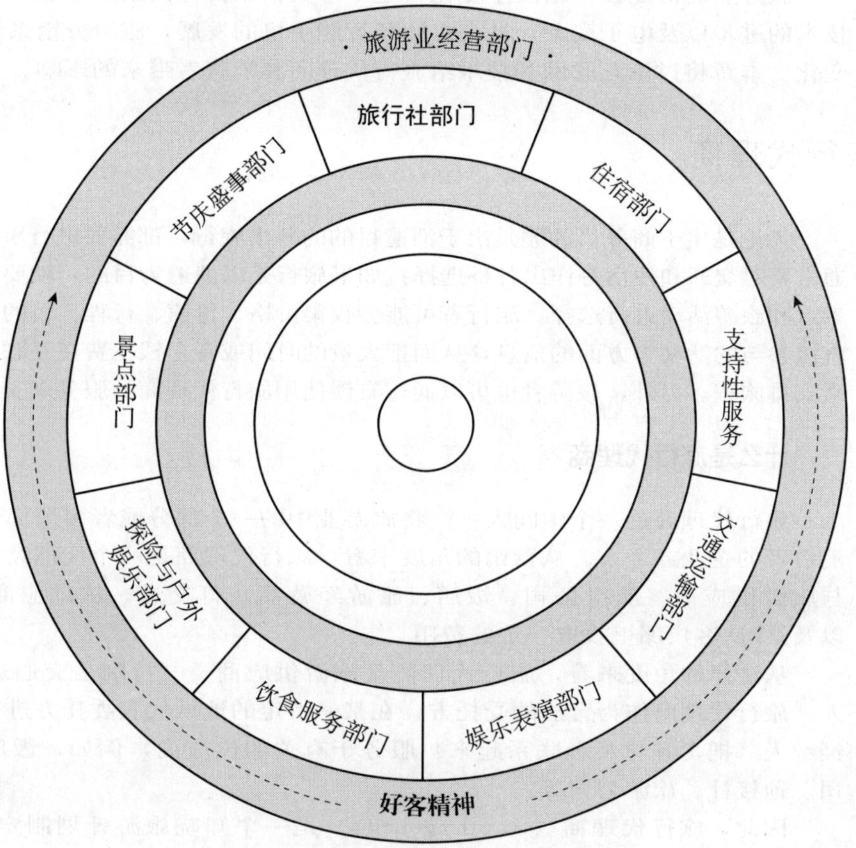

图 7—1　旅游业经营部门：旅行社

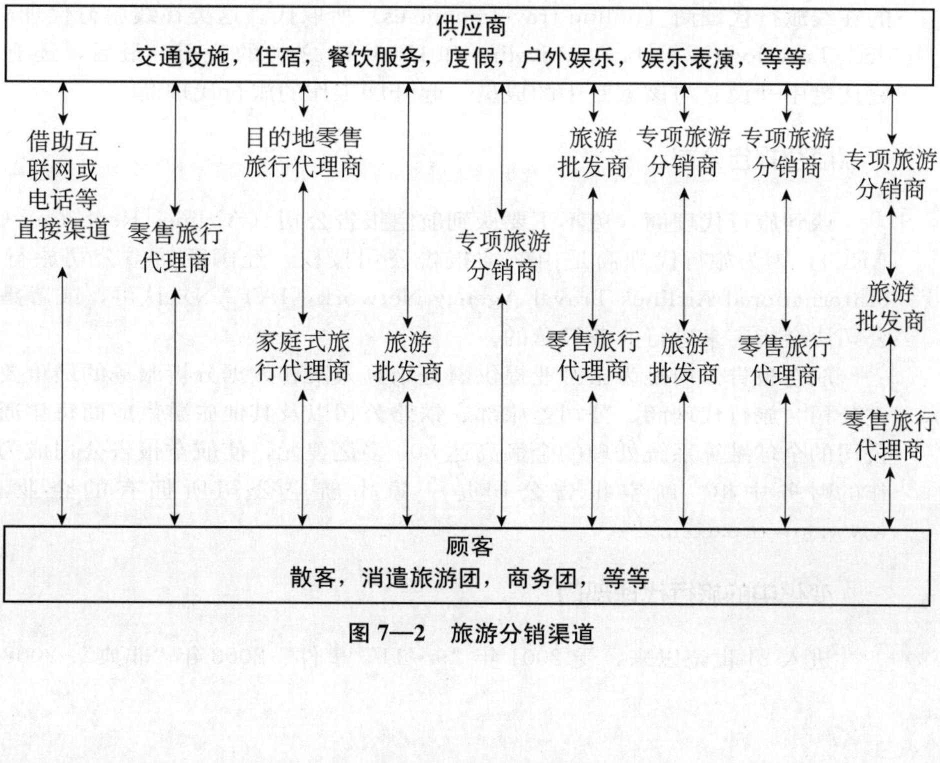

图 7—2　旅游分销渠道

旅游业的情况在不断发生变化，这一事实在旅游分销系统中表现得最明显。由于技术的进步以及电子商务、社交媒体和智能手机的发展，旅游分销系统发生了巨大的变化。本章将讨论互联网和技术给旅行代理商和消费者带来的影响。

旅行代理商

无论是出于商务目的还是出于消遣目的的外出旅行，都需要进行事先安排。旅行者通常要对交通和住宿等作出各种选择；如果旅行是以消遣为目的，就要对目的地、旅游景点和旅游活动进行选择。旅行者可能会收集价格、价值、行程、目的地特征以及可以直接参与的活动等方面的信息，从而把大量的时间或者金钱花费在互联网或长途电话上来安排旅程。另外，旅游者也可以通过有偿使用旅行代理商的服务来安排这一切。

什么是旅行代理商

旅行代理商是一个中间人——将旅游业中的一个部分或者多个部分的组合销售给消费者的企业或个人。从营销的角度来看，旅行代理商是一个代理经纪人，代表客户与旅游供应商（航空公司、饭店、旅游经营商）打交道，从供应商那里获取佣金以及/或从客户那里收取一定的费用。

从法律的角度来看，旅行代理商是旅游供应商——特别是交通运输企业的代理人。旅行代理商作为合法的受托方，在某一特定的地域代表委托方进行运作。它作为经纪人（把卖者与买者联系起来）服务于有关的供应商，例如，饭店、汽车租赁公司、地接社、旅游公司等。

因此，**旅行代理商**（travel agencies）是一个知晓旅游计划制定、线路、住宿、货币、价格、政策法规、目的地以及其他所有有关旅行与旅游活动安排的专家。简言之，旅行代理商是能够为客户节省时间和金钱的专家和顾问。旅行代理商今天仍然存在，但数量较过去有所减少，它们正在逐渐被为消费者提供信息并帮助他们实现预订的**在线旅行代理商**（online travel agencies）所取代。这类在线旅行代理商包括Expedia，Travelocity，Orbitz，Priceline和Hotwire之类的公司。最后，还有一些是在家庭住宅中开设、与该家庭中的成员一起开展工作的旅行代理商。

航空报告公司

谈到旅行代理商，免不了要谈到航空报告公司（Airlines Reporting Corporation，ARC），因为旅行代理商是由航空报告公司授权，经国际航空公司旅行代理商协会（International Airlines Travel Agency Network，IATAN）认可，或者是由国际邮轮公司协会指定来进行业务经营的。

航空报告公司是为旅游业提供财务结算方案和数据分析服务的最重要的机构。航空公司、旅行代理商、公司差旅部、铁路公司以及其他旅游供应商每年通过航空报告公司的全球结算系统处理的金额高达800多亿美元，使航空报告公司成为旅游分销工作的财务中枢。航空报告公司是一家由航空公司所拥有的企业，其网址是www.arccorp.com.

变化中的旅行代理部门

进入21世纪以来，受2001年“9·11”事件、2003年“非典”、2008—2009年全球经济衰退，以及近十年来恐怖主义及战争等因素的影响，旅游业经历了一些困难时期，但从长期看，旅游业中除了旅行代理商之外，所有其他部门都有望得到恢复与增长。1997年9月，旅行代理部门有航空报告公司授权的33 775个零售代理点，在数量上达到了顶峰。到2010年7月，全美共有零售代理点15 335个。2009年旅行代理商的机票销售额超过800亿美元。[1]

2002年，在向旅行代理商支付10%的标准佣金率或者更多的佣金这一做法实行了几十年之后，美国许多航空公司都停止了向旅行代理商支付基本佣金。这些由航空公司所推动的佣金制度变化从根本上改变了分销系统。旅行代理商销售机票不再会得到佣金，而航空公司也失去了一支庞大的销售力量。

为了弥补佣金损失，旅行代理商不得不去拓展新的收入来源。最现实的可能来源就是收取服务费。如今，旅行代理商已开始向顾客收取服务费。除此之外，许多旅行代理商还加大了代销邮轮旅游及包价旅游产品的力度，并将业务重点转向消遣旅游市场。

致使旅行代理行业走向衰退的第二个主要因素是互联网的出现，互联网不仅影响到旅游者的购买行为，而且改变了企业的经商方式。许多企业都把互联网作为一种避开中间商，自己直接面向顾客进行销售的方式。航空公司已经成为积极使用电子商务的领先企业。

1995年，低价运营商西南航空公司率先在互联网上向顾客提供有关行程和票价的信息。这标志着曾经几乎只能依靠中央预订系统的航空业向电子化信息分销迈出了重要的一步。1996年，航空公司新增了在线预订，互联网与电子机票自然地结合在一起。起初，航空公司预订网站要比主要的在线旅行代理商Expedia和Travelocity发展得缓慢。很快，航空公司认识到网上预订可以降低分销成本，并且可以直接与顾客联系。一些大型运输公司于是建立了功能强大的网站供顾客网上预订，浏览常客积分账户，查询航班状况。结果，航空公司的网上预订量不断增加，同时航空公司从顾客那里收集的信息也不断扩展。这些信息使得航空公司在建立与顾客的直接关系方面具有营销优势。与邮寄营销相比，通过电子邮件这种成本相对较低的营销方式，航空公司可以更频繁且更经济地与顾客联系。

在美国和世界其他国家，低成本运输商在使用互联网方面一直走在前列，并且它们将继续保持这种领先地位以降低其分销成本。主要的航空运营商也在跟进，积极地宣传在自己网站上的直接预订。

在航空公司网站发展的同时，网上旅行代理商也投入了大量的资金来改善它们的网站和现状。自1995年起，大量的在线预订和票价搜索网站开始涌现（和消失），它们传播任何可能目的地的几乎无所不包的信息，使顾客对旅游产生了更大的兴趣。消费者在网上搜索信息并在线预订，这使得旅游业成为互联网上最成功的商业部门。调查表明，公众认为网上订购的飞机票价最低。随着互联网“更容易且更经济”的意识不断深入人心，航空市场份额将持续地从传统旅行代理商处流失，并转向直接预订。

互联网已经成为航空公司所选择的分销渠道，航空公司正通过自己的网站积极地开展网上销售。航空公司在线分销渠道带来的销售收入比重从1999年的不到3%上涨到如今的30%以上。传统旅行代理商的销售量将继续流向航空公司网站和网上代理商那里。

上述内容解释了旅行代理商数量减少的一些主要因素，但是旅行代理商并没有消失，仍然是主要的旅游分销渠道。只要旅行代理商能继续提供有价值的服务，能为客户节约时间和金钱，它们将继续占有一席之地。对于复杂的旅游活动安排，有经验的旅行代理商仍然是最佳选择。

旅行代理商与互联网

互联网（Internet）不再是一个新兴的旅游分销渠道，而是已成为一个主要的渠道——分销渠道中的领头羊，在美国，如今一半的旅行都是通过在线预订实现。消费者可以做出选择：通过互联网预订，也可以选择旅行代理商为其提供服务，目前越来越多的消费者倾向于选择互联网。互联网所具有的简单、交易便捷和能提供大量吸引眼球的信息等优点，使其成为一个强有力的分销工具。它能增加消费者的见识和能力，允许消费者核查成百上千种选择或者深入了解有关的旅游目的地。但是，为了更加有效地利用互联网，消费者必须清楚要访问哪些网站，了解哪些问题，否则就会在浏览网页上浪费时间。这也正是旅行代理商的优势所在，它们能够为顾客节省大量的时间和精力。

由于旅行代理商的专业性，顾客除了可节省时间，所节省的费用也会超过所需支付的服务费。旅行代理商非常了解旅游业，并且清楚如何运用不同的选择以提供较低的报价，而这些往往是普通顾客所不知道的。旅行代理商更有可能对如何查询不同的飞机场和飞机起飞时间的信息有充分的了解。旅行代理商还可以同时在互联网上和自身的中央预订系统中搜索较低的报价，并且它们通常都有专门的互联网搜索工具，从而使它们的搜索更加高效。旅行代理商最大的优势在于，一旦顾客进行了预订，旅行代理商就会一直对顾客的旅行进行管理，它们充当预警系统和问题解决者，并在供应商出现问题时为顾客说话。互联网是一种很有价值的资源，但是它不能替代人，人能够通过为顾客提供个性化服务来帮助顾客，并提供大量的可供选择的建议。

传统旅行代理商优于互联网之处在于它们了解顾客，清楚如何为顾客服务，并且迎合他们的需求。比如，它们知道或者有机会知道顾客的生日、结婚纪念日、旅行模式和以往旅行经历、时间及预算的限制等。旅行代理商的数据库使他们能够向顾客推荐纪念结婚周年的旅行。这种人际接触可以成为传统旅行代理商真正的竞争优势。

那些寻求上述利益的细分市场将继续通过传统旅行代理商预订，而那些对价格敏感的顾客则会在线预订，原因在于互联网能为这些顾客提供多重比较，并且他们认为在互联网上能够找到最低价格的同类产品。目前，互联网在这场市场角力中领先。

旅行代理行业概况

关于旅行代理商的数据，可从**美国旅行代理商协会**（American Society of Travel Agents，ASTA）获得。下面是该协会发布的有关 2010 年旅行代理行业概况的一些主要信息。另一个有价值的信息来源则是《旅行周刊》（*Travel Weekly*）上刊载的研究报告。《旅行周刊》2010 年发布的“实力榜”（PowerList）显示，2009 年在线旅行代理商 Expedia 取代美国运通成为最大的旅行销售商。除《旅行周刊》的年度“实力榜”以外，美国旅行代理商协会发行的年度《消费趋势和展望》（*Consumer Trends and Preview*）报告也包含有价值的信息。

前十大旅行代理商

表 7—1 显示了根据销售额进行排名的前十大旅行代理商。表中每个旅行代理商的销售额都超过了 10 亿美元，它们的总销售额达到 1 215 亿美元。因为 Travelocity 没有向《旅行周刊》提供销售数据，所以没出现在前十位旅行代理商中。据估计，Travelocity 约排在第七位，销售收入接近 100 亿美元。

表 7—1　　　　前十大旅行代理商

排名	公司	2009年销售额（亿美元）
1	Expedia	218
2	美国运通	215
3	Carlson Wagonlit Travel	214
4	Hogg Robinson Group（HRG）	160
5	BCD Travel	146
6	Orbitz Worldwide	101
7	Priceline. com	93
8	美国汽车协会旅游公司（AAA Travel）	32
9	Fight CentreUSA	19
10	Travel leaders Group	17

资料来源：*Travel Weekly*，June 28，2010.

数量

多年来，由于航空报告公司可提供旅行代理行业的准确情况，人们很容易得知旅行代理商的数量。但是，自从旅行代理商越来越少地依赖航空机票的销售，航空报告公司就不再公布旅行代理商市场规模的真实情况了。旅行代理商市场主要由航空报告公司授权的和非航空报告公司授权的旅行销售商组成。2010年7月，有15 355家由航空报告公司授权的代理商。至于包括家庭式旅行代理商在内的非航空报告公司授权的销售商，则没有准确的统计数字，估计约有数千家。美国旅行代理商协会的成员成立的时间平均为1985年，平均从业时间为25年，入会时间平均为18年。[2]

旅行代理商的规模

美国旅行代理商协会的成员平均拥有8名全职员工、3名兼职人员和12个独立自营的签约商。成员中虽然有销售收入高达数十亿美元的大型旅行代理商，但大部分旅行代理商的规模都很小。绝大部分代理商仅有一至两名全职员工，几乎一半的代理商没有兼职人员或者独立自营的签约商。[3]

旅行代理商的营业地点与商业模式

美国旅行代理商协会成员的营业地点大多临街，店里配有数名员工（这个比例为41%）。雇用几个员工的家庭式旅行代理商的比例为16%，只雇用一个员工的家庭式代理商比例为11%，有多个办公地点的旅行代理商的比重为11%，只有一个办公地点并有几个全职员工的比例为10%，营业地点临街且只有一名员工的比例为5%，加盟承办代理商的独营旅行代理商比例为3%。[4]

业务开展方式

电话仍然是旅行代理商联系业务的最重要的方式。根据旅行代理商的报告，它们平均52%的业务通过电话完成，平均20%的业务通过顾客到办公地点完成，剩下的28%则通过互联网完成。目前的趋势是通过电话联系业务所占的比重在下降，而使用互联网的比重则在上升。电子邮件同样成为一种不可或缺的业务联系方式。当前绝大多数旅行代理商对代订机票收取服务费，代订机票的服务费平均为37美元。

大多数旅行代理商（79%）都加入诸如Vacation. com，Travelsavers，Carlson Wagonlit，Ensemble，美国运通和Virtuoso之类的合作和/或特许经营集团。

美国旅行代理商协会的调查显示，70%的协会成员使用航空报告公司（ARC）识别码，使用国际航空运输协会（IATA）识别码和国际邮轮协会（CLIA）识别码的比例次之，分别为67%和50%。仅有4%的成员利用了航空报告公司新推出的

“获得认证的旅游顾问”（Verified Travel Consultant，VTC）项目。

美国旅行代理商协会成员的报告显示，消遣旅游产品的销售额在总销售额中所占的比例约为78%。公司销售额不到总销售额的1/4。过去六年间，国际旅游的销售比重持续上升，到2009年已与国内旅游销售平分秋色。2010年，国际旅游销售额所占比重有望达到55%，国内销售额则下降为45%。专业化也是一个发展趋势，旅行代理商更加专注于消遣性旅游产品和/或目的地产品的销售。[5]

旅行安排的类型

表7—2列出了几个年份中旅行代理商为不同旅游部门的代理销售情况，从中可以看出航空旅行安排的代理销售份额有日益缩减的趋势。美国旅行代理商协会预计，2010年航空机票的销售比例将会跌至24%，而邮轮旅游和包价旅游的销售份额将分别增长至26%和20%。住宿、汽车租赁以及其他服务的代理销售所占的比例要小得多，这些活动占了总销售的22%。

表7—2　　各旅游部门的代理销售份额（%）

	2002年	2003年	2005年	2006年	2007年	2008年	2009年[a]	2010年[b]	2010年比2002年变动率
包价旅游	27	29	30	30	31	37	35	29	6
航空公司	34	32	29	27	26	24	24	24	—29
邮轮旅游	22	22	24	24	25	20	25	26	18
饭店	8	9	9	8	10	13	9	10	23
汽车租赁	5	5	5	4	4	3	4	4	—20
其他	4	4	4	7	4	3	4	8	111

a. 2009年各部门数据是在最近几年结果预测基础上修订而成。
b. 2010年各部门数据是预测值。
资料来源：ASTA.

独立自营和家庭式旅行销售商

航空报告公司代理商数量在缩减，其中一大部分转向了独立自营或家庭式经营。独立自营是这个行业中日益增长的部分，这不仅在旅游分销领域是一种发展趋势，在其他有可能允许个人在家处理业务进而完成工作的领域也是如此。在旅游业中，现代科技已经能够把像家这样的任何一个地点转变成可以处理业务的、设施完备的办公室。

随着独立自营的旅行销售商经营的业务量越来越大，曾经对与其合作持怀疑态度的供应商也越来越迫切地希望跟它们合作。这支曾被中伤、误解并被供应商所躲避的市场营销力量正在成为旅行代理商和供应商竞相争取与之合作的对象。虽然现在还无法获得有关数据以确定**家庭式旅行销售商**（home-based travel seller）或是作为独立就业者在承办代理商那里办公的代理商的数量，但为它们提供服务的是有关组织对它们的重要性和发展情况作出了说明。向这一群体提供服务的是美国职业旅行代理商协会（NACTA）。它是一家全国性行业组织，代表着独立自营的旅行代理商、家庭式旅行代理商、邮轮旅游代理商、外部销售旅行代理商以及传统的由航空报告公司授权的旅行代理商，并为这些代理商提供服务与支持。该协会隶属于美国旅行代理商协会。美国职业旅行代理商协会的网址是www.nacta.com。

家庭式旅行代理商网络（Home Based Travel Agent Network）可为这些旅行代

理商提供相关信息，它的网址是 www.hbtanetwork.com。旅行代理商资源中心（Travel Agent Resource Center）、旅行联盟资源中心（Travel Affiliate Resource Center）、邮轮旅游代理商联合会（Cruise Agent Link）都加入了这一网络，向家庭式旅行代理商提供最新和最全面的在线资源。家庭式旅行代理商社区（Home Based Travel Agent Community）是针对旅游从业人员的一个社交网络，超过 6 891 个成员共享信息与经验。

2010 年，旅行代理行业以一种在一二十年前未被人们认识到的方式生存下来。成功的旅行代理商已经显现出其在一个不断变化着的世界中进行竞争的灵活性与适应性。

旅行代理商的未来

作为中间商（批发商或零售商），所面临的问题之一是总有人想消灭你。多年来一些所谓的专家一直在预测中间商将会消失——因为在当前的教育、技术、通信水平下，消费者可直接与供应商打交道，而不再需要中间商，所以中间商将会逐渐消失。事实上这些专家错了；中间商正在经营着比以往任何时候都多的业务，尽管供应商的直接销售同时也在增加。

由于互联网、佣金限制、佣金减少、佣金取消等因素的出现，以及旅游领域本身的不断发展和变化，时下最流行的问题是：将来还会有旅行代理商吗？在航空公司不

说明：旅行代理商喜欢安排顾客在游船上度假，因为顾客每次度假回来都很满意。在所有度假产品中，游船度假的顾客满意度最高。Copyright © Carnival Cruise Lines.

支付佣金的情况下，旅行代理商还能生存下去吗？互联网会导致旅行代理商的灭亡吗？自从互联网赋予了顾客自主计划和预订其旅游行程的能力，就产生了一些有关传统旅行代理商生存能力的推测。许多人认为，旅行代理商这一分销渠道将会衰落。

虽然有许多人预测旅行代理商将会消失，但是适者生存，旅行代理商只要提供对顾客来说有价值的服务，就能持续适应变化着的市场环境并发展下去。旅行代理商行业的经济收益将会进一步巩固其在整个产业中的地位。

另一个日渐明显的趋势是，旅行代理商将更多地销售消遣性旅游服务产品。此外，它们的产品组合将逐渐偏向更加“复杂”和“高风险”的业务，如团体旅游、邮轮旅游、蜜月游以及全包价度假等的代订，而互联网则成为预订诸如“点到点”的航空机票或饭店客房之类的“简单”和“低风险”产品的首选方式。而且，由于境外旅游安排的复杂性，旅行代理商仍将是许多高收入和国际旅游者所偏爱的选择。

旅行代理商的行业组织

美国旅行代理商协会是世界上最大的旅游专业化协会。该协会成立于1931年，现有分布在140多个国家的20 000多个成员，它一直以旅游业和旅游大众的最佳利益为服务宗旨。美国旅行代理商协会的主要目标有：

- 促进和鼓励全民旅游活动的开展。
- 提升旅行代理商的形象，在全世界范围内鼓励大众使用专业旅行代理商。
- 在面对各级政府和产业部门时宣传并代表旅行代理商的看法和利益。
- 倡导全球旅行代理行业的专业性和符合伦理道德的行为。
- 提供全球旅行代理行业的信息资源服务。
- 促进消费者权益的保护和旅游大众的安全。
- 为成员提供与旅游业相关的主题教育项目。
- 在世界范围内鼓励发展不破坏环境的旅游。

只有经过航空报告公司授权或者被国际航空公司旅行代理商网（IATAN）批准的旅行代理商，才能成为美国旅行代理商协会的正式成员。所有的美国旅行代理商协会成员都要遵守协会的职业行为和道德公约。美国旅行代理商协会的网址是www. astanet. com。

零售旅行代理商协会（ARTA）是规模较小的旅行代理商组织。其成员都是独立自营的小型旅行代理商。该组织的目的与美国旅行代理商协会相似，但该协会为其成员提供服务的范围不像美国旅行代理商协会那样广泛。虽然零售旅行代理商协会也处理与旅行代理机构相关的许多不同层面的问题，但它的主要活动只集中于两项：为其成员提供教育和培训；代表其成员游说议员。零售旅行代理商协会的网址是www. artaonline. com。

美国邮轮代理商协会（NACOA）是针对只销售邮轮旅游的专业旅行代理商的组织，它为其成员提供促销和管理方面的帮助。从全球范围来看，旅行代理商组织包括旅行代理商协会联合会（United Federation of Travel Agents' Association）和世界旅行社协会（WATA）。

特别是在英联邦国家和美国，有些旅行代理商组织的组建目的是提升旅行代理商的业务及其在专业领域中的竞争力，并为其颁发执照。在美国，旅行学会（Travel Institute）——前身是旅行代理商认证学会（ICTA）——为旅行代理商提供获得旅游咨询顾问认证（CTC）、旅行代理人认证（CTA）和旅游业高管认证（CTIE）的教育以及认证服务。旅行学会已经开发出了独特的专门研究目的地的课程，这些课程

说明：旅行代理商喜欢安排客户去巴哈马的阿巴科海滨之类的度假地作放松式度假。Photo courtesy of Abaco Beach Resort and Boat Harbour.

涵盖了阿拉斯加、加勒比、法国、印度、墨西哥、南太平洋和南欧等目的地。另外，它还推出了涉及诸如无障碍旅游、探险旅游、同性恋旅游、奢侈旅游、滑雪旅游、温泉旅游和可持续旅游等“生活方式专家”(Lifestyle Specialists) 项目。它还与美国旅行代理商协会合作开设了旅行代理业务精通程度考试 (TAP)。

全球分销系统

全球分销系统 (GDS) 指的是全球使用的庞大且复杂的旅游电子预订系统。目前，世界上有三大全球分销公司在运营：Amadeus 公司、Sabre 公司和 Travelport 公司，其中 Travelport 公司拥有 Galileo 和 Worldspan 两个分销系统。它们通常被称为传统的全球分销系统。虽然还有一些规模较小的全球分销系统，如重心在亚太地区的 Abacus 以及重心在拉丁美洲的 KIV，但上述三大分销系统的使用范围最广，实现了全球大部分预订量。现在，这三家拥有独立所有权的公司每天能为旅游服务业各个部门处理几千万笔交易。

全球分销系统的建立始于 20 世纪 50 年代后期和 60 年代初期，当时航空公司开发出专有的自动化预订系统来管理机票预订。到 70 年代，美国航空公司的 SABRE 系统、环球航空公司 (TWA) 的 PARS 系统、东方航空公司 (Eastern Airlines) 的 SYSTEM ONE 系统、美国联合航空公司的 APOLLO 系统和达美航空公司的 DATAS Ⅱ成为使用最普遍的分销系统。70 年代后期和 80 年代初期，这些航空公司将分销系统的业务范围扩展到多家航空公司，同时开始将其预订系统直接安装在旅行代理商的办公点，方便旅行代理商便捷地接入预订系统。

从此以后，这些预订系统不再仅仅用来进行机票预订，而是发展成为三家拥有独立所有权的大企业，业务涵盖旅游活动的各个方面。它们不再受美国监管，但仍需遵守加拿大和欧盟的监管条例。Amadeus 系统由东方航空公司的 System One 系统发展而来，SABRE 系统发展于美国航空公司，美国联合航空公司的 APOLLO 系统是 Galileo 系统的原型，Worldspan 系统由达美航空公司、西北航空公司和环球航空公司三家的预订系统演变而成。大量规模较小的分销系统公司也组建起来，与这三家公司展开竞争。许多小公司旨在占领这三大巨头还未完全占领的地理的、产业的或者语言上的利基市场。互动旅游服务协会（Interactive Travel Services Association）（网址是 www. interactivetravel. org）将这些小规模分销系统称为有限旅游分销商(LTD)。比如开发全球分销系统替代系统的 rezStream 公司，该公司网址是 www. rezstream. com。

全球分销系统企业开创了旅游分销的新趋势。这些企业借助最先进的技术，向合作伙伴提供全方位的服务，从最简单的往返机票到包括航空、住宿、地面交通、旅游活动和组合产品、娱乐活动、邮轮旅游、旅游保险等在内的复杂的全球行程安排。它们提供了一个全球化的分销网络。全球分销系统与数千家旅行代理商有长期合约，旅行代理商可以接入系统所覆盖的范围广泛的旅游产品供应。同时，它们也与数百家航空公司有长期合约，对机票预订进行管理。它们所处理的旅游交易量约占总数的 80%。

旅游产业中一些最重要的创新要归功于全球分销系统，包括电子机票、旅游电子商务、在线座位选择、最低成本等搜索功能，此外，它还能让旅行代理商和旅游者在一个屏幕上同时浏览那些公开或是私下的/协商的包机和网络票价信息。

全球分销系统 Sabre 和 Amadeus 正在研发电子收费凭证（EMD）技术，这项技术将使航空公司所提供的辅助服务的费用，如行李托运费等，能够通过全球分销系统付讫。

在线旅游是电子商务的成功案例。在线旅游公司向消费者提供多种出行和旅游选择，同时也增加了旅游供应商大范围、低成本地分销其产品的机会。在线旅游代理商，如 Expedia，Travelocity，Orbitz，Hotwire，Priceline，ebookers，Site 59，Cheap Tickets 和 Opodo 都使用全球分销系统；而有些在线旅行代理商就是全球分销系统的旗下企业。

全球分销系统公司和在线旅游公司会继续与技术同步发展。可以预测的是，旅游分销系统的这些组成部分仍会不断变化。

互联网

在今天的市场条件下，互联网作为一种分销渠道很有讨论的必要。它使供应商比以往任何时候都更有可能面向顾客直接销售，在旅游业中，消费者直接上门购买或通过电话预订等直销方式一直存在。随着“800”免费电话服务的出现，通过电话实现的销售额获得了巨大的增长，当时，“800”免费电话也被认为是尖端技术。我们亲自见证了计算机、中央预订系统、传真、智能卡、视频、光盘存储器的出现及其对旅游产品分销过程所产生的影响。如今，互联网已经成为主要的旅游分销渠道，并且仍在不断发展。互联网为消费者提供了获取信息、自己计划旅程和预订旅游产品的能力；为旅行代理商和旅游经营商提供了拥有自己网站的机会，从而极大地扩展了它们的市场范围；为旅游供应商（航空公司、饭店、汽车租赁公司、邮轮公司、景点等）提供了一种直销渠道，从而能够通过让顾客自己预订进而省去支付给旅行代理商的佣金和计算机预订系统使用费，最终减少分销成本。互联网既是一种信息来源，也是一种业务来源。所以，互联网作为一种新的营销中介会继续得以发展。它具有一种优势，即所有旅游企业，无论其规模大小，几乎都可以使用互联网。无论是大型的航空公司和住宿企业，还是像家庭旅馆、度假牧场、滑雪场、旅游经营商、旅行代理商甚至餐馆这样规模较小的旅游企业，都设有非常好的网站。这些旅游供应商正在利用这一节省成本的新型营销工具。

今天，互联网不仅是旅游供应商用来发布目的地信息和实现旅游相关预订的平台，还发展成了一个强有力的社交媒介。网络用户是如今网络中一股庞大的力量。Web 2.0 指的正是网络使用已转变为以用户为中心。**旅游 2.0**（tourism 2.0）则是 Web 2.0 应用程序在旅游业中的运用，其主要特征是用户生成内容，用户可以在网络上发表自己的旅游偏好以及社会交往方面的信息。消费者在计划旅游行程时，不仅会访问目的地网站，也会访问社交网站，查看旅游博客，搜索用户推荐、评论，并且欣赏发布的照片和视频。他们一旦出游，也会在网络上分享自己的旅游经历。例如，他们可能会上到到网（Tripadvisor）对投宿的酒店评级，在 Flickr 上发布旅行照片，上传旅游视频到 YouTube，并在 Facebook 和 Twitter 上分享旅游体验。互联网赋予"口碑推荐"新的内涵，并对电子商务的发展产生影响。社交媒体为旅游供应商提供了与其市场联系的新方式。

电子商务

电子商务（e-commerce）是指借助互联网销售产品和服务。许多研究表明，与旅游相关的服务现在是网上销售的佼佼者。正是由于电子商务的重要性，美国旅游业协会、福克斯赖特调查公司（PhoCusWright）、福里斯特调查公司（Forrester Research）和朱庇特调查公司（Jupiter Research）都定期对此展开研究。研究表明，网上旅游销售量正在增长并有望继续保持这种增长态势。

创造这种增长的是旅游供应商的网站和网上预订服务商，如 Expedia，Travelocity，Orbitz，GetThere. com，Vacation. com，Cheap Tickets，Cruises Only，Priceline，以及美国运通公司和旅游网（Travel Web），它们都是提供全方位服务的大型网站。虽然大多数航空公司和其他旅游供应商都有非常复杂的网站提供行程和费用等信息，但这些网站很少给出不同公司之间的价格比较信息。消费者可能会发现，使用综合性旅游网站如 Kayak，Farechase，Booking Buddy，Mobissimo，Cheap Flights，Dohop，Momando，Skyscanner 和 Ixigo 等更容易找到有用的旅游信息，更容易对不同航空公司之间以及其他旅游供应商之间的票价和行程进行比较。

中小型企业正运用互联网在全球范围内扩展其经营。这对于小企业来说无异于一个重要的均衡器，因为现在全球的旅游者都可以像找到一家五星级饭店那样容易地找到一家小饭店或者是家庭旅馆。据阿姆斯特丹一家没有被列入旅行指南的小旅馆称，美国游客对其 80%的预订来自互联网。

可以非常明确预见到的是，互联网技术还将持续发展，在网上购买和销售产品的顾客和商家也将继续增多。但这种渠道确实存在一定的局限性。

局限性

虽然互联网实现的交易量非常之大，但它也存在局限性。互联网虽是高技术，但它做不到高接触。它能带来大量的信息——在很多情况下，远远超过顾客所能消化吸收的数量。如何长时间地吸引用户的注意力以完成信息传递将是一个挑战。互联网成功的关键在于保持信息的及时性，这是一项异常艰巨的任务。没有什么比在网上看到过期的信息更糟糕的了。速度和使用的方便程度还需要进一步提高。那些自动弹出的广告也很令人讨厌。对于互联网，消费者主要关心两个方面：一是他们的隐私权；二是网站的安全。

未来发展

在不断变化的技术环境中，旅游业中的所有部门，无论规模大小，无论公营还是私营，都必须要有及时而准确的信息据以决策。做到这一点的方法之一是将互联网作为一种信息来源。大部分市场在网上进行沟通和业务交易就像人们用电话交谈一样普遍，这一天已经到来。

电话开始展现出成为未来旅游分销渠道强大力量的巨大潜力。Ypartnership 公司的首席执行官彼得·耶萨维奇（Peter Yesawich）指出，在美国 3/10 的移动电话是带有网络连接功能的智能手机。旅游者使用智能手机搜索最新的航班信息和飞机延误情况，对比在售机票价格和酒店房价，查看可视化游客指南，以及预订机票与酒店。苹果公司的 iPhone 手机上有一个可以预订机票、酒店、交通工具和赛事门票的旅游门户网站应用程序。旅游者也使用黑莓手机查看航班信息。

谷歌在收购航空信息公司 ITA Software 之后，蓄势待发，意图成为旅游分销中更强大的力量。ITA Software 是航班信息提供商中的佼佼者，它提供包括从航空公司到旅游网站在内的航班信息。尽管谷歌已能为旅游者提供大量的旅游信息，但谷歌公司将会利用本次收购创造出一个更易于人们检索航班信息的谷歌界面。这次收购有可能使谷歌成为卓越的在线旅游搜索公司。谷歌在一份新闻稿中声明，这次收购会使用户更易于对航班和机票费用进行比较，也会吸引更多潜在顾客访问航空公司和在线旅行代理商的网站，最终使乘客、航空公司和在线旅行代理商均获益。谷歌不会设定机票价格，也没有向顾客销售机票的打算。

我们还可以超越互联网的范围来思考。多久之后互联网将会成为过时的技术？移动电话会变成互联网最主要的平台吗？多久之后消费者将能够通过其他手段，如网络化家庭中的电视机或者我们现在还不知道的某种装置，来预订旅游？语音识别系统正在不断改进，用以支持这一系统的硬件和软件的价格也在下降，那么多久之后语音识别系统也将成为自动化系统的一部分？智能化代理人或者数字化机器人是一个不需要人的参与就能完成某些特殊任务的电脑装置，这种装置会变得很常见吗？

包机组织者

包机组织者（consolidators）指那些专营以大幅度折扣去销售航空机票的旅行代理商。它们专攻这一领域，并与一家或多家航空公司签订合约分销打折机票。航空公司也愿意与包机组织者合作，以销售那些有可能闲置的座位。

有些包机组织者坚守批发业务，只通过其他旅行代理商推销其机票。而其他一些包机组织者会直接面对公众进行销售，但价格通常高于批发价。因此，其角色既是批发商又是零售商。

折扣代理商负责向公众销售包机组织者的机票或其他打折的旅游服务。有些折扣代理商本身也是包机组织者，而另一些则是先从经营批发业务的包机组织者那里购买然后再销售给公众。现在，消费者找到一个销售打折机票的折扣代理商相对容易多了，因为很多面向消费者的旅游出版物上都列有包机组织者的名单，消费者还可以从大多数提供全方位服务的旅行代理商那里买到这种折扣机票。

旅游批发商

旅游批发商（tour wholesaler）（亦称旅游经营商）是将一条旅游线路及其所有的组成部分组合到一起，并通过本公司、本公司的零售网点和/或通过指定的零售旅行代理商销售该组合式产品的企业。旅游批发商能够以一个比旅游者单独安排行程更低的价格向旅游大众提供包价度假产品，因为批发商可以折扣价格大批量地购买交通运输、饭店客房、观光服务、机场转运、餐饮等服务。

旅游批发在第二次世界大战后成为美国旅游业的一个重要部分。20世纪60年代开始，旅游批发得到了持续发展，这在很大程度上是因为航空运输公司想要为数量不断增加的飞机座位找到客源。旅游批发业务主要由计划、准备和营销一项度假旅游产品所组成，包括预订以及将交通运输与目的地相关服务结合在一起，按照某一出发日期组成前往某一特定目的地的一条旅游线路产品。旅游线路产品然后通过旅行代理商和航空公司售票处这样的零售网点销售给公众。

在过去的十年中，独立经营的旅游经营商的数量有了明显增长，如今已经超过了2 000家。但有很大一部分业务还是由少数大型经营商控制。

独立经营的旅游批发商为交通运输和地接服务供给商带来了大量的收入。它们也为零售商和公众提供了在不同季节、不同日程安排和不同费用水平条件下，前往大量不同的旅游目的地的多种旅游线路选择。

独立经营的旅游批发商的业务特点主要有：进入相对容易，现金周转率高，销售收益率低，以及由于开始这类业务所必需的投资额很小所产生的潜在的高净资产收益率。

领军者介绍

罗宾·陶克
陶克公司（Tauck Inc.）所有者/前任总裁、首席执行官
罗宾·陶克合伙公司（Robin Tauck & Partners）创始人
陶克基金会（Tauck Foundation）理事
康涅狄格州费尔菲尔德县
www. robintauck. com

陶克探索世界旅行社（Tauck World Discovery）成立于1925年，是一家领先的提供全程陪同服务的旅游经营商。该旅行社在80多个国家提供100多种高档次的陆上旅游、邮轮旅游、内河游船旅游和野外旅游等旅游活动。这一为家族所有和运营的公司，由亚瑟·陶克（Arthur Tauck）在1925年创立，当时名为陶克旅行公司（Tauck Tours）。从1997年到2008年，亚瑟·陶克的孙女罗宾·陶克（Robin Tauck）担任该公司的总裁、首席执行官和董事。

在任30年间，罗宾担任过许多重要职务，带领该公司在多个领域中取得卓越成绩，最为引人注目的是在7个大洲80多个国家的业务扩张，“海上陶克”（Tauck at Sea）小型豪华邮轮游，欧洲内河游船游，“陶克桥”（Tauck Bridges）家庭旅游项目以及其他一些成功的旅游开发项目。

作为针对高端客户的一对一营销模式的创立者，罗宾确立了陶克公司以顾客为中心的导向，并努力培育顾客的品牌忠诚，主要内容包括发展战略性的代理合作关系和开发“E-Tauck”旅游行程。她还担任该公司的董事会主席，领导制定公司战略规划，掌控品牌发展方向，并建立了“世界慈善捐赠”（World of Giving）顾问委员会。

2000年，罗宾启动陶克“世界慈善捐赠”企业社会责任“回馈”慈善活动和新的公益旅游（Volun-tourism）（约有15 000名参与者）项目，创建了数十种遗产保护基金。同时，陶克公司在罗宾的带领下，大力支持美国国家公园事业。罗宾付出的努力使她在2006年荣获Preserve America Presidential Award这一国家最高奖项，并由美国总统乔治·布什及其夫人劳拉·布什在白宫授予。罗宾对美国国家公园保护做出的贡献还使其荣获2005年美国内政部颁发的“美国为之骄傲”（Take Pride in America Award）奖项和2004年旅游业协会（TIA）授予的“公共和社区服务奥德赛奖章”（Public & Community Service Odyssey Award）。

2008年，罗宾实现了从任职30年的陶克公司管理者到公司最大股东的角色转换。之后，她参与到高层次的产业事务中，还成立了新的公司——罗宾·陶克合伙公司，通过聚焦于公私之间的合作，促成全球旅游业中各专项领域的领军者的合作。

罗宾是著名的世界旅行及旅游理事会的理事之一。该理事会总部位于伦敦，代表着100名世界顶尖旅游企业的所有者和董事长。她同时还在多个委员会任职，如美国古迹遗址保护协会（US/ICOMOS）、拯救美国珍宝组织（Save America's Treasures）和美国旅游业协会华盛顿办事处。

罗宾曾多次被《旅行代理商》（*Travel Agent*）杂志授予“旅游业最有影响力的女性”称号。

罗宾结合她的影响力和专业知识，作为美国旅游业代表积极倡导在保护世界遗产和通过旅游业拉动经济增长方面的公私合作。她还是陶克公司的家族发言人。另外，作为可持续旅游的发言人，她经常受邀在其他部门的活动上发表演讲，分享“旅游的力量”方面的信息。旅游业如今是许多发展中国家的第一大收入来源。

寄语未来

旅游业迎来了振奋人心的时刻，前途一片光明。全球旅游总人数屡破纪录。随着世界人口总量达到70亿，到2015年国际旅游人次估计将达到惊人的15亿，这还不包括迅猛增长的国内旅游市场。请想象未来的旅游发展将是怎样的一番景象。

这样空前的大规模人口全球性移动包含着大量机会：促进人们相互了解，促使商业和经济繁荣，提升教育水平，并在最大范围内提高社会福利和利益。实际上，许多欠发达国家高达60%的GDP都直接与旅游业及相关产业（如农业、采矿业、渔业及其他传统产业部门）有关。我认为，在当今这个人类历史上最具发展潜力的时期，旅游业是最具发展前途的产业。当然随之而来的是社会责任。社会责任本身，也会带来发展机会。

例如，在有 148 个国家参加的哥本哈根气候大会上，全球气候变化及其影响被联合国世界旅游组织和世界旅行及旅游理事会参会者定性为“未来 40 年旅游产业可能面临的最大挑战”。当前，旅游业二氧化碳排放量占全球排放总量的 5%，但是旅游业是负责任和讲伦理的庞大产业，也制定了新的、大胆的计划。与此同时，文化遗产的开发、环保意识的加强，甚至联合国的减少贫困这一新世纪发展目标及其他国际关注事项，都可能带来这种被称为“旅游的力量”的新现象。

新一代的思维方式和“声音”以及广泛拓展的技术和社交媒体将人们以过去难以想象的方式联系起来——转变了人们协作、交流的方式，增强了人们了解彼此的生活并通过理解、参与和行动构筑一个更美好的世界的能力。人们对于全球旅游的认识不再是特权阶级的观光游，而是在教育、健康、幸福和繁衍生息方面都有无可限量的益处的大众生活方式。

值得注意的是，尽管当今存在如全球经济萧条、政治动荡与变革、严重恐怖事件、环境问题和其他挑战等无数威胁，消遣旅游仍在波动中平稳缓慢地向前发展。在我的旅游业从业生涯中，我亲自参与和领导团队经历了给整个旅游业带来不同程度影响的近 30 次危机，但我看到每一次旅游业都能劫后重生并不断壮大。同时，旅行者也没有停止出游的脚步。

遗产旅游是旅行者访问新目的地的一个主要原因，在这个过程中，他们追寻的是弘扬和展现当地文化的原真性体验。显然，欠发达国家（人均收入少于 5 美元/天）旅游业的发展正在提升当地人民的生活水平。旅游业是就业门槛较低的服务业，它几乎在全球范围内提供就业机会。

随着时代进步，旅游业应注意确保旅游的可持续发展，应保障我们的子孙还能游览那些对我们意义重大的景区，避免景区被进一步破坏。我们需要保护和支持这些迷人的地方所固有的本土文化，同时，我们需要减少旅行过程中对环境造成的破坏。

旅游业是一个在多方面都具有巨大潜力的产业，现在是加入产业的最佳时期之一。在许多方面，未来最精彩的部分将会是像你们这样的未来旅游从业人士。我是一个乐观主义者，祝愿各位有一个硕果累累的生命旅程。

旅游批发企业通常是以下四种实体之一：（1）独立经营的旅游批发商；（2）与某一旅游批发企业有紧密合作关系的航空公司；（3）为其客户组织包价旅游的零售旅行代理商；（4）汽车旅游经营商。这四种实体与奖励旅游公司和旅游俱乐部一起构成了旅游批发经营行业。

图 7—3 表明了旅游批发商在旅游业基本结构中的地位。公众或者消费者是推动力量，他们能够从零售旅行代理商或者直接从旅游服务供应商——包括航空公司、饭店以及其他目的地服务供应商那里购买旅游服务。旅游批发商的作用就是将航空和其他运输公司的服务与所需要的各种目的地接待服务结合到一起组成一个包价产品，并通过旅行代理商将这一包价产品销售给消费者。

旅游经营商不可避免地会受到人们利用互联网自行组合旅游项目的影响，因而旅游经营商一直在努力与时俱进，争取利用好这一新的分销渠道。互联网也是旅游经营商说明其旅游线路和目的地特点的理想选择。互联网已经成为旅游经营商一个主要的销售渠道。

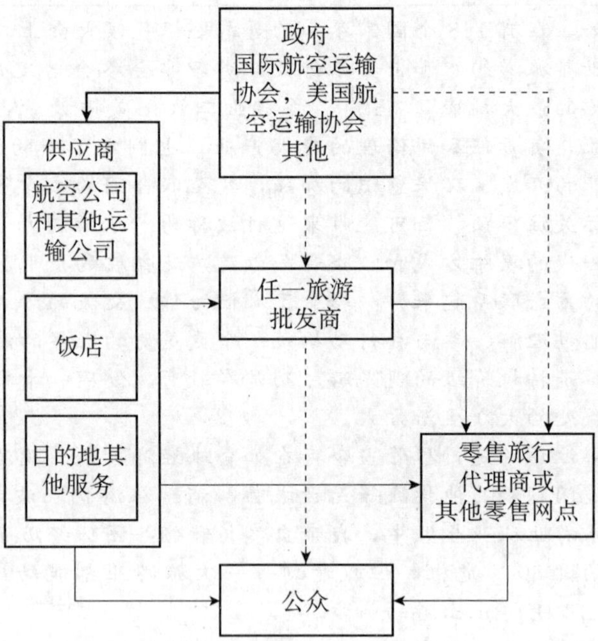

图 7—3　美国旅游业的基本结构

资料来源：Tour Wholesaler Industry Study，Touche，Ross & Co.

旅游批发商的行业组织

全美旅游协会（National Tour Association，NTA）是那些对旅游业中的包价旅游部门有着强烈兴趣的旅游专业人士组成的协会。该协会将包价旅游组织商与代表着旅游行程中各不同组成的供应商和旅游目的地聚集到一起，促进成员之间的合作与联系。全美旅游协会主要侧重于发展、促进和增加公众对旅游经营商包价旅游产品的使用。此外，该协会还通过其道德规范、严格的入会条件和教育为消费者提供支持服务。

全美旅游协会为其成员提供营销支持和教育项目，传达政府的声音，提供交流的机会。它每年都举办年会暨旅游交流会，这是北美规模最大的旅游业聚会之一，使成员有机会深入开展业务交流，以及参加旨在提升本行业专业化程度的教育讲座。此外，协会还举办"草根讨论会"（Grass Roots Symposium）、"剪辑"（Montage）和"接触"（Contact）等活动。这些聚会增加了成员每年相互交流和参与教育项目的机会。

全美旅游协会要求其成员为了旅游大众的最终利益严格地遵守道德规范，以确保成员间进行正当的业务往来。该协会还是北美地区团体旅游产品消费者利益的主要维护者，并通过自身工作的开展，让消费者能够了解各种可供选择的度假产品。该协会通过其消费者保护计划（Consumer Protection Plan）为旅游大众提供保护。该协会的网址是 www. ntaonline. com。

美国旅游经营商协会（United States Tour Operators Association，USTOA）所代表的也是旅游批发经营商，这些旅游批发经营商主要是在美国开展业务，但其旅游线路和包价旅游产品遍及全球。该协会的宗旨包括：保护消费者并为成员提供相关的教育培训；为旅游业、政府机构和公众提供有关旅游经营商的活动与目标等方面的信息；保持本行业内的高度专业化；在全球范围内便利旅游的开展。该协会要求其成员必须接受该组织严格的道德规范，提供有关包价旅游的各方面信息，保持高度的专业化水平，并在广告和促销材料中对所有费用和设施予以明确说明。该协会的网址是www.ustoa.com。

大多数的旅游经营商和批发商都加入了美国旅行代理商协会。也有很多加入了其他各种各样的推广性组织，比如亚太旅游协会、加勒比旅游组织（Caribbean Tourism Organization）、美国旅游业协会。

观光和接待服务代理商

本地或者短途旅游产品则由观光公司来经营，许多观光公司都是美国观光国际（American Sightseeing International）以及锦伦旅运（Gray Line）的成员。这些组织通过提供本地观光服务和称职的工作人员来对观光公司予以帮助。很多旅游观光公司同时也是前面所提及的那些组织的成员。

接待服务代理商（receptive service agencies）遍布全美各地，主要从事入境包价旅游业务。旅游接待商（地接社）向国际旅游经营商提供最适合其顾客的旅游行程和旅游体验项目方面的建议。一旦确定最佳旅游行程，接待商将对无数的具体细节进行组织安排，以保证顾客顺利完成旅行。它们能够满足不同规模团队的需求，安排好从交接、货币兑换、翻译、住宿、旅游景点、餐饮、娱乐活动到交通服务的一切事项。它们对当地最好、最值得信赖的巴士公司、饭店、餐馆、旅游景点和其他供应商了如指掌，从而确保提供一次令人满意的旅游体验。在本地供应商和国际旅游经营商协商双方都能接受的订金金额和最后支付期限的过程中，地接社扮演着中间人的角色。

尽管接待服务商主要服务于入境旅游团队，但其中一些接待服务商也为其他市场和团队服务，比如特殊兴趣和技术团队、特殊事件、共济会、残疾人、老年团和学生团队。

美国接待服务商协会（RSAA）为该类旅游专业人士服务，其任务是帮助旅游接待商与北美的旅游供应商建立合作关系从而为国际旅游公司服务。该协会的网址为www.rsana.com。

环球透视

行业展会

旅游促销和分销的特殊渠道包括各种**行业展会**（trade fairs and shows），如交易会、交流会、展销会、展览和推介会。这些展会将买卖双方汇集到同一个地点，在那里会产生数十亿美元的交易额。

柏林国际旅游交易会

全球规模最大的旅游展会无疑当属每年三月举行的**柏林国际旅游交易会**（ITB Berlin）。该交易会的参展商来自全球旅游业的各个部门，包括政府旅游部门、国家和区域旅游组织、旅游经营商、饭店、航空公司、保险公司、信息通讯系统公司、旅行代理商、出版商和网络公司。柏林国际旅游交易会还有供消费者参观了解当今世界旅游业供应情况的公众日。2010年，在133 780平方米的展览会场共有来自180个国家的11 000个组织参展。柏林国际旅游交易会也设有研讨会、讨论会、研习班和讨论组。其网址是www.fair.itb-berlin.de。2008年，一个新的柏林国际旅游交易会展会——亚洲柏林国际旅游交易会（ITB Asia）在新加坡揭开帷幕，现每年在新加坡举办一次。

世界旅游交易会

每年 11 月在伦敦召开的世界旅游交易会（WTM）是世界第二大旅游交易会，它为期四天，集合了来自全球旅游业各部门的买家和卖家。它为全球旅游业提供了接洽、联系、协商、开展业务以及了解业内最新发展动向的独一无二的机会。2009 年，来自 187 个国家的超过 45 500 位旅游从业人士参加了该交易会。该交易会的网址为 www.wtmlondon.com。

POW WOW 大会

美国旅游业协会主办的国际 Pow Wow 大会是美国主要的旅游行业展会，该展会将美国的旅游供应商与来自世界各地的旅游经营商和买家聚集在一起。Pow Wow 大会每年在不同的城市举办。2010 年，它在佛罗里达州的奥兰多举办。2011 年至 2013 年的 Pow Wow 大会将分别在加利福尼亚州旧金山和洛杉矶以及内华达州的拉斯韦加斯举办。该展会网址为 www.ustravel.org/events/international-pow-wow。

讨论题

1. 全世界规模最大的旅游交易会是什么？
2. 参与旅游交易会和展会的好处是什么？

专项中间商

专项中间商（specialty intermediaries）中包括诸如奖励旅游公司、商业会议筹划商、公司差旅部、社团机构、饭店销售代表、旅游咨询机构、交易会组织者以及有关供应商的销售部之类的组织或企业。同旅行代理商相比，这类专项中间商虽然为数不多，但对人们选择何时出游、前往何地以及如何出游，却有着相当大的影响力。他们既可能代表有关旅游产品的购买者，也可能代表有关旅游产品的出售者，因而其作为中间商的所得要么是被代理方支付的佣金，要么是其雇主付给他们的薪资。这类专项中间商都是精通某方面旅游业务的专家。随着旅游活动专门化程度的提升，这类中间商在旅游销售渠道中的作用将愈加重要。

奖励旅游公司

由于将旅游作为奖励是提升员工绩效的最有效的激励因素之一，奖励旅游也因此得到了快速发展。企业的奖励对象包括其产品的经销商、客户以及本企业的员工。在美国，大约有 500 家**奖励旅游公司**（incentive travel firms），在奖励旅游方案的设计、宣传和组织落实等方面为客户提供专业化服务。它们有一个全国性的行业协会，即奖励旅游高级经理人协会（SITE）。

公司差旅部

与许多公司都选择建立自己的会议筹划部门一样，许多公司也设有自己的差旅部。20 世纪 70 年代末航空管制取消之后，这一领域得到了发展。内设的**公司差旅部**（corporate travel departments）旨在通过获取最佳旅行价格去控制本公司的差旅费用。这类机构所提供的服务通常与旅行代理商为公司市场提供的服务相同。

说明：旅游经营商计划并组织旅游活动的方方面面。在野生动物自然栖息地观赏野生动物是非洲探险旅游的重要组成部分。Copyright © photoDisc，Inc.

饭店销售代表公司

有些公司专门从事代表饭店、汽车旅馆、度假村及旅游接待地进行销售的业务。这类公司为那些利用自己的销售力量进行销售的住宿企业提供了另一种可能的选择，而利用这类公司在海外市场开展销售确实是一种很经济的办法。**饭店销售代表**（hotel sales representatives）在会议业务领域也很活跃。

自动化分销

利用电话线，卫星机票打印机（STP）能让旅行代理商在其客户的办公室里打印电子机票，从而消除了递送机票的成本。如果该客户希望使用旅行代理商的某种专业服务，那么不管距离多远，**自动化分销**（automated distribution）都会使其成为可能。而且，该客户的旅行费用能被汇总到一个定期账户中——这是一项互利的安排。

选择销售渠道

任何营销管理者都必须要确定何种分销渠道组合最有成效。营销管理者最重要的任务之一就是**选择销售渠道**（choosing channels），即研究和确定可能的分销渠道，然后将有关的旅游产品整合到旅游经销商的经营之中。有些销售渠道显而易见，比如互联网、旅行代理商和旅游经营商。然而，依据具体产品的情况，其他一些分销渠道，如旅游公司、专项分销商、奖励旅游公司、公司差旅部、饭店销售代表以及某些社团，都可能是非常有效的销售渠道。由于社团或协会通常都有大量的成员，这使得它们成为增加销售的特别有利的途径。旅游供应商通常会采用多种分销渠道。

□ 本章小结

旅游分销渠道是旅游产品生产商向购买者介绍、销售、确认旅游安排这一体系中的组织链。对任何一个供应商来说，在所有市场地域都设立自己的销售网点是不现实的，所以就需要这样的渠道来为之进行销售。因此，更可行且更具效率的做法是通过中间商——比如，通过 15 000 家零售旅行代理商或在线旅行代理商——去分销产品。当然，这类中间商还包括多种类型的专项中间商。

互联网是当今旅游销售中的一支力量，其重要性还会继续增强，并对旅游分销系统产生更多影响。旅游分销渠道与其他产业所使用的分销渠道类似。但旅游产品是无形的，它们不能被储存起来留待日后销售。如果航空公司某一航班的座位没有被占用，其营业收入便会永远丧失。

□ 重点概念

美国旅行代理商协会（American Society of Travel Agents）
自动化分销（automated distribution）　选择销售渠道（choosing channels）
包机组织者（consolidators）
公司差旅部（corporate travel departments）
分销渠道（distribution channels）　电子商务（e-commerce）
家庭式旅行销售商（home-based travel seller）
饭店销售代表（hotel sales representatives）
奖励旅游公司（incentive travel firms）　中间商（intermediaries）
互联网（Internet）　柏林国际旅游交易会（ITB Berlin）
全美旅游协会（National Tour Association）
在线旅行代理商（online travel agencies）
接待服务代理商（receptive service agencies）
专项中间商（specialty intermediaries）
旅游 2.0（tourism 2.0）　旅游批发商（tour wholesaler）
行业展会（trade fairs and shows）　旅行代理商（travel agencies）
美国旅游经营商协会（United States Tour Operators Association）

□ 互联网练习

为了方便读者，本章中所提及的互联网网站连同其他一些相关网站，一并列在为本书伴设的网站上：www. wiley. com/college/goeldner。

练习 1

网站名称：Expedia Travel

网址：www. expedia. com

背景信息：这个网站提供内容丰富的旅游目的地信息、及时的旅游相关新闻、专家建议、交易情况以及许多其他方面的信息。

网站名称：Travelocity

网址：www. travelocity. com

背景信息：Travelocity 由 SABRE 系统支持，可提供 420 多家空公司、40 000 家饭店和

50多家汽车租赁公司的预订服务。

网站名称：Orbitz

网址：www.orbitz.com

背景信息：Orbitz是另一家网上预订代理机构，是Expedia和Travelocity的主要竞争对手。

练习内容

（1）描述这三个网站的特点。

（2）识别它们在旅游分销系统中的作用。

练习2

网站名称：全美旅游协会

网址：www.ntaonline.com

背景信息：全美旅游协会是由那些对旅游业中包价旅游部门具有强烈兴趣的旅游专业人士所组成的协会。其使命是为全球的包价旅游业提供卓越的服务。

练习内容

（1）在该网站上找出"包价旅游"的定义。

（2）找出全美旅游协会的成员数量及其构成。

（3）简述其成员所能获得的利益。

□ 复习与讨论题

1. 为什么旅游产品生产商不只是直接将服务销售给顾客？

2. 为什么互联网成为最重要的旅游分销渠道？

3. 举一些例子说明旅游供应商可能提供给旅行代理商的营销帮助。

4. 一些旅游顾问并不是优秀的销售人员。作为旅行社的经理，你会实施怎样的技能培养计划？

5. 假如你是一家经营豪华游船的邮轮公司的营销经理。邮轮上提供高质量的餐饮和服务。你将会如何选择最有前途的分销商？

6. 接待服务商的工作是什么？

7. 作为一家新成立的旅游公司的总经理，你现在必须决定公司的旅游产品是通过零售旅行代理商推向市场还是直接销售给顾客。找出每一种方式的优劣势。同时采取两种方式是明智的选择吗？请讨论。

8. 为什么一家独立所有和经营的旅行代理商应该加入一个合作组织或者特许经营组织？

9. 应如何看待旅行代理商的未来？

10. 请列出成为美国旅行代理商协会成员的优势。

11. 包机组织者的工作是什么？

12. 在你所在的城市有一家规模很大的电子专业产品的生产商。你会采取哪些步骤向这个生产商销售奖励旅游计划？

13. 在你看来家庭式旅行代理商的优势和劣势分别是什么？如何看待它们的未来？

□ 案例题

1. 琼（Joan S.）和她的丈夫正在计划到一个他们不了解的目的地去度假。他们在一本旅游杂志里看到了有关这个目的地的一则非常令人兴奋的广告，他们对这则广告进行了回复，接下来就收到了很多介绍这个目的地的所有景点、住宿企业、商店、气候和其他吸引物的非常吸引人的宣传册。在同一本杂志中，他们还看到了为这个目的地服务的一家航空公司的广告，广告提供了航空公司预订的网址，他们应该自己在线预订还是应该去寻求一家旅行代理商的帮助？

2. 一位教授第一次走进一家旅行代理商的办事处，索要一本有关游船旅游的小册子。一位旅行代理人找到了教授所要的促销手册并递给了他。教授表示了感谢，接着问道："最近的旅游业务怎么样？"代理人回答说："商务和公司旅游还可以，但度假旅游就差远了，经济不太景气。"然后代理人坐下来，浏览其计算机预订系统屏幕，说："祝你今天过得愉快。"你能相信存在这种情况吗？这次谈话本应该是什么样的？

3. 最近，一位知名的全国性报刊专栏作家建议他的读者绕开当地的旅行代理商，通过电话或者互联网直接从供应商那里取得机票并安排他们的游船度假。他解释说，这一建议旨在为公众省钱，因为一旦旅行代理商销售成功，邮轮公司就要向他们支付佣金。这样的忠告有什么问题？

4. 比尔（Bill）和简（Jane）合伙经营一家国际旅游公司。比尔是一个小心谨慎的人；简在她每天的业务关系处理中显得比较积极和有闯劲。在过去的两年中，公司的业务量有所下降。最近，两个人针对这个问题深入探讨了提高旅游销售额的可能办法。最后，简建议他们应该与一些最大的旅行代理商合作企业签订协议，也就是与合作公司、财团、特许经营商、联合营销组织、股权参与者组织以及个人和公司所有的连锁企业，签订协议。简认为，如果他们公司能成为这些组织中某一家或某几家的首选供应商，那他们公司的业务量就会有大幅度的增加，几乎他们所有的旅游产品都可以通过零售旅行代理商来销售。比尔听了建议后，说："我觉得这个建议不一定能给我们带来什么好处。合作企业的运行机制并不完善，许多代理商根本就不是成员。"谁是对的？为什么？说出你的观点。

□注　释

[1] Airline Reporting Corporation, *Sales and Documents* (Arlington, VA: ARC, 2010) and www.arccorp.com.

[2] American Society of Travel Agents, *ASTA Agency Profile* (Alexandria, VA: ASTA, 2010) and www.asta.org.

[3] Ibid.

[4] Ibid.

[5] Ibid.

第 8 章

旅游景点、娱乐场所和其他旅游吸引物

学习目的

- 了解旅游景点概况。
- 认识主题公园的作用。
- 了解博彩业。
- 了解公共及商业性娱乐设施。
- 认识购物活动的旅游吸引功能。

导　言

人们可以认为，景点是人们外出旅游的吸引因素。如果是这样，景点就是旅游系统中最重要的组成部分；我们也因此可以认为，鉴于它们在旅游系统中的重要性，它们应该放在第 1 章而不是第 8 章来讨论。毫无疑问，景点是旅游的主要激励因素。如果没有景点将旅游者吸引到目的地，对所有其他旅游服务的需求——比如，对交通运输、住宿、餐饮、购物等方面的需求——几乎就不存在了。然而，尽管景点在激励旅游者出游方面如此重要，这部分消费却通常只是旅游者全部支出中所占比例最小的一部分。例如，滑雪场只出售运送游客上山的吊椅票，这部分消费是滑雪度假者最小的支出部分，其绝大多数开支都用在了航空运输、住宿和餐饮消费上。

旅游景点的涉及范围很广。在很多情况下，它是一个将旅游者带至某一目的地的吸引物的集合。观光、购物、娱乐、博彩、文化、消遣等活动机会在决定一个目的地的竞争力方面起着重要的作用。图 8—1 是从图 1—2 中提取的旅游业经营部门，显示出景点、节庆盛事、探险、户外娱乐以及文娱表演等都是重要的旅游供给内容。

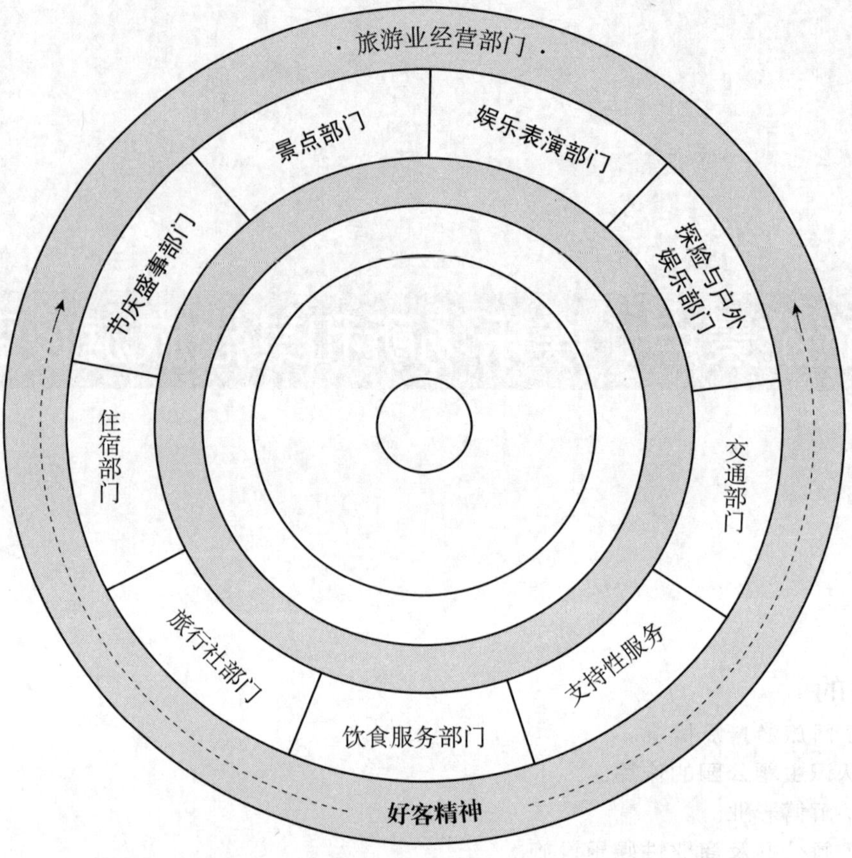

图 8—1　旅游业经营部门：景点、节庆盛事、探险和娱乐表演

景　点

景点（attractions）可按多种方式分类（见图 8—2）。我们首先会想到的一类就是主题公园或游乐园。这类景点的起源可追溯到中世纪的欧洲，当时那里已出现游乐型花园。这些花园是当今公园的先驱，其中多开展乘骑游乐、烟花燃放、跳舞、游戏等活动。如今，主题公园因迪士尼乐园、环球影城、布希公园（Busch Gardens）等而为人们所熟知，已成为令人瞩目的景点。这些主题公园的建造往往需要数百万美元的投资。

自然景点是促使很多人外出旅游的主要原因，美国、加拿大、印度、澳大利亚、日本等国家，都设有具有吸引力的国家公园。美国的国家森林公园吸引着成千上万的旅游者来访，很多地方的州立公园对旅游者也有吸引力。植物园、动物园、山地和海滨公园也同样如此。这些自然奇观吸引着旅游者去享受它们所带来的自然美感、乐趣及心灵触动。

遗产型景点（如历史古迹）和史前建筑遗址（如埃及、希腊、以色列、土耳其、印度尼西亚、印度、墨西哥和秘鲁的古老的纪念性建筑）对那些希望更多地了解当代以及消失已久的文明的人也具有吸引力。

娱乐型景点为人们提供了可参与体育运动和其他娱乐活动的室内和户外设施，如游泳池、保龄球馆、溜冰场、高尔夫球场、滑雪场、远足小路、自行车道和船坞。纽约的时代广场、旧金山的渔人码头、芝加哥的海军码头等娱乐型景点无一不是将购

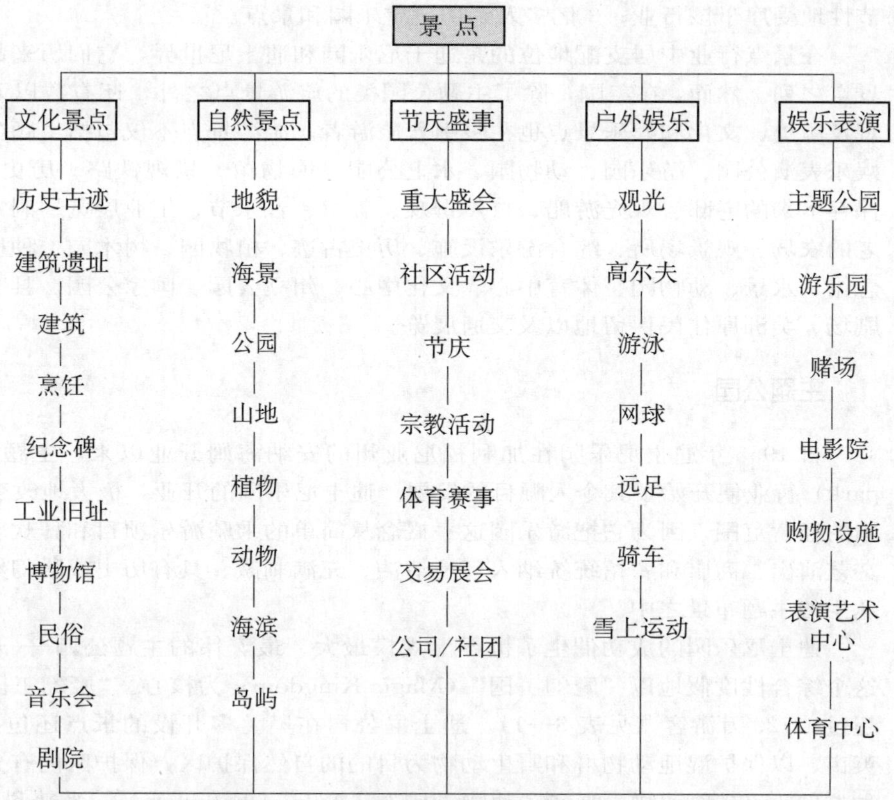

图 8—2　景点概览

物、餐饮、文化和娱乐与一座大城市的吸引力结合在一起，每年吸引数百万的游客到访。

商业型景点是对旅游者具有吸引力的出售礼品、手工制品、艺术品和纪念品的零售商店。最近的调查显示，购物已成为国内和国际游客参与最多的活动。

工业景点也不能被忽视。很久以来，葡萄酒厂和酿酒厂一直是旅游景点。工厂旅游的数量在增长，制造商准备了精心安排的设施来接待旅游者，典型的例子如爱尔兰的沃特福德水晶厂（Waterford Crystal Factory），它是世界一流的水晶博物馆。如今，加拿大北阿尔伯特省占地广阔的油砂开采点吸引着大量的出于专业和个人原因到访的游客。

每年，现代化大都市以其所拥有的多种文化瑰宝对上千万的游客产生了强大的吸引力。大多数城市都提供观光旅游线路，使游客很容易地就能参观和游览城市的各个景点。剧院、博物馆、特有的建筑、动物园、水族馆、文化活动、节日、购物和饮食都可构成目的地的旅游吸引物。

娱乐表演也具有强大的吸引力。音乐演出使得田纳西州的纳什维尔和密苏里州的布兰森成为知名的旅游目的地。

景点行业

在美国以及其他国家中，景点行业由有固定场所的游乐园和景点所组成。它们主要是私营性质的，但其中也有不少公共设施。根据国际游乐园与景点协会（IAAPA）的资料，美国的游乐园和景点每年能创造超过 115 亿美元的收入，有大约 50 万人季节性地受雇于该行业；3亿多人到访过游乐园和景点。

在景点行业中居支配地位的是迪士尼乐园和迪士尼世界，它们历来都位于最成功景点之列。然而，在美国，除了主题公园类的旅游景点之外，还有数以万计的自然景观及历史、文化和娱乐景点也在吸引着旅游者。旅游景点不仅包括主题公园，还包括娱乐表演公园、游乐园、动物园、水上公园、博物馆、景观铁路、历史悠久的村庄、保存下来的宅邸、观光游船、自然奇观、餐馆、音乐节、工业展览、洞穴、剧院、古老的农场、观景场所、综合游乐设施、历史古迹、植物园、树木园、种植园、名人纪念馆、水景、动物园、体育中心、文化中心、州立公园、国家公园、县立公园、户外剧场、美洲原住民保留地以及交通展览。

主题公园

自1955年迪士尼乐园在加利福尼亚州的安纳海姆开业以来，**主题公园**（theme park）行业便开始了其令人瞩目的发展。迪士尼乐园的开业，极大地改变了地方游乐园的经营范围，因为它把游乐园这一概念从简单的乘骑游乐项目和狂欢表演扩大到将文艺演出、商店和餐馆统统纳入环境清洁、充满刺激、具有历史或科幻氛围并且乐趣丛生的主题布景之中。

迪士尼乐园的成功催生了世界上规模最大、最宏伟的主题公园——迪士尼世界，这个综合性度假地以“魔幻王国”（Magic Kingdom）为核心。“魔幻王国”每年吸引超过1 720万游客（见表8—1）。迪士尼公司在奥兰多开设的景点还包括：占地500英亩、以保护湿地动物群和野生动物为目的的自然保护区，保护区内有分属于250个种群的1 700种动物［取名“动物王国”（Animal Kingdom）］；爱普科特公园（Epcot），其活动区分为两个部分，一部分是以未来社区实验原型为主题的“明日世界”（Future World），另一部分是展示一些国家的标志性景观和文化的迪士尼“世界之窗”（World Showcase）；以游乐设施、幕后影视制作体验和娱乐表演为主题的“迪士尼好莱坞影城”（Disney Hollywood Studios）；设有各式各样娱乐、购物和餐饮场所的“闹市迪士尼”（Downtown Disney）（详见disneyworld. disney. go. com）。

表8—1中所列为按接待量排名的全球前25大主题公园。迪士尼公司的主题公园占据该排行榜前8名，加上排名靠后的另外2个主题公园，迪士尼公司占据了全球最顶尖主题公园中的10个席位。在上榜的25个主题公园中，美国有13个，日本4个，韩国2个，香港2个，法国1个，德国1个，荷兰1个，丹麦1个。

表8—1　　全球前25大主题公园

排名	主题公园及地址	接待量（百万人次）
1	迪士尼世界魔幻王国，佛罗里达比尤纳维斯塔湖	17.2[a]
2	迪士尼乐园，加利福尼亚安纳海姆	15.9
3	东京迪士尼乐园，日本东京	13.6
4	巴黎迪士尼乐园，法国马恩河谷	12.7
5	东京迪士尼海洋世界，日本东京	12.0
6	迪士尼世界爱普科特公园，佛罗里达比尤纳维斯塔湖	11.0
7	迪士尼好莱坞影城，佛罗里达比尤纳维斯塔湖	9.7
8	迪士尼世界动物王国，佛罗里达比尤纳维斯塔湖	9.6
9	环球影城，日本大阪	8.0
10	爱宝乐园（Everland），韩国京畿道	6.2
11	迪士尼加利福尼亚冒险乐园，加利福尼亚安纳海姆	6.1

续前表

排名	主题公园及地址	接待量（百万人次）
12	佛罗里达海洋世界，佛罗里达奥兰多	5.8
13	环球影城，佛罗里达奥兰多	5.5
14	海洋公园，中国香港	4.8
15	长岛温泉乐园（Naga Shima Spa Land），日本桑名郡	4.7
16	冒险岛，佛罗里达奥兰多	4.6
17	香港迪士尼乐园，中国香港	4.6
18	横滨八景岛温泉乐园（Yokohama Hakkeijima Spa Paradise），日本横滨	4.5
19	好莱坞环球影城，加利福尼亚环球影城	4.3
20	乐天世界（Lotte World），韩国首尔	4.2
21	欧罗巴公园（Europa Park），德国鲁斯特	4.2
22	加利福尼亚海洋世界，加利福尼亚圣迭戈	4.2
23	坦帕湾布希公园，佛罗里达坦帕	4.1
24	艾夫特琳公园（De Efteling），荷兰卡特施威尔	4.0
25	蒂沃利公园，丹麦哥本哈根	3.8

a. 游客接待量是根据有关公司信息、年度报告、公开发布的信息以及TEA/EACOM组织所获得的可靠行业信息得出的估算数据。某些主题公园据以测算2009年数据的百分比变化值是基于2008年的调整后的数据，因此同TEA/EACOM发布的2008/2007榜单没有直接可比性。

资料来源：TEA/AECOM.

正如所预期的那样，迪士尼主题公园的巨大成功也吸引了模仿者和一些大公司涉足该领域。除了表8—1中所列出的那些主题公园之外，在美国，其他比较著名的主题公园还有加利福尼亚州的诺氏百乐坊，俄亥俄州梅森的国王岛（Kings Land），俄亥俄州桑达斯基的雪松点游乐园（Cedar Point），弗吉尼亚州威廉斯堡的欧洲版布希花园（Busch Gardens Europe），宾夕法尼亚州好时镇的好时公园（Hershey Park），加利福尼亚州卡尔斯巴德的乐高乐园，以及新泽西州杰克逊市、加利福尼亚州瓦伦西亚市和伊利诺伊州格尔尼市的六旗公园。

由主题公园协会（TEA）和AECOM组织［前身为经济研究协会（Economic Research Associates）］联手统计的全球主题公园接待量数据发表在《公园世界》（*Park World*）上（网址为www.parkworld-online.com）。这些信息也可在主题公园协会和AECOM组织的网站上找到，网址分别为www.teaconnect.org和www.aecom.com/economics。这些信息包括全球前25大主题公园的游客接待量、北美前20大主题公园的游客接待量、欧洲前20大主题公园的游客接待量、全球前20大水上公园的游客接待量、亚洲前15大主题公园的游客接待量、拉丁美洲前10大主题公园的游客接待量以及全球前10大连锁主题公园的游客接待量。访问上述两个网站可了解这方面的最新信息。

美国的大型主题公园集中在佛罗里达州和加利福尼亚州，迪士尼公司在这两个州都有项目，其中奥兰多是主题公园和景点数量最多的地区。由于这一地区仍会出现新的景点或新扩建的景点，所以这一集中化现象很可能会继续下去。最新的景点是哈利·波特魔法世界（Wizarding World of Harly Porter），2010年6月18日，奥兰多环球影城为哈利·波特魔法世界举办了盛大的开幕仪式。

美国旅游业协会的报告指出，前往主题公园和游乐园旅游很可能是作为家庭度假，与一般的旅游相比，这种旅游更可能有19岁以下的孩子参加（24%/55%）。与美国一般旅游的平均停留时间（4.1夜）相比，这种旅游的过夜停留时间（5.3夜）也更长。有1/4的主题公园游会持续7天或更长时间。另外，与美国一般的旅游相比，包含主题公园活动的过夜旅游更有可能会使用饭店/汽车旅馆/家庭旅馆（55%/67%）或者托管公寓/分时度假公寓（4%/9%）。

主题公园的游客比一般游客更有可能乘坐飞机前往目的地（19%/16%），更有可能在到达后租用小汽车（8%/5%）。这些旅游者在访问主题公园的旅游过程中也会参与其他很多活动，比如，40%的主题公园游包括购物，20%的主题公园游包括参观历史景点或博物馆，20%的主题公园游包括海滨旅游。

主题公园在全球都很受欢迎。在美国、拉丁美洲、欧洲、中东和亚洲，不断出现新的公园，原有的公园也在不断扩建。例如，亚洲是游乐业最主要的市场之一，全球访问量最大的20个主题公园中有9个在亚洲。迪拜现投资200亿美元建造“迪拜乐园”（Dubailand）。这个多用途的主题公园占地面积超过30亿平方英尺，坐落在距迪拜国际机场10分钟车程、距阿布扎比60分钟车程的地方。这一开发工程将包括涉及7个主题的45个大型项目，这7个主题分别为：（1）主题公园；（2）文化和艺术；（3）科学和天文学；（4）体育和体育科学；（5）幸福和健康；（6）购物；（7）度假村和饭店。迪拜乐园被诩为全球最雄心勃勃的旅游、休闲和娱乐项目，它的建设旨在强化迪拜作为家庭旅游的国际中心的地位。主题公园经营者已经意识到，为了增加游客量和收入，必须定期增添新的景物。从新刷油漆到添置数百万美元的游乐设施以至增建新公园，主题公园行业每年都在进行不断的改进。

环球透视

主题公园点滴

- 主题公园的发源地是欧洲：“游乐园”（amusement park）和“主题公园”（theme park）常被认为是典型的美国产物，然而事实上，游乐园最先出现在欧洲。
- 世界上最古老的游乐园是1583年创立于丹麦哥本哈根的贝根游乐园（Bakken）。在美国，仍在营业的最古老的主题公园是创立于1846年、位于康涅狄格州布里斯托尔的康彭斯湖游乐园（Lake Compounce）。
- 许多人都认为，美国人对游乐园的追捧始于1927年纽约康尼岛旋风过山车游乐园的开业。这些当初仅仅耗资175 000美元建造的过山车目前仍在纽约太空星际乐园（Astroland amusement park）中使用。
- 据国际游乐园与景点协会的调查，美国人前往游乐园的首要原因是开展乘骑游乐活动。在各种乘骑游乐项目中，46%的人表示最喜爱的项目就是过山车。
- 最古老的在营摩天轮位于欧洲奥地利维也纳普拉特，它建造于1897年。
- 以占地面积计，世界上最大的游乐园是位于佛罗里达州比尤纳维斯塔湖的迪士尼世界，占地面积为47平方英里。
- 根据国际游乐园与景点协会的调查，94%的游乐园游客都有一款自己所喜爱的食物。其中，28%的游客偏爱漏斗蛋糕，17%的游客偏好冰激凌，14%的游客喜欢比萨饼，13%的游客喜欢热狗，12%的游客偏好棉花糖。

资料来源：International Association of Amusement Parks and Attractions.

讨论题

1. 你最喜欢主题公园的什么乘骑项目？为何46%的游客表示过山车是他们的最爱？
2. 为什么主题公园是有吸引力的目的地？
3. 你能设想出一种新型的主题公园吗？

国际游乐园与景点协会

世界上最大的游乐园和景点行业组织是**国际游乐园与景点协会**（International Association of Amusement Parks and Attractions，IAAPA）。该协会成立于 1918 年，有来自 93 个国家的 4 000 多个成员。它代表并服务于游乐园、旅游景点、水上公园、小型高尔夫球场、家庭娱乐中心、动物园、水族馆、博物馆、科技馆、度假村、赌场等方面的服务供应商以及游乐设备制造商。该协会的工作包括开展调研、汇编统计资料、出版发行《趣味世界》（*Funworld*）和年度《国际旅游景点名录与购买者指南》（*International Directory and Buyer's Guide*），并每年举办年会和国际性的交易会。该协会位于弗吉尼亚州的亚历山大，联系电话是：（703）836-4800；网址是：www. iaapa. org。

博　彩

美国的博彩娱乐业最近十年发生了巨大的变化。截止到 1988 年，美国只有两个州——内华达州和新泽西州允许设立赌场，但是到了 2011 年，包括印第安博彩在内，已经有 29 个州开设了不同类型的赌场。今天，只有夏威夷州和犹他州这两个州没有将博彩合法化。

博彩或博彩业（gambling or gaming industry），已经成为旅游业中的一支主要力量。博彩业从最初仅局限在内华达州这一狭小的范围并且未被金融和公共部门完全认可，已发展成为一个公认的成长性行业。赌博一直是一种受欢迎的娱乐方式，但与此同时，人们对此也多有争议。

说明：赌博正在成为一种越来越受欢迎的娱乐方式，特别是在美国。它通常与其他类型的娱乐活动，如夜总会表演和体育活动结合在一起。Photo courtesy of Carnival Cruise Lines.

毫无疑问，博彩能促使人们外出旅行。内华达州曾经是博彩业的领先者，这使得旅游业成为该州最主要的产业。很长时间以来，拉斯韦加斯曾被认为是世界赌场之都。但如今，中国澳门特别行政区的博彩业收入已超过拉斯韦加斯。将来访拉斯韦加斯和来访大西洋城的旅游者类型及其交通方式进行比较，是很有意思的事情。拉斯韦加斯吸引的是远程旅游者，他们乘飞机或自驾车来访；而大西洋城地处人口密集地区，来访游客大都是附近的居民（150 英里以内）。大西洋城曾成功地推广短途大客车旅行，从而使游客来访人数得以增加，现在它正成功地将自身作为一个整体目的地进行促销。

根据美国博彩业协会（AGA）的统计，如今博彩业是一个价值 923 亿美元的产业，直接和间接雇用了超过 100 万劳动力。博彩业涵盖了所有各种博彩形式，包括商业性的赌场、扑克牌室、印第安赌场、合法投注、慈善组织彩票、彩金赌博业（如赛马、赛狗、回力球下注）和乐透彩票。

事实是，博彩作为人们生活中的一项娱乐选择而受到人们的喜爱。根据美国博彩业协会 2010 年的一份调查，81%以上的美国人将赌场娱乐看成是一项自己和他人都可接受的娱乐活动。2009 年有 6 170 万游客光顾过赌场，或者说，在年龄为 21 岁及以上的美国人中，28%都光顾过赌场。随着博彩被日益广泛地接受，成百上千万的美国人对博彩业所带来的投资、旅游、公共收入以及就业影响都有所了解。根据这份调查，61%的美国人将博彩视为社区娱乐和旅游供给的一个重要组成部分。

1993 年是博彩业发展的一个里程碑，该年光顾赌场的美国人人数超过了去现场观看美国职业棒球联盟比赛的人数。如今在美国，光顾赌场的人数比去动物园、水族馆、野生动物园的人都要多。随着越来越多的人去访问赌场，这种娱乐潮流还将继续。

由博彩娱乐业带来的就业机会特别值得关注。2009 年，全美商业化赌场业提供了 328 377 个直接就业岗位，这些员工的薪金达 131 亿美元，来自博彩业的直接税收达 55 亿美元，毛收入为 307 亿美元。在美国，营业收入居前 20 位的赌场供应市场如表 8—2 所示，从中人们可以发现拉斯韦加斯和大西洋城在博彩业中占据的重要地位。

表 8—2　全美年收入位居前 20 的赌场供应市场

排名	赌场供应市场	2009 年收入（百万美元）[a]
1	拉斯韦加斯地带，内华达州	5 550.0
2	大西洋城，新泽西州	3 943.0
3	芝加哥，伊利诺伊州	2 092.0
4	康涅狄格州	1 448.0
5	底特律，迈阿密州	1 339.0
6	圣路易斯，密苏里州	1 050.0
7	图尼卡/卢拉，密西西比州	997.0
8	比罗西，密西西比州	833.5
9	什里夫波特，洛杉矶	779.7
10	博尔德，内华达州	774.3
11	堪萨斯城，密苏里州	758.0
12	里诺/史派克斯，内华达州	715.2
13	劳伦斯堡/赖辛森/贝尔特拉，印第安纳州	691.2
14	查尔斯湖，洛杉矶	662.6
15	新奥尔良，洛杉矶	653.1
16	布莱克霍克/中央城，科罗拉多州	596.3

续前表

排名	赌场供应市场	2009年收入（百万美元）[a]
17	扬克斯，纽约州	540.5
18	拉斯韦加斯中心城，内华达州	523.8
19	拉夫林，内华达州	492.5
20	康希尔布拉夫，艾奥瓦州	430.7

a. 毛收入指扣除税款、薪资和费用之前的所得——相当于销售收入，而非利润。
资料来源：The Innovation Group and American Gaming Association.

在决定是否在本社区或是在业已存在的多种博彩形式中添设赌场方面，社区选民及其所选出的代表拥有准确的信息、数据和统计资料是很重要的，这会使他们的决定，无论是赞成还是反对，都有据可依。1996年8月，法律规定由美国国家博彩影响研究委员会（NGISC）对美国博彩业的社会和经济影响进行全面研究，该委员会在1999年公布了它的研究报告。报告中最后得出如下结论："随着它的成长，博彩已不再只是简单的消磨时间的娱乐：博彩业已经成为很多社区的经济支柱，在州甚至区域经济中发挥着越来越重要的作用。"[1]

美国印第安保留地的博彩业不断向前发展。美国最高法院于1987年承认印第安人有权经营博彩业，并判定，如果印第安博彩出于任何其他目的而在保留地之外得到允许的话，各州就无权限制印第安人在其保留地经营赌场。1988年，美国国会通过了《印第安博彩业管制法案》（India Gaming Regulatory Act，IGRA），为印第安人享有这一权利提供了法律依据。全美印第安博彩协会（National Indian Gaming Association）在一项报告中宣称，28个州的233个印第安部落都通过发展印第安博彩业创造了新的就业机会、为政府重要服务部门提供了资金支持以及实现了社区重建。2008年，全美印第安部落的博彩收入总计为259亿美元，其中有32亿美元是来自与之相关的食宿接待和娱乐服务；创造了636 000个工作职位（含直接就业和间接就业）；贡献了80亿美元的联邦税收、25亿美元的州税收，并给地方政府带来了总计超过1亿美元的税收。就全美来看，慈善组织从博彩经营部落收到捐赠1.5亿美元。在美国，位于本土48个州和两个阿拉斯加原住民村落的231个印第安部落共经营着411个赌博场所，包括赌场、宾果游戏厅（bingo halls）、旅游广场（travel plazas）等。《印第安博彩业管制法案》中规定，有权经营博彩业者只能是部落政府而非个人。因而，印第安博彩业的所有收益都将回到部落政府手中作为其项目基金。印第安部落正在利用博彩收入建造住房、学校、道路和给排水系统，为当地居民的卫生保健和教育提供资金，为未来发展创造一个强有力的、多样化的经济基础。

佩科特部族（Mashantucket Pequot Tribal Nation）经营着"快活大赌场"（Foxwoods Resort Casino），这是美国最大的赌场。"快活大赌场"中设有六个赌厅，6 200台老虎机、380个游戏桌，提供17种桌上游戏，此外还设有世界上最大的宾果游戏厅。世界上很多地方都有博彩，邮轮上也一样。因赌场而闻名的地区包括摩纳哥、加勒比地区、伦敦、尼斯、澳门和里约热内卢。

随着新赌场在拉斯韦加斯、大西洋城、新奥尔良、科罗拉多州、密西西比河流域、南达科他州、印第安保留地和巴哈马群岛的相继出现，博彩业对旅游和当地经济的影响也越来越显著。通过当前博彩业的发展，我们可以预言，博彩业将继续在旅游和经济发展中发挥重要的作用。

博彩业组织

在美国总统克林顿提议对博彩业总收入征收4%的税之后，1995年6月，美国博彩业协会（AGA）成立。博彩业的领军者们意识到这一提议将会产生重大影响，他们决定适时地成立一个协会以便在美国国会中作为自己的代表。虽然该提案并没有成为现实，但美国博彩业协会却发展起来，现在已经有了100多个成员公司。在美国博彩业协会成立之初，首批14个成员无一例外地都是赌场企业和赌博设备制造商；但从那时起，协会的成员组成就一直朝着多样化的方向扩展，目前成员中已包括金融与专业服务商、供给商和销售商、州协会和出版商。

美国博彩业协会的主要目的是，通过教育和宣传，将关于该行业的实际情况传递给普通大众、当选的官员、其他决策制定者和媒体，从而促进对博彩娱乐的更好理解。该协会网站为公众提供博彩娱乐业的一站式信息，网址是 www. americangaming. org。

美国国家印第安博彩业协会（NIGA）是这方面的信息交换中心，对部落、政策制定者和公众来说，也是有关印第安赌博问题和部落社会发展问题的教育、立法以及公共政策的信息来源。该协会对有关印第安博彩业进行统计和经济研究。该协会设在华盛顿，电话是：(202) 546－7711；传真是：(202) 546－1755；电子邮箱是：info@indiangaming. org；网址是：www. indiangaming. org。

娱　乐

娱乐（recreation）是一个多样化的行业，年营业额在4 000亿美元以上。该行业给制造业、零售业和服务业带来了数百万就业岗位。将近50%的美国人都将自己描述成“户外人”。他们喜欢参加多种户外娱乐活动，从而达到保持健康、为生活增添激情、与家人和朋友一起共享快乐时光、独自活动以及亲身体验自然等方面的目的。

全美境内娱乐活动所具有的吸引力，是美国国内旅游和入境旅游日益增长的一个驱动因素。户外探险旅游日渐流行，旅游专业人士能比以前获得更多的有关娱乐旅游选择方面的信息。人们正在寻求质量更高的服务和设施。

娱乐业的业务范围可通过下列企业和团体来说明：休闲用车的制造商和经销商、船舶制造商和经销商、各种娱乐用品的制造商、公园特许经营商、野营地所有者、度假村、兴趣团体、雪地机动车制造商、娱乐读物出版商、巴士旅游经营商、自行车爱好者等。

娱乐用品制造商的规模往往都很大。比如，根据**休闲用车行业协会**（Recreation Vehicle Industry Association）的资料，休闲用车制造业是一个年产值高达140亿美元的行业（详见第5章）。

位于弗吉尼亚州雷斯顿的休闲用车行业协会是有关休闲用车销量统计、市场调研、技术数据等方面信息的主要来源。该协会也提供野营地指南以及有关车辆维修与保养、旅行准备和安全问题的出版物（该协会的网址是 www. rvia. org）。

生产休闲用车、船艇、台球设备、山地车、滑雪橇等产品的企业往往是大型企业。与之相反，私营的娱乐服务部门则主要由小型企业构成，其范围从野营地、船坞码头直至野外向导，所涉及的类型多种多样。公共部门也通过美国国家公园管理局、森林管理局以及州和地方的相关机构提供休闲娱乐服务。

公园

私营企业和政府机构经营着包括游乐园在内的各种类型的**公园**（parks）。国家公

说明：一个家庭在佛蒙特州本宁顿附近的伍德福德州立公园（Woodfood State Park）里宿营。Photo courtesy of Vermont Department of Tourism and Marketing.

园通常是一个国家或一个州的旅游业中非常重要的部分。在一些国家（如非洲的某些国家），国家公园是它们最主要的景点，典型的这类国家有肯尼亚、卢旺达、乌干达、坦桑尼亚、博茨瓦纳和南非。

国家公园和州立公园

美国的国家公园体系（U. S. National Park System）是全美最大的旅游景点之一，吸引着国内和国际的游客来访。美国国家公园每年接待超过 2.85 亿游客。娱乐访问就是一个人出于娱乐的目的，在一天中任何时间段进入由**美国国家公园管理局**（National Park Service，NPS）管理的土地或水域。美国国家公园管理局管理着 393 个国家公园以及数百家其他各类消遣娱乐区、保护区、自然景区、战场旧址、历史古迹、湖滨区、纪念场址、纪念馆、海滩和带状公园，总面积覆盖 8 400 万英亩的陆地和 450 万英亩的水域。2009 年，各类娱乐区的游客到访量情况如图 8—3 所示。蓝色山脊带状公园（游客量约为 1 590 万人次）仍然是该体系中游客到访量最多的地方，大烟山国家公园仍为接待游客人次较多的国家公园之一（约 950 万人次）。表 8—3 中列出了游客接待量位居前 20 名的美国国家公园。这些公园的游客接待量占全部国家公园游客量的 43.9%。

2009 年，在公园区域内持有经营许可证的住宿设施中停留过夜的游客总量达 340 万人次，而在野营地停留过夜的游客为 320 万人次。另外有 130 万游客在特许经营的

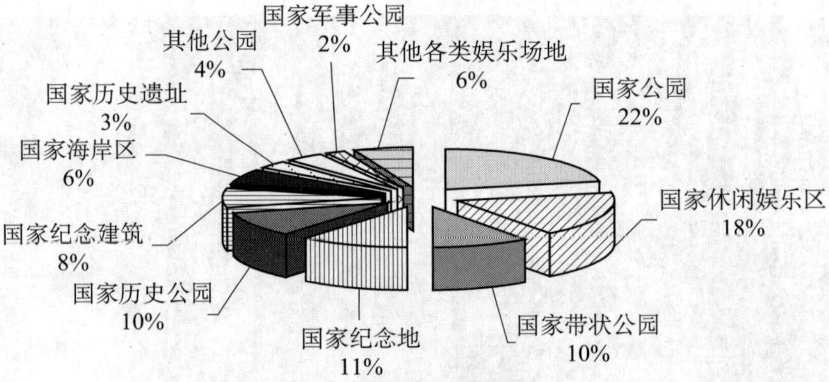

图 8—3　2009 年各类娱乐区游客接待量所占百分比

资料来源：National Park Service，Statistical Abstract 2009（Denver，CO：NPS，2010）.

表 8—3　　2009 年游客接待量位居前 20 名的美国国家公园

公园名称	排名	游客量（人次）	所占比例（%）
蓝色山脊带状公园（Blue Ridge Parkway）	1	15 936 316	5.58
金门国家休闲区（Golden Gate National Recreation Area）	2	15 036 372	5.27
大烟山国家公园（Great Smoky Mountains National Park）	3	9 491 437	3.32
盖特威国家休闲区（Gateway National Recreation Area）	4	9 010 522	3.16
米德湖国家休闲区（Lake Mead National Recreation Area）	5	7 668 689	2.69
乔治·华盛顿纪念地带状公园（George Washington Memorial Parkway）	6	6 938 309	2.43
纳奇兹景观道（Natchez Trace Parkway）	7	5 934 363	2.08
林肯纪念堂（Lincoln Memorial）	8	5 255 570	1.84
特拉华峡谷国家娱乐区（Delaware Water Gap National Recreation Area）	9	5 213 030	1.83
越战纪念碑（Vietnam Veterans Memorial）	10	4 437 771	1.55
大峡谷国家公园（Grand Canyon National Park）	11	4 348 068	1.52
科德角国家海岸公园（Cape Cod National Seashore）	12	4 311 949	1.51
旧金山海运国家历史公园（San Francisco Maritime National Historical Park）	13	4 152 497	1.45
海湾岛国家海滨公园（Gulf Islands National Seashore）	14	4 132 674	1.45
二战纪念碑（World War Ⅱ Memorial）	15	4 118 528	1.44
克林顿城堡国家纪念碑（Castle Clinton National Monument）	16	4 080 152	1.43
国家独立历史公园（Independence National Memorial Monument）	17	3 967 694	1.39
自由女神像国家纪念区（Statue of Liberty National Memorial Monument）	18	3 829 483	1.34
切萨皮克和俄亥俄运河国家历史公园（Chesapeake & Ohio Canal National Historical Park）	19	3 751 681	1.31
约塞米蒂国家公园（Yosemite National Park）	20	3 737 472	1.31
			43.9

资料来源：National Park Service，Statistical Abstract 2009（Denver，CO：NPS，2010）.

营地过夜，有 210 万人为休闲用车宿营者。还有 180 万游客在他们徒步到达的公园中某个偏僻的地方过夜。大多数的公园游客都是在公园边界以外但又紧邻公园的社区里的住宿设施中过夜，或者只是一日游。[2]

虽然那些最受欢迎的公园仍然是以夏季为游客高峰时期，但春天和秋天也是访问这些地方的好时节，而且美国国家公园体系中还有非常多的单位未被充分利用。详情参见第 12 章中供求的匹配部分。

到访美国国家公园管理局辖区的游客对周围社会产生了巨大的经济影响。2009 年由此带来的直接销售收入大概有 118.9 亿美元，另外产生的间接旅游消费有 36.9 亿美元，使得总经济影响达到 155.8 亿美元。美国国家公园管理局辖区游客的消费帮助创造了超过 24.7 万个就业岗位。[3]

美国国家公园管理局在其年度报告《国家公园统计摘要》（*National Park Statistical Abstract*）中公布各个国家公园的游客接待量情况，还每两年出版一期《国家公园索引》（*The National Parks Index*），其中包括简要介绍该机构管理的每一处国家公园的面积。

在美国，很多州还有自己管理的公园体系，其中以纽约州、加利福尼亚州、田纳西州、俄勒冈州、印第安纳州、肯塔基州、佛罗里达州、密歇根州等最为突出。美国州立公园管理者协会（NASPD）为全美州立公园汇编统计数据。6 624 个州立公园总共占地 1 300 万英亩，共有 5 875 条小路，总长达 41 725 英里。州立公园接待了超过 7.25 亿人次的游客，其中 91.5%是一日游游客。公园雇用了 20 603 名全职员工，加上兼职和季节性员工，员工总数达 53 898 人。美国州立公园管理者协会的网址是：www.naspad.org。

其他如县或公园管区这样的政府单位也经营公园，比如，密歇根州东南部大底特律的休伦-克林顿都会管理局（Huron-Clinton Metropolitan Authority）的公园体系包括靠近底特律城区的 6 个公园。有些县、镇和城市也经营公园和野营地，后者通常为公园的组成部分。

国家森林

国家森林（national forests）的年游客接待量超过 1.92 亿。美国农业部下属的一个部门——美国森林管理局（U.S. Forest Service），维护着占地 1.93 亿英亩的国家森林体系，其中包括位于 44 个州以及波多黎各和维京岛的 155 处国家森林和 20 处草地。在这些地区，特别受欢迎的活动包括远足、野营、狩猎、垂钓、划船和滑雪。

根据美国森林管理局的报告，其已开发出的娱乐区中包括 4 677 处野营地、140 多个游泳区、1 496 块野餐地、1 222 个划船地和 135 个高山滑雪区。其他类型的旅游资产有总计长达 4 418 英里的原始且景色优美的河流、136 条景观道路、总计 143 346 英里的小径、277 000 处遗址和 403 处荒地（参见 www.fs.fed.us）。

其他公共娱乐用地

美国土地管理局（BLM）管理着主要位于西部 12 个州的超过 2.45 亿英亩的公共土地。美国土地管理局拥有共占地 5 万英亩的将近 2 400 个日用野营地和 16 698 个家庭野营单位。它还拥有 3 179 英里指定的偏僻小道，62 768 英里的适合公路用车使用的公路，90.8 英亩供非公路用车使用的土地，5 440 多万英亩供非公路用车限制性使用的土地，以及 19 000 英里的机动车小道。在美国土地管理局管辖的土地上最受欢迎的娱乐活动是野营和机动车旅行。

美国陆军工程兵团是美国最大的户外娱乐活动的供应商，经营着 463 处工程（大

说明：阿肯色州拥有 200 多条风景优美的远足小路，总长达 750 英里。图为两名远足者在奥奇塔国家森林（Ouachita National Forest）里的一条小路上欣赏风景。Photo courtesy of Arkansas Department of Parks and Tourism.

多是湖泊）中的 2 500 多个娱乐活动区，并向州立公园或地方公园、娱乐管理部门或者个人出租另外 1 800 处活动区。工程兵团所经营的湖泊、海滩和其他地方，每年接待大约 3.68 亿人次的游客。据工程兵团估计，有 2 500 万的美国人每年至少访问它的项目一次。在总计 1 200 万英亩土地上提供的一些娱乐设施包括 90 000 个野营地、35 000 个野餐地、3 500 个船舶下水坡道、826 个游泳区和4 200英里的远足小路。

美国鱼类及野生动物管理局（FWS）管理着 9 700 多万英亩的鱼类及野生动物栖息地，并提供娱乐活动机会。根据美国鱼类及野生动物管理局的统计，狩猎、垂钓、观鸟和其他与野生动物有关的娱乐活动的参与者每年在这些活动中的消费支出达 1 200亿美元。

探险旅游

正是由于美国国家公园管理局、美国森林管理局、美国土地管理局、美国陆军工程兵团和美国鱼类及野生动物管理局的共同努力，才使得探险旅游在美国得以开展并如此普及。

很多户外娱乐活动都与体育运动有关，因而被归入探险旅游的范畴。美国体育用品协会（NSGA）每年对美国 7 岁以上的运动参加者进行研究。研究报告指出，最主要的户外娱乐探险活动有过夜度假野营（5 090 万参加者）、自行车骑行（3 810 万参加者）、垂钓（3 290 万参加者）、远足（3 400 万参加者）、用枪打猎（1 880 万参加者）、背包/野外露营（1 270 万参加者）、高山滑雪（700 万参加者）、山地自行车骑行（840 万参加者）、滑水（520 万参加者）、弓箭打猎（620 万参加者）、滑板滑雪（620 万参加者）以及越野滑雪（170 万参加者）。[4]

乔治·华盛顿大学（George Washington University）与探险旅游行业协会（Adventure Travel Trade Association）和 Xola 咨询公司 2010 年合作开展的一项研究表明，2009 年全球的消费者花在探险旅游上的开支超过 890 亿美元（不包括机票和装备花销）。该项研究同时指出，探险旅游是一个颇具经济增长潜力的规模庞大的市场。研究中发现，探险旅游者往往经济富裕且受过良好教育，他们通常还是具有环境和文化意识的消费者。[5]

美国体育用品协会是世界最大的体育用品行业协会，代表着 22 000 个零售点和 3 000多家产品制造商、供应商和销售代理商。该协会的地址是：1601 Feehanville Drive，Suite 300，Mount Prospect，IL 60056；电话是：（800）815-5422；传真是：（847）391-9827；电子邮箱是：info@nsga. org；网址是：www. nsga. org。

户外娱乐信息的另一个来源是美国娱乐联合会（ARC），它定期展开调研，组织全国性会议，发布有关娱乐需求、满意度和行为方面的信息。美国娱乐联合会对影响娱乐的法律议案进行监督，并与政府部门合作。美国娱乐联合会的地址是：1225 New York Avenue，N. W. ，Suite 450，Washington，D. C. 20005；电话是：（202）682-9530；传真是：（202）682-9529；网址是：www. funoutdoors. com。

冬季运动

雪地和冬季体育旅游是世界旅游业的重要组成部分，在很多国家被视为高质量生活的一个关键组成因素。滑雪绝对是最受欢迎的一个现代冬季运动项目。在 2010—2011 年的滑雪季，美国在营业的滑雪胜地大约有 500 个。进行滑雪和滑雪板运动的游客数量是美国滑雪业的一个主要业绩指标。从全美范围来看，在过去的十年中，游客数量已经趋于稳定，在 5 500 万～6 000 万之间波动。2009—2010 年的滑雪季有 5 970万位游客，是有史以来第二个接待游客最多的滑雪季。尽管仍受经济低迷和糟糕的降雪条件影响，这一年度滑雪/滑板滑雪游客访问量还是增长了 4.2%，比 2007—2008 年度创纪录的 6 050 万人仅低 1.2%。一次滑雪者/滑板滑雪者访问是指一个人一整天或者是在一天当中的任何时间段内访问某一滑雪地，它包括给予一个人对滑雪地内某一设施使用权的各种门票，如全天的、半天的、晚间的、免费的、成人的、儿童的、季节性的和任何其他类型的门票。滑板滑雪一直是滑雪业中不断增长的部分，这类游客在总访问人数中占超过 30%的份额。

注重雪地度假的多角度体验已成为一种趋势。如今，滑雪区吸引着所有雪上活动参与者，包括速降滑雪者、滑板滑雪者、屈膝旋转滑雪者、越野滑雪者、雪鞋漫步爱好者、轮胎滑雪者。范尔雪场（Vail Resorts）推出的“山脊探险”就是这种趋势的一个表现。范尔雪场位于科罗拉多州范尔山顶部，向游客提供雪鞋漫步、乘轮胎下滑、溜冰、激光捉人游戏、雪上机动车旅行以及每晚十点之前的四次用餐等体验。

多年来，美国滑雪产业与其他产业一样经历了成长和发展。合并在继续，滑雪胜地已经发展成为主要的度假目的地。如今，已有两家公司最先开始在统一标识下对滑雪地进行联合，从而使经营规模变得更大。这两家大公司分别是范尔雪场和 Intrawest 公司。

所有权合并将导致更多创新性的发展和市场营销活动的出现。我们将会看到，为了形成一个一年四季都有吸引力的度假胜地，公司对配有购物、景点、会议设施和其他设施的核心山庄（core village）这类房地产的开发将更加重视。在市场营销方面，将会出现通用缆车票、频繁滑雪者计划、可用于多个度假地的滑雪打折卡以及进一步的促销。规模的扩大增加了更有效地使用媒体，尤其是电视的机会。

美国滑雪地联合会（NSAA）是滑雪地业主和经营者的行业协会，代表着329个高山滑雪胜地，全美90%以上的滑雪活动都发生在这些滑雪胜地。另外，该协会还有329个供应商成员，它们为山地度假行业提供设备、产品和服务。欲知更多的信息，可登录www.nsaa.org。

历史古迹

历史古迹一直是深受国内外游客欢迎的旅游吸引物。一份有关历史/文化旅游者的报告显示，81%以上的成年旅游者（1.18亿人）被认为是历史/文化旅游者。虽然旅游者倾向于在旅游时顺便参加多种活动，但30%的历史/文化旅游者称这些活动是其出游的主要动机。

美国国家公园管理局维护着列入《美国国家史迹名录》（National Register of Historic Places）的大约66 757处历史古迹，这些古迹中大约有15%是历史区，有1 015 434件历史遗产分布在这些区域内。

美国历史保护信托会（National Trust for Historic Preservation）提供领导、教育和积极的支持，以保护美国多元化的历史古迹并复兴地方社区。它拥有并管理着面向大众开放的29处历史古迹，这些历史古迹每年吸引着超过80万游客前往。美国历史保护信托会推出的旅游项目包括：国家信托修学旅游（National Trust Study Tours）——每年对50多条美国国内及国际旅游线路进行计划、组织并营销，以及美国古老饭店（Historic Hotels of America）项目。美国历史保护信托会是一个非营利组织，1949年经美国国会特许成立，现有成员超过270 000个。该协会的地址位于华盛顿，可通过电话（800-315-6847）和网站（www.preservationnation.org）与之联系。

说明：位于南达科他州黑山山脉的罗斯摩尔山国家纪念公园（Mount Rushmore National Memorial）是一个被人们广泛参观的景点。山上雕刻的四位著名的美国总统的头像从前额至下颚有60英尺高，他们在俯看着一排排的松树、云杉、白桦和白杨。Photo by South Dakota Tourism.

动物园、雨林和水族馆

古代中国、埃及和罗马的兽栏和鸟舍是很有名的。如今，**动物园**（zoological parks）和**水族馆**（aquariums）一直是受欢迎的吸引物。美国最近开发新建了一些室内**雨林**（rain forests），其中著名者包括内布拉斯加州奥马哈市亨利多利动物园（Henry Doorly Zoo）中的“利德莽林”（Lied Jungle）和俄亥俄州克利夫兰城市动物园（Metroparks Zoo）中的“雨林”（RainForest）。“利德莽林”是世界上最大的室内雨林，耗资 1 500 万美元，由利德基金会（Lied Foundation）资助。它再造了生于亚洲、非洲和南美洲的雨林。这片“莽林”长在一个棚顶之下，占地 1.5 英亩，内有 2 000 种热带植物和 517 种动物，每年吸引的游客超过 130 万人，它已成为内布拉斯加州第一大旅游景点。人造雨林在世界其他地方也相当流行，例如澳大利亚墨尔本博物馆里的雨林。

▷ 娱乐表演

另一个强有力的旅游吸引因素是**现场娱乐表演**（live entertainment）。现场娱乐表演常常是度假旅游的主要吸引因素。现场娱乐表演形式有剧院表演、音乐会和马戏团表演。另外，这类现场表演的推出也增大了诸如主题公园或节庆活动之类景点的吸引力。

追随“感恩而死”（Grateful Dead）乐队的演唱会而外出旅游的“感恩死者”摇滚乐迷（Deadheads）就是这方面的一个突出例子，乐迷们会根据该乐队演唱会的举办地点决定自己的出游目的地。另一个例子是，很多人都去田纳西州的纳什维尔旅游，目的是去该地的 Grand Ole Opry 剧院欣赏乡村音乐及西部音乐表演。密苏里州的布兰森也因作为音乐娱乐中心而闻名遐迩，如今，它正在挑战纳什维尔的地位。著名的“我爱纽约”广告宣传的中心内容之一就是百老汇的演出或音乐剧。前往伦敦作剧院之旅也是一个强大的旅游吸引因素。市场上还有很多其他形式的艺术表演之旅。

观看娱乐表演在度假决策过程中已经提升到了一个新的位置。在度假旅行的选择上，娱乐表演正在发挥越来越重要的影响。如今，旅游大众都希望追求乐趣、娱乐、新奇，都希望从日常生活压力中解脱出来。看看这些事实：北美两个最大的度假旅游目的地——迪士尼世界和拉斯韦加斯，都是围绕娱乐表演的吸引力而兴建的；日渐增长的海上巡游市场也是以娱乐表演为特征；迪士尼的特征是“寓教于乐”（将教育和娱乐结合起来）。娱乐表演日益增强的影响力以及博彩、现场娱乐、主题度假村和主题公园的结合，正在创造出新的娱乐管理方面的职业。

超大型综合娱乐设施的发展是旅游业的一个趋势。这不仅发生在拉斯韦加斯和大西洋城，在其他地方也有这样的情况。拉斯韦加斯的大型度假村在吸引赌客的同时，也吸引着家庭度假市场。有趣的是，世界上大多数规模最大的饭店都在拉斯韦加斯，其中大部分不仅仅是饭店，而且本身就是吸引物和娱乐中心。卢克梭饭店（Luxor）、纽约纽约赌场饭店（New York New York）、石中剑大饭店（Excalibur）、拉斯韦加斯巴黎饭店（Paris Las Vegas）、贝拉吉奥饭店（Bellagio）、曼德勒海湾饭店（Mandalay Bay）、威尼斯人饭店（Venetian）以及金银岛饭店（Treasure Island）等，都是主题度假饭店的例子。

节庆盛事

节庆（festivals）和**盛事**（events）是世界旅游业中增长最快的部分之一。世界各国和城市为了承办大型盛会，如奥林匹克运动会、世界杯赛和世界博览会而激烈竞争。节事活动遍布全球各个角落。各地总是在举办某些类型的盛会活动，不论是展览会、节庆、集市、欢乐游行、庆典、周年纪念、体育赛事，还是慈善活动。

说明：对于来自世界各地的游客来说，那些能够再现当地昔日风采的盛会可成为该地的主要旅游吸引因素。怀俄明州夏延部落的拓荒者日（Frontier Days）庆典活动就是其中一例，它显示了美洲原住民对丰富旅游文化所作的贡献。Photo courtesy of Cheyenne Frontier Days.

节事活动是旅游业中的一个重要组成部分，它们可作为一种强有力的工具在淡季吸引旅游者来访，并有助于塑造一个地区的形象和提高其知名度。

争取赞助是举办节事活动时的核心要素。大多数的节事盛会，不论是地方性的、全国性的还是国际性的，如果没有赞助商，承办工作往往都会遇到很大困难。赞助商为节事活动承办者提供资金或实物方面的赞助。提供赞助如今已成为巨大的商业活动，并涉及有关标识的使用权。

志愿者是成功举办节事活动的关键因素之一。国际节事协会（IFEA）在报告中指出，一次盛会的周末参加者平均约为 222 000 人。为了确保节事活动顺利进行，需要社会志愿者的辛勤工作与支持。平均每个周末盛会的举办需要多达 2 000 名志愿者，可见，大多数盛会如果没有志愿者是不可能进行的。

对节事活动进行专业化管理以及节事办公室的全年运作是一种发展趋势。节事管理正在成为一个越来越专门化的业务领域，同时也是就业机会的新来源。随着节事数量的增加及其规模和复杂性的加大，所需员工和志愿者的数量也迅速增长。这也促进了专业的协会、图书、正规教育和培训项目的发展。全球很多的旅游院校中都设有节事管理方面的课程。位于华盛顿的乔治·华盛顿大学在其节事管理硕士学位教育项目中，提供资格认证和相关的一系列服务。

卡尔加里大学的唐纳德·盖茨（Donald Getz）曾写过一本书，书名是《节日、特别盛会与旅游》（*Festival*，*Special Events*，*and Tourism*）。他指出，节事活动可吸引庞大的游客群，不过这类节事活动的内容或主题也可有效地针对目标旅游细分市场。节事活动的举办也能在一定程度上解决旅游活动的地理集中性和季节性问题。特殊盛会使一个地区或社会能够展示其独特性、宣传自己、培养地方荣誉感并强化其经济收益。

节事的举办能带来可观的经济和旅游效益。比如，佛罗里达州一年一度的 Sun-Fest 音乐艺术节，有 9 名全年性的员工和 300 万美元的预算。该节日为当地社会带来了大约 2 150 万美元的收入。每年 1 月在丹佛举办的为期 16 天的美国西部家畜展（National Western Stock Show），拥有一支平均年龄约 50 岁的专职团队，他们对该项节事活动进行计划、组织和营销。在物资展出期间，员工数可达 950 人。他们为参与该项节事的大概 2 000 头牲畜和 60 多万人提供服务。考虑到直接和间接影响，该项节事活动估计能为丹佛带来多达 1.23 亿美元的巨额收入。

即使小型社区也可以举办此类活动。很多地方性节日最初是为娱乐当地居民而设计的，现在已发展成为吸引数英里之外的游客前来参加的活动。没有会议局和会议场地的较小社区可以转向发展节事旅游，如举办工艺美术品展、历史重现、音乐节、电影节、美食节等，以获得旅游收入。因此，随着中小城镇都在试图通过举办短期节事活动来获得旅游收入，节事旅游已呈现出巨大的增长态势。据国际节事协会估计，每年有 5 万～6 万个历时半天到一天的节事活动，有 5 000 或者更多个历时 2 天或以上的节日。

国际节事协会 55 年来为特殊盛会旅游经营者提供了最前沿的专业化理念和资金支持。通过出版物、研讨会、年会、交易会和进行中的网络化工作，国际节事协会正在推进全球节事活动的发展。目前，该协会有 2 000 多个专业会员。国际节事协会位于爱达荷州的博伊西，电话是：（208）433-0950；传真是：（208）433-9812；网址是：www.ifea.com.

体育盛事

在过去的 50 年中，体育业与旅游业共同成长，其关键在于一些大型体育赛事是旅游业飞速发展的催化剂。在北美（尤其是在美国，运动和娱乐是人们日常生活必不可少的组成部分），世界棒球联赛已成为由体育比赛驱动的标志性盛事的先驱。它是数量庞大的体育迷、媒体人士和技术支持人员外出旅行的催化剂。近来，全美橄榄球联盟超级杯大赛每年都会推动全美范围内旅游活动的增长。在国际上，每四年举办一次的夏季**奥林匹克运动会**（Olympic Games）吸引了众多媒体的关注，使之成为全世界最盛大的体育赛事。如今它的影响力正在受到另一个大型标志性体育赛事——也是每四年举办一次的世界杯足球赛的影响，后者虽然不如奥林匹克运动会那样精英化。然而也正是因为如此，世界杯足球赛对全世界更多的人都具有吸引力。尽管没有正式的统计数据，但人们可据此判断，世界杯足球赛所引致的旅行人数绝对有可能超过奥运会。

除上述这些著名的体育盛事以外，还有数不胜数的其他体育盛事，比如英联邦运动会、泛美运动会、全非运动会和亚洲运动会等，也都激发了大量的旅行活动。篮球、棒球、足球、排球、网球、高尔夫、曲棍球、橄榄球、滑雪、游泳、跳水、田径和其他的许多体育运动，男性和女性都可以开展。这些运动又划分为多个级别：职业组、大学组、半职业组、高中组和业余组。如果回顾一下世界各地举办的体育赛事及其所吸引的爱好者的庞大数量，则不难看出，体育盛事是推动旅游发展的一支具有广泛基础的强大力量。

购物

购物（shopping）是旅游者活动的重要组成部分。对于国内和国际游客来说，购物在旅游过程中都是排在第一位的活动。美国旅游业协会的报告指出，购物将继续成为最受美国旅游者欢迎的一项具有普遍意义的活动。2000 年，大约 9 100 万人，也就是 63%的旅游者，都将购物作为旅游全程中的一项活动。美国商务部旅游业事务署的报告中指出，购物是海外旅游者所参与的第一大休闲活动，他们当中有 86.6%的人都将在美国购物作为自己度假活动的一部分。

我们从湾畔市集广场（Bayside Marketplace）就能看出购物的重要性。由 Rouse 公司在 1987 年 4 月启动的湾畔市集广场，现已成为迈阿密—代德县首要的旅游吸引物。它吸引了来自佛罗里达州南部和全球的超过 1.2 亿游客。大迈阿密会议与旅游局（The Greater Miami Convention and Visitors Bureau）已多次将湾畔市集广场认定为迈阿密—代德县的第一大旅游吸引物。《佛罗里达趋势》（*Florida Trend*）杂志最近发表了一篇报道，称湾畔市集广场是佛罗里达州第五个游客接待量最多的景点。

湾畔市集广场在其南北两个亭区和第 5 码头市场设有近 140 家供应各种商品的商店。另外，该地的硬石咖啡厅和另外 9 家全服务型餐馆提供意大利式、加勒比式、西班牙式、尼加拉瓜式、古巴式以及美国式等各式菜品。该地的国际美食苑（International Food Court）中设有 20 家快餐店，为频繁往来的游客提供服务。湾畔市集广场同时也是该地唯一一处全年每天都提供免费音乐会的娱乐场所。

明尼苏达州布卢明顿的**美国购物中心**（Mall of America）是美国最大的购物中心。事实证明，它是一个真正的旅游景点。现在，明尼苏达州和附近各州的短途公交客运旅行线路都把该购物中心作为其包价产品中的一个目的地。这个购物中心对孩童尤其具有吸引力，因为这里出售乐高公司生产的拼装式玩具空间站、恐龙、中世纪城堡以及其他奇特玩具。他们还能游览诺氏百乐园的“史努比营地”（Camp Snoopy），可以乘坐多种游乐设施。该购物中心的娱乐表演区设有 14 个剧院，外加一个喜剧俱乐部、多个体育主题酒吧以及各种夜总会。

当你在加拿大艾伯塔的**西埃德蒙顿购物中心**（West Edmonton Mall）购物时，你可以观赏海底的鲨鱼，体验古罗马的幻境，或者在火山附近的一个充满泡泡的温泉中做泡浴。这个购物中心是世界上最大的购物中心。它甚至还设有按照原尺寸大小复制的哥伦布的“圣玛利亚号”（Santa Maria）航船、轮盘赌的转轮、“冰宫”（Ice Palace），当然还设有几百家商店和一些主题乐园。它是艾伯塔的第一大旅游景点，每年吸引 2 100 万游客前往。世界闻名的班夫国家公园（Banff National Park）每年吸引 400 万游客。

厂家直销购物中心（outlet shopping malls）已成为美国和国际旅游者的主要吸引物。厂家直销店是零售业中增长最快的部分。大约有 325 个直销中心散布在美国，占地超过 5 000 万平方英尺。有 13 000 多家商店是工厂直销店。“索格拉斯米尔斯”（Sawgrass Mills）就是一个直销购物中心。它是位于佛罗里达州森赖斯的一座占地 190 万平方英尺的综合性设施。据其开发商米尔斯公司（Mills Corporation）称，它是佛罗里达州将零售和娱乐结合在一起的最大的购物娱乐中心，也是该州仅次于迪士尼世界的最受游客欢迎的吸引物。每年顾客接待量为 2 500 多万人，其中大约有 700 万购物者来自国外。

为了尽量方便游客购物，很多度假村和饭店都设有商店，主要出售礼品，尤其是当地的手工艺品和艺术品。在每个能成功地迎合旅游者的地区购物场所中，都设有出售能引起游客特殊兴趣的物品或高质量的礼品和纪念品的商店。连锁饭店和汽车旅馆公司也开设了礼品商店作为其经营项目的一部分。而机场事实上已经成了购物中心。

□ 本章小结

提供景点、娱乐表演、购物和其他产品与服务的企业和组织构成了旅游业的主要部分。比如，单纯以娱乐为目的的旅行就占了美国所有旅行的 1/4。旅游者可参与很多活动，机会很多。

迪士尼乐园和环球影城这类主题公园每年都吸引着成千上万的游客，并且大多数主题公园的游客人数仍在稳步增加。博彩也是一个成长中的产业，如今除了内华达州和新泽西州，博彩在美国其他各州已经合法化，并且参加者人数仍在上升。公园的规模和类型各有不同，它们为当地居民和游客的娱乐需要提供服务。国家公园对于国内和国际游客都有着特殊的吸引力。国家森林非常受欢迎。通常位于公园中的动物园、雨林和水族馆，在吸引当地居民的同时，也吸引着上千万的旅游者。一个新的发展是在动物园中再造热带雨林，内布拉斯加州奥马哈的利德莽林就是一个典型的例子。

购物仍将是一个主要的吸引物。场面壮观的购物中心，如明尼苏达州的美国购物中心以及加拿大艾伯塔的西埃德蒙顿购物中心，都已经成为旅游目的地。它们内设种类繁多的娱乐设施以及很多商店。节庆和盛事是强有力的且日益重要的吸引物。大型盛会如奥林匹克运动会的承办权对于一个城市是难得的奖赏。地方性节日的知名度一旦扩大，往往就能吸引更多的游客。

□ 重点概念

水族馆（aquariums）　景点（attractions）
节庆（festivals）　盛事（events）
博彩或博彩业（gambling or gaming industry）
国际游乐园与景点协会（International Association of Amusement Parks and Attractions）
现场娱乐表演（live entertainment）　美国购物中心（Mall of America）
国家森林（national forests）　美国国家公园管理局（National Park Service）
奥林匹克运动会（Olympic Games）　直销购物中心（outlet shopping malls）
公园（parks）　雨林（rain forests）
娱乐（recreation）
休闲用车行业协会（Recreation Vehicle Industry Association）
购物（shopping）　主题公园（theme park）
西埃德蒙顿购物中心（West Edmonton Mall）
动物园（zoological parks）

□ 互联网练习

为了方便读者，本章中所提及的互联网网站连同其他一些相关网站，一并列在为本书伴

设的网站上：www. wiley. com/college/goeldner。

练习 1

网站名称：迪士尼世界

网址：www. disneyworld. disney. go. com

背景信息：该网站提供了你所需要的一切，可以去计划你在迪士尼世界度假村的度假。你可以利用这个网站来安排所有与迪士尼有关的活动。

网站名称：Guide to Theme Parks

网址：themeparks. about. com

背景信息：提供全球主题公园和游乐园的链接。

网站名称：Recreation. gov

网址：www. recreation. gov

背景信息：Recreation. gov 可提供有关美国娱乐的一站式信息。该网站提供来自所有美国土地管理部门的信息，旅游者可以按照州、管理部门或者按照娱乐活动内容对娱乐区域进行搜索。

网站名称：美国国家公园管理局

网址：www. nps. gov

背景信息：1916 年 8 月 25 日，美国总统伍德罗·威尔逊（Woodrow Wilson）签署法令，在内政部设置美国国家公园管理局这一新的联邦机构。美国国家公园管理局的基本目标是保护景观、自然和历史遗产以及公园中的野生动植物，同时以不损害后代享受权利的方式使人们享受国家公园带来的乐趣。

练习内容

（1）上述网站在旅游业中发挥什么作用？这些网站如何鼓励人们外出旅游？

（2）从上述网站中选择一个商业化的目的地以及一个由政府资助的目的地，描述它们之间的区别。这些地点/场所会吸引哪些人？

练习 2

网站名称：国际游乐园与景点协会

网址：www. iaapa. org

背景信息：国际游乐园与景点协会成立于 1918 年，是全球最大的永久娱乐设施国际行业协会。

练习内容

（1）游乐园行业中有哪些类别的就业机会？

（2）什么是演艺大使计划？

□ 复习与讨论题

1. 列举出景点和娱乐场所越来越受欢迎的几个主要原因。
2. 这些原因作为娱乐旅游的激励因素有多重要？
3. 如果你正在规划一个目的地型的度假村，你会在何种程度上关注它的娱乐特征？
4. 主题公园为什么会如此彻底地改变了游乐园行业？
5. 找出主题公园的主要吸引力，说明它们的发展趋势。
6. 美国博彩业的发展方向如何？
7. 拥有旅游汽车只是一种流行一时的时尚吗？
8. 最有名的国家公园在哪里？选择不同的国家。

9. 大型的新购物中心是否应该设一个旅游主管？

10. 假设你的公司正考虑在密苏里州的布兰森修建一座新剧院或一个新的景点，你会从哪里寻找信息和数据？需要哪种数据？

11. 列举出某地主办一个随后能具有较大市场的节日对当地居民的好处。

12. 将国家森林作为娱乐资源进行评价。

□ 案例题

美国的很多州碰到了预算困难。很多立法机构正在考虑将赌博合法化。一些州已经这样做了。作为一名州议员，为了支持本州的预算，你已决定通过立法使赌博合法化。你支持此议案的论点是什么？你预计会有什么反对意见？

□ 注　释

[1] NGISC, *The National Gambling Impact Study Commission Report* (Washington DC: NGISC, 1999) and govinfo.library.unt.edu/ngisc.

[2] National Park Service, *Statistical Abstract 2009* (Denver,CO: NPS, 2010).

[3] Daniel Stynes, *Economic Benefits to Local Communities from National Park Visitation and Payroll, 2009* (Fort Collins, CO: National Park Service, January 2011) and www.nature.nps.gov/stats.

[4] National Sporting Goods Association, *Sports Participation in 2009* (Mt. Prospect, IL: NSGA, 2010).

[5] Adventure Travel Trade Association, *Adventure Travel Market Report* (Seattle: ATTA, 2010) and www.adventuretravel.biz.

第三部分

理解旅游行为

说明：图为旅行者通过机场中央大厅。Copyright © PhotoDisc,Inc.

第 9 章

消遣旅游的动机[1]

学习目的

- 了解研究动机的方法，认识旅游动机因人而异。
- 了解对旅游动机的各种认识，包括旅游动机的研究史以及有关的心理学理论。
- 了解将动机与旅游目的地特色评价相结合的当代旅游调研方法。
- 熟悉旅游动机的研究角度，了解对该领域的认识仍在继续发展和深化。

导　言

旅游经营者若想取得成功，就必须理解旅游消费者的动机。历史为我们研究旅游消费者行为提供了借鉴。即便是那些原本是受精神激励而外出的中世纪朝觐者，在其长途旅行中有时也会抵抗不住各种世俗的诱惑！同样，虽然十字军将士的动机有可能是神圣的，但他们也常常需要寻求一时的欢乐。所以，从古至今，那些精明的经营者都懂得理解旅游心理学的重要性。这类旅游**动机**（motivation）研究所涉及的内容包括旅游者的动机、决策、对产品的满意度、对度假体验的总体认可程度、在度假环境中的愉悦程度，以及旅游者与当地居民的互动。简而言之，旅游者外出旅游的原因很多，其中包括出于宗教信仰、追求社会地位、逃避压力以及开阔眼界等方面的目的。**马斯洛**（Maslow）的**需要**（needs）层次理论有助于人们认识到外出旅游可满足不同的需求。如果将这些概念置于一定的背景下进行考察，就可以告诉我们，游客将会如何选择与其个人心理动机相适应的旅游活动及**旅游体验**（tourism experience）。

聚焦旅游消费者

很多研究旅游者行为的学生和分析人员在试图评价旅游动机时，都会面临这样一个问题：虽然很多热衷于外出旅游和度假的人都能够表达自己的出游动机，但问题是，我们不能就此假定其他人外出旅游也是受同样因素激励。本章将介绍一些有关消遣**旅游动机**（travel motivation）的观点、概念及研究现状，希望读者对旅游动机能有一种专业的认识，并认识到人们的出游行为未必都是受同样的社交需要、文化需要或生理需要所驱使。

对旅游消费者的专业认识是旅游业得以成功经营的核心所在。如果旅游业的各有关方面都能满足旅游消费者的需要，那么在资金投入与管理投入适当的条件下，旅游业就有可能实现成功经营。因此，如果主题公园能够满足游客的各种需要，如果乡野旅馆能够为游客提供其所期望的各种食宿服务，如果探险型旅游产品的经营者能够组织激流泛舟之类令人兴奋的探险之旅，那么旅游业的成功经营便有了基础。当旅游消费者的期望得到满足或被超越的时候，他们就会倾向于重复购买，进行积极的口碑宣传，旅游经营者也就能够维持甚至提高其现有服务的价格水平。显而易见，旅游**消费者**（consumers）对旅游业经营来说至关重要。

理解旅游消费者的需要这一课题属于旅游者行为心理学研究领域。这一领域所涉及的研究内容包括：旅游者受哪些因素激励，他们如何进行决策，他们如何评价其购买的产品，他们在整个度假期间享受了多少、学到了多少，他们如何与当地居民和环境进行互动，以及他们对自己的度假经历满意度如何，等等。

提出问题

旅游动机是研究旅游者行为心理学的基本出发点。这一问题常被简单地表述为：人们为什么会外出旅游？社会科学研究的经验之一便是要学会提出恰当的问题——也就是说，对于我们认识世界来说，要学会去问那些具有刺激性和挑战性且只有在我们具备了足够的专长和信息从而增加了我们的知识之后才能回答的问题。“人们为什么会外出旅游”并不是一个好的问题，相反，我们真正需要问的是：为什么特定的群体会选择特定类型的度假体验？这一更为具体的问题会使我们将注意力集中于不同群体间及其所寻求的体验类型间的共性与差异性。应当注意的是，我们这里强调的是人们对特定旅游体验的希冀，而不是假定诸如拉斯韦加斯或中非等旅游目的地都只能提供一种体验来满足旅游者的旅游动机。相反，旅游目的地可提供多种类型的度假体验，因而那种认为各种各样的度假胜地——诸如各种城市或国家——仅仅能吸引一群只有少数几种动机的游客的看法是片面的。本章的标题“消遣旅游的动机”，明确道出了本章关注的焦点。但值得注意的是，目前也有大量的调研和实践机会可供我们去加深对商务群体、体育群体以及其他游客群体出游动机的理解。[2]

背景

有三个方面的知识来源可帮助我们回答有关旅游动机的问题：首先是有关旅游者和旅游活动的历史记载与文学作品；其次是**心理学**（discipline of psychology）长期以来为理解和解释人类行为而进行的尝试，它可为我们研究旅游动机提供大量的素材；最后是业界研究人员的有关研究，特别是那些曾参与游客调查工作的人员所作的研究，它们也可为我们认识旅游动机提供某些启发和借鉴。

历史记载与文学作品

对于为什么数百年来一直存在旅行或旅游活动，历史学家作过一系列的解释。卡森[3]（Casson）和沃尔夫[4]（Wolfe）曾指出，雅典和罗马社会的富有阶层都拥有自己的避暑地，他们常常去那里度假，以躲避城市的酷暑，并纵情于以大肆吃喝为风气的社交生活。罗马社会的稳定允许其公民参与长途旅行并享受其中的乐趣。安东尼（Anthony）曾写道，游览埃及的名山并从这些地方收集纪念品当时是一种为人们普遍景仰的、可显示社会地位的活动。[5]如果说在古罗马时期所流行的是诸如逃避压力、开展社交、了解社会差异之类的动机，那么从我们的历史学家们的观点来看，中世纪朝觐活动的出现可看作新添了一种严肃型的出行动机。最初的朝觐活动基本上都是出于宗教动机而去拜访某些宗教圣地。旅行者为了寻求神的庇佑或恩赐，长途跋涉去祭拜他们的神。罗林（Rowling）曾记载过，到了中世纪后期，尽情狂欢和大吃大喝成为伴随朝觐旅途的主要现象，朝觐人群中的“纵欲生活”已非秘闻。[6]朝觐之遗风对于理解现代旅游者的出游动机并非毫无帮助。朝觐活动提升了外出旅行在人生中的重要地位，并造成这样一种认识：某些重点朝拜场所或吸引物对来访者具有长期的精神恩泽。无论如何，繁荣时期和宗教时期是经常联系在一起的。

说明：对于前往国家公园和野生动物保护区旅游的游客来说，能够在自然环境中看到珍稀的秃头鹰是一件令人兴奋的事情。

大游学（Grand Tour）的出现进一步增加了旅行活动的严肃性。大游学是英国都铎王朝时期旨在训练年轻的宫廷贵族而开展的活动。到了18世纪末，大游学被赞为青年人接受最后阶段教育的理想课堂。这一情形与人们对当代青年旅游所作的分析如出一辙。[7]

19世纪中叶，工业化、城市化的发展以及交通运输方式的改进，使得外出旅游进入了中产阶级的生活，对铁路旅行和温泉疗养的崇尚成了社会地位和等级意识的突出表现。[8]身为首批旅游学者之一的平洛特（Pimlott）在1947年写道，“在当今世纪，外出度假已成为一种狂热……对很多人来说，外出度假是其生活中的主要目标——全年中的其他时间都在为外出度假而攒钱和谋划，并回味自己度假期间的享受”。[9]

当然，当今的旅游是一种世界范围的现象。各地在旅游环境、文化以及在所吸引的游客类型等方面存在很大的差异。然而，上述简短历史回顾中所提到的一些主要动机——比如逃避压力、文化探奇、精神追求、教育求知、社会地位等——在任何对当代旅游活动的归纳中肯定都会有所涉及。

文学家和职业旅游作家对当代很多旅游现象都曾有过颇具文采的描述。他们对其自身以及对他人旅游动机的解释都出于主观看法而非专业认识，尽管如此，仍可作为我们理解动机问题的一个背景。美国著名作家约翰·斯坦贝克（John Steinbeck）将外出旅游比喻为一种“瘙痒症”或者“旅游虫”，会定期地驱使一个人“到别的地方去”。另外，在文学方面，历来就有通过外出旅游去发现自我的主题。这类主题曾出现在奥维德（Ovid）、乔叟、斯宾塞（Spenser）以及丁尼生（Tennyson）等人的早期作品中，也出现在20世纪文学家凯鲁亚克（Kerouac）、福里斯特（Forster）、劳伦斯（Lawrence）、海明威（Hemingway）以及康拉德（Conrad）等人的作品中。在过去20年中，一些职业旅游作家——比如保罗·瑟若克斯（Paul Theroux）、简·莫里斯（Jan Morris）、艾里克·纽比（Eric Newby）——在其有关旅游者旅游动机的分析中也都强调了“发现”与“好奇”这两种类型。

历史记载与文学作品中很多对旅游动机的认识都可以借助心理学的动机理论得到补充。

心理学理论的贡献

作为一个独立的研究领域，心理学通常被认为起源于1879年威廉·冯特（Wilhelm Wundt）在德国创建的第一个行为科学研究实验室。在研究人类行为的过程中，心理学家频繁提到人类动机这一主题。人类动机研究的范围之广令人印象深刻，不仅包含人类生理和神经系统方面的详细研究，而且包含具有社会学和人类学导向的研究方法。

说明：欣赏未受污染的自然美景是一种强有力的旅游动机。这些男孩子正站在岩石上俯瞰津巴布韦的维多利亚瀑布——南部非洲最著名的自然景点之一。

很多著名的心理学理论中都有重点阐述动机问题的内容。在很多例子中，对动机的讨论或研究都作为某一理论的组成部分，用于理解人的个性，或者简单地说，用于理解究竟是哪些东西导致了个体行为差异。表9—1对一些涉及动机问题的主要心理学理论进行了归纳。值得注意的是，这些心理学研究者和思想家在形成这些认识时并未直接考虑旅游动机。尽管如此，该表第三列中所列出的若干种需要和动机对于回答为什么特定旅游者群体会寻求特定类型的度假体验这一问题，或许会有用处。

表9—1　心理学理论及其研究中的人类动机与需要[a]

理论家/研究者	理论方法	所强调的动机或需要
西格蒙德·弗洛伊德（Sigmund Freud）	精神分析理论	对性的需要，对进取的需要；强调无意识的需要。
卡尔·荣格（Carl Jung）	精神分析方法	对唤起的需要，创造和自我实现的需要。
阿尔弗雷德·阿德勒（Alfred Adler）	改良精神分析	对胜任能力的需要，对克服不胜任的控制能力的需要。
哈里·斯塔克·沙利文（Harry Stack Sullivan）	改良精神分析	对认可和爱的需要。
卡伦·霍妮（Karen Horney）	改良精神分析	控制焦虑的需要，对爱和安全的需要。
克拉克·赫尔（Clark Hull）	学习理论	缓解压力的需要。

续前表

理论家/研究者	理论方法	所强调的动机或需要
戈登·奥尔波特 (Gordon Allport)	人格特质理论	重复内在的令人满意的行为的需要。
阿尔贝特·班杜拉 (Albert Bandura)	社会学习理论	对自我效能或个人掌控的需要。
戴维·麦克莱兰 (David MaClelland) 约翰·阿特金森 (John Atkinson)	社会方法	对成就的需要。
卡尔·罗杰斯 (Carl Rogers)	人本主义	对自我发展的需要。
亚伯拉罕·马斯洛 (Abraham Maslow)	人本主义	生理需要、安全需要、爱和社交需要、尊重需要以及自我实现需要组成的需要层次。
伯莱因 (D. E. Berlyne)	认知方法	满足好奇、寻求精神刺激的需要。
罗姆·哈里 (Rom Harré)	社会哲学	赢得他人尊重、避免他人歧视的需要。
斯坦利·科恩 (Stanley Cohen) 劳里·泰勒 (Laurie Taylor)	社会学理论	逃避的需要，对兴奋和意义的需要。
乔治·凯丽 (George Kelly)	个人建构理论	预测和解释世界的需要。
米哈伊·奇克森特米哈伊 (Mihaly Csikszentmihalyi)	人本主义方法	对巅峰体验的需要。

a. 为清晰起见，表中未明确区分动机（motives）和需要（needs）这两个术语。有些作者倾向于认为需要主要是基于生理方面，而动机则比较强调社会取向。

除历史记载和文学作品中所提到的那些旅游动机之外，这些**心理学理论**（psychological theories）在旅游动机研究中的直接应用又增添了一些新的动机。这些动机包括：个人控制、爱、性、胜任能力、压力缓解、唤起、成就、得到认可、个人发展、受尊重、好奇、安全感、求知、自我实现等。

目前的市场调研做法

对旅游动机的理解也可以通过考察旅游者调查中所提出的各类动机问题加以实现。有些在世界各地都已标准化的基本的调查问题仅涉及旅游动机的大致分类，并且只限于作出诸如“你外出旅游是出于商务原因，还是出于度假、探亲访友、参加会议或其他方面的原因”之类的区分。

较为具体的市场调查问题通常出现在针对“旅游的好处”或外出旅游的利益回报而开展的研究之中。这些好处或利益回报可看作与旅游者外出旅游的动机相关联的结果或满意度。

在一项有关旅游好处的典型研究中，洛克尔和珀杜（Loker and Perdue）对到北卡罗来纳州旅游的游客进行了调查，并对他们所陈述的12种好处作了因子分析。[10]根据因子分析和聚类分析的结果，他们认为，从度假经历中获得不同类型好处的人可划分为六个细分市场：

1. 那些强调刺激和逃避兼而有之的人。
2. 单纯追求刺激的人。
3. 探亲访友取向型群体。
4. 自然主义者（那些欣赏自然环境的人）。
5. 强调逃避本身之价值的群体。
6. 希望获得上述所有好处的群体。

这类研究所反映的是对某一特定旅游目的地的来访游客满意度的归纳。一些学者在不同的背景下以稍有不同的利益分类也进行了这一研究。因此，这类研究不再只是单纯分析旅游动机，而是强调只有在一定的背景下去分析旅游动机才会有意义，才会有助于我们理解旅游动机在旅游研究中的重要性。因此，虽然心理学理论以及历史/文学作品中列出了一系列可能的旅游动机，但是只有在特定的具体背景下，对旅游动机的理解才有意义——也就是说，当人们描述他们为什么会去寻求某些旅游度假体验时，对旅游动机的理解才有意义。

市场调查公司经常向潜在旅游者提供一系列的调查选项，因为它们认为这些选项与人们为什么会去某些旅游目的地旅游这一问题相关。在评价这类工作时，埃希特纳和里奇（Echtner and Ritchie）根据14项具有代表性的旅游目的地形象研究中所涉及的目的地特质，总结出一份内含34项特质的清单。[11]在这34项特质中，有24项特质至少在3项目的地形象研究中使用过。这类清单中的列项往往是**目的地特质**（destination attributes）与旅游者动机的混合。表9—2是其中的一个例子。该表源于美国和加拿大旅游权威机构在整个20世纪80—90年代期间所作的一次主要市场调查，即“消遣旅游市场调查”。调查内容包含一系列的旅游理念（等同于旅游动机）和驱动人们来访的目的地特质（目的地特色）。表9—2中属于旅游动机的条目用黑体字表示。

表9—2　驱动澳大利亚旅游者出境旅游的旅游目的地特质

（与旅游动机相应的陈述用黑体字表示，其他为目的地的特质）

条目	重要性程度的打分均值[a]
去以前没有去过的地方	**3.26**
独具一格的风景	3.16
结识未曾见过的和不同的人	**3.11**
增长个人知识的机会	**3.10**
令人感兴趣的乡村风光	3.10
价有所值的旅游目的地	3.01
个人安全	**3.01**
艺术和文化吸引物	2.98
公共交通，例如航空运输	2.97
体验新鲜的、不同的生活方式	**2.97**
娱乐	**2.92**
卫生和清洁标准	2.89
拜访亲朋好友	**2.86**
历史的、考古的或军事的遗址、建筑及地点	2.85
只是为了放松身心	**2.85**
逃避日常琐事	**2.85**
全家人一起活动	**2.84**
去该国旅游费用低廉	2.79
唯一最划算的地方	2.78

续前表

条目	重要性程度的打分均值[a]
行前/在该地逗留期间都可获得充分的旅游信息	2.78
可以用英语沟通	2.72
该国国内的旅游费用低廉	2.71
宜人的天气	2.69
品尝新食物	**2.67**
购物	2.66
容易获得签证	2.61
去观赏自然生态地区（森林、湿地等）	2.59
归来之后可以谈论该次经历	**2.55**
结交与自己志趣相投的人	**2.55**
给繁忙的工作增添一点变化	**2.47**
独特的或与众不同的土著文化群体，例如爱斯基摩人和印第安人	2.45
容易兑换货币	2.40
远离家的束缚	2.36
令人心动和刺激的事物	2.33
异域风情	2.30
独特的或不同的移民文化	2.27
自驾游很便利	2.25
当地有人组织价格便宜的短途游览	2.24
空气、水、土壤等方面环境质量高	2.24
尽情地奢侈一下	**2.20**
访问祖籍之地	2.19
有供全家一起开展的活动	2.16
去我的朋友们没有到过的地方	1.97
能用外语进行沟通	1.96
户外活动	1.92
体验一种简单的生活方式	**1.91**
什么事也不做	**1.83**
锻炼和增进身体健康的机会	1.55
苦中作乐	**1.50**

a. 4＝非常重要；1＝一点也不重要。

虽然这种将旅游动机与目的地特质混在一起列表的做法在一些试图解释旅游目的地吸引力的研究中很常见，但这种列表具有一定的局限性。特别是，其列项内容不可能包罗万象；它们反映的可能只是研究者的偏好；它们可能不会探究各种各样的目的地特质或游客访问原因的相对重要程度，因而错误地假定所有的原因都同等重要（虽然表 9—2 中的情况不是如此）。此外，这类列表也往往不会考虑目的地特质间的相互关联情况。例如，“隐居”与“动感夜生活”这两项特质便可能相互排斥。

说明：与家人一起乘火车旅行是一种令人满意的度假体验。Copyright © 2001 Amtrak. Photo provided as a courtesy by Amtrak.

对理论的需要

上述对旅游动机所作的评述强调指出，有三种信息源可提供人们外出旅游的动机。对于可能的旅游动机，人们可列出很长的一大串，并可涉及从兴奋、唤起到自我发展、个人成长等一大批不同的需要。此外，对有关目的地形象研究中现行市场调研做法所作的简要回顾表明，关于旅游目的地的特质表现，人们还可进一步列出很多。这些特质有可能会被认为是旅游动机与目的地特质的混合体。

社会科学研究中的理论或模型通常都是对某一领域中的知识所作的总结或重组。有时，理论能够提供一种新的视角，并有助于预测人类行为及其研究的未来方向。旅游动机研究领域需要有理论指导。对各种各样的旅游动机需要进行归纳；需要将其与其他相关领域的探讨，如旅游目的地形象研究联系起来；需要挑战和深化我们目前的理解。皮尔斯（Pearce）曾概括指出，一种优秀的旅游动机理论需要具备七项特征[12]（见表 9—3）。

表 9—3　　一种优秀的旅游动机理论需要具备的条件

要素	解释
1. 理论的作用	必须能够对现有的旅游者需要进行整合与重组，并能够为将来的研究指明新的方向。
2. 理论的归属与感染力	必须为专业研究者所认可，适用于旅游业环境，并且营销者和消费者都认为可信。

续前表

要素	解释
3. 容易传播	对潜在使用者来说，该理论必须能够比较容易理解，并且其应用必须具有普遍性（而不是专门针对某一国家）。
4. 测量旅游动机的能力	必须经得起实证研究的检验。在作目的评价时，该理论能够用于设计有关的问题并预测可能的回答。
5. 多元动机而非单一动机	必须考虑到旅游者可能会寻求同时满足多种需要。必须能够为旅游者的需要格局建立模型，而不是仅考虑一种需要。
6. 观点能动而非静止	必须承认个体和社会都会随时间发展而不断变化。必须能够考虑旅游领域中不断发生的变化，或者为这些变化建立模型。
7. 外在与内在因素的作用	必须能够考虑到旅游者主要受各种内在的自我满足目标所激励，在其他一些时候也会受外在的、由社会控制的回报（例如，别人的看法）所激励。

斯坦利·普洛格（Stanley Plog）所做的工作可谓是旅游动机研究的一个开端。[13] 其研究成果经常被不加批判地当作研究旅游动机的主要方法。该研究成果强调按心理类型标准——从自我中心型（非冒险型，内向型）到多中心型（冒险型，外向型）——对旅游者进行分类。普洛格宣称，美国人口一般都是在这两个极端心理类型之间呈连续统分布。这一方法具有重要的历史意义，因为它提供了有关旅游动机的一种组织理论。然而，它不能满足表 9—3 中列出的很多标准，仅能对旅游动机提供一种单因素的、静态的、外在的解释，因而显然是有缺陷的，至少在其问世之初如此。1991 年，这一理论又在自我中心—多中心维度的基础上添加了第二个维度，即“有活力—无活力”（energy versus lethargy）维度，因此形成了一种由四个部分组成的分类体系。尽管如此，由于其研究对象仅是北美居民，因而这种方法仍有局限性，它既未能考虑多元动机行为这一问题，也未提供具体的测量细节，或者说没有考虑旅游动机在旅游者生命周期不同阶段的动态特征。

一些新出现的有关旅游和消遣娱乐动机的理论则可满足表 9—3 中的很多标准。其中尤以伊索-阿霍拉（Iso-Ahola）提出的内在动机—最佳唤起理论[14] 和皮尔斯提出的旅游需要模型[15] 最具代表性。这些理论的提出都为旅游动机领域的研究增添了新的观点。

伊索-阿霍拉认为，旅游和休闲行为是在一个存在最佳唤起和不协调的框架内发生的。也就是说，虽然所有个体都会寻求不同程度的刺激，但他们也有共同需要，即要么是避免刺激过度（身心疲惫），要么是避免刺激太少（乏味无聊）。人们对休闲的需要会随着所处生命周期阶段的变化、所处地点的变化以及社交伙伴的变化而发生变化。他建议调研人员在开展休闲动机调查时，所设计的调查问题应尽量结合有关活动的实际参与时间，并且他还强调，应注意参与者在确保实现自己满意方面的自我把握感和自我胜任感的重要性。

由皮尔斯及其同事提出的**旅游需要模型**（travel-needs model）明确针对着旅游者及其动机，而不是像伊索-阿霍拉所作的研究那样，针对宽泛的休闲行为。这一旅游需要模型认为，人们的旅游行为有其发展轨迹，这一轨迹反映了其出游动机的层次变化。出游轨迹这一概念与一个人的职业生涯相类似：人们可能会起步于不同的层次；随着生命周期阶段的发展，他们有可能会改变其层次；而且他们的出游轨迹会受到支付能力、健康状况、他人影响等因素的制约。

在旅游需要模型或出游轨迹模型中，各阶段或层次的连接可被比喻成一个梯子。

说明：乘坐三桅小帆船沿尼罗河扬帆而行是一种将户外消遣、文化体验和自然美景集于一身的旅游活动。
Photo courtesy of the Egyptian Tourist Authority.

这一观念的提出是基于马斯洛的需要层次理论。[16] 通过扩展和延伸每一梯层上所涉及的具体需要的范围，皮尔斯得出了一份囊括一系列不同心理需要和动机的综合性图表（见图 9—1）。其中，每一梯层都与马斯洛最初提出的理论相吻合。旅游需要阶梯的最早版本保留了马斯洛的观点，即个体在转到某一较高梯层之前，较低梯层的需要必须已经得到满足。按照这一逻辑，在旅游过程中，关注于发展和扩大自身人际关系即有**社交需要**（relationship needs）的旅游者也会有**安全需要**（safety/security needs）和**生理需要**（physiological needs），但可能不会特别关注其**自尊需要**（self-esteem）和**自我发展需要**（self-development）。近来对该模型仍在进行的修订工作不太强调对需要的层次进行严格划分，而是更多地强调动机的变化格局。非常重要的一点在于，这一旅游需要阶梯论所强调的是，人们对寻求旅游体验会同时怀有若干动机。例如，某一游客有可能会在享受舒适安全的环境、取悦孩子、营造家庭团聚经历以及增长有关加拿大文化的知识等多种动机的驱使下，前往加拿大参加卡尔加里牛仔节（Calgary Stampede）。也就是说，若干不同层次的旅游需要共同促成了旅游动机的多元化格局。这一灵活性和多样性表明，人们的旅游动机可能会随着时间和情境的变化而变化，因而同样还是这名游客在去英国访问时，所重点强调的有可能是了解文化和满足好奇心方面的动机，而不再是人际关系和家庭发展方面的动机。

在旅游需要模型中，旅游目的地被看做可实现多种不同度假体验的背景或场所。旅游者的动机会影响他们对旅游目的地的期望，因而旅游目的地会调整其接待能力，以便能够提供若干不同的旅游体验。总之，旅游者不会去访问那些所有情况都千篇一律的旅游目的地，而是去访问那些可在其提供的多种活动和度假体验中进行自由选择的旅游目的地，以满足自己的心理需要和动机要求。

旅游需要模型对旅游行为所作的动态、多元的动机解释，有助于我们对旅游活动

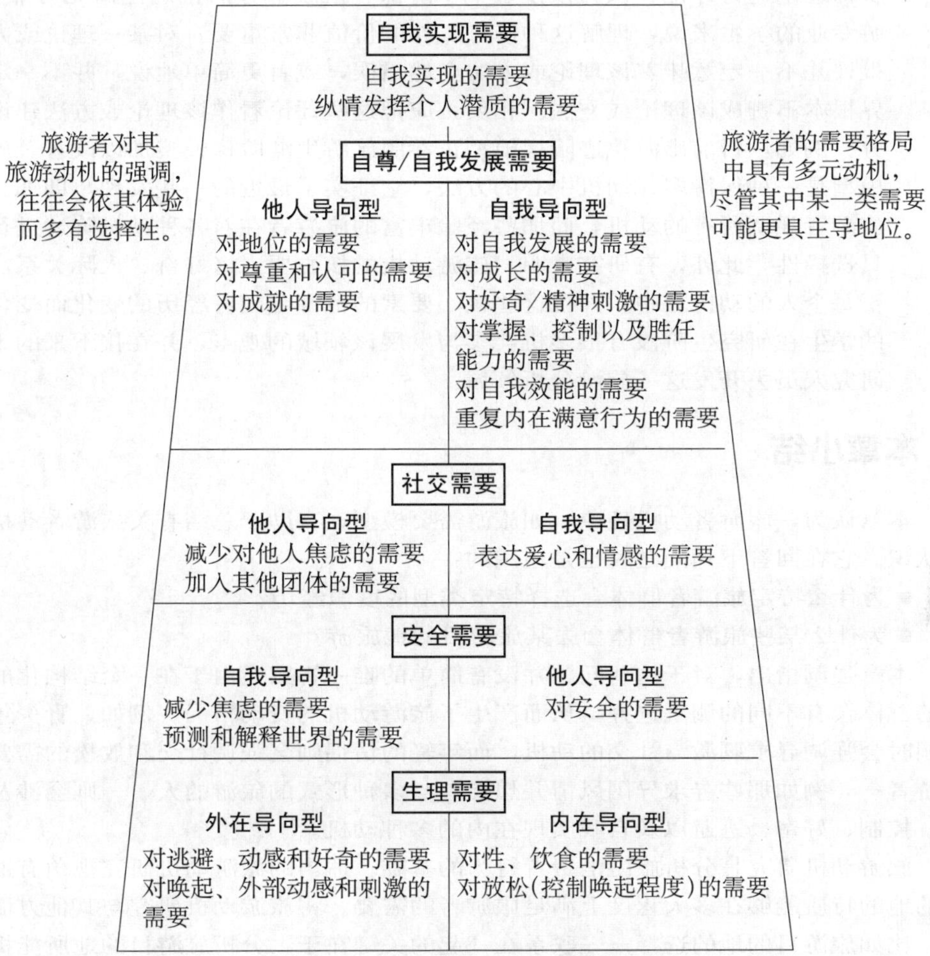

图 9—1　旅游需要阶梯模型

说明：几乎所有旅游者的“核心”需要似乎都包括人际关系、好奇和放松。

的理解。这一模型可用作评价旅游者动机的指导蓝图，要求就特定的环境对具体问题进行具体分析。也就是说，这种背景或环境有助于构思以什么样的方式提出旅游需要阶梯中所涉及的问题。皮尔斯和德莫特（Pearce and Dermott）曾以主题公园为背景，运用这一旅游需要阶梯理论去解释不同旅游消费者的出游动机。[17] 所谓具体问题具体分析，是指他们通过选取旅游需要阶梯中的有关部分（例如，生理需要以及对刺激的需要），询问被调查者对在主题公园中开展骑马和探险活动的看重程度。同样，也可以询问他们对与朋友结伴来访的看重程度。这样，便可以通过把动机调查与其他方面的旅游研究联系在一起，去确定游客来访主题公园的动机范围。

动机模型的开发

在社会科学研究中，由普洛格、伊索-阿霍拉和皮尔斯（以及其他在本章中未详细列出的学者）提出的各种旅游动机理论并非静态的或最终的结论。普洛格最初于 1973 年提出的模型在 1991 年得到了更新，并且毫无疑问，这一模型在其主要应用的旅游咨询领域中仍在进一步的修订中。同样，瑞安（Ryan）曾对皮尔斯的旅游需要阶梯理论进行评论，认为该模型中“阶梯”组成部分的正确性尚无可靠证据。[18]对旅游专业的学生来说，理解这种修订工作的价值非常重要。对某一理论或方法的评论和批评并不一定意味着该理论或方法全然错误，或者更简单地说，并不一定意味着学术界根本不赞成该理论或方法。相反，应把这些评论看作该理论或方法建设过程的一部分。例如，目前出游轨迹阶梯模型正参照旅游生涯阶梯模型加以改善。旅游生涯阶梯模型是一种保持多元动机中心的方法，它证实了最近的一些发现，即那些经验不足的旅游者强调所有的动机，而那些经验丰富的旅游者在对各种动机陈述进行打分时会更具选择性。此外，有研究表明，旅游动机的核心要素（好奇、人际关系、放松）存在于每个人的动机之中，并且这些核心要素的范围会随着经历的变化而变化。旅游专业的学生在研究生阶段有很多机会参与发展该领域的观点，并在接下来的十年中，作为研究人员去开发这一旅游分析领域。

□ 本章小结

本章认为，旅游者动机理论，如旅游需要模型，有助于总结有关旅游者动机的现有陈述和认识。它在回答下列问题时也是适用的：

- 为什么特定旅游者群体会选择特定类型的度假经历？
- 为什么某些旅游者群体会去某旅游目的地旅游？

本章强调指出，对于这些问题并没有简单的唯一答案。由于在一套结构化的答案中，不同的群体会有不同的侧重选择，从而产生了旅游动机的变动格局。例如，青少年在访问主题公园时会强调寻求刺激与社交的动机，而年轻的情侣则会强调社交和放松的需要。而其他的旅游者——例如那些寻求异国风情并想要参与多种形式的旅游的人——则会涉及包括个人发展、控制、好奇、逃避以及自我实现在内的多种动机。[19]

旅游动机研究是分析旅游消费者行为的基础。适当的旅游动机研究视角有助于理解旅游目的地的特质能够在多大程度上满足旅游者的需要。将旅游动机研究与其他方面的旅游研究——比如旅游目的地的选择——联系在一起的关键在于：分析旅游目的地所能提供的活动与旅游目的地能够满足旅游者动机的活动之间的异同。所以，如果旅游者的强烈动机在于增加对目的地艺术和历史的了解，而该地又有保存完好、质量很高的文化吸引物，那么他们很可能会感到满意。相反，匹配失当的情况也有可能发生，例如，某一不走运的游客本想去某热带岛屿寻求宁静和安逸，而当地提供的却是针对追求“派对生活方式”的旅游者而组织的充满刺激、令人兴奋和具有社交氛围的旅游产品。随着旅游业逐渐成为一种复杂的消费型产业，理解旅游者需要的重要性将会增大，因而旅游者的动机将会成为各种旅游研究的驱动源。

□ 重点概念

消费者（consumers）
心理学（discipline of psychology）
马斯洛（Maslow）
需要（needs）
心理学理论（psychological theories）
安全需要（safety/security needs）
自尊需要（self-esteem needs）
旅游动机（travel motivation）
目的地特质（destination attributes）
大游学（Grand Tour）
动机（motivation）
生理需要（physiological needs）
社交需要（relationship needs）
自我发展需要（self-development needs）
旅游体验（tourism experience）
旅游需要模型（travel-needs model）

□ 互联网练习

为了方便读者，本章中所提及的互联网网站连同其他一些相关网站，一并列在为本书伴设的网站上：www. wiley. com/college/goeldner。

练习 1

网站名称：Seniors Search

网址：www. seniorssearch. com

背景信息：该搜索仅限于 50 岁以上人群使用。

网站名称：Accessible Journeys

网址：www. disabilitytravel. com

背景信息：1985 年以来，残障人士旅游协会（Disability Travel）一直在为行走困难者、轮椅旅游者等残障人士以及有关陪同人员设计他们能够参与的度假活动。

网站名称：Kids Go Too

网址：www. kidsgotootravel. com

背景信息：该网站能够为你提供有关住宿、旅游活动以及餐馆设施方面具体而有用的信息。这些食宿服务和旅游活动能够为你带来一次独特而又令人兴奋的假期之旅，它会非常有趣而且能令每一个家庭成员满意。

网站名称：Eurocamp

网址：www. eurocamp. com

背景信息：访问这一网站能够发现更多有关欧洲自驾车野营之旅的信息。你还可以搜索其野营地点与区域数据。

练习内容

至少选择以上列出的两个网站。描述它们是如何使用旅游心理学来激发那些存在旅游障碍的人去旅游的。

练习 2

网站名称：The Travel Psychologist

网址：www. michaelbrein. com

背景信息：迈克尔·布莱恩（Michael Brein）博士是“旅游心理学家”。他是一位狂热的世界旅行家，同时也是作家、出版人和旅游学科的讲师。该网站上有多篇关于旅游心理学的短文，如旅游心理学 101 号论文，102 号论文，103 号论文，104 号论文，105 号论文，并附有人们经常会问及的一些问题。

练习内容

（1）布莱恩博士在旅游心理学 101 号论文中所提出的 7 项要点的内容是什么？

（2）什么是旅游心理学？

□ 复习与讨论题

1. 对于旅游从业人员来说，为什么深入理解旅游动机非常重要？

2. 解释旅游消费者（旅游者）满意与旅游动机之间的关系。

3. 本书作者认为，“人们何以会旅游”这一问题并不是该领域研究的良好出发点。请对此作出评论。

4. “为什么特定群体会选择特定类型的度假经历”是一个更好的问题。为什么？

5. 说出古罗马时期、中世纪时期以及都铎王朝时期欧洲人的五种出行动机。这些动机今天还存在吗？

6. “发现”以及“好奇”这两种动机的重要程度如何？

7. 你的旅游利益或回报是否与你的旅游动机密切相关？请阐明理由。

8. 提供几个关于一个人的旅游需要会随着生命周期阶段的变化而变化的例子。

9. 为什么说考虑“总体旅游体验”而不是单纯考虑旅游者出行动机，对于理解动机至关重要？

10. 给出一个过度刺激（使精神或身体疲惫或二者兼而有之）的旅游体验的例子。同样，给出一个乏味无聊（太少刺激）的例子。

11. 思考皮尔斯的旅游需要阶梯理论，提供几个外在导向与内在导向的生理需要的例子。为什么这些需要位于这一阶梯的底部？

12. 参照第10题，提供几个有关安全需要、社交需要、自尊/自我发展需要以及自我实现需要的代表性例子。

13. 旅游正在成为人类的一种需要吗？

14. 假定你受雇于一家生态旅游公司，并且目前正在策划一项前往一个新建国家公园的游览活动。以此为背景，试述可用以满足第11题中所列出的大多数需要的要素。

15. 一家度假饭店负责安排社交活动的指导人员如何才能帮助客人满足其自我实现的需要？给出几个这方面的例子。

16. 下面是有关旅游动机的一个简短列表。说出与每一种动机相匹配的一次旅游经历或一种旅游产品。

a. 休息/放松。

b. 欣赏未受污染的自然环境。

c. 欣赏别具一格的乡村风光以及研究野生生物的机会。

d. 大量的夜生活和娱乐活动。

e. 探险活动。

f. 逛商店与购物。

17. 向游客提供多样化的旅游体验对于一个旅游目的地的重要程度如何？

□ 案例题

1. 假定你被提升为国际邮轮公司协会的培训部主管。该协会即将主办一期旅游营销与销售研讨会（参加者主要是旅行代理商和旅游公司的代表）。针对这一群体，参考复习与讨论题的第16题中所列的各项旅游动机，你会选择哪些动机作为研讨内容？

2. 参照上面的问题，选择好这些动机之后，你将会使用何种教学材料和教学方法？为什么？

3. 加盟某一旅游公司之后，你的第一项任务是设计一项能吸引单身青年的旅游产品。显然，你所设计的这一旅游产品必须能够吸引足够大的市场份额，从而使公司能够从中获利。识别所挑选的动机，简述你组织这一旅游产品的大体思路，以及为影响这一前景良好的市场而开展促销时将会采用的具体手段。

4. 在差旅过程中，比如参加某次会议期间，也常常会附有消遣旅游动机。举一个这种两者结合的例子。识别所涉及的主要动机。你将如何向会议筹划委员会推销这一认识？

5. 旅游季节即将到来。杰夫（Jeff R.）打算撰写一封促销信，以直接邮寄方式寄发给旅行代理商通信名单上的每个人。他相信，把旅游作为赠礼对他的很多客户来说都将颇具吸引力。为了使这一礼物具有激励作用，他在信件中应该使用哪些关键词语？

□ 注　释

[1] This chapter was prepared by Philip L. Pearce, Tourism Program, James Cook University, Queensland, Australia.

[2] G. Moscardo, P. Pearce, A. Morrison, D. Green, and J. T. O'Leary, "Developing a Typology for Understanding Visiting Friends and Relatives Markets," *Journal of Travel Research,* vol. 38, no. 3 (February 2000), pp. 251–259.

[3] L. Casson, *Travel in the Ancient World* (London: Allen and Unwin, 1974).

[4] R. I. Wolfe, "Recreational Travel: The New Migration," *Geographical Bulletin,* vol. *2* (1967), pp. 159–167.

[5] I. Anthony, *Verulamium (*Hanley, UK: Wood Mitchell, 1973).

[6] M. Rowling, *Everyday Life of Medieval Travellers* (London: B. T. Batsford, 1971).

[7] C. Hibbert, *The Grand Tour* (London: Weidenfeld and Nicolson, 1969).

[8] E. Swinglehurst, *The Romantic Journey* (London: Pica Editions, 1974).

[9] J. A. R. Pimlott, *The Englishman's Holiday* (London: Faber & Faber, 1947).

[10] L. E. Loker and R. Perdue, "A Benefit-Based Segmentation of a Nonresident Summer Travel Market," *Journal of Travel Research,* vol. 31, no. 1 (1992), pp. 30–35.

[11] Echtner, Charlotte M. and J. R. Brent Ritchie. "The Meaning and Measurement of Destination Image." *Journal of Tourism Studies*, vol. 2, no. 2 pp. 2-12, (1991).

[12] P. L. Pearce, "*Fundamentals of Tourist Motivation*." In D. G. Pearce and R. W. Butler (eds.) *Fundamentals of Tourist Motivation* (London: Routledge, 1992), pp. 113–134.

[13] S. Plog, "*Understanding Psychographics in Tourism Research.*" In J. R. B. Ritchie and C. Goeldner (eds.), *Travel, Tourism, and Hospitality Research* (New York: John Wiley & Sons, 1987), pp. 203–214. Also S. Plog, "Why Destination Areas Rise and Fall in Popularity," *Cornell Hotel and Restaurant Quarterly* (1974), pp. 55–58; and S. Plog, *Leisure Travel: Making it a Growth Market . . . Again!* (New York: John Wiley & Sons, 1991).

[14] S. Iso-Ahola, "Toward a Social Psychological Theory of Tourism Motivation: A Rejoinder," *Annals of Tourism Research,* vol. 9, no. 2 (1982), pp. 256–262.

[15] P. L. Pearce, "*Fundamentals of Tourist Motivation.*" In D. G. Pearce and R. W. Butler (eds.) *Fundamentals of Tourist Motivation* (London: Routledge, 1992), pp. 113–134; and P. L. Pearce, *The Ulysses Factor: Evaluating Visitors in Tourist Settings* (New York: Springer-Verlag, 1988).

[16] A. H. Maslow, *Motivation and Personality,* 2nd ed. (New York: Harper & Row, 1970).

[17] P. Pearce and B. Dermott, *Dreamworld Report*. Department of Tourism, James Cook Univerisity of North Queensland, 1991.

[18] C. Ryan, "The Travel Career Ladder: An Appraisal," *Annals of Tourism Research,* vol. *25*, no. 4 (October 1998), pp. 936–957.

[19] K. Fielding, P. L. Pearce, and K. Hughes, "Climbing Ayers Rock: Relating Motivation, Time Perception, and Enjoyment." *Journal of Tourism Studies,* vol. 3, no. 2, pp. 49–57, (1992).

第10章 添彩人生的文化旅游和国际旅游

学习目的

- 了解旅游活动是了解不同文化的最佳方式。
- 了解旅游业中的文化因素。
- 理解体验生活旅游给人带来的回报。
- 了解在宣传文化资源方面最有效的措施。
- 认识文化吸引物对于旅游目的地的重要性。
- 评价国际旅游对促进世界和平的贡献。

导　言

旅游活动的最高目的在于更好地熟悉异国他乡的人民，因为这会增进彼此的了解和信任，从而让世界更美好。另一个有价值的目的是，国际旅游的开展可促进知识和思想的交流。在学习、研究、艺术活动等诸多领域，旅游发挥着丰富人类的体验感知、推动人类进步的作用。仅仅依靠安全的交通和舒适的饭店，对于旅游活动的开展而言远远不够，还必须考虑各种有助于一个国家对外展示自我的各种因素，如教育、文化、媒体、科学、会议活动等。为了方便旅游者的理解，满足他们的需求，有时文化机构须提供能持多国语言的向导以及标注有多国语言的指示牌。这样旅游者就更易于有的放矢地选择符合自己兴趣的活动。

伴随着人类本身和所处地理环境的不同，旅游体验也有所不同。对旅游目的地分类有助于对旅游动机的系统研究。瓦伦·史密斯（Valene L. Smith）将旅游活动分为六类：（1）民族旅游；（2）文化旅游；（3）历史旅游；（4）环境旅游；（5）消遣旅游；（6）商务旅游。显然，一个旅游目的地所能提供的旅游体验不止一种。[1]

重要性

尽管**文化**（culture）只是衡量一个旅游区域总体吸引力的一个指标（见图 10—1

中步骤一)，其内涵却相当丰富。社会文化中的各个因素是当地人民生活、工作和娱乐方式的综合反映（见图 10—1 中步骤二）。

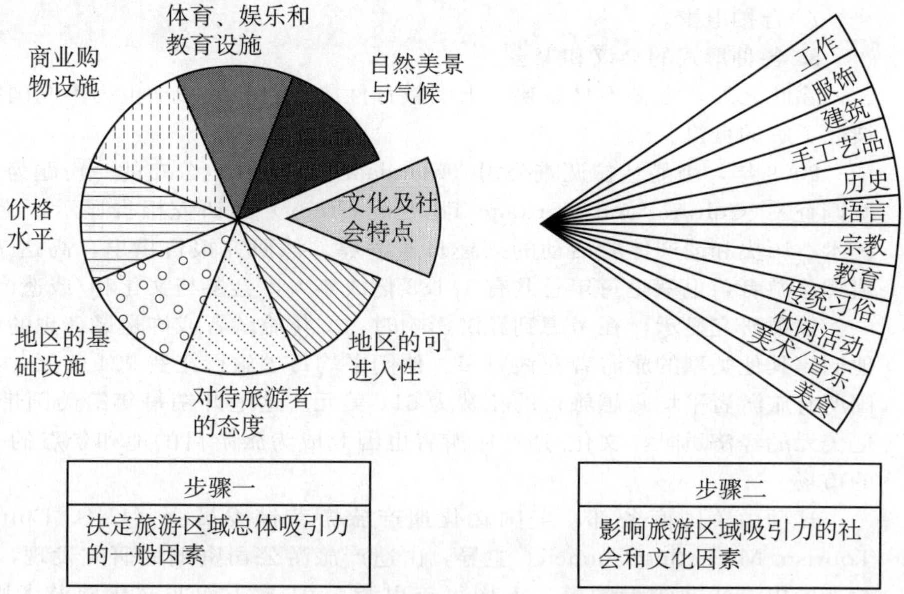

图 10—1　影响旅游区域吸引力的文化因素

资料来源：J. R. Brent Ritchie and Michel Zins，"Culture as Determinant of he Attractiveness of a Tourism Region，" *Annals of Tourism Research*，April-June 1978，p. 256.

文化旅游（cultural tourism）涵盖旅游的诸多方面，人们可借此了解彼此的生活方式和思想观念。美国国家历史保护信托会提出了一个为人们广泛使用的定义："文化遗产旅游是去体验某些地方和活动的旅游，这些地方和活动能真实反映过去和现在的人和事，包括历史、文化和自然资源。"[2] 因此，旅游是促进文化交流和国际合作的重要方式。反过来，一个国家的文化要素的开发也是增强该地旅游资源吸引力的途径。在很多国家，旅游的发展与对外文化关系政策是联系在一起的。它不仅能增长知识、增进了解，还能在海外旅游市场的外国人中树立良好的国家形象。

一个国家可以考虑通过文化要素向旅游者展现自我，包括娱乐、饮食、主人的殷勤好客、艺术、建筑、剧院、节事活动、工厂或人造工艺品以及该国林林总总的特色生活方式。

成功的旅游经历绝不仅凭借良好的交通和住宿条件所实现，还应当保持传统生活方式，提供满足旅游者需求的商品和服务，树立良好的形象，从而赋予旅游以独特的民族风情。国家的**文化吸引物**（cultural attractions）必须以巧妙聪颖的方式予以展现。在这样一个同质化的年代，几乎很难区分国家之间的不同产品，因此鼓励文化的多元化发展就很有必要了。我们可以通过日益精湛的建筑设计技术和艺术表现形式来展现世界上不同地方的独特之处。

从狭义层面理解，旅游中的文化因素在促进知识传递和观念共享方面，发挥着决定性作用。在这方面的文化因素如：

1. 图书馆、博物馆和展览。
2. 音乐、戏剧或电影表演。
3. 广播和电视节目，唱片。
4. 修学旅游或短期培训班。

5. 可进行长期学习和研究的学院、大学。
6. 科考旅游。
7. 合拍电影。
8. 各种形式的会议和聚会。

除此之外，很多不具备狭义上的教育性或文化性的活动也为不同国家的人提供了彼此了解的良机。

2009年，由曼达拉调查公司（Mandala Research）公布的一份题为《文化遗产旅游调查》（Cultural and Heritage Tourism Study）的研究报告显示，旅游者对文化、艺术、历史和遗产体验活动的兴趣日益浓厚。该研究报告指出，高达78%的美国消遣型旅游者，也就是每年总共有1.183亿成年人，会参与文化和/或遗产旅游活动。[3]

该项研究显示，在考虑到经济影响时，文化旅游者或许是最理想的旅游者，因为他们比其他类型的旅游者花钱更多。他们平均每趟旅行花费994美元，相比之下，美国所有旅游者平均每趟旅行的花费为611美元。这笔开销每年给美国带来超过1 920亿美元的经济贡献，文化/遗产旅游者也因此成为旅游目的地和景点的一个利润丰厚的市场。

这项由美国商务部、美国文化遗产旅游营销委员会（U.S. Cultural Heritage Tourism Marketing Council）主导，由遗产旅游公司资助的研究发现，文化/遗产旅游者的出游活动较为频繁，人均每年出游5.01次，而非文化旅游者则是人均每年3.98次。文化遗产旅游者在旅游过程中会参加多种多样的活动。曼达拉调查公司在2009年的研究报告中识别出来的主要的文化遗产旅游活动如下[4]：

1. 参观历史遗迹（66%）。
2. 参与历史重现活动（64%）。
3. 参观艺术博物馆/美术馆（54%）。
4. 参加艺术/手工艺品展会或节事活动（45%）。
5. 参加专业舞蹈表演活动（44%）。
6. 参观州立/国家公园（41%）。
7. 在博物馆的商店中购物（32%）。
8. 走访城市社区（30%）。

2009年的这份研究报告还显示，文化遗产旅游者对美食活动也有兴趣，譬如品尝当地的美食和葡萄酒、参加美食与葡萄酒节、逛农贸市场、购买美食，以及寻求独特的餐饮体验，等等。[5]

体验生活旅游

从传统意义上来说，一个人参观了特定地区的代表性景点后，可能会觉得对该区域已经领略完毕了。越来越多的旅游专家认为，这种方式虽然从传统意义上讲还可以，然而却远非最佳方式。符合旅游者兴趣、有目的的旅游活动正为越来越多的人广泛接受和认可。（在某些热点旅游区域，这种活动可能仅在淡季进行。）比如说，一位医生在旅游时会喜欢与当地的医生进行交流，参观感兴趣的先进医疗设施，也可能会想参加某种研讨会和其他教育性的活动，与一群具有相同专业或者对公共健康、医疗具有共同爱好的医生共进午餐。这位游客也可能希望去当地著名医师的家里拜访，进行切磋交流。

旅行社及其他渠道提供一些帮助旅游者体验当地生活的建议，这对旅游业的成功发展至关重要。任何一个旅游目的地要想取得成功，就不能仅提供躺在沙滩上或光顾夜总会、参观热门旅游景点这类消遣活动，而应该有更丰富的内容。

丹麦旅游局（Danish Tourist Board）前任局长阿克塞尔·德绍（Axel Dessau）因提出**体验生活旅游**（life-seeing tourism）这一概念而闻名。比如，在丹麦，如果有研究生或其他人士熟悉来访旅游者感兴趣的专业领域，就可以安排他们作为导游去接待这些来访旅游者。他们可为这些来访游客有的放矢地安排适合其需要的访问日程。

这种日程安排往往是以半天的时间为基础，让游客在下午时间去参观当地的主要旅游景点、购物或进行其他传统的娱乐活动，上午时间则是由专业导游人员组织他们去访问某些机构团体。这类活动可由旅行社进行组织。

比如，有的游客可能会热衷于了解社会问题和参观市府。专业导游人员会制定与此相关的计划，安排游客去参观城市规划办公室、学校、社会福利机构或康复中心；参加聚会或者研讨会去讨论此类问题；或是参加其他一些活动，从而让游客直接了解他们所感兴趣的那些领域在丹麦的发展情况。

说明：体验不同的文化，包括建筑、食物、服装，均为强有力的旅游动机。新加坡阿拉伯社区的清真寺具有令人难忘的建筑风格。Photo by the author.

体验生活旅游的另一个方面就是能和当地家庭进行社交互动。当地某些家庭在晚餐后接待旅游者个人甚至旅游者全家，或者旅游者能够住在当地的私人住宅中，这种方法非常有利于旅游者熟悉不同地区的文化和生活方式。在巴哈马群岛，旅游者能够通过人际旅游交往计划（参见环球透视专栏），以个人化的方式去发掘岛上居民的文化。这种新鲜有趣的项目是由旅游部门组织的，配合此项活动的巴哈马群岛志愿者拥有与游客类似的职业或者兴趣爱好。他们可能在招待活动中将客人带到当地剧院或周日教堂服务处，或者邀请他们品尝自制的巴哈马家庭餐点，还可以根据游客的兴趣选择其他内容广泛的活动。这极大地促进了旅游者对当地文化的认同和欣赏，并且通常会带来地久天长的友谊。

针对学生和成人的需要，提供这类活动项目的其他组织还有民间大使计划（People to People Ambassador Program）以及国际民间交流协会（People to People International）。它们的网址分别是 www. peopletopeople. com 和 www. ptpi. org。

环球透视

巴哈马群岛民间交流项目

在为成千上万的外国游客提供本地体验方面，巴哈马群岛是其中的佼佼者。该地旅游局自 19 年前开始推出“人际旅游交往计划”以来，游客与当地居民之间已建立起长久的友谊。

这一计划的实施，为来访游客提供了能直接与巴哈马群岛居民进行交流、了解当地文化的机会。

该地旅游局从1 500多名巴哈马当地志愿者中找出与来访游客年龄相仿、兴趣相投者，同游客一起开展活动，内容包括一起划船、钓鱼、在当地露天市场购物、参观当地的学校或去教堂礼拜、探访小巷，或者更为常见的情况是参观巴哈马的民居，在当地居民家中享用绿豆米泥、炸鱼、番石榴达夫等传统美食。

自该项交往计划启动以来，提供该服务的范围已拓展到拿骚和大巴哈马岛之外的地方，延伸到许多的附属小岛，如伊柳塞拉群岛、埃克苏马群岛、圣萨尔瓦多岛、比米尼群岛、阿巴科群岛。专门针对来访学生和出席会议者的分支活动计划也已开发出来。旅游者对当地文化以及对每个岛上的独特文化都能有所了解。

讨论题

1. 为什么巴哈马群岛要推出民间交流项目？
2. 国际旅游活动的开展有哪些益处？

浪漫的消遣旅游

也许获取快乐的心情就是个人旅游最强烈的动机。旅游特有的属性能极大地满足这种动机。不是所有的旅途都让人快乐，但是有些能带来令人意想不到的惊喜。旅游前的计划期和期待期与旅游过程一样让人愉悦。与朋友一起讨论旅游的可行性，收集目的地相关情况，确定旅程中可开展的教育性活动、购物活动也是消遣旅游的重要组成部分。制定市场营销计划，特别是做广告的重点应强调消遣旅游的快乐性。应该告诉那些潜在的旅游者，参观热点地区和更多不俗的旅游目的地将会是一次多么快乐的经历。

感受旅途的浪漫也是一个强烈的动机，特别是对进行蜜月旅游的人以及那些乐于领略、体验和欣赏充满魅力的异域文化的人尤为适合。因此，旅游的浪漫和快乐是旅游经历的主要组成部分，需要更加重视。与家庭成员或者朋友分享旅途经历则是快乐的另一个有机组成部分。通过旅游这个良好的渠道，人们可以体验到特别的快乐、倾慕和浪漫之情。

开发和促销方式

可以考虑通过以下几种不同的视角来采取措施提升和促销旅游中的文化因素。

开发方法与技巧

以下所举的例子涉及一些专业的技能方法，拥有自身的特点，与旅游没有直接关联。剧院、图书馆、博物馆和其他有关机构在人们心中一般是不会直接与旅游挂钩的，但它们都是吸引旅游者的重要资产。参观博物馆和历史遗迹是旅游日程中引人注目的亮点。类似的活动能够帮助发展旅游业，也是一个国家文化发展所必需的。就像其他大多数专业知识那样，我们可以从国外引入某些信息和思想，并运用于本国的实践。

即使拥有了需要的设施，仍有必要在此基础上根据旅游需求适当加以改造。需要培训国外促销员，也要培训出能持多国语言的导游。博物馆和电影院里的字幕以及指示牌等至少应以两种语言予以显示。人们可以为旅游者提供特殊的安排，使他们能够免费或者以便宜的门票价格出入他们感兴趣的场所，也可安排能使旅游者体验生活的其他活动。

旅游中教育和文化的进步

在国外，旅游者总能发现学习的天地。书籍、宣传册、电影和不同表现形式的信息资料是学习的主要来源。在这类问题上，专家的服务非常必要，他们不仅要整理本国地理或者历史资料，还要能以多国语言精确而美妙地翻译资料。

说明：陕西省临潼县的秦始皇陵兵马俑是吸引众多游客的重要考古出土文物。Copyright © corbis Digital Stock.

遗产解说（heritage interpretation）作为一门专业课程对旅游业发挥着重大作用。可以设计培训课程来促使当地人有能力对他们所在区域的历史、文化和自然遗产如实进行解说。加强对此类知识的了解，有助于构建一个人成为完全称职的解说员的能力。比如可开设一门 40 学时的名为“旅游：文化的传承者”的课程。那些顺利完成课程的人可以深入了解他们当地的资源，并因此有能力运用这些知识提供导游服务或其他服务。各种形式的旅游活动，不管是个人形式还是团队形式，都使旅游者以不同方式获益于这些知识渊博且热情好客的人。

如果推广这种教育努力，还可以在当地社会产生新的认同感和骄傲感，并提高当地人的生活质量。例如，组织本土艺术活动吸引当地群众和旅游者。设计“寻访遗产”（Heritage Trails）或者“文化高速公路”（Cultural Highways）等活动就是具体例子。“公园艺术”和不同文化主题的节目也能有助于展示一个地区的资源，延长旅游季，增加非旅游热点地区的游客访问量。参与文化导向的活动能够促进旅游者了解目的地居民的生活，尊重他们所创造的成就。

重要主题活动的聚集

近年来，旅游界采取了很多措施赋予旅游活动以各种各样的相关主题或者事件。例如节日就能汇集各种戏剧、音乐会或者电影院表演。其中一例就是加拿大魁北克省的冬季嘉年华的成功举行。另外，大型展销会也是吸引注意力的方法。此类节庆活动能提供将不同种类的活动聚集在一起的良机，在展销会或者节庆同时还能举行各种类型的国际会议。新策划的节庆活动或者狂欢节目可以与重要的体育赛事、大型会议相伴举行，相映生辉。

另外一个引发人们兴趣的方式是**结对**（twinning），也就是不同国家的城镇、社区或者地区彼此之间建立联系，互相派遣代表团参加对方组织的活动。像佛罗里达州迪士尼乐园四大主题园区之一的爱普科特主题公园，能集中展示若干国家的大型文化娱乐活动。另外一例是夏威夷的波利尼西亚文化中心（Polynesian Cultural Center），这个中心的地图如图10—2所示。

大众传媒的使用

大众传媒对于旅游业的发展一直是非常重要的。无论是作为吸引国外游客到来的工具，还是出于在他们到来后发布信息、娱乐的目的，记者、电影制片人、艺术家都能成功地创造产品来满足旺盛的需求。很多国家都有在旅游领域专门分工的人才，提供可资借鉴的优势服务。美国旅游作家协会（Society of American Travel Writers）就是这样一个专业组织，致力于制作出色的旅游报刊新闻。

调节淡季旅游

教育和文化活动对于调节淡季旅游有着特殊的意义。好天气和娱乐活动对国际会议和研讨会而言并不特别重要，活动赞助商还可以欣然享受饭店的淡季折扣。因此，应该致力于完善设施，加强宣传，开展合适的活动。观剧旅游就是一个很好的例子。

人类地理学

人类地理学（anthropography）是人类学的一个分支，旨在研究不同的人种及其地理分布。人们外出旅游的重要驱动力之一是对其他民族的文化感兴趣。墨西哥人有别于瑞士人，而巴厘岛人和爱斯基摩人又有所不同。我们对世界和人的天生的好奇心形成了最有力的旅游驱动力之一。旅行代理商或其他旅游咨询人士必须对世界上不同的文化有基本认知，能够轻而易举地列举出所在地的文化实例，而这些文化（或者文化群）是特定的潜在旅游者非常感兴趣的因素。

地球上的69亿人大都集中在为数不多的几个地理区域。这些人口聚集区本身就形成了对旅游者的吸引力。另一方面，地球上的大部分区域都无人居住。譬如加拿大、美国西部的某些地区、西伯利亚、中国的西部、澳大利亚、非洲的大部分地区以及南美洲的很多地方，都因人迹罕至而极具魅力。这种农耕或者游牧文化下的城镇、村庄景观，与城市形成了有趣的对比。探访原始文化也是一种有趣而充实的旅游体验。在美国，宾夕法尼亚州的阿米什文化或印第安文化等文化都吸引着大量旅游者来访。

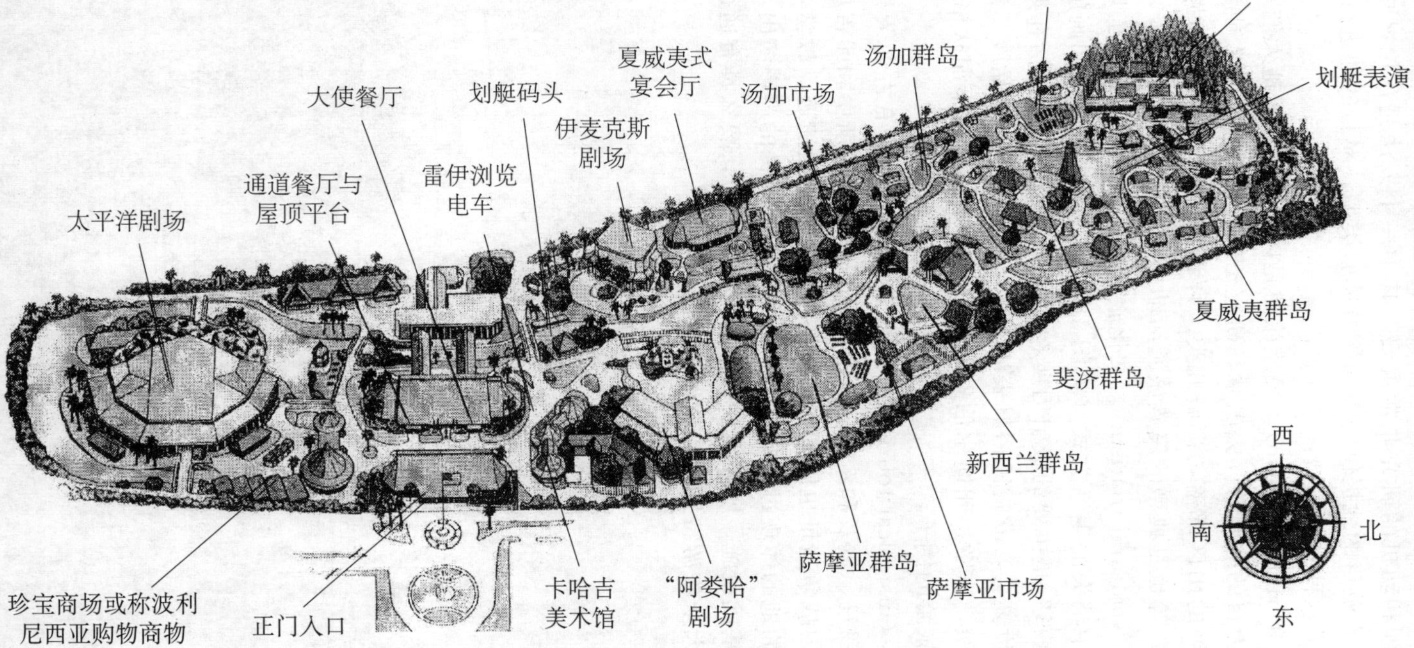

图 10—2　夏威夷的波利尼西亚文化中心

说明：波利尼西亚文化中心由很多不同的村庄构成，每一个村庄都是建筑物、花园、活动和人的综合体。如果你去不同的小岛旅游，就会发现这一点。

根据体验划分的不同旅游目的地类型

目的地的空间多元化和特征多元化程度很高，因此对旅游目的地进行分类，以便系统展开旅游心理和动机的研究非常重要。其中一个方法是瓦伦·史密斯的旅游分类。[6]他根据不同旅游目的地提供的不同旅游体验类型，对目的地进行分类。

史密斯列举了六种旅游类型：

1. **民族旅游**（ethnic tourism）。民族旅游是以真实观察异地人们不同的文化表现方式和生活方式为目的的旅游。去巴拿马研究圣布拉斯的印第安人或者去观察印度阿萨姆邦的与世隔绝的山区部落，都属此类。拜访当地家庭，参加舞蹈和仪式庆典活动，参加宗教仪式等也是典型的民族旅游活动。

2. **文化旅游**（cultural tourism）。文化旅游是去体验，有时甚至是去参与那些正逐渐从人们脑海中消失的生活方式（见图10—3）。目的地如诗如画般的情境，或换而言之，“本土色彩”是主要的吸引力所在。文化旅游的活动包括在典型的乡村客栈中进餐，参加化妆宴会，欣赏民俗舞表演、古典艺术和手工艺品展。参观弗吉尼亚州的殖民地威廉斯堡，密歇根州迪尔伯恩市的绿野村，或者去康涅狄格州的神秘海港，都是典型的文化旅游的例子。

3. **历史旅游**（historical tourism）。历史旅游是强调具有古老荣誉的博物馆—教堂的旅游，如去罗马、埃及和希腊。宾夕法尼亚州的葛底斯堡和弗吉尼亚州的钱瑟勒斯维尔等美国国内战争遗址也属其列。导游陪同参观历史遗迹、教堂，或者欣赏那些发生在该旅游目的地的体现过去年代生活方式的重要事件的声影演出。此类型的旅游大多需要良好的基础设施，所在地要么本身就是大城市，要么具有通往大城市的便利交通。有组织的大众旅游特别青睐这种旅游。

说明：在墨西哥奇琴伊察的位于“玛雅之路”上的金字塔对旅游者的吸引力经久不衰，向那些希望登顶的游客提出了独特的挑战。Copyright © photoDisc，Inc.

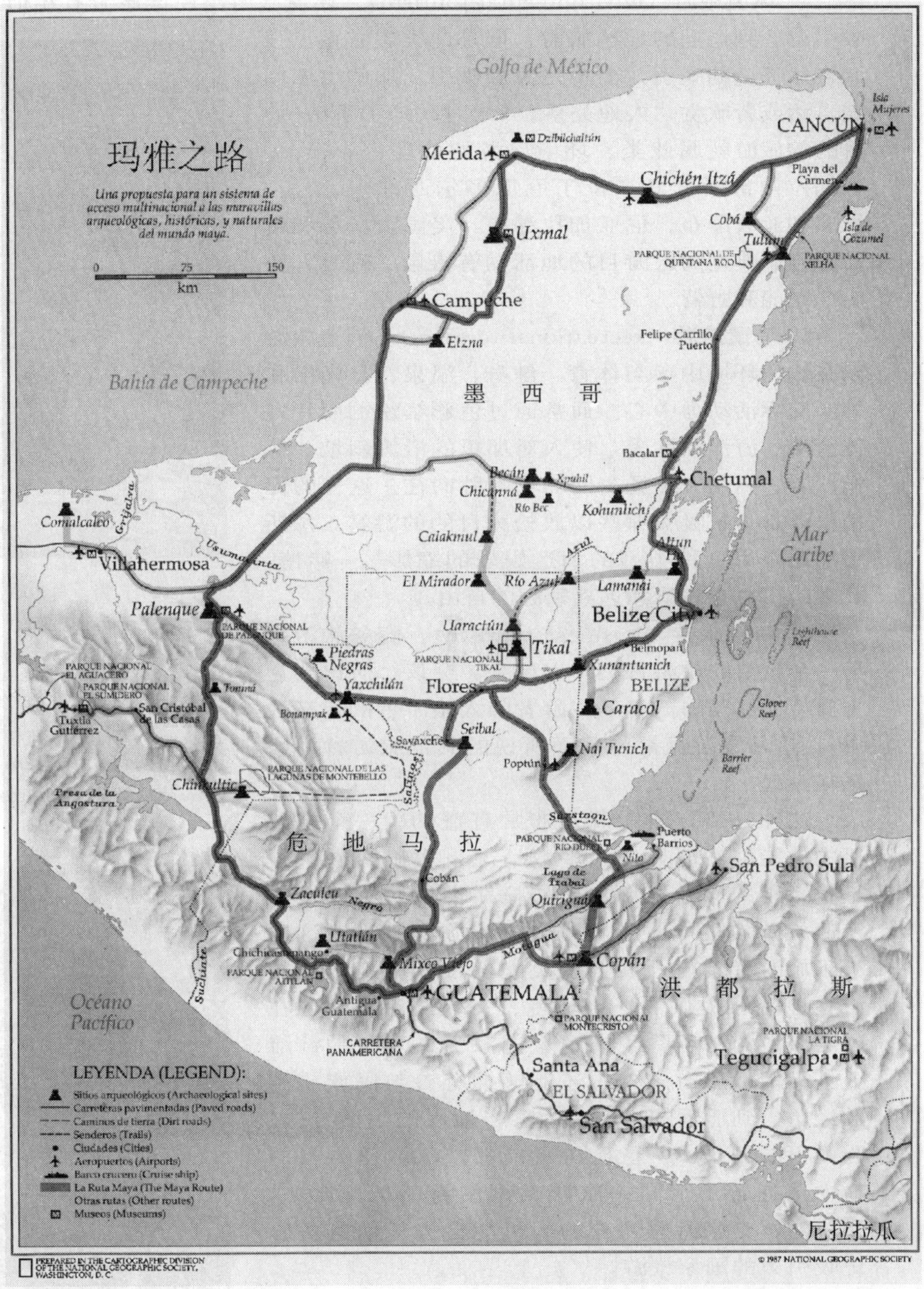

图 10—3　玛雅之路

说明：玛雅之路（Maya Route）是由马路、泥路和小径错综连接在一起的体系，它把代表玛雅人创造的光辉文化的考古地点连接起来。按照美国《国家地理》杂志的一位作者乔治·斯图尔特（George Stuart）的话来说，公元 250—900 年，“玛雅人创造了古代最璀璨的文化”。玛雅人如何建筑他们巨大的金字塔以及其他石制庙宇，对探险者而言仍是一个谜。玛雅之路还会呈现给旅游者西班牙殖民时期的建筑、有大量野生动植物的神秘热带森林、大片干净的沙滩、美妙的潜水活动和充满魅力的村庄。目前有一些初期开发工作已经开展，以发展和提升这样一个四国生态文化旅游圈。

Map courtesy of National Geographic magazine.

4. **环境旅游**（environmental tourism）。环境旅游与民族旅游有相似之处，都是吸引游客到遥远的地区旅游。但是此类旅游重点强调自然环境的吸引，而不是民族吸引。那些出于回归自然或者欣赏“人地关系”（或对人地关系敏感）目的的旅游就属此类。环境旅游的地理色彩很浓，如加拉帕哥斯群岛（位于厄瓜多尔西部）、南极、维多利亚大瀑布、尼亚加拉瀑布、美国大峡谷和黄石公园。典型的旅游目的地活动有摄影、远足、登山、划船和野营。

说明：路易斯·康福特·蒂法尼（Louis Comfort Tiffany）的“饲养火鸟”（Feeding the Flamingos）图。旅游者在佛罗里达州冬季公园市的查尔斯·霍斯莫·莫尔斯博物馆能够欣赏到这件艺术品。From the collection of the Charles Hosmer Morse Museum of American Art，Winter Park，Florida.

5. **消遣旅游**（recreational tourism）。消遣旅游以在休闲环境中参与体育、健身、温泉、日光浴和社会交际活动为中心。通常通过色彩缤纷的照片宣传沙滩、海洋和性爱，使人对那里的滑雪斜坡、棕榈沙滩、高尔夫球场、网球场不胜向往。这样的促销设计是为了吸引那些以放松为目的的游客。拉斯韦加斯是另一种类型的消遣娱乐的缩影——赌博、壮观的夜总会表演和远离家庭的自由。

6. **商务旅游**（business tourism）。商务旅游是另一个重要的旅游种类，以聚会、会议、研讨会为主要特征（美国把商务旅游者归入旅游者的定义之中）。这种旅游经常与前面所说的其他旅游种类联系在一起。

这种分类方法无疑是非常有益的。一个旅游目的地能够，而且在大多数情况下也确实提供了不止一种的旅游经历。比如拉斯韦加斯主要提供消遣旅游，但同时也是一个会议旅游胜地。这取决于旅游者希望开展何种类型的活动。夏威夷旅游胜地能够提供消遣、环境、文化旅游。一位在印度旅游的游客除了在这个国家引人入胜的沙滩上进行消遣旅游之外，还能够拥有参与民族旅游的经历，到遥远的村庄去观察当地人的生活方式。与此不同的是，一位旅游者能够从无数旅游目的地中选择若干个同一旅游类型的目的地。比如，一位对历史旅游感兴趣的人可能会去任何具备历史吸引力的国家旅游。

说明：古马来西亚工匠精心雕刻和绘画的值得我们尊敬和赞美的寺庙雕塑。Copyright © Corbis Digital Stock.

其他旅游吸引因素

还有一些典型的个人表达形式形成了旅游的强大吸引力。艺术、音乐、建筑、工程和许多其他领域的活动都能够吸引游客。

艺术品

诸如绘画、雕刻、书法、建筑、景观建筑等文化媒介组成了旅游的重要动机之一——参观**艺术品**（fine arts）。一个独特的例子就是从景泰蓝或者卷轴画等艺术形式领略艺术的美感。

旅游胜地的饭店近来呈现出这样一种趋势，即在饭店内部或者临近的地方展示当地工艺美术作品，以便客人熟悉当地人的艺术。这些展示品还可以作为珍贵的纪念品销售。艺术节和其他文化表现形式通常以不同的精美艺术形式来广泛增强吸引力。此类例子不胜枚举，比如苏格兰的爱丁堡节，不仅有艺术展示，还有各种形式的手工展示、音乐、露天表演、开幕式上的军事演练和其他文化形式。

音乐和舞蹈

一个国家的**音乐**（music）表现形式和音乐资源尤具魅力，引人入胜。事实上，在很多国家，音乐是旅游者获得愉悦和满足感的主要源泉。夏威夷、墨西哥、海地、西班牙、美国大陆的很多地方以及巴尔干半岛都是如此。

旅游胜地的饭店能提供给旅游者欣赏当地最好音乐的机会。夜晚的娱乐节目、音乐会、唱片、声音采集回放系统都能够帮助该国展现此类艺术。旅游者特别欢迎社区音乐会、阅兵和欢迎庆典仪式。旅游者购买到的 DVD、CD 以及数码或磁带等音像制品提供了接触特定区域文化的几种其他方式。

民族舞蹈（ethnic dancing）是表现国家文化的另一种令人兴奋的吸引方式。颜色、服装、音乐、布景、各种形式的技巧、制作都能增加吸引力。几乎所有的国家都拥有本土或民族舞蹈。当地演出、夜总会和社区节目则提供了另外的展示机会。

关于舞蹈表现文化特色的典型例子有：波利尼西亚舞，墨西哥的民族芭蕾，俄罗斯芭蕾，欧洲东部国家的民族舞蹈，很多非洲国家的舞蹈，泰国舞蹈，日本的歌舞伎表演，菲律宾的乡村舞蹈。

手工艺

为了满足游客所需，游客购买的礼物和纪念品应该由当地的手工艺人或工厂制作。如果购买后发现此工艺品是在千里之外的其他国家制作的，会造成游客的很多不满。真实的原生性没有可替代品。如果当地生产的**手工艺**（handicraft）产品实用且诱人，有可能的话，最好在当地商店里制作。这种制作工艺产品的商店事实上为游客提供了另外一种有效的娱乐形式。

工商业

地方工业为旅游提供了一种重要的动机。相当多的旅游者，特别是国际旅游者，对其他国家的经济发展倍感好奇。他们对一国的工业、商业、产品生产和经济基础都很感兴趣。

工业旅游（industry tours）是培养人们对特定区域文化兴趣的良好方式，能够发掘产品的潜在市场。当参观工厂或企业形成一种适宜且令人愉悦的经历时，旅游机构就应该鼓励这种旅游。旅游促销组织、商业部门、景点饭店、汽车旅店、餐馆或者其他发生旅游接触的机构和服务部门，应该保留这种能够提供工业旅游的工业组织和机构的名单。

说明：阿巴拉契亚山脉南部的一些山区长久以来一直被认为是高品质传统手工艺的代表。图为凯文·里德尔（Kevin Riddle）正在手工制作椅子和干草叉。Photo by Tom Myers/Copyright © Kevin Riddle.

一个国家的工业家往往会对其他国家的工业感兴趣。可以为他们组织团队旅游去参观别国相似产品的生产过程。这种旅游对于双方都是互惠互利的，因为这些代表可以相互学习。

商业组织以及工业群体经常组织旅游，以熟悉别国的市场和运营流程，努力增强人们对它们产品的购买兴趣，扩大不同市场的销售量。商业组织，特别是零售商店，非常热衷于吸引旅游者的光顾。靠近旅游景点的购物中心就是一个好例子，种类繁多的商店聚集在那里，这样旅游者就能够随时找到需要的产品和服务了。

购物是旅游活动的关键环节。产品具有吸引力、环境整洁、服务周到、购物选择种类繁多，是任何购物场所成功的关键。礼貌而殷勤的店铺职员通过帮助顾客找到他们需要的产品与他们建立友好的关系。也许这个世界上最引人注目的商业实例就是香港，购物和商业活动是慕名来此的游客的重要吸引源泉。

农业

地方**农业**（agriculture）也可吸引旅游者。农业劳作的不同类型——饲养家畜和家禽，耕种农作物，种植葡萄进行酿酒，采摘新鲜的果蔬都能反映有趣的农业文化。农产品市场，如著名的洛杉矶农夫市场（Los Angeles Farmers Market）或者出售当地农产品的路边摊，是很多地区提供旅游服务的重要方面，特别是那些出售新鲜水果、蔬菜、蜂蜜、葡萄酒、苹果酒和其他饮品，贩卖附近农庄产品供旅游者随时品尝的路边小摊。

学习先进的农业体系是吸引一国农业从业者到其他地方旅游的一个兴趣点。丹麦的猪肉加工产业非常发达，世界上很多地方饲养食用猪的农夫对那里充满极大的兴趣。大多数游客对丹麦闻名于世的酿酒厂无疑会更感兴趣。

发展本地农业旅游要从发展农业和完善服务做起，让旅游者看到农产品及其加工过程，甚至亲自品尝某些产品。在夏威夷瓦湖岛的一日游中，游客有机会在大型菠萝种植园附近的售卖摊品尝成熟的菠萝。城镇的市集或者家畜交易会也是吸引游客的有趣地方。还有澳大利亚和荷兰的奶酪之旅，世界上很多地方的葡萄酒之旅，美国科罗拉多州大章克申的桃子节（Peach Festival）和澳大利亚莫宁顿半岛的鲜食农庄游。

教育

一国居民往往对其他国家的**教育**（education）系统感兴趣。学院和大学校园是旅游的重要吸引物所在。许多大学校园自然风光旖旎，坐落区域地理位置良好，能给游客提供有趣且富于启迪性的体验。英国的著名大学，如牛津、剑桥本身就是重要的旅游吸引物。

在一定程度上，小学、初中、私立学校或者其他类型的职校都是一个地区文化的组成部分，可以用来吸引游客。国际教育中心为旅游和教育搭建了另一座桥梁。许多大学在持续教育服务中也提供成人教育项目，这种教育机会能吸引这个国家其他地区或者世界上其他国家的人来此学习。这为旅游提供了一大动因。许多学院和大学的校园、教育机构等还常常举办全球性的商业、工业、科学、教育会议。

密歇根州立大学的凯洛格中心（Kellogg Center）和夏威夷大学的东西方中心（East-West Center）是两所典型的成人教育机构。这些教育中心每年吸引成千上万的成年人进行继续教育，世界各地的学院和大学纷纷为年迈市民提供老年住宿教育，这是一种课程科目丰富的短期项目。

文学和语言

与文化的其他表现形式相比，一个国家在文学成就方面的吸引力可能稍显逊色，但仍不失为一个显著的旅游吸引因素。书本、杂志、报纸、小册子、宣传页和其他文字印刷品是一个国家文化的重要表现形式。有意思的是，看看世界上不同地方的一些国家对于文字印刷品的发行状况的控制程度，我们就能知道**文学**（literature）也是一个地区政治体系特点的风向标。

图书馆是旅游者热衷的一个文化机构。许多图书馆都有设施齐全的阅览厅和舒适宜人的环境。特别是在雨天，旅游者可以尽情阅读关于当地历史、文化、艺术和社会习俗的书籍。通常情况下，客人的典型娱乐活动包含诗歌朗诵，讨论书籍或其他文学作品，这些都能充实游客的文化体验。

一位受过良好教育的人士可能会用两种甚至更多的**语言**（language）进行沟通。对于别国语言感兴趣则是旅游的另外一个动机。这尤其适用于那些去特定国家学习语言以更好地使用该种语言进行口语交流的学生。

游学项目是一段特别珍贵的学习经历。在国外接受不同语言的教育，可以成为整个游学日程的一部分。语言学习机构在全球的发展蓬勃兴旺，它们有的是私立的，有的则隶属于某大学。关于后者，瑞士日内瓦大学、法国的格勒诺布尔大学（University of Grenoble）和美国的加州大学伯克利分校都是典型例子。针对大学生的国外学习项目，能够为其创造学习不同语言的良机。在美国、欧洲和世界其他地方，这种项目正在成为大学学习经历的一个更为常见的组成部分。许多大学都签订合作协议，允许学生以同其在国内大学一样的成本去其他国家的大学学习，奖学金和学分可在大学之间转换。老年住宿教育项目则是为中老年市民提供学习外国语言的游学项目之例。

大多数的旅游者在国外乐于学习一些当地语言，通常以通过餐馆点菜或者在饭店及其他旅游场所谈话为操练场景。一个旅游区域的娱乐活动项目也可以考虑将语言教学囊括进来。

科学

一个国家的**科学活动**（scientific activities）对旅游者而言也能成为兴趣所在。特别是那些技术工业、教育或者科学研究。负责旅游营销的组织能够通过为科学信息交流提供便利、组织科学研讨会、参观科学装置和其他向游客传递科学信息等方式服务于科学界。

科学博物馆和工业博物馆、天文馆，还有那些不同寻常的科学装置，如原子能发电厂和太空探索中心，都非常受旅游者欢迎，这些都能体现科学的魅力。动物园和水族馆也很流行。佛罗里达州西北部的肯尼迪航天中心（Kennedy Space Center）也是一个典型。这个中心每年吸引了大量的游客，那些对此领域一无所知的人也能从中学到具有启迪性的科学知识。另外一个例子就是华盛顿特区的史密森尼航空航天博物馆（Smithsonian National Air and Space Museum）。瑞士日内瓦的欧洲原子核研究中心（EFRN）以其具有国际水平的原子粒子加速器逐渐成为国际旅游的主要吸引物。

政府

世界各地的**政府**（government）治理体系各不相同。对政治学和政府感兴趣的人往往去参观政治中心，比如首都之旅对他们而言就显得尤为珍贵，具有特别吸引力。不管此人何时去何地旅游，他对当地实行的政府治理体系以及与本国的差异都非常敏感。

对政治感兴趣和热衷于了解其他国家或区域解决政治争端方式的人代表了另一部分市场。法律制定者经常通过拜访其他州或者国家的方式来观察解决社会和经济问题的程序。

参观华盛顿特区能够向旅游者显示美国众议院和参议院制定法律的程序。听取不同议案的过程通常也对游客公开。作为美国政治中心，这座城市的很多地方都为美国和国外游客提供了接受教育的良机。如今，华盛顿特区和其他政府中心的很多建筑，由于已经极大地提高了安保水平，在游客访问前都需要提前清场。

说明：三个世纪以来，加拿大魁北克省著名的朝圣中心圣安妮大教堂（Sainte-Anne-de-Beaupré）吸引了数百万游客。礼拜堂的标志写明为纪念1662年在圣安尼建立的第一所教堂而设。

宗教

历史上，自人类有文字记载以来，**宗教朝圣**（religious pilgrimage）就成为旅游的一个动机。正如第2章所说，朝圣是旅游的最古老原因之一。很多旅社和客栈都是为支持宗教朝圣游客而设立的。最有名的也许要数麦加朝圣了。人们大量涌入他们所属教派的“圣地”和宗教文化的胜地，而且通常都是成群结队地前往，比如新教徒往往结伴参观庄严肃穆的教堂，拜访世界不同地方的基督教会学派。抱有宗教目的的传教士旅游则与此类似。大量赶赴以色列的旅游者在部分程度上也是出于宗教动机，去天主教中心罗马梵蒂冈、德国巴伐利亚州的上阿默高、法国的卢尔德、墨西哥的墨西哥城的旅游者也是如此。不同的宗教派别有不同的朝拜场所，如巴黎圣母院、罗马的圣彼得大教堂、麦加的大清真寺，都是旅游者的重要参观对象。

餐饮

一国的**餐饮**（food and drink）文化是国家文化的最重要表现形式。旅游者往往钟情于当地饮食，特别是那些当地民族食品。旅游时能品尝当地美食不失为一大乐事。

餐馆和饭店如能提供当地特色食物，并出示解释菜肴原料和烹饪说明的菜单，会给旅游者留下美好的印象。那种营造特殊氛围提供此类食品的餐馆具有特殊吸引力，如码头的海鲜餐馆。

地方餐饮销售是旅游收入来源之一。那些提供当地餐饮信息的广告能给人留下深刻印象。餐饮被旅游者视为重要的度假活动。如何烹饪这些食物和如何将菜肴呈现给客人同样重要。去一个特别吸引人的地方或者不同寻常的地方吃饭，可能会成为游客最快乐的一段回忆。旅游组织应当鼓励餐馆和饭店提供当地的特色饮食。

历史

一个地方的文化遗产是通过它的历史资源来表现的（见图 10—3）。有些旅游目的地以历史而闻名，如密歇根州北部的麦基诺城、佛罗里达州的圣奥古斯丁教堂、得克萨斯州圣安东尼奥的阿拉莫古战场和燕子教堂、美国西部各州的昔日金矿之旅、秘鲁的马丘比丘、中国西部城市西安的宏大考古奇观。

旅游业要取得成功，必须保护当地历史资源，确保博物馆的水准和管理质量。熟悉一个地区的历史是旅游的一个极其有力的动机。很多陈列品只提供本国语言的说明，这是不少历史博物馆的严重缺陷，也极大地制约了旅游者对历史展览的欣赏。

历史名胜和博物馆的开放时间很重要，应该安排在旅游者方便的时间。博物馆和历史名胜应该以尽可能便宜的票价吸引尽可能多的参观群体。还有必要进行宣传与促销，与旅游者进行接触的部门（如商业部门、旅游信息部门、饭店、度假场所、餐馆和其他部门）应该提供此名胜的描述、开放时间、门票价格、特别节事活动等任何旅游者参观所需要的信息。

著名的博物馆如：伊斯坦布尔考古博物馆（Istanbul Archaeology Museum）、墨西哥城的墨西哥国家人类学博物馆（National Museum of Anthropology）、纽约的美国自然历史博物馆（American Museum of Natural History）、伦敦的大英博物馆（British Museum）、圣彼得堡的爱尔米塔什博物馆、华盛顿特区的史密森尼航空航天博物馆等。

国家历史公园、历史遗迹和具有历史主题的国家公园是另一种历史资源的保护形

说明：阿肯色州小石城的克林顿图书馆（Clinton Library）开放于2004年11月18日，是为纪念前任总统而兴建的一系列总统图书馆中晚近的一座。由于藏有大量的书籍和视觉文献，每座总统图书馆都已成为重要的吸引物，吸引来自世界各地的旅游者。Courtesy of Cranford Johnson Robinson Woods，Little Rock，Arkansas.

式，如科罗拉多州的台地国家公园（Mesa Verde National Park）。此外，还有艾奥瓦州和伊利诺伊州的“活历史农场”。

在呈现历史资源魅力的所有形式中，最诱人的恐怕是主要存在于欧洲、地中海国家和墨西哥的声音和光影项目。一系列具有声音效果的喇叭用若干种语言播放事先录好的故事，讲述该地区不同寻常之处。与此同时，变幻的灯光强化效果，吸引着观众关注不同的区域。

在意大利古罗马广场，罗马的历史被以六种语言进行介绍。旅游者能听到皇帝们的声音，还有罗马城池燃烧的噼啪声。在位于墨西哥城西北30英里处的特奥蒂瓦坎（Teotihuacán）金字塔，著名演员用西班牙语和英语在光影效果中讲述着这一地区的历史。埃及在其历史遗址中也提供类似的项目。

环球透视

旅游体验

● 抛开一切的放松型体验：典型的这类体验是“阳光、沙滩和大海”式度假，或其他旨在寻求放松休息和恢复身心的度假体验类型。

● 探索型体验：游客旨在借以拓宽自己视野的体验。这种体验的新奇与否，取决于旅游者个人。对新手旅游者而言，几乎任何不同的地点对其而言可能都很“新奇”；对经验丰富的旅游者而言，则可能难以找到新奇的旅游体验。

● 探险型体验：在这类体验中，游客寻求所谓的高肾上腺素的活动，可能是激流泛舟、空降式滑雪、丛林探险、登山、南极探险，甚或是访问不安全或战乱的地方。

● 社交型体验：这类体验要么是为游客提供一个与老朋友分享旅游经历的机会，要么是为游客提供一个结交新朋友的机会。从某种程度上来说，这类体验的实际目的地可能并不重要。

● 家庭旅游体验：家庭旅游体验是社交型旅游体验的一个特殊子集，其所涉及的社会网络对游客而言是非常特殊的，尤其与游客所处的家庭周期阶段有关。显然，"年轻"家庭寻求的体验会完全不同于更为成熟的家庭。尽管如此，游客到访一个目的地的根本动机在于希望为家庭生命周期的特定阶段创造和保留一段非常特殊的经历。

● 教育或求知型体验：近来这类旅游体验的重要性得到提升，通常反映出那些较为成熟和富有经验的旅游者渴望加深对一个旅游目的地及其文化，或者目的地可能拥有的特色的理解。

● 快速逃离型体验：这是一种更广义的体验类型，即"抛开一切"放松式体验下属的一个子集。然而，这类体验更强调远离一切，而不是全身心的放松。这类体验往往是短期的，比如利用周末的时间，并且可能离自家居住的地方并不是很远。

● 探亲访友型体验：对许多人来说，探亲访友体验远比其他体验更为珍贵，同时可能是他们大半辈子寻求的唯一一种旅游体验类型。对一个旅游目的地的管理者而言，他所面临的挑战是探讨该目的地要如何从这类流行的旅游活动中获得最大收益。

● 故地重游型体验：《康奈尔餐旅管理季刊》（*Cornell Hotel and Restaurant Administration Quarterly*）的论文作者斯坦利·普洛格多年前便曾指出，有这样一个旅游细分市场，他们并不向往所有国际旅游地的光彩夺目，而仅仅是希望重返某个"令人舒服的"目的地。这个令人感到舒适的目的地可能是一处私人拥有的娱乐设施，或者也可能是一个公共的目的地场所，由于各种各样的原因游客与其结缘。

● 特殊节事型体验：许多旅游目的地都已开始关注特殊节事活动的吸引力，因为这类节事活动的举办能吸引那些原本对该地没有什么兴趣的游客也前来访问。主办诸如奥运会或世界杯赛之类大型赛事的目的地，可增大赛事期间及赛事结束后的游客来访量，因为这类大型盛事活动的举办会增加该地的知名度、美誉度，并可提升该目的地的形象。此外，那些成功的例行性节事活动，如波士顿马拉松赛、高尔夫大师赛、新奥尔良狂欢节、卡尔加里牛仔节、超级碗等，所吸引的主要客源虽然多为一次性来访的游客，但这部分人群的市场规模庞大。这些节事可作为目的地整体营销战略的组成部分，成为目的地声誉和来访量的主要来源。

● 参与节事型体验：与那些吸引游客来旁观的节事相反，还有些节事可以吸引那些寻求积极参与到该节事活动中或者希望看到自己的亲朋好友参与该节事的游客。这方面的例子有娱乐性的体育赛事（棒球、曲棍球、足球、橄榄球、赛马）、音乐节、选美活动以及儿童节。

● 感受自然型体验：由于人们对环境的关注与兴趣不断增强，目的地为游客提供"与自然交流"的机会日益成为重要的吸引力因素。拥有像国家公园这类地方的目的地，通常被视为提供感受自然型体验的典型。在这类体验中，探访环境敏感而受保护的区域、近距离观赏野生动物的机会越来越为人们所看重。

● 精神型体验：那些由于历史原因而在世界范围内对个体有特殊精神吸引力的目的地，在为游客提供精神体验方面存在特殊优势。像麦加、罗马这样的主要宗教所在地城市，还有那些公认的宗教建筑的发源地城市，可以专注于提供与精神相关的体验。然而，并不是所有的精神体验都与传统宗教有关。随着时间的推移，其他目的地，如尼泊尔，已在许多方面被人们认为是特殊的精神体验之地。

● 娱乐型体验：从广义的概念来看，一个目的地可能专注于提供各类娱乐项目，将其作为本目的地主要市场吸引力的基础。伦敦、纽约、拉斯韦加斯、纳什维尔和密苏里州的布兰森，都已成为提供娱乐体验的经典例子，但世界上提供娱乐体验的目的地肯定不止这些。这类体验的实质是游客在目的地有机会欣赏那些本身就很知名的表演或者是由著名的“明星”呈现的表演。在某种程度上，一个目的地可以开发大量这类娱乐体验，将自己定位为一个以娱乐为主的目的地。

● 景点型体验：某些景点闻名遐迩，它们可以作为整个目的地吸引力的基础，有时甚至几乎成为该目的地的代名词（参见第8章）。有些景点是很多家庭觉得在他们的家庭生命周期中必须体验至少一次的景点，佛罗里达州的迪士尼世界无疑就是这方面的一个经典例子。事实上，该景点体验已经非常深入人心，它构成了佛罗里达州奥兰多市内大多数旅游产业部门的基础。迪士尼乐园在日本、法国和中国香港的发展证明了它在世界其他地区也颇受欢迎。

● 投机型体验：投机型体验更多的指参与赌博，吸引着那些因参加各种各样投机游戏而倍感兴奋的旅游者。很多50年前被认为是非法和不道德的活动，如今也合法化了，这使得很多旅游目的地得以生存和发展。时代变化如此之快，似乎每一个旅游目的地都想增加一些博彩活动来增强吸引力。与此同时，拉斯韦加斯、亚特兰大和蒙特卡洛始终是提供这类旅游体验的代表性城市。前两个坐落于北美，将娱乐和赌博结合在一起，而与此形成对比的是，坐落于欧洲的蒙特卡洛则强调吸引那些市场细分中经过精挑细选的精英分子。

● 百无禁忌型体验：这种体验常常不太被社会认可。性旅游过去非常流行，但是常被遮遮掩掩，这种旅游体验目前已被联合国世界旅游组织和一些国家的政府明令禁止，甚至列为非法。多年以来，在全球拥有很多度假村的地中海俱乐部都暗示游客，在其某些度假村能够期待一个不受正常社会约束的假期。在西班牙海滨度假区内夜总会周围，有很多英国（和其他国家）的游客在彻夜狂欢之后留下的成堆的碎玻璃，而这些人在通常情况下不会有这样的行为。新奥尔良的狂欢节和里约热内卢的嘉年华，从18世纪诞生之日起，就一直吸引着那些寻求这种体验的当地居民和游客这一非常特别的细分市场。

● 结识全球朋友型体验：这类体验代表了许多人认为的旅游应该带来的一种体验，让游客有机会去结识目的地接待人员的访问体验。有很多种方法可以实现这一目标，但爱尔兰采用的一种方式被很多人认为是最卓越的。多年来，爱尔兰旅游局与当地居民合作，开发出了一个覆盖范围广泛的家庭网络，这些家庭欢迎来自世界各地的游客参观，不仅仅是参观房子，在某种程度上也是访问那些家庭的成员。诚然（也是必然的），这种多方参与的方式就质量控制而言比较难以把握，但是这种“冒险”被很多游客认为是非常值得的。要了解更多详情可以访问 www.irishfarmholidays.com。

● 了解真实世界型体验：有些人可能会把这类体验解释为探险体验的一个版本，这取决于游客。这种体验意味着游客到访一个目的地，不会人为地去回避这个世界上许多居民每天都要经历的现实生活。访问非洲、印度、中国和亚洲的很多地区，在那里不住高档酒店，吃普通人的食物，采用当地的交通工具作为旅行方式，这种旅游虽然不适合所有人，但是会给那些拥有良好的身体条件和心态的人留下一生难忘的经历。

● 志愿者型体验：志愿者型体验是一种基于服务的体验，比如帮助一个东道主建房子或者教堂。这也是一种东道主和游客之间的互动体验，游客出于各种理由自愿有组织地参与一些假日活动，这些活动可能是对一些物质资料匮乏的社会群体给予援助，可能是对某种环境的整修，或者是对社会或环境方面的问题进行调研。

讨论题

你有过哪些旅游体验？

在你下一次外出度假时，你最想获得哪种体验？为什么？

旅游与和平

旅游的一个积极效应是促进**世界和平**（world peace）。当人们抱着从同在一个星球上的不同邻居身上互相学习的真诚愿望而旅游时，就能传播知识，增进了解。旅游至少是一个促进世界范围内交流的开端，这对于搭建促进双方互相欣赏、尊重和友谊的桥梁非常重要。

旅游：和平的重大力量

旅游促进和平国际学会（IIPT）自 1986 年成立以来，已经赞助了一系列的全球会议、高峰论坛、圆桌会议、研讨会等活动，致力于通过旅游打造和平的文化。1988 年 10 月，以“旅游：和平的重大力量”为主题的会议在加拿大的大不列颠哥伦比亚省的温哥华召开。来自 65 个国家的 500 名代表参会。会议旨在探讨如何激发和强化无数旅游者的旅游兴趣、加强对旅游的认可、参与到丰富多彩的社会及其他活动中，从而更好地**理解**（urderstanding）彼此、**欣赏**（appreciation）彼此——也就是促进世界和平的不同方法。

此次会议是一个从多方面探讨旅游促进世界和平的论坛，使人们认识到旅游可能成为人类历史上最大的和平运动，因为旅游从文化、经济、传统、遗产、信仰等各个方面将人们联系在一起。旅游提供了互相接触的机会，使得人们有可能理解彼此及其文化。此次会议清晰地显示了旅游可以使我们生存的世界变得更加美好。

以下列出了此次会议的一些成果。

和平旅游者准则

对有机会旅游和体验世界心存感激，因为和平是从个人做起的，我肯定我的责任并致力于：

- 带着开放的思想和友善的心旅游。
- 善意地接受一切，并对所遇到的一切心存感激。
- 尊敬并保护生命赖以生存的自然环境。
- 欣赏我所发现的一切文化。
- 尊重并感谢招待我的东道主。
- 向我所遇到的每一个人伸出友谊之手。
- 配合那些持有同样观念的服务人员展开工作。
- 通过我的精神、语言和行动，鼓励其他人参与到和平旅游中来。

此后，1994 年在加拿大魁北克的蒙特利尔，1999 年在苏格兰的格拉斯哥又分别举办了两次会议。2000 年在约旦安曼举办了第一届旅游促进和平全球高峰会议（Global Summit on Peace Through Tourism）。以下是约旦会议发表的声明：

关于旅游促进和平的安曼宣言

我们是旅游促进和平全球高峰的代表和与会者，这次会议于 2000 年 8—11 月于约旦安曼召开……我们认识到，旅游是一种世界性的社会和文化现象，让世界上的人做主人和客人，这是人类真正的全球性活动之一。

……旅游是世界上最大并且是增长速度最快的产业之一。每 11 个就业岗位中就有 1 个为旅游业所提供，旅游促进了地区乃至世界的经济增长，填补了发达国家和不发达国家之间的鸿沟，带来了可促进和平的繁荣。

……和平是旅游和人类各方面发展的前提条件。

……发展旅游能在全球范围内增进人们的相互理解和信任，创造美好的愿望，它需要合适的政治和经济框架作为支撑。

……因此我们就"旅游促进和平文化"（Culture of Peace Through Tourism）发表声明，并拥护以下原则：

1. 旅游是涉及社会、文化、宗教、经济、教育、环境以及政治价值与责任的最基本的人类活动。

2. 旅游是人类的基本人权之一，不应对此加以限制，包括那些因残疾和其他原因有特殊需要的人士。

3. 提高社区的生活质量，促进当地和谐。意识到社区及其居民都是系统展示传统文化的有机组成部分。

4. 发展可持续旅游，尊重人类宝贵财富——人类的差异性和文化的多元性，提升人际关系。

5. 必须随时保护、修缮、恢复历史古迹和遗址，作为人类留给下一代的宝贵遗产，让每个人都有机会参观游览。

6. 保护并合理利用环境，维持生态平衡，对于旅游的未来极其重要。尊重并认可当地人的古老智慧和对地球的关注。

7. 抓住旅游业全球化发展的机遇，在全球不同地区之间搭建沟通的桥梁。

……尊重侯赛因国王所说的以区域和平为基础，将哈桑王族的约旦变为一片和平的土地和热情的土地，欢迎怀有和平之心的游客，阿卜杜拉二世殿下致力于将侯赛因国王的和平思想遗产发扬光大，约旦的政府和百姓也致力于以无私的热情支持此次会议，确保会议的召开。

……赞赏旅游促进和平国际学会提供和平旅游的视角，并自始至终给予不断的努力；感谢所有的赞助者和其他为此作出贡献的人们，是他们推动了旅游和平事业的发展。

……欢迎联合国宣布2000年为和平文化年和世界无暴力儿童年。

……对于联合国行动声明中的目标始终铭记于心，并致力于通过我们的行动加以实现。

2000年11月11日于安曼

祝愿地球永远和平

"旅游促进和平"会议不断在世界各国的旅游目的地召开，会议就关键的旅游问题进行探讨，如和平、文化、环境、减少贫困和可持续旅游。这些会议也包含了2001—2011年期间举办的许多非洲和区域性会议。

旅游促进和平国际学会是一个非营利组织，致力于促进和发展旅游，增进世界范围的理解、合作，提高环境质量，保护遗产，促进世界和平和可持续发展。它建立在旅游这一世界第一大产业将成为世界上第一个最大的全球性和平产业的愿景上，研究院相信每一位旅游者都有可能成为"和平大使"。旅游促进和平国际学会的网址是www.iipt.org。

旅游促进和平的哲理

很多不同领域的伟大领袖都充分意识到旅游的社会价值——了解人类。旅游业是人类最高尚的职业之一。公元前550年的伟大的希腊政治家梭伦推荐我们应该为了"观察而去旅游"。而去观察也就意味着增进对其他人、文化、土地的了解和欣赏。希腊神话中的阿戈尔英雄（Argonaut）——不断航海去寻找金羊毛的水手头领曾说过：“生活并非最重要的事情，航海才是。”

马可·波罗是商人中的名家、教皇的使节、中国城市的地方长官、忽必烈的拥护者，通晓多国语言，还是战争中的信使以及第一位旅游作家。他在 1298 年写作的书中描述了他的探险经历，为东西方之间搭建起第一座桥梁。马可·波罗对其所见所闻的壮观景象惊叹不已，在文艺复兴时期，他的书是西方关于东方的最主要甚或几乎是唯一的信息来源。

简略地回顾历史和神话，是为了引出一个主题：旅游（以及关于旅游的种种文献）在连接这个世界不同地方的人们，促进双向了解方面非常重要，胜过这个世界上自文明萌芽以来的其他任何一支力量。

再没有比环球旅游更能够纵览世界文明全景的旅游方式了。而到别人家做客，亲人或朋友在同一个屋檐下聚餐，则很有可能体会到不同地方的人们聚在一起其乐融融的气氛。比如在日本的家庭用餐，你会惊叹于他们灵巧地使用筷子从雪白而小巧的陶瓷碗中取出米饭的技巧。又如在泰国曼谷的水上市场用餐，欣赏着穿梭于运河中的小舢板上堆满了如山的热带水果、蔬菜和鱼类，船主四处寻找买主。而与突尼斯的阿拉伯人一起用餐，可能就在光秃秃的撒哈拉沙漠中的一个帐篷里面，欣赏着狂野的自然之美，享受着当地人民的热情友好。

世界上的住宅形式五花八门，在日本京都，你可能见到那种用米纸糊窗户、铺着草垫的木屋；在英国你可能见到建在维多利亚山上的一座独体英式公寓；在尼罗河河畔你可能见到一个小泥棚或一个小平房；或者在巴西，你可能见到里约热内卢的别墅。人们在居住地出生，成长，饮食，休息，走向生命的终点，全世界都是如此。这些相似之处反映了人类基本的统一性，很易于为人们所理解，然而，他们的国家和统治者却往往容易疏忽这一点。

在异国土地上旅游的家庭，邂逅和了解他国家庭的途径和方式不一。“人际旅游交往计划”则是众所周知的最好方式之一。旅行社能通过当地代理商做出安排，比如哥本哈根提供了与当地人进行社交接触的很多活动来丰富旅游者的经历，加深他们对丹麦人民的认识和了解。还能作出其他安排，如在当地居民的家中停留，或者参加研讨会等类似活动。世界许多地方都能提供这种活动，了解开展此类活动的可能性并广泛实施此类活动，能够增进对不同地方人们相互之间的理解、友谊和欣赏。

住在每晚 100～200 美元的饭店，站在阳台上俯瞰行人经过的旅游者，几乎不能真实地了解任何关于此地居民的情况。然而，如果能有接触当地人的机会，对当地人的了解和欣赏就会更深入些。

旅游能否促进和平？如果能够更好地了解和欣赏其他人的生活方式、风俗习惯和语言，让我们更好地融入这个世界，答案就是肯定的。特别是在与当地的居民邂逅之后成为朋友时尤其如此。旅游提供了一种载体，来自异地的人能够借此熟识当地的人。努力建立这种友谊，有助于增进了解，而了解至少是建立和维持国家友谊的第一步。

一国领导者如能理解并鼓励旅游业发展，事实上就是在努力改善本国国民和其他国家人民之间的关系。虽然最重要的考虑还是经济方面的，但我们也不能忽略社交接触的重要性。

旅游只有在和平与繁荣的环境下才能兴旺发展。政局不稳定、恐怖主义、战争、经济萧条和社会冲突都不利于旅游的发展。

如果得到合理的规划、组织和管理，旅游活动能给参与者带来彼此之间的理解、

说明：在马来西亚，旅游者能欣赏到当地的雕刻者进行艺术品创作的过程。这种互动的机会增进了彼此的了解和认知。Photo courtesy of the Malaysia Tourism Promotion Board.

欣赏以及更好的繁荣生活。鼓励旅游发展，旅游的积极效应便会发挥出来。如果说旅游还不足以称为通往和平的护照，那么至少也是缔造和平的一种有益的努力。无论何时，无论何地，旅游者与当地人之间怀着对彼此的欣赏、尊敬和友谊进行会面，并彼此问候，就开始了通往和平的第一步。

下面的声明摘自假日酒店的出版物，它反映了旅游的目的：

> 在今天这个日渐缩小的世界，邻居们来自这个地球上五大洲四大洋的每一个角落。所处的时代不同，着装、语言和食物也各异。但是对于所有共同生存着的邻里，人类必须彼此理解。
>
> 若无交流，则无以彼此理解。不可知的事物往往难以亲近，甚至让人感觉不真实。人们必须了解不同人的生活方式。
>
> 只有旅游和交流才能填平知识的鸿沟。借助国际旅游，我们才有可能拜访更遥远的邻居，得知他们是如何思考、如何生活的。
>
> 国际旅游必将促成彼此的理解。旅游是获取知识的方式。因此，让每个人发挥他的一份作用，在我们这个星球上旅游，保持着开阔的心胸，那么这个世界将变得更美好。

□ 本章小结

人类的文化表达形式对旅游者具有无穷的吸引力，这些形式包括美术品、音乐、舞蹈、工艺品、餐饮、工商业、农业、教育、文学、语言、科学、政府、宗教信仰和历史。当旅游者抱着真诚的愿望想要加深对当地人的了解之时，他们就会得到更加充实的旅游体验。

任何一个想要招徕旅游者的国家和地区，都必须制定规划，发展基础设施，实施促销，以实现文化的传递。“体验生活旅游”就是一个很好的理念，一般是安排旅游者于傍晚拜访当地居民或者有组织地安排旅游者在当地家庭盘桓数日。

任何地区在接待国外旅游者时都需要提供双语服务进行文化传递，包括导游的外语能力、双语提示语、双语标签和双语文字说明。

本章提供了审视旅游者和目的地国家文化背景、文化表现方式的相互关系的内容，为旅游接待提供了有益的借鉴。

旅游能更好地使人们互相理解，并有可能会让这个世界变得更加和平与美好。

□ 重点概念

农业（agriculture）　　人类地理学（anthropography）
欣赏（appreciation）　　商务旅游（business tourism）
文化吸引物（cultural attractions）　　文化旅游（cultural tourism）
文化（culture）　　教育（education）
民族舞蹈（ethnic dancing）　　民族旅游（ethnic tourism）
环境旅游（environmental tourism）　　艺术品（fine arts）
餐饮（food and drink）　　政府（government）
手工艺（handicraft）　　遗产解说（heritage interpretation）
历史旅游（historical tourism）　　工业旅游（industry tours）
语言（language）　　体验生活旅游（life-seeing tourism）
文学（literature）　　音乐（music）
消遣旅游（recreational tourism）　　宗教朝圣（religious pilgrimage）
科学活动（scientific activities）　　理解（understanding）
结对（twinning）　　世界和平（world peace）

□ 互联网练习

为了方便读者，本章中所提及的互联网网站连同其他一些相关网站，一并列在为本书伴设的网站上：www. wiley. com/college/goeldner。

练习 1

网址名称：美国国家地理学会

网址：www. nationalgeographic. com

背景知识：美国国家地理学会是基于以下考虑而设立的：美国的年轻人地理知识匮乏，保护我们地球自然资源的任务紧急迫切。该协会不断致力于开发全新的令人激动的方式，开拓对自然界的认识，加强与世界不同地方的人们交往的能力。

练习内容

浏览美国国家地理学会网站，在它的数据库中找出两个你认为具有文化旅游景点的目的地。收集这些目的地的信息，设计出吸引那些文化旅游者的广告。

练习 2

网址名称：旅游促进和平国际学会

网址：www. iipt. org

背景知识：旅游促进和平国际学会是一个非营利组织，致力于推动旅游的发展，从而增进国家间的理解与合作，改善环境质量和保护遗产，最终为造就一个和平和可持续发展的世界做出贡献。

练习内容

（1）在增进不同国家、文明、文化、宗教之间的理解方面，旅游发挥了桥梁作用吗？

（2）旅游促进和平国际学会组织如何去推动减少贫困？

□ 复习与讨论题

1. 评价一下文化在激发旅游动机方面发挥的作用。

2. 怎么看待不同旅游目的地中文化相似性和文化差异性作为旅游动机所产生的吸引力？

3. 举例说明与客源地文化迥异的文化旅游是如何吸引旅游者的。

4. 在自己的社区中设计一个体验生活旅游的项目。

5. 你最喜欢哪一种体验生活旅游的形式？

6. 旅游者能在多大程度上容纳文化差异？举例说明。

7. 对于一位具有洞察力的敏感的旅游者而言，国际旅游能带来哪些益处？

8. 为什么巴哈马群岛的旅游局长要发展人际旅游交往计划？

9. 参照第 8 题，找出其他发展类似项目并取得成功的国家实例。

10. 一位哲学家说，“文化就是我们所知的一切。探索将改变我们的观点。因此，新的发现会让我们改变”。你同意此说法吗？

11. 你所在的地方具有一些有特色的文化旅游吸引物吗？

12. 旅游以何种方式促进世界和平？

□ 案例题

1. 一个坐落在湖边的大约有 5 000 人的社区目前是一个热门的旅游点，该社区临近大型国家公园，主要吸引对象是体育爱好者，然而，可能是因为缺乏娱乐的原因，这里的旅游消费量不大。电影院三年前就关闭了，除了几个酒馆，几乎再无其他娱乐场所。这座小城和周围的乡村都有丰富的历史资源，但是唯一一座博物馆很破旧，也很小，坐落在一个酒吧的前部。如何向游客提供一所更好的博物馆和其他娱乐设施？

2. 假设你是一个旅游机构的领导者，一个美术组织游说你组织一个莎士比亚戏剧节，而加拿大安大略省的斯特拉特福早就有了历史悠久的类似节日，面对此要求，你会考虑哪些因素？怎样与你所在的地方以及国家旅游组织合作，共同制定该文化活动的宣传计划？

□ 注　释

[1] Valene L. Smith, *Host and Guests* (Philadelphia: University of Pennsylvania Press, 1997), pp. 2-31

[2] National Trust for Historic Preservation, www.preservationnation.org/issues/heritage-tourism.

[3] Mandala Research, *The Cultural and Heritage Travel Study* (Alexandria, VA: Mandala Research LLC, 2009) and www.culturalheritagetourism.org/resources/research.htm.

[4] Ibid.

[5] Ibid.

[6] Smith, *Hosts and Guests*, pp. 2-3.

第11章 旅游社会学

学习目的

- 了解旅游活动对个人、家庭或群体及整个社会，尤其是对目的地社会所造成的影响。
- 认识到目的地国家居民可能会对旅游者的到访——尤其是大量到访——产生怨恨；这些旅游影响有可能会危害当地的社会和经济。
- 理解人们的旅游格局会因人生特点和社会阶层的不同而出现变化。
- 熟悉社会旅游的概念及其在不同国家的重要性。

导 言

社会学是关于社会、社会机构和社会关系的科学。旅游者的来访所衍生出来的社会关系与当地居民间原有的社会关系会有很大的不同。在本章中，我们将去认识和评价旅游者与当地居民间的主客关系，介绍一些用于管理这些关系以使双方都能获益的方法。旅游活动对客源地以及对目的地居民的最终影响，将决定各地社会支持或反对发展旅游业的程度。

对个人的影响

外出旅游的人，尤其是前往自己不熟悉的地方旅游的人，经常会发现当地的环境很陌生，不仅地理环境陌生，而且人际关系、社会、文化等方面都很陌生。因此，旅游者会面临一系列问题。为了使整个旅程愉快且有价值，旅游者必须找到用以解决这些问题的办法。旅游者必须在不同于自己惯常环境的条件下去管理自己的金钱、时间、交往活动和社会关系，以满足食、住等生活需求和结交朋友的需要。在决定**文化距离**（cultural distance）的程度时，旅游者往往希望把这种文化距离的程度控制在自己能够把握的范围之内。他们会通过不同程度地接触当地文化来做到这一点。在这一陌生文化中，他们或许能够去发现自我。例如，体验生活旅游就是一种高度组织化的旅游活动类型。它能使那些希望深入了解当地生活方式的旅游者获得丰富的经历。有些旅游者喜欢由旅行社安排一些更具选择性的接触性体验活动，如围绕文化主题和体验设计的人类学修学旅游、参加艺术及手工艺节庆活动等旅游产品。不管在目的地的参与程度如何，旅游者至少必须粗略地了解自己将要到访的国家，并决定如何应对环境差异而引起的一系列问题，因此，提前做好准备不失为明智之举。无论对于东道国社会还是对于旅游者，**旅游体验的影响**（effects of travel experiences）都是深远的，这是因为旅游体验通常是旅游者一生中最重要的记忆片段。

对家庭的影响

随着**家庭**（family）的建立和孩子的成长，家庭旅游会成为全年生活中的亮点。无论是行前准备阶段的兴奋和期待，还是在目的地逗留期间的实际经历，都是家庭生活中难忘的片断，而带有一定冒险性的旅游活动可能最令人难忘。家庭旅游也可能具有教育意义，其目的性和教育性越强，旅游者从中获得的收益就越大。在行程开始之前制定计划并向有关专家咨询，可使旅游者从旅游经历中获得的收益最大化。

对社会的影响

旅游对增进国家及民族之间的理解具有重大影响。开明的国家和政府政策都会鼓励旅游的发展，尤其是国内旅游的发展，将其作为增进各地区人民之间的相互了解和加深国民对祖国的了解的一种途径。

旅游者的存在会影响当地居民的生活模式，他们的行为方式及其与当地居民的私人关系通常会对当地居民的生活方式和生活态度产生深刻影响。或许，当来自北美或西欧的旅游者前往某一有着原始文化或（经济）生活水平低下、民风淳朴的新兴目的地去旅游时，所产生的深刻影响就会引起人们的注意。反过来，旅游者也会受到当地文化的影响，但这种影响通常都表现为旅游者会更加欣赏在自己居住地体验不到的、该目的地社会所特有的生活质量。

当旅游者与目的地国家的居民产生社会交融、相互了解加深时，就会出现一种有利的局面。这种情况通常会极大地加深两个群体对彼此特征及优点的认知，增进他们之间的相互理解和尊重。

旅游：安全与犯罪

不幸的是，旅游者很容易成为犯罪活动的目标。由于不了解危险地区和极易受到暴力犯罪行为攻击的区域的情况，再加上自己的身份易于识别，思想上通常没有抵御罪犯攻击的足够准备，旅游者很容易成为抢劫犯和其他犯罪分子的目标。

有时，一些很受欢迎的旅游吸引物，如公园或海滩等，往往位于旅游者下榻的饭店附近，可步行到达。然而，从饭店到旅游景点的步行活动可能会将旅游者置于一个直接潜伏在这段行程中的犯罪活动高发区。如果存在这样的犯罪活动高发区，相关部门就该采取积极措施，将有关情况告知旅游者。印制步行路线图的饭店以及其他相关部门应将游客行走路线限定在安全区域内，同时应提醒旅游者在进行某些活动时有可能遇到危险。

针对旅游者的犯罪（crimes against tourists）会败坏目的地的名声，使该地在潜在游客心目中形成负面形象。因此，旅游企业都倾向于避开那些因针对旅游者的犯罪活动而闻名的目的地。最终的结果是，无论该目的地付出多大努力去宣传自己的优点及能够给予旅游者的丰厚回报，如果不能减少犯罪的发生，都将会导致其人气下降，并导致经营失败。

匹赞姆、雷赫尔和谢（Pizam，Reichel and Shieh）所作的研究发现，旅游消费对犯罪行为的影响微不足道。[1]然而他们认为，旅游活动能够对环境质量造成负面影响，这应该被看做诱发犯罪行为的一个潜在决定因素。虽然不能说旅游业应该对犯罪行为的发生负全责，但必须意识到旅游者是犯罪行为的潜在目标，保护旅游者不受攻击是旅游业生存和增长的基本条件。

怨恨

目的地居民**对旅游者的怨恨**（resentment toward tourists）主要源于两者的经济状况、行为模式、衣着打扮等方面存在显著差异。在一些因旅游者来访而产生利益冲突的地区，当地居民对旅游者的怨恨十分常见。例如，在北美地区，当地居民会对到访的户外活动爱好者产生怨恨，因为在他们看来，这些来访者正在“射杀我们的野鹿”、“捕捞我们的鱼”。旅游者对商品的需求也很容易抬高目的地的物价，这会使当地居民产生不快。

另一种形式的怨恨可能会导致目的地居民产生自卑情绪，因为与外来旅游者相比，他们处于不利地位。那些在服务于旅游者的相关行业中从事工作的目的地居民会得到较高的报酬，因而会在那些不如自己幸运的同伴面前展示出一种优越感。这会对整个旅游业形成一种不利的态度。

旅游还可能带来财务混乱问题。一个年轻的旅馆侍者可能由于提供行李递送服务而从旅游者那里得到 1 美元小费，但这个侍者的父亲可能正作为农场劳动力在田里干活，一整天劳动所得到的报酬只有 1 美元或 2 美元。

一般而言，任何社会中的主客双方都可以互相学习。为了观察目的地生活及文化而进行的有益社会接触和有计划的旅游活动，能够极大地增进旅游者对目的地文化的了解。与此同时，旅游者对目的地居民固有的生活方式的兴趣也会增加当地居民对旅游者的尊重，并使他们对自身所取得的成就产生一种自豪感。旅游业的发展有助于目的地社会结构从僵化的专制主义朝更关注个体需要的方向转变。当一个社会对外界“封闭”时，就容易变得僵化。通过鼓励旅游者来访，可使这种僵化的政策趋于温和，并为主客双方都带来好处。当旅游业开始成为促进社会发展的一种力量时，目的地政府通常会鼓励对野生动植物栖息地、公园、历史遗迹及其他文化资源的保护。

主客之间的直接互动能够打破偏见，打破基于单一维度划分人群的传统。给人群“贴上标签”——通常是错误的标签——之后，人的个性就会丧失。当旅游者对目的地居民有了亲身的了解，得知了他们的问题、希望及其借以改善生活的方式时，就会容易注意到人类的共性。其原因在于，对于自己所认识的某一个人，人们不大容易对其产生不信任和反感。相比之下，对于难作区分的某个笼统人群，对其产生不信任和反感的情况则会来得比较容易。

有些社会问题，如失业或未充分就业，其根源往往在于经济问题。旅游业的经济贡献有助于缓解这些社会难题。旅游业的发展**对目的地社会的负面影响**（negative social effects on host society）主要有以下九个方面：

1. 引发一些不良活动，如赌博、卖淫、酗酒及其他暴力行为。

2. 产生所谓的示范效应，即目的地居民想要得到与旅游者同样的享受和进口商品。

3. 造成种族间的紧张，尤其是在那些对旅游者和当地居民明显区别对待的地区。

4. 促使部分旅游企业员工形成奴性态度。

5. 为增加旅游纪念品销售额，当地手工艺品**"庸俗化"**（trinketization）。

6. 员工角色的**标准化**（standardization），如国际化的餐厅服务员——所有国家都千篇一律。

7. 如果目的地文化被游客视为离奇风俗或娱乐表演，当地居民就会丧失文化自豪感。

8. 由于旅游者过多，在这种情况的熏陶下，当地生活方式出现过快变化。

9. 多数人都从事低收入、不体面的工作，这成为许多饭店和餐馆的就业特点。

其实，有许多负面影响——即使不是全部——都可以通过巧妙的规划和先进的管理方法加以缓解或消除，从而使旅游业能够以一种不必付出如此沉重社会代价的方式得到发展。为了使旅游业有序发展，需采取的措施包括：通过制定区划和建筑物规范，严格控制土地使用；旅游部门或同类官方组织制定开明的政策；对诸如基础设施和上层建筑等旅游供给实行恰当的分阶段提供，以便能与旅游需求相匹配。教育以及得力的公关工作也能够发挥巨大作用。在艺术和手工艺品营销过程中，执行恰当的质量标准能够强化这些制作技能，使它们免于被世人忘却。正如《主人与客人》（*Hosts and Guests*）一书中所描述的那样[2]，美洲西南部印第安人的独创手艺被传承下来，并得到改进和鼓励，最终得到推广，从而能够为旅游者提供真正的印第安地毯和绿宝石及其他手工艺品。弗雷德·哈维公司（Fred Harvey Company）的创始人弗雷德·哈维（Fred Harvey）就被认为是这样的一个人，他鼓励印第安人继续生产这些有吸引力的手工艺品，并在自己的饭店、餐馆和礼品店中出售。

人口和旅游兴趣的变化

人在变化，人们的观念在变化，人口数量也在变化，所有这些因素都会对人们的旅游兴趣产生影响。人们的旅游兴趣也在发生变化。有些国家成了受欢迎的旅游目的地，另一些则在逐渐衰退。世界性事件的发生很容易使公众将注意力集中到某些特定的国家或地区。例如，日本和韩国在第二次世界大战和朝鲜战争之后，成了新兴的旅游目的地。人们对去加勒比海地区、以色列、西班牙、摩洛哥和中东地区旅游的兴趣也有所增加。目前，到中国和澳大利亚去旅游引起了人们的极大兴趣。在旅游促销者中流行的一句口头禅是"潮流随着名人转"，这已被证实无疑。关于重要人物游览某个特定地方的旅游宣传，必定会增加人们对该地的兴趣，并因此提升人们对该地的旅游需求。

通信系统的发展，尤其是互联网和有线电视的出现，拓宽了人们对世界其他地方和其他民族产生兴趣的范围。这些系统既能看，又能听，从而会对人的思想产生很大影响。他们能够借此熟悉其他国家的情况，并可能产生前往该地旅游的欲望。随着通信系统的发展，人们的认知水平和旅游兴趣也会增长。

人生特点与外出旅游

生活水平的提高、人口年龄构成的变化、教育水平的提高、更好的沟通与交流、世界范围内关注他人幸福和活动的社会意识的增强、喷气式飞机将世界在人们的心理上缩小，所有这些因素共同引发了各国人民对其他国家的兴趣。

与年龄相关的旅游模式

随着年龄的增长（70 岁及以上），旅游者会变得更加被动。家庭**旅游模式**（travel patterns）与其所处的家庭生命周期阶段有关。有年幼子女的家庭往往会减少外出旅游的次数，而无子女的夫妇则是最值得期望的目标群体。然而，随着子女的逐渐长大，家庭会增加外出旅游的次数。家中有 15～17 岁子女的家庭比那些家中有年幼子女的家庭会有更多的外出旅游机会。随着子女长大成人并离开家庭，夫妇二人（又回到无子女的状态）对外出旅游的兴趣会重新恢复，同时，这一阶段的夫妇更可能拥有较多的可自由支配收入，从而能够负担更多次的旅游。居住在大都市的人比那些居住在乡村地区的人具有更高的旅游倾向。

说明：为了迎合不同年龄群体的旅游格局，一些游船公司为具有特殊兴趣的旅游者提供特殊巡游线路。
Photo courtesy of Carnival Cruise Lines.

老年旅游市场

旅游市场发展的一个重要趋势是，65 岁以上人口的老年市场以及 55 岁以上 65 岁以下人口的准老年市场的规模在增长。很多人称之为成熟市场、老年市场、退休市场或老龄市场，另外有些人则称之为 50 岁以上市场，因为 50 岁是美国退休人员协会（AARP）入会资格的年龄界限。

无论如何称呼这一市场，它都是一个重要的、不断增长的市场。美国 1980 年 65 岁以上的人口共计 2 550 万，1990 年为 3 120 万，2000 年则为 3 480 万。然而，由于 20 世纪 30 年代经济大萧条时期出生的人口数量有限，这一市场的增长会比较缓慢，预计 2010 年将达到 3 970 万。其后，随着“婴儿潮”时期出生的人也达到这一年龄，该市场会迅速增长，2030 年有望达到 7 030 万（见图 11—1）。

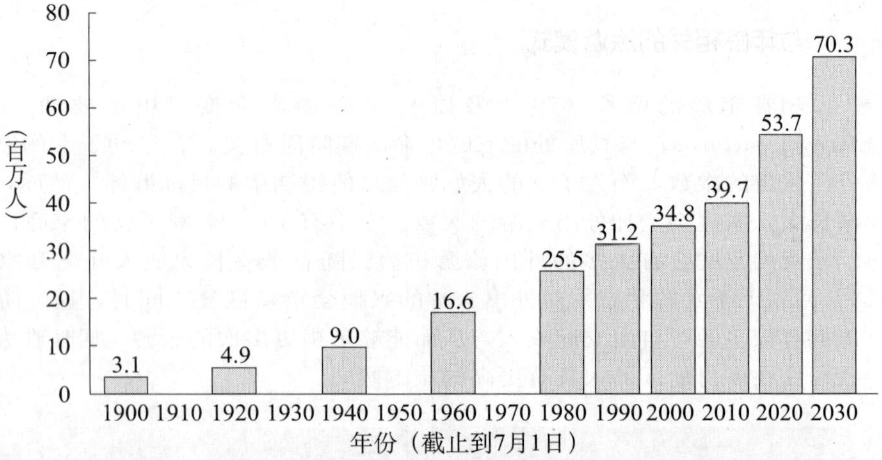

图 11—1　1900—2030 年间年龄达到和超过 65 岁的人口数量

资料来源：U. S. Bureau of the Census and AARP.

老年人口的大幅增长是世界各地的普遍现象。由于老年人富有经验、辨识力强并且喜欢旅游，这一细分市场无论在国内还是国际上都被旅游管理者所关注。另外，他们有外出旅游的自由，较之前的一代更加活跃和健康，而且他们关注媒体和互联网，还拥有可自由支配的收入。老年人将会成为一个更加重要的市场。

收入

购买力是旅游管理者必须考虑的一个因素。有购买力才能形成真正的市场。毫无疑问，如今，相当多的人都有足够的**可自由支配收入**（discretionary income）用于事务性旅游或消遣旅游，而且这部分人口所占的比例还在增长，尽管有些家庭只能购买不太昂贵的旅游产品。人们外出旅游的频率和开支数额会随着收入的增加而迅速增加。所有关于旅游行为的调查——无论是来自官方人口普查机构、旅游业协会、专门的市场调查机构，还是来自媒体——都表明，家庭收入与外出旅游概率之间存在直接关系：家庭收入越高，外出旅游的可能性就越大。此外，富裕家庭各方面的支出都比较多，在外出旅游方面的支出尤其多。人们感知的时间价值会随家庭收入的增加而提高。这也是航空旅行对高收入消费者更具吸引力的原因之一。

显然，旅游支出情况取决于收入。如果将人们的收入划分为五个等级，那么最低等级中只有不到 33%的人声称有旅游支出，而最高等级中的这一比例为 85%。几乎半数消遣度假旅游者都来自收入等级最高的家庭。富人在住宿、豪华型游览、饮食和购物方面的支出较多。与那些收入位于最低等级的人相比，他们在交通方面的支出仅占全部旅游支出的一小部分——两者的比例分别为 32%和 43%。这主要是因为，与节省饮食开支、住宿开支及其他有关开支相比，节省交通费用比较困难。[3]

如果目前的趋势继续下去，美国人将会更加富有。然而，经济不景气减缓了当前的趋势。根据美国人口普查局的报告，在 2008 年和 2009 年的美国社区调查（American Community Survey）中，美国中等家庭的实际收入减少了 2.9%，从 51 726 美元降到 50 221 美元。家庭收入变化的一个非常重要的因素是双职工家庭的数量有所增加。外出工作的妇女人数增长非常迅速，从而使家庭收入大大提高。据美国劳工部估计，与 1975 年不足 45%的家庭中妻子外出工作相比，2009 年这一比例为 59.2%，而在 2008 年，夫妇双方都外出工作的家庭比例刚超过 51%。收入的增加预示旅游业将有光明的前途，但是，由于夫妇二人都工作，抽时间外出旅游和度假可能会更加困难。有人认为这是度假活动趋于短途、次数更加频繁的原因之一。[4]

旅游支出历来就具有收入弹性。随着人均实际收入的持续增加，消费者会将更大的比例用于旅游消费。可以预见，除了增加外出旅游的次数之外，越来越多的消费者会将乘飞机外出旅游作为首选的旅游方式。收入与教育水平之间也存在密切关系。

教育水平

教育水平也是一个值得旅游管理者关注的因素，因为它能拓宽人们的兴趣领域，从而刺激旅游意愿的产生。受过大学教育的人比只受过中学教育的人外出旅游的次数要多，受过中学教育的人比只接受小学教育的人外出旅游的次数要多。据教育专家预测，人们的平均受教育水平将不断提高，这将对旅游业产生持续的正面影响。

多项研究一致显示：受过良好教育的人在旅游者中占大多数，其旅游消费支出也最多。在那些户主没有取得中学学历的家庭中，仅有大约 50%声称有旅游支出；而在那些户主取得中学学历的家庭中，这一比例为 65%；在户主受过一些大学教育的家庭中，这一比例为 75%；在户主获得大学学位的家庭中，这一比例则为 85%。收入作为一个重要因素，往往与受教育程度联系在一起。大约有 35%的家庭其户主受过一些大学教育。在这些家庭中，大约 55%的家庭支出用于度假旅游；而对于户主受过四年以上大学教育的家庭而言，其度假支出平均为前一类家庭的 2～3 倍。教育水平的提高无疑会提高人们外出旅游的倾向，而且，随着高等教育的普及，航空旅行也会增加。

全美的教育水平在不断提高。50 年前，中学学历几乎和如今的大学学历一样稀有。2005 年，美国人口当中已经完成高中学业的比例以及那些获得学士学位的比例再创新高。绝大部分人拥有高中学历，所占人口比例为 85.2%；27.2%获得了学士学位。1960 年，只有 9.7%的男性和 5.8%的女性受过大学教育。如今，大多数（56.6%）的大学生都是女性。[5]由于教育水平与收入和职业密切相关，因此教育水平的提高有助于增加旅游需求。

同性恋旅游

同性恋旅游市场的不断增长正在得到很多人的关注。包括女同性恋者、男同性恋者、双性恋者和变性人在内的同性恋旅游（LGBT 旅游）是一个利润丰厚的细分市场，亦被称为桃色旅游。过去，人们对同性恋旅游几乎不加理会，如今，由于它的社会影响，不仅引起了学者们的研究，而且因其所带来的可观收入为旅游供应商所看重。2010 年，全世界最大的旅游交易会——柏林国际旅游交易会——将同性恋旅游作为一项新主题而专设了展厅，参展者包括国际同性恋旅游协会（IGLTA）、该协会的会员单位以及世界各地旨在争取这一市场的旅游经营者。诸如《同性恋旅游文化和背景》（*Gay Tourism Culture and Context*）、《桃色旅游：同性恋者的度假活动》（*Pink Tourism：Holidays of Gay Men and Lesbians*）、《同性恋旅游：营销必备指南》（*Gay and Lesbian Tourism：The Essential Guide to Marketing*）之类的书籍，都阐述了对这一旅游细分市场的见解。

在过去的 15 年中，社区营销公司（CMI）每年都对同性恋旅游展开研究，涉及的内容十分广泛，其中包括有关这一市场的预订格局、所喜欢的节事活动、最喜欢的旅游品牌、最喜欢的出游目的地，以及对同性恋旅游的经济影响进行估测。仅就美国的情况而言，同性恋旅游的经济影响估计为 630 亿美元。该公司的研究显示，同性恋旅游者出游频度较高，花费较多，可支配收入最高。更多详情可访问该公司的网站www.CommunityMarketingInc.com。

为同性恋旅游市场提供服务者包括旅行代理商、旅游经营商、旅游供应商以及有关的社团组织。前面所提到的国际同性恋旅游协会是有关同性恋旅游业务经营者和旅游目的地的重要信息来源，所提供的信息包括全球范围内乐于接待同性恋旅游者的饭店、城市、国家、旅行代理商和旅游经营商。该协会的网址是www.iglta.org，有关同性恋旅游的其他网站还有www.gaytravel.org，www.RainbowTourism.com和www.outeverywhere.com。

残疾人旅游

仅在美国，就有大约5 000万生理**残疾人**（people with disabilities）——相当于澳大利亚全国总人口的两倍多。[6]如果有相关的设施适合他们使用，那么这一群体将成为一个极佳的潜在旅游市场。伍德赛德和埃策尔（Woodside and Etzel）曾做过一项研究，主要研究生理和精神状况在何种程度上会限制家庭的旅游活动，以及有一名或多名残疾成员的家庭可能会如何调整其度假行为。[7]

表11—1所示的研究结果表明，许多限制旅游活动的生理或精神状况（例如心脏病或糖尿病）都不能被其他旅游者或旅游服务人员发现。这种极高的残疾人比例为突发情况的出现带来了巨大的潜在可能性，因此，旅游设施规划和管理的目标必须减少或消除这种可能性。

表11—1　　限制旅游的生理或精神状况

生理或精神状况	数量（人）	回答者所占百分比（%）
心脏病	20	33
跛足	6	10
高龄	5	8
乘坐轮椅	3	5
中风	3	5
近期做过大手术	3	5
糖尿病	3	5
使用腿支撑架	2	3
失明	2	3
其他[a]	15	23
	62	100
		(n=60)

a. 例如：高山恐惧症、精神迟钝、怀孕、腿病、头昏眼花、背部扭伤、感冒及胃病。

表11—2总结了家庭中有残疾成员时，对外出旅游逗留时间的影响。那些与残疾人一同出游的人与没有残疾人同行的人在离家外出逗留的夜数上存在相当大的差异。

表11—2　　离家在外过夜的天数（占总数的百分比）

过夜天数	旅游参与者	
	有残疾人同行（%）	无残疾人同行（%）
1～3	37	42
4～6	24	31
7～9	15	15
10～12	5	5

续前表

过夜天数	旅游参与者	
	有残疾人同行（%）	无残疾人同行（%）
13～15	7	3
16 及以上	12	4
回答者人数	60	530

许多家庭都声称由于出游前的精心规划，在食宿方面很少遇到困难，主要困难似乎在于娱乐设施方面。

伯内特和贝克（Burnett and Baker）在随后的研究中发现，残疾人是最大的也是增长最快的细分市场。虽然他们并不富有，却有足够的资源用于一年中多次外出旅游，尤其是出于度假、探亲访友或医疗保健目的的旅游。人们必须认识到，如果某一消费者群体是由若干细分市场组成的非同质群体，就需要对其作更多的了解。人们常根据医疗状况或根据其自理能力的程度对残疾人进行分类。严重残疾、中等残疾、轻度残疾是最常见的类别划分。在这三类残疾人中，残疾程度越严重，其移动性就越差，就需要给予更多的特别关注。严重残疾者寻求安静祥和、可独立行动且容易进入的旅游目的地。旅游供应商应明白，中等残疾者和严重残疾者只使用两种交通工具：汽车与飞机。移动性差的消费者都非常忠诚于那些对自己的需要比较敏感的饭店、汽车旅馆和度假地，即便在他们不光顾的情况下也是如此。[8]

如果想了解更多有关残疾人的信息和统计资料，请联系美国残疾人协会（AAPD），网址是 www. aapd. com；可联系从事残疾人口统计学研究的美国康奈尔大学康复研究和训练中心，网址是 www. disabilitystatistics. org。

《美国残疾人法案》

多年来，旅游业在服务于残疾人市场方面已取得了实质性进展，1990 年 7 月 26 日，《美国残疾人法案》（ADA）的通过加速了这一进程。《美国残疾人法案》包括就业、政府服务、公共食宿设施、私人组织提供的服务、电信以及其他方面的各种规定。《美国残疾人法案》规定：残疾人享有使用公共客运系统及辅助客运系统的权利；享有使用美铁公司城际列车及拥有长期票的权利；享有到站停靠的权利；享有使用公共及私营设施的权利，包括客栈、饭店、汽车旅馆、餐馆、酒吧、剧院、音乐厅、礼堂、会议中心、各种商店、服务机构、事务所、机场候机室、博物馆、图书馆、美术馆、学校等；有听力及语言障碍的残疾人享有使用远程通信转播服务的权利。

虽然这一法案并不是一部专门的旅游法，但旅行社、住宿设施、公共汽车、博物馆和餐馆都包含在公共设施这一大类中，按要求必须向残疾人提供相应的设施和服务。随着美国司法部和交通部最终法令的颁布及相关企业的依法行事，外出旅游对残疾人将变得更加容易。

无障碍旅行与接待协会

无障碍旅行与接待协会（SATH）成立于 1976 年，是一个教育性的非营利组织，其使命是增强人们关注残疾旅游者需要的意识，为他们扫除各种生理和观念上的障碍，以保障行程畅通，增加他们在美国国内及国外旅游的机会。它的会员包括旅游业内人士、残疾消费者以及其他支持这一使命的个人或组织。

该组织在维护残疾人利益方面作出过很大贡献。该组织曾参与《美国残疾人法案》、《航空运输无障碍法案》（Air Carriers Access Act）以及国际航空运输协会第700号和第1700号决议的起草工作。它所制定的残疾旅游者接待工作行为规范于1991年被联合国世界旅游组织采用。该组织还成功游说欧洲共同体（European Community）修订有关立法，并帮助世界上很多国家的政府制定国家无障碍旅行指导方针。

为了提高旅游行业为残疾旅游者服务的意识，并为其提供有关的培训，无障碍旅行与接待协会曾多次举办会议，并为一些其他的行业协会——例如，美国旅行代理商协会、美国旅游协会、旅游促进和平国际学会、美国旅游业协会等——提供发言人和特别研究小组。无障碍旅行与接待协会自1977年开始一直在主办“残障及老龄旅游者世界大会”。此外，该组织还主办“残疾旅游者关注周”活动。该活动由无障碍旅行与接待协会组织的创始人默里·维多克勒（Murray Vidockler）于1990年创办，以纪念《美国残疾人法案》。

自成立伊始，无障碍旅行与接待协会就扮演着无障碍旅行信息中心的角色。它主办的旅游杂志《开放的世界》（*Open World*）以刊载残疾旅游者的励志文章为特色，并提供有关旅游目的地、海上巡游产品、旅游网站以及相关立法等方面的最新信息。无障碍旅行与接待协会的网站（www.sath.org）可供各类旅游消费者使用。

新出现的团体旅游模式

团体旅游是一个团体所进行的将交通服务与地面接待服务组合在一起的旅游。第7章中曾探讨了旅游零售代理商和旅游批发商，他们将其所组织的团体旅游产品（团队包价旅游）销售给旅游者。其他一些组织，诸如旅游俱乐部、奖励旅游公司、航空公司、邮轮公司、教育机构、宗教团体以及民间社团等，也都组织**团体旅游**（group travel）活动。

旅游俱乐部

旅游俱乐部是一些人——有时是拥有某一共同兴趣（仅限于旅游方面）的人——出于彼此互利而成立的旅游团体。例如，有些团体会购买一架飞机，然后安排其成员外出旅游；有些团体则会加入诸如地中海俱乐部之类的国际会员制俱乐部。地中海俱乐部在许多国家都拥有自己的度假村，通常以适中价格提供组合式度假产品。

低价团体旅游

很多旅游公司都面向某些共同兴趣团体——如宗教团体、专业人士团体等——提供服务。它们通常以合理的价格安排某一团体旅游产品，然后向该团体的成员促销。

公交承运商的团体业务和价格安排

一些航空公司以及其他公交承运商对团体实行特价。可享受折扣价的团体通常为10或15人。对该团体的陪同人员或领队实行免票。此外，公共交通工具、飞机或船的整体包租或部分包租也是承运商接待旅游团体时的一种特别做法。

奖励旅游

奖励旅游是增长速度最快的团体旅游方式之一。它是企业给予那些成功完成业绩目标的员工的奖励。这些目标通常是销售目标。员工的配偶往往也会被邀请加入。在目的地活动期间，组织者有时会要求奖励旅游者对某些新产品进行评论，并对其灌输本公司的某些理念。

特殊兴趣旅游

特殊兴趣团体旅游是另一个日益增长的细分市场。特殊兴趣旅游主要是针对那些对某种事物感兴趣的人进行安排，如对农业、考古、建筑、艺术、观鸟、商业、城堡与宫殿、民俗研究、落叶、节日、垂钓、插花、园艺、珠宝与矿产、高尔夫、医疗保健、历史、狩猎、工业、文学作品、音乐、自然、歌剧、摄影、专业兴趣、心理研究、远征、滑雪、潜水、社会研究、体育活动、学习、戏剧、葡萄酒等感兴趣。社区和兄弟会组织也多以团体方式外出旅游。有些私人俱乐部也组织团体旅游。这类活动中有些是环球旅游，有些是历时长达60 天的远程旅游。妇女团体、社会团体、青年团体、校友会、专业协会等通常都组织团体远程游。会议举办前后组织开展的旅游活动也很受欢迎。

说明：诸如垂钓之类的特殊爱好与兴趣也是促使人们外出旅游的强烈动机，无论是对个人还是对团体而言都是如此。Photo courtesy of South Dakota Department of Tourism.

▷ 社会（补贴性）旅游

虽然人们对**社会旅游**（social tourism）尚无一致的定义，但针对这一问题的研究已非常多。1959 年，在维也纳和萨尔茨堡举行的第二届社会旅游大会（Congress of Social Tourism）上，亨齐克（W. Hunziker）曾提出过如下定义：“社会旅游是一种低收入群体开展的旅游活动，专门为其提供的有关设施和服务使其开展成为可能，并推动了其发展。”另一个由安德烈·波普利蒙特（M. Andre Poplimont）提出的定义则是：“社会旅游是一种由那些没有社会干预就无力负担费用的人参与的旅游活动，社会干预即其所属社团的帮助。”

环球透视

黑色旅游

在很多人看来，黑色旅游是一种相当荒谬的世界观。约翰·莱侬和玛尔科姆·弗尔列[9]（John Lennon and Malcolm Foley）在其著述中指出，黑色旅游这一术语指的是“死亡与灾难的吸引力”——或者更为具体地说，是指那些发生了死亡与灾难的地方对旅游者具有的吸引力。奥斯维辛——纳粹德国的死亡营，可能是最臭名昭著的黑色旅游遗址。就所吸引的游客到访量而言，慕尼黑附近的达豪是最重要的黑色旅游地——每年有90多万游客到访，尽管该地的名声不好。

奥斯维辛和达豪两地都有不少与纳粹和犹太人大屠杀相关的纪念遗址。由于还有很多这类遗址都位于铁幕*（Iron Curtain）之后而不为人所知，犹太社会以及其他一些组织正努力在很多其他相关国家中设立类似的纪念场所。正如犹太人大屠杀博物馆在吸引游客来访方面人气很旺一样，此后设立的柏林墙遗迹以及纽约归零地**也都是这方面的例子。

黑色旅游的定义也可扩展到将近期发生战事的地点包括进来。以伊拉克和阿富汗为例，全世界的媒体和真正的冒险型旅游者都被这里的“战斗”所吸引。鲜为人知的黑色旅游吸引物还包括那些将要、正在或者已经执行绞刑或死刑的地点。

正如美国旅游学会（Tourism Society）所强调的那样，就对旅游产业的意义以及与整个社会文化环境的基本关系而论，黑色旅游这一领域已经成为一个具有吸引力并且重要的研究主题。尽管从学术上讲值得研究，但从本质上看，黑色旅游活动的开展仍被人们视作有悖常理。

讨论题

1. 什么是黑色旅游？
2. 提供开展黑色旅游的场址为什么会越来越多，而且越来越受欢迎？

从上述定义以及三届社会旅游国际大会的报告来看，有些要素显然可描述得更清楚一些。首先，其参加者“收入有限”；其次，社会旅游活动的开展需由国家、地方政府、雇主、工会、俱乐部或该劳动者所属的其他社团提供补贴；最后，它所涉及的是到惯常居住地之外的地方去旅游，多是前往本国境内的某一他乡，有时也会前往某一邻国。

带薪假期

如今，带薪假期制度遍及世界各地，大多数国家都以法律或集体协议的形式具体规定了带薪假期的最短期限（一周、两周或三周）。然而，一些人认为这种制度的实施仅仅是开始，如今的注意力应转移到以何种方式利用这些假期。21世纪社会学家讨论的重要话题包括：（1）劳动者对如今享有的闲暇时间该如何使用；（2）这些闲暇时间会推动文化和教育方面的哪些发展。

许多劳动者不得不在家中度过他们的假期，其原因部分是由于缺少金钱或旅游经验，部分是由于缺少相关信息、交通困难或缺少合适的住宿设施。如果加以高效管理，有组织的社会旅游可以克服这些难题：通过补贴和储蓄计划获得资金；通过与国

* 指的是冷战时期将欧洲分为两个受不同政治影响区域的界线。——译者注

** “9·11”事件后世贸中心遗址。——译者注

内外有关地方联络获取经验和信息；通过包租运输工具解决交通困难问题；通过与有关度假地签订合同解决住宿问题等。因此，恰当的组织能够使许多原本不能外出旅游的人享受到旅游的乐趣。然而，总会有一些人因年龄、健康状况、家庭责任或厌恶旅游等原因不愿意参加这样的度假活动，即使一切都已为他们安排妥当。

促成需要的决定因素

一些国家在这一领域进行了相关研究。在比利时的一项调查中，近60%的被调查者表示，与不断往返多个地方相比，自己更喜欢长时间待在同一个地方。年长者作出这种选择的可能性高于年轻人。在荷兰进行的另一项调查显示，近百万度假者都表示，在自身财力允许选用商业性度假设施的情况下，不愿去依靠亲属的招待，但现有的这类设施明显不足。

有关研究还发现，人们离家外出度假的倾向在不断增长，并且将会更多地关注教育和文化方面的旅游活动。在法国和意大利进行的研究揭示了人们对乡村、海滨、山区、疗养地和其他类型度假地的偏爱次序。瑞典和意大利则对人们所喜爱的住宿设施类型进行了调查。

社会旅游举例

瑞士的小镇莱森是一个广为人知的社会旅游度假中心。它最初是一个著名的疗养胜地，但医学方面的进步意味着它的顾客将逐步减少。在包括瑞士旅游基金会(Caisse Suisse de Voyage）在内的一些社会组织的共同努力下，该度假中心作了适当的调整，以吸引新型旅游者。为此，该地增建了小型高尔夫球场、游泳池、网球场、滑雪设备等设施，根据新的需求改建了原有的疗养院和宾馆，并开展了一场新的公共关系运动。实施变革后的第一年就有超过2 000名旅游者来访，总过夜次数超过了5万。露营地和青年旅舍很受年轻旅游者和家庭旅游者的欢迎。近年来，尤其是在英国，房车露营地有了相当大的发展。露营的优点在于，它是一种非常便宜且机动性较强的度假方式。法国和其他一些国家的政府都为露营地的建设提供财政援助。在希腊，露营地通常由一些大型工业企业为本企业员工设立和管理，而在大多数国家，露营地都是由露营俱乐部和青年社团经营。

1999年，法国政府成立了一个由政府资助的官方代理机构，组织近千名失业者和贫民外出旅游，以帮助国内的一些度假地销售其空闲床位。这一行动的支持者声称，休闲的权利与住房、教育、医疗保障等权利同样重要，同属重要的人生价值。

信息的提供

在社会旅游的发展过程中，还会出现其他一些问题，但这些问题大多是旅游业通常会面临的问题。在此值得一提的是提供信息问题，因为许多社会旅游的受益者对有关旅游度假地的特色吸引物知之甚少。在一些国家，政府部门、工会、国家旅游组织及其他团体都对这一问题给予了相应关注。例如，在美国，各大城市都设有游客信息中心，并发行各种出版物为劳动者度假提供建议；在加拿大，会有各种相关的新闻简报被送往工会办公场所或其他地方。

到目前为止，社会旅游的开展大多仅限于国内旅游。虽然许多劳动者都已尝试过出国旅游，但各国官方旅游组织之间在采取联合行动方面仍有很大的发展空间。一些地区曾就如何最有效地向低收入群体促销出国旅游提出过建议，阿根廷国家旅游组织则邀请其他南美洲国家的相关机构在互惠的基础上协商相关计划。

旅游主要社会影响的总结

1. 一个人的外出度假和特别差旅经历往往是其一生中最生动的记忆片段。

2. 对家庭而言，全家人一起外出度假是其全年生活中的一大亮点。

3. 旅游者在目的地的活动会影响当地居民的生活方式，当地居民受影响的程度取决于双方差异的多样性程度，其中包括财富、习惯、衣着打扮、行为举止等方面存在的显著差异。

4. 就旅游目的地国家而论，旅游可使其国民的生活发生改变，尤其是在旅游者数量超过其居民人口的情况下。旅游者会影响当地居民的穿着、消费模式，使当地居民追求旅游者所使用的物品，追求性自由，追求见多识广。

5. 对于主客双方而言，最令人满意的关系形成于他们在某种相聚场合进行社交互动之时，这种相聚场合包括招待会、茶歇、文化节事等活动；包括人际旅游交往计划（访问家庭）；包括体验生活旅游活动（有组织的学习—休闲计划）。

6. 旅游活动对犯罪行为的影响很小，但旅游者容易成为犯罪活动的受害人，目的地居民应帮助他们避开危险区域。

7. 目的地居民会对旅游者产生怨恨，双方在有关设施和资源的使用上有可能产生冲突。在游客众多的时期，当地的消费品价格可能会上升。

8. 大规模的旅游发展会带来不良的社会影响，如卖淫、赌博、酗酒、吵闹、噪音、交通堵塞、暴力行为增加等。

9. 在那些生活水平不断提高，人口年龄分布中年轻人或无小孩的夫妇所占比例较高，老龄人口和富裕人口不断增多的国家，人们的国内旅游及出国旅游次数都会增加。

10. 生活在城市里的人比生活在小城镇或乡村地区的人对旅游更感兴趣。

11. 富人及处于较高社会阶层的人更倾向于外出旅游。

12. 人们教育水平的提高会带来外出旅游次数的增加。

13. 满足残疾旅游者的需要会极大地扩大旅游市场规模。

14. 团体旅游是外出旅游的流行方式。

15. 社会旅游是一种旅游形式，其中的旅游费用由旅游者所属的工会、政府、公共运输商、饭店或社团给予补贴。

16. 在社会旅游中，受帮助的旅游者都是低收入或老年群体，或者是那些经授权准予接受这种补贴或度假奖金的在岗员工。

国际旅游者

国际旅游大多产生于这样一些国家：生活水平相对较高；经济增长速度快；社会制度特点表现为收入差距日益缩小；有大量的城市人口。另外，国际旅游者往往来自那些其经济基础由大规模工商业组成、其传播信息环境由大众传媒所主导的国家。国际旅游市场大多由中等收入人群构成，包括一小部分比较富足的劳动阶层。他们通常居住在大城市，以从事高层经理、专业服务、白领职员、班组督导、技术劳动等职业为生。

国际旅游者的旅游偏好（travel preferences of international tourists）存在四种极端：（1）有人追求彻底放松，有人追求不断地活动；（2）有人喜欢去离家较近的目的地，有人喜欢去完全陌生的目的地；（3）有人完全仰赖团体旅游，有人喜欢独自出游；（4）有人遵守常规，有人不守常规。这些极端情况并非完全割裂存在，大多数旅游者在某一特定旅游活动中都有可能表现出这些极端情况的任意组合。例如，某旅游者先是悠闲地乘船沿河游览，然后是奋力地在泳池中游泳。

放松与活动

从历史上看，第一波大规模的国际旅游（两次世界大战之间及第二次世界大战之后）出现于这样一个时期：工作与休闲截然对立，包括中产阶层在内，大多数人经过一周的长时间工作都感到疲惫不堪。在这种情形之下，人们会将需求集中于能够借以放松、调理和休息的休假，显然不足为奇。从根本上讲，休假为人们提供了放松的机会，从而使其能够胜任接下来的 49 周的繁重工作。从那时起，工作与休闲之间的平衡就发生了急剧转变，开始向后者倾斜。通常，周末都是闲暇时间，一些劳动者的年假也得以延长。换言之，在过去的几十年中，人们已经习惯于拥有更多的闲暇时间，全年都有放松的机会，专门为了放松而休假的需求已减少。

随着一年四季皆可休闲的到来，人们似乎有着过多的放松机会，以至于越来越多的人开始利用非节假日的闲暇时间去学习和演练新的活动技能，如航行、登山、骑车、进行体育运动、骑马。因此，可以预见：休闲与工作之间的平衡将会继续倾向休闲一端，人们对以各种活动为导向的旅游需求将会增加。

熟悉与新奇

大多数人第一次置身国外时都倾向于寻求熟悉而非新奇的事物：能有讲本国语言的人，能够提供自己所习惯的食物和饮料，采用相同的交通规则等。如果能在目的地体会到家一般的感觉——至少是在第一次置身国外时——这种旅游者将会成为该目的地的“回头客”，会再三地去该地旅游。只有在获得更多经验之后，旅游者才希望脱离惯常的熟悉环境，去与那些讲不同语言、吃不同食物、着不同服装的人打交道。

西方国家的社会环境总体上似乎朝着加快接受新奇事物的方向变化。如今，在那些原先因社会环境和社会结构僵化等原因而对创新较为消极的国家，我们可以发现人们对创新的态度越来越积极。他们开始接受并寻求工业、教育、家庭生活、艺术、社会关系等方面的创新。

尤其是在那些生活水平高的国家，面对迅速饱和的市场，生产者会将注意力集中于开发新产品和鼓励消费者。越来越多的市场都依靠针对时尚的快速变化进行系统组织而得以维持和扩张。随着阶层差别的模糊和生活水平的提高，旅游需求很可能会反映这一气候，并展现整体市场的分化，人们会离开那些传统的度假地而转到一系列新的地点。

依赖与自主

人们普遍认同这样一种观点：对现代工业社会的分析应以工作异已这一概念为基础。简言之，所谓工作异已是指大多数人的就业都是不可避免地从事这样一些工作：虽然工资报酬可能不错，却不能带来心理上的内在回报和满足感。这种情况会使人产生挫败感，其中包括感觉自己渺小无力，对政治和社会活动不感兴趣，追求身份地位象征，等等。就休闲领域而论，这种工作注定会导致对度假的需求，要么是被动的、消磨时光式的度假，要么是通过度假去获得自己为人认可的地位。换言之，由于在工作中觉得自己无足轻重，从而导致人们在度假中也会产生同样的无力感。依赖性的度假活动也会因此而盛行，如参加有组织的野营度假、有组织的包价旅游、大众娱乐项目，等等。

事实上，很少有人对这一有关工业社会的描述作过经验研究。确实，现有资料所反映的情况恰恰与之相反——在一些势力强大的行业工会以及州政府充分就业计划的支持下，很多行业的劳动者都感觉自己能行使相当大的权力。毫无疑问，很多行业及社会组织都在致力于提供能给劳动者带来心理上的内在回报和满足感的工作，从而改善当今劳动者的生活，使其对自己生活中包括休闲在内的所有各个方面都会有个人自主感。因此，他们有可能会去寻求一种能够自主、可随心所欲开展活动的度假方式。可以预见，经济和社会状况的发展将会使整体旅游需求中出现更大比例的自主参与者。

常规与非常规

直至晚近时期，在大多数西方国家，对幼童的训练一直都是以节制和遵从为基础。其内容的界定与实施都听命于有关的成年权威人士，其中包括：父母、老师、警察、牧师、雇主、政府官员。有了这一背景，大多数旅游者寻求强化这种理念的度假方式就不足为奇了：在固定的时间开饭；使用指引他们前往“正确”地方游览的旅行指南；选择那些其他来访者也都仪容整洁、举止文雅、衣着得体的旅游目的地等。他们会避开那些有可能会令自己的“绅士”风度感到难堪或受到冒犯的场合。

最近，西方国家对子女的培养朝着有更大灵活性的方向变化，传统权威的化身也丧失了许多具有维多利亚女王时代烙印的特征。这些新一代的旅游者对外出度假时的衣着和举止不再受约束。他们的突出特征包括：追求不同于他人；希望有计划外的活动机会；不受常规做法的管束等。

总之，我们可以预测，由于现代西方社会深刻、持续的社会和经济变化，以追求放松、熟悉、依赖和常规为基础的旅游需求将会减少，以追求活动、新奇、自主和非常规为基础的旅游需求将会不断增加。当然，也不应忽视这样一个事实，即由于国际旅游是一个增长迅速的市场，因此每年的消费者中总会包括一小部分注重熟悉、依赖和常规的旅游者。

旅游的障碍

虽然旅游已成为一种普遍的社会现象，但仍有很多因素阻碍人们外出旅游。对于人们为什么会前往其选定的目的地去旅游，心理学所分析的原因并不是最终的答案。然而，我们可以对阻碍人们在某一特定时期内外出旅游的具体原因进行研究。就大多数此类研究而言，旅游的障碍可以归入以下六大类：

1. 费用。消费者行为受财力的制约，旅游支出必须与其他方面的资金分配相竞争。人们说旅游非常昂贵就等于间接说旅游对他们并不重要，然而，即使这种解释可以被接受，费用也是人们待在家里而不外出旅游的一个主要原因。

2. 缺乏时间。许多人不能因外出度假而离开自己的工作岗位。

3. 健康限制。糟糕的健康状况和生理缺陷使许多人不得不待在家里，同时，对艾滋病、"非典"、胃肠型流感、禽流感、军团病、食物中毒等疾病的恐惧也使得许多人对外出旅游敬而远之。对许多人而言，健康已成为一个主要的旅游安全话题。

4. 家庭阶段。有小孩的父母出于对家庭的义务及带小孩旅游的不便通常不外出旅游。同样，由于没有同伴，鳏寡人士有时也不会外出旅游。

5. 缺乏兴趣。对原本能为自己带来欢乐和满足的旅游目的地一无所知是一个主要障碍。

6. 恐惧与安全。不确定的事物总是令人担忧。就外出旅游而言，通常有许多事物都是潜在旅游者所不熟悉的。战争、动乱、关于某地的负面名声都会在潜在旅游者的心目中制造怀疑和恐惧。在过去的十年中，恐怖主义的邪恶势力有所抬头，成为人们外出旅游的一大障碍。

当人们有足够强烈的旅游动机时，这些障碍可能被克服，但它们仍会影响人们外出旅游的方式和旅游目的地的选择。

虽然旅游者有可能克服上述的前四个障碍，但旅游营销人员仍需对第五个障碍——缺乏兴趣——有所行动，这也是旅游营销管理者面临的一大挑战。我们采用以下调查方法来举例说明这一障碍存在的普遍程度，在此，费用障碍被排除在外不予考虑。被调查者被要求回答下列不完整句子："布朗夫妇获得了一次免费美国之旅的机会，但他们不想去，因为……"有 42%的被调查者回答说布朗夫妇想去参加这次旅游活动，但由于工作、身体不佳、年龄、照看孩子等原因不能去，然而，26%的被调查者表示布朗夫妇根本就不想去旅游，他们宁愿待在家里，因为他们不喜欢旅游，或者害怕旅游。显然，尽管旅游的欲望普遍存在，一些人还是宁愿待在家里；对另外一些人而言，较弱的旅游欲望常伴随着对旅游经历本身的紧张或恐惧。这种不愿旅游的心理与现行趋势恰恰相反，但这一部分市场的规模非常大，不应该被忽视。利用适当的刺激工具，这一未开垦的潜在旅游者群体中可能有一大部分人都会相信在自身所处的世界之外还有许多令人感兴趣的地方或事物。

在分析人们对旅游缺乏兴趣的心理原因时，至少有一些原因与冒险和安全这两种需要之间的冲突有关。对一个人而言，家是安全的，也是自己完全了解的地方，在家中不需要总是保持一副虚伪的外表；另一方面，对家太过熟悉也会让人产生厌烦，产生冒险的需要。这个人便因此拥有了两种互相冲突的、强烈的驱动力，即安全与冒险，他需要减少这种冲突。

其中一种途径是前往自己熟悉的地方旅游。他可能会与一个相识多年的人去同一个湖边的同一所别墅，这种做法一方面由于他是去一个舒适（有安全感）的环境中享受一段新的经历，能满足他对安全的需要；另一方面，通过离家前往一个虽然很熟悉但完全不同于家的地方旅游，又能满足他对探索的需要。

□ 本章小结

社会学家对旅游感兴趣是因为它能深刻影响进行旅游的个人和家庭，能够引起他们行为方面的改变。对旅游影响的全新理解具有启发和教育意义。

前往陌生环境旅游的人会遇到一系列必须加以解决的问题，旅游者对这些问题解决得圆满与否在很大程度上决定了此次旅游的成功度。在进行行程规划时，旅游者必须决定自己期望的（目的地与居住地环境之间）文化距离，在这方面，不同旅游者之间存在很大差异。

本章对一系列与大众旅游有关的社会现象进行了描述，其中包括社会旅游、国际旅游的行为极端及旅游的障碍，对这些现象的理解有助于为与游客容量相关的政策的制定奠定基础。旅游者对目的地居民可能产生的影响也必须考虑在内。此外，应用本章所述的程序能够将旅游对目的地社会的负面影响最小化，强化大量旅游者对目的地社会的正面影响。虽然旅游消费对犯罪活动的影响微乎其微，但旅游者确实是犯罪活动的潜在目标，有必要尽可能地保护他们。

□ 重点概念

针对旅游者的犯罪（crimes against tourists）
文化距离（cultural distance）
可自由支配收入（discretionary income）
旅游体验的影响（effects of travel experiences）
团体旅游（group travel）
对目的地社会的负面影响（negative social effects on host society）
残疾人士（people with disabilities）
对旅游者的怨恨（resentment toward tourists）
社会旅游（social tourism）
标准化（standardization）
旅游模式（travel patterns）
国际旅游者的旅游偏好（travel preferences of international tourists）
庸俗化（trinketization）

□ 互联网练习

为了方便读者，本章中所提及的互联网网站连同其他一些相关网站，一并列在为本书伴设的网站上：www. wiley. com/college/goeldner。

练习1

网站名称：美国户外研究组织（Open Doors Organization）

网址：www. opendoorsnfp. org

背景信息：美国户外研究组织创建于2000年，其目的是为所有的残疾人消费者创造一个与正常人具有同等机会的社会，该组织渴望为企业提供在残疾人市场上取得成功的指导，并创建残疾人社区。

练习内容

（1）该组织提供何种企业计划？

（2）该组织提供何种社区计划？

（3）该组织提供何种青少年计划？

练习2

网站名称：国际社会旅游组织（International Organization of Social Tourism）

网址：http：//www. bits-int. org/en/

背景信息：国际社会旅游组织是一个国际性的非营利组织，它致力于倡导人人都有旅游机会，尤其是针对低收入群体。

练习内容

（1）社会旅游是如何兴起的？

（2）何为卡里普索计划（Calypso project）？

□ 复习与讨论题

1. 如果你是一家非常受家庭旅游者欢迎的度假饭店的经理，你将为客人提供何种社交和/或具有教育意义的活动？

2．假如你决定前往一个有着与本国截然不同文化的国家旅游，你会以参加旅游团的形式前往还是独自前往？为什么？

3．一个孩子在国内其他地方旅游期间的学习经历能否比得上其同等时间内在学校的学习经历？父母可以用何种方式将这种旅游的教育利益最大化？

4．随着发展中国家人口老龄化程度不断提高，这种全球范围内人口特征的变化将如何影响旅游业？

5．讨论电视新闻对国际及国内重大事件的报道对旅游的影响。

6．举例说明旅游供给方如何接待残疾旅游者。残疾旅游者这一细分市场有何重要意义？

7．你所在的国家是否存在增加社会旅游的潜力？

8．与现今国际旅游者旅游偏好相关的四种极端如何影响度假地饭店的社交和娱乐项目设计？请给出一些具体的例子。

9．你的旅游兴趣与父母及祖父母的有何不同？

10．你认为政府是否有义务鼓励并支持社会旅游？

□ 案例题

1．阿尔弗雷德（Alfred K.）是一位 67 岁的孤寡老人，过去一直没有太多的机会外出旅游，但如今他已退休，有时间和财力进行大量的旅游。作为一名旅游顾问，你会向他推荐何种旅游产品？

2．赛迪（Sadie W.）是其所在教堂传教士协会的主席。她观察到许多来自己所在英国小城游览的游客都对当地的历史感兴趣。她所在的教堂是一座非常宏伟的大教堂，始建于 1083 年。赛迪和她的同事们相信，传教工作可以从身边做起。请讨论她们可以采用何种方法去接近并认识参观教堂的游客。

3．某美国旅游团领队在率团前往某一不发达国家旅游时，希望能实现主客双方社会利益的最大化。试说明哪些可能的社会接触对当地居民和旅游团成员都会有利。

4．某一热带国家有一知名度很高的海滨度假饭店。遗憾的是，该国犯罪率极高。该饭店附近的城市有一些南太平洋风格的赌场，许多客人都喜欢去那里。对这种情况，该饭店员工该如何控制？

5．娜迪亚（Nadia P.）是西非一个小国的旅游部部长。该国一直是很受斯堪的纳维亚人欢迎的冬季旅游目的地。旅游者主要对海滩感兴趣，因为那里是世界上最好的海滩之一。然而，这些旅游者习惯穿单薄透体的衣服，尤其是在游泳的时候。实际上，偶尔也会有人裸泳。该国人口中大约 90%都信仰伊斯兰教。旅游者的衣着及某些行为，尤其是购物以及与当地居民接触时的行为，看上去经常不合乎当地居民的礼仪。该国旅游业每年都在增长，对经济的贡献非常大，也是该国非常需要的产业。但是，社会问题正变得日益尖锐。娜迪亚对此该采取什么措施？

□ 注 释

[1] Abraham Pizam, Arie Reichel, and Chia Fian Shieh, "Tourism and Crime: Is There a Relationship?" *Journal of Travel Research,* vol. 20, no. 3 (Winter 1982), pp. 7–10.

[2] Valene L. Smith (ed.), Hosts and Guests (Philadelphia: University of Pennsylvania Press, 1977), p. 176.

[3] Fabian Linden, "The Business of Vacation Traveling," *Across the Board,* vol. 27, no. 4 (April 1980), pp. 72–75.

[4] Amanda Noss, Household Income for States: 2008 and 2009, *American Community Survey Briefs* (Washington DC: U.S. Census Bureau, September 2010).
[5] U.S. Bureau of the Census, *Statistical Abstract of the United States: 2009*, 128th ed. (Washington, D.C.: U.S. Government Printing Office, 2008).
[6] John J. Burnett and Heather B. Baker, "Assessing the Travel-Related Behaviors of the Mobility-Disabled Consumer," *Journal of Travel Research,* vol. 40, no. 1 (August 2001), pp. 4–11.
[7] Arch G. Woodside and Michael J. Etzel, "Impact of Physical and Mental Handicaps on Vacation Travel Behavior," *Journal of Travel Research,* vol. 18, no. 3 (Winter 1980), pp. 9–11.
Burnett and Baker, pp. 6–11.
[9] John Lennon and Malcolm Foley, *Dark Tourism: The Attraction of Death and Disaster* (London: Continuum International Publishing Group, 2000), p. 40.

第四部分

旅游供给、旅游需求、旅游政策、旅游规划与开发

说明：（远处的）艾尔斯岩是澳大利亚最著名的地标之一。图中的建筑是该地为接待来访游客而建造的饭店设施。

第12章 旅游供给及其构成要素

学习目的

- 了解旅游目的地所需具备的几大供给要素。
- 能够运用数学公式计算适应未来需求的客房数量。
- 掌握旨在使供需匹配的任务分析技术。
- 了解根据需求变化调节供给的方法。

导 言

由于旅游体验的交付涉及多种不同的活动、服务和行业，因此对旅游供给的构成要素进行识别和分类是十分重要的。旅游供给要素的质量和数量决定着一个旅游目的地的成功与否。

在第1章中（见图1—2），我们已经了解到，旅游是一个复杂的现象—— 旅游体验的交付涉及众多的活动、政策、服务和参与行业。本章的目的只是探讨旅游现象中的一个方面，即旅游供给。对旅游目的地来说，识别和划分旅游供给要素并将其与竞争对手的情况进行比较，是一项很重要的工作，因为供给要素的质量和数量是决定一个旅游目的地成败的关键因素。图12—1是从图1—2中提炼出的供给要素，也是本章讨论的基础，但是，要知道，其中任何一个方面都不能单独发挥作用，而是与所有其他方面都有关联（见第13章），这是制定有关旅游政策时的一项重要考虑（见第15章）。

供给要素

本章在讨论中将旅游**供给要素**（supply components）划分为四大类。

1. 自然资源与环境。该类要素是旅游供给的基本内容——任何旅游目的地具有的可供游客使用和欣赏的**自然资源**（natural resources）。这类要素包括空气、气候、地形、地貌、地势、植物、动物、水体、海岸、自然风光、饮用水、卫生设施等。

2. 人造环境。这类要素包括第1章中所讨论的基础设施和上层设施。这类要素

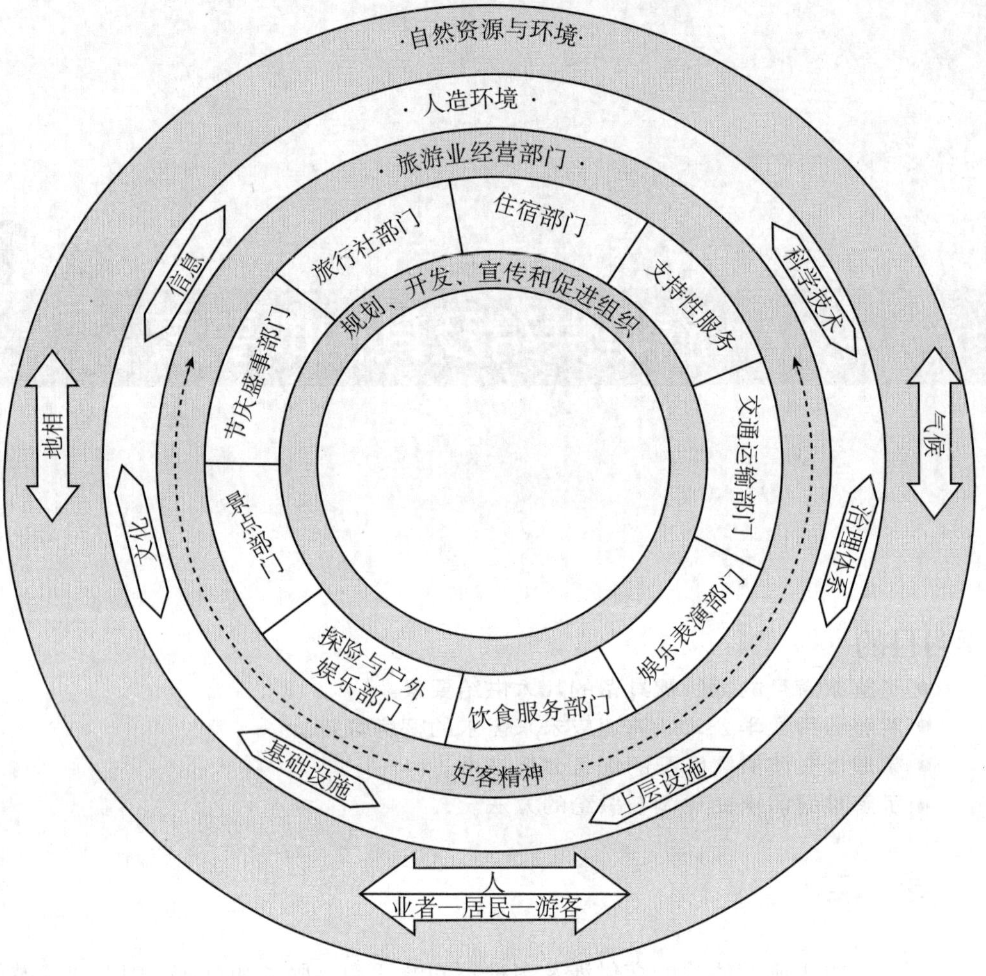

图 12—1　旅游供给的构成要素

是以自然环境或自然要素为基础开发出来的。人造环境中最基本的要素之一是旅游目的地的**基础设施**（infrastructure），其中包括所有地下和地上开发建设的设施，如供水系统、排污系统、供气系统、供电系统、排水系统、道路、通信网络和许多商业设施。旅游**上层设施**（superstructure）包括主要用来支持游客进行活动的一些设施，如机场、铁路、公路、停车场、港口和码头设施、汽车站和火车站、度假村、饭店、汽车旅馆、餐馆、娱乐设施、博物馆、商店及类似设施。大部分人造环境是由旅游业的运营部门组成的，运营部门构成了旅游供给中上层设施的主要部分。

3. 运营部门。旅游供给中的运营部门是多数人所认为的“旅游业”。其中首要的交通运输部门由航空、游船、公共汽车、出租车、有轨电车等客运服务企业组成（见第 5 章），因为只要人们离开常住地，交通运输就是一个关键因素。离开交通运输，旅游者将难以前往欣赏异国他乡的自然及人造环境。旅游者还需要有住宿和餐饮的地方，因此住宿部门和饮食服务部门也成为重要的供给因素（见第 6 章）。景点/吸引物是引发人们前来旅游的原因，没有景点/吸引物（见第 8 章）吸引旅游者前来旅游，就不会产生对交通、住宿、餐饮、购物等其他旅游服务的需求。

4. 好客精神和文化资源。在前述的人造基础设施和上层设施这些物质要素中渗透着的是目的地的社会基础——社会文化，包括当地居民的语言、习俗、宗教信仰，以及其与工作和休闲有关的行为。正是由于一个地区的人及其文化，才使得对来访游客的成功接待成为可能。这方面的例子很多，如夏威夷旅游企业员工热情待客的“阿娄哈”精神，当地居民对游客礼貌、友好、真诚、愿意为其服务并愿意与其交友的态度，以及其他方面热情友好的表现。此外，一个地区的**文化资源**（cultural resources）还包括优秀的艺术、文学、历史、音乐、戏剧、舞蹈、购物、体育以及其他方面的活动。

有相当多的旅游资源都是通过与文化资源相结合而创造出来的。这方面的例子包括体育赛事与相关设施、传统或民族节日以及随之举办的各种比赛和盛装游行等。

自然资源

通过自然资源要素进行多种形式的结合，可以创造促进旅游发展的环境吸引力，但这不是一般的表述就能准确说清楚的。最引人注意的因素可能是温带的季节性变化和游客对该地区休闲需求的变化。一个地方满足不同需求的可能性越大则越有利，即使该地的某些用途可能超越现有的需求。例如，对于一个地区来说，比较理想的情况是能够用于开展打高尔夫、骑马、垂钓、打猎、滑雪、滑冰、航海和其他水上运动、自然探秘、艺术鉴赏（如绘画和摄影）等活动，而不仅仅限于开展打猎活动。越是全年各个季节都有魅力的地方，成功的可能性就越大。

另一个很重要的因素是位置。一般来说，越是接近目标市场的地区，就越有希望获得较高的需求量。顾客导向型的场所（如高尔夫球场）应设于距离客源市场较近的地方。相比之下，一个美丽的自然风景区，如美国的国家公园，虽然可能会距主要客源市场有千里之遥，但仍会有很高的市场需求。

说明：犹他州拱门国家公园（Arches National Park）中奇妙的拱门作为一个案例，可说明自然美景何以能吸引旅游者来访。Photo courtesy of the Utah Travel Council.

旅游目的地自然资源的生产率是其劳动力和管理的函数，这些投入要素的数量和结构将决定其产出的质量和数量。自然资源中的地形、植物和海滨会受到使用强度的影响。考虑到这种集中使用的情况，并着眼于人们长远性的审美需要进行规划，将有助于维护这些自然资源的质量，以便能够为现在以及将来的人们所享用。

为了维持旅游需求，人们必须保护自然资源的质量。开发的时候必须考虑到适当的质量水平，开发之后则要维护其质量水平，这些对于保持游客的满意度都是绝对必要的。事实上，旅游对自然资源的质量具有很高的敏感性，除非能使其保持高水准的质量，否则必然导致需求的衰退，因此生态环境保护工作至关重要。

人造环境

另一项供给要素是**人造环境**（built environment），包括旅游目的地的基础设施和上层设施。

基础设施和上层设施

基础设施的基础性和服务性对于旅游活动的成功开展至关重要。这些设施必须供应充足。例如，各种管道的直径应该足以满足未来扩容的需要。电力设施、供水系统、通信设施、废物处理系统和类似的服务设施都应该从长期的视角进行规划，以便能够满足未来扩容的需要。机场跑道的建设应该达到最新型喷气式飞机的使用标准，以省却未来更新跑道时所需付出的成本。

饭店等住宿设施是旅游上层设施中最重要的组成部分。这方面的目标应该是其建筑设计和建设质量有助于形成具有特色的环境。现代城市中那种火柴盒式的饭店建筑格局不仅不适合由热带植物环绕的海滨度假村的需要，而且也很难吸引游客。

说明：人造环境的一个例子是科罗拉多州丹佛市的百事中心（Pepsi Center），这个运动和娱乐场所说明市场上企业赞助日益重要。Photo by Randy Brown；courtesy of the Denver Metro Convention and Visitors Bureau.

对游客具有吸引力的往往是那些能够和谐地融入当地景观特色的饭店建筑，而不是在其家乡常见的那种现代建筑。我们之所以需要关注这一问题，是因为人们常常愿意到完全不同于自己常住地的环境中去旅行。虽然这类建筑物中应采用舒适的现代设施，如空调、中央供热等，但在其他方面，这类建筑的设计风格应有其所在地区的特点。

室内的设计也应能够令人兴奋和富有魅力。室内空间结构不仅需要舒适，而且需要体现具有地方特色的装饰格调和氛围。为了尽可能减少因设施很快过时而造成的浪费，使用高质量的装潢材料和坚持一流的保养与维修都是必要的。基础设施耗资昂贵，因而需要相当长的时间去进行建设。

汽车旅游服务

在发达国家，汽车是最普及的交通工具。伴随着一个国家的经济发展，人们旅行方式的演变过程通常是从步行、使用马匹和其他畜力代步、骑自行车、骑摩托车，最后发展到驾驶先是小型的继而是大型的私家车，并辅之以使用公共交通工具。道路应该是全天候的坚硬路面，具有适当的等级和排水管道。为了安全起见，道路的建设应依照国际标准。对于狭窄、不合格的道路，应将其拆除，按合格的标准进行更新。

一些辅助性的服务设施，如加油站、路边餐饮设施、汽车旅馆、路边停车场、路边野营设施、设有卫生间的休息区、易辨识的道路出入口以及汽车修理场等，都是成功发展汽车旅游所必需的。对于这类服务设施的设置数量及其分布距离，通常取决于该地的自然属性，但是按至少一个小时的车程距离进行配置是比较可行的。

路边停车场

汽车旅游者经常会使用路边的停车场、野炊餐桌、卫生间、歇息活动区，以及其他一些诸如此类的路边设施。有时，这些设施会被那些只图自己方便的驾车者滥用。他们乱扔垃圾，搞得周边环境凌乱不堪。因此，“不能维护就不要去建设”是这类设施开发工作的首要原则。维护停车场的秩序是必要的。如果停车场不能适当地得到维护，不仅会令旅游者感到失望，而且会造成很大的投资浪费。

在美国，有些州的路边停车场设施很高级，设有良好的通信设施，提供免费茶点，配有服务人员，并设有卫生间。这些停车场还备有各种宣传品、地图、画册等，使人们在停歇期间既能得到休息，又能获得必要的信息。

经营部门

旅游经营部门的任务是向旅游者交付旅游体验。这一部门即是媒体、公众及旅游者眼中的“旅游业”，其职责是以热情好客的态度向旅游者交付旅游服务和旅游体验，使之产生难忘的记忆。

住宿设施

为了成功地发展旅游，**住宿设施**（accommodations）的数量必须充足，以满足来访旅游者的需要。在该地的可进入性已经解决的情况下，住宿设施的开发应优先于其他部门。

饭店在提供的物质设施、维护和清洁水平及服务方面有明显不同的要求。除非所有这些因素都处于令人满意的水平，否则旅游业难以成功发展。饭店所提供的设施和服务、定价范围及其坐落位置，都必须能够满足游客的期望和需要。如果设施与服务的质量下降，则需求也会下降，这对该地旅游行业是一个沉重的打击。

住宿设施的供应

为满足市场需要，住宿设施有着多种不同的类型。对旅游者来说，其中最主要的类型是坐落于理想环境中的度假饭店。这类饭店通常都提供多种服务，包括向旅行/旅游者提供**消遣娱乐活动**（entertainment and recreational activities）。另一主要类型的住宿设施是商务饭店。这类饭店的坐落地点通常都是市中心，以方便下榻的商务旅游者及度假者外出活动。虽然上述两种类型的住宿设施很重要，但也仅是众多类型住宿设施中的一小部分。其他类型的住宿设施还包括精品饭店、全套房饭店、长住型饭店、会议饭店、会议中心、汽车旅馆、公寓式饭店、分时度假饭店、床位加早餐式旅馆、客栈、乡间住所（可供出租的法式住所）、小木屋、村舍、青年旅舍、寄宿旅舍、农舍、露营地、公寓、帐篷旅馆，等等。邮轮也已成为漂浮的住宿设施。许多度假村还为住宿客人专门设计了诸如博彩、打高尔夫、打网球、滑雪和泡温泉之类的活动设施。此外还有一些独到的住宿设施，例如加拿大、瑞典、芬兰等国家中设有的季节性冰雪饭店。

对各类住宿设施的需求情况会因顾客的价格支付意愿、服务要求及其他要求的不同而多有差异。因此，为了吸引客源，旅游市场上有奢侈型、高档型、中等型、经济型和低价型等多种价位的住宿设施。

美国的史密斯旅游调查公司将上述五种不同类型的饭店分别解释为：

- 奢侈型：平均房价最高的前15%；
- 高档型：平均房价最高的前15%～30%；
- 中等型：平均房价最高的前30%～60%；
- 经济型：平均房价最高的前60%～80%；
- 低价型：平均房价排序最末的20%。

由于旅游者对服务的需求程度不同，那些提供全方位侍应服务的住宿设施需为旅游者提供餐馆、酒吧、会议厅、叫醒服务和客房服务等所有各方面的设施和服务。中高档或奢侈型饭店即是典型的这类住宿设施。与之相比，有些住宿设施则属有限服务型住宿设施，即除了住宿服务之外，所提供的额外服务/设施为数极少。经济型或低价型饭店通常都属此类。很多成功的旅游区并没有设高层、豪华、装潢入时的饭店。例如，采用本地材料建造、能给人以舒适及安全感且房间一尘不染的平房式住宿设施，也能为大部分旅游者所接受。

产权公寓

产权公寓的私人购买者主要是将公寓供自己使用，也有人将公寓全年或部分时间出租。这种住宿形式已变得日益重要，在一些度假区内，相当多的机构都在与度假饭店展开竞争。房地产管理公司常常作为业主的代理人来管理一个建筑物内或复合建筑物内的公寓。他们作为管理者代理出租这些公寓，替业主收取使用公寓的费用。这种安排可以通过有前景的客源地的地方旅行社实现，旅行社通过房地产管理公司接受预订。

分时度假

分时度假（timesharing）是一种并联所有权和/或使用度假和娱乐设施的技术。

说明：在纽约喜来登饭店，接待人员对顾客的亲切问候使人感到温暖。Photo courtesy of Sheraton Hotels of New York.

分时度假已被运用到饭店、汽车旅馆、产权公寓、别墅、独立单元住宅、野营场所甚至小船和游艇。分时度假不仅涉及新建筑，而且涉及现有结构的转变，产权将只用于分时度假和那些整合分时产权和非分时产权的项目。虽然多数项目可以被划分为产权和非产权（使用权），但是在项目内容和法律格式上都有多种变化。

分时度假的吸引力很简单：它允许购买者以完整购买价的一小部分，在一年中的某段时间拥有或占有该度假住宿设施。分时度假的所有者只对他们打算使用的那一时段进行支付，并且下一年离家外出度假时，不必费心考虑度假地的选择问题。分时度假的另一种选择或优势是交换项目，交换项目可以通过不同所有者交易或交换不同地点和不同时段的度假权来实现弹性度假。最后，设计良好的分时度假项目可以对度假地住宿产品的价格上涨起到抑制作用。

实际上，分时度假的好处已经为其所实现的顾客满意度所证实。一项由美国国家分时度假咨询委员会（National Timesharing Council）对大约 1 万名分时度假购买者所作的调查显示，有 86.3%的被调查者对自己所购买的分时度假产品表示“非常满意”或“满意”。大约有 40%的被调查者表示对购买更多的分时度假产品感兴趣。关于分时度假方面的更多信息，读者可以从美国度假村发展协会（ARDA）获取，其网址为 www.arda.org。可参见第 6 章的讨论。

饭店的等级划分

饭店的等级划分有多种不同的系统。同样，也有很多旅游接待国根本没有饭店等级分类系统。在饭店业中，很多人都倾向于采用五星制分级系统。这种方法根据特定的标准（通常由国家旅游组织制定），将饭店的级别分为五等，从最高级（五星）一直到最低级（一星）。有些国家，如西班牙，对公寓等非饭店式的住宿设施也进行等级划分。评定星级时所采用的标准涉及公共空间、浴室、温度、电话、酒吧、餐厅和其他。阿拉伯联合酋长国迪拜的阿拉伯塔酒店号称“七星级”，连续多年被认为是世界上最豪华的饭店。

另一种等级划分体系是将饭店划分为豪华级、优秀级和普通级等三个等级，或是将其划分为超豪华饭店和头等饭店两个等级。此外还有一种划分体系则是将饭店划分为 A，B，C，D，E 五个等级。由于很多的分类方案混乱不清或并不实用，所以，倘若能有一个世界统一的饭店等级分类体系，对旅游业来说将是再好不过的事情。当然，由于各国的经济发达程度有所不同，因此高度发达国家中的五星级饭店很可能比欠发达地区的五星级饭店会更为豪华一些。

说明：旅游住宿设施的风格从豪宅到廉价旅馆有着巨大的不同。图为爱尔兰戈尔韦的一家廉价旅馆。Photo by the author.

交通类型

在开发旅游的过程中，所有与**交通**（transportation）有关的因素都应予以考虑，包括出租车、小型巴士和从住宿地到机场候机处的公交车服务，这类服务必须供应充足并且价格合理。

航空

正如第 5 章所描述的那样，航空公司支配着城市间的公共交通系统，满足 92%以上的交通需求量，因此，规划者若想改善旅游状况，则必须评估航空交通的充足程度。飞机的大小、类型及航班频率是重要的考虑因素。当然，从主要客源地前来旅游目的地的航空服务也必须加以考虑。

机场设施必须充足。在这方面经常遇到的主要是机场的可进入性问题以及乘客上下车的停车空间问题。由于改进了设计，一些新建的机场似乎已解决了这些问题，并缩短了人们需要步行的距离。此外，一些机场还为换机的乘客提供频繁穿梭式班车服务。

客运巴士

旨在供游览使用的客运巴士应设有大车窗、空调、舒适的座位以及卫生间设施。车体设计应有弹簧系统，以减轻或消除乘客的摇晃感。车上有必要为乘客提供多语种的导游服务，或者为乘客配有多语种的录音带和耳机，以便根据乘客的兴趣，在到达某一社区或途经某一地点时向乘客解说。

客运巴士的司乘人员应选派那些性情温和、有礼貌和热情好客者。例如，在车上配有一名司机和一名翻译人员的情况下，该翻译人员可负责协助乘客上下车，并向乘客介绍当地的环境，特别是介绍那些有趣的吸引物。对翻译或导游人员应进行专业服务培训，然而我们常常会见到，有些这类人员对一些有趣的景点所作的解说很肤浅（并且不准确）。应该由特定的学校或由更高一级的学院开设一些课程提供导游资格证书项目。在这样的项目中，胜任的教师应该在历史学、考古学、民族学、文化、当地经济体制等方面对未来的导游人员进行教育。此外，外语能力也是评定导游人员的一项必要标准。

船舶

水上旅游是旅游活动的一个重要组成部分，并且在配合陆地及航空旅游的发展方面起着很大的作用。水上旅游的开展形式包括乘坐游船、客货两用船、渡船、内河船尾明轮船，包乘小船和游艇、水上人家船、小型家庭船以及划艇等。

游船和其他大型船只需要有方便的码头，并在集散乘客方面有良好的陆空交通与之衔接。小型船只则需要有船坞和方便乘客上下船的跳板。船只包租业务的经营者必须掌握可靠的天气预报，并能随时提供顾客所需要的物资供应和修船服务。在流行租赁划艇的地方，往往有必要提供划艇的递送和回收服务，因为划艇租用者过夜的野营地都设于荒郊野外。拥有私人船只的人则希望有条件良好的公用下水点。

说明：风帆海上游是海上巡游市场中的一个特殊部分。图为风神号（Wind Spirit）游船正在张满帆航行。Photo by Harvey Lloyd；courtesy of Windstar Cruises.

铁路

世界各地的旅游者往往都偏爱铁路旅行，主要是因为铁路旅行安全、方便，并且可一路舒适地坐在空调车厢内观赏沿途景色。此外，在很多国家，列车运营的车次很多，从而也吸引旅游者愿意乘坐火车。近来高速列车的出现更增强了火车旅行的吸引力，有些列车还配有女乘务员提供乘务服务，旅游者对此似乎都比较认可。

在火车站与游客下榻的饭店及市中心之间，有必要配备足够数量的出租车、小型巴士或公共汽车服务。这种运输服务必须有足够频度，以便使旅游者能够很快抵达其目的地。反过来说也是一样，这样也可使旅游者能够迅速抵达火车站，以便能有足够的时间换乘火车。

出租车

旅游目的地有必要配有充足的出租车和小巴服务。理想情况应该是，车上座位配有可拆洗的座套，这样可给乘客一种清洁的感觉。另外，要想给乘客留下好印象，出租车司机应该下车为乘客开车门，并协助乘客将行李置于后备箱或汽车内。总之，整个过程都应该是有礼貌的。

出租车司机最好能掌握多种语言。事实上，如果旅游者是当地经济中的重要因素，这就尤为必要。培训出租车司机掌握外语并不比培训导游和前台服务员掌握外语更困难。在出租车司机不具备外语能力的地方，饭店服务人员可将旅游者所要前往的目的地和游览后返回的地点写在纸上交给出租车司机。

说明：火车使旅行者可以在舒适的氛围中观景。Copyright © 2001 Amtrak. Photo provided as a courtesy by Amtrak.

好客精神和文化资源

好客资源（hospitality resources）的开发可能是旅游中最重要的因素。如果旅游者感到自己不受欢迎，再好的物质设施也没有价值。例如，我们建议在机场和其他入口处设置对游客表示欢迎的标志和专门的接待区。对游客的友好态度可以通过公共信息和宣传以及通过初次见面打招呼这一方式（通常由当地居民主动）去进行传达。在这方面，为使当地居民确信发展旅游业的重要性，开展公共关系和宣传是大有裨益的。由旅游学校面向所有直接接触游客的人开设一些课程也是很有用的。这些课程需要就旅游对社区的重要性以及当地主要景点的坐落位置，对商店、加油站、饭店等企业的员工以及其他直接接触游客的人员进行教育和培训。其他课程内容还包括应注意的仪容仪表、向游客打招呼的方式、信息和帮助的提供、殷勤、友好和协作的重要性。

在这方面，安排一些诸如"访问丹尼斯一家"（Meet the Danes）（安排家庭参观）之类的文化活动项目也是很有帮助的。由旅游服务企业对其员工进行足够的培训也能培养出理想的好客精神。

旅游者最喜欢的活动

旅游促销组织最重要的职能之一是发现游客喜欢什么样的活动。在持续收集数据之后，应该将得出的结论提供给住宿和娱乐部门，从而有助于指导它们提供更成功的项目和活动方法。表 12—1 列出了旅游者所喜欢的一些事情。

表 12—1　旅游者喜欢的事情：访欧旅游者计划开展的活动

活动	百分比（%）
餐馆就餐	86.2
购物	76.9
参观历史古迹	67.5
参观小镇	53.6
城市观光	51.8
乡村旅游	47.0
参观艺术画廊/博物馆	40.1
参观文化遗产地	38.3
参观夜总会/跳舞	21.4
参加有导游的旅游活动	21.0
欣赏音乐会/观看话剧	20.2
参观民族文化遗址	13.3
参加水上运动/日光浴	10.7
去游乐园	8.1
参观国家公园	6.7
参加游船旅游	6.4
野营/徒步旅行	4.9
打高尔夫/网球	4.9
参观赌场	4.8
出席运动会	3.8
滑雪	2.9
参加生态游览	2.5
狩猎/垂钓	1.4

资料来源：*Travel Weekly*，European Travel Commission，and Tourism Industries，U.S. Department of Commerce.

获得这种信息的最好方法是运用科学的抽样方法对游客和当地接待人员进行访谈。通过对这些资料进行仔细记录和全面分析，可以得出一些有价值的结果。在那些负责招徕和接待游客的经营单位都能提供符合游客要求的娱乐活动时，该社区有可能会成为一个受欢迎的旅游目的地。没有什么广告比满意的游客更具有说服力（见第 18 章）。

购物

购物（shopping）是一项重要的旅游活动，因此是旅游供给中的必要组成部分，因为它影响到旅游目的地能否成功。购物中最重要的因素是所销售的物品必须与当地有联系，如必须是当地生产的“地方手工艺品”。如果所销售的是进口货，购买者可能会感到失望，因为他们希望购买真正由当地制造的产品。

旅游者对购买当地典型的土特产和手工艺品特别感兴趣。当然，他们也需要某些必需品，如牙刷，虽然我们在这里所讨论的只是旅游者作为纪念品或礼品而购买的东西。

如果这类物品具有较高的质量、想象力和吸引力，旅游者会将更多的钱用于购物项目。饭店是出色的购物场所，如果这些商店装修得当并且货品精致，旅游者更有可能作出购买决策。

地方集市

另一种购物体验是光顾当地的市场或所谓的地方集市。这类集市具有丰富的民族和地方色彩，颇受游客喜爱，尽管游客可能听不懂那里的语言，购物时会有一些麻烦。在这类集市中，虽然很多当地人都听不懂外语，但讨价还价的手势语言相当普遍。

店主和售货员

店主和售货员应做到亲切有礼。此外，店主不应急于做成交易而给顾客造成压力。在商店中受到礼貌接待并愉快购物的游客回家之后，会将其在该地的购物经历告诉自己的朋友。所以，未来应该多发展这样的购物经营方式。售货员还应充分地向游客介绍该物品的价值及其有关历史，以便于购买者知晓，当然，所介绍的信息应该准确和真实。

售货员必须有能力与游客沟通，最普及的语言是英语。但是，通晓来访游客普遍使用的其他语言，也是这些售货员必要的任职资格，售货员必须有耐心和理解力，要在所有的时间内为可能的购买者提供愉快的购物经历。

价格与不道德的做法

购物时需要考虑的最重要的事情之一是商品的定价。旅游者抱怨较多的可能是对其收取的价格高于当地居民。由于许多旅游者在购物时会逐个商店比较价格，所以各处的价格应该尽可能一致。

如果店主靠不道德的方法进行销售，如欺瞒、销售假冒伪劣产品、对有问题的商品拒绝退货、缺斤短两等，那么销售者就是在伤害旅游市场，应该受到地方当局的起诉和处置。

娱乐、休闲和其他活动

旅游者在目的地的休闲和其他活动构成了旅游的主要内容之一，因此，应该对旅游者喜欢的活动进行深入思考和开发。

观看娱乐演出

最令游客感兴趣的是当地特有的娱乐表演活动。在任何国家，最能反映其文化特色的表现形式包括音乐、舞蹈、戏剧、诗歌、文学、绘画、电视、庆典、节日、展览、表演、集会、餐饮服务、巡回演出活动等。

不是所有的娱乐形式都能够成功地在旅游宣传材料中得到清楚的描述或解释。要使游客注意这些娱乐活动，最好的方式之一是在饭店、度假村等住宿设施的前厅中提供有关的宣传材料，以便游客随时发现想去的地方并作出前往一睹的安排。在欧洲的饭店中，这种有关娱乐活动信息的宣传传统上由门卫负责。比较适当的替代做法是，在前台设一个知识广博的专人负责提供休闲娱乐方面的信息。

在餐厅或客人聚集的其他地方设置告示牌或海报也能提供娱乐信息。除这些有关娱乐演出活动的特别宣传之外，通过报纸专栏刊载有关文章也是传播这类信息的好方法。目前，这些做法在一些人气很旺的度假目的地，如迈阿密海滩和檀香山，都已存在，但并未得到广泛普及。在一些中心大都市，当地通常向饭店客人提供有关的周刊，介绍该城市目前的娱乐、休闲和文化活动的信息。互联网是提供信息的另一渠道，如饭店网页可链接当地的景点和娱乐设施。例如：万豪酒店的网页：www.marriott.com/hotels/local-things-to-do/sfocd-courtyard-san-francisco-downtown/。

特殊事件

在旅游淡季，娱乐演出活动的举办可成为一种非常有效的促销宣传活动。在这方面，最好的例子之一便是夏威夷的“阿娄哈节”（Aloha Festivals）。该节日始于20世纪40年代中期为吸引旅游者秋季来访而创办的“阿娄哈周”（Aloha Week）。这一节日的举办得到了当地旅游企业的积极支持，并在吸引游客方面获得了极大的成功。音乐家、舞蹈家、各种展览会、花展以及一些特殊表演活动云集一处，给游客提供了一个不同寻常的机会去欣赏该州提供的美妙的、令人兴奋的文化展示。这类活动一旦创始，便应每年定期举办，并且一般都会带来游客接待量及旅游收入的增加。博览会和节庆活动的举办对游客有很大的吸引力，因而这一工作值得大力开展。

博物馆和美术馆

博物馆和美术馆是吸引游客的另一种主要吸引物。在世界上一些著名的旅游城市，如纽约、华盛顿、芝加哥、巴黎、伦敦、罗马、新加坡、东京、墨西哥城等，博物馆和美术馆是这些城市中的精华部分。这些公共机构的质量和规模是吸引游客并令游客满意的重要因素。

体育活动

高尔夫、网球、冲浪、游泳、登山、滑雪、狩猎、垂钓、徒步旅行、探险以及其他室外体育项目的开展，都要求有适当的公共设施和服务。开展这些活动时所需要的导游人员、设备、包租船只以及其他方面的相关服务，必须能做到随时提供，并且要价格公道。便利性与活动地点的可进入性是开展这类娱乐业务的关键因素。

供求的匹配

提供充足的旅游供给去满足预期的需求，对旅游规划者和管理者来说是一个挑战。供给总是受到需求的约束，以下的公式可用以计算所需要的饭店（或其他住宿设施）客房数：

$$\frac{\text{每夜客房需求量}}{\text{(出租率 100\%)}}=\frac{\text{旅游者人数}\times\text{在饭店过夜者所占的百分比}\times\text{平均停留天数}}{365\times\text{平均每间客房人数}}$$

$$R=\frac{T\times P\times L}{S\times N}$$

式中：R——在100%出租率下的每夜客房需求量；

T——旅游者人数；

P——在饭店过夜者所占的百分比；

L——平均停留天数；

S——每年经营的天数；

N——平均每间客房人数（从饭店业者处获得），任何时期的客房总数除客人数；

O——用于估算的饭店出租率。

这一公式的使用说明如下，设：

$T=1\ 560\ 000$ 人

$P=98\%$

$L=9$ 天

$S=365$ 天

$N=1.69$ 人

$O=70\%$

则，出租率为 100%时所需要的客房数：

$$R=\frac{1\ 560\ 000\times 0.98\times 9}{365\times 1.69}=\frac{13\ 759\ 200}{616.85}=22\ 306\text{（间）}$$

若出租率为 70%，所需的客房数会高于出租率为 100%时的情况，所以出租率为 70%时，所需的客房数为：

$$R=\frac{22\ 306}{0.70}=31\ 866\text{（间）}$$

当客房出租率为 70%时，所需提供的客房数竟然会高于出租率为 100%的情况，这一事实可能会令有些人感到困惑。但数学计算的结果很清楚，22 306 除以 1 时的所得值会小于除以 0.7 时的所得值。出现这种情况的原因是，如果客房并非全部客满（例如出租率为 70%），那么要想接待某一给定数量的客人（如 22 306 名），则需要提供更多数量的客房。然而，虽然饭店企业有可能主观上愿意如此，但却无力去建造出租率为 100%时所需备有的客房量。原因在于这样做不现实，因为世界各地的饭店出租率都是围绕 65%上下波动。

基础设施方面的供给量很大程度上将由当地的客房量以及餐馆、商店等服务设施的数量来决定。基础设施的开发规模是一个技术性问题，可根据所制定的旅游规划确定。除公有或半公有的交通运输设施和服务之外，交通运输设施一般都是由商业性企业提供。

在好客资源方面，对于各类旅游服务企业来说，聘用和培训员工是一项至关重要的工作。旅游者通常喜欢那些受过适当培训，并且态度淳朴、好客的当地人为之服务。这些人员除可通过广告直接招聘外，还可通过政府及私营的职业介绍所代招。新招募的员工必须在以下方面接受培训：旅游业的重要性，旅游业如何影响其个人及其所在社区的福利，为游客提供适当服务的重要性，以及他们的经济福利如何与他们的工作业绩挂钩。

博物馆、艺术展览、节庆活动、手工艺表演之类的文化资源通常是通过社区合作以及那些能工巧匠的自愿协助而创造出来的。就创办这类好客资源的组织工作而言，其最佳机制是由当地的商会或旅游机构牵头进行。

任务分析

用于实现供求匹配的工作过程称为**任务分析**（task analysis）。这一工作过程的步骤如下：

1. 识别目前的需求。

a. 按交通方式以及不同的季节进行确定。

b. 按不同形式的旅游活动，如所参与的活动、所参观的吸引物等，分类确定其人数。

c. 为参加某些特殊事件，如会议、庆典、展览会而来访的人数。

d. 团队游客人数。

e. 家庭和个人等散客人数。

f. 商务游客人数。

2. 对目前的供给情况进行定量和定性盘点。

3. 目前的供给能够满足目前需求的程度。

a. 自然资源。

b. 基础设施。

c. 交通运输设施。

d. 接待服务设施和文化资源。

4. 分析目前的市场及社会经济发展趋势。

a. 地域市场及其变化趋势。

b. 人口学特征市场及其变化趋势。

i. 年龄、性别、职业、所处家庭生命周期阶段、收入水平等。

ii. 闲暇时间和工作模式。

c. 心理特征市场。

i. 动机，兴趣，爱好，就业倾向，技能，职业兴趣。

ii. 出游率，对广告的响应。

5. 旅游需求预测。

a. 计算机系统模拟法。

b. 趋势分析。

c. 一元线性回归——最小二乘法。

d. 多元线性回归——最小二乘法。

e. 经理人员判断法或德尔菲法。

6. 使供给与所预测的需求相匹配。

a. 如果供给充足，则无须采取进一步行动。

b. 如果供给不足，则需要着手规划与开发工作。

任务分析工作的开展需要一定的技术，同时需要运用统计调查技术去识别和量化当前的需求。关于这一工作的具体做法，第 13 章提供了一些建议。

对现有供给状况进行定量和定性盘点时，通常需要有关行家和专业人士的帮助。例如，要想搞清楚当前旅游供给是否能够满足当前的旅游需求，则需要旅游业界专业人士——诸如旅行社、旅游公司和饭店的经理人员，旅游促销人员，地面服务经营者（提供行李转运服务、出租车服务、当地游览服务之类的公司），商店经营者——提供协助，或者还有可能需要某些旅游者帮忙。

调查目前的市场和将会影响未来市场的社会经济趋势时，需要开展专门的市场研究活动。研究内容包括市场特征的确定，市场潜力的开发，市场份额分析，销售分析，竞争目的地研究，现有的以及可能的新市场的潜能，短期预测，商务旅行的趋势，等等。如今，已有大量的成熟技术可供利用。聘用声誉良好的市场调查公司是获取这些信息的一个途径。

对未来旅游需求的预测是一件充满不确定性的事情。尽管如此，将系统的统计分析与经营管理者的判断结合起来，极有可能会解决这一难题。关于这一点，请参见第 13 章中提供的一些方法。

最后，将供给与所预测的需求匹配起来这一工作须由知识渊博的规划者来完成。有人建议，目的地总体规划中应列有旅游开发规划。供给项目基本上都具有刚性。它们内容复杂、造价昂贵，所以其规模无法迅速扩大。交通运输设备则是一个例外。为了适应非同寻常的高需求状况，人们可以迅速地增加飞机、巴士、火车、小汽车等运输工具的配置。

高峰与低谷

下面的讨论所涉及的是供给与需求的长期匹配问题。还有一项重要的考虑是短期内的需求波动［**季节性**（seasonality）］问题以及由此形成的**需求高峰与需求低谷**（peaks and valleys of demand）的问题，这是一个令人苦恼的问题。

造成这一问题的原因很简单。旅游是一种服务，而服务是不能储存的。如果一家有 400 间客房的饭店在某天出租（销售）了 350 间客房，那么剩下的 50 间客房是不能储存到下一天再销售的。无论过去有多少间客房没有被出租出去，在一个既定的夜晚，能够出租出去的客房也不会超过 400 间。相反，再来看某种有形产品，如电视机的销售，如果一个月内某种电视机没有被销售出去，店主可以将其储存起来下个月再销售。当然，在储存期间所发生的储存费、利息和其他费用会降低该产品的经济价值。但是在旅游方面，如果其产品（如 50 间客房）未被销售出去，其经济价值就是零。

因此，在大多数情况下，销售有形产品的企业可以通过储存，来调节需求波动问题。但是，这种做法不适合经营旅游业务的企业。在旅游业中，人们必须尽可能地平抑季节性波动，因为高额的经济成本在需求季节变化量范围内很难被节省下来，也不能通过简单地选择适度的供给水平来解决。图 12—2 说明了各种供给水平与波动的需求水平之间的联系状况。

假设对特定目的地需求的季节性模式如图 12—2（a）所展示的那样，如果不采取措施去"拉平"需求，那么会有三种可能的供给水平。图 12—2（b）为一种可充分满足高峰期需求的供给水平。这预示着在旅游者到来的高峰期将有充足的住宿设施提供服务，而不会出现拥挤现象。但是，到了低谷期，该目的地要忍受极低的出租率水平，从而会明显影响获利能力。另一方面，如果将供给设定为低水平，如图 12—2（c）所示，那么在高峰期时，设施会超负荷使用，从而会损害游客体验的质量，造成游客满意度下降。这样的目的地其未来是堪忧的。最后，如果将供给量设定在高峰期与低谷期之间，如图 12—2（d）所示，则会使问题有所缓解。不过，低谷期将会出现低出租率，而高峰期将会很拥挤；这两种情况都不是目的地希望见到的。要想实现顾客满意最大化，并使设施全年效用最大化，就必须采取某种行动。以下是解决这一问题的两种策略：

1. **复合利用**（multiple use）。这种策略是新增一些在淡季也能创造来访旅游需求的吸引物，形成对旺季吸引物的补充。实际上，该目的地的旅游旺季会因此而延长，这样的例子很多。例如，在密歇根州，目前淡季（秋、冬、春三季）旅游需求量已成功地得以增加，并一直保持在比过去高得多的水平。虽然密歇根州一向被认为是夏季旅游目的地，但随着一些度假地冬季体育活动以及秋季和春季森林探秘、鲑鱼垂钓等旅游项目的开发和促销，已经为这些淡季时期创造出新的市场。在淡季时期举办和促销一些节日、特殊庆典、会议和体育活动，则是另外一些有关复合利用策略的例子。

2. **差别定价**（price differential）。相对于复合利用策略而言，差别定价这一策略则是将差别定价作为强有力的工具，为淡季创造新的市场。佛罗里达州和加勒比地区都已成功地使用了这一策略。在这些目的地，淡季的价格明显低于旺季。此外，航空公司及其他运输企业开展的票价促销，连同打折包价游在数量、时间安排和活动类型

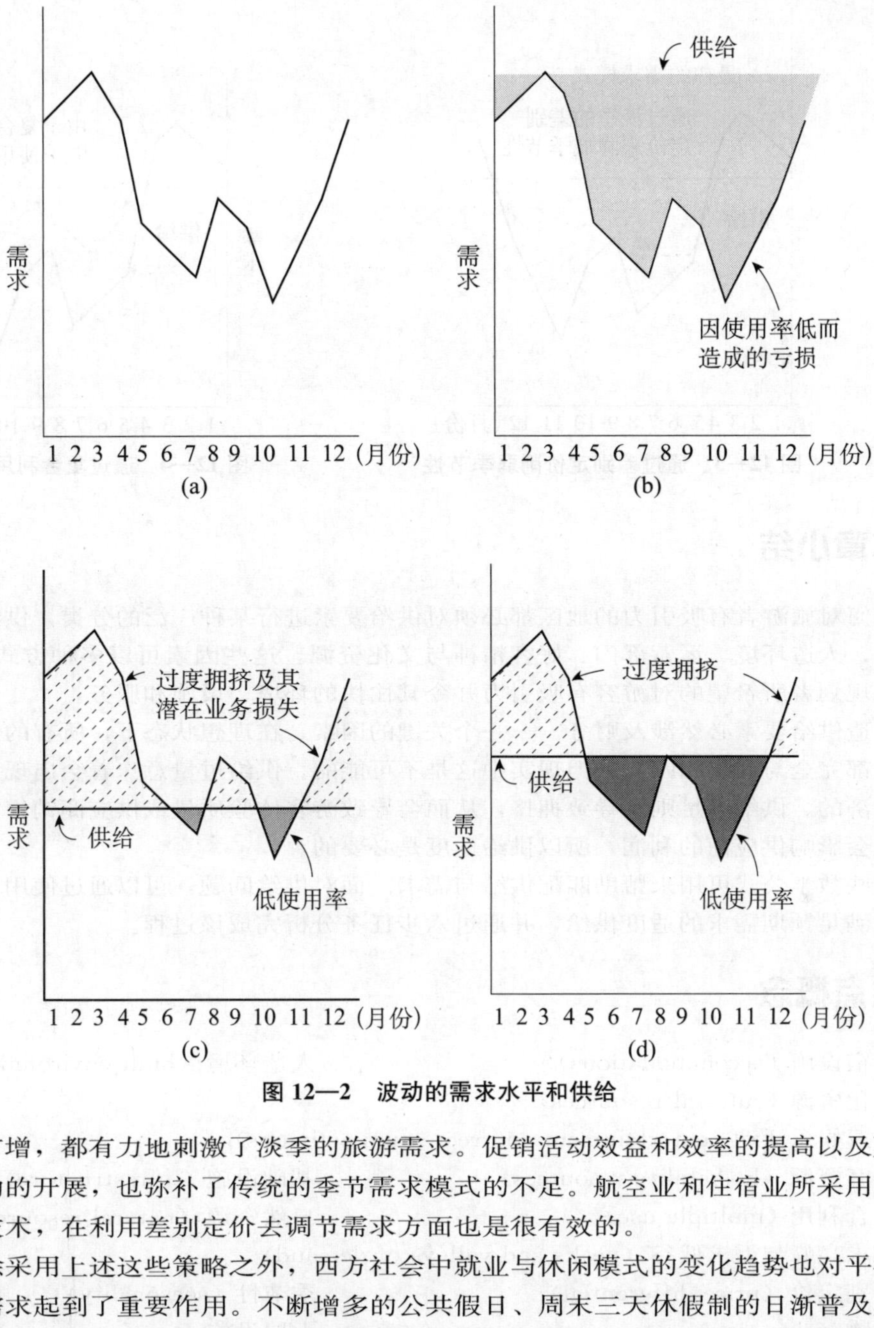

图 12—2　波动的需求水平和供给

上的扩增，都有力地刺激了淡季的旅游需求。促销活动效益和效率的提高以及更多营销活动的开展，也弥补了传统的季节需求模式的不足。航空业和住宿业所采用的收益管理技术，在利用差别定价去调节需求方面也是很有效的。

除采用上述这些策略之外，西方社会中就业与休闲模式的变化趋势也对平衡淡旺季的需求起到了重要作用。不断增多的公共假日、周末三天休假制的日渐普及以及带薪年假在不同季节间的分解，都有助于拉平旅游需求。一旦需求平缓，旅游目的地就可以在旺季和淡季都能使顾客满意最大化，设施利用率也会比过去大大提高。相对于经营成本而言，固定成本比例高这一情况会使多数旅游服务企业进一步强调激活淡季需求和提高设施利用率的重要性。这意味着全年总收入的增加可带来利润的大幅度增长。由于实行较低的价格，一些人的旅游需求可能会转向淡季，这或许会弱化旺季旅游需求（见图 12—3），但这种弱化量会很小。当淡季需求被复合利用策略激活的时候，旺季需求并不会受影响。因此，全年的需求将会持续保持较高水平（见图 12—4）。

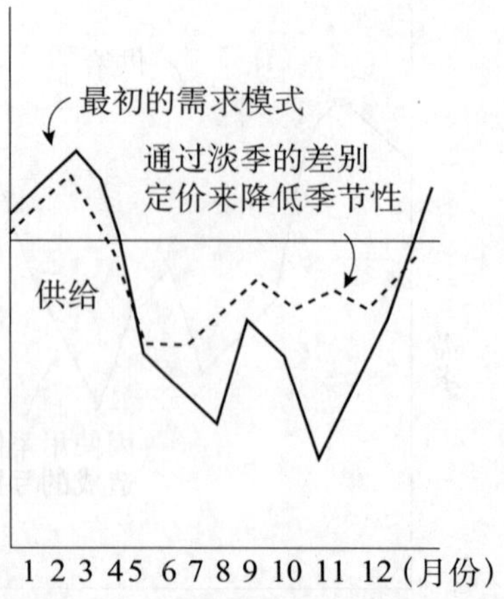

图 12—3　通过差别定价削弱季节性

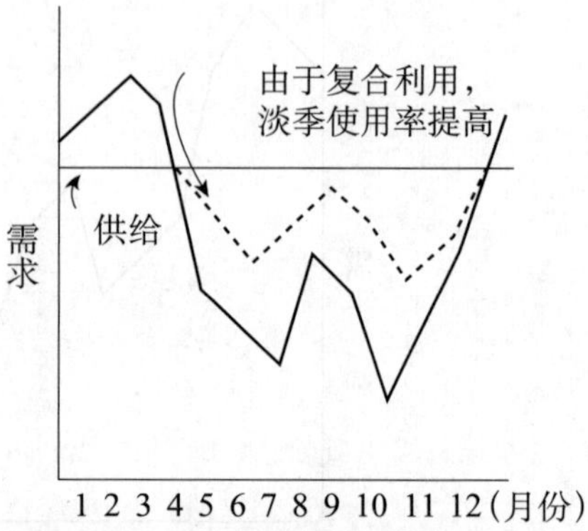

图 12—4　通过复合利用削弱季节性

□ 本章小结

任何对旅游者有吸引力的地区都必须对供给要素进行某种广泛的分类，供给要素包括自然资源、人造环境、运营部门、好客精神与文化资源。这些因素可以多种方式结合在一起，创造出规划者所希望的对游客有吸引力并令其愉快的环境、设施和服务。

创造供给要素必然涉及财务——一个关键的因素。在理想状态下，所有的供给要素在任何时间都完全与需求相匹配，但现实中这是不可能的。供给过量意味着会出现设施闲置，这是不经济的。供给不足则会导致拥挤，从而会导致游客体验质量或供应商销售额的下降，这明显将会影响供应商的利润。所以供给适度是必要的。

一些数学公式可用来帮助匹配供给与需求。面对供给问题，可以通过使用本章提供的公式计算满足预期需求的适度供给，并通过六步任务分析完成该过程。

□ 重点概念

住宿设施（accommodations）　人造环境（built environment）
文化资源（cultural resources）
消遣娱乐活动（entertainment and recreation activities）
好客资源（hospitality resources）　基础设施（infrastructure）
复合利用（multiple use）　自然资源（natural resources）
需求高峰与需求低谷（peaks and valleys of demand）
差别定价（price differential）　季节性（seasonality）
购物（shopping）　上层设施（superstructure）
供给要素（supply components）　任务分析（task analysis）
分时度假（timesharing）　交通（transportation）

□ 互联网练习

为了方便读者，本章中所提及的互联网网站连同其他一些相关网站，一并列在为本书伴设的网站上：www. wiley. com/college/goeldner。

练习 1

网站名称：佛得出版社（Fodor's Travel Publication）

网址：www. fodors. com

背景信息：佛得出版社是瑞德姆公司（Random House）的子公司，是世界上最大的英语旅游信息出版商。佛得出版社现已出版了 14 种系列导游手册，以及 290 多种有关世界各地的旅游目的地的书籍。

练习内容

参照本书中所述的旅游目的地四大供给要素，讨论该网站是如何向潜在旅游者说明这些供给情况的。

练习 2

网站名称：孤独星球出版公司在线（Lonely Planet Online）

网址：www. lonelyplanet. com

背景信息：孤独星球出版公司为散客旅游者出版了世界上最好的一些导游手册，它的书以可靠丰富的旅游信息、地图、图片和有关目的地的历史背景和文化信息而著名。

练习内容

选定某个旅游目的地或使用教师指定的旅游目的地。该网站是如何向潜在旅游者说明该目的地四大供给要素情况的？

□ 复习与讨论题

1. 在为一个全新的地区进行供给要素的开发规划时，应首先考虑四大要素中的哪一个？哪一个应最后考虑？为什么？

2. 当一个高档的新饭店开张营业时，有吸引力的物质设施比员工的素质和培训更重要吗？

3. 作为一个度假饭店的经理，你认为需要对客人进行环境保护方面的教育吗？你需要教育自己的员工吗？

4. 在某一贫穷的发展中国家，某高档饭店的用水量占了该地供水量的一半。这引起了当地民众的不满，从而需要合理分配用水。试提出解决这一问题的可能方案。

5. 对一个新开发的目的地来说，进入该地的道路应由谁提供？是由政府提供，还是由开发者提供？或者两者都有责任？如果双方都有责任，那么各自应提供什么内容？

6. 在不同的餐饮设施中，男女服务员适合身着什么样的工装？

7. 一家大型度假饭店的体育部主任受命对该饭店的健身活动项目进行升级改造。请就如何才有可能完成这一任务提供一些建议。

8. 变更房价以及餐饮和娱乐项目的价格是减小需求波动幅度的最佳手段吗？是否有非价格手段？能否将这些手段结合起来运用？

□ 案例题

1. 为了保持和增强其目的地自然资源的吸引力和质量，某目的地的市议会已作出决定，要通过制定一些环保条例去确保旅游业未来的成功发展。这些法律和法规有可能会涉及哪些具体内容？

2. 某度假地城市急于吸引更多的旅游者。该地的商会在吸引一些新的旅游企业前来该地投资方面做得很成功。这些企业计划在该地开发一些新的饭店、购物商店和餐馆。但是，一些有影响的商会成员表示，在这些建设项目动工之前，应通过立法，严格规定该地的功能区划和建筑规范。对此，这些有意前来投资的开发商以及商会中的很多其他成员都不同意。你认为应如何解决这一问题？为什么？

3. 某目的地旅游组织正在寻求提高住宿预订效率的方法，还探讨了建立计算机预订系统的可能性。这个系统可就同类住宿企业的经营规模和坐落地点与全国的平均情况进行比较。你认为采用这个系统的优势是什么？在你所在的旅游目的地如何才能实施这个系统？

第13章 需求的测量与预测

学习目的

- 了解需求的概念及其在旅游开发规划中的应用和重要性。
- 了解需求规模及需求波动的影响因素。
- 掌握用于测量和预测旅游需求的方法。

导　言

经济学家将需求定义为人们在一定时期内，在一个既定价格上愿意并能够购买的任一产品或服务的数量。因此，在任一时期内，市场价格与需求量之间都存在一种明确的关系。

需求为何重要

任何旅游经营者都会关心一个特定目的地的旅游需求量。需求资料主要包括：（1）来访旅游者有多少人；（2）交通方式是什么；（3）他们停留多长时间以及使用哪些类型的住宿设施；（4）游客花费是多少。测量需求的方法有多种。有些方法比较容易，应用程度也比较普及。有些方法是用于对未来需求进行预测的，对这些方法感兴趣的是那些从事旅游规划的人士。财务的可行性很大程度上依赖于对有关开发项目未来毛销售额或收入的可靠预测，从而可确定该项目是否在财务上可行。

当然，营销和促销计划的目标在于增加需求。有时这种增加需求的努力会集中于增加一年中某一特定时期的需求或增加某些特定市场的需求，但其基本目的都相同——增加需求。

对某一目的地的需求

具体来讲，对某一特定目的地的旅游需求是一个人的出游**偏好**（propensity）和

客源地与目的地间**阻力**（resistance）的函数。因此

$$D=f（偏好，阻力）$$

式中，D 为需求。

偏好可以看作一个人的出游倾向，换句话说，就是对外出旅游的意愿如何，喜欢何种旅游体验类型以及何种旅游目的地。很明显，就像前面章节讨论的那样，一个人的旅游偏好很大程度上是由其心理特质和旅游动机所决定的。此外，一个人的社会经济状况对于偏好也有重要的影响。因此要想测量一个人的旅游偏好，我们必须了解这个人的心理和人口学特征。偏好与需求是直接相关的。

另一方面，阻力与该目的地的吸引力因素有关，它是一系列其他变量的函数。这些变量包括经济距离、文化距离、目的地旅游服务成本、目的地服务质量、广告和促销效应以及季节性。阻力与需求是反比关系。

经济距离

经济距离（economic distance）与从客源地到该目的地旅行所耗费的时间和费用有关。经济距离越大，则该目的地的阻力就越大，从而需求也就越低。相反，如果从客源地去该目的地旅行所需时间和费用降低，则需求将会增加。这方面的例子很多，如 1959 年喷气式飞机的引入和 20 世纪 60 年代后期宽体客机的采用就缩减了从加利福尼亚州到夏威夷的时间，所需时间从 12 小时降为 5 小时，从而带来了需求的急剧增加。类似的需求起伏也可见于跨大西洋航线引入宽体客机后的情况。这些客机的使用使得美国与欧洲大陆多数国家之间的旅行成本降低了大约 50%。

文化距离

文化距离（cultural distance）指的是旅游客源地与旅游目的地之间的文化差异。一般来说，文化距离越大，阻力就越大。但是在某些情况下，两者之间也可能呈反向关系。例如，客源地与目的地之间的文化距离越大，多中心型的人就越希望去该地旅游，以体验这种巨大的文化差异。

服务成本

一个旅游目的地的**服务成本**（cost of services）越高，前往该地旅游的阻力就越大，需求也就越低。这种反向的变化关系类似于商品或服务的价格与相应的需求之间的关系。

服务质量

显然，一个旅游目的地的**服务质量**（quality of service）越高，其旅游阻力也就

说明：许多游客追求熟悉的环境，而另外有些人则追求新的旅游文化体验。例如在摩洛哥，游客可以与当地人交流并享用商贩提供的当地饮食。Photo by the author.

越小。虽然服务质量与需求之间的关系非常明确，但困难的是对质量的解释和评价。首先，对质量的评价带有高度的个人主观性，某一旅游者所认为的高质量，对另一旅游者来说不一定就是高质量；其次，如果一个旅游者在一个目的地的旅游经历没有以前的旅游经历可做比较，那么该旅游者又如何精确地判断该地服务质量呢？在这种情况下，旅游者肯定会基于所感知的服务质量去选择目的地。由于受到外界误导性的广告和不准确的信息输入，旅游者所感知的服务质量常常不能实现。这种情况清楚地表明，建立忠诚的客户关系对旅游经营的成功是一个重要因素。因此，一个目的地在策划准确的形象方面必须小心谨慎。

季节性

季节性（seasonality）对需求的影响是显著的。一个既定旅游目的地相对吸引力的高低取决于人们计划来访的时间。例如，对于滑雪度假地来说，需求的最高峰是在每年冬季，阻力在此季节是最小的。

下图旨在将上述各个变量归纳起来，说明偏好、阻力与需求之间的关系。

$D=f$(偏好，阻力)

偏好取决于：	阻力取决于：
心理类型	经济距离
人口统计特征（社会经济特征）	文化距离
营销效力	旅游服务成本
	服务质量
	季节性

需求测量

需求（demand）受到供给的强烈影响和制约。在使用需求数据时，如果不考虑供给的情况，则有可能导致旅游规划者作出这样一种错误的假设，即他们会认为，应该增大某一特定区域的旅游供给以适应需求，而实际上，更加需要增大供给的却是另外一些区域。

测量实际需求的指标包括：

1. 来访游客人次。
2. 游客人天数或游客人夜数。
3. 游客消费金额。

来访游客人次

简单地计数来访游客人次是用以测量需求的一项指标。虽然这一指标不是特别充分，但如果游客是乘船或飞机抵达某个岛屿，则这种数据可以做到非常精确。那些途经该地前往其他地方的旅行者不应纳入来访游客人次。**来访游客人次**（visitor arrivals）是最容易获得的一类数据，尤其是在公共交通为游客主要旅行方式的情况下更是如此。正规的游客人次报告在评估旅游需求变化方面是很有价值的。游客人次的月份变化数据很重要，因为它可以说明一年之中来访旅游需求的增减情况。

如果大批到访的游客是通过自驾车前来，那么获取游客人次数据就成为一个很大的问题。在这种情况下，就需要使用包括游客信息中心在内的抽样调查方法。信息中心会要求游客填写一张关于自己旅行信息的卡片，然后基于所获得的样本数据，就可以评估出总的游客数量。

根据美国对游客和短程游览者的定义，应该对经由海港来访的游客进行分类。在一个地方停留不足 24 小时的为短程游览者，反之停留 24 小时或更长时间的则为游客。游客人次统计不应包括那些非法入境的人，也不应包括那些没有离开机场中转区的过境旅行者或其他类似的情况。

说明：旅游者喜欢去参观诸如意大利比萨斜塔之类的著名景点。由此而形成的游客人天数或游客人夜数是用以测量旅游需求的一种便捷方法。Copyright © Corbis Digital Stock.

游客人天数或游客人夜数

对于旅游规划者来说，**游客人天数**（visitor-days）和**游客人夜数**（visitor-nights）要比游客人次数更有价值。前者的计算是用平均停留天数乘以游客数。国家公园的规划者和海滩管理者所感兴趣的是游客人天数，而饭店和其他住宿设施的经营者所感兴趣的则是游客人夜数。一旦获得这些数据，就不难估算出每位游客每天或每夜有可能发生的消费开支额，但这些消费额至多是一个估计值，因此在使用这类数据时需要小心。游客人天数或游客人夜数对于供电系统、停车场、娱乐区等公用设施的规划者来说是很有价值的，与此相类似，投资新饭店或其他住宿设施或服务的私人开发者则需要了解游客人夜数的信息。因此，游客人天数或游客人夜数是所需获得的最实际的数据，因而对旅游经营者非常有用。

需求量＝游客人次数×在旅游目的地的平均停留天数或夜数

消费额

如果可以精确计算，那么游客**消费额**（amount spent）是评估需求最有意义的指标。然而，它也是最难获得的评估指标。这类数据具有隐蔽性或游客记不全。因此，它们没有所期望的那样准确。然而，对于立法机关和公众来说，游客消费总额是最容易理解并给人印象最深刻的评估指标。

计算游客消费额的最常见方法是用人均每天或每夜消费额乘以游客人天数或游客人夜数，即

消费额（美元）＝游客人天数或游客人夜数×每天/每夜人均消费数额

某一地区一定时期内的旅游总收入包括一日游游客的消费总额和过夜游客的消费总额。

通过税收征收测算旅游消费额

很多州都对消费品征收**销售税和使用税**（sales and use tax）。这些**税收的征缴**

(tax collections) 为计算旅游消费额提供了统计基础，假定某个州对饭店和汽车旅馆客房征收 4%的使用税。如果我们知道了游客的住宿开支在其人均消费额中所占的比例，那么就能够估算出在住宿方面的消费额以及总消费额。我们试以下面假设的例子来加以说明：

征缴的客房使用税 ＝ 500 万美元
客房使用税税率 ＝ 4%
住宿消费总额 ＝ 500 万美元÷0.04＝1.25 亿美元
住宿消费额 ＝总消费额的 25%
总消费额 ＝ 1.25 亿美元÷0.25＝5 亿美元（过夜游客消费额）
估计未使用商业住宿设施者的消费额＋一日游游客消费额＝6 亿美元
总需求＝5 亿美元＋ 6 亿美元＝11 亿美元

需求测量方面的研究

人们对改进测量现实需求的方法有着很大的兴趣。旅游是劳动密集型产业，因此，很多州的政府都认为，在缓解就业问题方面，发展旅游业是一个颇有前景的对策。但是，一个主要问题是如何确定其眼下的经济贡献。

为了测量旅游业的经济影响和目前的需求状况，通常的情况都是由官方旅游组织负责开展调查与研究。在其工作中，美国旅游业协会给予了极大的帮助。有关调研工作的详细情况，读者可参见第 18 章。

预测方法

在预测需求方面，可以运用若干种统计方法和经济分析法。所有方法都要求操作人员具有一定程度的统计或数学基础，熟悉计算机应用，并对这些**预测方法**（projection methodology）的目的（和局限性）有清楚的理解。以下介绍几类方法，并对其进行简要解释。（要了解更详细的内容，可参见本章所列的参考文献。）

趋势分析法

趋势分析（trend analysis）法涉及对历史需求数据的解释。例如，如果可以获得一个地区以年份为基础的游客人次数记录，那么对未来年份需求的推算就可以使用这些信息。第一步是在坐标图上标出这些获取的数据：时间（年）对应旅游人次。一旦完成了这一步，线性趋势便会建立起来，从而能很好地显示过去需求量的变化状况。对未来年份进行**需求预测**（demand projections）时，通过延伸趋势线至相关年份，就可以在坐标图上找到需求预测值，图 13—1 说明了这一程序。图中各点所代表的是六年期间的需求量。

然后可以确定需求量的线性趋势（即线 *AB*）。如果需要预测十年后的需求量，可将趋势线 *AB* 延长至 *C* 点，得出十年后的需求量大约为 180 000 人次，如图13—1 所示。

使用趋势分析法的优点是，所需要的都是一些基本数据，易于获得，这种方法只要求一种数据，即旅游人次或过去若干年中以年或季为基础的某些其他需求指标。此外，该方法简单，且不要求许多数学假设。但是，模型的简单化在很大程度上也会抵消预测结果的有用性。例如，对于以这种方法获得的未来需求预测值，需要很小心地

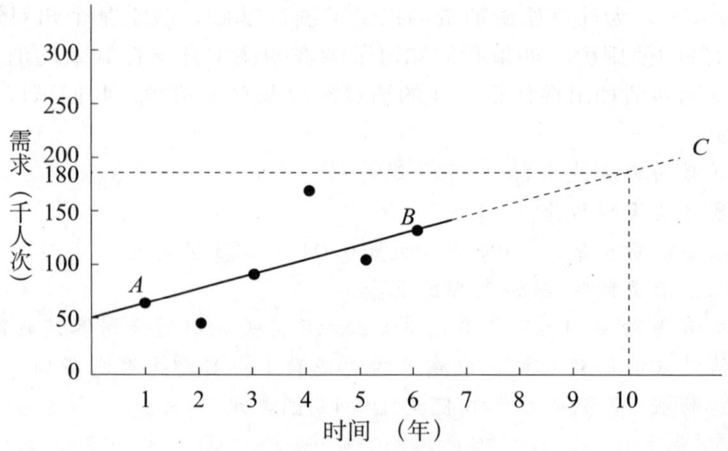

图13—1 趋势分析

予以解释。之所以如此，原因在于：首先，趋势分析法没有以任何方式去“解释”需求。换句话说，如果需求逐年变化，我们会料想这是需求要素的变化而引起的（偏好和阻力，就像本章前面讨论的那样）。但趋势分析并不了解这些变量对需求量的影响，因此它无法解释需求何以会变化。其次，将趋势线向外延伸（从趋势线 *AB* 延伸到 *C* 点）就是假设今后将继续以过去的趋势增长率增长而没有变化。这样的假设充其量是一种暂时性的。即使在一个相当短的时期内，由于各种需求影响因素的存在，也会使这种基于一个固定增长率的预测结果变得越来越不现实。

领军者介绍

苏珊娜·库克

苏珊娜·库克管理咨询有限责任公司总裁，美国旅游业协会高级顾问

30余年来，苏珊娜·库克（Suzanne Cook）一直担任美国旅游业协会主管研究的高级副总裁。美国旅游业协会是一家成员覆盖面广、业界领先的社团组织。该协会通过提供经济和市场调查与分析使其成员受益，并为旅游行业提供促销宣传等方面的支持。苏珊娜所开发和指导的众多项目中包括旅游经济影响模型。该模型是唯一一个在国家、州及地方层面对国内旅游和国际旅游的经济影响进行持续评估与比较的国家经济模型。而且，她还指导开展了多个意在持续监测现有及新兴旅游市场的规模、特征和发展情况的消费者调研项目。例如旅游观察这一项目便是与Ypartnership公司合作实施的一项每季度开展一次的前瞻性调查。

此外，苏珊娜还是旅游绿色组织（travelgreen.org）的主要创始人。该组织由美国旅游业协会和美国运通公司共同创立，是借以获取可持续旅游活动和旅游部门活动信息的主要渠道。苏珊娜现在担任研究战略举措的一些相关组织的高级顾问。而且，她还是《美国旅游展望》（*U.S. Travel Outlook*）电子月报的编辑。该刊物旨在持续监测美国旅游业的表现，综合研究影响美国旅游业发展的经济、社会及消费者市场的趋势，并对美国旅游业之未来做出定期预测与定性分析。除此之外，苏珊娜还担任旅游业顶尖的战略预测会议——美国市场营销论坛的总经理。她经常在行业会议上发言，并时常出现在美国知名媒体的报道中。另外，苏珊娜还受命担任Ypartnership公司（旅游市场营销服务公司）负责主管消费者调研和品牌战略的高管。另外，她成立了自己的公司——苏珊娜·库克管理咨询有限责任公司（Suzanne Cook Consulting，LLC）。该公司主要为旅游目的地和旅游企业提供市场调查、战略规划等方面的服务。

在加入美国旅游业协会之前，苏珊娜是一家从事广播收听率调查的大型国际调研公司——Arbitron 公司的高级项目经理。她还是乔治·华盛顿大学的客座教授，曾在乔治·华盛顿大学获得社会心理学博士学位。她在乔治·华盛顿大学以及国外一家大学，甚至通过在线方式为研究生讲授研究方法和统计学课程。苏珊娜是国际旅游研究协会（TTRA）的总裁兼董事会主席。她目前还担任弗吉尼亚州亚历山大市会议与旅游协会（Convention & Visitor Association）的董事会主席。苏珊娜被《旅行代理商》（*Travel Agent*）杂志评选为美国旅游业中最具影响力的女性之一。她曾获得国际旅游研究协会的最高荣誉奖——终身成就奖，还荣获过由无障碍旅行学会（SATH）颁发的“通向自由奖”。

寄语未来

未来属于那些能充分了解并满足顾客的当前需求，同时也注意到影响未来行业发展及顾客需求的个人、社会、经济、政治、环境、科技、全球化等方面之重大趋势的人。这就需要有严谨的研究方法，掌握必要的基础理论，熟悉相关的调研知识，并注意调研方法的信度和效度，此外还需要有好奇心和创造力，即能够关注我们周围世界的发展情况及其演进趋势，并且能有从这些趋势中推测未来最有可能发生的情况的能力。

简单回归：最小二乘法

在**简单回归**（simple regression）中，过去年份的需求量信息受某一重要的需求决定因素——如收入或价格所左右，那么通过运用**最小二乘回归**（least squares regression）技术，就可以通过一条直线来“解释”需求量与特定变量（如旅游者收入水平）之间的关系。例如，假设有一组为期十年的需求量和旅游者收入水平数据，如表 13—1 所示。

表 13—1　需求和收入数据

年	游客人次数（千人次）	旅客人均收入（美元）
1	75	6 300
2	90	7 200
3	100	7 000
4	105	7 400
5	95	6 800
6	110	7 500
7	105	7 500
8	100	7 200
9	110	7 600
10	120	7 900

将每对人次与收入数据标在图上，我们就可以得到收入和需求量之间的关系图（见图 13—2）。图 13—2 中各点代表每年的观测值，直线 *AB* 代表“最适合”线，可通过最小二乘法获得。基于所预计的未来收入水平，可以这种方法获得对需求的预测结果。假设我们希望预测第 15 年的需求量。预计这一年的人均收入为 8 300 美元，如图 13—2 中所显示的那样，那么对应这一收入水平的需求量则为 128 000 人次。

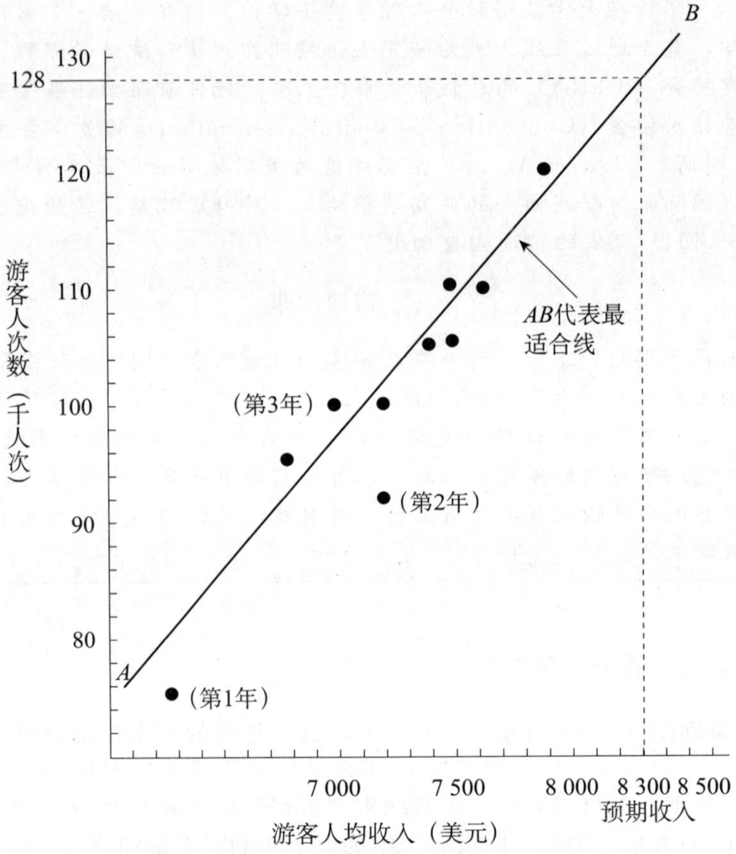

图 13—2　收入与旅游需求量之间的关系

因为收入是需求的主要决定因素，所以在一定范围内简单回归可以“解释”需求，因此这一方法优于趋势分析法。此外，该方法相对简单易行，比较直观。与下面所列的其他两种预测方法比较而言，这种方法所需要的数据相对容易收集。

多元回归：最小二乘法

简单回归的一个主要缺点是，在一个时期内只能考虑一个变量。在现实中，需求会受决定偏好和阻力的许多因素影响，正如前面讨论的那样。在一个时期内将所有这些变量都包括进去是不可能的。但是，将决定需求的某些特别相关因素分离出来进行处理，在某种程度上还是可行的。**多元回归**（multiple regression）就是这样一种方法。除解释需求的变量有所增多之外，其本质上与简单回归是一样的。通过数学公式，可以在需求与模型中所选的变量之间建立一种关系。例如，我们除了有游客收入数据外，还有目的地旅游服务成本的数据，因此我们就能在两个变量（收入和价格）内对需求进行回归分析，并获得两者间的数学关系。要预测未来的需求，只需将相应年份的预计收入和价格水平替换到数学公式中就可以了。这样预测的结果将比利用简单回归法获得的预测结果更可信，因为多元回归兼顾了收入和价格对需求量的综合影响。

说明：据预测，邮轮旅游仍将是旅游业中发展最快的旅游形式。此预测是基于对以往的趋势、人口统计因素、消费者满意度、营销努力、新增船只等情况的调查研究而得出的。Photo by Andy Newman；courtesy of Carnival Cruise Lines.

其实，分析并不只局限于这两个变量。从概念上来说，任何数量型变量都能用来解释和预测需求水平，但实践上还具有一定的局限性。随着“解释”变量的数量增加，计算工作会变得越来越复杂。此外，还要考虑到收集附加数据和解决计算技术所需成本问题。在某些情况下，增大预测结果可信度不能成为增加费用的合理理由，因为预测毕竟只是预测，不能肯定将会是事实——无论人们计算得多么全面。

除涉及费用问题外，多元回归的另一个缺点是不能像前面两种方法那样，可以采用图示。当然，其原因在于我们进入了多维几何平面。达到三个维度还可以真实描述，但若超过三维就很难做到了。

计算机模拟与预测模型

另一种预测需求的方法是建立模拟旅游需求的计算机模型。对一个特定地区的旅游需求是一系列变量的函数，这些变量包括旅游者的收入水平、从客源地到目的地旅行的成本、价格水平、竞争状况、汇率、距离或旅行时间等。如同上面所讨论的那样，这些关系通常可通过多元回归加以识别。

计算机模拟（computer simulation）模型包括一系列复杂的方程式，它们将趋势外推法和回归技术模型结合到一个更综合的模拟系统中。许多变量的关系通过相互联系的方程式得到说明，模拟模型依赖于供输入的历史数据及测量口径。一旦模型对过去年份的需求作出了合理且准确的分布证明，就能用于预测未来的可能性分布状况。

模拟模型特别要求由受过训练、具有较强技术专长的人员去建立原始模型和数据处理程序。他们需要懂得有关时间序列、交叉及因果关系以及变化程序等方面的知识。此外，强大的计算机演算能力和高度精确的数据也是必要的。这是任何一个考虑使用这种方法的旅游组织都必须面对的重要问题。模拟预测最适合用于解决那种具有已知的定量关系和某些反馈效应的复杂问题，也适用于长期预测。

经理人员判断法（德尔菲法）

虽然数学及统计模型是最有用的，并且常常能得出精确结果，但是旅游业经理人员的经验集合也很有价值。从本质上讲，德尔菲法就是对这类专家开展系统调查，向其询问一系列问题，根据他们的一致性意见得出结论。在应用**经理人员判断法**（德尔菲法）[executive judgement method（Delphi method）] 方面，其中的一个例子便是联合国世界旅游组织所使用的旅游专家小组。这个小组中有250多位专家致力于解读旅游趋势信息。

数学统计工具不能具体表现模型中未明确的变量的影响。例如在多元回归中，收入和旅行费用只是用来预测需求的两个变量。但很显然，其他一些因素，如政治形势、能源状况、兴趣变化、闲暇时间以及促销宣传的效力等，也会对需求产生影响。通过德尔菲法，所有这些因素的综合影响都会被有经验的专家考虑进来，因而，对于预测旅游需求来说，将各种数学统计方法和德尔菲法综合在一起，势必会形成既定情况下最可靠的预测。当然，同时运用多种研究方法不仅费用高昂，而且比较耗时，即需要作大量的投入。

环球透视

旅游预测

旅游预测方面的信息可从多种渠道获得。其中，最佳渠道便是访问世界旅行及旅游理事会的网站 www. wttc. org，你可点击该网站的“Economic Data Search”一栏，免费查阅当前以及未来十年全球13个地区和181个国家的旅游预测报告。世界旅行及旅游理事会及其研究工作的合作伙伴——牛津经济研究所，通过开展综合性的宏观经济调查与预测，参考各个国家的财务数据、各种旅游变量，运用计量经济模型这一复杂方法去预测旅游需求、国内生产总值以及旅游就业的情况。

另一个途径是查阅联合国世界旅游组织出版的《2020年旅游愿景》（*Tourism*：2020 *Vision*），它是联合国世界旅游组织对21世纪前20年旅游业发展情况所作的长期性预测。这一预测报告的基本内容是为期25年的定量预测，以1995年为基年，分别预测了2010年和2020年全球旅游业发展情况。此外，联合国世界旅游组织还出版了《旅游指南》（*Tourism Indicators*）。该文件中包括列有国际入境/出境旅游人次统计数据，从而有助于人们借以进行旅游预测。联合国世界旅游组织的网址为 www. unwto. org。

若需查阅美国的旅游预测报告，可从美国旅游业协会获得。该协会组织过多个关于旅游客流量及其发展趋势的重大行业预测项目，所发布的预测报告包括美国市场营销展望论坛（Marketing Outlook Forum）公报、《国内旅游展望》（Domestic outlook for Travel and Tourism）以及《国际旅游展望》（International Outlook for Travel and Tourism）等。该协会的预测报告显示，到2012年，美国的旅游收入总额将达到8 627亿美元。美国旅游业协会的网址是 www. ustravel. org。

亚太地区的旅游预测报告可从亚太旅游协会获得，也可购买该组织出版的《亚太旅游业发展预测：2010—2012》（*Asia Pacific Tourism Forecasts* 2010-2012）。亚太旅游协会每年发布的预测报告中对该地区旅游业的增长模式有全面的数据分析。

加拿大旅游委员会（Canadian Tourism Commission）的调查与统计部门定期对即将到来的旅游旺季的客流量进行预测。同时，该组织还以跟踪方式，发布有助于借以进行预测的旅游趋势以及旅游统计数据与图表。加拿大旅游委员会的网址为 www. CanadaTourism. com。

澳大利亚旅游局成立了旅游预测委员会（Tourism Forecasting Committee）。该旅游预测委员会是一独立组织，为现有及潜在的旅游投资者、行业和政府等提供服务，提供有关国际、国内以及境外旅游行业的市场预测，并从中收取佣金。该旅游预测委员会的信息来源由澳大利亚旅游局提供。2010 年 6 月该组织发布报告称，2011 年澳大利亚的国内旅游人次将增长 4.9%，此后 10 年中的增势虽有所放缓，但仍将以年平均 3.9%的速度增长。澳大利亚旅游局的网址为 www. tourismaustralia. com。

上述例子反映了需求预测作为旅游规划主要工具的重要性，也显示出需求预测是许多国家旅游部门的工作内容。

讨论题

1. 为什么预测旅游收入和来访游客人次如此重要？
2. 在获取旅游预测信息方面有哪些最佳途径？

□ 本章小结

毫无疑问，需求量是任何地区在成功吸引游客方面最基础的评估内容。所有的规划目的最终都趋向于增加或控制需求。营销活动的开展旨在增加需求，有些时候旨在增加某些特定时期的需求，或者旨在吸引某些特定的细分市场。

理解需求需要了解需求的定义、需求的构成、需求量的影响因素及如何识别和估测未来需求。因此，在任何旅游经营状况下，对需求数据的使用都是必要的。

任何一个旅游目的地的开发，无论由政府部门开发，还是由私人开发，抑或两者兼而有之，都要求有尽可能精确的需求数据。提供这样的数据是官方旅游组织最重要的责任之一。调研机构和咨询公司也提供这类数据，通常是在受委托开展可行性研究时提供。在进行财务投入之前，任何开发计划都必须对需求进行充分评估。

正如本章所描述的那样，掌握测量和预测目前及未来需求的方法，可使你能够得出这类数据。鉴于目前高昂的土地及建设成本，掌握合理准确的需求统计数据可谓至关重要。

□ 重点概念

消费额（amount spent）
计算机模拟（computer simulation）
服务成本（cost of services）
文化距离（cultural distance）
需求（demand）
需求预测（demand projections）
经济距离（economic distance）
经理人员判断法（德尔菲法）[executive judgment method (Delphi method)]
最小二乘回归（least squares regression）
多元回归（multiple regression）
预测方法（projection methodology）
偏好（propensity）
服务质量（quality of service）
阻力（resistance）
销售税和使用税（sales and use tax）
季节性（seasonality）
简单回归（simple regression）
税收的征缴（tax collections）

趋势分析（trend analysis）　　来访游客人次（visitor arrivals）
游客人天数（visitor-days）　　游客人夜数（visitor-nights）

□ 互联网练习

为了方便读者，本章中所提及的互联网网站连同其他一些相关网站，一并列在为本书伴设的网站上：www. wiley. com/college/goeldner。

练习 1

网站名称：美国旅游业事务署

网址：www. tinet. ita. doc. gov

背景信息：美国旅游业事务署的角色是美国联邦旅游局。其核心职责是为美国旅游统计系统收集、分析和发布国际旅游统计数据。

练习内容

可以在这个网站上获得哪些有助于旅游专业人士用以确定旅游需求的数据？

练习 2

网站名称：Hong Kong Tourism Demand Forecasting System

网址：www. tourismforecasting. net/hktdfs

背景信息：该网站是香港旅游需求预测系统开发项目的一部分。该项目还资助了国际预测者协会（International Institute of Forecasters，网址为 www. forecasters. org）的旅游预测特殊兴趣小组。

练习内容

（1）点击上述网站中的“项目简介”一栏，找出四个项目的特殊目标。

（2）目前预测的基期时间是什么？

□ 复习与讨论题

1. 为什么需求数据如此重要？请举例说明，谁是需求数据的使用者？
2. 为什么旅游阻力与需求成反比关系？你熟悉有关这方面的一些情况吗？请说明。
3. 详述决定旅游偏好的三个因素，并举出一个包含这三个因素的例子。
4. 哪些因素决定旅游体验的阻力程度？结合这五个因素，举出一个涉及极其诱人的报价和季节性旅游产品的例子。
5. 结合三种需求预测方法，说明每种方法最有意义的地方。
6. 某州的旅游主管打算说服该州立法机构增加下一财政年度的旅游促销预算，你认为应使用何种需求预测方法？这些数据将如何获得？
7. 需求预测的数学模型的可信度如何？输入数据的哪些特征会影响可靠程度？
8. 某住宿连锁集团目前正在计划对外扩张，预测未来需求的最好方法是什么？
9. 趋势分析法的价值何在？
10. 什么是德尔菲法？

□ 案例题

1. 假设联邦政府强制每加仑汽油多征收 55 美分的汽油税，有效期为 3 个月。汽车旅馆连锁公司总部应如何评估这一新税制对其成员旅馆的市场需求的影响？经营送餐服务的餐馆连锁公司会如何评估这种影响？地区性航空公司会如何进行评估？

2. 拜伦（Byron C.）是某大型饭店公司的开发部主管。该公司提出了过夜型度假村和常住型饭店套房的新概念。新套房将设有令人兴奋的电子娱乐设施，包括宽大的屏幕、立体声音响、电影放映、唱片播放和磁带式录音机。可以想象，建设这些套房是相当昂贵的。因此，合理准确的需求预测是必要的。拜伦暂时选择了你所在的城市作为这一新概念客房的试验地，作为该市旅游局的行政副总裁，你会使用什么方法帮助拜伦作出这些关键性的需求预测？

第14章 旅游的经济影响

学习目的

- 了解旅游业的经济发动机作用及其对经济的影响。
- 理解旅游业在世界各地经济中的重要性。
- 了解旅游卫星账户。
- 理解旅游乘数。
- 了解有关国际收支平衡的知识。
- 理解有弹性和缺乏弹性。

导　言

旅游业是一种强大的经济力量，可提供就业，增加外汇、居民收入和政府税收。旅游者的消费及其乘数效应是对作为旅游目的地的城市、州、省乃至国家产生**经济影响**（economic impact）的源泉。旅游消费的经济影响是游客接待量与游客消费支出的函数（见第1章）。鉴于旅游经济的重要性，联合国世界旅游组织一直在对世界各大区以及世界各国的旅游接待量、旅游支出（本国居民的出国旅游开支）和旅游收入（本国得自游客的收入）进行统计。旅游目的地的竞争日趋激烈，因为越来越多的目的地都指望旅游业能成为新的经济发动机，从而取代日渐衰落的农业、矿业和制造业。

最近，在《旅游研究学报》（*Journal of Travel Research*）的主题专栏中，国际旅游研究协会的很多会员都就"全球经济危机与旅游业发展"提出了自己的见解。国际旅游研究协会特别指出："全球金融危机使得企业和消费者的信心跌至几乎是有史以来最低的水平。旅游消费较之其他方面的消费缩减更多，出境/入境/国内旅游的客流量均有下降，从而也降低了全球旅游业对旅游接待地经济的贡献程度。企业资产价值和财富的减少使得企业的偿债能力和投资能力出现恶化。信贷危机和银行资产负债状况的恶化也抑制了旅游投资，从而也影响了旅游业创造就业的情况。"[1]有关2009年全球旅游接待量和国际旅游收入下降的具体情况，参见表14—1和表14—2。

表 14—1　国际旅游接待量

	人次（百万人次）		2009 年[a]/2008 年	2009 年
	2008 年	2009 年	变化率（%）	市场份额（%）
世界	919.0	880.0	−4.2	100.0
非洲	44.3	45.6	2.9	5.6
美洲	140.9	140.1	−4.6	15.9
亚洲和太平洋地区	184.0	181.6	−1.3	20.6
欧洲	482.6	460.0	−5.7	52.2
中东地区	56.0	453.2	−4.9	6.0

a. Data as collected in UNWTO database，June 2010.

资料来源：*UNWTO World Tourism Barometer*，United Nations World Tourism Organization，June 2010.

表 14—2　国际旅游收入

	金额（10 亿美元）		2009 年 /2008 年	2009 年	2009 年单位旅游
	2008 年	2009 年[a]	变化率（%）	市场份额（%）	人次的平均收入（美元）
世界	942.0	852.0	−5.7	100.0	970
欧洲	473.7	413.3	−6.5	52.2	900
亚洲和太平洋地区	208.9	203.2	−0.9	20.6	1 120
美洲	187.6	166.2	−9.8	15.9	1 180
非洲	30.0	28.7	−4.0	5.2	630
中东地区	41.5	41.8	−3.7	6.0	790

a. Data as collected in UNWTO database，June 2010.

资料来源：*UNWTO World Tourism Barometer*，United Nations World Tourism Organization，June 2010.

旅游的经济影响：基于国际视角

通过分析 2008—2009 年全球金融危机的影响，人们发现，2009 年全球国际旅游接待量为 8.8 亿人次，较上年下降了 4.2 个百分点（见表 14—1）。同年，全球国际旅游收入为 8 520 亿美元，较 2008 年实际下降了 5.7%（见表 14—2）。可见，国际旅游收入受金融危机的影响并不比国际旅游接待量严重多少。[2]

2009 年，国际旅游接待量和国际旅游收入排名前十位的旅游接待国变化不大。其中，法国继续保持国际旅游接待量世界第一的地位，在国际旅游收入方面则排名世界第三。美国的国际旅游收入和国际旅游接待量分列世界第一位和第二位。西班牙继续保持国际旅游收入排名世界第二、欧洲第一的地位，在国际旅游接待量方面则排名世界第三。中国和意大利在国际旅游接待量方面分列世界第四位和第五位，在国际旅游收入方面的排名则与之相反。

欧洲一直是全世界最大的国际旅游接待地区（见表 14—1），紧随其后的是亚洲和太平洋地区以及美洲地区。2009 年，欧洲的国际旅游接待量占全球总量的比重超过 50%，亚洲和太平洋地区所占比重为 20.6%，美洲为 15.9%。然而，除非洲地区外，其他各洲或地区的国际旅游接待量均有所下降。其中，欧洲下降 5.7%，中东地区下降

4.9%，美洲地区下降4.6%，而非洲则上升2.9个百分点。[3]

表14—2中所显示的是2009年以美元为单位的国际旅游收入情况。经分析可发现，全球国际旅游收入减少了900亿美元，与上年相比下降了5.7%。各个地区的国际旅游收入均有所减少。但是，欧洲依然是最大的国际旅游接待区域，其国际旅游收入总量为4 133亿美元，占全球旅游总收入的52.2%。

亚洲和太平洋地区已跃居全球第二大国际旅游收入地区，实现国际旅游收入2 032亿美元，占全球国际旅游收入总额的20.6%。美洲地区则降至全球第三大国际旅游收入地区，其国际旅游收入为1 662亿美元，占全球国际旅游收入总额的15.9%。中东地区所实现的国际旅游收入为418亿美元，占全球总额的6.0%。非洲的国际旅游收入为287亿美元，占全球总额的5.2%。

全球单位旅游人次实现的国际旅游收入为970美元。美洲地区单位旅游人次所实现的国际旅游收入最高，为1 180美元，其次为亚洲和太平洋地区，单位旅游人次实现的国际旅游收入为1 120美元，欧洲地区的这一指标为900美元，中东地区为790美元，而非洲地区则仅为630美元。

表14—1和表14—2中所显示的数字只是当前的数据，多数数据都会随着时间的推移而更新。若需获得这方面的最新数据，可访问联合国世界旅游组织网站www.unwto.org。

对2010年及其之后的展望

人们对旅游业的未来普遍持积极态度。旅游统计数据表明，旅游业能较快地克服不利因素的消极影响，并从这些消极影响中得以恢复。尽管石油价格、经济发展形势和恐怖主义一直都是人们关心的话题，但旅游业似乎正在实现《2020年旅游愿景》（*Tourism* 2020 *Vision*）中所预测的发展目标。

《2020年旅游愿景》是联合国世界旅游组织对21世纪的前20年旅游发展所作的长期预测和评估。该项研究报告的基本内容是为期25年的定量预测，以1995年为基年，对2000年、2010年和2020年分别进行了预测。[4]

联合国世界旅游组织的《2020年旅游愿景》预测：到2020年，全球国际旅游人次将超过15.6亿。其中11.8亿人次将会是区内旅游，3.77亿人次为远程旅游。

按世界大区划分的旅游接待量预测显示，到2020年，接待量居前三位的地区分别是欧洲（7.17亿人次），东亚和太平洋地区（3.97亿人次），以及美洲（2.82亿人次），其后依次为非洲、中东和南亚。

东亚和太平洋地区、南亚、中东和非洲预计增长率会超过5%，高于世界平均水平（4.1%）。欧洲和美洲的增长率预计会低于世界平均水平。

虽然欧洲所占的份额将会从1995年的60%下降为2020年的46%，但仍属世界最高。到2010年，美洲将会把第二的席位让给东亚和太平洋地区，后者将在2020年占世界旅游接待量的25%。与此同时，美洲所占的份额将会从1995年的19%降至2020年的18%。

世界远程旅游的增速将会高于区内旅游。1995—2020年期间，国际远程旅游将会以每年5.4%的速度递增，而区内旅游的年增长率仅为3.8%。因此，区内旅游人次与远程旅游人次之间的比率将会从1995年的82：18转变为2020年的76：24。[5]

对国际旅游收入和国内旅游收入的比较

虽然国际旅游（即旅游者离开长期居住的国家到国外去旅游）很重要，但对不少国家（即使不是多数国家）来说，国内旅游（旅游者在其长期居住的国家内开展旅游）更加重要。正如表 14—2 中所显示的那样，据联合国世界旅游组织估计（基于初步估算的数据），2009 年全球国际旅游总收入为 8 520 亿美元。相比之下，世界旅行及旅游理事会估计 2007 年全球国际旅游收入和国内旅游收入合计约为 18 512 亿美元。我们可以从这些对国际和国内旅游规模的估计中看出，国内旅游的规模大于国际旅游。这使得许多最初以为旅游就是国际旅游的人大吃一惊。

就业

据世界旅行及旅游理事会估计，2010 年旅游经济的发展将提供 235 785 000 个就业岗位，占全球就业总量的 8.1%，也就是说每 12.3 个就业岗位中就有 1 个源自旅游业。到 2020 年，将会增长到 303 019 000 个就业岗位，占就业总量的 9.2%，即每 10.9 个就业岗位中就有 1 个源自旅游业。2008 年由旅游业提供的81 913 000个就业岗位约占就业总量的 2.5%，预计到 2020 年将会增长到104 740 000个就业岗位，占就业总量的 2.8%。[6]

如前所述，旅游业可提供直接就业和间接就业。饭店、餐馆、航空公司、游船公司和旅游景点可提供直接旅游就业，因为这些企业的员工直接接触旅游者，并为其提供旅游体验。为直接旅游企业提供产品和服务的企业，如飞机制造商、建筑公司及食品供应商等，则可因此而间接增加就业。

这种影响可以美国为例加以说明。2010 年，美国旅游业协会发布了其年度报告《美国旅游就业》（*Tourism Works for America*）。表 14—3 列出了根据部门划分的就业情况。表 14—3 显示，2009 年，在美国经济中，旅游业直接创造了约7 400 000个就业岗位。其中，国内旅游直接创造的就业岗位约为 6 500 000 个，国际入境旅游直接创造的就业岗位约为 900 000 个。因此，虽然国际入境旅游人次仅占全美旅游接待量的 3%，却带来了多达 13%的旅游相关收入。

在美国，国际入境旅游者的平均消费开支为 2 200 美元，整体高于美国国内旅游者的相应支出。旅游业是整个美国经济中最大的服务出口部门。据美国商务部的调查，旅游出口额占全美出口总量的 8%（占服务出口总量的 25%），因而旅游业对美国国际贸易的增长一直都贡献巨大。

2009 年，美国的国际旅游接待量为 54 900 000 人次，较上一年下降了 5.3%。接待量出现下滑的原因在于世界经济的低迷以及旅游者签证和入境手续繁杂等不利因素的影响。2010 年，美国的国际旅游接待量有望会增长（上升 2.9%），并且这一增长态势将持续到 2013 年。

在美国，以消遣和商务为目的的入境旅游者通常被划分为两类：来自加拿大和墨西哥（两个最大的客源地）的近程旅游者和来自其他海外市场的远程旅游者。

加拿大是美国最大的旅游客源地，2009 年，到美国访问的加拿大旅游者（共计 18 000 000 人次）占美国国际入境旅游接待量的 33%。墨西哥是美国第二大旅游客源地，2009 年，所占比例为 24%，总量为 13 200 000 人次。

加拿大和墨西哥旅游者到访量的增大是过去 10 年来美国国际入境旅游市场中的

亮点。这两个国家前往美国旅游的人次较之2000年增长了23%，其中，北美的来访旅游者增加了5 900 000人次。

表14—3 旅游对美国经济的影响

旅游收入

单位：10亿美元

	2000年	2001年	2002年	2003年	2004年	2005年	2006年	2007年	2008年	2009年
直接旅游收入	585.8	555.7	544.9	560.1	606.9	653.7	695.7	738.0	772.5	704.4
国内旅游收入	503.4	483.8	478.3	495.8	532.4	572.0	610.0	641.3	662.4	610.2
国际旅游收入[a]	82.4	71.9	66.6	64.3	74.5	81.7	85.7	96.7	110.1	94.2

a. 国际旅游支出中不包括国际航空费用。

资料来源：U. S. Travel Association，U. S. Department of Commerce Office of Travel and Tourism Industries.

旅游业提供就业的情况

单位：千个

	2000年	2001年	2002年	2003年	2004年	2005年	2006年	2007年	2008年	2009年
旅游直接就业	7 779.7	7 673.1	7 440.5	7 336.0	7 542.7	7 508.8	7 550.6	7 699.6	7 705.9	7 393.6
国内旅游	6 788.4	6 728.6	6 561.6	6 521.2	6 569.3	6 613.9	6 657.0	6 728.5	6 709.2	6 510.0
国际旅游	991.3	944.5	878.9	814.8	883.4	894.9	893.5	971.4	996.8	883.6

资料来源：U. S. Travel Association，U. S. Department of Commerce Office of Travel and Tourism Industries.

环球透视

旅游忠告

国家政府的一个重要角色就是保护本国公民，因此许多国家都会发布“旅游忠告”、“旅游警告”或“领事告示”之类的信息。无论其具体名称是什么，主要内容都是向本国公民发布有关世界各国的安全状况、入境条件和其他信息。

加拿大的“旅行报告与警告”可在网站（www. voyage. gc. ca）上找到。事实上，加拿大将所关注的情况划分为九个等级，旨在对出游者提出相应程度的警告。英国外交部（FCO）在其网站（www. fco. gov. uk/en/travel-and-living-abroad/）上发布四种类型旅游忠告：

1. 告知公民避免前往某国旅游。
2. 告知公民避免前往该国的某些地区旅游。
3. 告知公民除非必要否则避免前往某国旅游。
4. 告知公民除非必要否则避免前往该国的某些地区旅游。

美国国务院综合所有的相关信息，也会发布旅游警告，告知美国公民避免前往某些国家旅游。所涉及的当事国也将收到这些旅游警告和领事告示信息。

尽管这类旅游忠告的发布总体上被认为属正面之举，但也常会引起一些旅游目的地方面的不满，认为此举实非必要，属于不公正地限制消遣旅游者和商务旅游者的来访，从而会对该地经济造成负面影响。

讨论题

1. 旅游忠告的经济影响是什么？
2. 你认为发布旅游忠告或旅游警告的举动公正吗？

来自加拿大和墨西哥这两个国家的旅游者在美国旅游期间的人均消费开支约为 790 美元（不包括国际航空费用）。2009 年，海外旅游市场的来访量在美国国际旅游接待总量中所占的比例不到一半（43%），所带来的收入却占美国国际旅游收入总额的 80%。这里所称的海外旅游，亦称“远程旅游”，指的是旅游者离开其所在地区，前往世界其他地区访问的国际旅游。来访美国的海外旅游者比其他类型的旅游者停留时间更长，消费支出也更多。他们的平均停留时间为 16 夜，人均消费开支超过 4 000 美元。[7]

为了准确地测量旅游业的广泛经济影响，将旅游支出账户与国民账户系统相联系逐渐成为一种趋势。最初给旅游业编制标准行业分类（SIC）代码的尝试不太成功，因为旅游消费支出不仅种类繁多，而且相互交织，难以划分。为了克服这些困难，旅游卫星账户的概念被提出来并加以实施。本章后面将对旅游卫星账户加以讨论。

最优化

经济学就是研究在资源稀缺的条件下怎么实现效用最优化。无论是想要从旅游活动中得到精神享受的个人，还是意在从为旅游者提供产品和服务中获利的企业，抑或是期冀从旅游者消费中获得经济利益的目的地政府，此原则都是相同的。在经济学术语中，**最优化**（optimization）一词用以表示旅游组织试图通过最佳地配置其有限的资源（物力资源和财力资源）去满足旅游者的需求。旅游需求是旅游者的生理/功能需求（一般来说是有限的）和心理需求（事实上是无限的）的产物。

基于此原因，经济学家正在试图解决的问题是，面对不断变化的旅游需求（由生理和心理需求共同产生），如何实现稀缺旅游资源配置上的经济最优化。

目标

正如已经指出的那样，旅游业的发展至少有三个主要目标：

1. 使旅游者的心理体验最大化。
2. 使旅游企业利润最大化。
3. 使旅游者在目的地消费所产生的直接（基本的）和间接（继发的）效益最大化。

这些目标常常可做到兼容；使旅游者的心理体验最大化可令其开心，继而使其成为回头客，继续前来消费，从而使该产业和该地区中的每个人都获得满意。在某些情况下，这三个目标也可能做不到兼容。短期性的利润最大化目标有可能导致设施开发超过当地的承载力，从而导致过度使用以及游客心理愉悦的下降。过分强调旅游在经济发展中的地位也会导致同样的后果。旅游业对资源的占用也可能与其他方面的发展对资源的需要产生冲突。

制约因素

最大化的另一半是实现目标过程中会遇到的制约因素。虽然我们希望在游客的心理愉悦、企业的利润以及对当地的影响等方面都实现其理想状态，但这是不可能的，因为总有一些因素会阻碍其理想状态的实现。旅游业是一项涉及面相当广、多样性程度相当高的服务行业，其目标的实现必须突破大量的制约因素。要对这些关系进行分析，就必须对这些制约因素进行分类。

需求

每个为旅游者提供产品和服务的企业都会受到旅游者需求函数的制约。与购买量相关的这些因素包括价格、财富和收入。

吸引物资源的供给

旅游业所面对的最重要的制约因素之一，可能就是可供利用的旅游资源数量有限，尤其是考虑到这类资源的地理分布，更是如此。因此对旅游者来说，有些地区可能比其他地区更具吸引力。

技术和环境的制约

每个特定的景区或情景都有其特定的技术和环境制约。它们涉及诸如污水处理与环境之间的关系、鱼的数量和钓鱼者数量之间的关系、不会导致某一特定地区出现不可接受的环境质量下降的游客数量、某一野生动物保护圈能够养活的大象的数量、游客从汽车上观察狮子而产生的影响、在不损害环境的情况下一个特定地区所能容许的野营地的数量等。

时间制约

休假者的假期长短会限制其活动的开展。旅游季节的长短会影响旅游企业的利润，也会影响旅游收入对当地经济的影响程度。

不可分割性

很多时候，旅游企业都有必要去应对要么是全部客满、要么是空无一人的情况。即使是飞机座位占用率仅为一半，你也不可能只飞半架飞机。在低于既定规模下建设一家饭店可能不会实现盈利。一条道路也必须从一点到另一点连续兴建。

法律制约

有些法律制约会影响旅游业。政府旅游当局的行为可能就是其中的一种，关于环境的法律规定则是另一种。所制定的功能区划和建筑规范可能会对设施建设产生影响。有关合同关系的法律条款则会形成对很多业务的限制。

自我制约

有些冲突性的目标是需要加以协调的，从而会形成自我制约。在开发某一特定区域或提出某一思想时，冲突可能会发生于本公司内部，或者发生于本公司与其他公司，以及本公司与有关政府部门之间。

对情况缺乏了解

由于对某一特定情况所知甚少，许多活动会因此而受到限制。虽然商界人士都惯于在某种程度的不确定性中生活，但由于某些限制因素不可避免地存在，从而会制约其所欲实现的行动结果。同理，对情况缺乏了解也会影响政府的运作。

支持性资源有限

在资金量、管理才能、劳动力、建筑材料、社会资本等方面总会存在某些限制。这些方面继而也对抓住机会去满足顾客需要、创造利润、开发景点等方面形成制约。

很多时候这些制约因素互相影响，从而形成对特定活动的复合性制约。

游客体验最优化

旅游者体验的最优化会受到一系列条件所制约，并在需求函数中得到体现。从某种意义上说，对旅游者体验的需求是独特的，因为旅游产品不容易被直接确认，而且往往是在没有见到产品之前购买。

特别是，旅游者会受到时间和预算的制约。要使旅游体验最优化，旅游者有必要首先确定所偏好的旅游目的地，然后在时间和预算制约范围内确定实现偏好的可能性。或许这正是包价旅游受欢迎的原因，因为在包价旅游中，无论是所需要的时间还是资金，都可以提前预知。但有时也存在某些例外。例如，退休人员和年轻人常常有时间，但资金有限。有些人则不受时间和资金的制约。

企业收益最优化

由于为旅游者提供的产品和服务事实上是投入到生产体验的过程中，所以对它们的需求来自对旅游整个过程的需求。其中有些产品或服务具有互补性，对它们的需求也以正向方式相互联系，而有些产品或服务则具有替代性，表现为有限地域内的竞争关系。

包价旅游的特征是将所有服务整合在一起，因此其中各项服务互为补充。竞争产生于各条旅游线路中。为了尽可能多地满足游客需求，旅游经营商往往依靠销售多条价值和成本不同的线路去实现利润最大化。能够吸引多少游客，取决于一定价格水平下旅游线路的边际成本和边际收入。

旅游产品和服务的销售量受制于需求的极值。也就是说，旅游旺季时间通常有限。在旺季，需求表现强烈。满足这一需求所需提供的设施到了淡季则会出现过剩。这意味着，必须使对淡季过剩接待能力所作的投资能够从旺季获得的收入中得到补偿。到了淡季，人们所注意的只是变动成本，但是由于需求较低，所以有些接待能力将无法得到利用。

作为设施的所有者，企业应关心的是提供足够的长期接待能力，选择那些能够带来最优回报的投资项目。在旅游业中，有些相互关系必须予以考虑。有时，为了能使高收益的投资项目获得成功，也需要对某些收益/成本比率较低的项目进行投资。因此，投资者并不总是仅仅选择收益最高的投资机会。

说明：在摩洛哥旅游的北美人在当地消费，带着旅游体验回家。这样，旅游就能为摩洛哥创汇。Photo by the author.

总而言之，克服经营工作的制约因素是企业的长期任务。但旅游业的扩张会遇到许多因素的制约，其中包括需求方面的制约因素和环境方面的制约因素。

当地经济最优化

无论是在旅游项目的投资建设时期，还是在这些投资项目建成之后的经营时期，旅游业都会对一个地区的经济产生影响。其效应的大小取决于各经济单位之间的联系。用于投资的货币将会流向建设部门和其他许多生产部门，这些部门将会与从家庭到工厂的各种经济单元发生联系。旅游者支出的货币也将通过一些部门被注入当地的经济系统之中。这些部门都与该经济系统相联系。

在这两种情况下，**乘数效应**（multiplier effects）的大小取决于这种联系的强度。乘数反映的是经济中基本收入循环过程中所产生的新的经济活动的数量。在一个经济系统中，有些部门与其他部门之间联系紧密，因而乘数效应就大；相反，有些部门与其他部门之间联系不那么紧密，因而乘数效应就小。如果部门之间没有联系，那么很有可能一个地区在拥有兴旺的旅游业的同时，当地人民却相当贫困。例如，在下列情况下，由于彼此联系密切，因而乘数效应较高：一个特定目的地的全年开放的旅游度假区全都雇用当地的劳动力，从当地的农民那里购买鲜花、水果、蔬菜和肉制品，雇用当地的演艺人员，从当地的制造商那里购买客房家具。如果上述大多数商品和服务都是从其他州或其他国家进口，则这种联系就很弱，乘数效应也就很小。

旅游出口和进口

将旅游目的地界定为一个县，还是一个州或一个国家，取决于要研究的问题的层次。对于一个县级政府来说，县的收入是其最基本的利益，而一个州政府则将会把使整个州的收入最大化作为它的主要目标，以此类推。

无论如何界定旅游目的地，来自其他地区的游客在该地区的消费都构成对当地经济的注入。

到美国旅游的日本旅游者可能在日本赚取收入，当他们以旅游者的身份到美国消费的时候，他们就给美国经济带来了货币“注入”。因此，对美国来讲，外国旅游者在美国的消费就构成了美国的旅游**出口**（exports），这样讲多少有点儿让人感到困惑，因为我们习惯于把离开本国的东西看作出口。例如，我们在出口电脑或者小汽车的时候，这些东西都是被运往美国以外的地区。在日本旅游者的例子中，他们是来美国的，这怎么能是出口呢？这似乎是矛盾的。但聪明的学生会发现，当旅游者来到这个国家的时候，他们是在购买旅游体验，当他们离开的时候，他们把这些体验带走。因此，出口的是旅游体验，毕竟旅游体验是旅游活动的全部内容。

图14—1澄清了这一概念。当美国旅游者去日本旅行并在那里消费的时候，对美国的经济来说就是一种旅游**进口**（imports）。而日本游客在美国的消费对日本经济来说也是一种旅游进口。在旅游出口中，游客流和资金流是同方向的，但在商品出口中，商品流和资金流的流向是相反的。因此容易使人产生混淆。但是，如果我们依据支付流的方向来确定是否属于出口，那么这两个例子就是不冲突的。当收到支付的时候，某些东西已被出口了——如旅游体验或者商品。在两个例子中，支付流的方向是相同的。

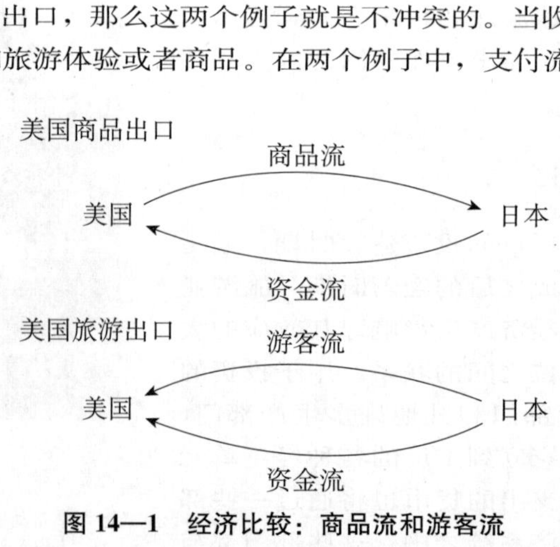

图14—1　经济比较：商品流和游客流

国际收支平衡效应

旅游业是世界上最大的国际性产业之一。正因为如此，它对许多国家的**国际收支平衡**（balance of payments）都有着显著的影响。我们经常听说美国存在收支平衡问题，而且旅游进口确实影响着收支平衡和总体经济状况。我们把旅游进口定义为美国旅游者在国外的消费。记住它的一个很容易的方法是问“谁得到了这些钱？”例如，如果英国得到了来自美国的资金注入，那么无论是美国人购买了英国的瓷器，还是美国人去英国旅游，结果都是一样的。

美国的国际收支平衡状况会直接影响美国的国内生产总值（Y）。公式为：

$$Y=C+I+G+(X-M)$$

式中：Y——国内生产总值；

C——消费者开支；

I——投资；

G——政府开支；

X——出口；

M——进口。

由公式可见，如果 M 超过 X，差额（$X-M$）将变成负值，因此国内生产总值将会变小。所以，吸引更多的外国旅游者前来美国消费，对美国经济是有好处的。这种“旅游出口”就像贷款者有助于我们的经济，吸引国外的旅游者来访美国比让美国公民出国旅游在经济上更有利。但是，我们必须清醒地认识到，情况并非总是有百利而无一害或有百害而无一利。

美国旅游者在国外的消费能够增加这些国家对美国产品的购买力。例如，世界上大多数航空公司都使用美国产的设备。因此，对美国飞机、零配件供应、维修服务的购买，就会对美国的出口贸易作出贡献。因此我们不能把美国旅游者出国旅游完全看作对美国国际收支平衡的不利因素。以上讨论的目的就是指出这种关系。

就增加国内生产总值和促进国家繁荣而言，旅游出口是一种非常理想的途径。国家旅游组织为吸引国外旅游者所作的努力会对国际收支平衡产生很大影响。为外国来访旅游者提供商品和服务的企业也对美国的经济作出了贡献。但是在美元对外币升值期间，由于不利于潜在外国旅游者的进入，所以对美国的旅游出口产生了不利影响。反之，如果美元汇率较低，那么将会有更多的外国旅游者到美国旅游，从而会增加美国的旅游出口，改善收支平衡，提高国内生产总值。在任何旅游出口国和旅游客源国之间，都会存在这种币值之间的比较关系。

1998 年加拿大元对美元的贬值也证明了这一法则。当时，利用汇率优势到加拿大旅游的美国人迅速增加，这就给加拿大的国际收支平衡带来了积极影响。当前，由于加拿大元坚挺，所以会有更多的加拿大人前往美国旅游，从而有利于美国的国际收支平衡。

刺激投资

旅游业具有独特的结构，它是许多小单元的集合体，涵盖了不同的服务行业——小餐馆、汽车旅馆、公寓、干洗店、工艺品店和其他一些小单元。因此，由政府进行的基础设施投资和一些高档上层设施的投资刺激了许多小企业的投资，因为这些企业规模较小、资金需求量相对较少、投资速度快，所以政府也很看好旅游业。对旅游业的初始投资带来了对支持性的第三产业的大量投资，这其中也包括大型饭店、餐馆、购物中心、游船码头、机场等大型投资项目。

增加税收

与其他多数人一样，旅游者也应缴纳**税收**（taxes）。由于他们来自其他地区或国家，因而他们的消费对旅游目的地政府来说代表了税基的增大。除一般的销售税之外，旅游者有时是以间接的方式纳税。机场税、出境税、海关关税、签证费是几个常见的对旅游者征税的例子。人们质疑对旅游者特别征税的做法是否明智，因为这样做只会减少需求。例如，在某些国家，饭店的房价对旅游者（通常较高）和当地居民是不同的。这是很有争议的做法，因为它让旅游者有一种"挨宰"的感觉。除这些特例以外，由于旅游消费的存在，无论是对旅游者还是对当地居民征收的普通税也都已经增加。

那么，旅游业是解决一个地区或一个国家经济问题的万灵药吗？正如已经论述过的那样，旅游业可以增加收入、就业、投资、税收等，所以它似乎确实是一副万灵药。然而，某些制约因素的存在限制了政府从这些方面获取利益的最大化程度。这些制约条件可归纳为两大类：社会制约和经济制约。社会制约已经讨论过了。经济制约则以旅游业必须面对的潜在经济成本的形式出现。对这方面的内容需要作进一步的考察，以便更好地理解政府方面的最优化问题。

通货膨胀压力

旅游者将货币（从别处赚得）注入目的地经济中，在增加了目的地收入的同时（如前讨论），也可能带来**通货膨胀压力**（inflationary pressure）。旅游者通常比当地居民更具消费能力，因为旅游者要么拥有较高的收入，要么为了能在度假中"炫耀"自己而为旅游储蓄，因此他们能够承受食品、交通、工艺品等方面的高价费用，由此造成了通货膨胀压力，而这种压力会对目的地居民的经济福利产生损害。当通货膨胀影响到食品、服装、交通、住房等生活必需品的价格时，这种影响就更加明显。正如我们已经看到的那样，旅游目的地地价会迅速上涨，从而会降低当地居民对"第一住宅"的需求，或者像美国目前的情况那样，地价下跌，从而有助于纠正人们过去的放肆消费行为。

环球透视

旅游的作用力

资料来源：TIA.

讨论题

1. 旅游乘数如何发挥作用？
2. 讨论旅游收入如何在所在的社区中流转。

伦德伯格（Lundberg）指出，随着一个地区旅游业的发展，地价会迅猛上涨。[8] 在某一欠发达地区，对土地的投资额仅占一个饭店项目总投资额的 1%。相比之下，在一个旅游业过度开发的地区，此比率会上升至 20%。随着地价的如此上涨，我们可以预计，（收入较低的）当地居民很容易便会从旅游开发区域的住宅市场中被“驱逐出去”。

经济乘数

直接效应

旅游消费除了会对一个地区的经济产生**直接影响**（direct impact）外，还会产生**间接影响**（indirect impact）。随着得自游客开支的资金在当地经济中一轮又一轮地循环，间接影响或乘数效应也因此而产生。直接影响最容易理解，因为它们来自旅游者在旅游企业的消费开支。这种消费为这些企业提供了生存机会，也为其员工创造了就业机会。

间接效应

旅游者消费带来收入的增加，随之启动了“消费—收入—消费”的循环链条，直到漏损使整个链条终止。由于这些多轮次的继发性开支都与初始的游客消费开支相连，因此其影响通常要比初始收入大得多。例如，一个滑雪者以 40 美元购得索道门票，滑雪场会将所收到的钱用来支付索道工人的工资；索道工人在杂货店消费了这笔钱；杂货店老板用所赚来的钱交房租；房东用这笔房租支付了干洗费；干洗店老板用所收到的这笔干洗费去餐馆用餐；餐馆老板则用所收到的餐费购买从堪萨斯城运来的牛排；当这笔钱流失于当地经济之外时，便终止了该循环。上述最后一笔交易称为该地经济的**漏损**（leakage）。一个消费模式的直接效应和间接效应综合决定了这种影响。在某些情况下，并不是每轮消费中所产生的收入全部都被再次消费出去，而是有一部分收入被储蓄起来，有一部分收入被花费到当地经济之外。旅游收入中留在当地消费的比例越大，则乘数效应就越大。

当地能够留住旅游收入的程度取决于当地经济的自给程度。如果当地能够自己生产旅游者所要购买的产品和服务，则乘数效应就较大。如果必须从外地进口较多的商品，则乘数效应就较小。

从讨论中可以清楚地看出，当旅游收入注入目的地经济中去的时候，数倍于初始游客开支额的经济效应便产生了。最初，这一效应被认为是**收入乘数**（income multiplier），因为旅游者的消费变成了当地人的直接或间接的收入。与此同时也存在其他的乘数效应，如增加的消费支出必然要求更多的就业岗位，因此导致了**就业乘数**（employment multiplier）。由于这些钱在一年中几经转手，就存在着交易乘数。交易的增多引起了征收销售税的政府税收官员的极大兴趣。随着旅游目的地企业的增加，基础设施和上层设施也越建越多，这就产生了资本乘数。这里我们举例说明就业乘数是如何产生的，以及收入乘数是如何确定的。

就业乘数

由于各个地区的经济基础不同，因此就业乘数的大小也不尽相同。在一项由罗伯特·R·纳桑协会（Robert R. Nathan Associates）主持的研究中，根据阿巴拉契亚地区的情况所计算出来的县域就业乘数，很好地说明了典型的就业乘数是什么及其如何产生影响。[9]

该项研究中测算的乘数以县就业数据为基础，所反映的是一个县的出口部门每一个直接就业岗位的增加能创造多少与之相联系的直接和间接就业岗位的大体情况。该项研究对 375 个县和 3 个独立市的就业乘数进行了测算，其中最小的乘数是 1.13，最大的乘数为 2.63。因此，在拥有最小乘数值的县中，每个直接就业于出口服务部门的人将会为其他部门提供约 0.13 个就业机会。在拥有最大乘数值的县中，每个直接就业于出口服务部门的人将会为其他部门提供 1.63 个就业机会。总的说来，就业乘数的大小直接随该县的人口数或总就业规模而变化：随着人口规模的增大，乘数值也随之增大。这种关系便是，如同预料的那样，在生产门类多样化程度较高的情况下，进口漏损会降低，而生产门类多样化的程度往往与该县的人口或总就业量呈正相关的关系。

说明：旅游者的货币支出经过循环和再循环创造了经济乘数。 Photo courtesy of Gaylord Opryland.

收入乘数

工作意味着收入，而收入则会刺激地区经济发展。刺激程度的大小取决于若干因素。例如，一家饭店的管理部门会将营业收入作如下分配：用一部分钱购买商品和服务，将另一部分钱储蓄起来。经济学家称这些举动分别对应为边际消费倾向（MPC）和边际储蓄倾向（MPS），后者将资金从当地经济中撤出。这些边际（增额）资金的撤出有两种途径：（1）储蓄起来，并且不借贷给他人；（2）用于购买进口产品。无论哪种情况，都会撤出资金，因此都不会对当地经济产生刺激。

要确定一个旅游目的地的这些收入关系，需要进行经济研究。如果可以获得这类经济研究的结果，那么也可能会得到许多有益的结果。例如，如果政府对旅游收入的作用有更多的了解，则很可能会为该地的旅游促销投入更多的资金。此外，如果潜在投资者能掌握更多的可供决策参考的实际数据，则有可能会增加投资去增建和改进当地的旅游服务设施。

要想更好地理解旅游乘数，我们必须首先估计该目的地获得的旅游收入中有多大比例用于支出（消费），有多大比例用于储蓄（漏损）。为说明这一点，假设在一个社区中我们获得了总计 1 000 美元的旅游收入，并且边际消费倾向为 1/2。消费模式可能通过一年中的 7 次交易完成，表 14—4 对此进行了说明。乘数的另一个公式是

1/*MPS*。这是一个比较简单的公式，因为它是边际储蓄倾向的倒数。如果边际储蓄倾向是 1/3，则乘数就是 3。表 14—5 显示了这种关系。

表 14—4　　乘数公式

$$乘数=\frac{1}{1-MPC}$$

其中：*M*——边际（增额）；
P ——倾向（趋势）；
C ——消费（支出，*MPC*）；
S ——储蓄（脱离循环的资金，*MPS*）。

假设旅游收入为 1 000 美元，*MPC* 为 1/2，那么：

1 000.00
＋
500.00　　$1/2\times1\ 000$
＋
250.00　　$(1/2)^2\times1\ 000$
＋
125.00　　$(1/2)^3\times1\ 000$
＋
62.50　　$(1/2)^4\times1\ 000$
＋
31.25　　$(1/2)^5\times1\ 000$
＋
15.63　　$(1/2)^6\times1\ 000$
＋
7.81　　$(1/2)^7\times1\ 000$
⋮

总计 2 000.00 美元（大约）

代入乘数，则有

$$\frac{1}{1-1/2}\times1\ 000\ 美元或\ 2\times1\ 000\ 美元\ =\ 2\ 000\ 美元$$

因此，1 000 美元的初始旅游收入最后变成了 2 000 美元的社区收入。

表 14—5　　“漏损”

漏损 = 储蓄 / 进口

其中：

储蓄——没有借贷给其他支出者；

进口——用于从国外（州外）购买旅游经营中所需的物资和服务。

$$乘数=\frac{1}{MPS}$$

假设 *MPS* 是 1/3，那么

$$乘数=\frac{1}{1/3}=3$$

根据其定义，所谓漏损乃储蓄和进口的合计。如果我们因购买进口品而将钱花到国外，那么显然它不能刺激本国的经济。如果把钱储蓄起来，并且一年内不借贷给其他支出者，那么这与购买进口品有同样的效应——不会刺激当地的经济。因此，要想从旅游消费中获得最大的经济效益，我们就必须将旅游收入尽可能多地留在当地经济中购买当地的商品和服务，而不是将其储蓄起来或大量购买进口品。

在这方面，也需要做更多的经济调研。有些研究表明，在某些地区，收入乘数会高达 3，但在其他地区的收入乘数一般都比这一数字低得多。

广泛分配经济收益

通过概念分析，你应该认识到，旅游业的特点是其中存在大量的小型企业。旅游收入会迅速在当地人口中广泛渗透，从而使整个社区分享旅游的经济收益。表 14—6 以部分假设情况为例，说明了旅游收入如何迅速地渗入当地经济以及各类与旅游相关的企业之中。正如表中所显示的那样，仅在两轮消费中，旅游收入就被 70 多种企业所分享。

表 14—6　　旅游收入的分配

游客开支项目	旅游业支付项目	最终受益者	
住宿	工资和薪水	会计	政府
食品	小费	广告和公共关系	教育
饮料	个人所得税	医疗器械商店	卫生
娱乐	佣金	建筑	公路和铁路
服装等	音乐和娱乐	工艺品生产者	设备
礼物和纪念品	行政管理费	律师	开发者和其他
摄影	法律和专业服务	汽车代理商	蔬菜种植者
个人服务	购买食品饮料等	面包商	杂货店
药品和化妆品	购买代售商品	银行	金融家
国内交通	购买原材料和供应品	海滩用品店	家具店
游览观光	维修和保养	肉店	进口商
其他杂项	广告、促销和公共宣传	木匠	保险公司
	水电气等公共事业	收银员	房东
	交通	慈善组织	干洗店
	执照	药店	制造业代理商
	保险金	职员	经理人员
	房屋和设备租金	服装店	电影院
	借款本金和利息的偿还	俱乐部	报纸、电台等
	收入税和其他税	糖果商	夜总会
	资产更新	承包商	办公用品供应商
	投资者的回报	厨师	画家
		文化机构	牧师

续前表

游客开支项目	旅游业支付项目	最终受益者	
		乳品公司	管道工
		牙医	侍者
		百货商店	印刷业者
		医生	出版商
		干洗设备店	房地产经纪人和开发商
		电工	度假村
		工程师	餐馆
		农场主	客房清洁女工
		渔民	股东
		货运商	体育赛事
		汽车维修	交通运输
		园丁	旅行经纪人
		加油站	出租车服务
		礼品店	工会
			批发公司

资料来源：Pannell Kerr Forster and Belt Collins and Associates.

经济结构变化

在以单一产业如农业为生计的国家，旅游业的引入常会导致该国农业基础的削弱。农业在发展中国家是劳动生产率极低的产业。旅游业的高薪承诺往往会吸引众多农业人口，导致农业产出下降，而与此同时，由于旅游者激增，对食品的需求却在增加。食品价格上涨压力的加大，会进一步导致社会动荡。20 世纪 70 年代中期，加勒比海地区的一些国家发生了反对旅游者的抗议行动，甚至直接袭击游客，起因就是当地居民对价格上涨强烈不满。

经济结构变化的另一种情况是，旅游业的发展不仅没有带来经济基础的多样化，反而"吞噬"了该国其他主要经济部门。经济多样化是实现经济稳定的基础。当其中某一经济部门（或产业）出现滑坡时，另一个经济部门可能会繁荣起来，因此可减小发生严重衰退的可能性，即使是发生了衰退，也确实能降低其消极影响的程度。所以，旅游业的发展有时非但没有带来经济的多样化，反而取代农业，成了新的单一"生计"产业。

对旅游业的依赖

让旅游业成为生计产业并不是很理想的选择，其原因很多。首先，旅游在本质上具有季节性。虽然有时能够降低需求的季节性波动，但无法消除这种波动。因此，当旅游业成为一个地区的主导产业时，淡季无可避免地会出现严重的失业问题。这些地区发现，旅游的季节性特征对旅游目的地会造成严重的经济和社会影响。

另一重要原因则与旅游需求的来源有关。对旅游的需求很大程度上依赖于旅游者

说明：旅游的季节性波动导致了收益的不均衡。在冬季，滑雪者在享受科罗拉多州阿斯彭的皑皑白雪时，也对当地经济作出了重要贡献。Photo courtesy of Aspen Skiing Company.

的收入和偏好，而这两者都处于旅游目的地的控制范围之外。当美国经济滑坡的时候，美国人的出国旅游需求也会减少。在这种情况下，一个目的地对增加需求能做的工作很少。如果旅游客源地人们的偏好发生变化，也就是说，他们决定去某一新的旅游目的地——那么对旧目的地的旅游需求将会下降，由此会引起一系列的经济和社会问题。实际上，正像普洛格指出的那样[10]，人们有理由相信，一个旅游目的地的人气降低，很大程度上是不可避免的。所以我们应清醒地认识到，不应该将旅游业发展到让该地完全依赖它的程度。

换句话说，完全依赖某个单一产业是很不明智的。如果此事不能避免，那么很多时候依赖国内农业也要比依赖旅游业好得多。几个世纪以来，世界各国都尽可能地使本国经济和社会适应农业的需要。由于每个人都必须要吃饭，对农业产出的需求不太可能出现急降，并且，直接受益于农业的是当地居民，而非前来旅游的外国人。

优先投资

有时，发展中国家的政府会过于乐观地看待旅游。它们积极地招徕投资开发旅游，将旅游项目放在开发计划的首位。在极端的情况下，这样做会导致对国家基础投资需要的忽视。例如，将应作为发展中国家头等大事的教育、医疗、其他社会服务等人口社会福利方面的资金投给了旅游开发项目。过分强调旅游是不明智的，因为它不仅侵占了这个头等位置，而且这种策略只会加速对旅游依赖的进程。如前所述，这样做是不可取的。另外，靠牺牲医疗和教育投入去投资旅游时，也会降低当地人口融入现代市场经济的速度。在某些情况下，它会阻碍发展而不是促进发展。

结论是，虽然旅游作为经济发展的工具具有巨大的潜力，但它不是救命仙丹。政府应努力使旅游所带来的利益最优化（而不是最大化），同时应注意可能会带来的代价。政府也应注意到，在发展中国家（或地区）发展旅游的经济成本要高于那些富裕国家。富裕国家拥有健全的经济，能够更容易地吸纳旅游的成本。这类国家的经济多元化程度一般都很高，因而政府投资计划也不会如此集中于旅游开发工作。

旅游的社会效益和社会成本应予同等对待。当旅游目的地追求利益最大化的时候，必须对这些利益和社会成本进行仔细的权衡。当在一个仍然保留传统社会结构的地区考虑发展旅游业的时候，所需付出的社会成本无论是其可能性还是代价都会较高。

需求量与价格弹性

有些产品，即使其价格发生很大变化，也只会造成需求量很小的变化。在这种情况下，**需求**（demand）对价格的反应不大（见表 14—7）。而其他一些产品，或者是同一产品在不同的价格范围内，价格上的很小改变都会导致需求量的巨大变化。根据需求量对价格变化的反应不同，可以将需求区分为缺乏弹性和有弹性。具体来说，我们可将需求的**价格弹性**（price elasticity）定义为价格变化的百分比所引起的需求量变化的百分比。许多旅游产品都是有价格弹性的。1992 年，当美国各航空公司开始提供半价票的时候，乘飞机旅行的人数一下子增长到创纪录的最高水平。

表 14—7　价格弹性和总收入的关系

	需求弹性充足（$\mid \varepsilon p \mid > 1$）	需求的单位弹性（$\mid \varepsilon p \mid = 1$）	需求弹性不足（$\mid \varepsilon p \mid < 1$）
价格上升	总收入下降	没有变化	总收入上升
价格下降	总收入上升	没有变化	总收入下降

需求的收入弹性

随着收入的增加，任一既定价格下的旅游需求都会增加，因此收入和需求之间的关系是正相关的。需求对收入变化的反应称为需求的**收入弹性**（income elasticity），它被定义为在价格不变的情况下，既定的收入变化百分比所引起的需求量变化的百分比。

▷ 旅游卫星账户

正如本章开头所述，旅游业可对世界经济做出重要的贡献。虽然其经济意义重大，但一段时期以来，旅游管理者们一直听到有人抱怨："所有关于旅游能促进经济增长、创造就业机会的说法都是夸大其词。"旅游业内人士自己也希望确知这些经济影响数据确实准确，以便能够更好地计划自己的投资，提高自己的生产率和经营业绩。

在确保旅游经济影响测量的准确性和可靠性的尝试中，联合国世界旅游组织与世界旅游与旅行理事会一道，在加拿大旅游委员会的支持下，已着手开发旅游账户系统。该系统不仅准确，而且与每个国家的国民账户体系相一致。这一系统被命名为旅游卫星账户。

什么是旅游卫星账户

旅游卫星账户（tourism satellite account）是由联合国开发出来的一种系统，用以测量未被作为产业列入国民账户的那些经济部门的规模。例如，旅游业就是一个涉及交通运输、住宿、餐饮服务、娱乐表演、旅行代理等多种行业的集合体。

旅游是一种独特的现象，旅游业是依据游客消费进行定义的。游客所购买的既涉及旅游企业提供的商品和服务，也涉及非旅游企业提供的商品和服务。从测量工作的立场看，关键问题是如何将游客的有关购买与该国内这些商品和服务的总供给联系起来。

旅游卫星账户是一种新的统计工具，其目的就是根据国际标准的概念、分类和定义来评估这些产品和服务，从而达到与其他产业之间，最终是国与国之间以及国家集团之间可比的效果。这种评估与其他国际认可的经济统计也具有可比性。

此外，旅游卫星账户具有以下特征：

- 提供有关旅游影响和相关就业方面可信赖的数据；
- 为组织旅游统计数据提供一个标准框架；
- 是被联合国统计委员会认可的新的国际标准；
- 是制定与旅游发展有关的经济政策的有力工具；
- 提供有关旅游对一国收支平衡影响的数据；
- 提供有关旅游业人力资源特征方面的信息。

虽然这些特征是显著的，但强调为什么需要旅游卫星账户还是很有用的。简而言之，从世界范围来看，有关旅游在促进国家经济发展中日益增长的作用方面的信息严重短缺，因此，很有必要与其他产业一样使用相同概念、定义和测量手段提供与旅游重要性和影响力相关的可以信赖的数据。有了旅游卫星账户，政府、企业和公民将能更好地制定旅游方面的公共政策以及经营战略，同时也能更好地评估它们的效果和效率。

旅游卫星账户的实施将有助于增强和改进人们对有关旅游在一个国家整体经济活动中的重要性的认识，这种认识推动了对旅游卫星账户框架的开发工作。旅游卫星账户的推出为设计与旅游及其就业相关的更有效的政策提供了一种工具，同时能使直接和间接参与旅游活动的各个相关者加深对旅游活动经济重要性的认识，并通过参与满足游客需求的产品和服务的生产扩大旅游在各个行业中的影响作用。

旅游卫星账户的本质

旅游卫星账户是以寻求均衡地测量旅游需求与旅游供给为特点的。为了使旅游测量具有可信性且能与一国经济中的其他产业相比较，就必须遵循被国际认可的宏观经济导向的定义和概念，如国民账户体系。

因此，旅游卫星账户的基本结构依赖于经济中的供求平衡关系，一方是由旅游者和其他消费者产生的对产品和服务的需求，另一方是这些产品和服务的总供给。其基本思想就是详细分析经济系统中与旅游相关的对产品和服务的所有需求，测量这些需求与同一经济系统中这些产品和服务的供给之间的关系。具体来讲，旅游卫星账户测量以下内容：

- 旅游业对国内生产总值的贡献；
- 旅游业与其他经济部门相比的总体规模；
- 旅游业创造的就业岗位数量；
- 旅游投资数量；
- 旅游业产生的税收收入；
- 旅游消费情况；
- 旅游对国家收支平衡的影响；

● 旅游业人力资源的特征。

正因为旅游卫星账户具有全面性的本质，从而使它能为决策者在制定规划和政策时提供一种颇有价值的工具，特别是旅游卫星账户可以为决策者提供旅游对经济和就业影响的可靠数据。同时，它也可以测量国内旅游和入境旅游以及与二者分别相关的就业情况。其实旅游卫星账户的作用远不止这些，下面是几个例子。

旅游卫星账户能够提供有关旅游在国民经济中产出值高低的信息，以及它如何与其他产业和其他国家相比较的信息。通过对旅游业规模的证明，可以使旅游官员和私营企业对各级政府的政策制定者施加更多的影响。同时，它也能澄清从旅游中获益的产业有哪些以及获益多少，尤其是那些传统上与旅游不相关的产业的获益情况。例如，商业企业可以识别出旅游在它们的成功中所扮演的角色，并开发出相应的经营战略。

旅游卫星账户也能就旅游能产生多少税收收入提供信息。这些信息能使各级政府确信应该加大对旅游的投资。

除此之外，旅游卫星账户还提供了游客需求以及国内供给如何满足这种需求的信息。旅游卫星账户使旅游经济影响模型的建立成为可能，这个模型能够用来估计不同的旅游消费产生的经济影响以及就业影响。这样的一个影响模型能使我们更好地理解旅游就业以及与其他旅游行业相比每个行业的规模。

值得强调的是，旅游卫星账户作为国家宣传工具的开发过程至少可追溯到1993年。晚近的重点活动是2001年在加拿大温哥华举行的国际旅游卫星账户会议。此次会议及其他几次会议把下列组织召集在一起：联合国世界旅游组织，世界旅行及旅游理事会，经济合作与发展组织，联合国，欧盟统计局，以及一些国家的政府统计机构、国家旅游管理组织和中央银行。

以上这种集合显示了一个总的原则，即为了编制国家旅游卫星账户，有必要让国内的一些主要有关方面参与其中。其中最重要的参与者包括：

● 国家统计局、国家旅游管理局、中央银行以及全国性的旅游企业协会；

● 信息提供单位，如旅游企业和其他公共部门；

● 旅游信息的使用者、国家旅游管理局自身、负责编制国民账户和收支平衡表的单位，等等；

● 参与协作的旅游企业，具体地讲，是这些企业所属的全国性协会。

旅游卫星账户中使用的数据来源

以加拿大为例

在加拿大旅游卫星账户的计算中，所用的数据来自加拿大统计局所作的各种调查。旅游需求评估的编制涉及若干项调查，这些调查记录了有关在加拿大境内外旅游的加拿大人以及非加拿大居民来加拿大旅游的消费信息。它们包括：

● 加拿大旅游调查；

● 加拿大居民出境旅游调查；

● 加拿大居民美国—加拿大汽车一日游调查问卷；

● 美国居民美国—加拿大汽车一日游调查问卷；

● 关于美国游客来加拿大旅游情况的政府旅游调查；

● 关于外国游客来加拿大旅游情况的政府旅游调查。

大多数用于估计供给的信息来自在制作国民账户体系中的工业、商业和就业投入产出表中使用的工作表。来自相关出版物和相关商业调查的数据以及行业管理数据被用来尽可能多地获得从旅游商品销售中产生的收入的详细信息。

总而言之，旅游卫星账户使人们认识到旅游不是传统意义上的产业——在国民账户体系中被确认的产业，因为传统的产业划分是依据生产的商品和服务来进行的（如林业），而旅游业是一个基于消费的概念，依赖于消费者的状况。再者，旅游者与其他消费者一样，购买同样一些产品，包括通常不是与旅游相关的产品，如服装、食品杂货，而在家的加拿大人却因非旅游的原因购买旅游产品和服务——如在餐馆用餐、购买明信片和娱乐服务。

旅游卫星账户通过将旅游维度纳入国民账户体系的框架，从而达到了将旅游的这些不同方面聚集在一起的目的。它使整合系统中对需求与供给的分离和检查成为可能，该系统描述了整个经济的生产和需求两个方面。

对这些因素的认识使10多个国家已经有了自己的旅游卫星账户，30多个国家正在开发旅游卫星账户，其中包括奥地利、加拿大、智利、多米尼加、法国、墨西哥、新西兰、挪威、新加坡、瑞典、美国、西班牙和意大利。

□ 本章小结

国内和国际旅游是世界上许多国家、州、市和乡村的主要经济力量。因此，这些地方的居民都受到旅游者消费的经济影响。本章阐述了为什么这些影响会差异很大，又为什么给一个社区带来巨大的利益或可能的损害。所介绍的主要经济现象包括各种乘数、国际收支平衡、投资、税收、就业、经济影响、旅游消费、旅游依赖性、与购买旅游体验相关的价格和收入弹性、最优化等。本章还介绍了一种测量旅游经济影响的新方法——旅游卫星账户。

许多人不理解旅游经济学，下面概括列出了一些主要的经济效应：

1. 外国游客在旅游目的地所在国的消费构成该国的出口（主要是服务）。其经济效应与出口有形商品是一样的。如果汇率有利（外国货币能够兑换更多的本国货币），货币贬值的国家将比贬值前能吸引更多的旅游需求。

2. 如果某国的居民在国外消费，那么这些消费就成为该旅游客源国的进口。

3. 当计算某一国家的国际收支平衡时，需要用到该国的进出口额。当出口大于进口时即为顺差，会因此增加该国的国民生产总值。

4. 旅游开发需要大量投资，因此开发地区的经济会受到投资的刺激。

5. 旅游者在旅游期间会直接和间接地缴付各种税金，从而使各级政府的税收得以增加。

6. 由于旅游者在目的地的日均消费通常高于在家时的日均消费，这些额外的消费会引起目的地的通货膨胀压力，导致商品价格上涨。

7. 旅游消费支出注入当地经济，会产生收入乘数效应。这是因为获得旅游收入的人又进行了多种消费，在一年内用来购买多种商品和服务。这种货币周转创造了当地额外的收入。

8. 收入乘数的大小取决于漏损量的大小。漏损是以下情况的集合：（1）旅游供应商购买进口的商品和服务；（2）在一个收入年度内，所储蓄的旅游收入没有贷给其他花钱者。因此，由当地供给的旅游产品越多，乘数值就越大。

9. 由旅游消费引起的收入乘数必然会导致当地有关经济部门雇用更多的员工，从而会影响就业乘数。

10. 消费活动的增多引起了更多的交易，从而创造了交易乘数。政府对此尤其感兴趣，因为它们会对这些交易征收销售税或增值税。

11. 随着一个旅游地区的发展，更多的资本会投入新的设施建设，从而导致出现资本乘数。

12. 对一个社会来说，过度依赖旅游业并将其作为生计产业的政策是不明智的。

13. 虽然旅游业在经济发展中具有极好的潜力，但它不是治愈经济病症的救命仙丹。它的经济收益应该是最优化而不是最大化。

14. 我们认为旅游产品是有价格弹性的，也就是说随着价格上升，需求量会下降。

15. 总之，我们认为旅游是具有收入弹性的。这意味着在旅游价格相对不变的情况下，随着家庭收入的增加或某一市场的收入增加，对特定地区的旅游需求将会增加。

□ 重点概念

国际收支平衡（balance of payments）
直接影响（direct impact）
就业乘数（employment multiplier）
进口（imports）
收入乘数（income multiplier）
通货膨胀压力（inflationary pressure）
乘数效应（multiplier effects）
价格弹性（price elasticity）
旅游卫星账户（tourism satellite account）
需求（demand）
经济影响（economic impact）
出口（exports）
收入弹性（income elasticity）
间接影响（indirect impact）
漏损（leakage）
最优化（optimization）
税收（taxes）

□ 互联网练习

为了方便读者，本章中所提及的互联网网站连同其他一些相关网站，一并列在为本书伴设的网站上：www. wiley. com/college/goeldner。

练习 1

网站名称：世界旅行及旅游理事会

网址：www. wttc. org

背景知识：世界旅行及旅游理事会是全球商界领袖的旅游论坛。其中心目标是与各国政府一起工作，充分认识世界上最大的财富和就业发动机——旅游业——的经济影响。

练习内容

（1）回顾你或你的导师选取的一个地区的经济研究。对那个地区的经济预测是什么？

（2）对世界范围的旅游的整体预测是什么？

（3）美国的统计数据说明了什么？

（4）你所居住地区的统计数据如何？

（5）什么是就业预测？

练习 2

网站名称：亚太经济合作组织

网址：www. apec. org

背景知识：亚太经济合作组织是致力于促进亚太地区经济增长、推动亚太地区各国之间经济合作、贸易往来与投资的组织。

练习内容

（1）亚太经济合作组织有多少成员？

（2）亚太经济合作组织成员国所占世界人口、世界 GDP 和世界贸易总额的比重各是多少？

（3）这些成员国所列的关键经济指标有哪些？

□ 复习与讨论题

1．最优化的含义是什么？

2．讨论一个航空公司主管如何利用与承载量、票价、折扣、常客里程计划、联票和飞行频率有关的旅游经济学。

3．选择一种公共交通方式，列出影响这个行业的经济制约因素。

4．一家全服务餐馆正准备推出一个每周 3 次的豪华自助餐计划，该计划很可能遇到的制约有哪些？

5．如何定义旅游出口和进口？

6．解释国际旅游如何能帮助美国减少贸易赤字或增加赤字。

7．为什么饭店采购主管应该熟悉乘数理论？

8．说明社区中的旅游消费如何为公共图书馆提供财务支持。

9．尽可能列出依赖旅游的社区至少部分地克服旅游需求季节性的方法。

10．为什么旅游卫星账户被认为是衡量旅游经济影响的最好方法？

□ 案例题

1．亨利夫妇（Mr. and Mrs. Henry B.）正考虑进行第一次国外旅行。他们决定参加旅游团，并发现他们感兴趣的国家中，有一些似乎比其他国家更物超所值。假设旅行中的组成部分是相同的，导致价格差异的因素是什么？

2．美国西部的一个州深受旅游者欢迎，每年接待 600 万人次的旅游者。该州税收主管最近向州长建议在原有 4%使用税的基础上，加征 5%的旅馆客房使用税，从而使客房使用税税率总计为 9%。目前，该州的预算为赤字，因此急需增加收入。该州州长应采纳什么样的经济建议？

□ 注　释

[1] Sheldon, Pauline and Larry Dwyer, "The Global Financial Crisis and Tourism: Perspectives of the Academy." *Journal of Travel Research,* vol. 49, no. 1, p. 3.

[2] *UNWTO World Tourism Barometer,* vol. 8, no. 2, June 2010. Madrid: United Nations World Tourism Organization.

[3] Ibid.

[4] *Tourism 2020 Vision* (2000). Madrid: United Nations World Tourism Organization—see Web site: http://www.unwto.org/facts/eng/vision.htm.

[5] Ibid.

[6] *Travel & Tourism Economic Impact: Executive Summary 2010*. London, UK: World Travel and Tourism Council—Web site: http://www.wttc.org/bin/pdf/original_pdf_file/2010_exec_summary_final.pdf.

[7] *Travel and Tourism Works for America 2010–2011*. Washington, DC.

[8] Donald E. Lundberg, "Caribbean Tourism," *Cornell Hotel and Restaurant Administration Quarterly,* vol. 14, no. 4 (February 1974), pp. 30–45.

[9] Robert R. Nathan Associates and Resource Planning Associates, *Recreation as an Industry* (Washington, DC: Author, 1966), p. 57.

[10] Stanley C. Plog, "Why Destination Areas Rise and Fall in Popularity," *Cornell Hotel and Restaurant Administration Quarterly,* vol. 14, no. 4 (February 1974), pp. 55–58.

第 15 章

旅游政策：结构、内容和形成过程

学习目的

- 了解旅游政策对目的地竞争力和可持续发展的重要性。
- 概述旅游目的地政策体系的一般结构和内容。
- 描述目的地旅游政策的形成过程。
- 理解旅游目的地危机管理政策的必要性。

导　言

本章讲述的是旅游业的一个重要方面——一个人们已日益认识到它对旅游目的地的长期成功将会产生重要影响的方面。虽然“总体规划”这一概念早已有之，但社会发展的不断变化要求人们制定高水准的战略规划，明确说明主要的旅游政策，并反映该旅游目的地中所有利益相关者的共同意见。目的地中所有居民都应该更大程度地参与旅游政策以及旅游开发规划的制定，因为这些政策和开发规划会影响到当地居民的日常生活。

旅游业无法逃脱社会变化带来的压力。因此，本章对于我们深化对未来旅游发展的理解具有多方面的重要作用，另外，本章还要讨论另外两种全球性的力量，即如今所有旅游目的地都必须面对：（1）不断增大的竞争压力——既来自已有目的地，也来自新兴目的地；（2）要求维护旅游目的地生态完整性的压力。以上两种压力都要求人们去打造**具有竞争力的旅游目的地**（competitive destinations）和**可持续性的旅游目的地**（sustainable destinations）（见图 15—1）。

2001 年的“9·11”事件、新奥尔良发生的多起灾难（2005 年的卡特里娜飓风、2011 年的石油泄漏事故）以及此后发生在海地、新西兰和日本（2011 年）的地震，都充分说明了在突发事件发生之前，详细制定出有效的应对措施对旅游业的突出重要性。“9·11”事件还表明，旅游政策与国家及地方很多政策之间有着高度的相互依赖关系。最明显的例子如涉及航空安全、移民审查、洗钱、突发健康事件应急措施等方面的政策。过去受到忽视的领域现在将得到充分的重视。

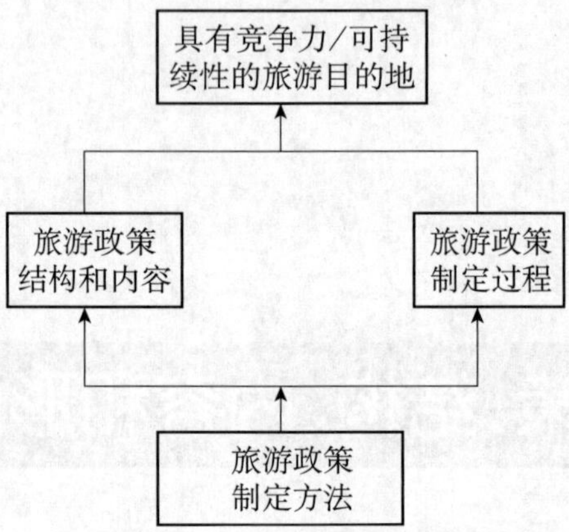

图 15—1　具有竞争力/可持续性的旅游目的地：一个管理框架

本章首先定义旅游政策，并说明制定旅游政策的目的，然后指出受到旅游政策影响（正面的影响或负面的影响）的广大利益相关者的范围，最后重点讨论旅游政策的特殊作用及其发挥作用的众多领域。

旅游政策的定义

旅游政策（tourism policy）是一系列与旅游有关的规章、规则、方针、指示以及发展/促销目标和战略的集合。它提供了一种框架，在这一框架内，直接影响旅游业长期发展和旅游目的地日常经营的集体或个人的决策都能得以实施。

制定旅游政策的目的

旅游目的地通过接待游客为其利益相关者（见图 15—2）提供广泛的经济和社会利益，促进就业并增加收入，就业和收入的增长使利益相关者安居乐业。旅游政策确保旅游目的地在接待来访游客的过程中使利益相关者的利益最大化，同时最大限度地减少旅游业发展带来的成本和负面影响。事实上，旅游政策致力于为旅游目的地提供一个既能为来访游客提供高质量的旅游体验，又能确保旅游目的地之环境、社会和文化的完整性不被破坏的框架，这对目的地利益相关者来说十分有利。

旅游政策何以重要

旅游政策对保障目的地成功经营的重要作用常被人们忽视，或许旅游政策扮演的最重要的角色就是确保目的地对未来发展方向和长远目标有明确的思路。与此同时，旅游政策必须努力创造一种有助于旅游业利益相关者精诚合作的氛围，为各方的合作提供有力的支持和便利的条件。具体来说，旅游政策具有以下职能：

1. 制定旅游业经营者必须遵守的“游戏规则”。
2. 制定可以接受的游客活动和行为规范。
3. 为旅游目的地中的旅游业利益相关者提供基本的方向和引导。
4. 便于人们对特定目的地的发展战略和目标达成一致意见。
5. 为公众或私人讨论旅游业在经济社会发展中的作用和贡献提供基本框架。
6. 使旅游业与社会经济中的其他部门更有效地互动。

- ◆“旅游目的地国”的目的地居民
- ◆ 地方/市级/地区/省级/国家政府
- ◆ 地区/区域/国家环保组织
- ◆ 本地游客/短途游览者
- ◆ 外地游客/旅游者
- ◆ 旅游业各部门
  - ● 住宿
  - ● 景点
  - ● 探险和户外娱乐
  - ● 娱乐表演
  - ● 节庆盛事
  - ● 饮食服务
  - ● 支持性服务
  - ● 交通运输
  - ● 旅行社
- ◆ 目的地管理组织
- ◆ 文化/遗产组织
- ◆ 社会/健康/教育组织

图 15—2　特定旅游目的地/区域的利益相关者举例

综上所述，我们必须牢记，旅游政策能影响旅游经营活动的方方面面，诸如旅游市场营销、节庆活动的开发、景点经营、游客接待的安排等。因此，旅游政策不只是一个理论概念，它对旅游业日常经营活动的开展也具有十分现实的意义。

旅游政策涉及的领域

一般来说，针对某一特定目的地的正式旅游政策将涉及（在国家层面上）以下方面：

1. 旅游业在旅游目的地整个社会经济发展中的地位。
2. 最有利于当地社会经济发展的目的地类型。
3. 旅游税收的税种和税率。
4. 旅游业融资的渠道和条件。
5. 产品开发与维护的性质及未来方向。
6. 可进入性和基础设施。
7. 管制状况（例如航空公司、旅行社等）。
8. 环境保护和限制措施。
9. 旅游业的形象和诚信度。
10. 社区关系。
11. 人力资源与劳动力供给。
12. 工会和劳动法。
13. 技术。
14. 营销。

15. 出国旅游法规。

旅游政策的核心：打造具有竞争力/可持续性的旅游目的地

由于行政区划的存在，我们必须明确识别旅游政策所适用的地理范围。在本书中我们讨论的这“类”地理区域就是旅游目的地。简单来说，一个旅游目的地就是游客能够获得多种旅游体验的特定的地理范围。

旅游目的地的类型和级别

根据最常用的正式分类方法，旅游目的地通常按照现行的行政区域划分为以下类型：

1. 国家。

2. 由若干国家组成的世界大区（如欧洲），或由其他方式组成的世界大区，既可以是跨越国界的联合区域（如欧洲的里维埃拉海岸地区），也可以是经济贸易区（如北美自由贸易区）。

3. 一个国家中的省或州。

4. 一个国家中的局部区域，如加拿大西部地区、美国西北部或东南部地区。

5. 城市或城镇。

6. 某一非常独特的区域，如某一国家公园、历史遗迹或足以吸引游客前来参观的纪念馆（指那些现实的或潜在的可以辨识的机构，如奥兰多市的迪士尼乐园、圣彼得堡的艾米尔塔什博物馆和罗马的圣彼得大教堂；这些机构自身都有足够的吸引力，因而被划分为旅游目的地）。

旅游目的地管理的主要限制因素

虽然**旅游目的地管理**（tourism destination management）工作要面对大量复杂的挑战，但实质上，旅游目的地要想成功就必须满足两个最基本的限定条件：竞争力和可持续性。二者都至关重要，相互影响且不可分割。

旅游目的地的竞争力是指目的地进行有效竞争的能力和在旅游市场上获取利润的能力。可持续性是指目的地在激烈的市场竞争中维持当地自然、社会、文化和环境资源的质量的能力。这种理论的主要目的是要避免经济利益带来的负面效应——将经济利益建立在对目的地“自然资源”的掠夺的基础之上。相反，可持续性可以被看成是对目的地“自然资源投资”的鼓励，也就是要通过减少现阶段的消耗来保护环境，并恢复可再生自然资源，从而保证资源可供未来使用。[1]

由此我们可以看出，成功的旅游目的地管理涉及传统的经济/经营管理能力和环境管理能力的平衡（见图15—3）。经济/经营管理能力是指有效进行资源开发和利用的能力，其中包括目的地发展的战略规划（参见第16章）、目的地营销（参见第19章）、有助于提高游客体验质量的人力资源管理、支持目的地开发的财务资源/投资的管理，以及加强组织协调的能力和确保提供基本服务的能力。环境管理能力是指那些对有效进行目的地监护至关重要的能力。一般来说，这些能力包括确保能使空气、水、森林、耕地和野生动物得到有效保护的知识和技能。

竞争力 ［资源开发］ 经营/经济管理技能	可持续性 ［资源监护］ 环境管理能力
● 市场营销 ● 财务管理 ● 经营管理 ● 人力资源管理 ● 信息管理 ● 组织管理 ● 战略管理 ● 项目/开发管理	● 废弃物管理 ● 水质管理 ● 空气质量管理 ● 野生动物管理 ● 森林/耕地管理 ● 游客管理 ● 居民/社区管理 ● 历史文物完整性 ● 回收再利用 ● 遗址保护
信息管理	
目的地监测	目的地研究

图 15—3　成功的旅游目的地全面管理的要素

资料来源：Thomas Prugh et al.，*National Capital and Human Economic Survival*（Solomons，MD：ISEEE Press，1995）.

近来，资源监护的概念已经得到扩展，它围绕维持和提高目的地纪念意义、社会和文化的完整性的管理实践展开，它还涉及有效管理目的地人员的能力。"目的地人员管理"包括两个主要内容：游客管理和居民/社区管理。

最后，资源开发和资源监护的任务由二者对**旅游目的地管理信息系统**（tourism destination management information system）的共同需要联系起来，旅游目的地管理信息系统支持政策制定、战略规划、日常决策的制定和全面业绩评价。信息管理由两个主要部分组成，其中的监测部分通过一系列指标为利益相关者，尤其是目的地管理组织提供目的地绩效的实时评估。对指标的选择应当认真谨慎，因为它们代表了目的地在竞争力和可持续性方面的健康程度。监测部分还具有环境扫描的作用，它力图识别可能对目的地的竞争力和可持续发展产生重要影响的不正常趋势和突发事件。

旅游目的地管理信息系统的研究部分通常要扮演几种不同的角色。角色之一是为**政策制定**（policy formulation）提供调查研究。政策研究的特点是分析目的地的全面情况，它的目的是为目的地提供可以用来制定指导方针的信息，这些指导方针应该概念明确、内涵丰富能够确定目的地的行动重点。[2]

更具体地说，政策研究要收集并解释大量的信息，这些信息是关于目的地经营现状和能够影响目的地成功的经济、社会、技术和政治因素的发展趋势的。

一个具有竞争力/可持续性的旅游目的地模型

无论目的地的规模和范围如何，从整体的视角来看待目的地都是十分有用的，从整体的视角出发可对管理结构和管理程序作出明确的界定和检查。里奇和克劳奇（Ritchie and Crouch）提出了这样的一个基本框架模型。[3]从这个模型的角度来说，旅游政策旨在为旅游业确定一个普遍的、得到一致认可的目标，并为规划和调整旅游业利益相关者的努力建立主要参数，这些利益相关者的福利在某种程度上与旅游目的地的成功密切相关。我们将在第 16 章对该模型进行详细的描述。

注意：旅游目的地及其旅游政策不是存在于真空中

通过前面的论述，人们应该知道旅游政策只不过是社会、经济和政治政策的一部分，这些政策治理并指导旅游业所在的这个社会。

简而言之，许多一般政策（规章、制度、指示、目标、战略）不仅受其他产业部门和组织的影响，而且受到政府的控制，这些政策可能对旅游业和旅游目的地的成功具有重要影响，它们包括：

- 护照和签证。
- 税收政策——影响成本，从而影响获利能力。
- 利率政策——影响成本，从而影响获利能力。
- 双边航空运输协定——决定外国游客的可进入性。
- 环境保护政策——限制具有吸引力但环境脆弱的地区的发展和游客进入量。
- 海关和移民政策——给国际旅游提供便利或造成障碍。
- 通信政策——限制使用某种广告媒体。
- 最低工资政策——影响劳动力市场。
- 福利政策——影响劳动力的素质和行为。
- 教育政策——影响劳动力的质量。
- 文化政策——影响民族遗产的保护和弘扬。
- 国外投资政策/法规——影响投资资本的可得性。
- 当地区域政策/法规——限制或鼓励旅游设施开发。

说明：白宫旅游会议是一个事关美国旅游业的重大事件。会上所提出的政策建议至今仍在实施。Photo courtesy of the Washington，D. C.，Convention and Visitors Association.

● 全国/省/地区对重要公共设施（如大型露天体育场、会议中心、博物馆、公园）的投资支持政策——对目的地旅游吸引力产生重大影响。

● 基础设施政策——既可以增加游客对该目的地的安全感，也可以对本国居民出国旅游起到抑制作用。

● 货币/汇率政策——直接影响目的地的成本竞争力。

● 法律体系——决定了消费者/游客保护立法（例如，如果商家没有将广告中承诺的设施、游览、体验等提供给游客，将被追究责任）。

总而言之，全部社会、经济、法律和技术政策都会对旅游目的地的旅游吸引力、竞争力和可持续发展能力产生重要的影响。其中一些政策是旅游部门可以控制的（比如游客满意度、保障政策和广告真实性政策），但大多数政策是旅游部门难以控制的。因此，旅游管理者面对的挑战是要尽力影响他们能够控制的政策环境，并尽力适应他们不能控制的政策环境。

旅游政策的众多影响

如前所述，旅游业并非存在于真空之中。旅游业要想平稳运行就必须与社会经济中其他部门（见图 15—4）有效地分享、合作和对话协商。许多这样的部门对管辖区域内的旅游业知之甚少或毫无兴趣，只有当旅游者的活动以某种方式触及了这些部门的利益时，它们才会多少关注旅游业。旅游业与其他产业（如采矿业）之间的冲突主要起源于对共享资源的争夺。对于这些资源的用途，某些特定的个体或某些类型的个体都有着某种共同的需要（如开展娱乐活动、科技活动、教育活动等），或者也可能存在某种认识分歧（如环保部门与交通运输部门等）。

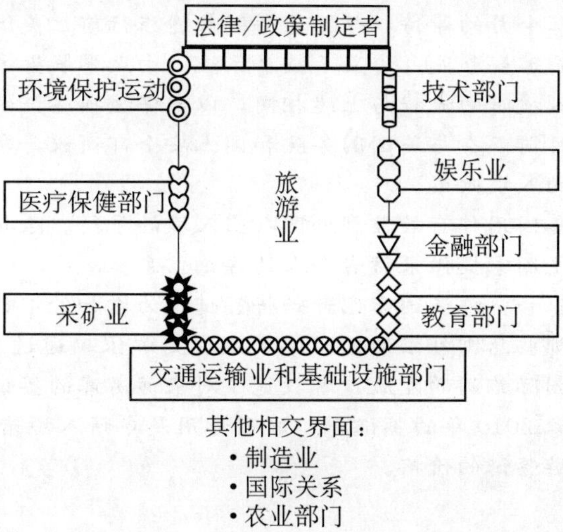

图 15—4　旅游业：与其他经济部门和社会部门的多重相交界面

这些情况给旅游业带来的既有机遇又有挑战。从传统的观点来看，环境部门和采矿业将旅游业视为其敌对力量；而技术、娱乐和运输部门则把旅游业当成同盟者或提供商机的部门。

为了在每次接触时能够有效地对话和自我展现，旅游部门必须能在指定方面迅速作出反应，表现得像特定部门的专业人员那样能力超群、训练有素和准备充分。否则，旅游业将面临因脆弱而易遭破坏的风险。进而，旅游业可能错失重要的市场机遇，也可能难以建立创新联盟或无法找到合作伙伴。旅游业往往就是因为缺少应变机制和准备不足而使政府的决策和政策严重削弱了其竞争能力和获利能力。在某些情况下，旅游部门甚至没有意识到因为其无知和面对事件缺乏积极与充分的准备而给旅游业带来了不利影响。这样会对旅游业的公众舆论造成巨大的负面影响，破坏旅游业的短期业绩和长远信誉。

环球透视

作为国际旅游政策手段的护照与签证的作用

美国是用以探讨政府政策如何影响旅游业的最佳案例。2001年“9·11”事件之后，美国的海外入境旅游市场持续下滑。随着全球国际旅游市场规模的不断增长，美国所占的市场份额却相对下降。所以，美国旅游业协会认为，“9·11”事件所带来的后果影响深远。

虽然美元的疲软使得赴美旅游更加便宜，但是在2000—2009年期间，美国的海外入境旅游市场却缩减了9%。在过去10年中，由于未能跟上全球国际远程旅游市场增长的步伐，美国累计少接待了国际入境游客6 830万人次，少收入了5 090亿美元，并由此而流失了44.1万个就业机会。

过去的这段时间里，海外旅游者选择不去美国旅游的原因很多。但其中一个原因尤为突出：等待获得签证的时间之漫长，以及经常会使人感觉困惑甚至恐怖的入境手续，形成了外国旅游者不再受欢迎的游客感知。一些旅游者称，美国的入境流程为全世界之最糟糕者。

那些被要求只有获得签证才能前往美国的游客，必须要去美国大使馆的签证处进行面签，而这通常需要长达三个月的等待，并且还得经长途旅行前往美国驻该国的大使馆。面鉴的流程为：登录美国的旅客暨移民身份显示技术系统，由无墨装置采集两个食指的指纹，然后拍摄数码相片。游客入境时的流程与上述相同，以确保该项签证的申请人与持有人为同一个人。美国旅游业协会目前正在与美国国务院和国土安全部商议，争取在保证美国国土安全的同时，实施较为友好的入境政策。

护照和签证最初为各国用作有效控制外国人出入境的手段。除护照用于控制公民的出入境之外，签证可为东道主国家提供来访者个人的详细信息。

然而，随着时间的推移，许多国家已开始将签证视为增加外汇创收的手段。虽然这扭曲了签证的真正目的，但那些急需外汇的国家逐渐变得更加依赖通过发放签证所带来的收入。而多数国家为促进本国国际旅游的发展，都放宽了对来访游客的签证要求。

下面节选了一些国家2010年的签证费。该项费用是申请入境者在持有有效护照的前提下，需要支付的单次旅游签证的价格。

巴西：140美元

中国：130美元

印度：73美元

俄罗斯：160美元

泰国：35美元

越南：100美元

美国：140美元

除了收取签证费之外，一些国家还强制收取入境费或出境费。虽然这些费用一般数额不大，但却是跨境旅行的一项阻碍。

讨论题

1. 护照和签证的作用是什么？

2. 政府有关护照和签证的政策如何促进或阻碍人们前往该国旅游？

旅游业和旅游政策的多学科属性

如同第 1 章所述，从性质上看，旅游业是多学科综合的产物（见图 1—3）。旅游经历会受到经济、心理、社会、技术、法律、政治等各种因素的影响。[4],[5]由此可见，为了制定出能够调节和制约这些因素的政策法规，旅游业利益相关者必须能够鉴别每个学科及其在特定情况下相互作用所产生的复杂现象。心理学、经济学、社会学、法学等学科能增强人们对国际市场营销的理解。环境学、政治学和行为学对制定国家公园政策是至关重要的，该项政策规定了旅游业发展的适当水平和类型。

旅游政策的其他特性

除了**旅游政策多学科属性**（multidisciplinary nature of tourism policy）外，旅游政策还具有其他重要特征：

1. 旅游政策必须是宏观层面上的政策，也就是说，旅游政策必须使用这个社会的视角以便确定地区、国家甚至国际层面上的旅游业发展方向。

2. 旅游政策必须具有长远发展眼光。

3. 旅游政策必须关注如何能使重要且有限的资源在变化的环境中得到最佳利用。

4. 必须了解政策制定过程中的智力因素。除掌握常规的调查研究方法外，还必须把作为重要信息资源的知识和个人经验整合起来。

5. 为了避免政策老生常谈或不合时宜，必须鼓励和激励有组织的创新活动。

6. 旅游政策必须允许并促进需要从多样的资源中获得产出的持续变化的社会过程。

7. 旅游政策必须打破旅游业中各部门之间的传统边界。

8. 旅游政策必须把旅游业子系统的政策与其所在国家或地区的整个社会经济体系的政策法律联系起来。

9. 旅游政策必须承认旅游目的地之间存在既竞争又合作的关系，并帮助各个目的地找到恰当的定位。对各项旅游政策的正确运用已经引起了术语**“竞合”**（coopetition）的使用。[6]

▷ 旅游政策：结构、内容和形成过程

在讨论旅游政策时，把一项政策的整体结构与结构中的具体内容明确地区分开是十分有帮助的。同样，读者必须作如下区分：（1）政策结构和内容的静态概念；（2）政策制定的动态概念。结构和内容说明了旅游政策是什么；政策制定的过程则描述了目的地政策的结构以及基于结构的政策内容是如何制定的。在旅游业中，这种政策制定过程或制定方法提供了如下启示：

- 对政策制定过程中不同阶段或步骤的全面观点。
- 对在政策制定不同阶段中可能用到的方法论的回顾。

旅游政策的结构

虽然没有哪一个单一的模型能够说明**旅游政策的结构**（structure of tourism policy），但是图 15—5 提供了旅游政策的框架（即一系列引导旅游目的地成功发展的指导方针）。

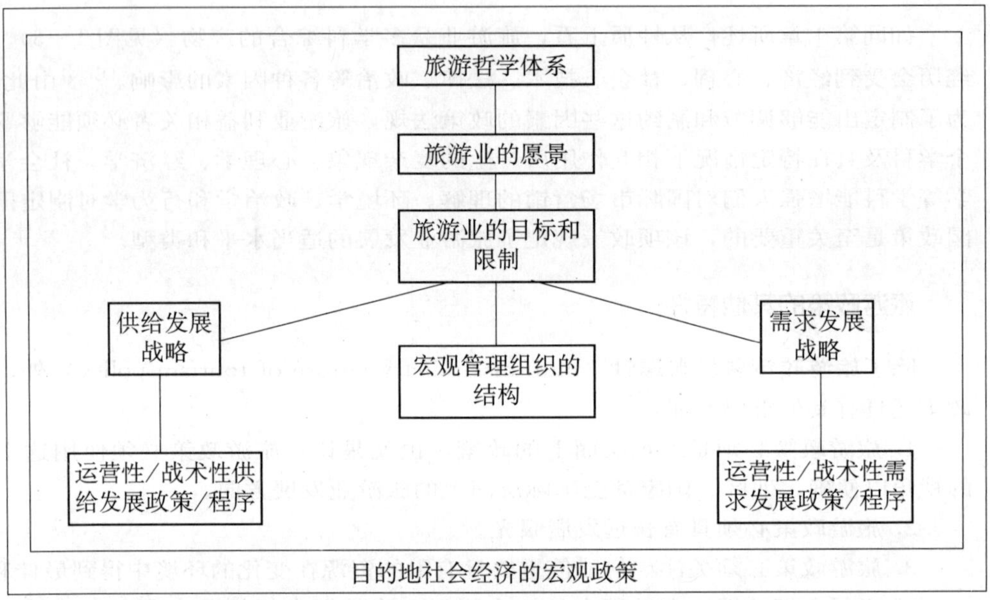

图 15—5　旅游政策的结构和成分

整体系统和旅游宏观政策

宏观政策，或者叫做“大公共政策”，包括对假定和设想的决定以及对具体政策的指导方针的制定。与详细和零散的政策的不同之处在于，旅游政策是一种控制政策。[7]这样，旅游政策直接来自指导包括旅游业子系统在内的国家或地区整个社会经济系统的政策。事实上，正是这些**整体系统政策**（total system policies）的基本内容为形成目的地区域旅游哲学体系提供了基础。

旅游哲学

明确的旅游哲学是建立相关政策的必要基础。从广义上讲，哲学可以被定义为指导生活的一套系统，一套行为准则、信念或传统观念，或者是一个特定主体或活动领域的总体原则。如果把这个定义应用在旅游上，我们可以把旅游哲学定义为：关于旅游如何服务于一个国家或地区的居民的一项总体原则或一套准则，旅游哲学表现了社会群体的信念和价值观，并且可以作为评价旅游相关活动有效性的指导原则。

在对旅游政策内容的确定上，强调目的地居民价值观的作用是非常重要的。实际上，居民价值观为制定旅游政策及其构成内容提供了基础。总之，如果旅游政策不能反映目的地利益相关者或者东道主的价值观，那它将注定得不到欢迎和政治支持。不能得到长期政治支持的政策注定要失败。

以价值为驱动力和以市场为驱动力的旅游目的地，有时会产生不同的哲学观。这种区别在概念上是明确的，但是在实践中却有些模糊。目的地只有长期吸引有利可图的细分市场，它才会具有竞争力。同样，一个目的地只有产生经济效益，并且成功地维持民主社会需要的以价值驱动的合法性，才能持续发展。

目的地愿景

虽然旅游哲学阐述了目的地旅游的总体性质，但能够描述目的地未来（通常是 5 年、10 年、20 年或 50 年）发展前景的却是**目的地愿景**（destination vision），它能够为人们描绘更实用的和更鼓舞人心的未来的理想蓝图。

愿景的描述可以采取许多不同的形式。有的非常简明（如同对公司使命的表述），只是简洁地表达组织生存的宗旨，有的则更广泛和理想化。但典型的旅游目的地愿景的构建如图 15—6 所示。

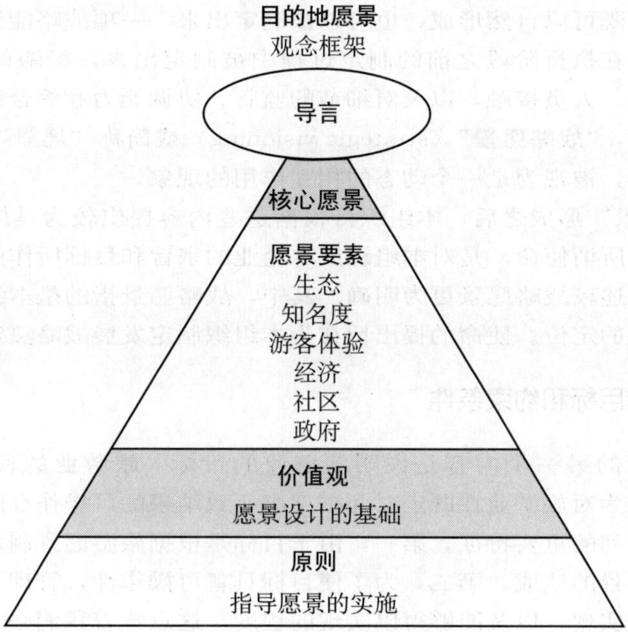

图 15—6　目的地愿景框架

资料来源：Ritchie，1996.

愿景的**导言**（preamble section）确定了基调，并为发展中的愿景提供了前后关联和基本原理。**核心愿景**（core vision），意如其名，试图囊括目的地理想未来的所有特质。愿景的价值观基础解释了形成愿景的利益相关者长期深信不疑的理念。正是这些价值观为个人阐明愿景提供了有力的推动和良好的基础。一个人不能理解或鉴别愿景，那是因为他没能理解和鉴别愿景基于的价值观。

愿景要素（elements of the vision）是把愿景（核心愿景）的本质或理想与目的地现实联结起来的途径。实际上，它们提供了定义愿景的构成成分的方法。这些内容的性质依目的地而定。在图 15—6 的例子中，加拿大国家公园的核心愿景给出了六个愿景要素。

最后，一旦确定了核心愿景及其要素，为解释和实施愿景及其要素提供指导通常是很有助益的。

战略愿景的酝酿和形成

目的地愿景的编制过程常常是一个吸引目的地利益相关者参与其中的智力活动过程，但是，愿景的形成与酝酿有着明显的不同。政策制定是一个反映战略计划传统方式的过程，战略计划可以看作对定位的说明。这个术语说明战略形成是关于概念设计、正式计划和分析**定位**（positioning）的过程。需要强调的是，战略制定应该是一个受控制、有意识的过程，要充分考虑参与战略制定的政府官员最终要承担哪些责任。这个过程的成果是产生针对特定情况的简单、唯一而又清楚的"最优"战略。

这个图谱另一端的内容是明茨伯格（Mintzberg）所说的战略酝酿。根据这个概念，战略酝酿是一个动态的演进过程，在该过程中，战略来自长时间学习的成果而不是在固定的时间点上制定。他强调，战略酝酿反映了思想和行动的持续相互作用的过程——之后，思想占了上风。一个想法引发另一个想法，直到形成一个新的模式。由此可见，战略既可以自然形成，也可以被制定出来。一项战略能快速反映发展中的形势，或者能够在执行阶段之前的制定过程中被制定出来。酝酿的战略要求奉献、经验、财力投入、人员接触，以及对细节的监管、协调能力和综合能力。[8]

简而言之，**"战略愿景"**（strategic visioning）或简称"愿景"的形成过程与战略酝酿过程一样，被视为是一个动态的相互作用的现象。[9]

"战略愿景"形成之后，本组织将根据这些内容提出较为具体的使命，以引导本组织的发展。所谓使命，是对本组织或本企业的宗旨和目标所作的简要而正式的书面声明。它的表述较战略愿景更为明确。其中，战略愿景指的是本组织的期望，而使命则是指本组织的定位。使命的提出旨在为本组织制定发展战略奠定基调。

旅游业的目标和约束条件

旅游政策的另一个内容是说明旅游业的目标。**旅游业的目标**（tourism objectives）可界定为对旅游业在既定时间框架内所致结果的可操作性陈述。旅游业的目标应该具备一系列的重要特征。第一，由于目标是根据旅游愿景制定的，因此目标的实现应有助于愿景的达成。第二，为了使目标具备可操作性，管理者需要能够评估所预期的结果能否实现，以及能够得以实现的程度。这意味着我们必须掌握一些用以量化绩效标准的方法。第三，我们必须确保涉及每项目标所选用的评估标准确实是有效的指示器，也就是说，它们必须真正能用于对所想实现的结果进行评估。第四，在通常情况下，旅游业有多重目标，因此应确定这些目标的优先顺序。指明目标的相对重要性是制定决策的基础，可使为实现各项目标而采用不同战略和计划不至于互相冲突。第五，目标必须是针对特定时间段的，就像上述定义中所表述的那样。第六，目标必须是合理的。虽然所计划实现的目标应具有挑战性，但事实上，如果所制定的目标不可能实现，则往往会变成消极因素而非积极因素。

接下去我们将对目标的正式表述作进一步评论。目标规定了我们希望发生的事件和产生的结果，目标这个词说明我们期望的结果是积极的，比如吸引一定数量的旅游者，但仅仅这样是不够的。事实上，旅游系统的管理者可能把目标定为不要发生不希望出现的结果，诸如环境污染或精神污染。像防治污染这类活动是旅游系统的特定目标，虽然很重要，但其消极的影响是难以对旅游管理者产生激励作用的。另外一种更加令人满意的、可以避免人们不愿发生的结果产生的方法就是**"旅游约束"**（tourism constraints）。正式约束旅游系统活动的一般方法是明确指出可以进行旅游活动的区域以及社会能容忍其最大负面影响（如污染）的程度。虽然很难量化社会对旅游负面作用的容忍程度，但是约束条款至少能对应该减少或避免的影响提出明确的指标。

旅游政策的形成过程

到目前为止，本章讨论的要点一直是**旅游政策的内容**（content of tourism policy）和结构。在本节中，我们将注意力转向理解旅游政策的内容和结构的形成过程，就像图 15—5 中所显示的那样。我们可以将这个过程概括成一个持续进行而又彼此不同的步骤，并归纳为四个主要阶段（见图 15—7）。这四个阶段分别是定义阶段、分析阶段、行动计划阶段和实施阶段。

定义阶段	分析阶段	行动计划阶段	实施阶段
界定旅游目的地系统 旅游哲学阐述 目的地愿景的构建 说明目的地目标和限制因素	内部分析： ● 评价现有政策和活动计划 ● 资源审计 ● 战略影响分析 外部分析： ● 目前和未来需求的宏观分析 ● 目前和未来需求与行为的微观分析 ● 评价旅游开发和促销政策的竞争力和支持度	识别战略结论 对供给或需求开发来说战略结论的启示 政策/活动计划的建议	目的地开发、促销、资源监护战略的实施 实施工作的责任分派 识别经费来源，以支持竞争举措和资源监护工作的开展 说明实施工作的具体时间安排 监督和评价工作成果

图 15—7　旅游政策、战略形成及其实施的过程

定义阶段

旅游政策形成过程中的定义阶段涉及建立明确的陈述，定义整个旅游系统的内容和发展方向。如图 15—7 所示，这些陈述涉及四个不同的主题。目的地旅游系统的界定揭示了旅游政策形成过程中关键的第一步。

第 1 章中的图 1—2 提供了一个模型，为定义旅游系统提供了一个实用的基本框架。该模型认为旅游系统由两个主要部分构成，即操作部门和规划/促进组织。这两部分又分别包含了多个子成分，这些子成分构成了辨别和划分组成特定旅游系统的各种组织及参与者（利益相关者）的基础。至关重要的是该种模型在每个区域都被开发，并得到政策制定者的接受。一旦得到认可，这种模型就成为讨论和决策时参考的一贯风格。

定义阶段中（见图 15—7）其余的三个部分分别是旅游哲学阐述、目的地愿景构建和对目的地旅游目标及限制因素的说明。前面的论述已经描述了这些政策的内容。

分析阶段

从管理的角度看，旅游政策形成的分析阶段可能不如前一阶段压力大，却需要更大的努力。定义阶段要求就地区旅游发展的性质和方向作出基于价值的基本决策，分析阶段接受既定的决定，试图广泛地收集、分析信息，用这些信息来识别和分析实现目的地愿景的手段，实现愿景确定的目标。

分析的整个过程由两个分步骤组成：(1) 内部的或供给导向的分析；(2) 外部的或需求导向的分析。

内部/供给分析包含对两个要素的整体的评价和分析（常称为“审计”）。第一个要素与现有政策和旅游供给各组成部分的开发计划有关，从该地区的需求特点出发，通过对这些政策/计划严格的回顾来确定它们在多大程度上与有可能实现地区目标的旅游设施和服务相一致，这意味着供给分析和需求分析之间具有直接的相互作用关系。实际上，分析阶段涉及并行的、交互的分析形式，它们彼此之间的联系是持续不断的。

内部/供给分析的第二个要素是**资源审计**（resource audit）。实行资源审计有两个目标：首先，应提供旅游系统中旅游设施、服务的数量和分布的全面情况，这是理解目前供给发展状况的基础。其次，资源审计应提供对现有设施和服务质量的评估分析。只有将其最终与需求分析联系起来考虑问题，这种评价供给数量、分布及其质量适当与否的审计才是有意义的。除非与既定细分市场上既定时期的既定需求相联系来考虑供给的评估问题，否则没有供给的绝对评估方法。

内部/供给分析的第三种形式是战略影响分析。该分析试图为政策制定者提供目前目的地旅游业发展产生的经济、生态、社会和文化影响的标杆。经济标杆一直被认为是最需要的影响分析形式，因为管理者和政治家都试图衡量和理解旅游收入水平以及创收和就业水平。

外部/需求分析包括三类分析活动。第一类是对描绘目前旅游需求和未来潜在需求的整体特点和结构的数据做宏观分析。分析形式很大程度上依赖于对一个地区客流量和旅游相关消费额的总体统计评估，但是，它又不局限于历史数据本身。此外，宏观层面的分析必须是未来导向的，并且要不断地监测环境以便识别对该地区旅游业成功可能产生重要影响的社会、政治或技术因素的变化情况以及未来趋势。

第二类外部/需求分析是微观分析。它将关注重点从旅游需求整体趋势转向理解整体旅游市场之不同细分市场的动机和行为。了解这些是为了给负责供给开发的机构提供设计吸引多种细分市场的设施和服务的信息。此外，这些数据也有助于那些负责促销现有设施和服务的人更好地完成工作。

外部/需求分析的最后一类涉及对竞争性及支援性旅游开发、促销政策和活动计划的回顾与评价。竞争性分析是管理调研的一种常见形式。其目的旨在清楚地辨析出竞争目的地最有可能对某些需求市场形成吸引力的那些品质特征、优势和经营策略，因为本目的地所感兴趣的需求市场与之相同。如果一个地区想要从供需两个方面有效地应对来自竞争者的压力，则这类信息必不可少。

行动计划阶段

在作出了各类分析之后，政策制定者必须转而开发可实施的行动策略和计划。如图 15—7 所示，行动计划阶段包含三种不同的活动；现实中它们几乎是同时进行的。

战略结论的作出直接来自分析阶段，其目标是整合获得的大量信息并形成数量有限的结论。除详细说明每类内外部分析的主要结果外，该过程也必须提供某种结论，即当尝试匹配供给与需求时，对不可避免的均衡的影响进行评估。

战略结论本身可能被视为合乎实际的信息，即人们认为战略结论是逻辑分析的结果，排除了调查人员的主观判断，因而与实际情况会基本吻合。而与之相反的是，对对供给或需求开发来说战略结论的启示则会涉及相关人员的主观价值判断。该过程的目标是试图评价每个结论对该地区旅游的意义。战略结论的文字陈述可能会简明清晰，但是理解这些结论对所需要的政策和计划的启示则需要很强的理解分析能力，这种能力来自经验和创造力。

行动计划阶段的最后一项活动是提出具体的“供需开发政策/活动计划的建议”。这一过程本应该是相当复杂的，但实际工作中却常常被过于简单化了；应该针对不同的分析或方案而制定相应的政策供决策人斟酌选择。确定哪一种方案最有可能发生需要具备一定的判断能力。经判断而得出的最佳的政策/计划建议很可能会被采用，但不是必须采用。

环球透视

旅游伦理

《负责任的旅游者》（Responsible Tourist and Traveler）是一套旨在使外出旅游能成为令人感到充实之经历的简单而实用的指南。该套指南中所给出的建议以联合国世界旅游组织出版的《全球旅游伦理规范》（*Global Code of Ethics for Tourism*）为基础。旅游政策制定者应阅读该文件，并将旅游伦理规范融入旅游政策。

若需获得《全球旅游伦理规范》（全文共八页），可访问联合国世界旅游组织的网站 www. unwto. org/en，先点击 Global Code of Ethics 一栏，然后点击 full text 即可。

《负责任的旅游者》

应将外出旅游作为一种能满足个人和集体需要的手段加以计划和实施，如果以一种非常开放的思想从事旅游活动，它就构成了自我教育、相互宽容以及了解各民族和文化之间的合理差异及其多样性的一种不可替代的因素。

对于造就负责任的旅游，每个人都须参与。政府、企业和社区都必须尽其所能。作为一名游客，你可通过多种方式去帮助建设负责任的旅游。

1. 以宽容的态度对待他乡的文化与传统。如此，你的旅游体验将会不同，而且你也会得到当地居民的尊重，更会受到他们的欢迎。要以宽容和尊重的态度对待多样性，尊重当地的文化传统和社会习惯。

2. 尊重人权。对他人任何形式的不当利用，都与旅游的基本目标相冲突。特别是对儿童的性利用，应当受到旅游目的地或行为者本国司法机关的严罚。

3. 保护自然环境。保护野生动物及其栖息地，绝不购买用濒临灭绝的动植物制成的产品。

4. 尊重文化资源。旅游活动的开展应尊重艺术、考古及文化方面的遗产。

5. 有助于促进旅游接待地的经济和社会发展。以公平交易的原则购买当地的手工艺品和其他产品，以促进当地的经济发展。购物时的讨价还价应体现公平。

6. 出发前应熟悉你准备前往的目的地当前的卫生状况，知道发生意外时应如何去获得使领馆的帮助，并确信自己的健康和人身安全不会受到威胁。在决定前往某目的地旅游之前，应确信你的特殊要求（如餐饮、可进入性和医疗水平）能够得到满足。

7. 尽可能多地了解你准备前往的目的地，尊重该地的风俗、习惯和传统。避免冒犯当地居民的行为。

8. 熟悉当地的法律法规，在旅程中不从事任何被该地认为是犯罪的活动。不从事任何违禁药物、武器、文物、受保护的物种、危险物品以及国家明令禁止的交易活动。

讨论题

1. 如何做一名负责任的旅游者？
2. 为什么说联合国世界旅游组织是推行旅游伦理的领导者？

实施阶段

最后，为使目的地旅游政策获得真正的成功，必须包含**实施策略**（implementation strategy），其中至少包括以下三个方面的内容：（1）确认那些为政策实现的每个主要环节承担责任的单个团体或机构；（2）进行财务预算；（3）对有助于目的地愿景实现所需的所有主要设施、事件和计划开发进行时序安排。实施的具体内容是旅游规划的目标，这些具体内容将在第16章中论述。

说明：宣传当地的宝贵资源是旅游政策中必不可少的组成部分。图为位于中国台湾的一尊大佛，它只是当地制定旅游政策过程中必会涉及的众多类型的资源之一。Copyright © Corbis Digital Stock.

把政策转化为现实

必须强调的一点是，一旦所有供求开发战略都明确了，而且恰当的组织结构就位了，就必须把这些战略转化成具体的政策和计划。在这个层面上，管理过程变成了规划过程或对任务的执行过程，这个过程对为游客提供令人满意且刺激的旅游经历是十分必要的。虽然对旅游规划的详细讨论超出了本章的范围，但是再怎么强调把战略思想转化成现实行动的重要性都不过分。如果没有有效的执行力，再英明的政策也没有价值。

危机管理是一个很好的例子，它说明了把政策转化成现实的迫切必要性。今天，每个旅游管理组织在实践中都需要危机管理政策和计划。接下来我们将讨论危机管理。

危机管理政策的形成

虽然管理者在制定支持旅游目的地发展的旅游政策，在计划和实施有吸引力的旅游目的地开发策略，并在目的地管理上付出了巨大的努力，但意想不到的事情时有发生。

2001 年 9 月 11 日发生在纽约双子塔和华盛顿五角大楼的恐怖袭击事件，2002 年印度尼西亚巴厘岛旅游者聚集的夜总会的爆炸事件，2004 年西班牙马德里地铁爆炸事件，以及 2003 年北美东部地区的大规模停电事故都给旅游业的平稳运行造成了突然的破坏。其他的没有如此突如其来但是影响更广的突发事件有：伊拉克战争，2003 年在中国和加拿大爆发的“非典”，在英国爆发的口蹄疫，美国西部的森林大火，分别发生在 2004 年印度尼西亚和 2011 年日本的海啸，特别是 2008—2009 年全球性的经济大萧条，都影响了人们的旅游欲望和出游行动，进而影响了全球旅游目的地的利益。

虽然以上危机并非都直接与旅游业相关，但是它们产生的作用严重影响或波及人们外出旅游的愿望和旅游业的平稳运行。因此，旅游管理者应该认识产生危机的根源并在旅游目的地日常管理中考虑这些因素。

危机的类别

为使我们能更好地理解对具有全球性影响的突发事件和重大事件的危机管理的实质，米特罗夫和阿纳戈诺斯（Mitroff and Anagnos）曾将重大危机划分为七类/种：

1. 经济危机，比如罢工、劳动力短缺、市场冲击、股票价格大幅下跌以及主要收入的上浮或下降。

2. 情报危机，比如丢失机密的私人信息、电脑记录被篡改或者丢失电脑中关于客户和供应商的重要信息。

3. 物资危机，比如重要器材、设备和原材料供应商的流失，重要器材和工业设备的损坏，以及主要设施的丢失和主要工厂的停业。

4. 人力资源危机，比如重要管理人员的流失、主要职员的流失、旷工现象的不断增加、不断增加的故意破坏、事故数量和车间暴力风险的增加。

5. 声誉危机，比如诽谤、流言飞语、谣言、对公司声誉的损害以及公司理念的淡化。

6. 由精神错乱的行为导致的危机，比如损坏产品、拐骗、挟持人质、恐怖主义和车间暴力行为。

7. 自然灾害，比如地震、火灾、洪水、爆炸、台风和龙卷风。[10]

他们进一步强调，虽然主要类型的危机可能具有共同之处，但是它们对一个组织产生的影响却有实质性的不同。

更特别的是，由自然灾害引起的危机对目的地的影响与由于重要主管人员的跳槽产生的影响很不相同。考虑到这个事实，米特罗夫和阿纳戈诺斯认为，最好的管理方法就是尽量为每一类中的至少一个危机做好准备。遗憾的是，他们注意到大多数组织在这方面做得很少，它们倾向于至多考虑一两种。例如，大多数公司为防止自然灾害做了准备，那些将准备工作扩大到自然灾害之外的组织也仅仅是对那些相对它们特定行业而言是“核心”或“正常”的灾害做准备。

危机处理机制

危机管理的最好方法是在危机发生前做好准备。首先要阻止危机发生，之后要提高在危机发生时迅速、有效地作出反应的能力，这意味着必须制定灾难（危机）应急计划。

如果目的地想要阻止危机发生或使危机最小化，那么良好的危机管理就要求政策要能处理危机的每个阶段。第一，要有监测政策。这要求宏观环境的监测系统能保证监控问题并预见未来，而不是处理过去的问题。第二，要有阻止危机发生或使危机最小化的政策。它涵盖了立法、执法、安全设施和员工安保培训等领域。第三，要有准备政策。这要求对危机协调、快速反应、家庭援助、内外部沟通、信息发布和媒体关系进行领导。第四，要有反应政策。它包含有效的快速应急反应，并满足公众对信息的需求，告知实情是关键的危机管理政策。第五，要有享有高度优先权的复原政策，它能使目的地恢复常态。它包括重建过程、信息发布和公共宣传、公共关系和市场营销。

联合国世界旅游组织对危机的关注使它创建了联合国世界旅游组织补救委员会（UNWTO Recovery Committee）。该委员会已经出版发行了《旅游业危机应对指南》（Crisis Guidelines for the Tourism Industry），为我们提供了一步式参考文件，其中提出了在危机发生之前、之中和之后为使游客尽快返回目的地应采取的特别行动。该指南可参见联合国世界旅游组织的网站（www. unwto. org）。

□ 本章小结

本章指出：（1）所有各级旅游目的地以及所有各类旅游行政机构都需要有旅游政策；（2）任何时候，竞争力和可持续性都必须是旅游政策所追求的基本目标；（3）追求这些目标要求具有各种不同的技巧和能力。以此为基础，本章对一项主要工作进行了讨论。

这项工作就是提供一个介绍正式旅游政策的结构及其内容构成的基本框架。我们主要讨论了旅游哲学和目的地愿景的形成。在解释目的地的具体目标以及认识旅游业发展过程中必须注意的限制因素等问题上，发展愿景具有重要的指导作用。这些目标继而成为制定该地区长期开发战略的基础。然后，本章集中讨论了旅游政策的形成过程。这一过程包括定义阶段、分析阶段、行动计划阶段和实施阶段。本章最后结合实例讨论了有关危机管理的问题。

□ 重点概念

具有竞争力的旅游目的地（competitive destinations）
旅游政策的内容（content of tourism policy）
竞合（coopetition）
核心愿景（core vision）
目的地愿景（destination vision）
愿景要素（elements of the vision）
实施策略（implementation strategy）
旅游政策多学科属性（multidisciplinary nature of tourism policy）
政策制定（policy formulation）
定位（positioning）
导言（preamble sector）
资源审计（resource audit）

战略愿景（strategic visioning）
旅游政策的结构（structure of tourism policy）
可持续性的旅游目的地（sustainable destinations）
整体系统政策（total system policies）　旅游约束（tourism constraints）
旅游目的地管理（tourism destination management）
旅游目的地管理信息系统（tourism destination management information system）
旅游业的目标（tourism objectives）　旅游政策（tourism policy）

□ 互联网练习

为了方便读者，本章中所提及的互联网网站连同其他一些相关网站，一并列在为本书伴设的网站上：www. wiley. com/college/goeldner。

练习 1

网站名称：土耳其的旅游政策（Tourism Policy in Turkey）

网址：www. turizm. net/economy/touris～1. htm

背景信息：1983 年，土耳其政府改变其政策，鼓励国内外投资公司更有效地参与该国的旅游开发。

练习内容

比较土耳其的旅游政策与教材中所描述的良好旅游政策的基本要素，找出二者的相似之处和不同之处。

练习 2

网站名称：美国西部各州旅游政策委员会（Western States Tourism Policy Council）

网址：www. wstpc. org

背景信息：美国西部各州旅游政策委员会的使命是，通过开办论坛去识别、研究、分析和倡导美国西部公共政策和观点中与旅游业有关的问题，从而为旅游发展提供良好的环境。

练习内容

（1）使用从网站获得的信息，列出美国西部各州旅游政策委员会的目标。

（2）找出美国西部各州旅游政策委员会发表的政策论文。

□ 复习和讨论题

1. 什么是旅游政策？为什么拥有正规旅游政策对旅游目的地很重要？

2. 为什么主要的利益相关者不愿意参加政策制定过程？

3. 旅游政策如何能区别于国家、州/省和城市的政策？为什么会不同？

4. 如何确认和选择应该参与区域旅游政策制定的利益相关者？你认为谁应该被排除在政策制定过程之外？

5. 未包含在政策制定过程中的主要利益相关者给人什么启示？

6. 旅游政策和旅游战略的区别是什么？

7. 旅游政策应该由谁来制定？

8. 旅游政策的最重要的互动界面是什么？即社会、经济中的哪些部门应该了解旅游政策或者应该对旅游政策的成功实施施加重要影响？

9. 什么是旅游政策成功制定的主要障碍？

10. 所有利益相关者都必须对区域旅游政策的内容达成共识吗？如果不是，当有足够力量支持政策的不同内容的话，应该如何决策？

11. 对一个旅游目的地来说，应该多久制定一次旅游政策？请说明原因。

12. 为什么愿景对制定旅游政策具有特别重要的意义？对愿景来说，在界定理想的未来时应考虑多久的未来？

13. 政策执行通常是一个问题。顺利执行政策的主要障碍是什么？存在障碍的原因是什么？如何跨越这些障碍？

14. 为什么伦理如此重要？

15. 好的旅游政策能够消除贫困吗？

16. 政府关于护照和签证的政策如何影响旅游业？

□ 案例题

班夫旅游局（Tourism Banff）设在班夫国家公园（BNP）这一加拿大首屈一指的国家公园内，是一举世闻名的具有样板性的社区目的地旅游管理组织。作为该组织新上任的董事会主席和总经理，你被要求制定一套关于旅游业开发与推广的政策，旨在平衡 6 700 名当地居民与班夫国家公园每年超过 5 000 000 游客各自的需求。

在制定有关政策时，请谨记班夫镇是位于该国家公园内。那么，你会如何去权衡以下三个群体的权利和责任？

1. 当地居民。
2. 居住在卡尔加里市周边的游客。
3. 来自加拿大其他地区的游客。

你将如何决定允许和支持哪些旅游活动在国家公园内实施？

在制定国家公园所在社区或者目的地的未来愿景时，你将邀请谁参与愿景制定？

□ 注　释

[1] Oxford Economics, *The Lost Decade: The High Costs of America's Failure to Compete for International Travel* (Washington, DC: U.S. Travel Association, 2010).

[2] J. R. Brent Ritchie and C. R. Goeldner (eds.), *Travel, Tourism, and Hospitality Research: A Handbook for Managers and Researchers*, 2nd ed. (New York: John Wiley & Sons, 1994).

[3] J. R. Brent Ritchie and Geoffrey I. Crouch, *The Competitive Destination: A Sustainable Tourism Perspective* (Oxfordshire, UK: CABI Publishing, 2003).

[4] J. Jafari and J. R. Brent Ritchie, "Toward a Framework for Tourism Education: Problems and Prospect," *Annals of Tourism Research,* vol. 8, no. 1 (1981), pp. 13–34.

[5] C. Echtner and T. B. Jamal, "The Disciplinary Dilemma of Tourism Studies," *Annals of Tourism Research,* vol. 24, no. 4 (October 1997), pp. 868–883.

[6] David L. Edgell and R. Todd Haenisch, *Coopetition: Global Tourism beyond the Millennium* (Kansas City: International Policy Publishing, 1995), p. 2.

[7] Y. Dror, *Design for Policy Sciences* (New York: American Elsevier, 1971).

[8] H. Mintzberg, "Crafting Strategy," *Harvard Business Review* (July–August 1987), pp. 66–75.

[9] F. Westley and H. Mintzberg, "Visionary Leadership and Strategic Management," *Strategic Management Journal,* vol. 10 (1989), pp. 17–32.

[10] I. I. Mitroff and G. Anagnos, *Managing Crises before They Happen: What Every Executive and Manager Needs to Know about Crisis Management* (New York: Amacom, 2001).

第16章

旅游规划、开发与社会问题的思考

学习目的

- 识别旅游目的地成功的决定因素。
- 熟悉旅游规划与旅游政策的关系。
- 了解旅游开发的正当目标。
- 了解旅游开发必须克服的主要障碍。
- 了解开发工作中的政治和经济因素。
- 了解建筑设计、遗产保护、当地工艺品开发以及在设施建设中使用当地材料等在旅游开发中的重要意义。

▷导　言

规划工作的开展应遵循第15章所述的**政策制定**（policy formulation）流程。旅游规划者和管理者需要把这个流程作为旅游目的地规划和开发的框架模型。旅游目的地需要好的政策和合理的规划，以确保旅游目的地的竞争力和可持续发展。本章将向读者展示一个具有可持续竞争力的旅游目的地模型，它有效地促进了旅游政策和旅游规划的融合，同时，有助于解决规划过程中以及实际开发中的若干问题。

▷规划一个具有竞争力/可持续性的旅游目的地

好的旅游规划必须基于对某些要素的充分理解，这些要素从根本上决定了一个旅游目的地的成功。读者可以通过图16—1中的框架图来认识这些要素。如图16—1所示，这个框架图包括9个主要成分，每个成分又由许多子成分构成。

成分1，核心资源和吸引物。这是潜在旅游者选择一个目的地而舍弃其他目的地的根本原因。这些要素可以分为七类：地理概况和气候、文化和历史、市场联系、目的地的活动组合、独特的节事活动、娱乐活动和旅游服务设施。

成分2，辅助性要素和资源。鉴于旅游目的地的核心资源和吸引物构成了入境旅

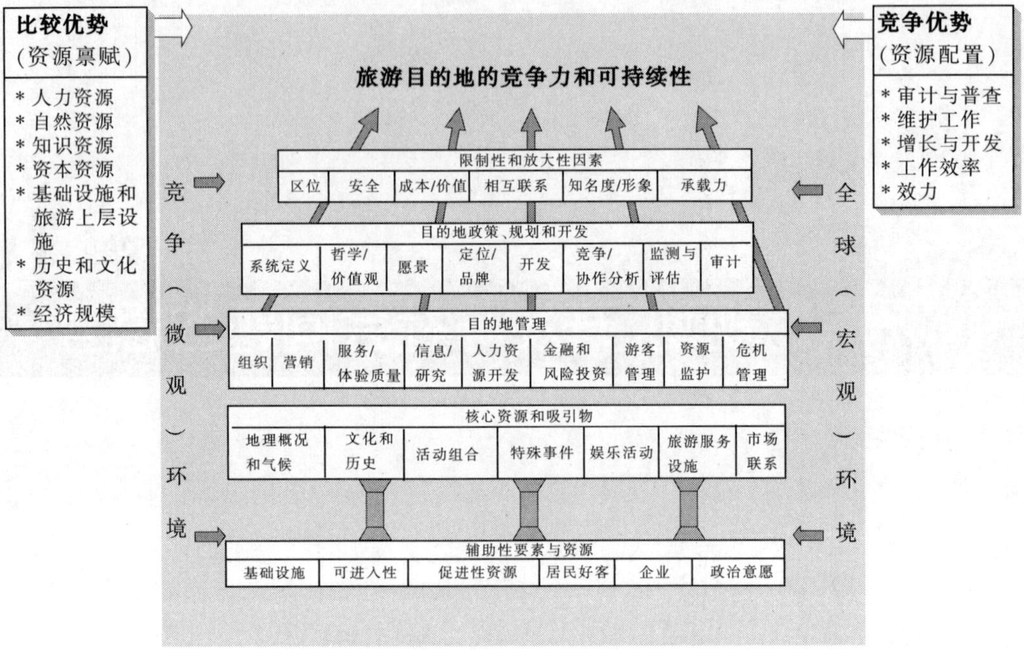

图 16—1　里奇/克劳奇的旅游目的地竞争力和可持续性模型

游的基本动机，因此顾名思义，辅助性要素和资源为促进旅游业发展和增强目的地福利奠定了职能基础，这些辅助性要素和资源包括基础设施、可进入性、居民/产业好客程度、旅游经营者的企业家精神、政治意愿以及促进性资源，如训练有素的外来人员和热情好客的地域风俗。

成分 3，限制性和放大性因素。一个目的地的潜在成功受到许多因素影响或限制。这组因素也可以称为**情境调节性因素**（situational conditioners），因为这些因素对目的地竞争力的影响主要在于限定目的地发展的规模、范围和潜力。制约旅游目的地竞争力的一项日趋重要的因素是游客对该目的地安全情况的感知。从历史上看，目的地的安全在很大程度上被认为是理所当然的。但是，如今的情况却并非如此。在很多旅游目的地，犯罪和恐怖主义活动已成为非常现实的问题。因此，每个旅游目的地都必须采取措施，确保能在健康和个人安全方面为游客提供更广泛的保障。限制性或放大性因素会渗透到其他核心要素中，从而弱化或强化目的地的竞争力。这些因素非常重要，它们决定了旅游需求和旅游潜力的极限，但是这些因素远非旅游部门可独立影响和控制。

成分 4，目的地政策、规划和开发。遗憾的是，并非所有的目的地都备有正式的旅游政策，都备有规划与开发方面的战略性或政策驱动型工作框架，特别是备有所欲实现的经济目标、社会目标以及其他全局性的目标，从而能够有助于确保旅游开发的结果会使该地成为一个成功的、具有可持续性的旅游目的地，同时也能满足当地居民追求生活质量的愿望。这个核心成分由八个子成分组成：规范的旅游系统定义；对旅游哲学原理的阐释，即旅游应该如何服务于社区；来自哲学的愿景，它是对描绘了 20 年、50 年或 100 年后旅游目的地未来理想状态的规范阐述；定位/品牌战略规定了相对于其他竞争者而言，旅游目的地应该如何被感知；详细的开发计划；竞争/协作分析是对某旅游目的地与其他旅游目的地和国际旅游系统相比较后所进行的评价；政策、计划及其成果的监测与评估；最后一点是，以上所涉及的全部内容需要综合在一起形成一个严格的目的地审计，用于识别目的地的优势、劣势、问题、挑战和机遇。

成分 5，目的地管理。模型中的该成分着眼于政策和规划框架内的日常实施活动，涉及的九方面活动包括有效的组织、目的地营销、确保高质量的游客体验、收集并发布信息、人力资源开发、获取充足的资金和风险资本、有效的游客管理、实时的资源监护和危机管理。

成分 6 和成分 7，比较优势与竞争优势。该模型的一个重要特点是区分了目的地的比较优势与竞争优势。前者涉及目的地的资源禀赋，这些资源增强了其成功的概率；而后者涉及目的地资源的有效利用及合理配置，从而增强该目的地与其他目的地竞争时成功的可能性。

成分 8 和成分 9，全球（宏观）环境与竞争力（微观）环境。里奇/克劳奇模型中一个重要的维度在于区分了宏观和微观的影响力对于目的地成功的作用。全球（宏观）环境的影响力涉及对人类活动有广泛影响的一系列现象，但这些现象对旅游或者旅游产业并没有明显的影响。相反，竞争环境或微观环境则是旅游系统的一部分，并且它们的影响力作用于系统内实体的行为和活动，这些行为和活动直接影响旅游系统内每个成员的目标，无论它们是个体的旅游企业还是构成旅游目的地的各类团体或组织的集合体。

旅游规划的本质

旅游规划需要提供详细的、“切合实际的”运作框架，这个框架关注的是如何开发利用影响旅游目的地成功的要素。好的旅游规划会超越原有的目标而实现利益的最大化。有利的开发在给当地带来正面的经济效益和社会效益的同时，也会带来不可避免的负面影响。因此，开发商必须兼顾人类的福利和幸福感，包括保障建筑品质、景观及环境设计、交通运输规划以及能源保护和教育等诸多方面。

要想实现这些不同的目标，规划者就必须采用能够引导其思路的模型，将各种要素（包括不同的政治要素）融为一个总体规划。这些要素包括区域划分、道路维护、供水和污水处理系统以及促销费用等。设立一个其经费来自旅游收入的官方组织有助于维持产业中的各项社会经济活动平衡发展，同时也有助于处理其他问题，如稳定价格，预测需求，维持国内潜在旅游资源的存量，以及安排公共宣传活动。度假胜地的开发同样需要财务运作，它不仅能使开发商获得用于建设的贷款，而且能在一段时期内获准减免税收，以增强风险投资的成功概率。

旅游规划与旅游政策的联系

第 15 章阐述了对于旅游政策这个角色的理解，它为旅游目的地营销和开发提供了一系列指导方针，同时第 15 章还阐述了一个规范的旅游政策应涵盖的内容和框架结构，以及政策制定过程。

因为旅游政策的形成和旅游规划彼此联系得十分紧密，所以把两者区分开，并且在旅游的范畴内辨别它们的异同点就显得尤为重要。它们的相同之处是：

1. 都涉及旅游目的地或旅游区域的未来发展。

2. 都强调管理行为的战略维度，尽管规划还必须着眼于战术。

它们的不同之处是：

1. 政策制定是界定“大图景”，而规划更关注细节。

2. 政策制定是一个创造性的、彰显智慧的过程，而规划则是一个限于实际的操作过程。

3. 政策，尤其是愿景部分强调长期的战略重点，而规划则在时间上受到更多的限制。一年的规划周期是很常见的，也有3～5年的规划周期。相反，目的地愿景构架可能要针对5年、10年甚至100年的时期。

4. 政策制定必须考虑到无法预计的环境和技术因素。规划则与之不同，规划趋向于以现有的环境和技术因素（如创新）为基础，同时作出一些预期。

5. 政策制定偏重于一个系统化的决策——强调在长期的旅游开发过程中应该做"什么"，而规划则偏重于"如何"实现具体的目的地目标。

回顾第15章的其他内容时，读者也要在脑海中牢牢记住这些区别。政策制定和规划呈现出一定的共性，但实际上，它们是两个截然不同的过程。在过去，人们尚无法充分认识这一现实差异。

值得注意的是，涉及政策、战略、战略目标、阶段目标以及规划的概念和区别正成为管理文献中争论的焦点。不同的学者和管理者经常争论这些术语的确切定义。虽然这些争论也是重要的，但它们不应该阻碍人们创造性的思维或对管理行为的研究。

政策与规划的整合

虽然政策制定和目的地规划是不同的过程，但它们仍被视为目的地管理流程中完整的组成部分。这在本书的表16—1中得到了体现。探究表16—1，需要谨记的是**规划过程**（planning process）的最终目标是：确保具体的运作和活动的性质及进度尽可能有效地得以执行，全力以赴保障所有影响目的地成功的要素得以贯彻（见图16—1）。需要再次重申的是，政策为旅游设施、节事活动及项目的开发提供了指导方针，而规划则规定了具体的行为/活动的细节和进度，便于发展里奇/克劳奇的旅游目的地竞争力与可持续性模型中的各个成分及其子成分。为此，把两个过程有效地整合在一起是非常关键的，这样能够有效避免不必要的浪费和重复建设。

表16—1　　旅游规划：完整的途径

规划活动	有组织的开发	社区因素	旅游产品开发	旅游产品市场营销
今天我们处于什么位置？				
1. 收集信息	评价现有开发组织的成员构成，识别潜在的可能被牵涉到的潜在典型要素。	识别可能受旅游开发影响的与旅游相关和无关的利益主体。识别关键问题及利益相关者关注焦点。	对管理区域范围内旅游资源、服务及基础设施做好清点和评估工作。评估现有的土地使用水平及承载力。	从地理环境、人口统计、家庭生命周期、支出模式及需求、兴趣的角度剖析已有市场。
我们的目标是什么？				
2. 识别社区价值取向	旅游组织成员通过解答各种涉及现在和将来生活质量的问题，表述其社区价值取向。	社区代表通过解答各种涉及现在和将来生活质量的问题，表述其社区价值取向。	未来旅游开发及资源配置将会以旅游组织和社区代表的价值取向为基础。	未来旅游市场营销的决策将会以旅游组织和社区代表的价值取向为基础。
3. 制定愿景	旅游组织成员勾画了社区的现在和将来，看起来、感觉起来和应该呈现的景象。	社区代表勾画了社区的现在和将来，看起来、感觉起来和应该呈现的景象。	对于未来旅游发展及社区生活质量的愿景的描述，会进一步加固基础，同时引导旅游开发和资源配置的决策制定。	对于未来旅游发展及社区生活质量的愿景的描述，会进一步加固基础，同时引导旅游市场营销的决策制定。

续前表

规划活动	有组织的开发	社区因素	旅游产品开发	旅游产品市场营销
4. 识别关注焦点及机遇	旅游组织成员采用头脑风暴法，得出了一系列需要关注的问题，以及团体或社区可能面临的机遇。把所有观点总结一下，可以归纳为两类：(1) 与旅游密切相关的；(2) 旅游组织应处理的。	社区代表采用头脑风暴法，得出了一系列需要关注的问题，以及团体或社区可能面临的机遇。把所有观点总结一下，可以归纳为两类：(1) 与旅游密切相关的；(2) 由旅游组织或通过旅游开发处理的。	关注焦点和机遇将会为旅游开发活动指引方向。我们应重新审视并关注所表述的一些观点，正如人们关注具体的旅游开发规划或改善旅游吸引力、服务水平及基础设施一样。	关注焦点和机遇将会为旅游开发活动指引方向。我们应重新审视并关注所表述的一些观点，正如人们关注具体的针对旅游资源和服务的市场营销规划一样。
5. 明确任务	旅游组织成员需要明晰其现在的目标在于确定其服务的对象是谁。这是非常关键的，在这个活动中，不仅要让游客，同时也要使社区明晰这些目标。	旅游组织的任务就是成为一种将组织现在的目标传递给社区的服务工具。	这个任务与价值取向、愿景、关注焦点以及机遇一起，指导旅游开发取得成功。	这个任务与价值取向、愿景、关注焦点以及机遇一起，引导旅游市场营销取得成功。
6. 制定战略目标	基于对旅游组织的评估、愿景、关注焦点、机遇及任务的认识，制定涉及组织构架及行政管理的战略目标。	制定与旅游目的地的教育及与其他旅游开发要素相关的战略目标。尽最大可能使战略目标在制定过程中，多关注公众利益。	基于对之前提到的评估、愿景、关注焦点、机遇及任务的认识，制定战略目标时应着眼于自然环境的开发和/或提升旅游资源品质、提高游客服务质量以及加强基础设施建设。	基于旅游产品开发和/或提升计划，制定针对旅游市场营销的战略目标。
		我们怎样实现目标？		
7. 实现阶段性目标	旅游组织成员提出了行为导向性的陈述，即提出了怎样才能实现组织战略目标。战略目标中的每一个阶段性目标的实现将会有所差异，这取决于在不同的开发阶段中，可利用的人力资源、自然资源以及资金资源。	旅游组织成员提出了行为导向性的陈述，即提出了怎样才能促成社区教育以及阶段性目标的实现。战略目标中的每一个阶段性目标会存在差异，这取决于社区内各利益相关者及旅游活动中的各类相关要素，可利用的人力资源、自然资源以及资金资源。	旅游组织成员提出了行为导向性的陈述，即提出了怎样才能实现组织战略目标。战略目标中的每一个阶段性目标的实现将会有所差异，这取决于社区开发所处阶段，现有旅游资源的数量和质量，服务和基础设施建设，可利用的人力资源、自然资源以及资金资源。	旅游组织成员提出了行为导向性的陈述，即提出了怎样才能实现组织战略目标。战略目标中的每一个阶段性目标的实现将会有所差异，这取决于现有旅游市场营销活动的数量和质量，可利用的人力资源、自然资源以及资金资源。

续前表

规划活动	有组织的开发	社区因素	旅游产品开发	旅游产品市场营销
8. 操作行为	旅游组织成员确定了战略及战术，它们勾勒出明确的组织发展的阶段性目标的实现途径。这些包括开发资金及技术支持的备选方案，控制时间进度，以及分配任务。	旅游组织成员确定了战略及战术，它们勾勒出明确的社区教育及相关目标的实现途径。这些包括开发资金及技术支持的备选方案，控制时间进度，以及分配任务。	旅游组织成员确定了战略及战术，它们勾勒出明确的旅游产品开发目标的实现途径。这些包括开发资金及技术支持的备选方案，控制时间进度，以及分配任务。	旅游组织成员确定了战略及战术，它们勾勒出明确的旅游市场营销目标的实现途径。这些包括开发资金及技术支持的备选方案，控制时间进度，以及分配任务。
		我们怎么做?		
9. 评估流程	组织成员需要对一定时期内的组织活动和进程进行回顾，同时将所有情况记录下来，向所属管辖部门、融资机构以及公众汇报。	组织成员需要对一定时期内重要的与公众有关的活动进行回顾，同时将所有情况记录下来，向所属管辖部门、融资机构以及公众汇报。	组织成员需要对一定时期内的旅游产品开发、具体操作及进程进行回顾，同时将所有情况记录下来，向所属管辖部门、融资机构以及公众汇报。	组织成员需要对一定时期内的旅游市场营销活动及进程进行回顾，同时将所有情况记录下来，向所属管辖部门、融资机构以及公众汇报。
10. 修订并完善规划	基于新的信息或多变的环境，不断修订并完善组织的开发规划。	基于新的信息或多变的环境，不断修订并完善社区相关事宜。	基于新的信息或多变的环境，不断修订并完善旅游产品开发。	基于新的信息或多变的环境，不断修订并完善旅游市场营销。

资料来源：Jonelle Nuckolls and Patrick Long，*Organizing Resources for Tourism Development in Rural Areas*，Boulder：University of Colorado，1993.

旅游规划的必要性

无论是在一个社区、一个区域还是在一个国家，开发旅游或扩大现有的旅游开发规模的决策都需要仔细认真的调研。来自旅游的社会经济效益是十分可观的。在具备合适的先决条件的情况下，即已经具有一些自然的、景色优美的、历史的、考古的、人文的以及气候的吸引物的资源组合，在这一前提下，旅游开发无论是对发达国家，还是对不发达国家都具有极大的吸引力。旅游是一个发展势头强劲的产业，而在这种强劲势头的背后也同样隐藏着短期的隐患，但其未来前景仍相当可观。基于人均收入的持续增长、成本的降低、休闲时间的增多、游客旅游休闲的品位和偏好的改变以及娱乐设施和服务的变革，我们可以预计未来旅游发展将会出现持续增长的态势。许多过分狂热的鼓吹者把旅游看作解决地区发展问题的万灵药，这种观点是不切实际的，因为取得利润的同时，很有可能随之而来的是一系列负面影响和不良结果。回顾一下，我们在第1章中分析过的旅游开发中存在的优势和劣势，它会揭示为什么谨慎的规划是必要的。旅游所带来的积极影响如下：

1. 可提供包括技术性职位和非技术性职位在内的就业机会，因为旅游业是一个劳动密集型产业。

2. 可增加创汇。

3. 可增加居民收入。
4. 可增加国民生产总值。
5. 可带动基础设施建设，从而有助于刺激当地工商业的发展。
6. 有助于环境保护和改善。
7. 可增加政府税收。
8. 有助于使当地经济多元化。
9. 提升目的地的知名度和形象。
10. 通过对年青一代以及整个社会的教育普及和价值观的改变加速现代化进程。
11. 当地居民也可使用为旅游及休闲活动提供的配套设施。
12. 为国外游客提供一个对不了解的国家或地区加深印象的机会。

旅游所带来的一些消极影响有：

1. 过度开发。
2. 开发产生的漏损超过了旅游所创造的经济效益。
3. 从其他更有前途的经济开发项目转移资金。
4. 带来许多社会问题，如收入不均、社会差异、卖淫、赌博、犯罪等。
5. 破坏自然原始生态环境。
6. 破坏人文环境。
7. 引发季节性问题。
8. 增加了经济和政治变化所导致的脆弱性。
9. 引发土地价格上涨以及当地物价的上升。

因此，旅游并不是万灵药。相反，过度的开发还将导致土地及水源污染，如果过多的游客在同一时间集中于同一地点，甚至会导致人口污染。同时还应考虑汽车及公交运输带来的交通堵塞，缺少停车位，饭店的兴建影响了名胜景区的规模和发展，以及社区服务性行业也将被旅游服务公司所替代，这些都将导致人们生活质量的退化而不是改善。

更进一步说，过多的游客来访不仅可给旅游目的地国的生活质量带来消极影响，而且也可给游客本身带来消极影响。一个优美的旅游景点将会由于欠考虑及不明智的土地开发和建设方案而遭到破坏，而过度强调游客数量及当地工艺品的低价使其本身变得更加庸俗不堪。这些往往是过度商业化所致，不能都归咎于旅游。旅游是世界上最大、最具影响力的社会和经济发展推动力之一，但是政府官员和开发商必须在经济利益和人类未来生活质量的退化及自然资源的破坏间作出权衡。

旅游开发必须通过仔细谨慎的政策引导，这个政策不是单纯地建立在资产负债表和损益表的基础上，而是建立在人类福祉和美好理想的基础上。如果旅游不能带来有力的经济增长，那么诸多社会问题也很难得到解决。合理的开发政策将会促进旅游业的良性发展，同时也有助于那些用于吸引游客的自然和人文资源的长久**保护**（preservation）。

为实现旅游的可持续发展和环境保护所制定的规划是十分苛刻且严谨的。因此，下一章将着重探讨旅游及环境的问题，同时还将扩大讨论的范围，对如何进行旅游开发及加强环境保护进行相关分析。

总的看来，旅游同社区、州县、区域及国家的关系涉及许多复杂的因素：建筑设计、景观设计以及环保设计的品质和水准，环保及舒适性，原始生态环境的保存，土地使用管理，适合长远经济发展的财务战略，就业，交通运输，能源保护，教育、信息及解说系统，等等。

这就是有效的旅游规划十分必要的原因。规划能够确保旅游开发有能力把握优势，弱化劣势。

规划过程

自然、法规、促销手段、财务、经济、市场、管理、社会以及环境等各个方面的合理规划将有助于扩大旅游的乘数效应。如果它能与政策制定的过程充分整合，那么规划将会更有效率地得以实现。

一个好的规划设定了预期成果及为取得最终成功需要开展的系统化运作。下面的步骤简要地展示了制定一个好规划的逻辑顺序。

1. 明确体系。目的地开发的规模、市场、特性以及目标是什么？阐明目标。如果没有一套完整的目标体系，开发也就没有方向。这些目标必须全面、具体，同时应包含一张实施进度表。

2. 收集数据。核证事实或者调研为制定规划提供了十分关键的基本数据。数据收集的实例包括编写实证手册，开展市场调研，预估场地及调查基础设施，以及对现有设施及竞争对手进行分析。

说明：丹佛国际机场以其良好的规划为游客带来了极大的便利，成为一个典范。现代化的航站楼将乘客在私人及商用机动车辆、近中心停车场和运送旅客的通勤列车之间有效地分流，可使乘客方便地在机场客运站和三个候机大厅之间穿梭往来。Photo courtesy of Denver International Airport.

3. 分析阐释。一旦信息被收集，就需要将分散的信息碎片组合起来以便能完整地表述其意思。这一步骤将会带来一系列的结论及建议，这些结论和建议有助于制定或明确初步规划。

4. 制定初步规划。基于之前的准备步骤，制定多个方案以备选择，同时，这些备选方案必须具有可行性。通常情况下，需要制定出比例尺模型，用图示反映土地使用规划；初步规划草图可以展示出项目开发的框架及远景；通过收集市场信息和选址调研草拟出财务预算，以展示该项目每一阶段所需要的投资及现金流量；明确相关法律规定。

5. 核准规划。相关人员可以开始审核规划、构图、比例尺模型、成本预算、期望利润，并考虑还有哪些因素会牵涉其中，及此旅游目的地规划成功或失败的概率有多大。与规划被核准后的具体运作及执行过程中的花费相比，这部分的花费相对较少。

6. 确立最终方案。这一阶段主要涵盖了以下内容：确定**土地使用**（land use）面积；规划**基础设施**（infrastructure），如公路、机场、自行车道、马车道、人行道、排污管道、水源以及其他设施；制定**建筑标准**（architectural standards）；制定景区规划；明确区域划分以及其他土地使用方面的管制；进行经济分析、市场分析以及财务规划。

7. 执行规划。按照规划实施操作，进行规范化的旅游开发。不仅如此，它还需要及时地跟进及评估。好的规划为旅游开发提供了一个好的机制，这个机制会为旅游开发项目提供持续不断的反馈及顾客满意度的信息回馈。

一个好的规划应能解决或消除实际问题，同时让使用者满意。最终的使用者是判断这个规划成功与否的关键。

图 16—2 展示了旅游规划及开发过程中的概况及具体步骤，同时，详细地阐明了规划过程中，从一步到另一步愈加详细的阶段特征。利用这个模型的益处是它要求规划者总揽全局，并引导其思维过程。虽然没有任何一个模型能够完整地描述规划过程中牵涉的所有要素，或者消除一切后顾之忧，但这个模型值得在规划之初加以利用，它作为一种工具，有助于使开发过程井然有序、协调发展，同时置于可控范围内。

表 16—1 显示了与规划有关的完整步骤。它仍然只是作为一个指导工具，用于解决适当的问题以及确保项目顺利完工。它同时也表明了旅游规划中牵涉的要素如此纷繁复杂。旅游规划没有捷径可走。

第一阶段	第二阶段	第三阶段	第四阶段	第五阶段	第六阶段	第七阶段
明确体系	收集必要数据	分析阐释	制定初步规划	核准规划	确立最终方案	执行规划
目的是确保政策制定与目的地规划范围及内容一致。	许多适用于制定政策的数据可能对制定规划也有帮助。尽管在规划过程中，还需要其他更多详细的数据。	这样做的目的在于有效地将数据与具体的设施、事件、活动以及在项目中决定/影响目的地开发成功与否的要素联系起来。	规划需要明确设施、事件、活动的详细特性，该项目还要传递特有的高品质的目的地体验，这种体验将会提升目的地在战略化市场细分中的竞争力。	严格确保所有投资者已审核此规划，同时得到了核准。	在这一阶段，诸多细节备受关注，同时直接牵涉到具体的地理因素、法律法规、融资及实际的时间进度。	这一阶段把责任落实到了具体的个人以及组织身上,同时制定了实际运作的确切时间进度,同时为处理和防范一些无法预料的事件的发生做好准备。

图 16—2　旅游规划过程概述

▷ 旅游开发目标

旅游开发目标（goals of tourism development）应该是：

1. 建立一个完整的框架体系，使旅游创造经济效益，带动人民生活水平的提高。

2. 建设的基础设施和娱乐休闲设施既要为游客服务，也要为当地居民服务。

3. 确保游客中心及度假胜地的旅游开发类型与当地的区域发展理念相适应。

4. 旅游项目的开发需要与旅游目的地国或旅游目的地政府及居民的文化、社会和经济原则相一致。

5. 使游客满意度达到最优。

供给开发工作中的障碍

开发工作的障碍（obstacles to development）可能来自外部（该目的地之外），也可能来自内部（该目的地之内）。外部障碍指的是来自该目的地之外的障碍，例如国家政府内部在如何对待某一个主要客源市场的问题上意见不一。而内部障碍则指的是来自该目的地之内的障碍。最为常见的内部障碍便是当地居民反对某一特定类型的旅游开发，例如开放博彩。在潜在供给向现实供给转化中要克服的第一个障碍是交通运输状况不佳以及旅游核心区可进入性差，因此游客很难抵达。然而使游客抵达并不足矣，还应该尽量延长游客停留时间。鉴于此，另一个实际供给开发中应克服的障碍是住宿设施短缺。

游客在旅游过程中，不可避免地需要一系列的商品和服务。有些商品和服务可在现场提供，但出于经济上的考虑，有些可根据需求波动情况进行灵活调整。基础设施的承载力必须能满足最大需求。融资问题可能是一个主要障碍。最后，我们不能忽略的是，对受过良好培训及热情好客的员工的需求。

对于旅游目的地内部的障碍，可通过采取有针对性的措施加以纠正或消除。这些障碍可出现在入境游、出境游或国内旅游等方面。

由于任何形式的旅游都会占有一定的消费品，因此旅游领域的价格对产品价格变动将极为敏感。旅游价格提升所产生的结果就与潜在游客的收入下降一样，因此，当游客考虑到成本和度假计划时，他们首选的是性价比高的旅游产品。

另一个主要障碍是目的地政府和企业领导人的态度。如果领导对旅游的态度是抵制的或消极的，那么开发工作肯定会落后。

领军者介绍

美国 WATG 建筑设计公司

美国 WATG 建筑设计公司从事旅游目的地设计业务已 60 余年，所设计的目的地往往既令来访旅游者感到身心愉悦，也使该目的地的所有者感到满意。WATG 公司的设计作品已遍及全球 160 个国家和地区，并因设计方案卓越和富有创意而受到高度赞扬。

该公司的宗旨是尊重每个东道国独特的生态环境和文化遗产，为这些区域的文化和生活做出积极的贡献。该公司的使命是：设计能够升华人们精神的旅游目的地。

该公司所承担设计的旅游目的地项目比世界上任何其他公司都多，其客户来自世界 6 大洲，多为著名的项目业主、开发商、运营商和政府。没有任何两处地点、任何两个客户、任何两个项目的情况会完全相同。而且，该公司在协调客户的需要与游客的期望、当地社区的愿望与国际客源市场的偏好、设计上的创新需要与经济方面的现实制约等关键关系上，都做得非常成功。

该公司通过其设于檀香山、欧文、西雅图、奥兰多、伦敦、新加坡等地的分公司，以及在很多地方开设的项目办事处，为客户提供战略制定、规划、建筑设计、室内设计以及景观设计等方面的服务。该公司拥有一支 300 多人的员工队伍，不仅天赋极佳而且具有多元的文化背景，专门从事酒店、休闲和娱乐项目的设计工作。作为拥有半个世纪设计经验的行业领袖，WATG 公司已经成功地完成了 250 多个酒店设计项目，已建成的客房总计 90 000 余间，此外还有 12 000 间正在建设之中。

WATG 公司的客户名单中几乎包括所有各个在国际、美国国内、地区开展运营的大型旅馆公司业主，例如：康莱德（Conrad）、贵都（Equatorial）、四季、格莱克托尔（Grecotal）、希尔顿、凯悦、洲际、卓美亚（Jumeriah）、凯宾斯基（Kempinski）、柯兹纳国际控股（Kerzner International）、文华东方酒店集团（Mandarin Oriental Hotel Group）、万豪、米高梅国际度假村（MGM Resorts International）、莫凡彼（Movenpick）、大仓酒店（Okura）、半岛（Peninsula）、丽笙（Radisson）、华美达（Ramada）、丽思卡尔顿酒店、洛克度假村（RockResorts）、瑰丽（Rosewood）、萨沃伊酒店集团（Savoy Group of Hotels）、香格里拉（Shangri-La）、新罗（Shilla）、喜达屋、史蒂根伯格酒店集团（Steigenberger Hotel Group）、瑞士酒店（Swissotel）、总督酒店（Viceroy）、华尔道夫（Waldorf-Astoria）、永利度假村（Wynn Resorts）以及许多其他的旅馆公司。

除了设计酒店和度假村之外，WATG 公司还设计过其他很多为世界公认富有创意且最成功的旅游项目，其范围包括：

- 赌场和邮轮；
- 会展中心和会议设施；
- 高尔夫度假村和俱乐部会所；
- 游船码头；
- 度假和休闲区的总体规划；
- 多功能规划；
- 与住宅有关的：普通公寓、公寓式酒店、定制住宅；
- 餐馆和会所；
- 零售、餐饮及娱乐场馆；
- 休闲健身中心、运动俱乐部和健康中心；
- 主题公园、水上公园和主题会所；
- 分时度假和私人住宅俱乐部。

无论是何种类型的项目或地点，WATG 公司都能为客户提供一套成本效益系统，不仅能加快规划设计的进程，而且能设计出一直被最具眼光的旅游者推举为全球最佳并屡获殊荣的设计作品。欲获得更多的信息，读者可访问该公司的网站 watg. com。

美国 WATG 公司享誉全球的设计项目包括：位于希腊雅典的乔治国王宫殿酒店（King George Ⅱ Palace）、巴哈马群岛的亚特兰蒂斯天堂岛度假村（Atlantis Paradise Island）、南非太阳城的失落迷城大酒店（The Palace of the Lost City）、伦敦的克拉里奇酒店（Claridge's Hotel）、约旦的莫凡彼死海度假村（Mövenpick Dead Sea Resort）、美国夏威夷的威基凯悦度假酒店（Grand Hyatt Kauai）、雅典的塞萨洛尼基凯悦赌场（Regency Casino）、法属波利尼西亚的波拉波拉酒店（Hotel

Bora Bora)、安圭拉岛的总督酒店（Viceroy）、新加坡的圣瑞吉斯酒店（St. Regis)、巴厘岛的丽思卡尔顿酒店和分别位于美国毛伊岛、毛里求斯、墨西哥城和东京的四季酒店。

WATG公司的事实表明，优秀的设计能够提升客户的盈利。史密斯旅游调查公司一项为期20年的研究结论显示，由WATG公司承担设计的酒店为其业主和经营商所带来的平均客房溢价超过50美元。

畅想未来

WATG公司从来不会随波逐流，而是创造潮流。这便是为什么如今WATG公司不仅承揽地面项目的设计，而且承揽地上或地下项目设计的原因。该公司目前正在进行的设计项目包括太空度假村、海底旅馆、海上城市和飞艇旅馆。根据《饭店设计》（*Hotel Design*）和《酒店与旅馆管理杂志》（*Hotel & Motel Management*）的调查，WATG公司是世界排名第一的旅游目的地设计公司。《饭店设计》对建筑和室内设计行业的调查则显示，WATG公司的企业文化在美国的排名位居前列，在职业发展、公司哲学、客户名单、项目设计及创新能力等诸多方面均获评最佳。

旅游开发的政治因素

与区域经济任何有影响力的因素一样，**政治因素**（political aspects）经常对旅游项目的创建、运作及生存发展产生巨大影响。许多例子可以证明这一点。例如，土地使用管制（区域划分）对商业性质及公益性质的旅游开发的影响，这是一个非常感性，同时又极具政治性的敏感话题。再如，政府机构对旅游基础设施建设及维护的干预程度。又如，公共宣传、广告和其他促销行为的类型及范围。

土地使用（区域划分）

区域划分（zoning）的相关法规详细规定了合法的土地使用类型。但是，对土地用途的最终决策以及对区划法规的监管，一般都是由一名受聘于政府的区划监管主任会同一个由行政部门指派或经选举产生的区划委员会负责。因此，政府可决定土地该如何使用，并且政府有权更改业已划定的分区或者重新调整分区以安排某一原本有违区划法规的开发项目。

这些公共部门对旅游开发的态度，将会受到广大民众对具体开发项目的期望值及认知程度的影响。旅游开发商和供应商有责任树立一个良好的公众形象，官方的旅游促进组织也同样承担此责任。如果旅游开发项目受到民众认可，那么对区域划分的合理规制及进行有效的行政监管势在必行。进一步来说，如果本章所讨论的旅游规划及开发的原则能得以有效执行，这无疑将是一个规划出色的项目。这将增加旅游社区的就业并增加税收收入。

基础设施的建设和维护

任何旅游开发项目都离不开基础设施的建设。无论是由政府机构还是私营开发商投资建设，抑或由两者合作建设，基础设施的建设都是一个带有政治色彩的问题。当地居民缴纳的税收，有一部分投资于道路、供水系统、排污系统、机场、人行道、公园以及他们认为对开展旅游有益的其他基础设施的建设，这部分税收的合理利用是人们所关注及担心的问题。对于他们的这种观点，政府机构或开发商是该保持平常心还是该感到欣喜？那些对旅游不太关注的人必须意识到，他们有责任让民众相信政府的这些花费是值得的，有利于促进当地经济的发展。促进达成这一共识的第一种途径是通过巧妙而机智的解释和说服。第二种途径是通过服务业的俱乐部、社会组织以及院校团体的影响力和作用。第三种途径是将游客或与会代表在当地的旅游消费情况公之于众。

对于旅游开发的成功来说，旅游基础设施维护的相关法律法规同样是一个至关重要的影响因素。基础设施建设中的任何组成部分，一旦建立起来都需要不断维护和修缮。同时，维护的程度和水平高低对旅游开发的成功也有巨大的影响。这方面的一个例子是将公路上的雪移向滑雪度假村的速度和数量，另一个例子是公共饮水及排污系统的质量和数量。还可以举出其他一些例子来说明基础设施维护对旅游开发的重要性。通过饭店行业协会、商业组织、旅游局或者旅游官方组织以及其他营销组织的力量，可以保障基础设施维护的顺利开展。这种作用是现实且巨大的，因为公众服务部门在看到充足的旅游市场需求后，会趋向于对基础设施进行维护。

政府及企业需要协调合作，以取得旅游开发的成功。政府官员认为企业要做的是通过自身力量来摆脱困境，而不应依靠政府力量，与此同时，业界却认为政府应该多为它们提供一些优惠政策，帮助其发展，此时，两者观点的差异加剧了政府与企业间的摩擦。外界的咨询公司可以对这一现象进行针对性的研究分析，并给出一个实现双赢的最佳方案。

宣传促进工作

由政府投资的宣传促进工作是旅游业的必要组成部分。不过，这类公共宣传的开展主要表现为政治游说工作。为了使立法者和当地的行政决策者相信支持发展旅游业的必要性，旅游组织的代表需要给出准确的数据，以证明旅游收入对当地经济的影响。人们最好用“投资”观念看待政府的工作。另一条有效的途径是指出当地经济对产业多元化的需要。可引以为证的其他好处还可能包括：当地的就业及收入乘数，招商引资，保护和弘扬当地的某些行业、手工艺和艺术，以及培育当地居民的自豪感和认同感，等等。

游说工作应令人信服，同时需要长期坚持。旅游组织在描述旅游的影响时，必须经过充分的评估和测量旅游所带来的精神上和经济上的影响，以促使政策的功效能发挥作用。美国有句俗语：一事成功，事事顺利。假设旅游发展形势大好，政府官员便会因为自己的重要贡献而引以为豪。在此重申一点，正如在旅游业中其他各个方面得到印证的那样，通力合作才能有所作为。

环球透视

旅游安全

为了满足当今世界的需要，旅游规划者和管理者在规划设计工作中有必要考虑安全问题和安保措施等因素。彼得·E·塔罗（Peter E. Tarlow）博士在多个旅游相关社团中担任主席，是“旅游趣闻”专栏的撰稿人，并著有《重大事件的风险管理与安全》（*Event Risk Management and Safety*）一书，为全球知名的旅游安全专家。在这里，让我们分享他与来自世界各国的旅游规划者交流后的一些心得。

1.2001年的“9·11”事件距今仅10年。

太多旅游从业人员都以为“9·11”事件是一偶发性事件，甚至像该事件从来就没有发生过哪样照常工作。倘若以为这一恐怖袭击所造成的创伤已经愈合，未免有些愚蠢。而且，与战争相比，恐怖主义更像是一种慢性疾病，虽然症状有时会有所缓解，但并不会痊愈。旅游业仍然是恐怖主义分子的主要袭击目标之一。

2. 不要指望绝对的安全。

安全是目标，但这一目标的实现不能得到保证。太多的人都以为我们的政府能够应对每一项意外，而事实却是不能。因此，对于每一种意外，旅游业都必须尽其所能地做出实事求是的评估。

3. 向安保人员支付高薪。

在20世纪，旅游从业者倾向于将采取安全措施看作一项附加或额外的要求。到了21世纪，旅游安全已成为一项重要的市场营销工具。旅游消费者希望能看到安保措施，而且还希望为其提供安保服务的人员是经过良好训练的专业人士。安保工作专业化的实现来自于良好的训练、丰厚的薪酬和严格的筛选标准。譬如，在吸引会议和会展市场的竞争中，那些拥有“旅游导向型治安维护服务单位”的社区将会占有先机。

4. 列明旅游安全措施清单。

要清楚了解你的安全措施中的优势和劣势。例如，一份好的社会安全措施清单会涉及包括从机场安全到谁能获准进入客房等各个环节。安保工作需要防范的不仅是恐怖袭击，还包括防范社会犯罪，以及预防罪案的发生。另外，还要清楚了解你的安保队伍、安保设施以及所在的实体环境具有哪些优势和劣势。

5. 不要将注意力仅集中于恐怖主义。

如今，恐怖主义是一个人们热议的话题，但是，游客遭到犯罪袭击的概率高于恐怖袭击。你应清楚了解你所在社区中最有可能会袭击来访游客的那些犯罪活动类型，然后制定出能使安保、执法、政策与旅游营业工作协调一致的安全工作计划。请记住，一支缺乏训练的安保队伍几乎能在一夜之间摧毁一个计划周全的市场营销项目。

6. 立足当下。

两三个月之前所做的决定，可能并不适用于未来。有效的安全措施意味着需要花时间对现状进行重新评估，并根据最新评估的数据对有关政策作出调整。

7. 备有补救计划。

尽管好的危机管理的最佳形式是良好的风险管理，但是危机和悲剧仍会发生。而且，在恐怖主义活动猖獗的时代，发生于某个区域的事件也会影响世界其他区域。这意味着在像旅游业这样的世界性行业中，一个企业，甚至一个国家，常常会无力完全掌控自己的命运。由于人们不能预见下一次事件发生的具体时间，所以旅游管理者必须要有一份内容翔实的补救计划。然而，在实际执行中，该计划中所作的安排不应刻板不变。在处理紧急事故中，对原计划中的安排进行酌情调整往往要比从头开始制定应急计划来得简单。

8. 最佳的保护措施来自优质服务。

如果你的雇员对提供优质服务漠不关心，则表明他们也不会在意顾客的利益。你应着手提升员工的服务质量，并且使服务成为一件令人快乐的事情。对很多人来说，外出旅行从来都不好玩。“旅行”一词源自法语的“travil”，意思是“工作”。人们是因工作而外出旅行，出行次数越多，就越不愿意出行。漫长的空中飞行、烦琐的安检手续、搬运中被撞坏的公文包和行李箱、航班延误、饮食供应不及时等，都使得外出旅行（特别是乘飞机旅行）成为令人烦心之事而非乐事。通过提供格外周到的服务，能帮助你的顾客从疲惫中得以恢复。应鼓励饭店推出“减压”餐，以及为顾客提供从微笑到特殊的浴室杂物等额外服务。应鼓励旅游景点增设“感谢您的到来”之类的特别促销日。换言之，旅游业应尽一切可能，使外出旅行成为人们的乐趣。这样做的根本原因在于，处在压力之下的顾客需要我们的微笑。

彼得·E·塔罗博士的电子邮箱是 tourism@bihs.net。

讨论题

1. 什么是旅游安全措施清单？
2. 旅游企业与当地警察和消防部门的合作为何重要？

旅游潜力的开发

官方旅游机构

发展旅游业的国家或地区应设立一个旅游机构或组织［**目的地管理组织**（destination management organization）］负责持续开展对各个客源国或客源地区社会经济发展状况的了解，就有关客源市场可能的需求规模、需求类型以及需求结构，提供合理超前的预报。同样有必要开展的另一项工作则是，就本国或本地区旅游业的供给发展情况，并就为了促进发展而采取的行动和项目计划的现状，提供有关的报告。

因为旅游是一种极为复杂的现象的总和，尽管是截然不同的部门，也都有责任去解决开发过程中所遇到的难题。

维持一般商品价格及旅游产品价格的稳定是一个持久不变的目标。因为价格的上升会导致需求量下降。土地投机行为也应该受到抑制。

国内潜在旅游资源的存量（如公园、旅游吸引物、休闲设施等）应与时俱进，不断得到更新和拓展，以便国家将这些资源适当地并入现实的旅游业中，与预测的需求数量和质量相一致。

直接影响运作成本的缴税也会影响到旅游产品的价格。旅游可以创汇，因此应制定出一套适用于旅游业的财政政策，它类似于那些用于普通或典型的出口贸易行业的财政政策。

根据预测的情况，每年都应组织实施公共宣传活动。它们必须突出重点、详细并富有建设性，同时还应瞄准社会经济的发展和市场的活动。进行这一活动的资金来源于年度旅游收益和以总收益中不低于 1%且不高于 4%的比例获得的可确认的基金。当地风俗理应得到理解和宽容，以确保当地秩序的控制和维护，避免欺诈及其他犯罪行为。

从目的地国自身的利益出发，目的地国应使游客的逗留尽可能舒心惬意。但仍需证据证明游客花费在逗留地的消费对当地经济的贡献。

大众旅游的季节性导致游客无法正常使用相关的服务及配套设施。有些服务，如住宿等，很难适应并满足游客的季节性波动。另一方面，其他一些服务，诸如交通运输和通信，则可以适应这种季节性特征。因此，政府为旅游发展提供公共服务至关重要，这样也有助于适应客流量的季节性波动。

交通运输

鉴于**交通运输**（transportation）在旅游发展中的重要地位，建议采取以下措施：

1. 连续不断地详细研究旅游交通情况，旨在计划必要的改进措施。

说明：交通运输是旅游规划中一个重要的组成部分。华盛顿的联合车站（Union Station）就是一个非常出色的规划案例。这个美观大方的车站拥有令人惬意的环境，在此，您既可以乘坐火车、地铁，也可以就餐、购物。
Photo courtesy of Washington，D. C.，and the Capital Region，U. S. A.

2. 制定一个与旅游开发相关的国内或国外道路建设规划，在交通运输业欠发达的国家，如果有必要，应修建新的道路，并改进原有的道路标识系统。公共道路规划涵盖了这一内容，它是经济发展的必要组成部分，也是旅游道路交通的重要环节，需要优先考虑。

3. 改进边境与主要游客集散中心和区域间的铁路运输系统（在需要的地方），包括在这些区域内的短途服务设施，以满足游客流量最大化时的需求。

4. 改进边境道路管理，提高承载力以确保交通顺畅，进出客源流动通畅。跨境这一行为，可能是一次国际旅游活动的序幕也可能是终结，因此，给游客留下一个好的印象是非常重要的。

5. 提供充足到位的机场服务和设施，以满足顾客需求。用于机场运输的技术的迅猛发展，使得合理的预测成为可能。

6. 有与旅游开发配套的港口和码头建设规划。

7. 为通过航空或海运到达旅游目的地的游客提供便捷的汽车租赁服务（有驾驶员和无驾驶员）。

住宿

住宿设施的建设必须在区域规划内进行区位选择。饭店是可以持久利用的基础设施，同时还能提升景区的水准，因此规划工作至关重要。图 16—3 展现了一个具体的选址开发规划。

任何一个规划实体首先要考虑的都是饭店的选址。它可以通过有关区域功能划分

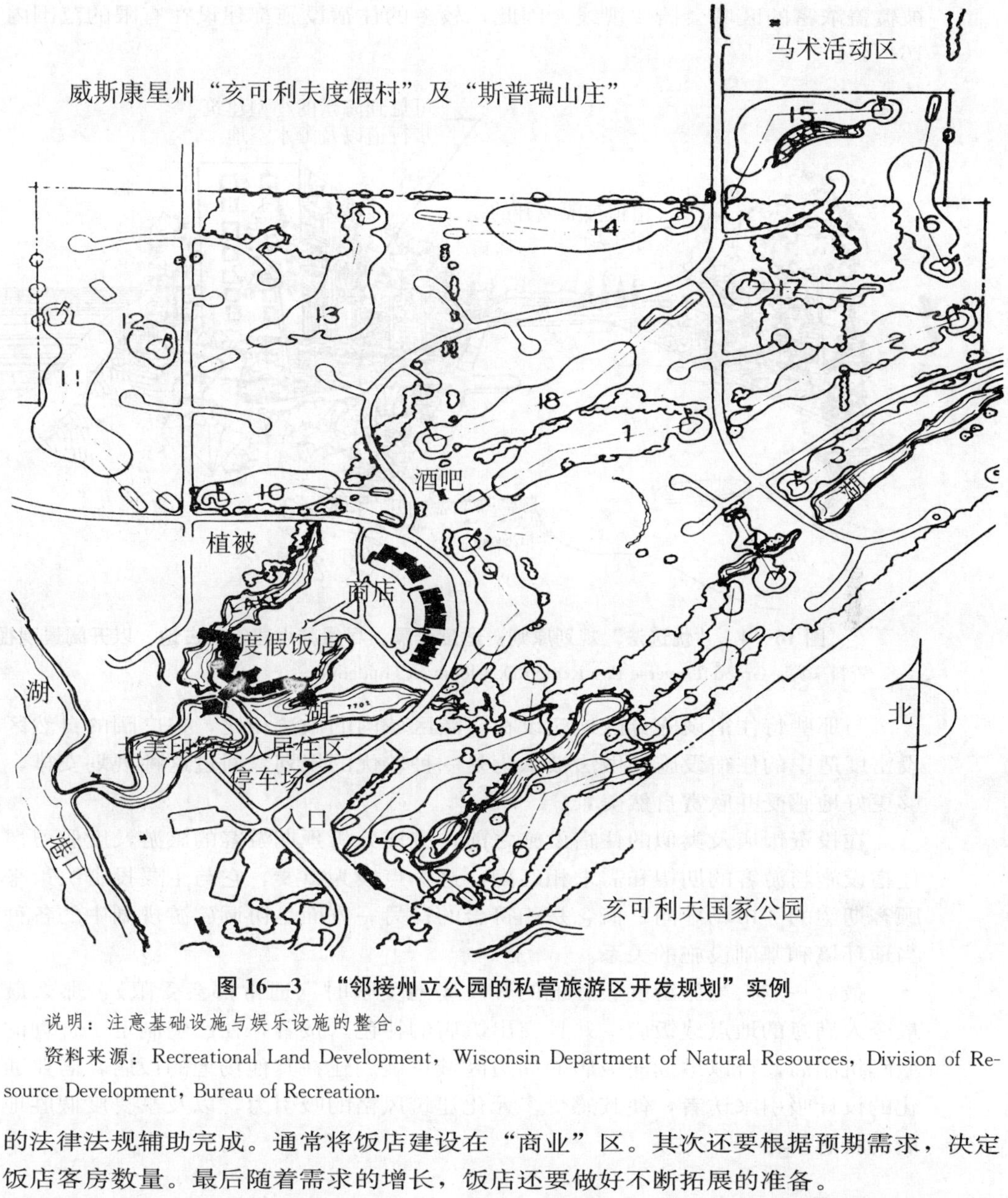

图 16—3　“邻接州立公园的私营旅游区开发规划”实例

说明：注意基础设施与娱乐设施的整合。

资料来源：Recreational Land Development，Wisconsin Department of Natural Resources，Division of Resource Development，Bureau of Recreation.

的法律法规辅助完成。通常将饭店建设在“商业”区。其次还要根据预期需求，决定饭店客房数量。最后随着需求的增长，饭店还要做好不断拓展的准备。

在饭店规划中需要思考如何在一个给定的区域内，实现合理完美的布局。饭店分布过密，会产生共生价值降低效应。在这样的环境中，欣赏风景的眼界将被阻断或受到限制，框架布局的意义和价值也将被削弱。

我们还需要关注一个非常重要的比率，即沙滩上的人流量与饭店房间数量之比。密歇根州自然资源部（Department of Natural Resources）的调研表明，一个一般规模的海滨或以北美五大湖沙滩为例的最佳承载力，大概是每 400 英尺长的海岸或湖岸容纳 1 000人。比较典型的情况是，在旅游度假胜地或者沙滩的度假者大概有 50％会选择在沙滩上活动。在这一群体中，25％的人会在水里活动，而 75％的人会在沙滩上。

另一个需要考虑的是地理因素。在地势起伏不平的国家或山地国家，较多的住宿设施都安排得很紧密，但不会像在平原上一样，因为建设得过密而相互干扰。同时，植被覆盖的类型也会影响住宿设施的密度。较之那些植被覆盖稀缺或很少的地区，植被覆盖浓密的区域会挡住视线，因此，较多的住宿设施都建设在有限的范围内（见图16—4）。

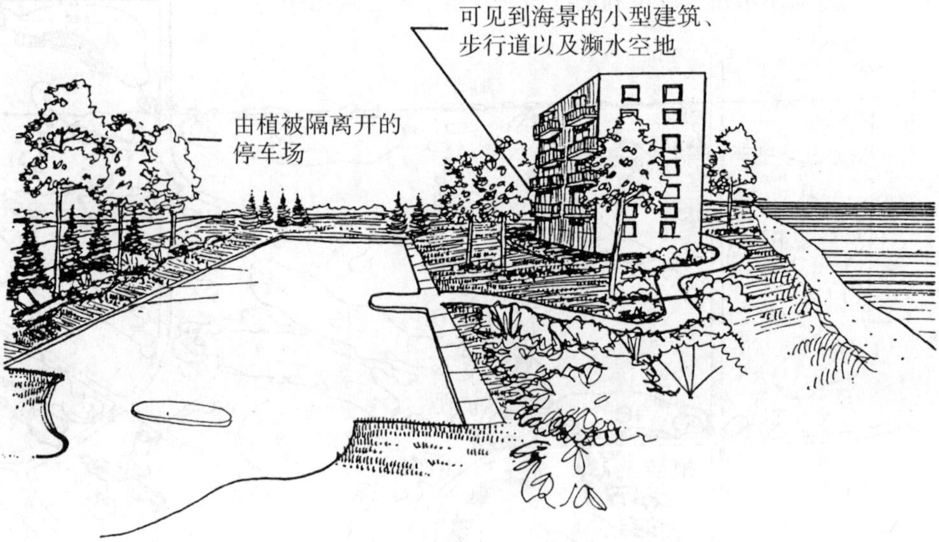

图16—4　“优选法”规划原则：适度分隔、尽量减小建筑物占地，以开阔景观视野

资料来源：Grand Traverse Bay Region Development Guidelines.

与那些将住宿设施分散地建设在广阔区域内的做法相比，在广阔的自然区域内建设密度适中的住宿设施的做法被认为是一种较优的规划。通过这种规划安排，人们能够更好地感受并欣赏自然美景。

在投资饭店及类似的住宿设施之前，应该分析预期游客的旅游及度假习惯，以使住宿设施与游客的期望和需求相匹配，这一点极为重要，它与主要投资决策来自潜在顾客期望的“市场导向”概念是相符合的；另一方面是协调旅游规划中的各种要素与当地环境和基础设施的关系。

最后一点，当旅游度假胜地的开发场地受限时（通常都会受限），那么最好是在最令人满意的地点建饭店，并且突出饭店的特色。接着，在已经制定了合理的规划和激励机制后，可以继续向饭店的周边区域扩展。建在其他场地的饭店，需要通过差异化的设计吸引来访者，使其感受多元化建筑风格的吸引力，以及享受度假胜地不同饭店的特有风格。

融资

融资的流程包括抵押担保和来源于不同渠道的直接贷款。

抵押担保计划

就一个度假地开发项目的抵押担保计划而言，政府可予以担保的抵押贷款额最高为该项目完工后的用地、建筑、装修以及设备等评估价值总额的80%。经核准的抵押贷款按照惯用的抵押贷款利率，需支付利息，因此，需要制定一个时间进度表，保证在未来30年内摊销这笔贷款及利息。

同时，还必须建立保证金制度，保证金的数额需要始终占到抵押贷款本金的20%。保证金必须由提供抵押物利息的托管人负责管理，托管人必须具有从事抵押贷款业务的合法资格。这一机构对所有已核查的贷款进行监管，同时，只要保证金还在创造利息，企业仍在进行摊销，那么托管人就需要一直对实际运作情况进行追踪调查。在这种情形下，如果度假胜地的开发商没有履行其职责，抵押的固定资产及收益将被收回，在尚未找到其他更好的方式之前用于弥补贷款。

在这一担保计划下，通过贷款机构、项目合同或者抵押贷款资格证书，度假胜地的投资者可以放心地从单个或多个渠道获得所贷资金。因为有保证利息及本金偿还的保证金制度的存在，抵押贷款对于借贷机构和其他资金借贷渠道而言，具有很大的吸引力。

伴随经核准的度假胜地开发项目和抵押贷款的到位，抵押贷款占到了用于土地、建筑物、设施和设备建设的总融资金额的 80%，另 20%将以风险投资的形式进行。这会刺激那些对项目有兴趣的投资者参与新的度假胜地的开发。

融资流程

有意向开发度假胜地的投资者必须使所在城市、区域及国家的政府部门相信，开发度假胜地势在必行。下一个步骤则是获取一块基于预先制定的区域旅游开发规划的建筑用地，用于度假村的建设开发。接着，由第三方进行可行性调研。

为了证明投资方对该旅游度假胜地的建设是十分严谨认真的，在规划过程中，需要与建筑师、工程师、咨询师以及其他专家取得联系，做进一步的沟通。负责具体运作和建设饭店的应当是同一组织。一个规划的重要组成部分，是需要有一些经验丰富、关注该项目设计及布局的度假胜地管理者的意见和建议。

下一步则是从当地民间、当地政府或者从国外争取建设资金。此外，还必须保证有足够的资金用于购买设备、物资补给以及所需的服务，包括开办费、各种预算外开支等。在获得进口物资及设备方面，政府往往有必要提供帮助。政府应考虑在足够长的时期内实行减免纳税，以确保该度假地经营成功。对度假地建设和经营中所需的材料免征进口税，也是一种可取的举措。

□ 本章小结

本章以对一个模型的介绍开篇，首先分析并阐述了决定一个旅游目的地的竞争力、可持续性及其经营成功的基本要素，然后讨论了旅游规划与开发的性质和必要性，以及其中各项工作的特点。接下去集中讨论了将政策与规划工作联系起来的重要性，以便使这两项工作能够做到有机整合。

旅游规划与开发工作的质量将决定一个旅游目的地的最终成败及其市场寿命。因此，用于开展规划工作的时间、精力和经费都是必不可少的投资。

经周密考虑之后，规划者应制定旅游开发的目标。这些目标应成为一切工作的指导原则。对于开发工作中的障碍因素，应通过妥善的规划工作并辅之以行政手段加以克服。这一工作通常由官方旅游组织完成。旅游开发应成为整个地区或整个城市用地开发规划中的组成部分。

旅游开发工作几乎总是会涉及政府和私营开发商的共同参与。每一方都能对同一开发项目中的某些工作作出最佳贡献。政府一般负责提供基础设施，如道路、供水系统、排污系统、公交车站、停车场等。私营开发商则主要提供上层设施，如饭店、餐馆、娱乐设施和购物场所。

政府还可在融资方面提供大量的帮助。在该项目资金到位之前，私营开发商必须对财务回报及风险进行分析，以决定是否投资旅游设施的建设。

□ 重点概念

建筑标准（architectural standards）
目的地管理组织（destination management organization）
旅游开发目标（goals of tourism development）
基础设施（infrastructure）
开发工作的障碍（obstacles to development）
政策制定（policy formulation）
保护（preservation）
交通运输（transportation）
土地使用（land use）
规划过程（planning process）
政治因素（political aspects）
情境调节性因素（situational conditioners）
区域划分（zoning）

□ 互联网练习

为了方便读者，本章中所提及的互联网网站连同其他一些相关网站，一并列在为本书件设的网站上：www. wiley. com/college/goeldner。

练习1

网站名称：国际生态旅游协会（The International Ecotourism Society）

网址：www. ecotourism. org

背景资料：国际生态旅游协会列出了每年得到国际广泛关注的生态旅游领域的重大事件。

练习内容

国际生态旅游协会判断问题是否值得关注的标准是什么？

练习2

网站名称：Alaska Wilderness Recreation and Tourism Association

网址：www. awrta. org

背景资料：该网站是非营利性的贸易组织，旨在加强对阿拉斯加野生环境的认识和保护。

练习内容

（1）进行旅游规划时，阿拉斯加的开发商应遵循的原则是什么？

（2）现在该网站所关注的规划类的若干问题是什么？

练习3

网站名称：Cyburbia

网址：www. cyburbia. org

背景资料：Cyburbia网站将与规划、建筑、城市化以及其他与环境改造相关的网络资源整合，并且建立起了一个全面的可供选择的目录框架。它同时还提供了与建筑及规划有关的邮寄清单和世界性的新闻网络系统的信息，同时还提供了互动的信息交流平台。

练习内容

浏览该网站，找出旅游产业中现在受到关注的问题，分析哪些问题与本章所探讨的问题一致。

□ 复习与讨论题

1. 旅游管理者可以掌控的决定一个旅游目的地成功的因素是什么？

2. 什么是目的地竞争力？

3. 简要说明什么是旅游规划的目标。

4. 讨论交通运输对旅游开发的重要性。

5. 讨论影响一个新建旅游度假区成败的最重要的因素是什么。

6. 为什么旅游开发规划如此必要？

7. 大规模的旅游度假胜地开发与其周围社区之间最重要的联系是什么？

8. 根据前面所提及的问题，如果一个社区比较小，它在进行任何主体改造和新建项目之前，是否都要得到当地居民的许可？

9. 一个受到普遍欢迎的避暑胜地，如一个面积较小的湖岸乡镇，其土地使用规划的目标是什么？

10. 描述一下基础设施对于以下活动地点的重要性：滑雪场、避暑胜地、码头垂钓、公共港口、购物中心、共同开发的度假胜地饭店项目。

11. 列举出一个完整的规划项目所需牵涉的主要的个体及群体组织有哪些。

12. 如果当地政府及企业领导者对于旅游持抵制和消极的态度，那么旅游开发将会受阻，你同意这一观点吗？

13. 就现阶段而言，遗产保护是必然趋势，你觉得遗产保护有必要吗？

14. 如果你所在的地区已经非常繁荣，你认为还有必要鼓励旅游开发吗？

15. 列举出不理智的旅游开发将带来的各种环境污染情况。

16. 如何强化对旅游开发过程重要性的关注力度？为力求实现自然环境与人造景观的和谐，如何对旅游开发过程给予更多的关注？

□ 案例题

1. 一个房地产开发商意识到人们对一个湖边的公共休闲胜地的需求增长潜力巨大，他计划建设 126 栋别墅外加 56 个停泊码头。这份规划提交后，乡镇规划管理局通知他，湖岸每 100 英尺只能建设一栋公寓和一个停泊码头。因为湖区的所有权不归他所有，所以该规划被撤回后，需重新起草一份规划。若要进入该湖区，需要修建一条小的水上通道，这涉及湖岸边的土地使用问题，所以这是一份“存在巨大漏洞的规划”，以致该规划也被否决。房地产开发商随后将规划局告上法庭，以迫使其批准这一项目。法官应该如何裁决？

2. 你接受了联合国开发计划署有关旅游事务的委派，前往美国中部一个城市。你的第一个任务是开展对一个当地旅游景区开发的可行性财务分析。在这一过程中，你需要考虑哪些因素？假设你从数据分析中得出的结论证明该项目很有前途，你下一步应该做什么？

3. 套用饭店惯用的建设模式，比起那些精细而考究的建设方案，建设和维护的成本较低。饭店通常都以追求利润最大化为目标，那么，饭店到底该以何种方式建设？

第17章 旅游业与环境

学习目的

- 识别旅游目的地成功的决定因素。
- 了解实现可持续旅游的指导原则。
- 了解可持续旅游发展议程的政策目标。
- 分析实现可持续旅游的主要挑战。
- 了解全球气候变化下旅游业的新变化。
- 探讨减缓旅游业导致的气候变化的政策和措施。
- 探讨生态旅游概念及其在可持续旅游发展中的作用。

导 言

随着21世纪的发展，旅游业将不得不优先考虑环境问题。由于旅游业如今已是目前世界上最大的产业，环境正在成为旅游发展中的核心问题。旅游不仅是一支强大的经济力量，而且是自然环境中的一个因素。由于今后环境问题将受到越来越多的重视，那些经济上可行而环境上不可取的开发项目将不会获得批准。环境是旅游产品的核心，旅游业的盈利能力有赖于旅游目的地能否保持其旅游资源的吸引力。

旅游业有能力去改善环境，提供资源保护所需的资金，保护文化和历史，设定可持续利用的界限和保护自然吸引物，但也会破坏环境。如果不对旅游业进行适当规划和开发，它有可能会破坏植被，带来过度拥挤、环境脏乱、污染海滨、过度建设、吞噬空地、排污困难等问题，引发当地居民的居住问题，还可能造成对目的地社区其他需要的忽视。

人们已经认识到，旅游业必须维护好环境与自然吸引物，这样才能使人继续外出旅游；必须对资源的使用设定极限，才能使景区的存在真正实现可持续。但问题在于如何去做。目前已经提出了诸如可持续发展、可持续旅游、承载力、气候变化、自然旅游、生态旅游等概念。本章将对这些概念进行研讨，并审视旅游业在对环境负责方面都做了哪些努力。

▷ 旅游业威胁环境吗？联合国环境规划署及联合国世界旅游组织的见解

在讨论旅游业如何应对给环境带来的负面影响之前，人们首先有必要认识到，旅游业的根本目标是要建立一个长期可持续的旅游系统。

可持续发展的本质[1]

对于**“可持续发展”**（sustainable development）这一概念，人们使用最多的定义是由世界环境与发展委员会（WCED）在其 1987 年的报告中提出的。[2]“可持续发展”是既满足当代人的需要，同时又不损害子孙后代满足其需要之能力的过程。

因此，可持续发展是指以现在和未来均可行的方式既为当代人同时又为子孙后代创造更好的生活。换言之，可持续发展观是基于地球资源有效、有必要公平利用且所得利益公平分配的原则而提出。

自 1987 年以来，“可持续发展”的内涵不断深化。这方面的著名代表性成果是 1992 年在里约热内卢召开的联合国环境与发展会议上通过的行动规划——《21 世纪议程》，以及 2002 年在约翰内斯堡召开的可持续发展世界首脑会议上通过的行动规划。这些文件形成并强调了三个**可持续发展的维度**（dimensions of sustainable development）或**可持续发展的支柱**（pillars of sustainable development）。这三个维度分别是：

● 经济可持续性，指的是需要在所有处于不同发展阶段的社会中去实现经济繁荣，并考虑所有经济活动的成本效益。重要的是，这一点事关企业及其经济活动的能力，以及长期保持这种能力的可行性。

● 社会可持续性，指的是尊重社会中每个人的权利和机会的平等。这就要求利益的公平分配，强调消除贫困。实现社会可持续性的重点是当地社区，应维持和强化其赖以生存的系统，理解和尊重不同文化，避免任何形式的剥削。

● 生态可持续性，指的是保护和管理资源，特别是那些不可再生的或者人类赖以生存的珍贵资源。它要求人类应采取措施，减少空气污染、土壤污染和水污染，保护生物多样性和自然遗产。

非常重要的是，应认识到，这三大支柱在许多方面都相互依存，并且三者之间既可能互相促进，又可能彼此竞争。可持续发展意味着人们需要在这三者之间求得一个平衡点。

使旅游业更具可持续性

有些评论者和组织以为，**可持续旅游**（sustainable tourism）乃是一种特定的旅游形式，旨在吸引那些对环境和社会影响敏感的利基市场，并认为这种类型的旅游由特定类型的产品和服务构成，与大众旅游不同，而且活动规模通常较小。其实，这是一种危险的误解。我们有必要澄清的是，“可持续旅游”实为建立在可持续发展原则上的旅游，旨在实现使旅游业的发展更具可持续性这一根本目标。“可持续旅游”一语乃是用于指旅游业的一种状态，而非旅游活动的一种类型。所以，如同以小规模分散形式开展的旅游活动一样，妥善管理的大众旅游同样也能实现可持续发展。

联合国世界旅游组织对“可持续旅游”的解释是：

“旅游可持续发展的指导方针和管理适用于所有旅游目的地中各种类型的旅游形式，包括大众旅游和各种不同形式的小众旅游。可持续性原则针对的是旅游业发展所涉及的环境、经济和社会文化这三个方面。所以，我们对这三个方面必须进行适当平衡，以确保这些方面发展的长期可持续。”[3]

因此，可持续旅游的表现应包括：

1. 在实现旅游发展、维持必要的生态进程、保护自然资源和维护生物多样性等方面，一个关键因素便是最优化利用环境资源。

2. 保持旅游目的地**社会文化的原真性**（sociocultural authenticity），保护该地社会的文化遗产和传统价值观，为促进不同文化间的相互理解与包容做出贡献。

3. 确保实施可行的、长期的经济活动，并且向所有利益相关者公平地分配社会经济效益，包括为旅游目的地社会提供稳定的就业、创收机会和社会服务，以有助于消除贫困。

4. 可持续旅游发展需要所有利益相关者的积极参与，也需要有强有力的行政领导去确保人们的广泛参与并就可持续旅游发展的实施达成一致意见。实现可持续旅游是一个不断持续的过程，要求人们不断地监控旅游影响，并在必要时采取预防和（或者）纠正措施。

5. 可持续旅游还需要维持游客的高度满意，确保能为游客提供高品质的旅游体验，提升游客对可持续问题的意识，并促进可持续旅游活动在他们中间的开展。

旅游业与可持续发展：一种特殊的关系

旅游业既能为可持续发展作贡献，也会带来挑战。原因在于：第一，旅游行业的动机机制和规模增长，以及为许多国家和旅游目的地的经济增长所作出的重要贡献。第二，旅游是一种包括消费者（游客）、行业、环境和当地社区之间特殊关系的活动。

这种特殊关系出现的原因是：与其他经济部门有所不同的是，旅游业中的情况是消费者（旅游者）需要前往旅游产品及其生产者的所在地进行消费。这促成了旅游业与可持续发展相互关系的三个重要且独特的方面：

● 相互作用：作为服务行业，旅游业的本质在于它是以向游客交付新的旅游体验为基础。这意味着在游客、当地社区和当地环境三者之间会存在很多直接和间接的相互关系。

● 环境意识：旅游业的发展能使旅游者和当地居民更加关心环境问题，也会使其认识到不同国家、不同文化间的差异。旅游业的发展不仅能使人们在这一过程中改变自己对环境的态度，而且会使其更加关心可持续发展问题。而且，这一影响在人们的有生之年都会持续。

● 依赖性：多数旅游活动的开展都是旅游者前往某目的地，去体验该地原始而清洁的环境、具有吸引力的自然区域、原真的历史和文化传统、热情好客的民众及其活动。旅游业有赖于旅游目的地的这些特质。

这种紧密而直接的关系，造就了一个敏感的局面，即旅游业既有可能对可持续发展造成严重破坏，也有可能有利于促进可持续发展。

实现可持续发展的指导原则和方法

可持续旅游政策的制定与实施应建立在一些极其重要的原则和方法这一基础之上。在这些原则和方法中，有些是内生于可持续发展原则，有些则是随着时间的推移，由旅游领域的从业人员提出。下面，我们将介绍这方面的一些关键概念和指导原则。

可持续旅游发展流程

树立全局观

旅游规划与开发工作不应孤立地进行。人们应将开发旅游视为有关社区、整个目的地以及其他活动可持续发展的一部分。同时，人们还应认识到，旅游业会因在使用资源方面与其他经济部门竞争，以及在开展工作方面与其他经济部门相互支持，从而会影响其他经济部门。此外，全局观还应包括旅游部门内部的影响与关系，并考虑公共政策会如何影响旅游业，或者如何被旅游业所影响。

多方利益相关者的参与

可持续旅游的发展需要由本地进行控制，但也要谋求与其他利益相关者共同合作。这些方面的因素都有可能会影响该地旅游业的开发和管理。

长期规划

我们应尽量避免短期规划，而且应鼓励长期规划，并根据实际情况去配置资源。如果可能的话，规划行为本身也应具备可持续性。

强调对全球和本地的影响

由于当地的环境与社会受旅游业的影响比较明显，所以更容易获得政策支持。然而，旅游可持续发展的实现，同样也应重视旅游业对全球的影响，特别是应防止旅游污染（例如温室气体排放）和对不可再生资源的使用。而且，这些全球性的影响（如气候变化）会反作用于旅游业。

推动可持续性消费

可持续性并不仅仅与供给有关，还会对消费模式及其影响产生作用。这意味着可持续性同样也会影响旅游需求量以及旅游者的决策。

可持续发展与旅游质量同等重要

人们逐渐认识到，作为高品质的旅游目的地和产品，应强调其全面的可持续性，而不是简单地注重令旅游者满意。事实上，应鼓励旅游者树立这样的意识：那些关心环境、关心其员工的目的地更会在乎旅游者。

构建发展计划

以成本反思影响——谁污染谁负责原则

在谁污染谁负责的原则下，环境污染的造成者应负责承担对该地旅游体验（产品）所造成的损失。

降低风险——预防原则

谨慎的风险评估是可持续旅游发展的重要组成部分。鉴于对旅游规划或行为有可能带来的影响缺乏研究，采取措施时更应小心谨慎。预防原则指的是，应强调采取措施避免破坏问题的发生，而不是事后再去尝试弥补。

采纳生命周期的理念

生命周期评价是指将产品或服务的整个生命周期的全部影响纳入评价中，包括最初的资源使用、选址与设计、开发和建设、实施生产的全部投入、产品或服务的变卖，以及使用后的影响。

考虑功能替代

应考虑是否存在具有相同功能，并能实现同样结果，但对资源破坏更小、作用更有效的替代做法。

尊重限制

对一个旅游目的地或景区的开发规模或游客接待量进行限制的决心和能力乃是可持续旅游概念的核心。所涉及的限制因素包括该地的生态承载力、资源能力、社区关怀情况、游客满意度等。准确的研究结论可以确定一个旅游目的地或景区的承载力。**承载力**（carrying capacity）是指在不会导致该地的自然环境、社会结构、地区经济发生不可接受的变化，并且不会导致游客的体验质量出现不可接受的下降这些前提下，该地景区或景点的发展、使用、增长或变化的最大数量。

基于可持续发展的旅游目的地管理

适应不断改变的环境

根据环境变化作出适应性反应是可持续发展的一个重要方面。旅游业对绩效和影响程度这样的外部环境更为敏感。

采用测量指标进行持续监测

全面的旅游管理要求人们随着时间的推移，对情况变化及其给政策和管理措施带来的影响进行**持续监测**（continuous monitoring），并据此做出调整。监测工作的实施应根据**可持续旅游核心指标**（core indicators of sustainable tourism）的具体测量标准进行（见表 17—1）。

对于这些指标的内容，管理者应尽最大可能去加以了解，以降低由于工作倦怠而造成的决策风险，从而避免有可能会使旅游业所赖以生存的自然及文化环境遭到破坏。这些指标的内容包括以下几个方面：

- 旅游与环境的总体关系。
- 环境因素对旅游业的影响。
- 旅游业对环境的影响。

事实上，这些指标旨在确认旅游与环境之间的具体因果关系。通过测度和使用这些指标，管理者能更为有效地开展以下工作：

- 识别出现的问题，并实施预防或缓解措施。
- 识别各种影响，并在问题出现之前采取管理措施。
- 推行可持续旅游开发，并识别有关的限制性因素与机会。
- 提高管理者的负责能力，基于知识作出负责任的决策。

对旅游管理者而言，有价值的两类指标是：

1. 业已提出的适用于各地的可持续旅游核心指标。
2. 适用于特定生态系统或特定类型旅游目的地的指标，这些指标分为两类：

- 适用于特定生态系统的特定生态系统补充指标。例如：海滨地区、公园和保护区、山地地区。

- 专门为特定景区设计的专用指标。这些指标所反映的是特定景区的重要特征，因为这些特征在前述核心指标以及针对特定生态系统提出的补充指标体系中都没有反映出来，然而对特定景区的管理来说却实属必需。

有关专家团队为联合国世界旅游组织设计开发的指标可见表 17—1。通过识别一个特定目的地或特定景点对各项指标的期望程度，并努力去满足其要求，管理者就能够有针对性地进行工作，以确保最大限度的可持续性。

表 17—1　　可持续旅游的核心指标

指标	具体测量标准
景区保护 (site protection)	依据世界自然保护联盟[a]（IUCN）景区保护的类别
压力	来访景区的旅游者人数（每年/高峰月份）
使用密度	高峰期的使用密度（人数/每公顷）
社会影响	旅游者/当地人口的比率（高峰期以及随时间变化的情况）
开发控制	执行已有的环境评价程序，或严格控制过度开发和使用密度
废弃物管理	景区污水处理率（其他方面的指标可包括景区内其他基础设施能力的设限，例如供水量）
规划工作	旅游目的地（包括旅游业各组成成分）贯彻现行地区发展规划的情况
重要生态系统	珍稀/濒危物种的数量
消费者满意	游客的满意度（基于问卷调查）
当地居民满意	当地居民的满意度（基于问卷调查）
旅游业对当地经济的贡献	由旅游业带来的经济活动总量所占的比例
综合指数[b]	**具体测量标准**
承载力	影响该景区支持不同层次旅游活动的能力的关键要素的综合性预警指数
景区压力	对该景区影响程度的综合性测量指数（旅游业以及其他部门的累积性压力对该景区的自然及文化特质产生的影响）
吸引力	对该景区中能吸引旅游者来访并会随时间推移而发生变化的那些特质进行评估的综合性测量指数

a. 指国际自然与自然资源保护联合会（International Union for the Conservation of Nature and Natural Resources）。

b. 综合指数由大量的特定景点变量组成，因此，对组成这些指数的指标的识别与评估需要来自受过培训和有经验的观察家的指导。将来，在基于经验对特定景区设计组合指数的过程中，很有可能以更系统的方式追溯这些指数。参见运用这些指数对阿根廷的黑塞镇和瓦尔德斯半岛的案例研究。

资料来源：United Nations World Tourism Organization.

在评论这些指标时，我们应该看到，这些专家并没有单独追求环境或生态目标。有些指标不仅寻求确保对当地经济的贡献能达到令人满意的水平，而且也寻求确保旅游者以及当地居民的满意度能达到其所期望的水平。这些指标的使用，有助于确保能以经济手段去推进可持续旅游的发展，也有助于确保公众（和政府）对该地旅游业的支持。

确信落实必要的变革

在行使环境监控的过程中，如果发现为确保一个旅游目的地的可持续而应做出的变革未能得到成功实施，那么多年的努力和投资很可能都会付之东流。

设定可持续旅游发展的议程

可持续旅游发展的工作议程旨在阐明旅游目的地管理者应努力去实现的主要目标。该议程中需包括两个相互关联的基本要素：

1. 确保外部环境有利于旅游业未来能继续作为一种经济活动的能力。

2. 确保该地的社会和环境有能力以可持续的方式承受旅游业发展所带来的影响，并从中受益。

基于上述两个因素，可将可持续旅游议程归纳为12项旨在强调经济、社会和环境影响的目标。据此构建的议程可作为制定具备可持续性的旅游政策的基本框架，并以此识别出旅游政策之影响作用的具体方向：

- 使旅游业对社会和环境的影响最小化。
- 使旅游业对当地的经济、自然和文化遗产保护以及对当地居民和外来游客的生活质量等方面的贡献实现最大化。

可持续旅游发展议程的12项目标（见图17—1）是：

1. 经济可行性。确保旅游目的地和企业的经济可行性和竞争力，以使这些目的地和企业能够长期保持繁荣和产生效益。

2. 旅游目的地的经济繁荣。使旅游业对当地经济繁荣的贡献最大化，包括该地旅游者收入的最大化。

3. 就业质量。提升旅游业为当地创造就业机会的数量和质量，包括工资水平、工作环境，以及提供均等的机会，对性别、种族、残疾人等没有歧视。

4. 社会公平。在旅游目的地社会中广泛、公平地分配旅游业带来的经济和社会收益，包括增加就业机会、提高收入水平和增加对穷人的服务。

5. 旅游者的自我发展。不论旅游者的性别、种族、残疾与否，为其提供安全、令人满意和有意义的旅游体验。

6. 本地控制。赋予目的地社区居民权利，参与本地的旅游规划、管理及未来旅游开发的决策工作，并能够与其他利益相关者共同协商。

7. 旅游目的地社区居民的幸福。维持和提升旅游目的地社区居民的生活质量，包括改善当地的社会结构和资源分配，改进生活便利设施和生命保障系统，避免任何形式的社会退化或剥削。

8. 文化的多样性。尊重并强化旅游目的地社会的历史遗产、原真文化、传统以及独特性。

9. 自然的完整性。尊重并提升都市及乡村的景观质量，避免当地环境的自然性和观赏性降低。

10. 生物多样性。推进对自然区域、动物栖息地和野生动物的保护，将对其造成的破坏最小化。

11. 资源效率。在建设旅游设施及提供旅游服务过程中，确保尽可能地减少使用稀缺性资源和不可再生资源。

12. 环境纯净。确保将旅游企业和旅游者活动所致的空气污染、土壤污染、水污染以及所产生的垃圾量最小化。

图17—1中所示的12项目标间并不存在主次之分，各项目标都同等重要。而且，多数目标都与环境、经济、社会问题及其影响相关。

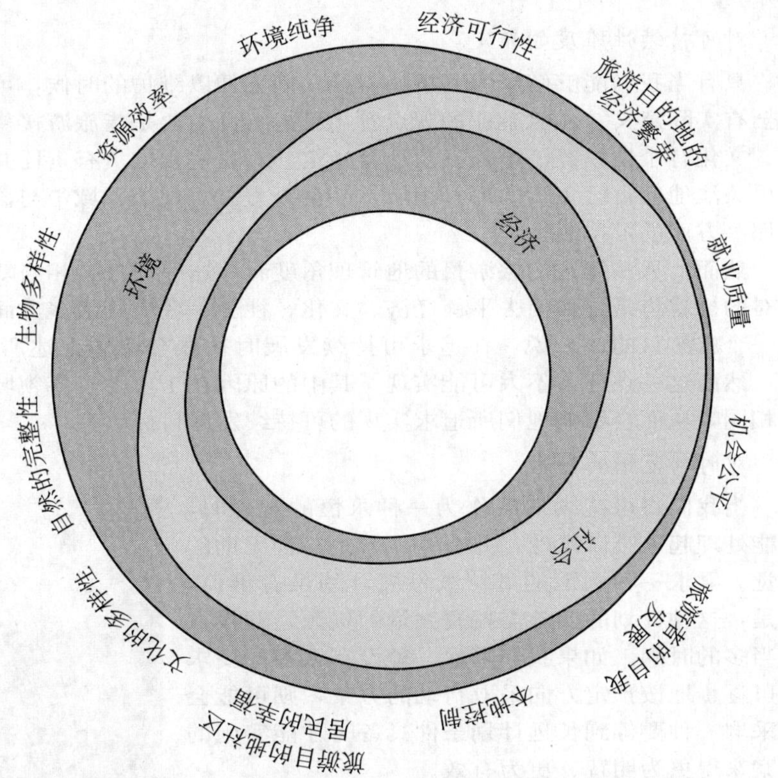

图 17—1 有关可持续旅游的 12 项目标与三个支柱性维度之间的关系

可持续发展与旅游业：关键领域

在前述内容中，我们探讨了可持续旅游发展的实施步骤和相关的问题。现拟出五个具体的操作阶段供大家讨论。

对相关人口/社区的界定

我们先依据最后一个前提条件来进行讨论，并以“为谁去施行可持续发展”这一问题作为讨论中心。作为专业人士，我们需要搞清楚的是，究竟是应从全球性的宏观角度去讨论旅游业与可持续发展的问题，还是应将我们的思考焦点仅仅限定于某一特定旅游目的地。实际上，在我们认识到需要采用全球性角度进行思考的同时，也必须要认识到，应根据自己的权限，将精力主要放在那些我们有能力去实施的区域。

所以，在此我们要明确阐述的一个原则便是，作为专业人士，我们需要明确自己的利益和行动的范围，因为各地的旅游影响情况以及人口规模可能不尽相同，因而所需采取的行动措施自然也会有所不同。

对构成可持续发展之基础的价值观的界定

即使不考虑以何种方式去判断一个社会的价值观，这些价值观仍将最终决定为实现可持续发展而制定的有关政策。至于这些政策的形成是意见折中的产物，还是一致赞同的结果，则是有关行政组织所关心的问题。然而，最终政策的执行程序和有关行政机构的权力，将会决定可持续发展的实现水平以及所应采取的实现形式。在旅游部门工作的人如果忽视了这一现实，就算不上称职。因此，一旦明确了所涉及的人口/社区，那么紧接下去的一项重要工作便是确定该地社会的有关价值观，以了解他们希望该地开发何种类型的旅游。

对可持续性维度的界定

只有当我们能够解释哪些事物需要人们去加以维护的时候，可持续发展这一概念才会有实际意义。从旅游业的观点看，可持续性主要是指旅游接待地区的生态环境良好、文化有个性、经济增长以及社会稳定。对这些领域负有责任并感兴趣的人，自然会更关注他们自己负责的那一领域，并会努力去实现该领域中与该地旅游承载力有关的那些方面的可持续性。

然而，从整体性的旅游目的地管理角度看，这一任务会相当复杂。此时，我们所面对的挑战将是，如何去平衡经济、文化、社会、环境等诸多方面的可持续发展。对于一个旅游目的地来说，在追求可持续发展时往往会希望上述所有各个方面能够兼容，然而这一点通常不太可能实现。其中的原因在于，由于各领域中人们的价值观不尽相同，从而会影响他们所追求实现的可持续发展目标。

对时间范围的界定

当我们将可持续发展作为一种永恒的观念时，可能处理起来难以操作，并会令人产生一种无助的感觉。寻求一种永恒的可持续发展计划虽有价值，但是，这种计划的实施需耗费大量的资源，并投入相当多的时间。如果我们采取一种没有太多的要求并可逐步地按预定方向采取行动的方案，则可能会比采取一种要等到长远计划条件具备时才能实施的方案来得更为明智、更为有效。

说明：类似华盛顿州热带雨林这样的未被破坏的热带雨林是生态旅游者的旅游胜地。Copyright © Corbis Digital Stock.

责任分配

从先前讨论的内容中我们可明显看出，在讨论与旅游业相关的可持续性问题时，所需涉及的**责任分配**（allocation of responsibility），不是一件简单划一的工作。前面所讨论过的高度相互依赖性、多学科性、多部门化以及旅游管理决策的政治性，都说明这一问题的答案不可能很简单。然而，只要能充分认识到这一点，那么对于如何去引导这一过程，如何向不同领域的主管机构分派责任之类的问题，提供一些指导方针还是可能的。

综上所述，人们有必要提出一种具有可操作性、能保持相对民主从而能反映当地居民对旅游业之敏感的责任分配设想。表17—2中所提供的便是这样一种责任分配设想。

表17—2　　旅游可持续发展：一种可能的责任分配方式

层次/组织	责任内容
目的地社区/地区	确定目的地社区/地区的旅游发展理念和愿景 确定社区/地区的社会、自然和文化的承载力
目的地管理/社区组织	协调社区旅游可持续规划的实施 监控社区/区域旅游发展水平和影响
旅游企业和经营者	对旅游可持续发展做出贡献 遵守可持续发展的政策、指导方针和准则
目的地社区/区域	鼓励/接受符合可持续发展规划的旅游发展指标
游客/旅游者	承认有责任在尊重目的地的价值准则方面具备起码的自身教养 接受并遵守目的地社区旅游可持续发展规划的细则和条件

实现可持续旅游发展所需面对的重大挑战

虽然前面章节已经介绍了可持续旅游的本质和为实现这一目标应采取的必要政策，但是若要构建和维持一个可持续旅游系统，还存在一些重大的挑战。对此我们识别出了五个方面的挑战，当然这并不是旅游业面对的所有挑战，而且各项挑战的重大程度也不尽相同。但是，它们阐明了旅游业所面对问题的本质和范畴，以及实行可持续旅游会带来的机会。这五个方面的挑战是：

1. 在维持可持续性的同时，管理旅游业的动态发展。

2. 扶贫：遵守旅游业对促进实现联合国千年发展目标之一的承诺——到 2015 年消除世界贫困。[4]

3. 维持对环境保护的支持。

4. 确保旅游者的健康和人身安全。

5. 应对气候变化的影响。

对于上述每一个方面的挑战，人们都需要有透彻的了解并付出大量努力方能应对，但是最后一个方面的挑战——应对**气候变化**（climate change），似乎是当前最迫切需要应对的挑战。因此，接下去我们将详细讨论这方面的情况。

全球气候变化下旅游业面对的现实[5]

有确凿的证据表明，与工业化之前的情况相比，如今全球气候变化明显，并且这种变化预计在 21 世纪及之后仍将持续。政府间气候变化专门委员会（Intergovernmental Panel on Climate Change，IPCC）指出："气候系统发出的警告毫不含糊。"从 2001 年到 2005 年，全球气温平均每年大约上升 0.76 华氏度。这 5 年的气温上升程度虽然在总数值上与 1850 年至 1899 年的数值相同，但是所间隔的年数却短得多。然后，政府间气候变化专门委员会判定：自 20 世纪中叶以来，大部分观察到的全球平均气温的增长，极有可能（大于 90%的概率）是人类活动向大气层排放的温室气体增多的结果。可辨别的人类活动影响已扩展到了气候的其他方面，包括海洋变暖，大陆平均气温上升、极端气温的出现以及风灾的增多等。冰川/冰帽的大量融化和海洋表面温度的上升，致使海平面从 1961 年到 2003 年每年上升 1.8 毫米。其中，1993 年到 2003 年期间，全球海平面大约每年上升 3.1 毫米。可见，在 42 年研究期的最后十年中，海平面的上升尤为显著。同时，各个大陆均发现了生态系统和个别物种对气候变化做出的生物反应。

由于与环境和气候关系密切，旅游业是一个对气候高度敏感的经济产业，与农业、保险业、能源业和交通运输业的情况相似。未来，气候变化的区域表现将会与旅游目的地和旅游者高度相关。这就需要主要的旅游利益相关者对此作出调整、适应。事实上，气候变化距离旅游业并不遥远，譬如全球气候变化对世界各旅游目的地造成的影响日益显现，而且气候变化已影响到一些旅游目的地管理部门的决策——考虑是否应将该目的地打造为滑雪胜地或是海滨度假地。

同时，旅游业的温室气体排放也是引起气候变化的重要原因之一。旅游产业系统中，以交通运输业和住宿业的温室气体排放量最大。"2007 年维也纳气候变化会谈"指出，未来 10～15 年全球的温室气体排放量将达到最高值，此后将会减至相当低的水平，到 21 世纪中叶，排放量将会低于 2000 年的一半。[6]旅游业必须依据该国际条例，大幅度地减少其温室气体排放量。但是，旅游业不能脱离其他行业而独自去应对气候变化所带来的挑战，而是必须在更广泛的国际可持续发展议程表的背景下去采取措施。全球旅游业所面对的重大挑战是，需要提出一套连贯一致的政策策略，将未来数十年旅游业预期的大幅增长从增大能源利用量和温室气体排放量中摆脱出来，以使旅游业在实现自身发展的同时，有助于达成扶贫及联合国提出的新千年发展目标。

全球气候变化对旅游业和旅游目的地影响的概况

全球气候变化对旅游目的地、目的地竞争力以及可持续旅游发展的影响可分为四类：

1. 直接的气候影响。气候条件是一项主要的旅游资源。首先，它与其他资源一起，共同决定着某一地区作为旅游活动场所的适宜性。其次，它是全球各地旅游需求季节性波动的主要形成原因。最后，气候条件对经营成本，如供暖和制冷、造雪、灌溉、食物和水的供给以及保险费用等，也都会产生重要影响。因此，气候依赖型旅游活动的季节长度和质量变化（例如阳光度假——海滨度假或冬季体育活动）可能会对很多目的地之间的竞争并由此对旅游企业的利润造成相当大的影响。

2. 间接的环境变化影响。由于环境条件是非常重要的旅游资源，气候所引起的环境变化将会对目的地旅游业产生深远影响。水资源可利用量的降低、生物多样性的减少、景观美学价值的降低和农业产量的变化（如葡萄酒旅游）、自然灾害的增加、海岸侵蚀和洪水泛滥、基础设施的损坏、传染病发生率的升高等，都会不同程度地影响旅游业。为此，联合国教科文组织已确定出一批世界遗产景区为易受气候引起的环境变化影响的重点旅游目的地（例如，意大利威尼斯的海平面上升，澳大利亚大堡礁的珊瑚白化和死亡，美国和加拿大的沃特顿-冰川国际和平公园，秘鲁昌昌古城地区的厄尔尼诺现象——洪灾和海岸侵蚀）。

3. 减灾政策对旅游客流的影响。国家或者国际上旨在减少温室气体排放的减灾政策，可能会影响旅游客流，因为这些政策将导致交通费用的上涨，并且还可能会使旅游者改变其旅游模式（例如，改变对交通方式或出游目的地的选择）。

4. 间接的社会变化影响。人们认为，气候变化会给一些国家的未来经济增长和政治稳定带来威胁。斯特恩报告［《气候变化经济学》（*Economics of Climate Change*）］中断言，虽然全球气温上升1摄氏度时，可能对全球的GDP有益，但如果上升幅度更大，则最终将会损害全球经济的增长。该研究报告中还得出一个残酷的结论：过度的气候变化可能导致21世纪末或22世纪初期时的人均消费量减少20%。[7]任何因气候变化而引起的全球GDP的减少，都可能会降低消费者用于外出旅游的可自由支配收入，从而会对未来旅游业的发展产生消极影响。但是，斯特恩报告并没有专门针对旅游业作更深入的解读。

旅游目的地方面的适应能力

需要强调的是，不管气候变化影响的范围和程度如何，所有的旅游企业和旅游目的地只有能够适应气候的变化，才能使相关风险最小化，才能以经济、社会和环境可持续发展的方式把握新机遇。

那些没有基础设施的大型旅游经营商，往往能较好地适应该旅游目的地的变化，因为它们能根据顾客的需求变化调整自己的产品供给，并通过提供信息去影响顾客的旅游选择。与之相比，那些有大量固定资产投资的目的地社区和旅游经营商（例如酒店、度假中心、邮轮或赌场等）则适应能力很差。

旅游者对气候变化的适应能力

旅游者对气候变化的**适应能力**（adaptive capacity）（有赖于三个关键要素：金钱、知识和时间）最强，因为他们能自由地避开那些受气候变化影响的旅游目的地，或调整出游时间以避开不理想的气候条件。与之相比，旅游目的地方面的某些旅游服务供应商和旅游经营商，则适应能力较弱。

旅游业对气候变化的适应能力

旅游业的动态性和应对最近一系列剧烈震荡的能力，包括"非典"、一些国家的恐怖袭击或者海啸，都表明旅游业的整体适应力相对较强。但是，旅游业内各部门、目的地和个体经销商适应气候变化的能力差异非常明显。

旅游业一直在调整经营方式以适应世界的气候区，并采用各种各样的技术、管理方式、教育手段、政策和行为调适以应对气候的变化。然而，研究发现，旅游业对气候变化的适应能力明显弱于其他经济部门（如农业）。

气候变化对旅游需求模式的影响

气候、自然环境和个人安全是旅游者选择出游目的地的三个主要影响因素。人们认为，全球气候变化对旅游目的地中的这三个因素都有显著影响。旅游者对这些影响的反应将会重塑其旅游需求模式，从而会在气候变化对旅游业的最终影响中起到关键作用。所以，了解和预测旅游需求在选择出游地域和出游季节方面的可能变化，未来仍然是重要的研究领域。

旅游业适应和缓解气候变化的方式

全球对气候变化的关注正在持续升温，联合国政府间气候变化委员会明确指出，全球气候变化才刚刚开始。特别是，在温室气体排放增多的情况下，气候变化对旅游业的影响将会逐渐加剧。气候变化将会重新分配旅游气候资源的地理分布和季节分布，从而会给全球生态系统带来风险。气候变化对世界各旅游目的地的影响情况和程度不尽相同。最容易受气候变化影响的地区多位于发展中国家，而这些国家对气候变化的适应能力普遍较差。这就形成了对这些地区旅游目的地和目的地社区的一项特殊挑战。此外，气候变化对旅游业的影响还可能会作用于其他经济部门，如农业以及该地的旅游供应网。与之相应，旅游部门也应认识到，其他经济部门为**适应气候变化**（climate change adaptation）而采取的措施，也将会影响旅游业。例如，金融部门会将旅游企业是否备有应对气候变化的战略计划纳入投资准则，从而将会影响到旅游企业的信用评级和保险费率。

缓解气候变化（climate change mitigation）的发生需要全球能源和交通运输系统作出变革，因此会影响人们的旅行成本以及旅游客流量。气候变化还可能会对全球经济产生不利影响，并为一些区域带来安全威胁。因此，人们预计气候变化将会对全球旅游业产生深远影响，从根本上改变旅游业的各个方面。

可靠的研究结论表明，气候变化对旅游业的影响并不是在遥远的未来。气候变化正在影响旅游业中的各种决策，包括旅游者方面的决策、旅游企业方面的决策、投资者方面的决策以及国际旅游组织方面的决策。下一代旅游从业者可能需要应对气候变化所带来的几乎所有的影响。

综上，为了应对气候变化这一对 21 世纪旅游业可持续发展的最大挑战，是时候在旅游业制定共同策略了。

生态旅游的概念及其对可持续旅游的作用

人们对实行可持续旅游之重要性的认识和接受，促成了**生态旅游**（ecotourism）这一概念的出现。的确，在旅游领域中，可持续旅游与生态旅游这两个概念趋于交替使用。虽然两者之间有着密切的关联，但每一个概念都有其特殊的细微差异。在这些细微差异中，很多都有其重大意义。在我们看来，生态旅游这一概念传达了对所有旅游者基本义务的极大关注。这一基本义务就是要避免伤害，并切实保护他们游览的所有景点。如此看来，生态旅游从本质上承载着极高的价值内涵；也就是说，旅游者个人应当对他们的行为及其所产生的影响负责。与之相比，可持续旅游传达得更多的则是整个社会的功能性义务，以确保一些非常必要的、能够为子孙后代维持原生态自然环境的条件。这些条件并非完全是经济和政治方面的条件。我们要认识到，人们所期待的价值观和良好的行为意图，必须要有充足的资金与坚定的决心去加以支持。

说明：图为澳大利亚的瀑布景观。为了子孙后代也能够享受到这种美景，旅游业主管当局必须不断寻求保护该美景的各种方法。Courtesy of Digital Vision.

生态旅游：常用的术语

生态旅游、地理旅游、自然旅游、绿色旅游、低影响旅游、探险旅行、选择性旅游、环境保护、联合开发、负责式旅游、温和旅游、适宜旅游、质量旅游、新生旅游、可持续发展、可持续旅游，这些全都是用来区分一些相类似的旅游活动与开发所采用的概念。在这些概念中，生态旅游与可持续旅游最常用。两者的准则都是要维持或提高自然环境的质量和吸引力。

对生态旅游的定义有很多。国际保护组织（Conservation International）认为，“生态旅游是一种促进自然保护和维护当地人福利的负责任的旅行”。[8]

戴安娜·布劳斯（Dianne Brouse）把生态旅游定义为一种游客关注和考虑到其行为对目的地地区文化和环境产生影响的负责任的旅游。[9]

国际生态旅游协会把生态旅游定义为“对自然环境的保护和对当地人福利的改善负责任的旅游”。这意味着那些要实施和参与生态旅游活动的人应该坚持以下原则：

- 影响最小化。
- 树立环境和文化意识，并尊重环境与文化。
- 为游客和目的地居民提供积极的体验。
- 为保护环境而提供直接的财务支出。
- 为当地居民提供经济利益并赋予权利。
- 提升对目的地国家政治、环境和社会变化的敏感性。
- 支持国际人权和劳动保护条例。

加拿大旅游业协会认为，对于生态旅游，需要有一个全国认可的定义，以有助于这一业务领域的成长，并保护加拿大旅游业的声誉。为此，该协会所给出的最终定义是：

> 生态旅游是可持续旅游的一部分，它所提供的旅游体验不仅使游客能够去探索自然地域，而且能保护它们的完整性，并通过开展解说和教育，使游客能够理解该地的自然和文化意义。可持续旅游能培育人们去尊重环境，能反映出可持续的商业实践，能为社区/区域创造社会经济利益，并能认识和尊重当地的本土文化、传统和价值观。

上述定义颇具影响力，也最为本书作者所认可，因为该定义不仅简洁明了，而且囊括了具有可持续性的环境、经济和社会这三个支柱。因此，我们倡议大家采用这一定义。

澳大利亚生态旅游协会（Ecotourism Australia）所采纳的生态旅游定义是：生态旅游是在生态意义上的可持续旅游，它主要关注的是对自然区域的体验，从而培养对环境和文化的理解、欣赏和保护。

其他美国旅行行业协会报道的关于旅游业与环境研究上的生态旅游的定义如下：

- 生态旅游是环境友好型旅游，强调观光与救助自然环境和考古财富。
- 生态旅游是一种保护手段。
- 广义上，生态旅游所涉及的不仅仅是保护。它是一种能反映区域生态、社会、经济需求的旅游方式，它也提供了一种替代大众旅游的可选择的方式，它包含旅行的所有方面，从航空公司和饭店，到地面交通设施及旅游经营商。也就是说，生态旅游产品的每一个构成部分都对环境非常敏感。
- 作为一种旅游方式，生态旅游能培育旅游者对环境、文化、自然历史的理解，保持生态系统的完整性，并创造经济发展机会和保护利益所得。

读者可访问 www. travelgreen. org 网站，了解美国旅游业协会通过可持续旅行为保护环境所做的努力。

美国国家地理学会首创了“地理旅游”这一概念，并将其定义为一种能维持或加强被访地区地理特征——包括这一地区的环境、文化、美学、遗产和当地居民的福利的旅游。这一定义试图描述旅游可持续性的所有方面。

说明：探险旅游是一个快速成长中的市场，其中一项最流行的旅游活动是白水漂流。所有旅游者，尤其是这些在加利福尼亚的斯坦尼斯劳斯河上漂流的旅游者在这里留下足迹的同时有责任保护环境。Photo by Robert Holmes；courtesy of the California Division of Tourism.

上述定义听起来好像都是面面俱到，对旅游者、目的地以及当地居民都有所涉及，但实际情况是在某种程度上确实应该如此。问题在于如何实现这些目的地所作的承诺，从而使生态旅游成为现实。否则，生态旅游会成为一种怪论，陷入不是保护环境而是将旅游者带入易毁坏的环境并使之毁灭的矛盾境地。事实上，很多人都对生态旅游这个概念争论不休。如果你仔细思考生态旅游这个词的两个组成部分——生态学与旅游，你就会发现两者之间的不协调之处是非常明显的。生态学被认为是研究有机体与环境之间关系的科学。在我们将旅游与生态学联结起来进行思考的时候，就引入了一个外来实体，并使生态学所研究的有机体和环境之间的本质联系发生重大改变。当生态旅游变得如此流行以至于它们毁灭了寻求要保护的环境的时候，生态旅游就不能发挥作用了。

生态旅游的益处及其重要性

在断言生态旅游不可行之前，先让我们来考虑一下生态旅游的益处：

- 能为当地人提供就业机会与经济收入。
- 能为购买和改善受保护的自然区域提供尽可能多的资金，以便未来吸引更多的生态旅游者。
- 为游客提供环境教育。
- 促进和加强**遗产保护**（heritage presevation）和**环境保护**（environmental preservation）（新的或扩大的国家公司和州公园、森林保护区、生物圈保护区、娱乐区、海滩、海洋生物和水下通道及各类吸引物的创造）。

发展中国家能接待众多生态旅游者。在巴西，自然旅游已成为这个国家财政收入的最大来源；在非洲的中南部，卢旺达的生态旅游已成为其外汇收入的第三大来源。

从 20 世纪 70 年代开始，旅游者游览山地大猩猩工程（Mountain Gorilla Project）为卢旺达创造了大量的外汇，这一工程的成功创收也使这个国家的其他公园得到了人们的支持与保护。

在哥斯达黎加，60%的游客对游览国家公园系统很感兴趣，这个国家公园系统占该国土地面积的 11%。如果再加上生物保护区及私人用地，受保护的地域面积总计可达国土面积的 23%。

生态旅游的危险与局限性

在生态旅游目的地，乡村人口密度明显较低，大多数人都依赖于消耗自然环境资源来谋生。旅游业的引入会产生**对当地居民的影响**（effect on local populations），甚至会产生过度消耗资源的危险。如果生态旅游经营者不雇用当地居民来提供团队旅游所需的服务和使用当地已有供给设施，那么当地居民就享受不到发展生态旅游所产生的经济利益。这就导致了当地居民与旅游者之间对稀缺自然资源的竞争，这对环境的良性和健康发展是不利的。旅游经营者要想成功，就必须让当地居民参与其中，如果没有当地居民参与，旅游经营者就会只顾生存所需，这很可能会破坏原本能吸引旅游者前去游览的自然吸引物。

另一个问题是，在大多数国家，有关游客对偏远地区、自然地区、原始地区和其他相关未受干扰地区的影响的科学知识是相当贫乏或根本一无所知，因此，旅游和土地管理决策是在缺乏科学依据的基础上作出的。一旦允许过多的游客进入，就会产生极大的压力，结果，目的地最终要面对旅游者过度到访的危险，所以需要确定和实施承载力管理。

最后，旅游业是一个复杂的行业，因而几乎不可能进行控制。开始时规划得很不错的生态旅游也可能会转变为一种过于普及的探险活动，从而毁坏整个旅游地。为了防止这种情形发生，目的地管理者必须切实执行可持续旅游的基本要旨。

▷ 旅游组织的努力

虽然联合国环境规划署和联合国世界旅游组织在促进可持续旅游中发挥着主导作用，但也有其他一些旅游组织正与它们共同或是独立地开展工作。对可持续旅游的讨论，应包括对旅游组织及其为实行可持续旅游发展所提供的资源的讨论。

全球可持续旅游委员会

全球可持续旅游委员会（GSTC）是一个倡议在世界范围内推行可持续旅游实践的国际组织。该委员会致力于增加人们对可持续旅游活动的理解和接触，实施可持续旅游教育，宣传用于阐释可持续旅游的全球性原则。该委员会的网址为 www.gstcouncil.org。该委员会目前活跃在联合国世界旅游组织成员所在的世界各地区内——非洲、东亚和太平洋地区、南亚、欧洲和中东地区。该委员会的成员遍及全球旅游业中的各个部门，包括联合国机构、大型旅游公司、酒店、国家旅游局和旅游经营商。

该委员会运用全球性可持续旅游原则促进可持续旅游发展。全球可持续旅游行为准则是全球性可持续旅游原则的核心，是为全球旅游企业实行可持续发展而提出的一整套自愿性的行为准则。欲了解全球可持续旅游准则的详细内容，读者可访问全球可持续旅游委员会的网站 www.sustainabletourismcriteria.org。

可持续旅游发展旅游经营商创新会

可持续旅游发展旅游经营商创新会（Tour Operators Initiative for Sustainable Tourism Development）的使命是推动旅游业的可持续开发与管理，并鼓励旅游经营商同心协力实现可持续发展。在贯彻这一使命的过程中，该组织强调努力通过对包价旅游产品的设计与运作以及通过对旅游经营商业务做法的设计与运营，最大限度地减少对旅游目的地环境、文化及社会的不利影响，增加其有利影响。

该创新会是一些旅游经营商在联合国环境规划署、联合国教科文组织和联合国世界旅游组织的支持下，为全球旅游经营商创办的。上述这些组织也都是这个创新会的正式成员。该组织网址为 www. toinitiative. org，从中可浏览该组织的出版物、有关问题的最佳解决方案以及案例研究。

美国旅游业协会

为了保护环境，美国旅游业协会尝试通过网站宣传去推行发展可持续旅游。其网站是有关可持续旅游的重要信息来源。通过该网站，人们可了解到为何具有可持续性的环境有利于旅游企业，以及旅游企业和旅游目的地如何为其顾客提供有助于环保的旅游机会等方面的信息。该网站还列有可持续旅游组织、案例研究、最佳解决方案、认证项目、社会责任项目，以及所有各旅游行业的新闻。该网站由美国旅游业协会与美国运通公司共同创建。更多有价值的信息可从该网站获得，网址为 www. TravelGreen. org。

企业可持续旅游教育网络

企业可持续旅游教育网络（BEST Education Network）是一个由教育工作者组建的联合体式的国际社团，致力于推动有关可持续旅游发展的知识研究与传播。该组织专注于推出创新性的可持续旅游操作实践。企业可持续旅游教育网络由一个最初名称为“可持续旅游企业”的组织发展而来，后者成立于 1998 年，主要目标旨在研究和传播有关可持续旅游的知识。2003 年，经组织改革，其中负责教育及课程方面工作的一批人从该组织中独立出来，取名为“企业可持续旅游教育网络”。

该教育网络每年都选择在世界各地的一所大学举办一场为期 3～4 天的智库讨论会。2011 年第 11 期讨论会在美国天普大学（Temple University）举行，名称为“为可持续旅游而学习”。除了一年一度的智库讨论会之外，该组织还推出了很多有关可持续旅游的专题教学课程，包括可持续旅游营销专题教学课程、可持续旅游规划专题教学课程、可持续旅行社管理专题教学课程、可持续节事管理专题教学课程，以及可持续发展财务报告专题教学课程。这些课程材料可从良友出版社（Goodfellow Publishers）获得，其网站是 www. goodfellowpublishers. com。企业可持续旅游教育网络由奥地利维也纳模都尔大学（MODUL University）的达格玛·隆德-德拉克（Dagmar Lund-Durlacher）博士担任主席。该组织的秘书处也设在模都尔大学。该组织的网址为 www. besteducationnetwork. org。

□ 本章小结

世界上有责任感的人已经意识到，所有的人类活动必须在认真地考虑他们对地球的影响及地球可持续性的条件下，接受日益严格的检查。旅游仅仅是这些人类活动中的一种，却是极其重要的一种。旅游业必须理解和接受那些能维持所有物种高质量存活所必需的限制。在贯彻可持续旅游发展观方面，旅游业各部门都应扮演好自己所担负的角色。本章讨论了关于可持续旅游的基本知识，以及用以实施和监控可持续旅游发展的原则。

生态旅游的主要含义是对自然区域负责任的旅游，以达到保护环境和使当地居民获得福利的目的。从旅游者的观点来看，生态旅游典型地体现为从未被破坏的自然环境中通过独特的体验获得一种满足感，即通过观赏各种动植物、地形地貌、自然景观和自然美景获得满足感。

生态旅游的益处（benefits of eotourism）包括提供就业，有助于保护更多地区，提供教育机会，并鼓励增添文化和环境遗产。对于当地居民的益处是当地居民尽可能多地得到雇用，并使其最大限度地获得当地的供给与服务。

必须确定自然环境对游客的承载力。承载力被定义为在不损害吸引物特性的情况下，某一旅游地区每日所能接待游客的最大数量。强化这种限制并伴以完善的管理和良好的维护是十分必要的。

可持续旅游开发是一种经过周密规划并实施妥善管理的开发。它的对立面则是那种只顾短期利益的开发。由于人们预期旅游活动将会继续不断增长，可持续开发将会是人们所需要的旅游开发途径。鉴于全球资源所面临的巨大压力，因而它也是唯一行得通的途径。

旅游业比任何一个商业部门都更有理由需要促进和强化环境及商业伦理规范。环境是旅游业的基础资源。如果环境得不到保护，那么自然吸引物这一吸引游客来访的首要基础便会消失。

□ 重点概念

适应能力（adaptive capacity）
责任分配（allocation of responsibility）
生态旅游的益处（benefits of ecotourism）
承载力（carrying capacity）
气候变化（climate change）
适应气候变化（climate change adaptation）
缓解气候变化（climate change mitigation）
持续监测（continuous monitoring）
可持续旅游核心指标（core indicators of sustainable tourism）
可持续发展的维度（dimensions of sustainable development）
生态旅游（ecotourism）
对当地居民的影响（effect on local populations）
环境保护（environmental preservation）
遗产保护（heritage preservation）
可持续发展的支柱（pillars of sustainable development）
景区保护（site preservation）
社会文化的原真性（sociocultural authenticity）
可持续发展（sustainable development）
可持续旅游（sustainable tourism）

□ 互联网练习

为了方便读者，本章中提及的互联网网站连同其他一些相关网站，一并列在为本书伴设的网站上：www. wiley. com/college/goeldner。

练习 1

网站名称：澳大利亚生态旅游协会（Ecotourism Australia）

网址：www. ecotourism. org. au

背景信息：澳大利亚生态旅游协会成立于 1991 年，是一家非营利性的合作组织，是全国性的生态旅游行业机构。

练习内容

（1）试述澳大利亚生态旅游协会的愿景。

（2）试述澳大利亚生态旅游协会的性质及其生态旅游认证方案。

（3）讨论该协会的生态导游证书计划。

（4）该协会从事的其他活动还有哪些？

练习 2

网站名称：联合国环境规划署

网址：www. unep. org

背景信息：在保护环境方面，联合国环境规划署引导并鼓励开展国际合作，并通过倡议、教育、提供帮助等方式，使各国家和民族在改善其生活质量的同时，不以牺牲后代人的生活质量为代价。

练习内容

（1）联合国环境规划署在关于生态旅游和可持续旅游方面有哪些出版物？

（2）你能从该机构的《旅游焦点时事通讯》（*Tourism Focus Newsletter*）中获得哪类信息？

（3）联合国环境规划署如何定义生态旅游？

（4）联合国环境规划署如何看待旅游对环境的影响？

□ 复习与讨论题

1. 可持续发展的定义是什么？
2. 可持续旅游的定义是什么？
3. 什么是可持续旅游议程？
4. 为什么气候变化对旅游业来说很重要？
5. 究竟何为生态旅游？
6. 为什么对这一思想有这么多不同的术语表达？
7. 为什么生态旅游这一概念会变得如此流行？
8. 举例说明生态旅游目的地必须具备哪些资源。
9. 除自然资源外，生态旅游还涉及哪些其他资源？这些资源的重要意义是什么？请解释。
10. 简述当地居民在生态旅游和可持续发展中的作用。
11. 为什么保护性规划原则如此重要？
12. 对于旅游公司来说，生态旅游的目标是什么？对于生态旅游者、当地民众、当地政府以及当地的生态保护组织来说，生态旅游的目标又是什么？
13. 发展中国家与发达国家在生态旅游政策方面的区别是什么？
14. 生态旅游的主要局限是什么？
15. 参照问题 14，谈谈能够改善这些局限性的方法。
16. 为什么承载力如此重要？
17. 为什么认识旅游开发工作赖以为基础的价值观如此重要？
18. 为实现可持续的旅游，实施本章中所引用的相关建议有何意义？
19. 对于环境友好型旅游活动的开展，消费者愿意付出多大的代价？

□ 案例题

1. 邦妮（Bonnie S.）是某一旅行代理商的咨询顾问。她认为该旅行代理商的地域市场中有销售更多生态旅游产品的潜能。她应当如何进一步去识别这些旅游产品的预期购买者？

2. 作为厄瓜多尔国家公园的主管，厄内斯托（Ernesto B.）越来越多地关注加拉帕哥斯国家公园（Galá pagos National Park）的过度使用问题。他担心这个公园当前的接待量——每年有 65 000 名旅游者——可能会埋下毁损的根源，而这种情形最终会引发旅游者人数的大量削减。概括一下他有可能会采取哪些步骤去：

（1）弄清游客现在的体验质量。

（2）针对过度使用情况采取一些补救措施，以便保证将来的成功。

3. 纳森（Nathan M.）是某个专营生态旅游的旅游公司的主管。他的公司在坦桑尼亚主要经营一些拍摄大型动物和鸟类的摄影器材。他认为如果他的公司能从当地获得所需资源，那么将会承担起更多的社会责任。举例说明他应如何实现他的想法，并将从当地获得哪些收益。（在讨论时，应同时包括经济利益和社会利益。）

4. 假定你毕业后将作为旅游专家就职于世界野生动物基金会（World Wildlife Fund）。你的第一项任务是作为工作组成员，帮助赞比亚制定野生动物保护区计划。赞比亚位于非洲中南部。其政府正在考虑建一个新的国家公园，这需要世界野生动物基金会的专家予以帮助。世界野生动物基金会主席清楚地表示，该计划必须旨在提高当地居民的生活水平。目前，该国国民的生活水平很低，大多数是农民，靠农业为生。他们有时也会猎食那些破坏庄稼的大型动物。经过广泛的调研之后，工作组终于找到了一个特别有吸引力的区域。这一区域景色壮观，气候宜人，自然资源丰富，历史悠久，居民友善好客。因此，这一拟建的国家公园看来在吸引生态旅游者来访方面有很大的潜力。请就如何成功地建设该国家公园提一些建议。

5. 某一宣传声势很大的环境组织对其所在州的旅游企业提出了严厉的批评。该组织宣称，旅游业会迅速消耗宝贵的自然资源，所提供的大多是低报酬的非技术性就业岗位，并且会降低该州主要旅游区的文化品位。作为该州的旅游局长，你将如何回应这些批评？

6. 参照案例题 5，这个环境组织已经成功说服该州司法局长拆除所有的路边广告牌。但饭店、汽车旅馆、餐馆、景区和旅游促进组织都强烈反对这类立法。你能设计一个有可能会使矛盾双方都满意的折中计划吗？

□ 注 释

[1] Material in this chapter is extracted from *Making Tourism More Sustainable: A Guide for Policy Makers*, (Paris, France and Madrid, Spain: United Nations Environment Programme, Division of Technology, Industry and Economics and United Nations World Tourism Organization, 2006). The authors acknowledge the value of this document and wish to convey their appreciation for the willingness of UNEP and UNWTO to reproduce the document in whole or in part for educational purposes.

[2] *Our Common Future: The World Commission on Environment and Development* (The Brundtland Report, 1987; Oxford, UK: Oxford University Press).

[3] *Making Tourism More Sustainable: A Guide for Policy Makers*, (Madrid: United Nations World Tourism Organization, 2005), p. 11.

[4] Ibid, 12–14.

[5] Extracted from *Climate Change and Tourism: Responding to Global Challenges*, (Paris and Madrid: World Tourism Organization and the United Nations Environment Programme, 2008).

[6] The "Vienna Climate Change Talks 2007," international negotiations on GHG emission reductions, held under the auspices of the United Nations Framework Convention on Climate Change. www.unis.unvienna.org/unis/pressrels/2007/unisinf230.html.
[7] N. Stern, *The Economics of Climate Change: The Stern Review* (Cambridge: Cambridge University Press, 2006).
[8] Conservation International: www.conservation.org.
[9] Dianne Brouse, "Socially Responsible Travel," *Transitions Abroad* (January–February 1992), p. 23.

第五部分

旅游调研与市场营销

说明：明天的消费者将会不同于今天的消费者吗？Photo by Tom Johnson,courtesy of Verde Canyon Railroad.

第18章 旅游调研

学习目的

- 认识旅游调研的任务及涉及范围。
- 认识不同类型旅游调研的用途。
- 了解旅游调研的开展过程。
- 认识二手资料及其使用方法。
- 了解用于收集第一手资料的方法。
- 了解开展旅游调研的机构和组织。

导　言

信息是**决策**（decision making）的基础，因而旅游调研工作的任务是：通过对有关资料的收集与分析，帮助旅游管理者制定决策。所谓旅游调研，就是系统而公正地设计并实施调查研究，以解决旅游业中的有关问题。

旅游调研工作的涉及范围很广，涵盖旅游经营环境的各个方面，包括研究消费者、竞争者、产品与服务、市场结构、经济趋势、科技发展、政府规制、人口趋势、生态变化、影响旅游发展的全球性因素，以及构成旅游经营环境的其他各种因素。旅游调研工作的开展是借以谋划旅游业发展战略以及编制旅游营销计划的基础。

在旅游调研工作中，有两种主要的**资料来源**（sources of data）——通过开展第一手调查以及二手调查进行获取。第一手调查工作的开展旨在收集用于解决某一问题所需的原始资料；而二手调查工作的开展则是旨在收集目前已有的相关资料——此前人们因其他目的而收集到的相关信息资料。调研工作主要分两种类型——探查性调研和科学性调研。探查性调研属定性调研，其目的旨在探查和了解有关该问题的情况，因此，人们在基于这种类型的调研发现作结论时，需格外谨慎。科学性调研则属于定量调研。开展这种类型的调研时，需遵循认真仔细的科学过程，以使该项调研的结果能具有普适性。不过，要想做到使调研结果确实有用，对于这类科学性调研的开展，人们也必须要认真地计划，严格地实施，并缜密地对调查结果作出解读。

旅游调研中所发现的事实能帮助旅游管理者更有效地决策。旅游管理人员一旦掌握了有关该问题的实际情况，便能更有效地开展计划、运营及控制等方面的工作。所以，调研工作的开展不仅有助于降低决策工作的风险，而且对一个旅游企业经营工作的成败会有重大影响。

旅游调研的类别

旅游调研工作的开展有多种不同的形式。现对其中的一些类别介绍如下：

研究旅游的经济影响

对于任何类型的旅游目的地及旅游景区来说，人们都希望了解旅游业会在何种程度上刺激该地的经济发展，以及会给该地带来何种程度的经济收益。在这方面，弗雷希特林（Frechtling）曾提出过一套可用于全面评价旅游经济影响的方法。[1]

研究旅游目的地的知名度与形象

在旅游业中，另一种常见的调研工作则是旨在确定某一旅游目的地在重点客源市场的知名度。对于一个旅游目的地来说，了解自己在客源市场的知名度这一点可谓至关重要。原因在于，旅游者在制定出游计划时倘若不知道某一旅游目的地的存在，则根本不可能会选择去该目的地访问。

一旦旅游目的地管理者得知了该地的知名度情况，接下去便希望了解该目的地在重点客源市场的形象。对于正面的形象，旅游目的地管理者可将其用作开展营销宣传的基础，以诱使消费者决定前来该地访问；对于负面的形象，旅游目的地管理者则需认真地进行分析，以确定该如何加以改善。

研究游客满意度

这种调研工作的开展旨在判定游客对其来访经历的满意度，并了解最令游客感到满意的是哪些方面，以及令其最不满意的是哪些方面。这种类型的调研极为有用。它有助于一个旅游目的地识别自己在游客接待工作中，有哪些方面需要采取行动去加以矫正，以及需要采取哪些举措去弥补这些缺陷。

研究竞争者

所谓研究竞争者，即是仔细分析竞争对手的情况，旨在识别本组织在当地市场、在本地区市场、在本国市场或者是在国际市场有哪些直接的竞争者以及有哪些间接的竞争者。这种调研工作的内容包括：详细检查各竞争企业的选址、所提供的产品、所实行的产品定价、提供服务的水准，及其各自营销队伍的情况。

SWOT 分析

这种调研旨在确定本公司或本目的地具备哪些优势，存在哪些劣势；当地、本地区、本国或国际经营环境中存在哪些对本公司或本目的地有利的机会，以及存在哪些于己不利的威胁。

研究消费者/旅游者行为

这种调研所涉及的内容是，要求潜在游客及/或现有游客说出自己在选择出游目的地时通常会经历的决策过程，旨在发现他们在决策过程中使用哪些信息，并找出对其决策影响最大的是哪方面的信息。

研究未来的情况

这种调研的开展一般都是采用德尔菲技术进行，旨在发现哪些因素最有可能影响一个旅游目的地的业绩及其未来的最终成败。这种调研对于制定旅游政策，以及对于旅游目的地的设计工作，都十分有用。

研究旅游目的地愿景

这种调研旨在判定旅游接待地的当地居民希望该地未来 20～50 年之后发展成为何种类型的旅游目的地。旅游目的地管理者可据此制定相应的政策并设计相应的工作计划，以便将这一愿景变成为现实。

研究旅游的社会影响

这种调研作为研究经济影响的副本，旨在发现并最终判定旅游业的发展带给当地社会的种种影响以及对该地居民个人福祉方面的一系列影响。

促销工作业绩的转换研究

这种类型的调研旨在确定一个旅游目的地在开展促销宣传方面的成功度，即在接收到这些促销信息的受众中，有多少人转化成了实际来访的旅游者。因此，转换率是这种调研工作中所使用的主要测量指标。在评价媒体广告以及其他诸如推出优惠券之类的销售促进活动之效用方面，这种转换研究目前已成为一种主要的可行手段。此外，这种转换研究在设计未来的促销计划方面也很有用。

研究经营效率

对于各类旅游企业来说，这种调研的开展旨在确定如何使自己内部运作流程的设计实现效率最佳。例如，就一家大型酒店而言，为了能最大限度地提高客房清洁工作的效率，该如何配置人员及设备；就一个滑雪场而言，该如何设计和运作其雪场升降机；就一个迪士尼式的大型主题公园而言，这种调研则能使管理者更好地了解该如何设计其游乐设施的运作才能获得最佳回报。

入户调查与途中调查

入户调查工作的开展，一般用于了解旅游消费者的人员特征、其过去的出游情况及出游频度、其最喜欢的出游形式，以及其今后的出游意向等。与之相比，途中调查工作的开展，则是从正处于旅游过程中的游客那里去获取自己所需的信息资料。由于这种途中调查工作的开展主要聚焦于游客目前正在进行的活动及其短期内的记忆，因此能较好地获知来访游客的消费开支情况、访问了哪些地点，及其此行期间还会有哪些最可能的活动意向。

人力资源调研

这种类型的调研可用于探查有关旅游业员工的很多问题，其中包括调查他们的薪资收入，调查他们的工作满意度，研究不同工作条件下的工效，研究不同岗位工作的技术要求，以及评价员工在履行岗位工作方面所需具备的受教育程度和所需接受的培训，等等。

品牌调研

品牌调研旨在获悉消费者市场对某一品牌的看法，通过该品牌会联想到该产品的哪些特质，以及消费者市场对该品牌的知晓程度。这种调研的内容还可能会涉及探查消费者的品牌偏好及其对有关产品的购买情况。

需求量的估算与预测

这种类型的调研有助于判定客源市场对某一产品/服务项目的最大需求量。以这一需求量为基础，人们可预测不同时期的游客到访人次、游客消费额及营业收入等方面的情况。对于旅游业的经营，人们既需要作短期预测，也需要作长期预测。

产品调研

这种类型的调研旨在探查自己需要开发哪类产品、需要开发哪些打包式的产品/服务组合，以及用于评价消费者市场对这些产品的反应。这种调研所涉及的工作内容包括：（1）提出有关新产品的设想，对该项新产品进行设计，分析该项新产品开发工作所需的技术；（2）市场调研与分析。在开发新产品方面的一个例子便是太空旅游。

投资回报调研

这种类型的调研旨在测量自己为吸引游客来访而设计的工作方案的有效性，以及实施这一方案的投资回报情况。这种调研工作的例子包括：测量某项广告的效用、品牌信息的设计、网站的性能、社交媒体、转换（率）研究以及公关方案等方面的情况。

客户调研

这种类型的调研主要为旅游企业所使用，旨在就争取和保持某一客户的问题拿出解决方案。这种调研仅是为某一特定企业而开展，并且所针对的是具体的产品或服务项目。不过，这种调研也有可能会涉及有关市场规模、市场份额、需求预测、品牌功效、行业趋势、产品定价、市场细分或有关任何其他方面的特定专题。

旅游调研工作的程序

成功开展旅游调研工作的关键在于明确所要解决的问题，通过系统、按部就班地开展工作，找出最后的解决方案。本节旨在简要地介绍旅游调研工作的基本程序。

1. 识别问题。首先，你必须界定或明确所要解决的问题。然后，你需要按部就班地开展工作。

2. 开展现状分析。在这一阶段，你需要收集并消化所有可以得到的有关这一问题的信息。目的是熟悉所有这些信息，以确信自己不是在重复别人的工作，或者说，你没有忽略可为解决该问题提供现成方案的那些信息。这一现状分析工作就是要彻底地收集所有与该公司、该产品、该行业、该市场、竞争状况、广告宣传、客户、供应商、技术发展，当地经济、政治、气候，以及其他类似问题有关的信息。把握这些背景信息将会帮助你找出造成该问题的可能原因，从而使调研工作的开展更有效率，更富有成果。如果你了解该企业的内部环境、目标、战略、希冀、资源以及制约因素，该企业将会从调研成果中获得最大收益。除了前往图书馆查阅资料，互联网也是一个可用于开展现状分析的理想工具。

3. 开展非正式调查。从各种可资利用的信息源获得上述背景信息之后，你应当同消费者、经销商以及该行业中的要人展开非正式谈话，以更好地认识该问题。在开展现状分析和非正式调查期间，你应当着手提出可以进行测试的有关假设。假设的确立是开展调研的基础之一，并且是解决问题过程中一个颇有价值的步骤。所谓假设，就是一种推想、一种暂定的见解，或者说是对某一问题的可能解决方案。它可能有些类似于诊断。例如，如果你的汽车在路上突然抛锚了，你可能会想到：汽车没油了，油泵坏了，或者过滤器出了问题。调查工作的开展使你能够决定是接受这些假设还是否定这些假设。

4. 设计正式调研方案。一旦掌握了足够的背景信息，并根据这些背景信息确定了所要解决的问题，你便可以着手为整个调研项目的开展制定具体的实施步骤。这一阶段是整个调研过程的核心。在这一阶段，你必须提出将会对其进行测试的有关假设，并确定所要获取的那些资料的类型及其来源。那么，是否有现成的二手资料来源？是否有必要开展原始调查？如果你确信必须开展原始调查，那么你便有必要去考虑调查样本，设计调查问卷，或者策划其他资料收集方式，编写所需要的调查工作指南，设计编码方法和表格形式，等等。最后，你还有必要通过实施实验性调查，对前述所有各项工作预案进行测试，并将测试结果纳入详细的调查工作方案，作为开展调查时的工作指南。任何在行的调研人员都应遵循这一指南，按照要求，不出偏差地开展调查工作。

5. 收集资料。如果可从二手资料来源获得现成的资料，资料收集工作可主要通过案头调查进行。但是，如果需要收集原始资料，则这一阶段会涉及很多实地调查，资料的收集方式包括访谈调查法、观察法、实验法等。资料收集工作的成功与否取决于现场督导工作的质量、访谈人员或实地调查人员的才干以及对调查人员的培训。

6. 制表与分析。资料收集完毕之后，你必须对其进行编码、制表和分析。对于本阶段以及上一阶段的工作开展，你必须格外当心。如果资料的收集、制表及其分析工作开展不当，调研工作很可能会出错。例如，如果你打算采用访谈调查法，则应对参加调查工作的访谈人员进行适当的选择、培训和督导。如果参加调查工作的访谈人员不依据精心选定的样本，对调查问卷只是自己胡乱填写，那么显而易见，所收集上来的资料将会毫无用处。在当今环境中，资料制表工作可能会在计算机上进行。有些很好的软件包可用于此项目的。其中人们使用最多的软件包之一便是 SPSS，即社会科学统计软件包。

7. 解释资料。制表工作经计算机处理之后，会得出一系列统计结果。此时，你必须要对这些资料进行解释，并说明该企业或该组织据此应采取哪些最佳举措或最佳政策——提出一系列的具体行动建议。将所作的解释整理压缩为若干行动建议是整个调研过程中难度最大的任务之一。

8. 撰写调研报告。如何提交调研结果这一点极其重要。除非调研报告的撰写形式能够便于管理部门阅读，便于管理部门据以采取行动，否则调研过程中所做的一切都是白费力气。所以，对调研过程中这一阶段工作的重要性应予以足够的重视，以便使所撰写的调研报告能够为管理部门清楚地理解，所提出的建议能够为管理部门接受。

9. 跟踪实施结果。跟踪实施结果的含义不言自明。任何一项研究成果，如果只是尘封于书架，则无异于什么事情都没有做。虽然不少人会认为，一旦完成或提交了最终报告，调研者的任务便告结束，但实际上，只有当调研结果付诸实施之后，调研工作才算是全部完成。调研工作的开展是一种投资，对任何调研工作价值的最终检测都在于，它所提出的建议在多大程度上得到了实际贯彻，在多大程度上取得了成果。所以，为了使此前在时间和资金方面所作的投入不白费，跟踪调研成果的实施结果也是调研者的一项任务。

信息资料的来源

在调研工作中，你可能会使用第一手资料、二手资料，或者这两类资料都会用到。所谓**第一手资料**（primary data），是指你为了解决自己在旅游调研中面临的问题而专门收集的原始资料。相比之下，**二手资料**（secondary data）则是指任何人因其他目的而已经收集，但可供你使用的现成资料。你只需去图书馆或其他类似的地方进行查找，便可获得这类资料。当调研人员为了解游船乘客的态度和意见而对其开展访谈调查时，他们所做的工作即是在收集原始资料。当他们查阅人口普查局公布的关于旅行代理商的信息时，则表明他们是在使用二手资料来源。

在**旅游调研过程**（travel research process）中，人们之所以看重现状分析阶段的工作，就是因为这一阶段的分析工作所利用的都是二手资料，当然，二手资料的使用并非仅限于这一阶段。在开展旅游调研时，最容易犯的错误之一就是不等用完二手来源的信息，便匆匆着手收集原始资料。只是到了后来，你才发现自己重复了别人此前所作的调查，因为现有的资料来源完全有可能提供足够的信息去解决你的问题，而所需费用只是开展原始调查的一小部分。只有当用尽二手资料来源，发现现有的资料仍不足以解决你的问题时，你才应当转而寻求第一手资料来源。

二手资料

最近十年来，有关旅游、旅行、娱乐、休闲等方面的信息有了爆炸性的增长。调研人员应熟悉并知道如何去寻找这些信息源。互联网便是一种含有大量信息的资料来源。

如果你足够幸运，能找到所需的二手信息源，你便能为自己节省大量的时间和资金。花钱少显然是利用二手资料的最大好处。如果有可供使用的二手资料来源，你便用不着再去设计和印制调查问卷，雇用访谈人员，支付交通费用，也用不着再去雇用编码人员、资料输入人员和程序规划人员。所以，利用二手资料时所具有的成本优势显而易见。与收集第一手资料相比，二手资料的收集速度也快得多。在开展原始调研项目时，一般至少要花60～90天甚至更长的时间去收集资料，而在图书馆中，二手资料的收集工作可能只需几天便可完成。

但是，二手资料并非没有缺点。例如，在很多情况下，这类信息并不适合你所要解决的问题。二手资料的另一个问题是时效性差，因为有不少二手资料可能已经过时。例如，在美国，人口及住房普查工作每 10 年才开展一次。所以，到了这一时期的期末，这些数据已经用处不大。

二手资料的评价

虽然我们不能指望人人都是调研专家，但每个人都应有能力对二手资料进行评价。对任何一项研究，不论其多么令你感兴趣，都必须评价："该项研究是否正确？我能否根据这些研究结论去进行决策？"鉴于这种情况，调研者必须对二手资料进行评价，从而确定其是否可用。

对二手资料的价值进行评价时，可采用下列标准：

1. 提供该资料的组织或调查公司。该项研究花了多少时间？该项研究是由哪些人作的？这些人的经验如何？该公司的财务实力如何？该项研究花了多少钱？为了获得调研成果，一家富有经验的调查公司对于一项研究肯定会投入必要的时间和精力，而一名新手或没有经验的调查公司则很可能不会这样做。

2. 资料来源的权威性。例如，由美国国税局（Internal Revenue Service，IRS）收集的数据很可能要比由某一企业收集的数据可靠得多。同样，按照法律要求而收集的资料，例如人口普查数据，其可靠程度要比其他来源的信息高得多。

3. 没有偏见。在使用二手资料时，应注意这些资料的收集工作是由哪个组织赞助的。在美国，你不能指望由航空公司赞助的某项研究会称赞长途汽车运输业能提供运费最低廉的客运服务。

4. 严格坚持取样规则的程度。调查样本何为适当？调查样本的适当与否常常难以评价，因为该项调查的主持者可将取样过程中的缺陷隐藏起来。有一个显示样本适当的迹象，就是该项调查的主持者愿意谈论这一样本。所以你需要注意的问题是：该项调查的主持者是否愿意披露其取样的详情？整个取样过程所采用的是不是广为人知、可以接受的方法？

5. 表述数据时所使用的单位。在这个问题上，即使是看上去很简单的数据单位，也可能会难以解释。例如，在界定"住房"（house）这一术语时，你如何处理诸如双套式住宅、三套式住宅、移动住宅、公寓式住宅等情况？你一定要确信整个调查过程中所使用的概念都有其可操作性的解释，不会存在理解方面的问题。如果调查结果中充满了"有时会"、"经常会"之类的表述，那么这些调查结果可能用处不大，因为对于这类表述，不同的人会有不同的理解。

6. 数据的准确性。仔细检查这些数据，看其是否存在矛盾之处，并且要查明这些数据的获取方式、加工方式和制表方式。如有可能，应将这些数据与得自其他来源的已知准确数据进行核对。例如，将某一研究成果中的有关人口特征的统计数据对照已知的人口普查数据进行核对。

7. 与该问题的相关性。你必须注意这些资料是否适用。虽然你可能得到了一份非常不错的研究报告，但如果它不适用于你所要解决的问题，那么此研究报告对你没有任何价值。二手资料与你所要解决的问题必须具有相关性，否则不能使用这些资料。

8. 工作的严谨度。在对二手资料进行评价的整个过程中，你必须注意寻找能够证明其工作严谨的证据。例如，其表格设计是否适当；所有数字相加之后的结果是否正确，或者所有各项小计相加的结果是否等于 100%；所得出的结论能否为这些数据所支持；是否存在数据不一致的问题；有关信息的表达方式是否系统而得体。

第一手资料

在不可能从二手来源获得所需信息资料的情况下，你便有必要转向第一手来源——信息资料的原始来源。如果你需要了解有关旅游者态度的信息，那么你便需要到相关人群中去进行取样。正如前面所谈到的，只有当你已经用尽了所有可以找到的二手信息源之后，才应去着手收集第一手资料。

一旦你已经决定要去收集第一手资料，则必须选择采用何种方法进行收集。在收集第一手资料方面，人们使用最多的方法是调查法。此外，其他可采用的方法还包括**观察法**（observational method）和**实验法**（experimental method）。我们不难发现，人们在收集原始资料时，常常会采用其中的一种方法或是多种方法并用。关于用于收集第一手资料的基本方法，我们将在下一节中进行讨论。

探查性调研

探查性调研的开展旨在对某一特定问题进行探索，以获得对有关该问题情况的了解，从而有可能会就该问题的解决方案萌生出某些思路或想法。对于这种探查性的调研项目，一般采用定性调研。在开展这种定性调研时，由于所涉及的调查对象人数很少，因而调查结果对整个人口来说不一定具有普适性。开展这种探查性调研时，用于收集信息资料的方法包括：小组座谈、深度访谈、（心理学中的）投射技术、文献回顾、互联网数据，以及同相关专家进行交谈等。其中，小组座谈法往往最为有用。

小组座谈

有些人认为，小组座谈可能是最差的市场调研形式。但对于所有其他人来说，实际上情况并非如此。鉴于这一事实，小组座谈在旅游业中是一种常用的市场调研形式。采用这一调研方法的主要目的是对某一问题进行探查：要么是为此后开展的某项调查建立参数，要么是为了探究旅游者的动机与行为。

小组座谈（focus group）是一种定性调研，即将少量的有关个人（通常为8～12人）组织到一起，就顾客所看重的某一话题展开深入讨论。典型的讨论话题包括：就某一拟建的景点或某一拟提供的服务项目而言，顾客最看重的/看重程度最低的特点会有哪些；对于某一拟推出的广告主题或广告活动，顾客将会作何种反应；对于拟在某一环境敏感地区推出的开发项目，公众可能会有何种反应等。

参加座谈的小组成员需经过筛选，应能全面代表对所研究地区可能有兴趣或是在该地区有利益关系的民众。但是，由于实际筛选工作难以做到科学（小组的人员构成通常会受到是否有合适的人选及是否愿意参加等因素的制约），因而在将小组座谈会上的发现推断为当地一般民众的意见时，调研者必须格外当心。此外，由于负责鼓励大家发言的小组组长在很大程度上能影响会议讨论的情况，所以调研组织者必须要对小组组长很好地进行培训，以使其非常熟悉该次小组座谈的潜在目的。

尽管存在上述这些需要警惕和注意的事项，但在真正获得对复杂的管理情境和管理决策具有影响作用的因素的了解方面，小组座谈法始终都是最具洞察力、最有价值的实现途径之一。

互联网将会继续深入我们生活中的方方面面。如今在开展小组座谈活动方面的情况也是如此，因为很多市场调查公司目前都以在线方式举办小组座谈。人们认为，通过以在线方式开展小组座谈，能够从地域分散、难以直接谋面的参与者那里，收集到所反馈的定性信息。目前，人们已经为举办在线小组座谈开发出了一些基于互联网的高端技术，从而可为小组座谈的开展觅得具备资质的参与者和富有经验的主持者，并可提供座谈记录的副本及有关的建议。由于座谈会是以在线方式进行，因而获得调查发现的速度较之过去要快得多。

定量调研的基本方法

定量调研的典型表现是：开展该项调研的目的是对某一个或某些特定的假设进行验证，所采用的是随机抽样技术，所涉及的调查对象为数众多，最后得出调研结论。具体工作包括开展多种形式的调查，设计调查问卷，等等。所涉及使用的调研技术包括模型构建、量表测量、因子分析、数据统计、协方差分析等。

科学技术的发展不断改变着人们用于开展定量调研的**调研方法**（research methods）与技术。计算机、互联网以及智能手机的出现，都在影响着人们用于开展调查的方式。回顾历史，人们会发现，在开展调查的方法方面，20 世纪 50 年代和 60 年代是当面访谈和入户访谈的时代；20 世纪 70 年代，在商场及购物区内开展拦截式访谈，成了人们用于开展调查的主要做法；20 世纪 80 年代，人们用于开展调查的主要做法转向了由计算机辅助的电话访谈；20 世纪 90 年代，以发送传真和电子邮件方式开展调查又吸引了人们的注意力；在 21 世纪的头 10 年中，人们用于开展调查的主要做法是基于计算机技术的互联网调查；自 2011 年以来，作为人们用于开展调查的技术手段，手持式电子设备的出现则将互联网之强大能力与移动电话之便携特点结合到了一起。

虽然传统的旅游调查方法如今仍在为人们所使用，但具体做法已因科学技术的发展而有所改变，从而使调查工作的开展速度更快、效率更高。在这方面，你不妨试想一下，对于各种传统的访谈调查方法——不论是当面访谈调查、电话调查，还是邮寄式调查——人们如今是在以何种方式开展。计算机与智能手机的结合使得调查人员能够从千里之外同被调查者进行面对面的访谈；通过利用电子邮件，调查人员能够以数额不大的费用，面向遥远的目标受众开展调查。因此，对电子邮件样本人群的使用，如今正在取代传统的邮寄名单。所以，虽然很多的基本调查方法如今仍在继续使用，但使用方式较之过去已经有了很大的不同。对现代科技手段的利用，会继续使旅游调查工作的开展变得更为精细并且效率更高。

调查法

只要比较一下用于收集旅游调研资料的各种方法，我们就不难发现，其中人们最常使用的方法便是调查法。这里所说的调查法也常被称为问卷调查法。这一方法通过要求被调查者回答问题去收集信息。这类调查包括事实性调查、观点性调查、释因性调查，所有这些方面的调查都可以通过人员访谈、邮寄式调查或电话调查等方式开展。

事实性调查

只要快速查阅一下各种类型的调查，你就会发现，人们从中受益最多的调查类型便是事实性调查（factual survey）。这类调查所提出的问题，必须是被调查者应能够提供准确信息的问题，例如，“上周你都参加了哪些娱乐活动?”虽然这类事实性调查通常都会取得极好的结果，但是调查中的所有发现仍然有可能会受到某些方面错误的影响，如被调查者的记忆错误、归纳能力欠佳、因顾及个人体面而虚报事实等。然而，虽然如此，事实性调查往往都会带来很好的调查结果。

观点性调查

开展观点性调查（opinion survey）时，调查人员要求调查对象就所调查的内容表达自己的看法或作出自己的评价。例如，调查人员可能要求调查对象回答对其最有吸引力的包价旅游产品是A还是B，或者要求其回答哪一则旅游广告做得最好。这类信息的价值之大无法衡量。美国科罗拉多大学曾在某一滑雪度假地开展调查，要求度假者评价该度假地员工的工作表现是优秀、良好、一般，还是需要改进。这些评价结果使得该度假地管理部门能够有针对性地采取必要的管理行动。如果调查方案设计得当，这类观点性调查往往也可带来极好的调查结果。

释因性调查

在接受释因性调查（interpretive survey）时，被调查者扮演解答者的角色。问话的主题往往是他们为什么选择某一行动——上周为什么参加某一特定的娱乐活动，为什么选择乘坐某一特定航空公司的航班，为什么选择某一特定的度假地，为什么选择下榻某一特定的旅馆，等等。

被调查者虽然能准确地回答“是什么”的问题，但往往难以回答“为什么”的问题。因此，虽然释因性调查有可能会使你对消费者行为有某种了解，但成效往往十分有限。对于这类问题，采用动机或心理调查技术效果要好得多，因为动机或心理调查技术更适用于获取这类信息。

总之，你可尝试采用调查法去获取事实性或观点性的资料，但在收集“原因性”资料时，则最好采用深入访谈法或心理调查技术。

前面曾经提到，调查工作的开展可通过人员访谈、电话调查或邮寄式调查等方式进行。不论采用哪种方式，调查的目的都在于通过接触能够代表某一较大群体的少数人选（样本）去收集有关资料。通过对这些基本的调查方法进行评价，你会发现它们既有优点也有不足。

互联网调查

在当今生活中的所有各个方面，互联网的应用日益普及，调研领域自然也不例外。为了减少调查工作的开支和提高调研工作的效率，如今很多调研人员都已转向使用互联网。总的来说，这一潮流的出现导致在线调查的增多，甚至使得基于互联网的在线调查成为大部分调研工作所选用的调查模式。

尽管采用互联网调查有其可取之处，但确实也存在某些不足。对于这些不足之处，人们在使用互联网开展调查时需要牢牢记住。时下最值得旅游业关注的情况之一是，对于自己所提供的任何营销信息——不论是否为发自调研人员的信息，所涉及的消费者市场地域都在变得越来越远。这一现实使得调查公司越来越难以为开展消费者调查以及为开展小组座谈活动征募参与者。

另一个值得关注的问题是，由于互联网调查易于开展，且所需费用不大，很多在开展调查工作方面没有经验且资质很差的人，也都使用互联网开展在线调查。由于这种在线调查和发送电子邮件做起来很容易，互联网调查的开展难免会经历一段不健康的时期——在这段时期内，很多不曾受过专门训练的人会使用不符合专业要求的抽样去开展调查，并据此归纳调查结论，其结果无疑会致使所得出的调查结论不可靠。

尽管存在这些问题，由于在线调查具有经济、高效的特点，因此对这一调查方式的使用无疑会继续增多，调查工作的质量也将会继续改善。如今，有些调查公司已经为互联网调查开发出了优秀的软件。

人员访谈

无论是与邮寄式调查相比，还是与电话调查相比，人员访谈（personal interview）都要灵活得多，因为访谈人员能够根据具体情境和被调查者的情况进行变通。访谈人员能够变换问题的提问方式，以搞清楚被调查者究竟是不明白该项问题还是故意回避该项问题。一般来讲，与电话调查或邮寄式调查相比，采用人员访谈这一方式开展调查可使调查人员获得更多的信息，因为无论是电话调查还是邮寄式调查，都历时相对较短。在采用人员访谈的形式开展调查时，调查人员在询问问题的同时，还能够观察其他有关的情况。

人员访谈法的主要不足在于其成本相对较高。美国的人口普查工作所采用的主要是邮寄式调查与跟踪式上门访谈相结合的做法，因为以人员访谈的方式开展调查的成本很高。在这三种调查方式中，人员访谈式调查往往最昂贵。同时，人员访谈的开展还需要花大量的时间，并且访谈人员存有偏见的可能性也在所难免。目前的情况是，随着科技手段的使用，开展人员访谈的费用已不再像过去那样昂贵。

电话调查

与人员访谈式调查相比，通过电话开展访谈调查不仅速度快得多，而且费用也较少。电话调查法的不足在于，它不像人员访谈法那样灵活，而且调查时的交谈时间很短。此外，其他方面的局限性还包括：并非人人都有电话，固话线路正在消失，并且移动电话的出现形成了一个全新的维度。虽然如此，那些有电话的家庭往往都是有可能外出旅游或有可能购买旅游产品的消费者。所以，对于旅游调研工作来说，电话使用者构成一个可取的调查样本。速度快、成本低是开展电话访谈调查的主要优点。目前，在计算机的帮助下利用随机拨号开展电话访谈，仍是很多人在使用的一种调查技术。

通过将调查问卷输入计算机存储器，调查人员可从计算机屏幕上读取问题，并借助一个键盘或者仅需轻触一下传感屏幕，便可将被调查者的回答录入计算机存储器。由于这些资料即刻便被记录下来，所以，与传统的电话调查方法相比，这种系统不仅调查速度较快，而且调查成本更低。

邮寄式调查

邮寄式调查法（mail survey）有可能是一种成本最低的调查方法。所谓邮寄式调查法，就是将调查表邮寄给经过认真选择的样本调查对象，并要求他们填写之后寄回（见图 18—1）。在所要调查的地域范围很大以及难以与被调查者直接接触等情况下，这种调查方法会有很大的优势。随着电子邮件的出现，这些优势表现得更加明显。

这种调查方法的其他优点还包括：不存在人员访谈法中的偏见问题，被调查者能够在其方便的时候填写调查表，等等。

开展邮寄式调查的最大问题在于，能否有一份恰当的邮寄名单，以及能否回收足够数量的调查问卷。如果目标人群中有相当多的人没有将调查问卷寄回来，那么你将不得不质疑这些没有寄回调查问卷的人是否会不同于那些寄回调查问卷的人，以及调查问卷中是否存在偏见。开展邮寄式调查的另一项考虑则是调查表的篇幅长短，虽然其调查内容可以比电话调查的内容多一些，但内容仍须适当地简短一些。邮寄式调查的另一个不足是，调查问题的措词必须谨慎斟酌，以使被调查者不会产生歧义。其原因在于，虽然所提的问题对其设计者来说可能非常清楚，但对于被调查者来说却可能非常模糊。

凯里美国豪华客车运输公司（Carey American Limousine）

科罗拉多斯普林斯往返班车服务

请您腾出少许时间回答下列问题。这些信息将用于评价本公司各方面的服务，以便为您下次出行提供优质服务。谢谢您的合作。

1. 班车是否准时？是______否______（延误时间：______延误原因______________）
2. 车况如何？清洁______一般______脏乱______
3. 司机是否谦恭有礼？是______否______
4. 服务工作如何？优秀______一般______很差______（为什么？______________）
5. 订票是否便利？是______否______（为什么？______________）
6. 您是如何得知本公司的？通过旅行代理商______通过广告______（经__________介绍）
7. 运行时间的安排对您是否方便？很方便______可以接受 ______不方便______
8. 当时您是因何乘车？出差______消遣______
9. 您是否会向别人推荐我们的服务？是______（姓名及地址______________）否______

意见和建议

姓名：______________________如果您代表某一公司或旅行代理商，

联系地址：______________________请填写相关信息：

城市：______州：______邮政编码：______

科罗拉多运输集团　　　　电话（________）________

图 18—1　邮寄式调查表示例

领军者介绍

比尔·西格尔

加拿大安大略省多伦多市长林国际公司董事会主席

比尔·西格尔（Bill Siegel）是加拿大长林国际公司（Longwoods International）的董事会主席兼首席执行官。该公司是一家从事市场调查与咨询业务的企业，在旅游业中享有很高的声誉。长林公司创办于 1978 年。从那之后，比尔·西格尔已将该公司打造成了一家国际企业。截止到目前，该公司服务的客户已涉及 6 个国家，其中包括美国的 36 个州以及加拿大的 8 个省。

比尔·西格尔的第一份职业为心理实验员，专事研究人的知觉与记忆。他在多伦多大学完成学士学业之后，又从密歇根大学获得了心理学博士学位，曾是该校的奖学金获得者、兼任课程教学的研究生、斯普灵格旅行会（Springer Traveling）的会员，并担任拉克海姆研究中心（Rackham Research）的研究员。此后，他曾去西安大略大学任助教，从事心理学、研究方法等课程的教学工作，曾应邀担任西澳大利亚大学的荣誉访问讲师。他在很多学术期刊上都发表过文章，这些期刊中包括《心理学评论》（*Psychological Review*）、《实验心理学杂志》（*Journal of Experimental Psychology*）、《知觉与心理医学》（*Perception & Psychophysics*）和《美国听觉学会杂志》（*Journal of the Acoustical Society of America*）。

比尔·西格尔将其研究兴趣从学术转向商界是在 20 世纪 70 年代中期。当时，他受雇于加拿大的贝尔电话公司，担任营销调研部经理，负责设计并实施一项关于广告效能底线的开创性研究。

比尔·西格尔进入旅游业领域是在 1985 年。当时，加拿大政府委托长林国际公司调查加拿大在美国市场中的形象，并为加拿大制定旅游营销传播战略，以克服连续 15 年出现的美国客源市场份额下滑的问题。这一调研项目所涉及的访谈对象多达 9 000 人，当时被认为是在美国开展的规模最大的一次旅游调研活动。

如今，比尔·西格尔的公司每年都邀请 200 万名美国人参与该公司的一个综合调查项目——“美国长林旅游调查”。该公司还为多个旅游目的地的品牌口号策划工作提供过战略性建议，其中包括纽约州的品牌口号“我爱纽约”；美国的品牌口号“你曾在影片中见过，如今该去亲历实地”（You’ve Seen the Films，Now Visit the Set）；夏威夷的品牌口号“阿喽哈之岛”（The Islands of Aloha）；科罗拉多州的品牌口号“群山异彩，胜景万千”（Mountains and Much More）；华盛顿特区的品牌口号“权力之旅”（Power Trip），等等。

比尔·西格尔的著述常为广电媒体以及世界各地的印刷媒体所引用，这些媒体包括《纽约时报》（*The New York Times*）、《今日美国》（*USA Today*）、《新闻周刊》（*Newsweek*）、《基督教科学观察》（*the Christian Science Monitor*）和《伦敦时报》（*The Times of London*）。他曾应邀在很多同行聚会的场合发表演讲，如州长会议、布鲁金斯学会（*The Brookings Institution*）年会、旅游研究协会年会、美国经济开发管理局会议（U. S. Economic Development Administration）、美国市场营销学会（AMA）年会、广告研究基金会（ARF）年会、美国公共关系学会（PRSA）年会以及欧洲舆论及营销调研学会（ESOMR）年会，等等。

比尔·西格尔现担任旅游研究协会的董事，佐治亚技术学院（Georgia Tech）、莱尔森大学（Ryerson University）以及滑铁卢大学（Waterloo University）的校董，新泽西州的弗洛里奥（Florio）州长宣布其为新泽西的荣誉市民。

寄语未来

对于旅游营销者来说，调研工作今后将继续扮演关键角色，因为调研可为其提供工作开展所需的“雷达”，使其能够在消费者的出游决策这一快速变化的领域中顺利航行。不过，我们用于开展消费者调查的工具也会继续演进，以便能够适应公众所倾向于使用的沟通模式。就调查方法而言，在过去几年中，我们目睹了从邮寄式调查和电话调查转向在线访谈调查的这一巨大变化。2007 年，我公司在实施“美国长林旅游调查”时，在所使用的调查样本方面，已从过去的自邮寄名单中选取，转向通过在线征募的做法。如今，我们每年都以在线征募方式邀请200万人参与该项调查。此举的好处主要包括：调查样本的规模之大前所未有、周转速度快、被调查者的答复时间灵活、能够实现双方互动，并且被调查者的参与程度高。

本人的预见是，今后用于开展调查的方式虽然将继续朝互联网调查发展，但随着移动通信的发展，在征募消费者参与调查方面，所面对的挑战也会因此增大。此外，在更好地了解和测量各种社交媒体的影响方面，也会有很多困难需要我们去努力克服。无论如何，与其他大多数产品有所不同的是，我们的调查工作旨在帮助旅游营销者争取游客来访，而不是为游客送别。所以对于旅游目的地来说，在了解来访者为何人、他们何以会来访、到访期间花了多少钱、喜欢开展哪些活动方面，最为重要的是，在了解营销活动的开展究竟为该目的地带来了多少业务等方面，调查资料始终必不可少。

观察法

观察法凭借对实际现象的直接观察去收集资料。与访谈调查法相比，通过观察调查对象的某些行为而获得的信息，显然会更加客观、准确。在使用观察法开展调查时，信息资料的收集要么是通过人员观察去进行，要么是通过机械设备观察去进行。例如，设于高速公路上的记录器可以计数过往小汽车的数量，并记录其经过的时间。设于旅游景点的自动计数器可以观察和计数来访游客的人数。

观察法的优点在于调查结果准确，并且能记录消费者的行为。它还可以减少访谈者的偏见。观察法的缺点是，其成本比调查法高得多，而且在很多情况下是不可能使用的。最后，尽管观察法能够告诉你人们在做些什么，却不能告诉你他们为何如此。因此，如果重要的问题是了解他们为何如此，则观察法不是一个应采用的好方法。

实验法

作为用于收集第一手资料的一种方法，实验法需要借助测试、模型或实验去模拟真实世界。实验法的基本要点是，在使所有其他条件和变量保持不变的情况下，对某一活动或某些活动发生变化的程度的**测量**（measurement）。实验法很难用于旅游调研，因为难以使众多的变量保持不变。此外，旅游调研人员也没有开展工作的固定实验室。但是，旅游目的地管理者完全有可能通过开展广告实验、价格实验或构建仿真模型去帮助决策。这类测试性营销目前开展得非常成功。随着时间的推移，我们将见到实验法会得到越来越多的使用。

哪些组织开展旅游调研

使用**旅游调研**（travel research）成果和开展旅游调研工作的组织很多。从事旅游调研工作的组织及企业的类型包括：政府、教育机构、咨询商、行业协会、广告代理公司、媒体、饭店和汽车旅馆、航空公司及其他交通客运公司、旅游景点、饮食服务企业等。

政府

多年来，美国政府一直是旅游调研的主要实施者。美国商务部下设的旅游业事务署负责对国际游客开展调查，集中研究有关国际入境旅游的营销信息以及对美国经济的影响。很多州政府以及地方政府也都借助旅游调研去制定有关的市场营销以及公共政策决策。这方面的例子包括研究高速公路的使用者、渔猎活动的价值、不同地域中旅游的经济影响、旅游设施及服务的存量、旅游规划工作的程序、来访游客的特点等。在其他一些国家，由国家官方旅游组织开展的调研工作对该国的旅游开发和旅游促销往往具有非常重要的指导作用。澳大利亚、加拿大、墨西哥、英国、西班牙、法国、波兰以及克罗地亚等国的旅游调研工作都很突出。

教育机构

在开展旅游调查与研究方面，大学做了很多工作。大学开展旅游研究的主要优点有：一是研究过程中通常没有偏见；二是研究者都是受过培训的专业人士。很多这类研究都对旅游调研方法的改进作出了很大的贡献。高等院校，特别是设有饭店和餐馆管理系、接待服务管理系和旅游学系的综合性大学，非常需要这方面的信息。这些教育机构都关心自己的旅游学或相关学科的教学，因而需要以最新的调研发现去优化自己的教学工作。此外，有些其他系（所），如地理学系、鱼类和野生动物学系、资源发展学系、公园与娱乐资源管理系、林学系等，也都需要这类研究。由于很多自然景观都用于开展娱乐和旅游，所有这些系（所）都对研究因此带来的环境影响感兴趣。

综合性大学中的很多院系都有能力开展旅游方面的基础研究或应用研究。其中工商和经济研究院在这一领域中往往表现得很积极。美国科罗拉多大学的工商研究院便是其中一例。该机构发表了很多旅游调研报告，出版了专题系列丛书，并做了有关滑雪业的研究。其他一些可帮助开展旅游研究的系（所）还包括心理学系、社会学系、经济学系、工程学系、风景建筑与城市规划系、管理学系、饭店与餐馆管理系、家政系、人类生态学系、林学系、植物学系、动物学系、历史学系、地理学系、人类学系等。

咨询商

有很多组织专门经营收费旅游调研代理业务，可为航空公司、饭店、餐馆、滑雪场、旅行代理商、度假区以及其他类型的旅游企业开展调研。旅游咨询商则在旅游调研的策划、设计、组织实施等方面提供咨询服务。此外，它们还可为客户提供全套或部分实地调查服务。

个体咨询商或咨询公司的主要优点是，它们都受过良好的培训，并且久经实践锻炼，是经验丰富的专家。此外，它们还可提供客观的局外人观点，并有着良好的工作条件，几乎能够承担任何有关的业务。与任何局外人一样，咨询商的缺点在于对客户企业的内在问题缺乏透彻的认识。不过，客户企业的管理部门可向它们提供这方面的情况。很多旅游企业虽然设有自己的调研部门，但它们也发现，使用咨询商或者采用内外结合的方式开展调研比较有利。

有不少著名的调查公司都专门承揽旅游调研业务，其中包括 ACXION，DataPathSystems，Davidson-Peterson Associates，Economics Research Associates，福里斯特，TNS，Ipsos，D. K. Shifflet and Associates，Longwoods International，Mandala Research，Menlo Consulting Group，IPK International，Dean Runyan Associates，Ruf Strategic Solutions，Smith Travel Research，Strategic Marketing and Research，英国 TTC International，Tourism Economics，Western Management Consultants，以及 Ypartnership。

行业协会

大量的旅游调研都是由各种旅游行业协会进行的。行业协会经常为其成员提供某种连续性的调研服务，特别是在提供行业统计数据方面。很多旅游行业协会都设有自己的互联网网站，借以向公众提供本行业的调研数据。

饭店与汽车旅馆

饭店及汽车旅馆企业经常需要使用最新的调研发现，其中包括：有关客源市场的最新调研发现，有关交通运输趋势方面的最新调研发现，有关新型建筑材料方面的最新调研发现，有关管理方法方面的最新调研发现，有关电子数据处理方法方面的最新调研发现，有关人际关系技术方面的最新调研发现，有关雇员管理方面的最新调研发现，有关广告工作方面的最新调研发现，有关餐饮供应和餐饮服务方面的最新调研发现，以及众多其他相关方面的最新信息。

航空公司以及其他类型的交通承运商

航空公司和其他交通运输企业的服务对象包括商务旅行者和度假旅行者。鉴于调研工作对其业务经营的重要性，航空公司以及其他很多交通运输企业通常都设有自己的市场调研部门，负责对自己的顾客以及整个市场的情况不断地开展调研。此外，它们还时常雇用外部咨询商。

旅游景点

在美国的私营景点中，雄心最大的是那些大型主题公园。对于这些旅游企业的成功经营来说，调研工作起着非常重要的作用，它们的调研工作涉及面非常广，从最初的**可行性研究**（feasibility studies）一直到开业之后的经营管理研究。在主题公园这一行业中，沃尔特·迪士尼的思想仍居支配地位。迪士尼模式中完美的布局、衣着整洁且富有吸引力的员工、高品质的商店、干净的卫生间以及清洁的餐厅等，至今仍为旅游消费者所偏爱。调研结果显示，如果旅游景点不能做到干净整洁，就不可能实现成功经营。

饮食服务企业

就饮食服务企业调研工作而言，很多具有开创性的成果都出自连锁经营的饮食企业，由于将某处营业点的成功经验推广到其他营业点时，一般都会行之有效，因而调研经费的投入给这类企业带来了丰厚的盈利。其实，所有旅游企业，不论是餐馆、航空公司、饭店还是其他类型的旅游服务企业，都需要不断与自己的市场进行沟通，都需要不断去发现新的、更好的营销途径去推销自己的产品和服务，提高自己服务设施的利用率。

旅游调研的现状

人们批评早期的旅游调研不仅描述性内容过多，而且缺乏严谨性。如今，旅游调研工作的开展已从简单地收集事实，发展到运用复杂的数学模型，所采用的方法涉及各种已有的定量技术和定性技术。这方面的有关研究表明，多维测量（MDS）、协同分析、相关分析、同类人群分析、结构方程建模（SEM）、线性结构关系（LISREL）、方差分析（ANOVA）、协方差分析（ANCOVA）、多元方差分析（MANOVA）、判别分析、因子分析、典型相关、群组分析、最小平方、时间序列、分格测量、卡方检验、多元回归、模拟模型、内容分析、小组座谈、语意联系以及人种志研究技术等方法，如今皆已为旅游调研人员所使用。

旅游学术期刊

1972 年问世的《旅游研究杂志》（*Journal of Travel Research*）是北美旅游研究领域的第一份学术期刊。此后不久出现的另一份学术期刊，则是 1973 年创刊的《旅游研究纪年》（*Annals of Tourism Research*）。1972 年之前，世界上有关旅游研究的学术期刊仅有 5 份，分别是：

1.《旅游评论》（*Tourism Review*）。此为全球第一份旅游学术期刊，由总部设在瑞士圣加伦的旅游科学专家国际联合会（AIEST）创刊于 1946 年。

2.《旅游》（最初刊名为 *Turizam*，现用名 *Tourism*）。1956 年创刊于克罗地亚。

3.《世界休闲杂志》（*World Leisure Journal*）。由世界休闲杂志社创刊于 1958 年。

4.《康奈尔饭店和餐馆管理季刊》（*The Cornell Hotel and Restaurant Administration Quarterly*）。由康奈尔大学创刊于 1960 年。

5.《休闲研究杂志》（*Journal of Leisure Research*），由全美娱乐与公园协会创刊于 1968 年。

此后，有关旅游研究的各种学术期刊有了爆炸式的增长。在新奥尔良召开的旅游研究协会 2005 年年会上，得克萨斯农业和机械大学（Texas A&M University）的詹姆斯·佩特里克（James Petrick）博士提交了一篇题为《基于期刊论文选题探讨旅游学知识的发展》（Examining Tourism Knowledge Development from Journal Topics）的论文。其中，作者识别出了 150 多种英文的旅游研究相关刊物。[2]经过多年的发展，其中有不少刊物都已变得更加专门化，投稿人来自各个学科。学术期刊是一个领域中研究成果的陈列柜，不仅可展示新的研究成果，介绍新的调研发现，而且可据以追踪该领域研究工作的历史发展。可以预料，旅游学术期刊的数量将会继续增多。

电子式交流

电子式交流可为旅游研究工作的开展提供诸多便利，因而这一领域今后将会继续拓展。就目前情况而言，在旅游研究方面，最著名的电子公告牌当属“TRINET”。对于这一电子公告牌的设立，所有旅游研究人员都应极大地感谢夏威夷大学的保利娜·谢尔顿（Pauline Sheldon）教授。借助这一电子公告牌，数以百计的旅游研究人员——不论是学术界人士还是实业界人士——都有机会交流看法、探讨问题和寻求帮助。由于有了电子式交流，如今世界各地的很多高等院校都在科研工作方面开展合作。

国际旅游研究中心

法国的国际旅游研究中心（CIRET）设有世界上规模最大的旅游数据库。该机构下设的调查和文档中心的工作任务是，负责对世界各地出版的旅游、休闲、户外娱乐、饭店经营管理等方面的研究文献进行收集、分类、作注及交流。目前，该档案中心收藏有 155 844 份文件。这些文件按内容主题以及国别进行分类。若想了解这些文件的类属及地域索引，读者可访问该国际旅游研究中心的网站：www. ciret-tourism. com。

此外，该中心还分别设有关于世界各地的旅游研究中心、研究人员、出版商以及会议日历等方面内容的数据库。其中列有 106 个国家中的 773 处旅游研究中心的名单，118 个国家中的 4 594 位旅游研究人员的名单，以及 290 多家出版商的名单。

该中心免费为旅游研究人员和学生提供服务，以鼓励全球各地的旅游研究者联网开展工作。

旅游研究协会

旅游研究协会（Travel and Tourism Research Association）是一个面向从事旅游研究及旅游营销工作的专业人士设立的国际性组织，致力于改进旅游研究及营销信息的质量、价值、范围和可接受性。该协会是世界上规模最大的旅游研究组织，其成员来自旅游业的各个领域，包括航空公司、饭店、旅游景点、交通运输公司、媒体、广告代理公司、政府、旅行社、咨询企业、大学、学生等。

旅游研究协会的使命是：在倡导标准并推广应用高品质的旅游研究、规划、管理、营销信息等方面，成为全球领导者。该协会的具体工作目标如下：

- 为旅游研究者、营销者、规划者、管理者相互交流思想与信息提供一个国际论坛。
- 推动旅游研究者、营销者、规划者以及管理者的专业发展。
- 促进旅游调研提供者和调研服务使用者之间的全球合作。
- 面向旅游业宣传和推广高品质的、可靠的、有效的调研成果。
- 鼓励高等院校设立旅游研究以及相关课程。
- 提倡旅游业界人士在经营决策过程中对调研成果的有效利用。

旅游研究协会在亚洲、欧洲、加拿大，美国的中部各州、佛罗里达州、得克萨斯州、西部各州、东南部各州以及夏威夷等地皆设有分会，并在加利福尼亚大学设有一个学生分会。旅游研究协会的出版物包括《旅游研究杂志》、快讯、年度会议论文汇编以及其他一些特别出版物。旅游研究协会面向旅游研究者、营销者、规划者以及旅游专业的学生设立了很多奖项，以表彰其出色的工作并鼓励其职业发展。如果希望进一步了解有关该协会的信息，读者可访问该协会的网站，网址是 www. ttra. com。

本章小结

旅游调研可为旅游管理者的有效决策提供信息基础。对有关事实的充分把握可使旅游管理者更有效地制定政策和计划，更有效地开展经营和行使控制，从而可以降低决策失误的风险。

旅游调研工作的有效开展有赖于准确地识别所要解决的问题，透彻地开展有关该问题的现状分析，精心进行调查设计，认真开展数据的收集、制表和分析工作。调研人员还必须提交便于阅读的书面报告，提出适当的行动建议。然后对调研成果的应用进行跟踪，以确保这些建议的切实实施。

调研工作的开展可利用二手资料，也可能会需要收集第一手资料。第一手资料的收集可采用调查法——人员访谈法、邮寄式调查法、电话调查法，也可采用观察法和实验法。使用和开展旅游调研的组织和机构很多。旅游研究协会是世界上规模最大的旅游调研组织。

□ 重点概念

实验法（experimental method）
决策（decision making）
小组座谈（focus groups）
可行性研究（feasibility studies）
测量（measurement）
观察法（observational method）
第一手资料（primary data）
调研方法（research methods）
二手资料（secondary data）
资料来源（sources of data）
旅游研究协会（Travel and Tourism Research Association）
旅游调研（travel research）
旅游调研过程（travel research process）

□ 互联网练习

为了方便读者，本章中所提及的互联网网站连同其他一些相关网站，一并列在为本书伴设的网站上：www. wiley. com/college/goeldner。

练习 1

网站名称：美国旅游与电子商务国家实验室（National Laboratory for Tourism and e-Commerce）

网址：www. tourism. temple. edu

背景信息：美国旅游与电子商务国家实验室的主要使命是鼓励在各旅游领域中开展高质量的跨学科和多学科研究。

练习内容

讨论该实验室如何支持其研究使命。

练习 2

网站名称：旅游研究协会

网址：www. ttra. com

背景信息：旅游研究协会是一个以旅游研究人员和市场营销专业人士为会员的国际性社团，致力于改进旅游调研及市场信息的质量、价值、涉及范围及可接受程度。

练习内容

（1）该协会列有哪些信息源链接？

（2）该协会举办哪些会议？

练习 3

网站名称：国际旅游调研中心（International Center for Research and Study on Tourism）

网址：www. ciret-tourism. com

背景信息：国际旅游调研中心设有世界一流的旅游研究数据库，面向世界各地的旅游研究人员和旅游研究中心提供服务。

练习内容

（1）该中心的全球旅游研究百科全书中列有多少位旅游研究人员？

（2）列有多少处旅游研究中心？

（3）列有多少家出版商？

□ 复习与讨论题

1. 现状分析包括哪些内容？
2. 旅游调研涉及哪些类别？
3. 何时应使用第一手资料？何时应使用二手资料？
4. 基本调研方法都有哪些？
5. 小组座谈有哪些优点和缺点？
6. 在收集第一手资料时，你为什么会选用调查法而不选用小组座谈？
7. 为什么说调研中的发现对于明智决策十分重要？
8. 如果你是某大城市的会议与旅游局局长，你会如何使用旅游调研？
9. 作为一个咨询商，你正在调查和研究某一新建度假饭店项目的可行性。你会采用哪些程序逐步地开展工作？
10. 当咨询商提交咨询报告后，度假区开发商会如何使用该报告？一旦该度假区建成，其经理还需要开展进一步调研吗？
11. 为了调查外州游客来访的情况，一个州的政府旅游部门有可能使用哪些方法？
12. 一个州的政府旅游部门是应该自己搞调研，还是应该雇用外部的有关服务商？为什么？

□ 案例题

假定你是科罗拉多州旅游局的调研部主任，打算就来访该州的旅游者的人员情况开展一项调查研究，以帮助引导有关的广告和促销宣传决策。你在该项调查中会提哪些问题？你会收集哪些人口统计因素方面的数据？为了确保所使用的调查样本具有代表性，如何选取游客样本？如何将调查结果制作成表格？如何提交你的调查结论？

□ 注　释

[1] Douglas C. Frechtling, "Assessing the Economic Impacts of Travel and Tourism: Introduction to Travel Economic Impact Estimation." Chapter in Ritchie, J. R. B. and C. R. Goeldner (eds.), *Travel, Tourism & Hospitality Research: A Handbook for Managers and Researchers* (New York: John Wiley & Sons, 1994), pp. 367–392.

[2] C. Cheng, K. Li, J. Petrick, and J. O'Leary (2005), "Examining Tourism Knowledge Development From Journal Topics." Unpublished paper presented at the 2005 TTRA Conference in New Orleans.

第19章

旅游市场营销

学习目的

- 认识互联网对旅游市场营销工作的影响。
- 熟悉市场营销组合，做到能够为某一具体旅游产品策划最佳营销组合。
- 认识市场营销观念与产品规划/开发之间的重要关系。
- 理解定价与市场营销之间的重要关系。
- 掌握市场细分方法，能够为你最感兴趣的企业制定一份市场营销工作计划。
- 能够举例说明旅游政策与旅游市场营销之间的联系。

导　言

互联网和移动媒体技术的爆炸式成长，不仅影响到旅游消费者如何制定自己的出游决策，而且为旅游营销工作的开展提供了新的工具和媒体。与过去的情况相比，互联网的应用有助于人们更广泛地进行社会联系。如今，旅游市场营销工作的开展已经为在线社交网络、社交媒体、用户生成内容及电子商务所主导。如今的电话同时也是电脑；很多网站都在销售旅游产品/旅游服务项目，并且有些网站——例如 TripAdvisor ——还允许消费者诉说自己的旅游体验，发表自己的评论意见，以及展示自己拍摄的照片。据估算，如今 80%的旅游消费者都是利用互联网制定自己的出游计划，并且超过半数的出游者通过在线方式进行预订。互联网的影响范围之广，涉及了营销组合中所有四个方面的基本手段——产品、分销、促销和定价。

在当今市场中，一切营销工具的使用都与争取消费者有关，首当其冲的一项工具即是**社交媒体**（social media）。在当今的旅游营销计划中，所需涉及的网站及相关工具包括：博客、维基、窗口小部件、tweets、mashups、照片、录像、播客、RSS，Facebook 和 MySpace 之类社交网站上的介绍性页面、聊天室/即时资讯、由用户提供的可视信息、用户对有关旅游目的地/景区的打分与排序以及用户对有关旅游目的地/景区的看法与评论等。根据美国科学基金会的估算，2010 年全球的网民规模为 16.7 亿人，2020 年将增至 50 亿人。[1]所以，明日之旅游业将会更深地植根于互联网，将会在互联网以及社交媒体中扮演更为活跃的角色，以强化所有各种传统的营销活动，并将其提升至新的水平。今后我们会见到，科学技术的持续演进将会造就新的营销工具，带来新的营销思路及新的营销方法。

何为市场营销

对于**“市场营销”**（marketing），人们有着多种不同的界定。美国市场营销协会（AMA）所作的定义是：市场营销是“一项组织职能，是负责为顾客创造价值、向其告知和交付价值，并以有益于本组织及其利益相关者的方式去管理顾客关系的一整套工作过程”。[2] 此外，还有人将市场营销的定义表述为：市场营销即是向社会传输某一水准的生活。你无疑很熟悉这样一句老话：“没人去兜售则不会有人购买。”

至于市场营销究竟涉及哪些方面的工作，多数人都所知甚少，因而很可能会说市场营销就是与推销或广告宣传有关的工作。其实，市场营销是一个内涵很宽的概念，推销和广告宣传只不过是其中的两个方面。市场营销奉行目标导向，具有战略性和指导性。无论是在开展推销和广告宣传活动之前，还是在其之后，同样都会涉及市场营销工作。总之，市场营销所涉及的是：将产品和服务从生产者传送至使用者的全部工作。

遗憾的是，“市场营销”一词常会令人联想到二手汽车的推销员以及在电视广告上推销其产品的家具厂商进行高压推销及暗设机关骗人购买等不良形象，从而导致人们对市场营销的种种偏见。实际上，在所有组织中，不论是在非营利的教育机构中，还是在商业性的旅游企业或制造业厂商中，市场营销都扮演着至关重要的角色，因为市场营销的任务在于将对路的产品或服务与对路的市场或受众相匹配。

市场营销是旅游管理工作的必要组成部分。市场营销工作可因策划缜密而开展得十分有效和成功，也可能会因大轰大嗡、粗糙和强迫性的工作作风而非常糟糕。本章的目的在于讨论市场营销的一些基本要素，以使市场营销工作能够得以有效开展并带来良好的经济效果。

市场营销观念

市场营销观念（marketing concept），即实行**消费者导向**（consumer orientation），是当今营销管理工作能够得以成功实施的核心所在。对于旅游企业来说，奉行市场营销观念意味着首先要去发现消费者的需求，继而生产出可满足这些需求的产品，并最终实现本企业的盈利。这一市场营销观念要求管理者的思想应指向利润，而非销量。

假设你打算开发一处新的大型度假区。该度假区的规划将是一项艰巨的任务，因为它要求所有项目的设计都必须基于消费者如何看待该项产品。首先要开展的一项工作便是依据市场营销观念去开展调研，以了解消费者的（即市场的）需要、希冀和欲求。在对产品的认识上，产品的设计者与产品的消费者往往会有不同的感知。例如，建筑师会将一家饭店看作一座建筑，因而会从空间利用、施工难度、线条设计等方面考虑问题；而消费者则会将其看作一系列利益的集合，因而会从其是否具有吸引人的环境、是否提供全方位的服务和独特的饮食、是否设有娱乐设施等方面进行评价。一旦你确知了消费者的看法，接下去的任务便是制定战略营销计划，将该度假区与其市场相匹配。在当今的竞争环境中，旅游消费者有着众多的选择机会，因此旅游企业有必要采纳市场营销观念。正如本章导言中所指出的那样，互联网的应用使得争取消费者和实施市场营销观念的工作容易了许多。

市场营销组合

市场营销的开展需要将一系列工作纳入一个整体框架之中——形成一套可行的战略营销计划。旅游营销经理人员应当不断地探求恰当的**市场营销组合**（marketing mix）——能够为本企业带来利润的恰当组合。这一营销组合的构成包括所有那些会对市场营销工作产生影响的要素。

1. 时间选择。对节假日、需求旺季、需求淡季、经济周期的变动趋势等，都应当予以考虑。

2. 品牌。你需要运用一些东西来帮助消费者记住你的产品。品牌名称、商标、标签、标识以及其他一些辨认标记都可以帮助消费者识别和记起有关你的产品的信息。

3. 打包组合。虽然旅游服务并不需要物质包装，但打包组合仍是旅游营销组合中的一项重要因素。例如，旅游经营者可将交通、住宿、各种有关的便利服务以及娱乐活动等组合起来，以包价或分别计价的形式进行打包出售。针对家庭安排的包价组合产品或针对个人安排的包价组合产品，则属于另外一些形式的打包组合。

4. 定价。价格不仅会影响产品的销量，还会影响产品的形象。定价的范围从折扣价到各种溢价，可有多种不同的选择。

5. 销售渠道。产品应当能便于消费者购买。对于产品，生产者既可借助互联网、电话或是通过自设门店等方式进行直销，也可经由零售旅行代理商、在线旅行代理商、旅游批发经营商——或是数者并用——进行间接销售。虽然对所有这些不同的销售渠道都可进行开发，但如今，在线销售已发展成为其中的主渠道。

6. 产品。产品的有形特征可有助于确立该产品在竞争中的地位，并可就最佳竞争方式提供一些指导原则。

7. 形象。消费者对产品的感知在很大程度上取决于该产品的声誉和质量等重要因素。

8. 广告。广告这一付费的促销形式至关重要，因而对于何时做广告、何处做广告，以及如何做广告等问题，旅游经营者都应予以认真考虑。

9. 推销。国内推销和国外推销都是实现成功的必要组成部分。在营销计划中，营销者须将各种销售技术作一体化整合。

10. 公共关系。对于一个旅游企业来说，倘若不能与游客、当地社会、供应商以及本企业员工建立并保持良好的关系，那么即使其营销计划制定得再细，也将无济于事。

11. 服务质量。要想实现顾客满意并赢得回头业务，优质服务不可或缺。

12. 调研。所制定的旅游营销组合是否得当，很大程度上有赖于调研工作的开展。

从以上所列中我们不难看出，营销经理一职的工作很复杂。在了解消费者市场和竞争状况的基础上，营销经理必须为自己所负责的旅游度假地、旅游景点或其他类型的旅游企业提出适当的市场营销组合。营销经理的工作始于编制计划，以使围绕上述因素开展的工作能够得到指引和控制。

长期以来，涉及如此众多要素的市场营销组合常被人们解释为“**4P**”（four Ps）。这一术语由《基础市场营销学》（*Basic Marketing*）和《市场营销学精要》（*Essentials of Marketing*）的作者之一E·杰罗姆·麦卡锡（E. Jerome McCarthy）归纳提出。[3] 虽然4P这一归纳有些过于简单化，但确实为人们了解市场营销和汇总营销工作提供了一个简洁明了的框架。4P中的四个“P”分别代表**产品**（product）、**渠道**（place）、**促销**（promotion）和**价格**（price）。其中的产品不仅包括产品的实际特征，还涉及产品的计划、产品的开发、产品线的宽度、产品的品牌以及产品的打包组合。产品的计划工作应将所有这些方面都考虑进去，以便能够生产出“对路的”产品。

所谓分销渠道，实际上就是销售渠道。为了能使消费者方便而容易地购买到你的产品，怎样才能最有效地组织起你的销售网络？哪些地方才是销售你的产品的“合适”地点？

所谓促销，指的是向潜在顾客传播有关产品所能提供的利益。促销的开展方式不仅包括广告，而且包括销售促进、公共关系和人员推销。“恰当的”促销组合应根据实现有效沟通的需要，配合使用上述各种促销技术。

价格是市场营销组合中一个至关重要的变量。所谓“合适的”价格，指的是该价格既能让顾客满意，同时又符合你的利润目标。

米尔和莫里森（Mill and Morrison）在4P的基础上，又添加了另外三个“P”，即“活动编排”、“人员”和“联手结伴”。他们认为，这三个“P”尤其与旅游营销相关。[4] 其中，“活动编排”（programming）是指对一些特别活动、大型盛事或其他类型的参观游览节目的安排，目的在于增大游客的消费开支，或是为了给某一包价旅游产品或其他旅游服务项目增添吸引力。正如第15章中所谈到的，目的地旅游政策将旅游活动的设计看做一种战略性的强化措施，通过一系列不同活动的设计，确保旅游开发与营销工作的开展有一个明确的中心。

新添加的第二个“P”是“**人员**”（people），旨在强调旅游业是一个“人本行业”，因此我们万万不可忽视的重要一点是，所提供的旅游体验既需要符合功能性要求，又需要保持对游客之人性一面的敏感。

所添加的最后一个“P”是“**联手结伴**”（partnership），旨在突出目的地所有相关利益者之间高度的相互依赖性，及其建立联盟与合作关系的必要性——有些时候不仅需要与同盟者合作，而且需要与竞争者进行合作。我们在第15章中曾谈到竞合概念，这一概念的提出以其独特的方式反映了团结协作的价值。

产品/体验的品牌化

产品品牌是传统市场营销学中的一项基本概念。所谓品牌，指“一个具有区别作用的名称和/或一个符号（例如标识语、商标或包装设计），旨在用于识别某一卖者或集团卖者的产品或服务，并使这些产品或服务区别于竞争者所提供的同类产品”[5]

最近，很多旅游营销者都试图给自己所管理的旅游目的地打上品牌的标记。虽然这方面的潜力很大，但是，将传统产品和服务的品牌化转用于旅游目的地的品牌打造是有困难的。

此举要求这种地点的**品牌化**（branding）应发挥四项主要功能。[6] 第一，目的地品牌起着“通报器”的作用。也就是说，通过表现为受法律保护的名称、标识语和商标，品牌是所有权的一种标志，同时也是与其他目的地相区别的一种手段。第二，品牌规定着旅游目的地的某种形象，反映着一整套为旅游消费者所看重的相关情况或品质特征。第三，品牌起着“价值提升器”的作用，可形成旅游目的地的品牌资产，从

说明："弗吉尼亚是恋爱者的天堂"是一个非常成功的旅游目的地品牌口号，证明了长期坚持采用某一成功主题的重要性。Photo courtesy of Washington，D. C.，and the Capital Region，USA.

而使未来收入得以增加。第四，旅游目的地品牌可反映该地所具有的某种个性，从而使该地能够与来访游客形成某种关系。

领军者介绍

米歇尔·麦肯齐

加拿大旅游委员会总裁兼首席执行官

米歇尔·麦肯齐（Michele McKenzie）是加拿大国家旅游营销组织——加拿大旅游委员会（CTC）——的总裁兼首席执行官。加拿大旅游委员会负责面向全世界宣传和推销该国的旅游产品，以增大该国的旅游出口。

米歇尔·麦肯齐于 2004 年加盟加拿大旅游委员会，并率领该组织迁往位于加拿大西海岸的温哥华新址。在她的领导下，加拿大面向全世界推出了新的旅游市场品牌。自此之后，加拿大的国家品牌认知度和旅游吸引力不断提高，先是从世界排名第 12 位上升为第 6 位，继而又进一步上升至世界第 2 位。

2009 年，加拿大旅游委员会获评加拿大的"年度最佳营销者"。这是加拿大旅游委员会首次获此殊荣，也是一个地处西海岸的组织机构首次获此殊荣，从而也是为米歇尔·麦肯齐的远见卓识献上的一份厚礼。

在加拿大政府的支持下，米歇尔·麦肯齐目前正带领她的团队实施一项为期 5 年的重大战略，旨在确保使加拿大旅游经济成为 2010 年冬奥会的最大受益者。

米歇尔·麦肯齐出生于加拿大的安大略省，在诺瓦斯科舍省长大成人，毕业于达尔豪斯大学（Dalhousie University）。她曾担任诺瓦斯科舍省的旅游、文化和遗产部副部长，在其职业生涯历程中的好几个董事会中担任董事。

寄语未来

未来的旅游市场营销将会是什么样子?

对未来旅游业的走向进行展望是一件相当容易的事情，即旅游业将继续是世界上增速最快的产业；虽然所有各旅游目的地皆有机会去分享这一增长，但具有异乡情调的新兴目的地将会从那些原有的旅游目的地手中争夺市场份额；航空交通的情况会以多种维度影响一个旅游目的地的成长，因此那些有着最具竞争力的航空服务（以及有着有利于旅游业的政府政策）的旅游目的地将会成为赢家。各个旅游目的地都将继续去适应该地所推出的治安举措，并且都有望去实施可持续发展。

然而，若要对未来的旅游营销将会是什么样子作出展望，则是完全不同的一回事。未来的胜出者将会是那些能够建立起自己强大且具有可持续性之品牌的旅游目的地，将会是那些对自己的客源市场能够做到充分把握的旅游目的地。我们必须遵从这一新型的顾客关系，必须有针对性地去开展双向对话，并以此去应对信息爆炸的情况。或许，最为重要的是，我们需要能做到随机应变。对于那些声称自己知道未来的旅游营销将会是什么样子的人，我们应予质疑——因为没有谁能真正知道未来的旅游营销将会是什么样子。

让我们携起手来，共同创造旅游营销的未来。

产品的计划与开发

大多数厂商的目标都是旨在将自己发展成一个能够盈利并持续生存的企业。为了实现这一目标，一个企业必须提供能够满足消费者需要的产品和服务，从而确保自己能够赢得回头业务。在这方面，**产品计划工作**（product planning）是必不可少的。这一计划工作的任务常被称为实现“五个恰当”——恰当的产品、恰当的地点、恰当的时机、恰当的价格以及恰当的数量。

一项产品远远不止是各种原材料物质的合成。对于消费者来说，所谓产品，实际上是一系列能令人满意的要素和利益的集合。因此，产品计划工作的开展必须基于消费者的观点。创造恰当的产品或服务并非易事，因为消费者的需要、欲求和希冀随时都在变化，而且在竞争力的作用下，产品通常都会有其**产品生命周期**（product life cycle），因而某项一度很成功的产品发展到后来也会走向衰退和“死亡”。

环球透视

新兴市场

此处所称的新兴市场，顾名思义，是指人们开始认识到将会对全球旅游业的未来发展产生重大影响的那些国家。就时下的情况而言，中国、印度和巴西等国都已开始着手将自己建成未来的主要新兴市场。虽然这些国家多年来一直都有着规模庞大的人口，然而只是从步入21世纪开始，其经济的持续增长才使得很多国民都有了足够高的收入及受教育程度，从而使得人们出国旅游的意愿也在成长。倘若对照世界上各传统旅游目的地和交通运输系统的接待能力进行观察，人们将会发现，产生于这些国家的潜在旅游者人数之众确实令人震惊。因此，世界旅游业所面临的最大挑战之一便是如何开发更多的旅游设施，以满足来自这些新兴市场的需求。

讨论题

1. 对于中国、印度和巴西这些旅游市场的未来发展情况，联合国世界旅游组织有哪些预测？

2. 除了上述三个国家之外，还有哪些其他国家目前也在成为发展势头强劲的旅游市场？

图 19—1 展示了一项新产品从初创走向衰退所经历的各个阶段：（1）初创期；（2）成长期；（3）成熟期；（4）饱和期；（5）衰退期。由于消费者生活方式的变化和科学技术的发展都已加快，产品和服务项目的生命周期较之过去已经有所缩短，但对于战略规划工作来说，产品生命周期仍是一个有用的概念。产品生命周期的每一阶段都会对该阶段的市场营销工作提出某些要求。

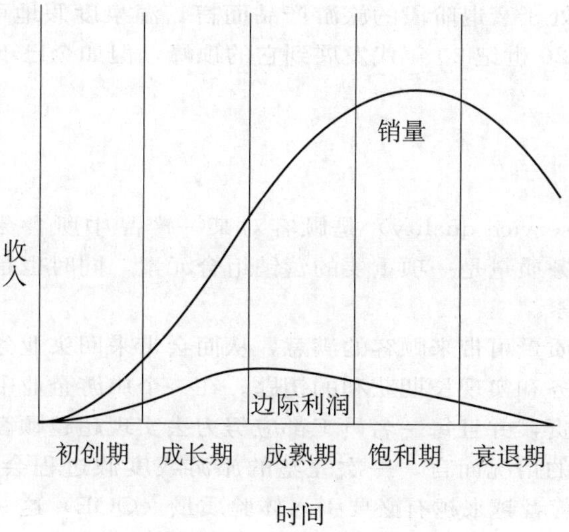

图 19—1　产品生命周期

初创期

当产品处于生命周期中的初创期时，企业需要投入很高的宣传费去提高该产品的知名度（在为某一产品或服务开展广告宣传方面，最具效果的时机便是在其刚上市的时候）。在这一时期，经营工作的特点是成本很高，销量比较低，广告工作的开展旨在刺激初始需求。在生命周期的这一阶段，失败的可能性会很大。

成长期

在这一时期，该产品或服务项目逐渐为消费者所接受。市场接受意味着销量和利润会快速上升，因而也常常吸引竞争者进入这一市场。宣传费开支虽然仍很高，但促销宣传的重点在于争取消费者选购本企业的产品，而不再是刺激市场去尝试该产品。在这一阶段，企业通常会增加该产品或服务的销售点。虽然这一时期会有更多的竞争者进入该市场，但随着规模经济的实现，该产品或服务的价格可能会有所下降。

成熟期

在成熟期，该产品或服务已在市场中确立了自己的地位。销量虽然可能仍在上升，但速度会放慢很多，并渐趋平稳。在生命周期的这一阶段，很多商家都在销售这类产品或服务，因而竞争非常激烈，在价格竞争方面更是如此。因此，各企业都会努力设法保持自己的市场份额。在有关成熟产品方面，滑雪度假地可谓是一个绝好的例子。经过多年的兴旺成长之后，如今很多滑雪度假地的营业额都已不再上升。这些度假地都在努力维护自己的市场份额并谋求多元化发展。

饱和期

在饱和期，该产品或服务的销量会到达其顶点，因为该产品或服务已经最大限度地渗透到整个市场。大规模生产和新技术的采用会使该产品或服务的价格不断降低，乃至几乎人人皆可支付。

衰退期

虽然不少产品都会经历多年的饱和期，但就大多数产品而言，其衰退难以避免，因而企业需要引入新产品去取代原有的老产品。在衰退期，市场需求明显下降，广告开支减少，竞争者通常也会所剩无几。就某一产品而言，虽然在生命周期的这一阶段仍有可能顺利经营，但要想在一个正值衰退的市场中获取更大的市场份额，则绝难再表现出色。就已处于衰退阶段的旅游产品而言，温泉度假地可谓是一个很好的例子。这类度假地曾在 20 世纪 20 年代发展到它的顶峰，但如今已不再是消费者“理想”的度假地。

服务质量

服务质量（service quality）是顾客对某一产品中所含劳务成分之品质的感知。在旅游业中，服务质量是一项重要的营销组合元素，同时也是用于打造和展现竞争优势的一项重要元素。

卓越的服务质量可带来顾客的满意，从而会带来回头业务。顾客满意和顾客忠诚乃是开启回头业务和实现长期获利的钥匙。在一个旅游企业中，保持顾客满意是每一名员工的工作职责，并且每一名员工都应努力去实现超越顾客满意。

就旅游业中的情况而言，一次完整的旅游或度假过程会涉及多项不同的服务交易，因此旅游经营者越来越有必要引入体验质量（QOE）这一概念，即旅游体验是由一连串的服务交易、游客对一系列活动的参与所组成。根据这一框架，旅游管理者的工作目标在于通过为游客提供一整串的项目服务，使其能从中获得高度满意。

令人遗憾的是，由于这一体验链条中涉及众多不同服务项目、众多不同活动内容的组合，因此，对于任何一位管理者来说，对这一整串链条中的很多环节都无法行使控制，甚至无力去施加影响。所以，建立能有助于协调和提升整个体验链条中所有各个环节之服务质量的管理结构及工作程序是非常重要的。在这方面，旅游目的地管理组织（DMO）起着至关重要的作用。

定价

价格决策是最重要的营销决策之一。价格决定着消费者对该产品的感知，并且会对营销组合中的其他要素产生强烈的影响。

企业在为其产品定价时，有三种策略可供选择。第一，企业可能会决定按市场价格销售其产品，也就是说，可以按照与其他企业同类产品相同的价格进行销售。在这种情形下，企业之间需要靠非价格因素进行竞争。以与竞争者产品相同的价格进行销售，往往可起到防止削价和保护利润的作用，并且顾客不会因价格而被拒之门外。但问题是，由于价格缺乏个性，不会起到刺激需求的作用。

第二，企业可能会决定使自己产品的价格低于现行的市场价格。企业采取这种折扣政策的目的是要为自己造就出售价最低的名声，并使售价低于所有竞争者。为了能够成功，实施这一策略的企业必须确信需求具有价格弹性。否则，其市场份额的获得只能得自于竞争者市场份额的损失，从而掀起一场价格战。当一个旅游企业基于削减某些服务而实施这一价格策略时，往往都会做得比较成功。例如，美国的六顺汽车旅馆公司（Motel 6）这一名称取自该公司最初实行的 6 美元一夜的房价，并且该公司一直本着朴实无华的产品理念去建设自己的经营网络。如今该公司已发展成为美国头号的低价旅馆连锁集团之一。

第三，企业可能会决定使自己产品的定价高于市场价格。为了使较高的价格能有吸引力，这类高价策略的实施必须伴以能够提供本行业中最高水平的服务以及其他方面的特色和便利安排。这一策略所强调的是：产品优质，因为很多消费者都认为质量是价格的函数；提供较高的利润；带来更多的收入以补偿促销开支；使服务水平尽可能得到提升。但是，实行高价会造成销售量减少、间接成本上升，并且会鼓励替代。不过，有相当多的旅游企业在这一策略的运用上都做得很成功，其中包括丽思卡尔顿饭店公司［1992 年和 1999 年美国马尔科姆·鲍德里奇国家质量奖得主（U. S. Malcolm Baldrige National Quality Award)］、费尔蒙特公司、凯悦公司、万豪公司和威斯汀饭店公司。

有些企业选择采用两种或三种定价策略，并针对每一个目标市场分别开发不同的产品。在过去的十年中，住宿业也开始采用这一做法。华美达公司、精品国际公司、万豪公司、希尔顿公司以及其他一些饭店企业都已面向多个不同的目标市场分别开发出了不同的产品。

旅游营销经理人员必须考虑下列 11 项影响价格政策的因素：

1. 互联网。互联网对产品定价的影响主要在于它可提高产品价格的透明度。价格信息的无处不在，加之产品价格的透明化，会使市场竞争加剧，从而使得营销管理者必须关注价值的交付。互联网的出现，使价格策略成了营销组合中最脆弱的手段之一。

2. 产品质量。产品的质量决定着“价格—价值”关系。与其他竞争产品相比，只有那些能够提供更大效用，从而更能满足消费者需要的产品，才可以实行较高的价格。

3. 产品的独特性。对于那些不具特色的大宗或常规产品，企业很少有机会或根本没有机会行使价格控制。只有对那些新颖且与众不同的产品，才能够实行较高的价格。例如，凯悦公司旗下饭店的特色之一是大堂中厅的设计；正是这一富有魅力的新颖设计，加之卓越的设施与服务，使得凯悦饭店有可能实行较高的价格。

4. 竞争的程度。如果某一产品与众多竞争者的产品相差无几，那么在为该产品定价时，必须考虑这些竞争者的产品价格。该产品的价格在某种程度上决定着该产品在市场中的地位。

5. 销售方法。该产品的定价必须考虑到能有足够的利润幅度，以补偿销售

说明：西南航空公司以其低票价著称，但该公司还因其打破常规，为了愉悦顾客而推出滑稽服务而享有盛誉。Photo courtesy of Southwest Airlines.

渠道的开支，其中包括让渡给旅游批发商的利润、支付给旅行代理商的佣金以及支付给本企业销售人员的业绩奖金。

6. 目标市场的特点。企业在对某一产品进行定价时，有必要考虑其可能消费者的类型和人数。如果这些消费者的人数很少，则应将价格制定得高一些，使之足以补偿因市场规模有限而形成的较高单位产品成本。不过，企业还必须考虑这些消费者的支付能力以及他们的购买习惯。

7. 产品和服务的成本。显然，从长远看，价格必须大于成本，否则企业将不能生存。成本和市场状况这两者都应作为引领定价工作的指导。

8. 销售渠道成本。销售渠道成本也应纳入定价的计算公式之中。遗憾的是，在很多情况下，与其他成本相比，销售渠道成本的估算要难得多。

9. 所希望的利润幅度。产品价格的利润幅度必须大于所实现的常规投资回报，以便能够补偿经营中所涉及的风险。

10. 季节性。由于学校的校历安排以及人们的度假习惯，大多数旅游产品都会受到需求季节性波动的影响。因此，旅游企业在制定产品价格时，必须考虑季节性问题。

11. 特别促销价。很多时候，为使消费者了解你的产品，临时实行某种特别优惠价是一种很好的策略。不过，对于这种策略的实施，必须谨慎地进行计划，使其既能达到理想的目的，又不至于使这一价格成为常规性的折扣价格。在当今的旅游市场中，我们正在目睹一些“闪电式特价促销”的出现，即要求购买者必须立即订购，或要求购买者必须在规定的某一短时期限之内进行订购，譬如说必须要在2小时之内、6小时之内或12小时之内进行订购。互联网和电子邮件营销非常适合开展这种“闪电式特价促销”。

撇脂定价策略

当一项新产品或新服务项目投放市场时，流行的定价策略有两种：**撇脂定价**（price skimming）和**渗透定价**（penetration pricing）。所谓撇脂定价策略，指的是尽可能定高价。此时企业并不打算让该产品或服务项目吸引整个市场。制定这种价格只是为了争取市场的高端；因此，这一定价策略常常被比喻为从牛奶中撇取油脂。这一策略的实施旨在以这一价格将该产品出售给尽可能多的消费者；继而，随着购买者抵制或者直接竞争的出现，卖者会将该产品的价格逐步降低。实施这一策略通常都会带来较高的利润，从而使该产品的开发成本和促销费用得到较快补偿。但这一策略的实施往往也会招来竞争。撇脂定价策略的恰当实施，要求该产品或服务项目具备以下一些特点：（1）需求无价格弹性；（2）无相近替代品；（3）需求的促销弹性高；（4）基于价格的细分市场独特。例如，某公司在推出太空旅游产品时，会采用撇脂定价的做法。

渗透定价策略

与撇脂定价相反的一种定价策略是市场渗透，即销售者试图通过为该产品制定尽可能低的价格，尽力去渗透市场。由于其价格很低，很多不同收入水平的消费者都有能力购买该产品，因而卖者有可能会迅速占据很大的市场份额。在采用渗透定价策略的情况下，这一初始价格往往会成为该产品的永久价格。由于此举令固定成本的回收比较缓慢，因而需要靠增大销量去实现保本。适合采用渗透定价这一策略的前提条件包括：（1）产品需求价格弹性高；（2）实行大批量生产能带来大量的成本节省（规模经济）；（3）易于使该产品与消费者购买格局相一致。例如，六顺汽车旅馆公司成立后，便采用了渗透定价这一做法，该公司至今仍在继续沿用这一低价策略。

分销（销售渠道）

对于营销经理来说，另一项比较困难的决策是该产品应采用哪个或哪些销售渠道。销售渠道决策会影响营销组合中的其他要素，因而在最佳营销组合中，所有各个方面都会实现彼此相互协调。关于旅游产品的销售渠道体系，可参阅第 7 章中的有关介绍。目前，互联网正在成为旅游业借以争取消费者的主要销售渠道，从而出现了从传统销售渠道移向互联网渠道的现象。

销售渠道（channels of distribution）的选择所涉及的工作包括：（1）分析产品；（2）确定目标市场的性质和范围；（3）分析各种销售渠道所能实现的销量、所需付出的成本或费用以及所能带来的利润；（4）确定你能指望从该渠道获得配合的程度；（5）确定你将不得不对该渠道提供协助的程度；（6）确定所需使用的销售点数量。例如，如果你想扩大销售网点，在尽可能多的地方出售你的产品，则需考虑更多地使用旅行代理商。相比之下，如果你打算实行某种排他性的销售政策，则需要考虑指定一家或少数几家代理商在某一特定地区代销你的产品，也就是说，其他旅行代理商无权在该地销售你的产品。

促销

开展促销活动的目的是为某一产品或服务创造需求。“促销”一词是一种泛称，包括广告、人员推销、公共关系、公共宣传、销售促进等诸多方面的活动，例如，为使有关人士熟悉该产品的情况而邀请其来访，向其赠送礼品，邀请其参加交易展销会，实施购买积分，邀请其参加商场展览等。

为了实现某一产品的销售，营销者必须：（1）引起消费者对该产品的注意；（2）使消费者对该产品产生兴趣；（3）诱发消费者对该产品的购买意愿；（4）促使消费者作出购买行动。不论是开展人员推销还是做广告，都可以在推销过程中实施这些步骤。不过，如果把广告和人员推销这两者结合起来运用，其效力往往会更大。广告最适用于引起消费者对有关产品或服务的注意，并使其对该产品或服务产生兴趣。人员推销则最适用于造就消费者的购买意愿和信心，从而达成销售。在公关宣传和销售促进活动的配合下，广告和人员推销的作用将会更有效。在旅游业中，为了使有关人士熟悉产品情况而安排其前来考察（通常简称为“famtour”）是一种非常重要的促销形式。旅游目的地营销组织和一些旅游企业通常都会邀请旅行代理商以及其他能够影响消费者出游决策的人士前来作这种考察性访问，以使其更多地了解该目的地的情况。

广告

人们对**广告**（advertising）的界定是：某一特定主办者以任何非人员面对面沟通方式，就有关产品、理念或服务开展的信息介绍。在旅游营销中，这类以付费方式发布的公共信息通常都旨在以某种能够吸引消费者注意的方式，去宣传或介绍某一旅游目的地。这一工作的开展可借助那些主要的广告媒体去进行，其中包括报纸、杂志、直接邮寄、电视、户外广告、广播等。有效的广告宣传能够赢得并保持预期游客的关注，从而能够在预期游客心目中形成一种积极、持久的印象。

每一种广告媒体都有其优点和不足。在制定促销策略时，一项关键性的决策便是选择合适的媒体，以便能够使广告开支得到最佳利用。为了有助于对媒体进行选择，可参考标准价格与数据服务公司（Standard Rate and Data Service，SRDS）出版的有关资料。该公司的通信地址是：Standard Rate and Data Service（SRDS），1700 Higgins Road，Des Plaines，IL 60018；网址为 www. srds. com。该公司出版物中列有各广告媒体的价格以及所需要的其他有关信息，可帮助你作出明智的决策。现将一些主要媒体的优点和缺点列出如下：

互联网

网站营销及电子邮件营销发展得很快，在面向市场中的个体消费者开展直接沟通方面，已成为应用最广、最强有力的手段之一。这种营销方式能够实现双方互动，能以丰富多彩的多媒体形式展现信息，并且能够一周 7 天、每天 24 小时地全时空开展。网站营销对于中小型旅游企业来说尤其具有价值，因为在过去，这些中小型企业难以面向众多的潜在顾客传递有关其产品和服务的信息。不过，在确保网站的完善设计方面，旅游企业务必要小心谨慎。由于网站很容易开设，不少企业都以为，只要在网站上列出自己的产品和服务项目就足够了。然而实际上情况远非如此。目前，网上营销的开展已变得越来越复杂。这意味着，要使网上营销能够获得成功，营销者必须既要留心网站设计的创新性，又要顾及网站设计的功能性。

近年来，用在互联网广告上的开支一直在快速增长，从而使互联网成了一个主要的广告媒体。关于广告媒体向互联网的转移，可以用美国科罗拉多州旅游局的例子来加以说明。该旅游局近年来已将其广告预算的 40%用于互联网广告。根据《电子营销者》（*eMarketer*）所作的估算，全球用于互联网广告的开支 2010 年将达到 618 亿美元，2014 年将达到 968 亿美元。[7]全球互联网的广告收入有望与印刷广告及电视广告这两者开支的合计持平。

报纸

报纸的优点主要包括：可充分覆盖当地市场区域，费用较其他媒体低廉，出版频度高，以及灵活而及时、受众面宽、消费者回应快等。大多数报纸都设有旅游版。报纸这一媒体的主要缺点是：印刷质量低、寿命短。此外，目前报业还因其是一垂暮的行业这一形象而日子难过。

直接邮寄

虽然邮费一直在迅速上涨，但对很多旅游企业来说，直接邮寄是其最重要的广告方法之一。在所有媒体中，直接邮寄的人员针对性最强，选择性最高。因此，就可减少浪费的程度而言，它是最有效的媒体。直接邮寄品可将信息直接传递给你所希望联络的消费者。在要求收信人回复的情况下，直接邮寄广告可做到自我测试。

在采用直接邮寄方式开展促销宣传时，一个至关重要的问题是能够获得并能保持一份正确的邮寄名单。很多这类名单都可以从那些专门从事此项业务的公司购得（其中一个来源便是标准价格与数据服务公司）。

对于旅游业来说，过去曾光顾过的游客是最重要的邮寄名单来源。不过，名单上的姓名和地址必须正确无误，并且这类名单必须随时保持待用状态，如存储在计算机中。确定邮寄名单的另一较好来源则是曾咨询过有关信息的人的名单。

电视

电视所展示的是声像并举的信息，虽然身为一种大众传媒，其功效之强近乎人员推销。就观众方面而言，收看电视几乎不费任何气力而且非常方便。不过，电视这一媒体不够灵活；电视广告的寿命很短；而且与利用其他媒体做广告的情况相比，在电视上做广告费用比较昂贵。然而，尽管电视广告的费用很高，很多旅游目的地仍在利用电视开展促销宣传，并发现此举颇具成本效益。有线电视可提供很多插播旅游广告的机会。

杂志

杂志的主要优点是图文并茂，而且印刷质量高。其他方面的优点包括：可传阅、信息寿命长、有声望且平均千份发行成本较低。很多特殊兴趣杂志可有效地影响某些特定人群，从而有可能使其成为（特定产品或服务的）目标市场。地区版的设置使得杂志的可选择性进一步增大，从而使杂志的发行浪费极小。杂志作为一种宣传媒体也有一些不足之处，主要体现在：从接稿到刊登出版所需要的时间很长，不能对发布的信息进行及时调改。此外，杂志也不像报纸、电台和电视那样，能够频繁地向市场传播有关信息。

广播电台

广播电台作为促销媒体的最大优点是灵活性强，而且费用较低。虽然播音员充满热情的声音可为那些推销性信息增添人情味，但广播电台作为促销媒体的缺点在于，它只能播发声频信息。自驾车旅游者是最典型的广播听众，因而很多旅游景点都认为广播电台是一个极好的促销媒体。

户外广告

很多旅游组织和企业在使用户外广告方面都做得很成功。户外广告牌作为一种促销媒体，其主要特点是灵活、费用低，而且当地人都能看到。正是由于户外广告的作用，使得位于美国南达科他州沃尔市的沃尔杂货店（Wall Drug Store）世界闻名。户外广告的缺点是所发布的信息必须简短；但这些信息确实能影响旅游者。户外广告的另一个问题是，在沿高速公路设置标识方面，需受有关法律的制约，使其难以用于宣传旅游景点。

使用广告代理商

虽然负责促销工作的管理人员自己必须懂得有关市场营销、广告、人员推销以及公共关系等方面的基本知识，但通过借助**广告代理商**（advertising agency）的专业技能和经验，往往能使自己的业务量大为增加。广告代理商的业务包括：

- 在广告文本和版面设计方面为客户出点子。文本这一术语指广告的文字内容；版面设计则是指对文本、艺术表现形式以及图片的安排。
- 就广告媒体的选择向客户提供建议。在使用有关的广告媒体方面，如报纸、杂志、广播、电视、旅游指南书、海报、直接邮寄、印刷折页等，广告代理公司会提出一份经过周密考虑的完整计划。
- 为客户作市场分析并开展调研，以便能够针对最佳的预期顾客开展广告工作。
- 帮助客户制定和贯彻公关活动计划。广告活动的计划必须客观，必须制定出明确并且可以实现的目标。广告代理公司可以帮助广告客户去设定这类目标。在打算使用某家广告代理公司的服务时，应考虑该公司在旅游促销方面是否有经验，并注意核查该公

说明：设在澳大利亚艾尔斯岩度假村（Ayers Rock Resort）的这一户外标牌上所绘的是该度假村的标识，用于强化该度假村在消费者心目中的品牌形象。Photo by the author.

司过去所承办过的广告活动及其客户的情况，以确定这些广告活动的效度。

广告预算

在制定广告预算方面，并不存在万能的神奇公式。对于需要将多少钱用于广告，从来都是一个难以说清的问题。制定广告预算的常用方法包括：按上一年度营业额的某一百分比确定；按预计可能营业额的某一百分比确定；或者按整个行业营业额的某一百分比确定。实际上，这些方法都有瑕疵，因为广告是用于创造营业额的，是促成情况发生的前提，而不是对本企业过去已经发生的情况或者对其他企业所发生的情况作出反应。因此，制定广告预算的最佳方法是：先确定所要完成的各项目标，然后配置实现这些目标所需的适当数量的资金。

与一个已经建立起客源市场的旅游目的地相比，一个新的旅游目的地在开展促销宣传方面需要花更多的钱。广告和销售促进的具体预算额需要视具体的情况而定。不过，作为一般惯例，大多数度假地都是将营业额的大约3%用于媒体广告，将另外3%用于其他方面的销售促进活动。

无论预算开支如何，营销者都应努力协调好促销计划的开展，使各项促销活动的开展都能与所承诺提供的产品相一致，从而符合旅游消费者的预期。口碑传播是花钱最少并最具可信度的宣传形式。那些友善且能干的东道主都会鼓励这一类型的沟通。如果一个旅游目的地能像对待重要人物那样去对待来访游客，那么这些游客不仅自己日后会重访，还会向其朋友推荐该地区。所有一切设施、服务、好客环境以及定价政策，都必须指向同一目标——使游客高兴且满意。

人员推销

人员推销（personal selling）是人们用于创造需求的最古老的方法。由于在做法上可根据顾客进行变通，因而它也是最强势且最有效的一种推销类型。与促销组合中的广告手段有所不同的是，人员推销的开展形式是面向个人进行当面沟通。

人员推销之所以如此广泛地得到使用，是因为它具有极大的灵活性。销售代表可根据每一个客户的具体情况，有针对性地组织自己的推销方案。他们能够知道哪些做法会起作用，哪些做法不会起作用，因而能够根据具体情况随时调整。他们能够识别哪些客户是有希望的客户，从而能够瞄准目标客户开展工作，避免白白浪费精力。在使用人员推销这一手段开展促销方面，旅游局做得尤其成功。

与上述优点相比，人员推销的缺点在于，在与预期客户进行联络方面，它也是花钱最多的手段，而且生产率可能不高。

公共关系

公共关系（public relations）可解释为一种态度——或者说，是一种主张在作任何决策时都应将公众利益置于首位的“社会良心”。公共关系的开展遍布整个组织或企业，涉及同很多特定人群的关系：与游客的关系、与当地社区的关系、与本企业员工的关系以及与本企业供应商的关系。

对于任何一个旅游目的地来说，能够得到公众的认可这一点至关重要。旅游业比其他任何行业都更关心人际关系，都更需要照顾公众的利益。为了服务于某一群体而牺牲另一群体的利益，这不是合理的公共关系。此外，每一名企业管理者及其所代表的群体都应当受到尊重，并且在这一点上他们必须对当地社区有信心。对于旅游企业来说，其管理者个人的声誉就是企业的声誉，两者之间没有区别。

企业内部的公共关系所注重的是尊重人。企业必须善待其员工，使员工对其工作

说明：Avis 汽车租赁公司推出的“首选服务”（Preferred Service）是该公司营销计划的一个组成部分，基于该公司“我们更努力”这一非常成功的口号而提出。图中表现的是该公司的一名员工正在将这一营销计划付诸实践。Photo courtesy of Cendant Car Rental Group.

职位有合理的安全感。在对外公关方面，旅游企业的员工对公众有着强大的影响力，因为在公众眼中，他们代表着该企业。企业应训练员工礼貌待客，尊重客人，善解客人之急。有些事情虽小，但后果差异重大。员工的态度既能产生公关效应，也能削弱企业的公关努力。

公关工作需要考虑的事项包括：了解公众对本目的地或本企业现行政策的态度；要求一些游客作意见反馈。沟通是维持良好关系的生命线。在争取有关本企业的公共宣传方面，首先是自己需要作出一些值得报道的事情，然后是将这些情况借第三方之口告知公众。总而言之，你需要向公众传递有关本目的地或本企业的信息。发送虚假信息会贻害无穷，所以你必须如实地介绍有关情况。

互联网营销

互联网（Internet）的应用使旅游业发生了永久性的变化。旅游业是最早因互联网的出现而实行变革的产业之一。原因在于，互联网最初先是成了旅游业的一个主要信息来源，之后又成了旅游业中一条主要的销售渠道。时至今日，互联网又成了广泛应用于所有旅游营销领域的一种手段。在英文文献中，互联网营销（internet marketing）亦称 i-marketing、Web marketing（网络营销）、online marketing（在线营销）或 e-marketing（电子营销）。目前，互联网营销在旅游业中用于履行多种任务，涉及营销组合的多个领域。例如，直接电子邮件营销、广告、促销宣传、顾客服务、关系营销、信息提供、分销、推销以及调研等诸多方面的工作，如今都在借助互联网加以开展。互联网营销不仅有着与直接邮寄和电信营销相同的能力，而且互联网作为一种新的传播媒介，能实现与顾客的互动，并且能在全年 365 天、一周 7 天、一天 24 小时中的任何时间，以丰富多彩的多媒体形式传送信息。目前，有一大批消费者都在使用互联网获取信息、开展调查、制定自己的出游计划以及预先订购旅游服务。所以，互联网作为一项重要的营销工具，今后仍将继续成长。

为了迎合人们的出游意愿，各旅游企业以及各旅游目的地都需要在互联网上去展现自己的品牌和产品。互联网使得每一个旅游经营者/旅游目的地——不论其规模或资源实力如何——都有机会去争取旅游者。它已成为当今的新型媒体——在这一媒体上，所传送的信息变化很快，其速度较之所有各种传统媒体都要快得多。随着各种新科技、新概念、新创见、新灵感和新方法的不断出现，利用互联网的情况也会发生快速变动。旅游营销者必须一方面站在这些变化的前端，同时又要平衡对其他各种媒体的使用。在促使旅游消费者上网查阅某一信息方面，最佳途径之一便是利用好报纸、杂志、宣传册、电视之类的线下媒体，以促使他们去访问你的网站。同时，你的网站还应实现对搜索引擎的优化。所谓优化搜索引擎（SEO），即是通过设计多个搜索引擎，从而去改善访问某一网站或网页时的便捷性。一旦人们去登录该网站，需要发现某一位置能使其易于查找所需的信息，而且，通过这一位置所查找到的信息内容，能与他们得自前往旅行社咨询的结果相同（如果他们也去旅行社查询这一信息的话）。

电子邮件营销信息、电子通讯、网站、搜索引擎营销、网页横幅广告、手机上网、电子伴侣，以及各种 Web 2.0 方略等，如今皆已发展成为成型的互联网营销活动。目前正在为人们日益关注的一个领域便是社交媒体营销。新的调查结果显示，很多旅游企业都在计划推出新的社交媒体促销活动，都在增大用于社交媒体营销的预算，同时也在苦苦思索该如何去测量这种营销举措的投资回报。对于社交媒体是否已经成为旅游营销工作中一个重要且必需的组成部分，目前尚无定论。

社交媒体（消费者生成媒体）

社交媒体（social media）是指除了职业作家和新闻记者之外，由消费者中的网民自行推出的在线信息，并借助互动技术将这些信息提供给其他的互联网使用者。这类信息可采用多种不同的表现形式，其中包括文字、图像、音频和视频。人们将社交媒体形容为一种面向大众市场推出的即时口传信息。

虽然传统媒体的作用同样也是面向某类受众提供信息，但社交媒体的信息传播更像是一种双向的交谈，多有彼此互动的特点。大多数类型的社交媒体都是仰赖它们的关系，通过利用有关的资源、人员以及通过与其他网站的链接去实现传播范围的扩大，并鼓励人们以发表评论、撰文、反馈及分享信息等形式进行参与。这类社交媒体的范围包括：社交网络、博客、共创网站（wikis）、播客、微博、论坛以及专题信息社区（content communities）等。

社交网络

社交网络的使用者通过介绍有关情况、提供个人网页、传送照片、传发消息等方式，同自己的朋友或同事进行联系，旨在共同分享和传播某些信息。目前表现突出的这类社交网络包括 Facebook，YouTube，Linkedin，MySpace，Reddit 和 Delicious。其中，Facebook 的使用者目前已达 5 亿人，倘若该社交网络是一个国家的话，当是世界上位居第三的人口大国。社交网络的触角遍及全球各地。

到 2012 年时，社交网络的使用者有望达到 10 亿人。据此，旅游业将不得不关注社交网络，不得不了解消费者在如何使用它们，不得不增大自己在这类网站上露面的规模。这类社交网站可使旅游业有机会借以宣传自己的品牌，了解顾客的体验，鼓励顾客向他人推荐自己的产品，打造顾客的品牌忠诚，从而有机会借以创造营业收入。

博客

所谓博客，实为网络博客，是类似于正式刊物或定期新闻简报那样的一种网站，这种网站上的内容会经常进行更新，并且供公众参阅。大部分人都可设立自己的博客网站，然后在上面撰写自己的观点和想法。那些设有博客网站并用以发表个人观点/想法的人员称为博主。撰写或阅读博客的行为称为博客活动。发生所有这一切的所在称为博客活动范围。从市场营销的立场看，博客活动是一项能使一个企业同顾客以及同竞争对手进行一对一对话的技术。旅游企业能够受益于博客，能够借以聆听消费者的意见，从而能够就顾客的体验情况获得某些此前不曾有过的见地。对于旅游者来说，则可利用博客展示自己去某地旅游的各种体验。对于旅游企业来说，通过监测博客网站上有关对自己的评论和建议，可迅速采取举措解决存在的问题。旅游企业可通过赞助活动，同顾客建立互动关系。喜达屋酒店公司，连同其博客网站（Lobby. com），以及喜来登对消费者的体验及相关照片的分享，都属这方面的例子。万豪国际也设有一项旨在影响博主的工作计划，其中包括请求他们将意见直接反映给该公司的联络团队。营销者可利用各种类型的社交媒体去宣传自己的产品和服务。如今，HotelChatter. com 和 TripAdvisor 等网站都接受登载广告，并且有很多讨论栏目也都接受登载广告。但存在的一个问题是，对于发布在社交网站上的广告，人们难以测量这些广告开支的效能，有关这方面的测量方法目前仍处在开发过程之中。根据《电子营销者》的预测，2010 年全球的社交网络广告开支总计约为 20 亿美元。

环球透视

加拿大旅游委员会与 Twitter

在开展社交媒体营销方面，一个表现杰出的例子便是加拿大旅游委员会（CTC）对纽约、芝加哥、洛杉矶等美国城市中很多 Twitter 网站的利用。虽然一则 Twitter 信息的长度仅为 140 个字符，然而人们却可从这一很小的空间中分享到很多的信息。2010 年夏季，加拿大旅游委员会联手温哥华的 DDB 广告公司，推出了一场利用数字型店景（即 Twitter 型画面）进行的互动式促销宣传活动，从而将原本空荡荡的静物式店面转化成了生动的社交媒体平台。

这些数字型店景包括使用 8 英尺×10 英尺的显示屏滚动播出关于加拿大旅游的 Twitter 照片与谈话。这些 Twitter 画面都设有互动式触摸屏界面，能够实时地展示来访加拿大的旅游者的谈话及其开展活动的照片，并鼓励路过这些显示屏的行人参与 Twitter 反馈。这些设在美国各主要客源城市中的实时显示屏不断地播放加拿大的旅游信息，介绍各地能开展哪些活动，能获得哪些文化体验，有哪些文体盛事安排，以及可提供哪些打包组合式的度假产品等，旨在激励美国民众选择前去加拿大度假。

除此之外，加拿大旅游委员会还委派一批人携带 iPad，在上述现场鼓励路过的行人参与答题竞赛——奖品为前往加拿大任意某地的免费旅游，鼓励人们通过触摸屏参与互动，并就自己所喜欢的加拿大度假目的地发表“Twitter”意见。这些数字型店景的推出，为加拿大旅游委员会社交媒体战略的成功实施奠定了基础，使其能够在传统方式的广告宣传中使用消费者生成信息。在加拿大旅游委员会面向美国市场推出的促销宣传战役中，这些数字型店景的使用只是其中的一部分，其他方面的活动还包括电视宣传、无线电广播宣传、在线广告宣传，以及利用社交媒体和印刷品开展的宣传，等等。

虽然这方面的绩效测量工作一直是一个难题，但根据布鲁尼科传播公司（Brunico Communications）的报告，与2009年的同期情况相比，2010年消费者网站的访问量上升了86%，签约使用Facebook的人数上升了3 500%，所实现的QR码扫描量为4 539次。加拿大旅游委员会推出该数字型店景宣传活动后，仅在2周内，Twitter跟帖者的人数便增长了86%。这场宣传活动的开展还引来了大量的公关报道及YouTube活动。鉴于此举的成功，如今加拿大旅游委员会打算在其他一些客源地——例如在墨西哥和欧洲——也推出类似的促销宣传活动。

讨论题

1. 如果你也能以Twitter方式谈论一下你对加拿大旅游的看法，将会是哪方面的内容？
2. 你认为该如何去测量社交媒体营销的绩效？
3. 在开展社交媒体营销方面，该如何使传统媒体与之配合？

共创网站

共创网站（wikis）是网站的一种类型，Wikipedia网站即是其中的一例。对于这种网站，任何人皆可自行设立并编辑其网页。"wiki"一词是互联网俚语，是"wikiwikiweb"的简称。"wikiwiki"是夏威夷土语，意思是"快"或"快速"。在一个共创网站上，人们可共同参与撰写网页，并可随时变更或添加新的网页内容。人们还可在这种网站上开展讨论，诉说自己的观点。

播客

按照Wikipedia这一免费百科网站上的解释，所谓播客（podcasting），是一种在互联网上进行传发，并可供借助便携式媒体播放器以及个人电脑进行回放的媒体文件。"podcasting"由"ipod"与"broadcasting"这两个词合成，是一种新近出现的通过MP3音频文档进行信息分享的方式。这种媒体文件可使用MP3播放器进行下载、分享和订阅。苹果公司的iTunes商店目前提供数万种可在该公司生产的iPod上进行播放的播客文件。人们会发现，播客文件所涉及的内容之广几乎无所不包，其中包括：电视片、影片、广播剧、博客、书籍、各种电子游戏，等等。你只需访问一下podcast.com网站，便可得知目前市场在供的各种播客文件。鉴于人人——从健身专家到旅行代理商——都在利用播客去刺激自己业务的成长，如今很多小型企业都已发现了播客的这一妙用。

互联网营销战略由很多旨在拓展在线直销渠道的具体战术所组成。社交媒体是可添加于这一战略的一项新工具。这类消费者生成型的媒体可为顾客提供某种独到的价值命题。

微博

与传统的博客相比，微博的不同之处在于其内容短小得多。一则微博信息有可能仅是一个短句、一个短语、一幅图片，或者是一段节选的录像。Twitter是这方面最突出的网站，其他的这类微博网站还包括Qaiku，Google Buzz，Tumbir和Plurk。

网上论坛

网上论坛亦称网上留言板（message board），是一种供人们以在线方式开展讨论的网站。在这种网站上，人们可通过挂贴信息的方式进行交谈。从技术上讲，网上论坛是一种用于处理消费者生成型信息的网络软件。依据所设论坛网站的情况，上挂信息时可能需获得该论坛主持人的准许。这类论坛网站已经存在了很久，是网民广泛使用的一种强大工具。对于旅游学者和研究人员来说，TRINET是一个颇有价值的网上论坛。

专题信息社区

专题信息社区旨在使某类特定内容的媒体信息能够为众多的使用者所分享。很多媒体都有其某类特定内容的专题信息社区，譬如，供人们分享书籍的 BookCrossing 网站、供人们分享照片的 Flickr 网站、供人们分享录像片的 YouTube 网站，以及供人们分享幻灯片演示的 Slideshare 网站，等等。专题信息社区的使用者一般无须设置个人网页。

如今，社交媒体已成为旅游营销工作中一个重要且必需的组成部分。对于旅游企业和旅游目的地来说，在成功开展在线营销方面，社交媒体可起到很大的作用。设立自己的 Facebook 网页、加入 Linkedin 网络之类的做法固然都很重要，但加入并参与其他的旅游论坛同样也很重要。只要是情况适合、地点得当，旅游营销者皆可将对社交媒体的利用纳入自己的营销计划，并在品牌打造、联网工作、客户服务、促销宣传及公关工作等方面，使其成为自己营销战略的一个组成部分。

移动营销

旅游营销工作中需关注的另一件大事便是移动营销（mobile marketing）的出现。在这方面，营销者首先需要考虑的因素应是“移动”，而不是“互联网”。移动营销之强大力量的形成，乃是在于“移动”与“互联网”这两者的结合。在开启新的营销机会方面，最明显的钥匙之一便是智能电话（smart phone）。所谓智能电话，实为一种移动式电话，比普通的移动电话具有更为先进的电脑能力和连接性能。所以，人们最好是将其看做一种与移动电话整合一体、具有多种用途的手持式电脑。根据变革浪潮调查公司（ChangeWave Research）2010 年 7 月 14 日发布的一项调查报告，在美国，到 2011 年年底时，使用智能电话的人有望占手机使用者的一半。[8]

移动技术使得人们能够利用手机去接通互联网、查找信息、拍摄照片、观看录像片、办理乘机手续，并且能使用全球定位系统的服务、在线制作地图、基于方位进行信息查询以及搜索地点等。众多移动社交网站的联网工作，可形成一个移动式互联网。提供这类联网服务的网站——如 Every Trail，Joobil，RightNow，Trazzler 以及 Next Step 等——使得用户能够与处在同一网络中其他人共同分享彼此的旅游经历或体验。对于旅游者和旅游企业来说，Twitter 已经推出了一项地域追踪服务，可供人们用于基于方位的信息查询，以及用于开展社会交往。消费者对使用移动互联网的期望今后将会继续提升。

如今，简单的 WAP 网页正在被更高级的移动网站所取代。这些移动网站可快速提供人们所需的相关信息，并且往往也会提供与在线网站功能相同的服务。诸如万豪、希尔顿、费尔蒙特等饭店企业，目前都在借助其移动网站提供订房服务。根据预测，在美国，具有上网功能的手机数量届时将会超过个人电脑的数量。

随着这类新装置和新上网形式的出现，在美国，用于移动广告的开支有望会出现剧增。根据《电子营销者》所作的预测，这方面的开支数额将会由 2011 年的 11 亿美元，增至 2014 年的 25 亿美元。[9] 苹果公司对这类新型手机的供应量以及谷歌公司所承接的移动广告总量，已经为这一预测的合理性提供了新的证据。

这一新技术的应用以及使用手机随时上网的人数的增多，有着重大的营销寓意。可以预料，到 2020 年时，这种移动电话的使用将会普及到社会中的所有人群，并且对于大多数美国人来说，将会成为最常用的上网工具。按照目前的估算，在美国，超过 1/3 的人都拥有智能手机，其人数仍在快速增长。根据诺基亚公司的预测，全球订购手机者的总人数将从 2009 年的 40 亿人上升至 2015 年的 50 亿人，并且到 2015 年时，移动数据的流量将会增长 300 倍。[10]

今天，虽然有一部分消费者的旅游交易已经通过手机进行，但大部分的旅游交易仍是在个人电脑上完成。然而人们会看到，这一情况未来将会出现反转。因此，旅游业将会调整其营销举措，以服务于移动通信的使用者。

▷ 市场细分

市场细分（market segmentation）理论认为，几乎没有哪一个旅游目的地能够为所有人认可和向往。所以，你应该将促销目标对准那些有可能来访的预期顾客，而不是分散使用促销资源，试图取悦所有的旅游者。因此，初始阶段的旅游营销工作之一就是以某些有意义的特征为依据，区分你的现有市场和潜在市场，并在产品开发、定价以及促销等方面，将精力集中于那些最显著的市场部分——**目标市场**（target markets）。

有效的市场战略将能够准确地确定哪些人群是你的目标市场，并努力去影响这些市场。所谓目标市场是指整个可能性市场中最适合向其销售你的旅游产品的那部分人群。对于目标市场，可依据地理标准、人口特征标准（年龄、收入水平、受教育程度、种族、国籍或民族、家庭规模、家庭生命周期阶段、性别、宗教、职业等）或心理类型标准（价值观、动机、兴趣、态度、意愿等）进行界定（见图 19—2）。

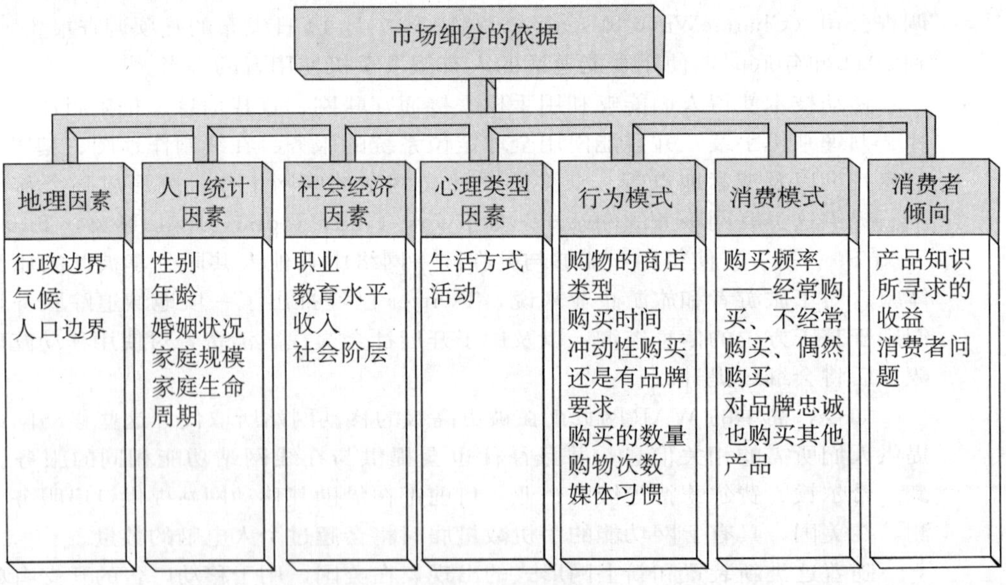

图 19—2　市场细分的典型依据

资料来源：W. Zikmund and M. D'Amico, *Marketing*, 3rd ed., copyright © 1984, New York: John Wiley & Sons, Inc.; adapted by permission of Prentice-Hall, Englewood Cliffs, N. J., from Philip Kotler, *Principles of Marketing*, copyright © 1980, p. 297.

一旦确定了目标市场，之后便应选择恰当的媒体去影响这些市场。例如，如果目标市场为网球爱好者，那么选择在网球杂志中做广告便可覆盖这一市场。这种“来复枪式的做法”（rifle approach）可使你精确地瞄准你所感兴趣的市场。相比之下，采用“散弹枪式的做法”（shotgun approach）则意味着你会选择在《时代》（*Time*）之类的杂志上做广告，结果只能影响目标市场中的很小一部分人，从而造成资源的大量浪费。

若想避免误用散弹枪式的做法，营销计划中必须要对市场进行细分。每一项旅游吸引物都能吸引多个细分市场，并且各细分市场的人群构成多会发生重叠。因此，营销经理必须认真分析有关的细分市场，从而确定哪些细分市场对其产品最具销售潜力。在针对某一特定细分市场开展目标营销方面，一个极好的例子便是万豪公司推出的庭院计划（Courtyard）。该公司为此专门设计了价格适中且富有魅力的客房，有针对性地吸引商务旅行者。在吸引这一细分市场方面，万豪公司一直做得非常成功。

旅游度假地一般会以多种依据划分其客源市场。其中最常用的依据便是地理标准。在以这一标准划分市场的情况下，所划分出来的细分市场通常为区外游客（前来该地度假的远程游客）、区内游客（居住在该度假地所在地区之内，驱车可在4小时之内抵达该度假地的游客）以及当地居民。

旅游目的地与其客源市场距离较近是一个重要因素。一般来讲，旅游目的地距离其主要市场越近，则越有可能吸引大量的游客。例如，鲍勃楼岛距底特律只有几英里，乘坐游船便可抵达。正如预料的那样，这一度假目的地所接待的来自底特律大区的游客人数是百慕大或巴哈马群岛所接待的来自底特律大区的游客人数的好多倍。

出于同样的原因，任何一个旅游目的地在开展促销宣传时，所面向的主要目标市场区域也将会是那些距离该地最近、人口密度最大的地区。在美国，旅游宣传集中度最高的市场都是那些大都市统计区（MSA），即原先所称的标准大都市统计区（SMSA）。这些大都市统计区由美国人口普查局统一划定，每个统计区由一个县或者相邻的几个县组成，其中至少有一座人口为5万人或以上的城市。有关这些地区市场数据的一项权威性来源是由《销售与营销管理杂志》（*Sales and Marketing Management Magazine*）公布的**“购买力调查”**（Survey of Buying Power）。该杂志社的通信地址是：770 Broadway，New York，NY 10003。

人口统计因素也可提供很好的市场细分标准。将市场划分为不同的年龄群体便是一个极好的例子。

心理类型市场细分

在依据**心理类型**（psychographic types）对人群进行划分方面，人们已设计出几种模型。这类模型由普洛格最早提出。他将美国人口沿一个心理类型连续统进行类型划分，这一心理类型连续统的一个极端是自我中心型，另一个极端是多中心型。[11]

“自我中心型”（psychocetric）一词源自英文中的psyche-centered或self-centered，其含义是这种心理类型的人往往将自己的思绪或挂念集中于生活中鸡毛蒜皮的小事。这种人往往表现为性格内向，缺乏冒险精神。**“多中心型”**（allocentric）一词派生自“allo”这一词根，其含义是“形式多变”。因此，多中心型心理类型者属于那种其兴趣格局注重求变的人。这种人性格外向、自信、喜好冒险，愿意外出尝试新的、不同的生活。对于这种多中心型心理类型的人来说，外出旅游因此而成为表现并满足其好奇心的一种途径。表19—1列出了自我中心型和多中心型旅游者的人格以及出游特点。

说明：嘉年华游船公司对少儿乘客从早晨到夜间都有活动安排。图中的这些客人正在兴高采烈地享用游船上提供的游乐实施。嘉年华游船公司在吸引带小孩家庭的市场方面做得很成功。Photo courtesy of Carnival Cruise Lines.

表 19—1　自我中心型和多中心型旅游者的人格及出游特点

自我中心型/依赖型	多中心型/冒险型
思想保守	思想开放
承担风险的能力低	承担风险的能力高
不舍得花钱	舍得花钱
购买知名度高的品牌	尝试新产品
活动区域范围小	探索/搜求
自感无能为力	自感一切都在控制之中
忧心忡忡/心神不安	相对无忧无虑
生活方式稳定	兴趣广泛/喜欢参与
不喜欢冒险	喜欢冒险
缺乏自信	自信
多喜欢去熟悉的旅游目的地	多喜欢去旅游者不多的地区
喜欢在旅游目的地开展寻常的活动	喜欢探索和发现，乐于在其他人到访该地之前获得新鲜体验
喜欢阳光和娱乐度假等身心放松型去处	喜欢新奇和与众不同的旅游目的地
活跃程度低	活跃程度高
喜欢可自驾车前往的旅游目的地	喜欢乘飞机前往旅游目的地
喜欢旅游开发程度高（大量的饭店、家庭式餐馆、旅游商店等）	食宿接待条件一般即可，不一定是现代或连锁型饭店，很少有专门的“旅游”景点
喜欢熟悉的环境氛围（汉堡店、自己所熟悉类型的娱乐表演、无异域感）	喜欢接触具有不同文化的人

续前表

自我中心型/依赖型	多中心型/冒险型
行程安排全面到位，活动多有计划安排	全程安排只需基本的交通与住宿，允许有较大的机动性和自由活动时间
很少外出旅游	经常外出旅游
收入多用于购买物品，多为冲动性购买	在外出旅游方面花钱较多
对其他国家的事件或活动无兴趣	对世界上的事物及各地民众有好奇心
天真、不苛求、老实被动的旅游者	苛求、挑剔、活跃而主动的旅游者
希望参加安排严谨、规范化的旅游	希望旅游过程中有很多自主性
期待外国人都讲英语	行前和行中愿意学习外语或其惯用语
希望有一流住宿和传统（美式）饮食	寻求多数人不使用、不大为人所知的当地旅馆、餐馆
多购买纪念品、小物件、普通用品	购买当地产的工艺/艺术品
喜欢去熟悉的地方故地重游	希望每次出游都前往不同的旅游目的地
喜欢人多热闹	喜欢人少清静

资料来源：Stanley C. Plog. *Leisure Travel*：*Making It a Growth Market... Again*!，（New York：John Wiley & Sons，1991）. Reprinted with permission of John Wiley & Sons，Inc.

普洛格根据后来所作的调研，对其所提出的旅游目的地偏好模型进行了改进（Plog，1995）。[12]根据普洛格的发现，依赖型心理类型的人倾向于选择一种有序、稳定并可以预知的生活。这些人宁愿遵循某种固定的模式或常规，以便能够计划自己的生活。而冒险型心理类型的人则倾向于经常外出。消遣旅游在他们的生活中占有重要位置，并且他们热切地希望去探索那些自己不曾去过、富有异国情调或者自己对该地一无所知的地方。冒险型心理类型的人比较喜欢乘飞机前往目的地，不愿参加由导游人员带领的团体旅游，而喜欢自行探险。正如人们所料想的那样，中间型心理类型的人是规模最大的群体。中间型心理类型的人比较容易被说服，因为他们既具有依赖型心理类型者的特点，也具有冒险型心理类型者的特点，因而无论是对依赖型心理类型者还是对冒险型心理类型者具有吸引力的那些旅游目的地和旅游活动，他们往往都会作出积极的反应。在此，我们对普洛格早期的研究成果和目前的研究情况作一简要介绍。

普洛格最初发现，美国人口在两个极端的心理类型之间呈连续统分布，如图 19—3 所示。除了自我中心型的人和多中心型的人这两个极端的群体之外，其余的群体都分布于这两者之间。其中绝大多数人的心理类型都属于中间型。

此后，普洛格通过建立一个有关精神活力强度的量表，添加了一个新的维度。根据被调查者对这一量表的打分情况，将其划分为四部分。这四部分人分别为高活力的多中心型心理类型者、低活力的多中心型心理类型者、高活力的自我中心型心理类型者和低活力的自我中心型心理类型者。其中，高活力的多中心型心理类型者在外出旅游过程中总是希望尽可能多地开展活动，不断地去探索和了解新鲜事物，并且总是表现得那么亢奋和充满激情。低活力的多中心型心理类型者在外出旅游过程中则会以比较悠闲的节奏开展活动。他们比较注重知识的获取，注重探索当地的文化、历史和民间习俗。在这一心理类型连续统的另一端，低活力的自我中心型心理类型者则极有可能会待在家里而不外出旅游。

经过进一步深入研究，普洛格识别出了自我中心型心理类型者和多中心型心理类型者的出游偏好。图 19—4 对这些情况作了概要汇总。在基于收入水平对美国人口开

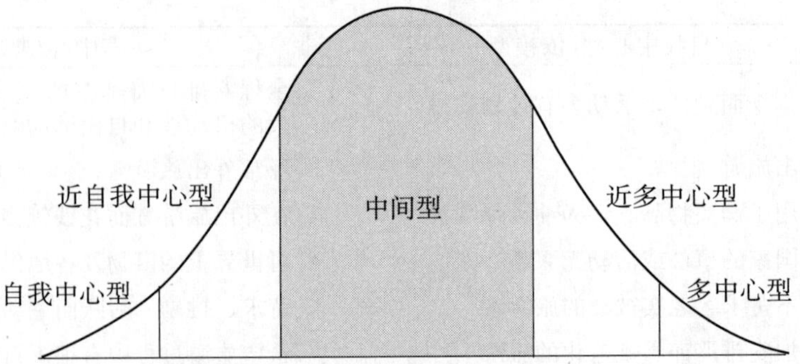

图 19—3 美国人口的心理类型分布

资料来源：Stanley C. Plog，“Why Destinations Areas Rise and Fall in Popularity，” *Cornell Hotel and Restaurant Administration Quarterly*，no. 3（June 2001），pp. 13 - 24.

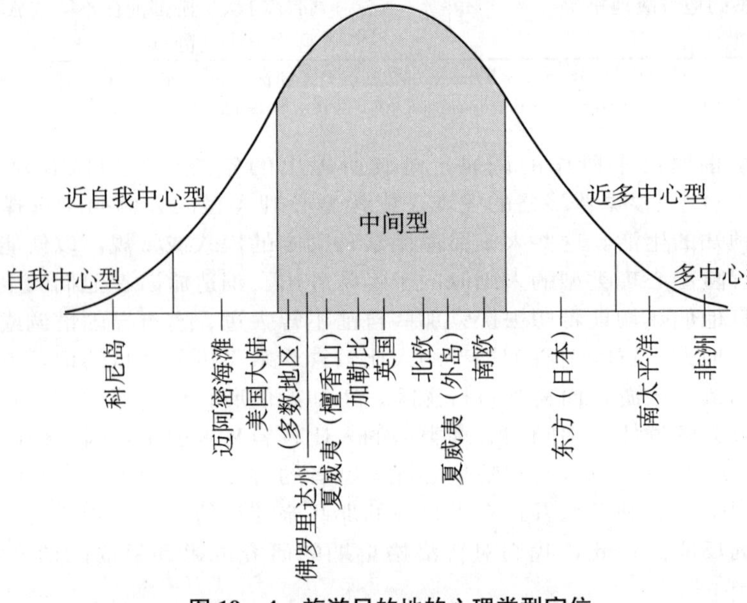

图 19—4 旅游目的地的心理类型定位

展研究时，普洛格发现了另一层有趣的关系，即在收入水平处于低端的人口中，相当多的人都是自我中心型心理类型者。

处于收入水平高端的人多为多中心型心理类型者。不过，就收入水平介于这两者之间的大多数美国人来说，在心理类型方面只是略有差异。这一发现有若干寓意。

显然，对于家庭收入非常低的人来说，其外出旅游的模式主要受收入水平制约。不论其心理类型如何，一个处于收入水平低端的人在外出旅游时，可能不得不作出普洛格认为属于自我中心型旅游者的那种度假选择。在这方面，大学生是一个很好的例子。他们在心理类型上可能属于多中心型，但是无力支付多中心型模式的旅游度假，因为这类旅游度假一般都非常昂贵（例如去南极洲旅游，或者到尼泊尔去登山探险）。他们只能去附近的一些旅游目的地，只能花较少的钱，并且只能去参加那些自己熟悉的活动。因此，如果认为收入低的人很可能就是自我中心型心理类型者，这一结论可能就是错误的，因为在一个人的行为受收入水平严重制约的情况下，其行为表现很可能会误导对其所属心理类型的划定。

在界定了旅游目的地的类型以及旅游者的类型之后，人们很可能会想将两者直接联系起来，如同普洛格所做的那样。普洛格在美国人口曲线上添加了一系列的旅游目的地，说明多中心型的人多会选择前往诸如非洲或东方之类的目的地去旅游，而自我中心型的人在外出度假时，则会选择附近的目的地（例如，对于来自俄亥俄州托莱多市的一位自我中心型的人来说，可能会选择去雪松点游乐园）。其余那些在心理类型上介于这两者之间的人同样也会有自己的特定去处（见图 19—4）。

在旅游者类型与目的地类型之间作这种直接连接时，并没有考虑到这样一个重要事实：人们在不同时期外出旅游时，所抱有的动机也会不尽相同。例如，一名富有的多中心型旅游者在一年一度的长假中，确实可能会选择去非洲旅游，但是在平时周末度假时，可能会选择去某一典型的自我中心型目的地。同样，尽管可能性不是很大，自我中心型的旅游者在外出度假时，也有可能会选择某些原本属于多中心型的旅游目的地（家庭收入极低者除外）。例如，在很多同类旅游者劝说并陪伴同行的情况下，由于安全感的增加，一个自我中心型心理类型的人有可能也去某一遥远的地区旅游，如去亚洲旅游。

那么，怎样才可在旅游者类型与目的地类型两者之间建立起联系？建立联系的目的在于能够提供一种方法去预测人们的出游模式。要想建立这种联系，有两点必须予以考虑：第一，正如前面已经指出的那样，旅游者每次外出旅游的动机可能会不尽相同；第二，就某一给定的旅游目的地而言，它能够提供多种旅游体验，适合于多种类型的旅游者，具体情况取决于旅游者该次出游的动机。因此，在目的地类型与旅游者类型之间建立系统联系的唯一途径是，必须孤立地考虑每次出游的情况，并且必须考察促成该次出游的动机。

说明：外出度蜜月或庆祝某一周年纪念日的夫妇一直是很多度假地和游船公司的重要目标市场。为此，这些旅游经营者都已制定了营销活动计划，宣传旅游的浪漫以及到国外度假的新鲜感。Photo courtesy of Carnival Cruise Lines.

普洛格在 1972 年第一次提出他的模型。此后，这一模型在旅游研究文献中一直被人们广泛引用。这一模型的提出，是人们为了提供一个能够借以分析旅游者行为的框架而做的早期尝试之一。自普洛格提出这一模型以来，世界已经发生了相当大的变化。例如，如今被人们认为富有异国情调的国家越来越少。此外，如今也已出现其他一些用于细分旅游市场的方法，例如通过分析生活方式或分析所追求的受益去进行市场细分。不过，人们不应为此而忽视普洛格的开创性成就。他所提出的心理类型模型至今仍可为人们研究旅游以及根据目前市场状况去考虑旅游发展问题提供一种思路。最重要的是，这一模型的提出是一开创性的工作，旨在激励那些研究旅游者行为的人为理解旅游者的行为原因去寻找某一理论基础。

编制营销计划：旅游市场营销计划

至此，本章已介绍了很多有关市场营销的基础概念，并且尝试通过一些例子去说明它们在旅游业中的应用。

从旅游业的立场看，对这些基础概念必须以某种全面整合的方式加以应用，方可使其真正具有价值。这一应用过程称为**编制营销计划**（marketing planning）。这一过程的最终产物是一份市场营销计划。

市场营销计划（marketing plan）是一个旅游目的地或一个旅游企业的最重要的工作文件之一。市场营销计划的作用在于将很多理想的旅游政策转化为一整套旨在吸引游客并为其提供所寻求的各种体验的能动过程。

加利福尼亚州旅游市场营销计划

旅游市场营销计划可有不同的形式，加利福尼亚州旅游市场营销计划（CTMP）可谓是一个具有示范意义的州旅游行政部门的市场营销计划。该州的旅游市场营销计划最早制定于 1998 年，是在《加利福尼亚州旅游政策法案》（California Tourism Policy Act）获得通过之后，并且此后每年更新一次，因为市场营销计划从本质上讲是一种"活的"文件，需要随着时间的发展而调整。加利福尼亚州这一计划的出台经历了一个相当全面的编制营销计划的过程。

加利福尼亚州旅游市场营销计划的突出特点之一是，这一营销计划实际上源自一个政策框架。这一政策框架便是《加利福尼亚州旅游政策法案》。这一法案首先为加州的旅游开发与营销提供了一个理念基础，继而指出，为了实现这一理念基础的理想和目标，该州有必要制定一份有效的市场营销计划。此外，该法案还规定了一项组织政策［即成立加利福尼亚州旅游委员会（California Travel and Tourism Commission)］，以组织该计划中各项目标的实施。最后，作为一项更重要的举措，该法案还规定了一项筹资政策，以支持加利福尼亚州旅游委员会的运转。要想了解加利福尼亚州旅游委员会如何运作，可登录 www. tourism. visitcalifornia. com/MPP，进入营销工作计划页面，然后打开"Essentials"一节，查阅该组织的"战略计划终稿"(2011—2016 年）、"国内媒体计划"、"加拿大媒体计划"以及其他有关的工作计划。

联合营销

在大多数情况下，旅游企业都希望自己推销产品和服务。然而，在另外一些情况下，联合开展营销将会是最有利的做法。这种联合举措往往经由有关的行业协会或政府机构组织推出。科罗拉多州美国乡村滑雪协会（Colorado Ski Country USA）和犹他州滑雪与雪板协会（Utah Ski and Snowboard Association）这两个团体一直联手合作，共同推销其成员企业的各项服务，尽管其中有很多企业彼此之间是竞争关系。统一编印海报和成员企业名录、答复消费者的问询、发布滑雪场雪情报告等，都是最具成本效益的促销宣传方式。当然，除这些**联合营销**（joint marketing efforts）举措外，这两个地区性协会也都分别有自己的市场营销计划。它们可能还会与其他一些私营企业——例如航空公司、汽车租赁公司、信用卡公司——开展合作，以增加自己的营销经费。

经验表明，在基于整个国家或整个州开展旅游促销时，成效最显著的途径是由私营业界与政府联手合作。旅游企业与官方政府旅游组织开展联合促销是一种既有效率又有效力的做法。在私营部门与政府共同出资开展目的地促销方面的一个案例便是夏威夷旅游与会议局（Hawaii visitors and convention Bureau）。该局是一家独立的非营利组织，根据与夏威夷旅游局（Hawaii Tourism Authority，HTA）签订的协约，负责开展夏威夷的旅游促销工作。

在有些州，政府旅游主管机构可为民间组织开展的旅游促销工作提供特别的“配套资金”，如为民间的地区旅游促进会提供一部分广告费用。政府也有可能会提供其他方面的各种配套资金，具体情况取决于政府的经费情况以及有关政府经费用途的立法规定。在美国各州中，宾夕法尼亚州旅游业、影视业与经济发展营销事务部（Pennsylvania Tourism，Film，and Economic Development Marketing Office）所实施的这类配套拨款计划可谓规模最大。

很多私营企业也认识到开展联合营销对自己有利。例如，2003 年，环球主题公园及度假区集团（Universal Parks and Resorts）同可口可乐公司签署了一项为期十年的合伙营销协议。双方之间的这种合伙关系始于 1999 年，当时指定可口可乐为各环球主题公园的专用软饮料。新协议的签订进一步增设可口可乐公司生产的美汁源果汁，为各环球主题公园的专用果汁饮料。可口可乐公司和环球主题公园及度假区集团还计划在各环球主题公园中创办主题饮料景点，并针对青少年市场策划一项交叉品牌促销战略。

□ 本章小结

市场营销可解释为指引商品和服务从生产者流向消费者或使用者的一系列业务活动的实施过程。这类活动的开展对旅游企业至关重要。如果没有营销活动的开展，即使再好的旅游设施也难以实现盈利。旅游营销者只有将某一旅游目的地的情况告知旅游消费者，并使其产生前往该地访问的兴趣，才有可能创造出市场。

市场营销观念、市场营销组合、产品的计划与开发、产品的定价、产品品牌化、销售渠道、促销、市场调研、人员推销、公共关系以及市场细分等，都是市场营销工作所涉及的基本概念和基础知识。

官方旅游组织、交通客运公司以及住宿供应企业间开展联合营销，甚至与邻近的竞争目的地一起开展联合营销，都是行之有效且通常会成功的营销战略。

无论是旅游目的地还是旅游企业，其市场营销计划的内容都在于识别预期游客，并通过开展促销以及运用所计划采用的其他营销工具，去吸引所选定的目标市场。

□ 重点概念

广告（advertising）
广告代理商（advertising agency）
多中心型（allocentric）
品牌化（branding）
销售渠道（channels of distribution）
消费者导向（consumer orientation）
4P（four Ps）
互联网（Internet）
联合营销（joint marketing efforts ）
市场营销（marketing）
市场营销观念（marketing concept）
市场营销组合（marketing mix）
市场营销计划（marketing plan）
编制营销计划（marketing planning）
市场细分（market segmentation）
联手结伴（partnership）

渗透定价（penetration pricing）
渠道（place）
人员（people）
人员推销（personal selling）
价格（price）
撇脂定价（price skimming）
产品（product）
产品生命周期（product life cycle）
产品计划工作（product planning）
促销（promotion）
自我中心型（psychocentric）
心理类型（psychographic types）
公共关系（public relations）
服务质量（service quality）
社交媒体（social media）
购买力调查（Survey of Buying Power）
目标市场（target markets）

□ 互联网练习

为了方便读者，本章中所提及的互联网网站连同其他一些相关网站，一并列在为本书伴设的网站上：www. wiley. com/college/goeldner。

练习 1

网站名称：MySwitzerland. com

网址：www. myswitzerland. com

背景信息：该网站提供有关瑞士旅游的信息。

网站名称：Garda Lake

网址：www. gardalake. it

背景信息：该网站提供有关意大利嘎尔达湖的旅游信息。

网站名称：New Zealand

网址：www. newzealand. com

背景信息：该网站介绍新西兰的旅游环境，以及如何丰富在该国的旅游体验。

网站名称：Tour Egypt

网址：www. touregypt. net

背景信息：该网站提供有关埃及各地以及各旅游景点的信息。

网站名称：Queen Victoria Market，Australia

网址：www. qvm. com. au

背景信息：澳大利亚墨尔本的维多利亚女王市场不仅是该地的购物天堂，而且是该地的一处历史地标、一处旅游景点，代表着当地的社会风情。

网站名称：Travel Alaska

网址：www. travelalaska. com

背景信息：该网站提供去阿拉斯加度假的有关信息。

网站名称：Genuine Nebraska

网址：www. visitnebraska. gov

背景信息：该网站提供以大量的信息全面介绍内布拉斯加州有哪些旅游去处、可参观哪些事物以及可开展哪些活动。

网站名称：Wyoming Forever West

网址：www. wyomingtourism. org

背景信息：设立该网站的目的是：帮你迅速有效地查找到有关怀俄明州的信息。

网站名称：I Love NY

网址：www. iloveny. com

背景信息：纽约州旅游局的官方网站，提供在该州旅游的有关信息。

练习内容

从上面所列的网站中分别选取美国 2 个州的旅游网站和 2 个外国旅游网站。

（1）在每一类网站中，哪一网站的市场营销观念最强？

（2）你所选中的那些网站有哪些特点？

（3）这些网站实行市场营销观念的表现何在？

（4）在利用互联网作为广告传播渠道方面，你有何看法？为什么？

（5）与你所挑选的外国网站相比，美国各家网站做得如何？

练习 2

网站名称：The Association of Travel Marketing Executives（ATME）

网址：www. atme. org

背景信息：该网站创设于 1980 年，是一非营利性的专业社团，会员为各旅游行业中有经验且具有创新精神的营销工作者。

练习内容

（1）旅游营销管理者为何应加盟 ATME 组织？

（2）该组织出版的《旅游营销决策》（*Marketing Decisions*）提供哪类信息？

□复习与讨论题

1. 什么是市场营销观念？

2. 你是否认为实行以消费者为导向的市场营销观念是一种进步？为什么？

3. 产品生命周期中都涉及哪些阶段？每一阶段的营销寓意何在？

4. 在制定产品价格时，旅游营销经理应考虑哪些主要因素？

5. 讨论在哪些情况下应采用渗透定价策略。若采用撇脂定价策略，应具备哪些条件？

6. 讨论一个旅游企业的定价策略对其促销计划的影响。

7. 如何选择销售渠道？试举例说明。

8. 与牙膏、汽车、计算机、快餐店、旅馆等产品或企业的品牌化相比，一个旅游目的地的品牌化有何不同？

9. 旅游目的地的品牌化究竟意味着什么？

10. 你认为移动网站和社交技术的应用在旅游业中起何作用？

11. 以度假地饭店、旅游汽车公司、旅游公司为例，说明其营销计划的现实目标有哪些。

12. 有人认为，“旅游促销工作的开展如果不以调研为指导，大多会务虚工”。解释此话的含义。你是否赞同这一观点？

13. 经营组合式度假产品有哪些优点？

14. 试举出一个可以在你所居住的地区进行推销的包价度假产品的例子。你会如何推销这一产品？面向哪些人进行推销？

15. 为什么说编制营销计划非常重要？

16. 你认为开展市场细分的价值何在？试以“基于旅游体验的市场细分”为例加以说明。

17. 试举出几个例子，说明移动社交网络的实施确实助推了旅游业的成长。

18. 在倾听、学习和利用博客这一新型社交媒体方面，旅游企业该如何着手？

19. 谷歌是以网络搜索引擎为伪装的世界上最具价值的在线广告代理商吗？

20. 假定你是某度假地饭店的经理，你是否总是将你的各项度假设施与该目的地合到一起进行广告宣传？为什么？

□ 案例题

美国中西部某湖滨社区的经济发展不振。2010年，该地的工业就业人数已下滑为1990年的50%。因此，旅游业看来是一个需要扩大发展的产业。该地靠近美丽的密歇根湖，有长达25英里的湖滨沙滩，并且毗邻一片面积为150万英亩的国家森林。林区内有多条小河以及很多内陆湖泊，全年都可开展多种娱乐活动。该地距芝加哥或底特律只有5小时的车程，并且每天有3个航班从芝加哥飞来此地。

该地的商会还没有旅游促销预算。虽然该州的法律允许在征收4%客房使用税的基础上加征2%的地方旅游促销税，但这一附加税的开征必须得到当地住宿企业的认可。选票需要按各住宿企业拥有的客房数进行分配。当地规模较大的两家度假饭店的经理人员都支持征收这一税项，但他们认为，对于征收这一税项，很多小型汽车旅馆的业主们将不会投赞成票。为了刺激当地的经济，当地非常需要增大旅游接待量。如何才能打破这一僵局？在这方面，该地可以以何为突破口？

□ 注　释

[1] Amadeus, *Hotels 2020: Beyond Segmentation* (Sophia Antipolis Cedex, France: Amadeus, November 2010).

[2] American Marketing Association Web site/Resource Library/Dictionary. See: www.marketingpower.com/-layouts/Dictionary.aspx?dLetter=M.

[3] William D. Perreault Jr. and E. Jerome McCarthy, *Basic Marketing*, 14th ed. (Boston: McGraw-Hill, 2002); and E. Jerome McCarthy and William D. Perreault Jr., *Essentials of Marketing*, 6th ed. (Burr Ridge, IL: Irwin, 1994).

[4] Robert C. Mill and Alastair M. Morrison, *The Tourism System*, 4th ed. (Dubuque, IA: Kendall/Hunt, 2002).

[5] D. A. Aaker, *Managing Brand Equity: Capitalizing on the Value of a Brand Name* (New York: Free Press, 1991).

[6] Graham Hankinson, "Relational Network Brands: Towards a Conceptual Model of Place Brands." *Journal of Vacation Marketing*, vol. 10, no. 2 (2004), pp. 109–121.

[7] eMarketer, *Worldwide Ad Spending* (New York: eMarketer, 2010) and www.emarketer.com.

[8] ChangeWave Research, *New Smart Phone Survey Shows Explosive Industry Shake Up* (Rockville, MD: ChangeWave Research, 2010) and www.changewaveresearch.com.

[9] eMarketer, *Mobile Advertising and Marketing: Past the Tipping Point* (New York: eMarketer, 2010) and www.emarketer.com.

[10] Amadeus, *Hotels 2020: Beyond Segmentation* (Sophia Antipolis Cedex, France: Amadeus, November 2010).

[11] Stanley C. Plog, "Why Destination Areas Rise and Fall in Popularity," *Cornell Hotel and Restaurant Administration Quarterly*, vol. 14, no. 4 (February 1974), pp. 55–58; Stanley C. Plog, *Leisure Travel: Making It a Growth Market . . . Again!* (New York: John Wiley & Sons, 1991); and Stanley C. Plog, "Why Destination Areas Rise and Fall in Popularity," *Cornell Hotel and Restaurant Administration Quarterly*, vol. 42, no. 3 (June 2001), pp. 13–24.

[12] Stanley C. Plog, *Vacation Places Rated* (Redondo Beach, CA: Fielding Worldwide, Inc., 1995).

第六部分

旅游业展望

说明：墨西哥流浪乐队在为到访墨西哥城的游客演奏。Photo courtesy of the Mexican Government Tourism Office.

第20章 旅游业的未来

学习目的

- 分析有关国际旅游增长的各种预测。
- 识别影响未来旅游发展的主要全球性因素。
- 了解这些因素对未来旅游市场以及对旅游目的地在应对市场需求的能力方面有可能产生的正面及负面影响。

导　言

> 倘若我们不了解当今世界的趋势，不了解这些趋势会给我们自己以及会给我们为实现目标而选取的做法带来哪些可能的后果，我们将无法作出明智的选择。
>
> ——《未来学家》(*The Futurist*) 杂志编辑爱德华·科尼什[1] (Edward Cornish)

尽管气候变化问题时下引起了人们的担忧，但是，未来旅游业的发展，至少就下一个10年中的情况而言，仍将继续充满希望。大多数旅游目的地对自己未来的旅游接待量、旅游收入，以及对未来旅游就业发展情况所作的预测，都描绘了一幅十分美好的图景。虽然我们承认旅游业有诸多的脆弱方面，但本章主要反映人们对未来旅游业发展所普遍持有的乐观看法。

在阐述这些乐观看法的同时，本章的另一重要内容是，尝试阐释未来一些具体方面的变化，以及这些变化所带来的各种机会与挑战。此外，我们还将说明，在利用这些机会和应对这些挑战方面，人们可能需要对旅游产品作出哪些改进。

最后，我们还想提醒大家注意的是，如同近年出现的经济危机所昭示的那样，即便是最具活力的经济，也难免有可能会出问题。作为这方面的一个突出例子，2001年"9·11"事件的阴霾至今仍在影响旅游业。在过去10年中，"非典"的爆发曾极大地影响了亚洲及加拿大的旅游发展。2011年发生于日本的海啸甚至使该国的核电站受到影响。诸如此类的重大灾害，能在一天之内改变一个国家的情况。虽然社会稳定与经济增长几乎总是能够重返这些国家或地区，而且很多预测者也都乐观地认为，从目前这一"自20世纪30年代大萧条以来最为深重的经济衰退"中得以全面恢复的日子就在眼前。然而，有一点始终清楚无疑，即历史的教训在于，无论是在顺境还是在逆境，我们都必须要学会有效地行使控制。所以，虽然说读者应为本章中所述及的那些乐观的未来趋势做好准备，但与此同时也应问自己："倘若情况有变，又该当何计？"譬如，一旦气候变化和经济增长放慢的时期来临，旅游业该如何应对？旅游业如何才能成为其他经济部门的催化剂？关于对所有这些问题的回答，我们也只能像本书开头时所说的那样——祝你一路顺利！

21世纪的旅游业

本书的撰写目的一直都是旨在使旅游专业的学生对旅游学的原理、实践与哲学能有一个基本的理解，因为这些知识都与当今的旅游业有关。当然，为了能够理解旅游业的现状，人们有必要回顾这一领域的历史演进与发展情况。显而易见，当今的旅游业是多种力量共同作用的产物。这些力量或影响因素不仅决定着旅游业的构成，而且决定着旅游业的运行方式。我们在多处都曾指出，在过去的半个世纪中，旅游业的增长与发展尤其迅猛。

- 自1950年普通大众开始有能力参与出国旅游以来，全球国际旅游活动的规模已从当年的2 500万人次，增长到2009年的8.8亿人次。
- 全球的国际旅游收入总额也已从1950年的21亿美元，增至2009年的8 520亿美元。[2]

其结果是，当我们步入21世纪时，旅游业已发展成为一个规模庞大且充满活力的经济部门。一方面，由于过去多年来的快速增长和巨大变化，人们可能倾向于认为，由于旅游业的发展如今已进入成熟期，所以进一步增长与扩张的速度将会因此而放缓。然而在另一方面，对旅游业之可能性未来所作的现实评价则认为，在今后多年中，旅游业的发展虽然会遇到种种挑战，但很可能会继续增长，并且与其他很多部门相比，发展速度更快、更具活力。

对2020年世界旅游业的预测

如表20—1中所示，据预测，2010年全球的国际旅游接待量将超过10亿人次（2009年已经达到8.8亿人次），2020年将达到16亿人次。这些预测的依据是，1995—2020年期间，全球国际旅游接待量的平均年增长率为4.3%，并且在此期间不会出现增速放缓的情况（也就是说，1995—2000年期间的年增长率为4.2%；2000—2010年期间的年增长率为4.2%；2010—2020年期间的年增长率为4.4%）。[3]欧洲将继续是世界上最大的国际旅游接待地区，但其国际旅游接待量的增速将会低于全球平均水平。这将导致欧洲所占的市场份额从59%下降为45%。东亚和太平洋地区的国际旅游接待量将会以年均7.0%的增幅实现增长，从而将会超越美洲这一历史上的第二大国际旅游接待地区，到2020年时将会占有27%的市场份额，而同年美洲所占的市场份额将仅为18%。到2020年时，非洲、中东地区和南亚地区的国际旅游接待量也都将有所增长，增幅分别为5%，4%和1%。

- 最值得瞩目的是，世界旅行及旅游理事会所作的有关研究显示，由于旅游业所带来的需求增大，到2020年时，全球大约有3.03亿人受雇于因此而存在的工作岗位。

最重要的是，无论是从全球及各大地区的情况看，还是从美国的情况看，如今为旅游业所驱动的劳动力就业量，皆已超过了其相应劳动力就业总量的9%，其中既包括为旅游业所直接驱动的就业量，也包括为其所间接驱动的就业量。

表20—1 **2010—2020年全世界及各大地区的国际旅游接待量预测**

地区	国际旅游接待量（百万人次）		
	2000年	2010年	2020年
欧洲	390	527	717
东亚/太平洋	116	231	438
美洲	134	195	284
非洲	27	46	75
中东	19	37	69
南亚	6	11	19
世界	692	1 047	1 602

资料来源：United Nations World Tourism Organization.

未来的增长状况

如前所述，未来旅游业有望继续增长。但是，其增长和发展的状况在很多方面都将不同于过去的半个世纪。正如过去几年已清楚证实的那样，当今的世界乃是一个全球化的社会，人们生活中的方方面面都在经历着变化。这些变化所涉及的领域之广、变化程度之大，人们此时此刻只不过刚刚有所察觉。然而无论如何，在告别2000年步入21世纪后，我们已经感受到，后冷战时期的所谓"新的世界秩序"正在发生重大变化。虽然冷战已经成为历史，但战争的现实依然存在。过去，旅游业所面对的一直都是阿富汗战争、伊拉克战争之类的战祸对社会和经济的破坏。不过，倘若关于气候变化的理论果真为今后的现实所确证，那么旅游管理者所面对的或许将是这种新的对社会和经济的巨大破坏。时下美国正在进行的反恐战争、非洲和中东地区一些国家的内战、人们在对待旅游对环境的影响方面所持态度的愈发激进，凡此种种，都已取代过去的冷战而成为今天制约人们有意外出远行他乡的负面因素。在战争威胁得以彻底消除之前，以及在气候变化问题得以有效解决之前，旅游目的地管理者将不得不去全面制定能适应长期反恐战争并且能应对气候变化问题等现实挑战的政策、战略和管理框架。

有关这方面的一些应对举措目前已经初露端倪。实际上，对于其中一些举措的推出，人们甚至早就能够预知，而另一些举措的推出，则实属人们对担忧或不满的渲染。对于发达国家中那些成年人——那些生活富裕，且有生以来生活条件不断得以改善的人——来说，这些渲染可能最令其不安。他们或许第一次感觉到，自己周围正在发生的这些重大变化似乎有可能会失控，从而会破坏自己安定而美好的生活方式的基础。而其他那些生活境况不是那么好的人则认为，这些变化有可能是闪烁的希望之光，因为在他们看来，这些变化意味着将会对所有人的人生机会进行一次较为公平的分配。然而具有讽刺意味的是，他们也有可能会发现，这些变化将会使其人生陷入永无尽头的贫困之中。

21世纪的休闲、旅游与社会

作为高品质生活方式的一项重要构成，20世纪后半叶社会的一个特点是，人们所拥有的闲暇时间以及人们对闲暇时间的享用，都在不断增多。虽然数十年来一直有人对闲暇时间的如此增长提出质疑[4]，然而毋庸置疑的是，总的来讲，同此前任何时期相比，西方发达国家的民众有了更多的消遣和外出旅游的机会。因此，旅游业的发展已进入了这样一个阶段——如今人们宣称，随着老龄人口正在成为医疗保健类产品/服务的经常购买者，到2022年时，旅游业与医疗保健业都将成为世界上最大的产业。[5]虽然旅游从业者过去曾叹息政府和公众对旅游业缺乏重视，但如今，这一情形在发生戏剧性的变化——在很多情况下，这种变化甚至令旅游企业深感懊恼，因为突然之间，有人又开始指责旅游业是在毁灭文化、破坏环境，致使各地的生活方式同质化。简言之，在旅游业的经济价值和社会价值不断增大的同时，旅游业突然发现自己进入了社会关注的主流——与社会中所有其他方面都曾一度经历过的情况一样，人们又开始质疑旅游业的价值，质疑旅游业持续存在的恰当性，归根结底，质疑旅游业长远的可持续性。

与这一背景相反，对旅游业的未来抱有强烈兴趣的一些杰出组织和个人，则在努力研究那些影响世界变化的重要力量，以及其对旅游业未来发展的可能寓意。针对这方面研究所作的有关评论与分析指出，未来旅游业的发展将会面临一系列不可忽视的制约与限制因素。这些“新的现实”不仅将会迫使旅游政策制定者及旅游业界去改变旅游业原有的开发与经营方式，而且还要求旅游者改变其自身的需求和行为。但是，如今正在发挥其影响作用的这些变化，并不完全都是消极因素。其中有很多变化都可看作人们对过去的判断失误和过度开发所作的修正。而另外的一些变化，则可成为据以创新旅游产品的机会。同过去的认识相比，旅游业中的这些“新视野”可能更具价值，当然也更符合可持续发展原则。

新现实—新视野：影响未来旅游业的全球性因素

20世纪50年代以来，旅游业的发展除了有一个成绩斐然的过去，还拥有一个充满活力的现在。所以，旅游业的未来会有同样乐观的前景。对于这一点，人们并不感到意外。然而，虽然旅游业前景乐观，但在未来几十年中，一大批具有重大影响的因素［即尤曼（Yeoman）所称的“重大驱动因素”，参见表20—2］将会极大地改变旅游业的现有形态。[6]这些影响因素将会带给旅游管理者一系列难以克服或难以适应的现实问题。然而与此同时，这些影响因素也会提供一些新的视野，从而可为旅游产品的开发与改进创造很多新的机会。当然，影响旅游业发展的具体因素经常变化。对于其中一些对目前以及可预见的将来最具影响力的因素，我们将在接下去的部分中展开讨论。

说明：太空旅游已经到来了。丹尼斯·蒂托有幸成为世界上第一个进入太空的旅游者。多年来，陆基的太空发射中心已成为人们的参观景点。肯尼迪航天中心和航天飞机的发射场景将继续吸引数以千计的游客到访。Photo courtesy of Kennedy Space Center Visitors Complex.

虽然所有这些重大驱动因素都会对旅游业的未来产生影响，但其中某些因素尤其重要。此外，有几项变化也尤其需要我们深入理解，因为它们涉及未来旅游业形态的根本改变。

表 20—2　影响 21 世纪旅游业的全球性因素（重大驱动因素）

重大驱动因素	性质	名称
1	社会因素	整个世界价值观的变化
2	社会因素	生活中的不确定性与恐惧
3	经济因素	贫富两极分化
4	政治因素	美国在世界上的强权
5	经济因素	亚洲各国在世界上的经济实力
6	经济因素	欧盟在世界上的经济实力
7	经济/科技因素	经营环境的变化
8	社会因素	全球/地方社会
9	政治因素	民众与政府之间的关系
10	科技/社会因素	艾滋病问题
11	科技因素	交通条件：客/货运输
12	科技因素	知识的获取
13	经济/社会因素	劳动力与人口特征的变化
14	经济/政治因素	能源/石油
15	环境因素	环境、自然资源、气候
16	人类基本需要	食物
17	科技因素	新科技

资料来源：Ian Yeoman with the Future Foundation; *Tomorrow's Tourists: Scenarios and Trends*, Amsterdam: Elsevier (2008).

经济

不论目前的经济状况如何，人们都可以乐观地预期，以传统工业化国家为代表的全球经济将会继续实现中高速增长。中国、印度、巴西、印度尼西亚、俄罗斯等国的经济更将异军突起，它们在全球经济中的地位也将日渐重要。虽然从长期看，历史也许会证明我们的判断有误，但是，可以预见的未来显示，经济竞争将会继续胜过意识形态的竞争。在过去的几十年中，我们已经见到，世界各地出现的压倒性趋势是，全球普遍都采纳了市场经济模式。

作为另一种模式的组成部分，我们也目睹了政府管制的放宽、实行私营化、区域经济整合、全球性公司或跨国公司的作用增强等现象的出现。至于这些现象所反映的究竟是一时的变革之风，还是对经济体系的持久性重组，人们尚须拭目以待。但就目前情况而言，这一潮流的方向不容置疑。

对于旅游业的近期未来，《经济学家》所作的预测是，2011 年，全球旅游业将从后危机时期的衰退中复苏。原因在于，国际旅游接待量年均 5%的增长，正在使旅游业活力重现，并且将会恢复到高于 2008 年的水平［依据世界旅行及旅游理事会的测算］。法国接待国际游客的绝对数量将会出现规模最大的上升，虽然就增长率而言将会低于中国。全球航空业继 2010 年实现了良好的利润增长之后，2011 年的收入增幅将会有所放缓。波音公司将至少会交付它所生产的第一架 787 型客机——较原计划推迟了 3 年。面对因延迟交货而出现的索赔问题，对于其余尚待交货的 850 架客机的订单，波音公司有望加快其工作步伐。[7]

政治

对于 1989 年柏林墙的倒塌何以会触发民主运动如此大规模的蔓延，历史学家们将会长期争论下去。但历史将会证明，此前没有谁（无论是有关专家还是一般平民）曾预见到中东欧会在这一时期发生急剧的政治制度变革。当然，任何事情都不像其表面看上去那样简单。确实，非常可能的情况是，这一令人瞩目的政治变化只不过是一种表面现象，更为深刻的基本原因在于，世界各国人民都希望能更直接地参与那些将会影响其生活的行政治理过程。从旅游学的观点看，这些因素已然促成了**“居民呼应型旅游”**（resident-responsive tourism）这一强有力的概念的出现。人们不能再去假定：旅游目的地居民将会自动地接受旅游业界试图强加给他们的各种形式的旅游开发。在21世纪，旅游主管部门将不得不主动地寻求当地社区对旅游开发工作的支持。为此，旅游主管部门在对所有拟开发（甚至对所有现有的）设施及活动项目作损益评价时，将不得不注意多多听取当地居民的意见。除非多数人的意见都认为旅游开发带给该社区的净收益是正的，否则人们将质疑今后的旅游开发工作是否仍会获得当地民众的支持。

“超级欧洲”的继续成长

令很多怀疑论者都感到吃惊的是，欧盟（EU）的成员国仍在继续增加。不过，这一情况的发展也并非没有严重问题。2004年，欧盟的发展向前迈进了一大步，新增了10个曾长期等待加盟的新成员（塞浦路斯、捷克、爱沙尼亚、匈牙利、拉脱维亚、立陶宛、马耳他、波兰、斯洛伐克和斯洛文尼亚），从而使整个欧盟的地理版图几乎增大了一倍。2007年，保加利亚和罗马尼亚的加盟进一步壮大了欧盟的队伍。截至目前，欧盟已有27个成员国，这些成员国在某种程度上已将本国的主权或立法权转交给了欧盟。这27个成员国包括：奥地利、比利时、保加利亚、塞浦路斯、捷克、丹麦、爱沙尼亚、芬兰、法国、德国、希腊、匈牙利、爱尔兰、意大利、拉脱维亚、立陶宛、卢森堡、马耳他、荷兰、波兰、葡萄牙、罗马尼亚、斯洛伐克、斯洛文尼亚、西班牙、瑞典和英国（europa. eu/index_en. htm）。此外还有4个国家（克罗地亚、马其顿、冰岛、土耳其）也已提出加入欧盟的申请；人们认为，另外还有5个国家（阿尔巴尼亚、波斯尼亚、科索沃、黑山、塞尔维亚）也将会是欧盟未来的潜在加盟国。

虽然欧盟不得不向希腊和爱尔兰提供金融援助，但目前仍是世界上最大的经济集团和最大的国际旅游接待地区。

国家目的地的衰落：城邦目的地的兴起

如前所述，区域性贸易集团如今变得愈发重要。例如，新的“无国界欧洲”已逐渐成为当今的一个现实。《北美自由贸易协定》（NAFTA）则造就了与之相似的另一个集团。为了应对这两个最先发起的集团，一些亚洲国家也在着手作出相应的安排。此外，人们可以预期，南美洲在将来的某一时期也会组建类似的自由贸易协定组织。

对于劳动力的自由流动将会给欧洲的社会结构带来哪些变化，目前下结论为时尚早。虽然如此，我们确实有理由预料，虽然人们也会附带去谈“国家主权”，但各单体民族国家的重要性将会慢慢减弱。实际上，欧洲一体化的主要目标之一就是要实现共同标准、共同货币以及基于共同价值观的共同政治制度。乍看上去，人们有可能会认为，这一新欧洲的打造最终将导致又一个大国的出现。从严格的务实意义上讲，情况有可能会是如此。然而，欧洲各国国民对作为一个实体之欧洲的情感皈依与历史上对其各自国家的情感依附在某种程度上是否同属一码事，人们尚需拭目以待。尽管

“法兰西万岁”这一著名口号表达了法国民众对自己国家的深厚感情，然而今天，这一传统的“发自内心的呼喊”显得越来越不合时宜。当然，国界的消除将会大大便利旅游客流。但与此同时，随着时间的推移，国界的消除也会大大减少各国自身的独特性，从而会削弱一个国家作为独特旅游目的地的吸引力。

虽然上述观点似乎都属于推测，但确有迹象显示，作为对国家形象衰减的一种反应，中心大都市——所谓**“城邦”**（city-state）——的重要性将会上升。人们认为，这些城邦有可能会成为反映经济发展以及表现民族个性特征的焦点。与旅游直接相关的情况是，这些新的城邦还有可能会成为旅游目的地开发与促销宣传工作的首要基础。实际上，我们可以认为，诸如伦敦、罗马、纽约、北京等大城市目前已经取得了这种城邦地位。

环境问题

如同第 17 章中所深入分析的那样，人们对碳排放和气候变化的担忧如今已在旅游业中占据了中心地位。不过，旅游业中的这一现实所反映的是一种更加广泛的社会认识：全球所有人都必须认真关注我们这个星球的健康。众多国家对《京都议定书》（Kyoto Agreement）的签署，代表着全球朝着对该议定书的认同及其最终的实施迈出了一步。2009 年哥本哈根会议的召开，并未能就减少碳排放问题达成一项新的具有法律约束力的条约，而仅仅是出台了一纸自愿性的协议。由于《京都议定书》一直未能得到充分实施，因此 2010 年下半年在墨西哥坎昆举行的会谈则是一次最新的尝试，目的是在为应对气候变化而达成一项新的全球协议这一问题上能取得一些进展。《坎昆协议》（Cancun Accord）中承认有必要将地球气温的上升控制在 2℃以内，并提出将与会各国依据自愿性的《哥本哈根协议》（Copenhagen Accord）所作的不具约束力的减排承诺交由联合国处理。《坎昆协议》中还提出，要设立一项绿色气候基金，截止到 2020 年之前，向贫困国家提供 1 000 亿美元的援助，以帮助它们应对全球气候变暖的影响，并帮助它们推行不会有污染的开发。继《京都议定书》之后，全球有必要实施新协议的原因很清楚：地球这艘“太空船”支撑生命的能力有限，因而需要采取行动去改变整个人类的行为。为此，旅游政策制定者现在就必须认识到，未来的旅游发展将不得不做到与环境兼容。实际上，很多人都认为，就土地利用而论，发展旅游业是比较好的选择之一。虽然这种兼容值得称赞，但与此同时还应强调指出的是，在有些领域，旅游业与环境之间的兼容也许并非没有问题。例如，对于交通运输使用化石燃料以及由此而产生的污染效应等问题，我们都不能否认。因此，除非能找到不会引起污染的其他能源，否则，对于旅游业的长远可持续性，人们难免会心存怀疑。

在这方面，某些高姿态的作者[8]尤其热衷于批评旅游是造成碳排放和全球气候变暖的一项主要因素——甚至劝阻人们停止外出探亲访友。由于认识到这些作者的言论对航空旅行的形象具有相当大的负面影响，世界航空业中的很多领袖企业都已决定在有关全球气候变暖的辩论中采取以攻为守的策略，其中包括：推出全球性的营销宣传活动，制定新的节能目标，并大胆地提出今后 50 年内所要实现的目标是采用零排放的“绿色”航空器。[9]在实现这一目标方面，最有前途的举措之一便是波音公司所推出的“亚音速超级绿色客机研究项目”（SUGAR）——开发一种采用杂交植物电动引擎的民航客机。这种客机在起飞时使用常规（但能够大大节能）的喷气式发动机，但在作巡航飞行时，将转为使用电动式发动机，从而可少用 70%以上的燃油，最终将会使整个飞行的总能耗减少一半多。这种客机不仅废气排放少，而且噪声也比较小。[10]

根据欧洲旅游委员会的一份报告[11]，对于气候变化所带来的影响，人们应有以下一些方面的预期：

● 倘若气候果真出现严重变化，则有可能会导致很多旅游目的地的丧失，因为这些地方的旅游吸引力所依赖的是该地的自然环境。

● 很多地势低洼的濒海地区将会因海平面上升而身处险境——以威尼斯为例，这一情况已经很明显。

● 气候变化还有可能会带来夏季之外其他季节出游活动的增多，并且人们还可预期，在传统的冬季期间，那些夏季旅游目的地的游客来访量也将会因此而大增。

● 对于各旅游目的地来说，用于维护基本“自然”资源——如海滨沙滩、国家公园等——的成本将会增加。滑雪度假地会更加需要进行人工造雪，那些实力弱小的滑雪度假地则可能会因此而消失。

● 随着政府致力于限制温室气体排放，征收气候税/废气排放税/碳排放税的可能性将会越来越高。这一情况接下去则会导致交通及食宿服务价格的上扬。

● 人们越来越认识到，大多数的自然产品都数量有限，故此需要对其加以保护。这一情况将会使得那些“尚未遭受污染”的旅游目的地实行高价经营。

● 随着对生态旅游以及对自然基础型度假的需求上升，这类体验型产品的市场供给量将会因此而增长，产品构成的复杂程度也会因之增大。

● 作为促使旅游消费者恢复信心的一个方面，在开展营销活动方面，人们将会有意识地去强调宣传本目的地的可持续性。

除了航空公司为了扶正自己在世人眼中的“罪犯”形象而采取的各种努力之外，如今一些旅游公司也在积极地使用“碳补偿”（carbon offsets）这一概念——但与此同时，对于这一新创会计方案的实效及其生存能力，也有越来越多的批评人士表示质疑。

科学技术

联合国世界旅游组织指出，作为2020年世界的特征，科学技术将渗透于人们生活的方方面面。人们将越来越有可能在不与他人接触的情况下生活，自动化服务将成为常规，人们坐在自己家中便可以获取和交流所有有关事物的信息。甚至连太空旅游也将成为一种在很大程度上无人陪伴的独自活动。其结果是，人们将渴望与他人接触，因而旅游将成为人们借以满足这一渴望的主要手段。

简言之，虽然旅游业在传统上是个“与人打交道的产业”，但如今已开始面对过去几十年来已经出现的技术大发展这一现实。同时，那些很少依赖人际互动的产业都纷纷开始采用节省人工的技术。因此，这些产业有能力在控制成本的同时，提高员工的工资水准，改善员工的职业生涯。

另一方面，在利用互联网销售其产品方面，旅游业一直是做得最成功的产业之一。无论是大型旅游企业还是小型旅游企业，都已增强了自己利用促销信息去影响顾客的能力。在通过电子渠道销售其产品方面，它们都已胜过了其他部门。

在对旅游者的某些跨国或跨区旅游活动行使控制方面，科学技术目前正在并将继续发挥广泛影响。目前，美国已开始要求来访的外国游客必须持有可机读的护照/签证，此外还要求今后的来美签证上，必须附有入境旅游者的指纹及数码照片等生物检测资料。而且，美国政府最终将作出规定，所有入境者的护照上都必须要有这些资料。谈到“数码照片”，新近已推出并越来越多地应用于机场安检的全身扫描仪，则又为人们的出游经历增添了一桩麻烦事。

虽然以上所述反映出政府方面有意通过投资于技术去提高旅游系统的效率，但很多旅游企业却宁肯选择维持低工资，因而都避免进行技术创新，特别是在服务交付领域。为了提高绩效，现代科技在很多支持性工作领域中都已得到广泛应用（例如计算机预订系统、空中交通管制技术等），尽管如此，实业界始终不太情愿以技术驱动型手段去取代人工服务（就像银行界当初不情愿以自动柜员机取代人工出纳员一样）。同样，除快餐馆之外，人们很少致力于重新思考或重新设计与旅游相关的设施和支持系统，尽管这样做可以大大减少所需员工的数量，或者可以大大提高员工的劳动生产率。虽然部分领域和部门在这方面也做了一些“补漏”工作，但我们始终看不到能有多大的成效。在科技手段普及之前，旅游业将难以向大众市场提供新的旅游体验，并且很难以多数人都能支付得起的价格提供新的旅游体验。

问题的另一方面——也是问题的难点所在，是人们同时也将技术手段的引入视为“就业杀手”。实际上，人们共同的结论是，无论是劳动力大军中的技术熟练人员还是非技术熟练人员，都有可能被各种形式的科技手段所取代。虽然有人辩称，资本和技术的强化应用意味着需要非常熟练的高技术劳动力，然而也有人认为，技术手段（尤其是计算机技术）的应用实际上只能增加对欠熟练劳动力的需求。

机器人服务的到来比我们所想象的要快

此处所谈论的是有关机器人这一“就业杀手”的情况。然而，对于我们距离使用高性能的机器人去执行旅游服务工作的时间能有多近，大部分人都没有这方面的概念。一方面，机器人在制造业工厂中的应用已长达数十年之久——对全球生产力的提高产生了很大的影响。然而另一方面，直到今天，机器人之手基本上没有触碰过服务业中的工作。但是，如今人们正在利用机器人去照应儿童、服侍老人、给人洗澡或送药，以及用于履行其他某些更为基本的工作任务——诸如擦洗地板、修整草坪等。所有这些方面的工作，其实都与旅游业及饭店业中很多所需开展的工作高度相似——如清扫客房、整理床铺、送餐服务、搬运行李等。易出差错、缺乏可靠性、劳动力成本高等，一向都是饭店业工作中常见的问题。而采用机器人服务将会使所有这些问题都能得以解决。对于使用机器人提供服务能否达到慰藉顾客心理的效果，虽然尚需拭目以待，但是在与展现顾客关怀有关的很多其他工作方面，**服务用机器人**（service robots）无疑将会胜过常人。

未来的旅馆

世界多数地区都设有很多接待条件很棒的旅馆。虽然如此，有些人仍认为，我们应当百尺竿头更进一步，需要在太空为那些有能力一掷万金的人建造旅馆。众所周知，太空旅游无疑会是一种非凡的旅游经历或体验，然而问题是，太空旅游果真会比其他旅游更有乐趣、更舒适吗？以下是六种有人曾提议去太空建造的旅馆：

1. 毕奇洛宇航公司（Bigelow Aerospace）曾打算与美国宇航局（NASA）联手，为美国太空计划设计和建造太空住宅。如今，该公司已独自在开展工作，并且已经公布了一种充气式太空旅馆的设计蓝本，计划在10年之内建成。该公司对自己的这一发明颇具信心，并宣称，这种充气式太空舱的建造所采用的是多层聚乙烯纤维（强度为凯夫拉合成纤维的2倍），因而较之使用硬质材料建造的太空舱更为坚固，更能经受住微粒陨石的撞击。据传毕奇洛太空旅馆以4周住宿为一期，价格为1 500万美元，倘若顾客想多住几周，则需加付300万美元。对于那些超级巨富来说，倘若有意将一个舱位包租一年，则需支付8 800万美元。

2. “银河旅馆”（Galactic Suite）是一家总部设于巴塞罗那的私营太空旅游公司。该公司也有一个太空旅馆开发项目，计划于2012年建成开业。据估算，该项目的总造价接近5 207亿美元。据此，以连续停留3夜为一期的住宿房价——其中包括特别训练费——将不少于351万美元。该旅馆每80分钟绕地球一圈。所以，只要你花上这笔钱，便能一天（地球上的一天）18次地观赏壮观的日出。该“银河旅馆”（Galactic Hotel）的规模很小，仅设有3间客房。目前西班牙的建筑师们已经有了该“银河旅馆”的设计方案。

3. 如同你所能想象的，“月神旅馆”（Lunatic Hotel）是一家位于月球上的旅馆，根据月球上的独特条件，采用那里已有的建筑材料进行建造。该旅馆是荷兰鹿特丹建筑设计院汉斯-约尔根·罗姆堡（Hans-Jurgen Rombaut）的设计作品，其主要特点是：在两座高160米的倾斜式塔楼上悬挂一串水滴状的客房，后者看上去就像是一架架的小飞艇。如果你所寻求的是娱乐，该“月神旅馆”将会为你提供多种低重力的游戏，可开展从高塔上作身体绕绳下降活动，以及身着蝙蝠翼式的特制服装在空中飞翔。就月球上建造旅馆而言，该“月神旅馆”是目前最佳的设计方案之一，因为它使旅游消费者所担忧的问题都能得到充分解决。但愿这一旅馆能在2050年建成。

4. 日本东京的Shimizu营造公司有意在大约450千米的高空兴建一座设有64间客房的太空旅馆，并打算在20年或30年后开业纳客。这一重达7 500吨的太空旅馆将会每分钟旋转3圈，以便能人为地造成0.7克的重力。该公司自1989年以来一直在开展这一太空项目。该项目建成后，将会以83 000美元的价格提供往返双程的太空旅游。

5. 在面向常人（有钱的常人）提供太空生活中的旅行服务方面，最具雄心的开发计划之一便是日本的营造业巨人Obayashi公司拟建的“火星住宅区”（Martian Settlement）。在过去10年中，该公司一直在研究如何建造一个“火星殖民地”。根据该项研究目前的进展情况，该公司提出，到2057年时，将会有500人在火星上生活。根据该公司的研究资料进行估算，到2090年时，火星经济将会占整个太阳系GDP的5%，届时火星上将会有大约5万居民。

6. 倘若能够建成的话，“太空飞船”（Aeroscraft）这一重达400吨的巨大飞行器着实是未来会飞的豪华级旅馆。据设计，这一宽敞的旅馆将建在一个悬于空中约为两个足球场大小的大气球内，体积为1 400万立方英尺，所以并非真的建在“太空”中。然而非比寻常的是，该“太空飞船”可一次运载250名乘客，以174英里的时速在距地球表面8 000英尺的高空航行。在航行期间，乘客可在这一飞船中所设的赌场内娱乐、在餐厅内享用美食，或者只是悠闲地度假。

航空业与现代客机的变化

引发现代客机演化的背景是波音公司与空客公司之间的不断竞争。这一竞争的出现乃是这两家公司统治大型喷气客机市场所带来的结果。在2000—2009年这10年中，空客公司获得了6 452架飞机的订单，波音公司所获的订单则为5 927架。[12] 2003—2009年期间，空客公司的飞机交货量虽然也比较高——3 810架，但稍逊于波音公司的飞机交货量——3 950架。正如前述数字所显示的那样，空客公司近年来已超过波音公司，成为位居第一的商用飞机制造厂家。为了争当行业中的老大，这两家公司的争斗十分激烈。在面向未来方面，空客公司所选择的发展路径是建造世界上最大的客机——A380客机，一种双层、宽体、4个发动机、当今世界上载客量最大的客机。A380 客机于 2005 年 4 月 27 日在法国的图卢兹进行了首次试飞，并在 2007 年 10 月 25 日由新加坡航空公司首次用于商业飞行，从新加坡飞往澳大利亚的悉尼。

与之相比，波音公司则认为，未来航空市场所需要的乃是体形相对较小而航程较远的民航客机。该公司所推出的波音 787 型“梦幻客机”据称是明天的超级高效率客机。该飞机打算分设三个客舱，飞行航程为 3 500～8 500 英里，载客量为 210～330 人。美国汤姆森旅游公司认为，波音 787 型“梦幻客机”所能实现的航程之远，未来将会“改变远程旅游的面貌”，使得旅行社所提供的度假产品能够涉及更为遥远的目的地而无须飞行途中降落加油。汤姆森公司预言，对于英国旅游消费者来说，有了波音 787 客机之后，无论是婆罗洲、巴厘岛、夏威夷还是毛里求斯，都将会成为未来的包价度假目的地。

2007 年 7 月 8 日，波音公司在设于爱弗雷特的总装厂为其首架 787 客机的建成举行了揭幕式。至此，波音 787 客机已成为有史以来最畅销的宽体客机，订单多达 677 架。截止到 2010 年 9 月，总共已有 56 家客户订购了 847 架，其中以日本全日空公司的订购量为最大。波音 787 客机有望在 2011 年投入商业服务。

除了空客公司和波音公司所作的努力之外，美国宇航局也制定了基本航空研究计划，旨在长期开展航空领域中的前沿研究。该项研究计划中涉及四种类型的航空器。第一类是亚音速固定翼飞机研究项目，旨在就飞机及其发动机的新设计开展研究。第二类是亚音速旋转翼飞机研究项目，旨在对直升机以及其他的旋转翼飞机进行改进，以使其能够飞得更快、更远、更安静，并且造价更低。第三类是超音速飞机研究项目，旨在研制具备实用性的超音速商用飞机。第四类是超高音速飞机研究项目，旨在设计一种能够从地球表面直接飞入太空的运载工具，飞行速度能达到音速的许多倍。此外，这种超高音速航空器将最终（30～50 年后）能在低地球轨道中实现超长距离的点对点飞行，从而使人们能够以大约 3 个小时的航程从美国的纽约飞抵澳大利亚的悉尼。可以想象，这种航空器还有可能会飞到火星。[13]

虽然在产品开发领域中已有上述情况，但未来航空业中还有可能会出现的情况是，实行低成本和简化服务的航空承运商将会继续增多。诸如西南航空公司（美国）、瑞安航空公司（爱尔兰）、易捷航空公司（英国）、西捷航空公司（加拿大）等，皆已形成了对那些提供传统的全方位服务的航空公司的威胁。

最终的开拓领域？太空旅游

人类对星空的好奇心早已有之，所以，**太空旅游**（space tourism）将会流行之说并不令人感到惊讶。在这方面，弗朗西斯·布朗（Frances Brown）曾查找出多篇研究论文，其内容都是论证公众对太空旅游的兴趣。[14] 此外，Wikipedia 网站（2010，http：//en. wikipedia. org/wiki/Space _ tourism）也在一篇讨论太空旅游者类别的文章中，提供了很多有关这方面的参考文献。但是，尽管人们对此抱有兴趣，太空旅游所需费用之昂贵这一点清楚地说明，在不远的将来，没有几个人会有能力去享受“月光浴”。不过话又说回来，截止到目前，世界上已经有 7 个人完成过太空旅游（见表 20—3）。并且，人们对太空旅游持续不减的兴趣表明，这是一个新兴的市场。最近，金额高达 1 000 万美元的太空旅行大奖（用于在太空中作两次亚轨道飞行）已经有了得主，并且很多太空旅游公司的成立，以及美国新墨西哥州、阿联酋、瑞典、美国加州、佛罗里达州和新加坡等地正在建造或已经提议建造的太空港，也都是清晰的信号，预示着太空旅游将会有光明的发展前景。在这一领域中，表现最为突出的公司似乎包括太空探险公司（Space Adventures）、维珍银河旅游公司（Virgin Galactic）、普罗杰创业公司（Project Enterprise）以及追梦公司（Dream Chaser）。

表 20—3　　已经有过亲身体验的太空旅游者一览表

姓名	国籍	年份	飞行历时	所乘航班
Dennis Tito	美国	2001	9天 （4月28日至5月6日）	发射：Soyuz TM-12 返回：Soyuz TM-31
Mark Shuttleworth	南非	2002	11天 （4月25日至5月5日）	发射：Soyuz TM-34 返回：Soyuz TM-33
Gregory Olsen	美国	2005	11天 （10月1至11日）	发射：Soyuz TMA-7 返回：Soyuz TMA-6
Anousheh Ansair	伊朗/美国	2006	12天 （9月18至29日）	发射：Soyuz TMA-9 返回：Soyuz TMA-8
Charles Simonyi （两次）	匈牙利/美国	2007	15天 （4月7日至21日）	发射：Soyuz TMA-10 返回：Soyuz TMA-9
		2009	14天 （3月26日至4月8日）	发射：Soyuz TMA-14 返回：Soyuz TMA-13
Richard Garriott	美国/英国	2008	12天 （10月12至23日）	发射：Soyuz TMA-13 返回：Soyuz TMA-12
Guy Laliberté	加拿大	2009	12天 （9月30日至10月11日）	发射：Soyuz TMA-16 返回：Soyuz TMA-14

资料来源：Wikipedia，"Space Tourism，" en. wikipedia. org/wiki/space _ tourism.

说明：太空探险公司将自己定位为世界一流的太空旅游公司。该公司是世界上唯一一家已经运送过两名私人太空探险者去国际空间站的公司。图为该公司正在从哈萨克斯坦的拜科努尔航天发射基地（Baikonur Cosmodrome）发射一枚联盟号火箭。Courtesy of Space Adventures.

太空探险公司是一家私人拥有的太空旅游公司，其总部设在美国弗吉尼亚州的阿灵顿，并在俄罗斯的莫斯科设有办事处。该公司的使命是：开辟太空航班，为坊间民众打开太空旅游之门；其目标是不仅使太空旅游的实际参加者受益，而且为全人类开发太空旅游资源。该公司一直都是以开发新的、既刺激又安全的太空旅游产品为前进方向。在这一过程中，该公司不断探寻新的途径，争取能以更加可靠的服务、人们能够支付得起的价格和更安全的安排，去帮助人们实现对太空资源的利用。

2010年9月，太空探险公司与波音公司联合发布了一份关于双方开展营销合作的协议备忘录——双方打算使用波音公司生产的商用载人航天器，推出前往低地球轨道中某些目的地旅行的交通运输服务。太空探险公司的总部设于美国的弗吉尼亚州。作为太空旅游业务的开创者，该公司已经输送过7个人前往国际空间站旅行。根据与波音公司的这一协议，太空探险公司将来会经营乘坐波音CST-100型航天器前往低地球轨道目的地旅行的客票。其潜在顾客中包括个人、企业、非政府组织，以及除美国宇航局之外的其他美国联邦机构。波音公司打算使用这种 CST－100 型航天器（即所谓的“太空计程车”），提供前往国际空间站（ISS）及未来那些低地球轨道平台的载人运输服务。

2010 年，波音公司从美国宇航局获得了 1 800 万美元的拨款，用于制定 CST－100 型航天器的开发计划。波音公司副总裁兼太空开发部总经理的布鲁斯特·肖（Brewster Shaw）曾谈到，“通过将我们（与太空探险公司）两家的才能结合起来，我们能够更好地为顾客提供安全可靠、价格可行的太空旅行服务”。[15]

这两家公司的初步计划是，每一次飞行除了 4 名专职宇航员之外，留出 3 个座位供太空旅游者、私营企业或美国政府机构搭乘。

太空探险公司与波音公司的这一宣布，符合美国总统奥巴马关于发展私营太空业的设想。在此之前，奥巴马曾否决了美国宇航局所提出的一项虽然很有抱负但却耗资巨大的工作计划——该项计划旨在建造一种新一代的火箭，并于 2020 年实现人类重返月球。2010 年 6 月，奥巴马批准了一项关于外太空事务的新政策，呼吁在开发外太空、应对气候变化、减少太空垃圾等方面更多地开展国际合作，并更多地与私营部门进行合作。

随着太空梭计划将于 2011 年告终，在美国能够发展出商业性的太空发射公司之前，美国将继续依靠俄罗斯的 Soyuz 号航天器运送宇航员去空间站。[16]

波音公司和太空探险公司目前尚未制定出乘客搭载的运价，但据称，等到该航天器的开发工作全面付诸实施后，它们将会制定乘客搭载的运价。具体价格有望根据先前旅游者搭乘俄罗斯 Soyuz 号航天器前往空间站时所支付的价格——4 000 美元/人次——制定。

总之，太空探险公司的目标是：通过一系列太空飞行任务的成功开展，面向所有人员开放太空旅游，促进私营的太空开发。该公司目前已经运送过 7 名太空旅游者前去访问国际空间站。

另外，由维珍集团董事会主席理查德·布兰森（Richard Branson）创办的维珍银河旅游公司也在从事面向所有人开发太空旅游产品的工作。该公司的创办，代表着理查德爵士一个终生梦想的实现——一个他在 1969 年 7 月观看美国人登月时所产生的梦想。与太空探险公司的情况相类似，维珍银河旅游公司的目标是：终结载人航天旅行的排他性。这意味着该公司会去设计一种可运送任何人前往太空旅行并能安全返回地球的运载工具，乘客无须具备这方面的知识专长，并且无须付出大量时间去接受全面训练。

恐怖主义与危机管理

美国饭店与住宿业协会（AH&LA）与美国国土安全部（DHS）已联手采取措施，鼓励和教育住宿企业的员工对本单位接待设施中出现的可疑及危险情况进行识别、报告并作出反应。[17]

2010 年 5 月 1 日，美国国土安全部发起了一场“发现情况及时报告”的宣传活动。这一宣传活动最初是由纽约市的“城市交通管理局”（MTA）组织开展，并从国土安全部获得了 1 300 万美元的资助。从那时开始，这一活动的开展逐渐被定制化，并扩展到全美的地面交通运输业、通用航空运输业、一些城市和州，如今已扩展到住宿业。在美国饭店与住宿业协会的协助下，美国国土安全部为该行业的员工制作了多种公共教育材料。提高公众对恐怖主义、犯罪活动以及对其他危险迹象的了解，强调员工应向其班组长报告可疑活动，继而由后者上报当地治安或执法部门，可谓一种简单而有效的反恐方案。

美国国土安全部面向住宿行业开设警惕**恐怖主义**（terrorism）活动的训练课程的必要性，再一次清楚表明，反恐已成为我们日常生活的一部分。在应对恐怖主义的问题上，没有哪一个领域能像旅游业那样关系重大。由于旅游业的工作是要鼓励世界各地的人自由旅行，因而我们尤其有义务去采取一切可能的措施，保障旅游者的安全。

恐怖分子何以会袭击旅游中心城市？根据《未来主义者》[18]（*The Futurist*）一书中的有关分析，恐怖分子之所以会选择旅游目的地作为袭击目标，主要是出于以下四个方面的原因：

1. 袭击某一旅游中心城市就是袭击该国的整个经济——这一事实进一步强调了旅游经济的重要性。

2. 旅游场所具有很高的媒体取向——恐怖主义希望得到公共宣传，并且在大型体育运动会和节日庆典之类的旅游场所，多有媒体已经在场。

3. 诸如博物馆、历史遗址、美丽的风景区之类的旅游景点往往代表着一个民族的灵魂和精华。

4. 旅游场所可使恐怖分子相对容易藏身。警察和保安人员很少知道在场游客的身份或到访动机。

由于上述原因，加大安全保卫工作的力度将成为航空公司、饭店、餐馆以及其他旅游服务企业的必要之举。此外，旅游业中的安保专家们还必须警惕这样一种可能性：游客中混有“自杀式病毒携带者”，试图传染该地的全部人口。

但是，旅游业必须要做的不是单纯的安全管理，而是要建立起一套能够用以应对各种灾难事件的**危机管理**（crisis management）机制。[19]近来与旅游有关的危机案例包括：

- 英国：牛口蹄疫。
- 古巴、海地和佛罗里达州：连续出现飓风。
- 中国：“非典”。
- 印度尼西亚巴厘岛：夜总会爆炸。
- 埃及：旅游者在卢克索被杀害。
- 泰国：禽流感及其向人类蔓延的威胁。
- 亚洲：海啸。

鉴于恐怖主义活动对旅游业的威胁已变得如此严重，为了保护商用客机免遭肩扛式导弹的袭击，目前人们正在投巨资开发相应的导弹预警系统和诱靶。

未来的旅游者

前述几部分内容所讨论的是现代科学技术的应用有可能会改变旅游设施、旅游产品、旅游服务等方面的情况——确实，这些方面都有可能会改变旅游者的旅游经历或体验。与此同时，在旅游者方面，未来也会出现变化。他们有可能会出现哪些变化呢？

知识基础型社会和知识基础型劳动力的出现

现代科技的发展和应用所带来的一个结果是，某些发达国家已经进入了这样一个时代，即它们最大的竞争优势在于自己所拥有的信息或知识，而不在于自己拥有自然资源或者能够获得廉价劳动力。假定这种趋势会继续发展并扩展到其他国家，那么旅游业便需要考虑，与那些来自制造业基础型社会或来自较为传统的服务业基础型社会的人相比，那些来自**知识基础型社会**（knowledge-based society）的人在旅游行为方面有可能会表现出哪些不同？

如果说在当今世界上那些经济发达的国家中，这方面的迹象已经有所显示，那么我们可以预料，来自知识基础型经济的旅游者将会更加富有经验，更加见多识广，并且其要求更加苛刻——一言以蔽之，他们将会更加世故与挑剔。特别是，我们可以预料，他们将会寻求更加个性化的旅游经历，往往会具有特殊兴趣旅游的特点。这类旅游者更感兴趣的是通过亲身体验去丰富自己的人生，而不是站在旁边观看表演。他们寻求原真性的、互动式的、能够高度参与的、高品质的旅游体验，聚焦于深入体验自己所要参与的特殊兴趣主题或自己所要访问的旅游目的地。

更有甚者，如今某些个人和群体正在鼓吹通过**虚拟真实**（virtual reality，VR）去代替真实的旅游活动，这一技术也许是知识基础型产业领域的尖端，因为据称这一技术能够提供在概念上等同于真实情况的模拟体验。有人断言，到 2039 年时，人们只要坐在这种技术设备上，便能够“体验”某一旅游目的地，而无须亲自前去该地。他们认为，届时个人电脑将变得更加高级，足以将“完全沉浸式虚拟真实”（FIVR）带入主流。就此而言，旅游之生命有可能会因此而被革除，因为人们不再非得要跑很远的路或者要花大笔的钱才能领略另一个地方的风光和声音——他们只要上网即可做到这一点。由于这一原因，有些旅游企业届时将会失去生意，否则便需要通过极大地改变自己的经营模式去击败这一新媒介。

这种在线度假不一定会与真实度假一样好，或者说这种在线度假不一定从本质上优于真实度假。尽管届时制图技术较之此前几十年的制图方法会有所不同，但是在表现旅游目的地情境方面，其精确度仍会有限。就目前的情况而言，很多这类对真实情境的虚拟都不够详细，常常都是所展现的场景中见不到几个人，并且往往会略去旅游目的地社会文化中一些难以表现的特征——而正是这些方面的内容，使得真实的旅游会成为一种能够丰富阅历、确有价值的体验。这种虚拟真实旅游在能够做到完全令人可信之前，似乎还需要几十年的时间去进行改良。

然而，由于这一新现象的互动性是如此之强，加之其具有方便、价廉、易行等特点，因而对传统旅行社来说会是一个严重威胁。[20]

从服务经济移向体验经济

另一项已然发生的重大变化，则是派因和吉尔摩（Pine and Gilmore）所称的**“体验经济”**（experience economy）的出现。[21] 这一变化被看做从过去的产品经济和服务经济不断演化的组成部分。在这样的一种经济中，消费者所寻求的是从自己所投入的时间和金钱中获得某种高品质的体验。与之相关的情况是，服务主体与服务对象之间的关系也在发生变化。简言之，人们所寻求的是真正的体验，而非舞台式的观赏。

随着出游经历的增多，游客已变得越来越内行，越来越见多识广，因而也越来越挑剔。此外，由于旅游者愈加老练，致使出游活动本身在某种程度上会失去其珍稀性，失去其优越形象，而且，在那些受过良好教育、家境殷实的人群中，或许还会失去其原有地位。为了应对这一可能出现的情况，旅游政策的制定者和“体验（产品）的设计者”需要不断地设法以同样老练的途径，去挑战和刺激当今的旅游消费者。在这方面，我们需要牢记的一点是：这个世界以及这个世界上的民众乃是无穷无尽的奇观之源。在探究和发现那些深藏的、对经验丰富的行家旅游者确实有意义的奇观之源方面，完全要靠我们自己。

旅游业在很多方面都是引发体验经济的一支重要力量。正如奥托和里奇（Otto and Ritchie）不久前所阐明的那样，旅游者所寻求的乃是一整条高品质的“体验链”，能将一次复杂出游经历中的多项服务成分串联到一起。[22] 因此，旅游业所面对的挑战是，不仅要确保这一体验链条中所有各个服务环节的高品质，而且要确保各服务环节之间的过渡能实现令人愉悦，而不出现任何会令游客烦恼的问题。然而，由于这一链条中所涉及的各个环节往往都是由不同的经营者掌管，因而难以确保在所有各个环节上都能连续不断地实现游客体验的高品质。由于这一原因，在能够成功地为来访游客提供高品质体验方面，旅游目的地管理组织——这一角色通常是由该地的旅游局承担——将变得越来越重要，因为它需要对该地众多不同服务/体验的提供者进行协调。

牛津经济研究所（www.oxfordeconomics.com）对此略有不同的表述是：明日之旅游者将会是动感追寻者，他们所希望得到的东西并不只是自己护照上的签证印鉴，而是自己的某种人生体验。如今的旅游客源市场正在趋于零散化。以参与型活动为基础的旅游（扬帆、冲浪、游猎、参加娱乐盛会等）目前已表现出强劲的增长——未来的发展情况仍将如此。

更一般地讲，目前的趋势是，人们正在从基于追求特定目的地的出游，转向基于追求特定活动体验的出游。换言之，人们出游活动的开展已不再只是为了前去访问某地，譬如说是为了去访问法国或肯尼亚。旅游消费者所希望的是，能使自己较为充分地置身于该地的文化与活动之中，以获得某种真正令自己满足的旅游体验。这一点再一次强调了这样一个事实：航空公司及其旅行代理商需要转变观念——需要更多地将航空旅游看作一次完整的体验，而不是功能性地将乘客从A地带至B地的客运过程。这才是通向大量创收机会的途径。

人口特征的变化

在社会科学中，很少有哪些问题是真正可以预知的。但有一个明显的例外：当今世界人口的统计特征。在这方面，那些将会驱动和形成下一代人口的统计特征的变化因素已经非常明显。西方发达世界的人口逐渐老龄化，并且其规模将会相对下降。与此同时，发展中世界的人口将继续爆炸性增长。虽然短期内这些变化可能会给旅游业带来机会，但从长远来看，这些变化也会带来一些重大问题。这些问题不仅会关系到收入和财富的分配，而且会关系到世界人口的地理分布。目前正在出现的深远变化之一便是，到2020年时，在全球的国际旅游消费开支中，亚洲将占据1/3，而今天的情况是仅占20%。[23]

上面所谈到的旅游客源国家人口的老龄化问题，将会使人们对旅游目的地的选择以及旅游行为发生一系列的重要变化。以下所列只是有关这些变化的部分例子：

- 节奏舒缓——而非节目编排非常紧凑——的旅游度假活动将会增加。
- 更多的祖父母将会带着孙辈出游。
- 便利性将变得极为重要；因加强安检而造成的机场耽搁以及机场设施的人满为患，将会导致人们不再乘坐短程航班这一趋势。[24]
- 在某一敌对国家或地区旅游期间，当遇到问题而寻求保护时，很多人都倾向求助于自己的家人和亲友。

● 老龄旅游者的生理和心理需要将促使他们关注健康和医疗设施。

● 旅游者将会寻求“住宅旅馆”（home hotels），因为他们在这种“住宅旅馆”中能够很容易找到自己所需的大部分东西，包括鞋子、衣服以及其他一些必需品，从而可最大限度地减少外出旅游度假时所需携带的行李。

● 为了适应旅游者在求知以及在学到新技能等方面不断增长的意愿，教育型旅馆将会出现并发展。[25]

●鉴于近半数美国家庭的户主都是未婚者，这一情况将日益改变市场对旅游设施以及对旅游活动方式和内容的需要，因为原有的设施和活动都是针对传统家庭的旅游度假需要而设计和开发的。

● 北美地区人口中种族构成的持续演化正在改变人们外出旅游时的选择和行为。在美国，2010 年少数族裔占美国人口的 1/3。目前，非西班牙裔的白人占美国人口的 67%，但这一份额正在缩减。到 2030 年和 2050 年时，黑人将稳占美国人口的 13%；亚洲裔美国人 2030 年将增至 6.3%，2050 年将增至 7.8%；西班牙裔的白人人口（目前占 16%）2030 年时将增至 23%，2050 年时将增至 30.2%。因此，到 2050 年时，少数族裔人口总计在美国人口中所占的比重将超过 51%，届时非西班牙裔的白人反而会变为一个少数族群。[26]

预料已久的“中国巨人”正在成为旅游业的现实

中国政府对其国民出国旅游的限制正在放宽，所以，中国正在成为世界上最具实力的出国旅游市场之一。根据联合国世界旅游组织的统计，中国是世界上增长最快的出国旅游市场，到 2020 年时，其消遣型出国旅游市场的规模有望达到 1 亿人次。这一增长的结果是，来自中国的旅行团很快便成了世界上很多旅游目的地中的常规景象。从经济上讲，中国游客很重要，因为他们的消费开支高于来自其他亚太国家的旅游者。

中国设有一项**“经批准的中国公民出境旅游目的地”**（approved destination status，ADS）制度。根据这一制度，中国公民出境旅游的目的地，需经中国政府“认定”。“经批准的中国公民出境旅游目的地”是一种旅游方面的双边协议，极大地便利了中国民众的出境旅游。中国目前已经与 112 个国家签订了这种协议，并且有更多的协议有待继续签订。2007 年 12 月 11 日，美国商务部部长与中国国家旅游局就给予美国“中国公民出境旅游目的地地位”签署了谅解备忘录，而加拿大直到 2009 年 12 月 3 日才得到获准。

虽然越来越多的证据都表明，中国很快会发展成为世界一流的经济大国，但有些因素可能会影响它在世界上的排位。首先，有迹象显示，印度在经济上有可能会超越其强大的邻国。就内部情况而言，中国自 1979 年开始推出的独生子女政策，如今已导致了其人口的性别失衡，因为中国的家庭普遍喜欢要男孩而不愿生女孩。[27]这一政策的实施虽然短期内可带来正面结果，然而可以预知的是，长期看也会带来负面的问题。

同质世界之中的差异性

虽然可口可乐和麦当劳的流行助长了世界的趋“同”倾向，但同样也有与之相反的强大力量去维持一个国家和文化的独特性。我们只要到世界上任何一个大城市感受一下就不难发现，在信息传播、经济压力以及人为模仿等因素的作用下，整个世界与一个世纪之前甚至几十年前的情况相比，已经“差异不大”。但是，一方面人们都赏识世界趋同的实际价值，另一方面，人们都决心尽一切努力去保持和增强自己的独特性。至于根深蒂固的俄罗斯莫斯科大剧院芭蕾舞团（Bolshoi ballet）是否会因麦当劳餐馆的到来而受到威胁，人们仍须拭目以待。不过，如果那些正在面对这一问题的人的决心能够成为一种暗示，那么在一个全球化的社会中，**文化多样性**（cultural diversity）的存在乃是一个已然有之的现实。

寻求稳定与安全

经过几十年的经济增长和相对稳定之后，许多非常成功且受人尊重的人士却突然间要面对经济下滑的前景——有不少人甚至要面对行将失业的问题。这并非假定有可能发生的事情。我们已经见到，为了应对这种威胁，人们很不情愿花钱，甚至连那些有支付能力的人也是如此。虽然银行加息有可能会为现代化建设和长远的经济增长提供必要的投资，但我们已经感受到此举对人们休闲和旅游消费开支的直接影响。

在人身安全领域（相对于经济安全而言），我们早已懂得，有关人身威胁方面的风险肯定会影响某一特定旅游目的地或旅游企业的发展前景。中东地区的战争不仅影响了当地的旅游业，而且影响了世界旅游业的发展。针对美国航空公司的恐怖主义活动已经使航空乘客转向外国竞争者。人们对健康的关心也在日益增长，对老龄旅游者来说更是如此。在另一有所不同但实际上与此相关的方面，艾滋病以及其他疾病威胁的日益增大使人们的担心增添了新的层面，而且关心这一问题的人群主要是年轻人。毫不夸张地说，我们注意到，如今人们在去世界上某些地区旅游时，那些明智的旅游者都寻求与自己血型兼容的旅伴同行，以防需要输血的情况发生。对于这类对外出旅游期间健康问题的担心和关注，人们不应将其看成是少数人的心理失常而置之不理。

发生于2001年的“9·11”事件以其鲜明的事实，强化了安全对人们出游意愿的至关重要性，从而也加深了安全对于旅游业健康发展的重大意义。因此，旅游业各部门及其政府合作伙伴的首要目标都在于，必须在旅游活动的开展所涉及的所有领域，全面恢复旅游者的信心。

旅游驱动型移民

> “移民以及移民社区的形成可成为其后出游活动的一大驱动因素。”
>
> ——联合国世界旅游组织约翰·凯斯特[28]（John Kester）

那些生活在发达世界中的人试图保持自己的生活水平，而在发展中国家，数以百万计的人在寻求各种机会以使自己的生活更美好。随着边界的消退，同一贸易集团内各国之间人员往来的便利程度在日益增加。因此将会出现的情况是，有些人首先是请求、继而是要求这种自由流动的权利能够得到扩大。近年来埃及、突尼斯、利比亚等国家中出现的情况可谓是这一市场力量之强的最新明证。世界各地人口的自由流动有可能成为一种“基本人权”的日子已经不再遥遥无期。这当然并非意味着这种权利是一种天赋人权，但它无疑将会得到维护。显而易见的是，虽然这方面的迹象仍很微弱，但其意义也远非休闲和旅游业者所能想象。但如果这一情况能得以实现，整个休闲和旅游业的情况有可能会出现巨大变化。

数字型旅游者[29]

“利用好移动上网所带来的机会，将是未来航空公司实现与顾客互动的关键。”

——汉莎航空公司马库斯·凯西[30]（Marcus Casey）

人们的出游经历将会变得越来越数字化。**数字型旅游者**（digital nomads）伴随着互联网长大，如今已成长为外出旅游活动的参与者。他们对随时都能与人联络、随时都能获取信息的欲望，将成为驱动其兴趣变化的一个主要因素。他们在做出游决策时，所考虑的是该目的地的住宿设施内是否设有无线局域网，以及在该地开展活动时自己的手机是否能有信号。

我们正在快速进入这样一个时代：实现准确无误的无间隙旅游不仅有了可能，而且将会成为人们的一种期望。这种数字化时代的到来，同样也给旅行代理商带来了自己该如何与时俱进的问题。

所有这些趋势本身也有可能会受到诸如新的税收政策或对环境的担忧等干扰因素的影响，但目前尚无足够的证据显示这些情况将会对全球旅游的增长产生重大影响。

所有来访旅游者都能讲当地语言

世界上大约有 6 000 种语言。这种（因语言障碍）致人迷惑不解的情况，在人类的整个历史过程中都有记载，最早可上溯至公元前 5000 年的苏美尔文明时期。所以，自有人类文明开始，语言翻译便是一项单调而困难的工作。

当然，我们当中也有不少人能讲多种语言，从而能流利地进行翻译，但对于大多数人来说，学说外国话往往需要花上多年的时间，而且，就某些语言而言，即便是我们当中那些会讲多种语言的人，也难免听不懂。由此带来的结果是，很多人在外国旅游时都会因此而感觉不爽。不过，可以预期的是，在我们的有生之年，人们在使用机器进行翻译方面所取得的进展，将会使**实时同声传译**（real-time voice-to-voice translation）成为一种普遍的现实。除非有某一系统能对两个分别讲不同语言的人以正常语速的谈话进行实时翻译，否则真正的口语翻译机将不会出现。到了这种所需的计算机能力变得具备成本效益时，这种口语翻译机才有可能会出现。虽然这一情况在未来 10 年中可能会出现，但或许有可能需要花上 20 年的时间。[31]

对舒适性与原真性会分开对待

如今，很多人都已开始对自己的出游选择作“匹配式混合”安排，譬如，一边选用低成本的航空公司，另一边却又选择入住价格昂贵的五星级饭店。

虽然西方人尤其喜欢追求新的体验，但有时也会以基础设施方面的供给条件去进行交换。对于那些对旅游生活中的诸多麻烦事越来越厌倦的出国旅游者来说，基础设施条件较好的那些目的地国家会更具吸引力。不过，在那些基础设施条件较差的国家中，游客可能不是那么拥挤，并且能提供较为真实的体验。就理想情况而言，那些能够向顾客提供最优打包服务的航空公司和旅行社，将会受益于这类明显的交换要求（也就是说，它们可通过提供特别安排的打包产品，帮助旅游者到那些基础设施条件较差的地方去旅游）。

说明：在谈论未来时，科技发展往往会成为人们的关注点，但同样重要的是，为了子孙后代，我们必须采取行动去保护我们的环境，保护我们的遗产，保护我们的动物。Photo courtesy of Digital Vision.

“极端旅游”/“冒险旅游”/“灾难旅游”或“黑色旅游”的出现

另一种极端形式的旅游活动是去访问那些因当地民众揭竿起义或者是因战争而发生过大屠杀、大破坏的地点。这种独特类型的访问经历令有些旅游者感到兴奋和刺激。同样，一些大的天灾——例如洪水、地震、龙卷风、飓风等——也吸引着游客去受灾现场。虽然就其性质而言，**黑色旅游**（dark tourism）的突发性使旅游企业难以事先制定计划组织人们前往观看，但并非罕见的是，一些商家会向游客推销印有这类灾难事件标志的 T 恤衫，从而使游客能够借此让大家知道他们曾到访过这一天灾或大屠杀事件的现场（例如奥斯威辛集中营）。关于这一课题，第 11 章的“环球透视”专栏中有较为详细的介绍。

有效地管控未来

虽然人们不可能真的“管控”未来，但对于旅游政策制定者和旅游目的地管理者来说，则必须要尽一切努力去预想未来、适应未来，并根据对今后演进情况的了解去用好未来。基于前述对未来发展情况的“最佳”理解，对于当今以及明天的旅游政策制定者和旅游目的地管理者来说，以下是一些最为重要的“行动领域”：

- 旅游业将会继续成长。应努力去利用好这种成长的程度，并利用好其中那些特别领域的增长机会。
- 气候变化如何影响以及在何种程度上影响你所在的旅游目的地及其所能提供的旅游体验？
- 旅游者人口的老龄化——对你所提供的旅游体验抱有兴趣的那些旅游者人群的

老龄化，将如何影响你所在的旅游目的地以及你的工作？

- 客源市场对你的工作以及对该地所提供的旅游体验有哪些方面的挑剔？你认为自己应该/能如何对此作出回应？

□ 本章小结

尽管发达国家近年出现了经济衰退，但社会和经济发展的大趋势仍将有利于国内/国际旅游需求的长期增长。闲暇时间的增多、可支配收入的增加、受教育程度的提高以及对其他国家或民族的更多了解等，都是影响旅游市场增长的重要因素。体验经济的发展趋势则是另一项基本变化，如果旅游业对此能恰当地进行计划和因应，将会从中受益。

科技方面的发展趋势也对旅游业有利。如今的交通运输工具已变得较为节能和舒适，而未来的客机将会变得更加节能、更加安静，能飞更远的距离而无须途中停降加油；饭店和汽车旅馆的接待条件将会变得更加完善、更有魅力、更加方便、更加舒适；而且，同声传译设备的发展不久将会解决出国旅游者的语言障碍问题。此外，机器人时代将会不可避免地到来，将会为服务接待部门提供能履行多种服务职能的可靠劳动力。

世界各地政治方面的变化有助于向很多新的旅游者敞开出国旅游的大门。欧盟成员国范围的扩大，本身就消除了很多国家的居民出国旅游的障碍。同时，鉴于欧元已成为第二种世界货币，这也为人们减少了出国旅游时的一个不便。

大型国际城市（真正堪称“城邦”的超大型城市）会日益成为世界上一些最重要的旅游目的地。它们易于管理，并且通过开发其强有力的旅游目的地品牌，已经变得颇具市场竞争力。

尽管旅游业已经取得了很大进展，但仍面临着气候变化的威胁。环境管制工作以及有可能推出的碳排放税，使不少类型的旅游活动——不论是从社会方面还是从实际情况考虑——都将难以继续合理存在。此外，气候变化的威胁还会影响那些地势低洼的滨海旅游地及高海拔冬季度假地的市场吸引力。

恐怖主义是对旅游业健康发展的又一威胁。在这方面，虽然很多事件的发生都是孤立的，所产生的影响也相对较小，但是人们难免会担忧这些事件的发生有恐怖主义活动的背景。

最后，旅游者的情况如今也在发生变化。这些变化使得明日之旅游者将会有很大的不同。就目前情况而言，人口特征仍是其中最强大的影响因素。最明显的是，发达国家的人口如今正在快速老龄化。这意味着市场所需的旅游设施和旅游产品也将因此而变化，以便能够去适应老龄旅游者的偏好和需要。全球人口因素方面的另一情况则是，中国正在快速崛起，在其规模庞大的人口中，越来越多的人都具备了出国旅游的意愿和支付能力。与此同时，中国自身也在努力发展成为世界上主要的旅游目的地，也在以一系列新的游客体验型产品同其他旅游目的地国家的新产品进行竞争。

□ 重点概念

经批准的中国公民出境旅游目的地（approved destination status）

城邦（city-state）　　危机管理（crisis management）

文化多样性（cultural diversity）　　黑色旅游（dark tourism）

数字型旅游者（digital nomads）　　体验经济（experience economy）

知识基础型社会（knowledge-based society）

实时同声传译（real-time voice-to-voice translation）

居民呼应型旅游（resident-responsive tourism）
服务用机器人（service robots）　　太空旅游（space tourism）
恐怖主义（terrorism）　　虚拟真实（virtual reality）

□ 互联网练习

为了方便读者，本章中所提及的互联网网站连同其他一些相关网站，一并列在为本书伴设的网站上：www. wiley. com/college/goeldner。

练习 1

网站名称：世界旅行及旅游理事会

网址：www. wttc. org

背景信息：世界旅行及旅游理事会是全球商界领袖的旅游论坛。该组织的成员都是来自旅游业各部门的高级主管人员。

练习内容

（1）访问世界旅行及旅游理事会网站的（旅游卫星账户研究）年度预测，查阅报告中当年的以及十年后的全球就业情况预测。

（2）同上，查阅有关美国的情况。

（3）同上，查阅有关欧盟的情况。

练习 2

网站名称：太空探险公司

网址：www. spaceadventures. com

背景信息：太空探险公司是一家私人所有的太空旅游公司，总部设在弗吉尼亚州的阿灵顿，并在莫斯科设有办事处。该公司的目标是面向所有人开放太空边界，通过一系列太空飞行计划的成功实施，促进私人太空探险活动的开展。

练习内容

（1）访问该网站，查证该公司在帮助世界上最早的两名太空旅游者［丹尼斯·蒂托（Dennis Tito）和马克·沙特尔沃斯（Mark Shuttleworth）］成行方面所起的作用。

（2）查阅现有的太空旅游机会。

练习 3

网站名称：维珍银河公司

网址：www. virgingalactica. com

背景信息：维珍银河公司是由理查德·布兰森为应对面向公众开发太空旅游这一挑战而设立的一家公司。

练习内容

（1）你认为太空旅游的前景如何？

（2）你认为太空探险公司与维珍银河公司扮演的角色有何不同？

□ 复习与讨论题

1. 哪些因素有可能成为未来国际旅游增长的障碍？

2. 明智的、有创意的、留心环境影响的旅游开发确实能够改善环境，并提高一个地区的旅游吸引力。试举例说明这一情况有可能会如何发生。

3. 旅游业能增强和改善一个旅游目的地的文化与好客资源吗？试提供一些真实的例子或假设的例子。

4．在健康导向型的住宿产品和旅游活动安排方面有哪些可预料的发展趋势？饮食服务方面的情况如何？

5．一周 4 天工作制前景的现实性如何？

6．提早退休对大多数劳动者有吸引力吗？

7．在休闲市场消费开支中，旅游企业如何才能增大自己所占的份额？

8．你认为太空旅游的未来将会是什么样子？

9．你自己或者你所认识的任何人是否愿意花 10 万美元去作太空旅游？对此你愿意花多少钱呢？

□ 案例题

某大型国际饭店连锁公司目前面临的难题是，难以聘到足够数量的有事业心且能干的人员来从事客房清扫工作。因此，该公司有意使用机器人去缓解这一问题。假定你新近被该公司任命为负责主管战略规划工作的副总裁，你的上司要求你撰写一份研究报告，讨论机器人未来有可能扮演的角色。

在很多其他领域中，高级机器人的作用已越来越重要。因此，该饭店连锁公司的总裁笃信机器人的使用可为改进客房清扫工作的绩效和提高劳动生产率作出很大贡献。然而与此同时，该公司负责人力资源工作的副总裁则十分怀疑机器人是否能够以能令客人满意的方式去完成清扫客房及整理床铺的工作。

在撰写该研究报告过程中，在有关通过使用机器人所能实现的绩效方面，你有必要使公司总裁的意见与人力资源副总裁的意见实现协调统一。

- 你如何撰写该研究报告？
- 在开始研究这一问题之前，你自己对这一问题有何看法？
- 你会使用哪些信息源？

□ 注　释

[1] Cornish, Edward, *Futuring: The Exploration of the Future*. (Bethesda, MD: World Future Society, 2004), p. xi.

[2] *UNWTO World Tourism Barometer*. Madrid: United Nations World Tourism Organization, vol. 8, no. 2 (2010), p. 3.

[3] *Tourism 2020 Vision* (2000). Madrid: United Nations World Tourism Organization—see Web site: http://www.unwto.org/facts/eng.

[4] Juliet B. Schor, *The Overworked American: The Unexpected Decline of Leisure* (New York: Basic Books, 1991).

[5] Ian Yeoman with the Future Foundation, *Tomorrow's Tourist Scenarios and Trends* (Amsterdam: Elsevier, 2008).

[6] Ibid.

[7] "The World in Figures: Industries." *The Economist: The World in 2011*. London, UK: The Economist Intelligence Unit, p. 128.

[8] George Monbiot, *Heat: How to Stop the Planet from Burning* (Toronto, ON: Doubleday Canada, 2006), and *Travel Weekly* (June 11, 2007).

[9] International Air Transport Association, "IATA Calls for a Zero Emissions Future" (June 4, 2007), available at www.iata.org.

[10] "The Transformation of the Modern Airliner," *Trends eMagazine* (October 2010), pp. 12–13.

[11] European Travel Commission, "Tourism Trends for Europe" (September 2006), available at www.europe.com.
[12] Competition between Airbus and Boeing, en.wikipedia.org/wiki/Competition_between_Airbus_and_Boeing.
[13] "The Transformation of the Modern Airliner," *Trends eMagazine* (October 2010), pp. 12–13.
[14] Frances Brown, "The Final Frontier? Tourism in Space," *Tourism Recreation Research*, vol. 29, no. 1 (2004), pp. 37–43.
[15] Denise Chow, "Boeing Partners with Space Adventures to Market CST-100 Flights," *Space News*, September 20, 2010—see Web site: http://www.spacenews.com/venture_space/100920-boeing-partners-space-adventures.html.
[16] Agence France-Press, Washington, from *Calgary Herald*, Friday, September 17, 2010, p. A27.
[17] "AH&LA, DHS Launch Security, Terrorism Awareness Initiative," *Hotel News Resource*, November 16, 2010—see Web site: http://www.hotelnewsresource.com/article50228.html.
[18] Edward Cornish (ed.), *The Futurist* (Bethesda, MD: World Future Society, 2002); online: www.wfs.org/futurist.htm.
[19] Glaesser, Dirk, *Crisis Management in the Tourism Industry*. London, UK: Butterworth-Heinemann, 2003.
[20] Will Fox, "21st century—2030–2039 timeline contents," FutureTimeline.net, 2011–see Web site: www.futuretimeline.net/21stcentury/2030-2039.htm.
[21] B. Joseph Pine II and James H. Gilmore, *The Experience Economy: Work Is Theatre and Every Business a Stage* (Boston, MA: Harvard Business School Press, 1999).
[22] Julie E. Otto and J. R. Brent Ritchie, "The Service Experience in Tourism," *Tourism Management*, vol. 17, no. 3 (May 1996), pp. 165–174.
[23] Oxford Economics, "Changes in Tastes," in *The Travel Gold Rush 2020*, p. 5.
[24] Peter E. Tarlow, "Tourism in the Twenty-First Century," *Futurist*, vol. 36, no. 5 (September–October 2002–2003), pp. 48–51.
[25] Ivanka Avelini Holjevac, "A Vision of Tourism and the Hotel Industry in the 21st Century," *International Journal of Hospitality Management*, vol. 22, no. 2 (2003), pp. 129–134.
[26] Population Division, U.S. Bureau of Census, Table 4. Projections of the Population by Sex, Race and Hispanic Origin for the United States: 2010 to 2050.
[27] *British Medical Journal* (BMJ) (2006), vol. 333, no. 7564, pp. 361.
[28] *The Travel Gold Rush 2020*, p. 31—www.amadeus.com/amadeus/goldrush2020.html.
[29] *The Travel Gold Rush 2020*, Oxford Economics: Amadeus (2010), p. 29.
[30] *The Travel Gold Rush 2020*, p. 29—www.amadeus.com/amadeus/goldrush2020.html.
[31] "Trend #3: Undoing Babel," *Trends eMagazine* (May 2010), pp. 19–24.

参考文献

第1章

Brown, F. *Tourism Reassessed: Blight or Blessing?* Oxford, UK: Butterworth-Heinemann, 1998.

Cook, Roy, Laura Yale, and Joseph Marqua. *Tourism: The Business of Travel*. Upper Saddle River, NJ: Prentice Hall, 2010.

Cooper, C., J. Fletcher, D. Gilbert, R. Shepherd, and S. Wanhill (eds.). *Tourism: Principles and Practice*. Essex, UK: FT Prentice Hall, 2008.

Degg, Richard (ed.). *Leisure, Recreation, and Tourism Abstracts*, quarterly. Wallingford, Oxfordshire, UK: CAB International.

Khan, Mahmood, Michael Olsen, and Turgut Var (eds.). *VNR's Encyclopedia of Hospitality and Tourism*. New York: Van Nostrand Reinhold, 1993.

Krippendorf, Jost. *The Holiday Makers*. London: Butterworth-Heinemann, 1989.

Leiper, Neil. "The Framework of Tourism: Towards a Definition of Tourism, Tourist, and the Tourism Industry." *Annals of Tourism Research*, vol. 6, no. 4 (October-December 1979), pp. 390–407.

Mill, Robert Christie, and Alastair M. Morrison. *The Tourism System*, 6th ed. Dubuque, IA: Kendall/Hunt, 2009.

Moutinho, L. *Strategic Management in Tourism*. Oxfordshire, UK: CABI Publishing, 2011.

Page, Stephen J., and Joanne Connell. *Tourism: A Modern Synthesis*, 2d ed. London: Thompson Learning, 2006.

Pearce, Philip, Sebastian Filep, and Glenn Ross. *Tourist, Tourism and the Good Life*. Oxon, UK: Routledge, 2010.

Richardson, John I., and Martin Fluker. *Understanding and Managing Tourism*. Frenchs Forest, NSW: Pearson Education Australia, 2004.

Smith, Stephen L. J. "Defining Tourism: A Supply-Side View." *Annals of Tourism Research*, vol. 15, no. 2 (1998), pp. 179–190.

Tribe, John. *Strategy for Tourism*. Oxon, UK: Goodfellow Publishers, 2010.

Tribe, John. *Philosophical Issues in Tourism*. Bristol, UK: Channel View Publications, 2009.

Turner, Louis, and John Ash. *The Golden Hordes*. London: Constable, 1975.

United Nations World Tourism Organization. *Compendium of Tourism Statistics*. Madrid: UNWTO, 2009.

United Nations World Tourism Organization. *Yearbook of Tourism Statistics*. Madrid: UNWTO, 2009.

United Nations World Tourism Organization. *Tourism in a Globalized Society*. Madrid: UNWTO, 2003.

United Nations World Tourism Organization. *Thesaurus on Tourism and Leisure Activities*. Madrid: UNWTO, 2001.

United Nations World Tourism Organization. *Concepts, Definitions, and Classifications for Tourism Statistics*. Madrid: UNWTO, 1995.

United Nations World Tourism Organization. *Implications of the UNWTO/UN Tourism Definitions*. Madrid: UNWTO, 1995.

United States Travel Association. *Tourism Works for America*. Washington, DC: USTA, annual.

Wall, Geoffrey, and Alister Mathieson. *Tourism: Changes, Impacts, and Opportunities*. Upper Saddle River, NJ: Prentice Hall, 2006.

Woodside, Arch G., and Drew Martin. *Tourism Management*. Oxfordshire, UK: CABI Publishing, 2007.

Young, George. *Tourism: Blessing or Blight?* Baltimore: Penguin Books, 1973.

第2章

Aramberri, Julio. *Modern Mass Tourism*. Bingley, UK: Emerald Group Publishing, 2010.

Belasco, Warren James. *Americans on the Road: From Autocamp to Motel, 1910–1945*. Cambridge, MA: MIT Press, 1979.

Burkart, A. J., and S. Medlik. *Historical Development of Tourism*. Aix-en-Provence, France: Centre des Hautes Studes Touristiques, 1990.

Butler, Richard, and R. Russel. *Giants of Tourism*. Oxfordshire, UK: CABI Publishing, 2010.

Casson, Lionel. *Travel in the Ancient World*. London: Allen and Unwin, 1974.

Cooper, Chris. *Classic Reviews in Tourism*. Clevedon, UK: Channel View Publications, 2003.

Evans, Michael R. "Newport, Rhode Island—America's First Resort: Lessons in Sustainable Tourism." *Journal of Travel Research*, vol. 36, no. 2 (Fall 1997), pp. 63–67.

Fagan, Brian M. *The Great Journey: The Peopling of Ancient America*. New York: Thames and Hudson, 1987.

Friedhiem, Eric. *Travel Agents: From Caravans and Clippers to the Concorde*. New York: Travel Agent Magazine Books, 1992.

Gee, Chuck Y., and Matt Lurie (eds.). *The Story of the Pacific Asia Travel Association*. San Francisco: Pacific Asia Travel Association, 1993.

Jakle, John A. *The Tourist: Travel in Twentieth-Century North America*. Lincoln: University of Nebraska Press, 1985.

O'Gorman, Kevin. *The Origins of Hospitality and Tourism*. Oxon, UK: Goodfellow Publishers, 2010.

Rae, W. Fraser. *The Business of Travel: A Fifty Years' Record of Progress*. London: Thomas Cook and Son, 1891.

Robinson, H. *A Geography of Tourism*. London: Macdonald and Evans, 1976.

Rugoff, Milton. *The Great Travelers*. New York: Simon and Schuster, 1960.

Shaw, Steve. *The Delicious History of the Holiday*. London: Routledge, 2000.

Smith, Stephen L. J. *The Discovery of Tourism*. Bingley, UK: Emerald Group Publishing, 2010.

Sofield, Trevor, and Sarah Li. "Tourism Development and Cultural Policies in China." *Annals of Tourism Research*, vol. 25, no. 2 (1998), pp. 362–392.

Sofield, Trevor, and Sarah Li. "Historical Methodology and Sustainability: An 800-Year-Old Festival from China." *Journal of Sustainable Tourism*, vol. 6, no. 4 (1998), pp. 267–292.

Towner, John. "Approaches to Tourism History." *Annals of Tourism Research*, vol. 15, no. 1 (1988), pp. 47–62.

Towner, John. "The Grand Tour: A Key Phase in the History of Tourism." *Annals of Tourism Research*, vol. 12, no. 3 (1985), pp. 297–333.

Towner, John. "The Grand Tour: Sources and a Methodology for an Historical Study of Tourism." *Tourism Management*, vol. 5, no. 3 (September 1984), pp. 215–222.

Towner, John. "What Is Tourism's History?" *Tourism Management*, vol. 16, no. 5 (August 1995), pp. 339–344.

Walton, John K. *Histories of Tourism: Representation, Identity and Conflict*. Bristol, UK: Channel View Publications, 2005.

第3章

Baum, Tom. *Human Resource Management for Tourism, Hospitality, and Leisure: An International Perspective*. Clifton Park, NY: Delmar Thomson Learning, 2006.

Business Travel News. Travel Manager Salary and Attitude Survey. New York: BTN—North America, annual.

Cook, Suzanne, and William Evans. *A Portrait of the Travel Industry Employment in the U.S. Economy*. Washington, DC: TIA Foundation, 1999.

Lee-Ross, Darren, and Josephine Pryce. *Human Resources and Tourism: Skills, Culture and Industry*. Bristol, UK: Channel View Publications, 2010.

Ninemeier, Jack, and Joe Perdue. *Hospitality Operations: Careers in the World's Greatest Industry*. Upper Saddle River, NJ: Prentice Hall, 2005.

Rubin, Karen. *Inside Secrets to Finding a Career in Travel*. Indianapolis, IN: JIST Works, 2001.

Skalpe, Ole. "The CEO Gender Pay Gap in the Tourism Industry—Evidence from Norway." *Tourism Management*, vol. 28, no. 3 (June 2007), pp. 845–853.

United Nations World Tourism Organization. *Human Resource Development in Asia and the Pacific*. Madrid: UNWTO, 2001.

U.S. Department of Labor. *Occupational Outlook Handbook*. Washington, DC: U.S. Government Printing Office, 2010.

第4章

Lennon, John, Hugh Smith, Nancy Cockerell, and Jill Trew. *Benchmarking National Tourism Organizations and Agencies*. Oxford, UK: Butterworth-Heinemann, 2006.

OECD. *OECD Tourism Trends and Policies 2010*. Paris: OECD Publishing, 2010.

Pearce, Douglas G. *Tourist Organizations*. Essex: Longman Scientific and Technical, 1992.

Pike, Steven. *Destination Marketing Organizations*. Oxford, UK: Elsevier, 2004.

Soteriou, Evi C., and Chris Roberts. "The Strategic Planning Process in National Tourism Organizations." *Journal of Travel Research*, vol. 37, no. 1 (August 1998), pp. 21–29.

United Nations World Tourism Organization. *Yearbook of Tourism Statistics*. Madrid: UNWTO, 2009.

United Nations World Tourism Organization. *Compendium of Tourism Statistics*. Madrid: UNWTO, 2009.

United Nations World Tourism Organization. *Tourism and Poverty Alleviation*. Madrid: UNWTO, 2002.

United Nations World Tourism Organization. *Public-Private Sector Cooperation*. Madrid: UNWTO, 2001.

United Nations World Tourism Organization. *Budgets of National Tourism Administration*. Madrid: UNWTO, 1996.

U.S. Travel Association. *Survey of U.S. State and Territory Tourism Office Website Practices 2008*. Washington, DC: USTA, 2009.

World Travel and Tourism Council. *Progress and Priorities, 2009/10*. London: WTTC, 2009.

第5章

Air Transport Association of America. *ATA Economic Report for the U.S. Airline Industry*. Washington, DC: ATA, annual.

Dickinson, Bob, and Andy Vladimir. *Selling the Sea*, 2d ed. Hoboken, NJ: John Wiley & Sons, 2007.

Dowling, R. K. *Cruise Ship Tourism*. Oxfordshire, UK: CABI Publishing, 2006.

Duval, David Timothy. *Tourism and Transport: Modes, Networks and Flows*. Bristol, UK: Channel View Publications, 2010.

Graham, Anne. *Managing Airports: An International Perspective*. Oxford, UK: Butterworth-Heinemann, 2003.

Lumsdon, Les, and Stephen J. Page. *Tourism and Transport: Issues and Agenda for the New Millennium*. Oxford, UK: Elsevier, 2003.

Tourism Industries. *In-Flight Survey of International Air Travelers*. Washington, DC: International Trade Administration, 2010.

United Nations World Tourism Organization. *Cruise Tourism: Current Situation and Trends*. Madrid: UNWTO, 2008.

第6章

Amadeus. *Hotels 2020: Beyond Segmentation*. Sophia Antipolis Cedex, France: Amadeus, 2010.

Angelo, Rocco M., and Andrew N. Vladimir. *Hospitality Today: An Introduction*, 7th ed. Orlando, FL: Educational Institute of the American Hotel and Lodging Association, 2010.

Carlsen, Jack, and S. Charters. *Global Wine Tourism*, Oxfordshire, UK: CABI Publishing, 2007.

Croce, E., and G. Perri. *Food and Wine Tourism*. Oxfordshire, UK: CABI, 2011.

Deloitte and Touche. *Financial Performance 2010: A Survey of Timeshare and Vacation Ownership Companies*. Washington, DC: ARDA International Foundation, 2010.

Ernst and Young. *Economic Impact of the Timeshare Industry on the U.S. Economy*. Washington, DC: ARDA International Foundation, 2010.

Ernst and Young. *State of the Vacation Timeshare Industry: United States Study*. Washington, DC: ARDA International Foundation, 2007.

Kasavana, Michael L. *Managing Technology in the Hospitality Industry*, 6th ed. Lansing, MI: Educational Institute of the American Hotel and Lodging Association, 2011.

Lattin, Gerald W. *The Lodging and Food Service Industry*, 7th ed. Lansing, MI: Educational Institute of the American Hotel and Lodging Association, 2009.

Olsen, Michael, Eliza Ching-Yick Tse, and Joseph West. *Strategic Management in the Hospitality Industry*, 3d ed. Upper Saddle River, New Jersey: Prentice Hall, 2008.

Ragatz Associates. *Resort Timeshare Consumers: Who They Are, Why They Buy*. Washington, DC: ARDA International Foundation, 2006.

Ragatz Associates. *The Shared-Ownership Resort Real Estate Industry in North America: 2010*. Washington, DC: ARDA International Foundation, 2010.

Ragatz Associates. *Resort Timesharing in the United States*. Carmel, IN: RCI, 2003.

Ragatz Associates. *Resort Timesharing Worldwide*. Carmel, IN: RCI, 2003.

Research Intelligence Group. *Shared Vacation Ownership Owners Report: 2010 Edition*. Washington, DC: ARDA International Foundation, 2010.

Richard K. Miller & Associates. *The 2010 Restaurant, Food & Beverage Market Research Handbook*. Loganville, GA: RKMA, 2010.

U.S. Travel Association. *The Profile of the Culinary Traveler*. Washington, DC: USTA, 2007.

第7章

Appelman, Jaco H. *Governance of Global International Tourism Networks: Changing Forms of Co-ordination Between the Travel*

Agency and Aviation Sector. Rotterdam: Erasmus University, 2004.

Clarkson, Diane. *Extending Online Customer Service to the Mobile Channel*. Cambridge, MA: Forrester, 2010.

Evans, Nigel G., and Mike J. Stabler. "A Future for the Package Tour Operator in the 25th Century?" *Tourism Economics*, vol. 1, no. 3 (September 1995), pp. 245–264.

Friedheim, Eric. *Travel Agents: From Caravans and Clippers to the Concorde*. New York: Travel Agent Magazine Books, 1992.

Laws, Eric. *Managing Packaged Tourism*. Boston: International Thomson Business Press, 1997.

O'Connor, Peter, and A. J. Frew. "An Evaluation Methodology for Hotel Electronic Channels of Distribution." *International Journal of Hospitality Management*, vol. 23, no. 2 (June 2004), pp. 179–199.

Sheldon, P. J. *Tourism Information Technology*. Oxford, UK: CAB International, 1997.

Sheldon, Pauline, Karl Wöber, and Daniel Fesenmaier, (eds.). *Information and Communication Technologies in Tourism 2001*. Vienna: Springer-Verlag, 2001.

U.S. Travel Association. *Travelers Use of the Internet, 2010*. Washington, DC: USTA, 2010.

第8章

Allen, Johnny, William O'Toole, Ian McDonnell, and Rob Harris. *Festival and Special Event Management*. Hoboken, NJ: John Wiley & Sons, 2002.

The American Gaming Association. *2009 State of the States: The AGA Survey of Casino Entertainment*. Washington, DC: AGA, 2009.

Clave, S. A. *The Global Park Industry*. Oxfordshire, UK: CABI Publishing, 2007.

Dallen, J. Timothy. *Shopping Tourism, Retailing and Leisure*. Bristol UK: Channel View Publications. 2005.

Douglas, N., W. Douglas, and R. Derrett (eds.). *Special Interest Tourism: Context and Cases*. Brisbane: John Wiley & Sons, 2001.

Erfurt-Cooper, Patricia, and Malcolm Cooper. *Health and Wellness Tourism: Spas and Hot Springs*. Bristol, UK: Channel View Publications, 2009.

Frost, Warwick. *Zoos and Tourism*. Bristol, UK: Channel View Publications, 2010.

Fyall, Alan, Brian Garrod, Anna Leask, and Stephen Wanhill. *Managing Visitor Attractions*, 2d ed. Oxford, UK: Butterworth-Heinemann, 2008.

Getz, Donald. *Event Studies: A Multidisciplinary Approach*. Oxford, UK: Butterworth-Heinemann, 2007.

Goldblatt, Joe. *Special Events*, 5th ed. Hoboken, NJ: John Wiley & Sons, 2008.

Goldblatt, Joe. *The Dictionary of Event Management*. New York: Van Nostrand Reinhold, 1996.

Hoyle, Leonard H. *Event Marketing*. Hoboken, NJ: John Wiley & Sons, 2002.

Hsu, Cathy H.C. *Casino Industry in Asia Pacific*. Binghamton, NY: The Haworth Press, 2006.

International Association of Scientific Experts in Tourism. *Sports and Tourism*. St. Gallen, Switzerland: AIEST, 2003.

Long, Patrick, Jo Clark, and Derek Liston. *Win, Lose, or Draw? Gambling with America's Small Towns*. Washington, DC: The Aspen Institute, 1994.

Moss, S. *The Entertainment Industry*. Oxfordshire, UK: CABI Publishing, 2009.

National Indian Gaming Association. *The Economic Impact of Indian Gaming in 2009*. Washington, DC: NIGA, 2010.

Picard, David, and Mike Robinson. *Festivals, Tourism and Social Change*. Clevedon, UK: Channel View Publications, 2006.

Robinson, P., D. Wale, and G. Dickson. *Events Management*. Oxfordshire, UK: CABI Publishing, 2010.

Swarbrooke, John. *The Development and Management of Visitor Attractions*, 2d ed. Boston: Butterworth-Heinemann, 2002.

Tarlow, Peter E. *Event Risk Management and Safety*. Hoboken, NJ: John Wiley & Sons, 2002.

Toohey, K. and A.J. Veal. *The Olympic Games*. Oxfordshire, UK: CABI Publishing, 2006.

U.S. Bureau of the Census. *Statistical Abstract of the United States: 2010*. Washington, DC: U.S. Government Printing Office, 2000.

第9章

Anthony, I. *Verulamium*. Hanley, UK: Wood Mitchell, 1973.

Awaritefe, Onome D. "Tourists Values, Activities and Motivation for Travel to Third World Destinations: Case Study of Nigeria." *Tourist Review*, vol. 59, no. 1 (2004), pp. 34–43.

Bowen, D., and J. Clarke. *Contemporary Tourist Behaviour*. Oxfordshire, UK: CABI Publishing, 2009.

Casson, L. *Travel in the Ancient World*. London: Allen and Unwin, 1974.

Crouch, G. I., R. R. Perdue, H. Timmermans, and M. Uysal. *Consumer Psychology of Tourism, Hospitality and Leisure*, vol. 3. Oxfordshire, UK: CABI Publishing, 2004.

Earl, P. E., and S. Kemp (eds.). *The Elgar Companion to Consumer Research and Economic Psychology*. Northampton, MA: Edward Elgar, 1999.

Filep, Sabastian, and Luke Greenacre. "Evaluating and Extending the Travel Career Pattern Model." *Tourism*, vol. 55, no. 1 (2007), pp. 23–38.

Hibbert, C. *The Grand Tour*. London: Weidenfeld and Nicolson, 1969.

Iso-Ahola, S. "Toward a Social Psychological Theory of Tourism Motivation: A Rejoinder." *Annals of Tourism Research*, vol 9, no. 2 (1982), pp. 256–262.

Kim, Kakyom. "Understanding Differences in Tourist Motivation Between Domestic and International Travel: The University Student Market." *Tourism Analysis*, vol. 12, no. 1/2 (2007), pp. 65–75.

Loker, L. E., and R. Perdue. "A Benefit-Based Segmentation of a Nonresident Summer Travel Market." *Journal of Travel Research*, vol. 31, no. 1 (1992), pp. 30–35.

March, Roger, and Arch G. Woodside. *Tourism Behaviour*. Oxfordshire, UK: CABI Publishing, 2006.

Maslow, A. H. *Motivation and Personality*, 2d ed. New York: Harper & Row, 1970.

Mazanec, Joseph A., Geoffrey I. Crouch, J. R. Brent Ritchie, and Arch G. Woodside (eds.). *Consumer Psychology of Tourism, Hospitality, and Leisure*, vol. 2. Oxfordshire, UK: CABI Publishing, 2001.

Moscardo, G., P. Pearce, A. Morrison, D. Green, and J. T. O'Leary. "Developing a Typology for Understanding Visiting Friends and Relatives Markets." *Journal of Travel Research*, vol. 38, no. 3 (February 2000), pp. 251–259.

Pearce, Philip, Sebastian Filep, and Glenn Ross. *Tourist, Tourism and the Good Life*. Oxon, UK: Routledge, 2010.

Pearce, Philip. *Tourist Behaviour*. Bristol, UK: Channel View Publications, 2005.

Pearce, P.L."Fundamentals of Tourist Motivation." In D. G. Pearce and R. W. Butler (eds.) *Fundamentals of Tourist Motivation*, pp. 113–134. London: Routledge, 1992.

Pearce, P. L. *The Ulysses Factor: Evaluating Visitors in Tourist Settings*. New York: Springer-Verlag, 1988.

Pimlott, J. A. R. *The Englishman's Holiday*. London: Faber & Faber, 1947.

Plog, S. "*Understanding Psychographics in Tourism Research.*" In J. R. B. Ritchie and C. Goeldner (eds.). *Travel, Tourism, and Hospitality*

Research, pp. 203–14. New York: John Wiley & Sons, 1987.
Plog, S. "Why Destination Areas Rise and Fall in Popularity." *Cornell Hotel and Restaurant Quarterly* (1974), pp. 55–58.
Rowling, M. *Everyday Life of Medieval Travellers*. London: B. T. Batsford, 1971.
Ryan, C. "The Travel Career Ladder: An Appraisal." *Annals of Tourism Research*, vol. 25, no. 4 (October 1998), pp. 936–957.
Swinglehurst, E. *The Romantic Journey*. London: Pica Editions, 1974.
Wolfe, R. I. "Recreational Travel: The New Migration." *Geographical Bulletin*, vol. 2 (1967), pp. 159–167.
Woodside, Arch G., Geoffrey I. Crouch, Joseph A. Mazanec, Martin Oppermann, and Marcia Y. Sakai (eds.). *Consumer Psychology of Tourism, Hospitality, and Leisure*, vol. 1. Oxfordshire, UK: CABI Publishing, 1999.

第10章

Azmier, Jason J. *Culture and Economic Competitiveness: Emerging Role for Arts in Canada*. Calgary, Alberta: Canada West Foundation, 2002.
Chambers, Erve (ed.). *Tourism and Culture: An Applied Perspective*. Albany: State University of New York Press, 1997.
Clift, Stephen, and Simon Carter (eds.). *Tourism and Sex: Culture, Commerce, and Coercion*. London: Pinter, 1999.
Connell, J. *Health and Medical Tourism*. Oxfordshire, UK: CABI, 2010.
Cronin, Michael, and Barbara O'Connor. *Irish Tourism: Image, Culture and Identity*. Clevedon, UK: Channel View Publications, 2003.
Crotts, John, and Abrahm Pizam. "The Effect of National Culture on Consumers' Evaluation of Travel Services." *Tourism, Culture and Communication*, vol. 4, no. 1 (2003), pp. 17–28.
Graburn, Nelson H. H. "The Anthropology of Tourism." *Annals of Tourism Research*, vol. 10, no. 1 (1983), pp. 9–33. Special Issue on the Anthropology of Tourism.
Hanley, Keith, and John K. Walton. *Constructing Cultural Tourism*. Bristol, UK: Channel View Publications, 2010.
Harrison, D., and M. Hitchcock. *The Politics of World Heritage*. Clevedon, UK: Channel View Publications, 2005.
International Association of Scientific Experts in Tourism. *Tourism and Culture*. St. Gallen, Switzerland: AIEST, 2000.
Kerstetter, Deborah, John Confer, and Kelly Bricker. "Industrial Heritage Attractions: Types and Tourists." *Journal of Travel and Tourism Marketing*, vol. 7, no. 2 (1998), pp. 91–104.
Litvin, Stephen W. "Tourism: The World's Peace Industry?" *Journal of Travel Research*, vol. 37, no. 1 (August 1998), pp. 63–66.
Macleod, Donald, and James G. Carrier. *Tourism, Power and Culture: Anthropological Insights*. Bristol, UK: Channel View Publications, 2009.
Mandala, Laura. *Cultural and Heritage Tourism Study*. Alexandria, VA: Mandala Research, 2009.
Master, Hoda, and Bruce Prideaux. "Culture and Vacation Satisfaction: A Study of Taiwanese Tourists in South East Queensland," *Tourism Management*, vol. 21, no. 5 (October 2000), pp. 445–449.
McCool, S. F., and R. N. Moisey (eds.). *Tourism, Recreation, and Sustainability: Linking Culture and the Environment*. New York: CABI Publishing, 2001.
Morgan, Michael, Peter Lugosi, and J. R. Brent Ritchie. (eds.). *The Tourism and Leisure Experience*. Bristol, UK: Channel View Publications, 2010.
Moufakkir, O., and I. Kelly. *Tourism, Progress and Peace*. Oxfordshire, UK: CABI, 2010.
Nash, Dennison. *Anthropology of Tourism*. Kidlington, Oxford, UK: Pergamon Press, 1996.
Reisinger, Yvette, and Lindsay Turner. *Cross-Cultural Behaviour in Tourism: Concepts and Analysis*. Oxford, UK: Butterworth-Heinemann, 2003.
Richards, Greg. *Cultural Tourism*. Binghamton, NY: The Haworth Press, 2007.
Richards, Greg. *Cultural Attractions and European Tourism*. Oxfordshire, UK: CABI Publishing, 2001.
Shackley, Myra. *Managing Sacred Sites*. London: The Continuum International Publishing Group, 2001.
Smith, Valene L. *Hosts and Guests: The Anthropology of Tourism*, 2d ed. Philadelphia: University of Pennsylvania Press, 1989.
Smith, Valene, and Maryann Brent. *Hosts and Guest Revisited: Tourism Issues of the 21st Century*. Elmsford, NY: Cognizant Communication Corporation, 2001.
Walle, Alf H. *Cultural Tourism: A Strategic Focus*. Boulder, CO: Westview Press, 1998.
United Nations World Tourism Organization. *Handbook on Tourism Congestion Management at Natural and Cultural Sites*. Madrid: UNWTO, 2003.
Xie, Phillip E. *Authenticating Ethnic Tourism*. Bristol, UK: Channel View Publications, 2010.

第11章

Apostolopoulos, Yorghos, Stella Leivadi, and Andrew Yiannakis. *The Sociology of Tourism: Theoretical and Empirical Investigations*. Oxford, UK: Routledge, 2001.
Borocz, J. *Leisure Migration: A Sociological Study on Tourism*. Oxford, UK: Pergamon Press, 1996.
Botterill, David, and Trevor Jones. *Tourism and Crime*. Oxon, UK: Goodfellow Publishers, 2010.
Buhalis, Dimitros, and Simon Darcy. *Accessible Tourism: Concepts and Issues*. Bristol, UK: Channel View Publications, 2010.
Cohen, Erik. "Authenticity, Equity and Sustainability in Tourism." *Journal of Sustainable Tourism*, vol. 10, no. 4 (2002), pp. 267–276.
Cohen, Erik. *Contemporary Tourism: Diversity and Change*. Oxford, UK: Butterworth-Heinemann, 2004.
Cohen, Erik. "Traditions in Qualitative Sociology of Tourism." *Journal of Travel Research*, vol. 15, no. 1 (1988), pp. 29–46.
Dann, Graham M. S. *The Language of Tourism: A Sociolinguistic Perspective*. Wallingford, UK: CAB International, 1996.
Dann, Graham, and Erik Cohen. "Sociology and Tourism." *Annals of Tourism Research*, vol. 18, no. 1 (1991), pp. 155–169.
Darcy, Simon. *Setting a Research Agenda for Accessible Tourism*. Gold Coast, Australia: CRC for Sustainable Tourism, 2006.
deKadt, Emanuel. "Social Planning for Tourism in the Developing Countries." *Annals of Tourism Research*, vol. 6, no. 1 (January-March 1979), pp. 36–48. Special issue on Sociology of Tourism.
Guaracino, Jeff. *Gay and Lesbian Tourism: The Essential Guide to Marketing*. Oxford, UK: Butterworth-Heinemann, 2007.
Hall, C. M. *Tourism: Rethinking the Social Science of Mobility*. Upper Saddle River, NJ: Pearson Education, 2005.
Hiller, Harry H. "Toward an Urban Sociology of Mega-Events." *Research in Urban Sociology*, vol. 15 (2000), pp. 181–205.
Hughes, Howard L. *Pink Tourism: Holidays of Gay Men and Lesbians*. Oxfordshire, UK: CABI Publishing, 2006.
MacCannell, Dean. *The Tourist: A New Theory of the Leisure Class*. New York: Schocken Books, 1976.
Meethan, K., A. Anderson, and S. Miles. *Tourism, Consumption and Representation*. Oxfordshire, UK: CABI Publishing, 2006.
Pizam, Abraham, and Peter Tarlow. "Special Issue on War, Terrorism, Tourism." *Journal of Travel Research*, vol. 38, no. 1 (August 1999), pp. 4–65.
Pizam, Abraham, Peter E. Tarlow, and Jonathon Bloom. "Making Tourists Feel Safe: Whose Responsibility Is It?" *Journal of Travel Research*, vol. 36, no. 1 (Summer 1997), pp. 23–28.
Sharpley, Richard, BT and Philip R. Stone (eds.). *The Darker Side of*

Travel: The Theory and Practice of Dark Tourism. Bristol, UK: Channel View Publications, 2009.

Smith, Valene L., and Maryann Brent. *Hosts and Guests Revisited: Tourism Issues of the 21st Century*. Elmsford, NY: Cognizant Communications, 2001.

Teuscher, Hans. "Social Tourism for All: The Swiss Travel Saving Fund." *Tourism Management*, vol. 4, no. 3 (September 1983), pp. 216–219.

Turner, Louis, and John Ash. *The Golden Hordes*. London: Constable, 1975.

Ury, John. *The Tourist Gaze*. London: Sage Publications, 2002.

Waitt, Gordon, and Kevin Markwell. *Gay Tourism Culture and Context*. Binghamton, NY: The Haworth Hospitality Press, 2006.

Wilks, Jeff, and Stephen Page. *Managing Tourist Health and Safety in the New Millennium*. Oxford, UK: Butterworth-Heinemann, 2003.

Wyllie, Robert W. *Tourism and Society: A Guide to Problems and Issues*. State College, PA: Venture Publishing, 2001.

Yeoman, Ian, and Cathy Hsu. *Tourism and Demography*. Oxon, UK: Goodfellow Publishers, 2010.

第12章

Carter, R. W., G. S. Baxter, and M. Hockings. "Resource Management in Tourism Research: A New Direction?" *Journal of Sustainable Tourism*, vol. 9, no. 4, (2001), pp. 265–280.

Clawson, Marion, and Jack L. Knetsch. *Economics of Outdoor Recreation*. Baltimore: Johns Hopkins Press, 1966.

Keating, B. W. *Managing Ethics in the Tourism Supply*. Wollongong, Australia: Faculty of Informatics-Papers, 2008.

Pearce, Douglas G. "Islands and Coastal Tourism: Demand and Supply. Perspectives from Samoa, Sarawak and New Zealand." *Tourism*, vol. 49, no. 3 (2001), pp. 255–266.

Smith, Stephen L. J., and Honggen Xiaco. "Culinary Tourism Supply Chains: A Preliminary Examination." *Journal of Travel Research*, vol. 48, no. 3 (2008), pp. 289–299.

Travel Weekly. *Hotel and Travel Index, Worldwide*. Secaucus, NJ: Northstar Travel Media, 2010.

Tapper, Richard and Xavier Font. *Tourism Supply Chains*. Leeds, UK: Leeds Metropolitan University, 2004.

Waddell, Joseph M. "Hotel Capacity: How Many Rooms to Build?" *Cornell Hotel and Restaurant Administration Quarterly*, vol. 18, no. 2 (August 1977), pp. 35–47.

第13章

Crouch, Geoffrey I. "A Meta-Analysis of Tourism Demand." *Annals of Tourism Research*, vol. 22, no. 1 (Summer 1995), pp. 103–118.

Crouch, Geoffrey I. "The Study of International Tourism Demand." *Journal of Travel Research*, vol. 32, no. 4 (Spring 1994), pp. 41–53.

Crouch, Geoffrey I. "The Study of International Tourism Demand: A Review of Findings." *Journal of Travel Research*, vol. 33, no. 1 (Summer 1994), pp. 12–23.

rechtling, Douglas C. *Forecasting Tourism Demand: Methods and Strategies*. Oxford, UK: Butterworth-Heinemann, 2001.

Smeral, Egon. "World Tourism Forecasting: Keep It Quick, Simple and Dirty." *Tourism Economics*, vol. 13, no. 2 (June 2007), pp. 309–318.

Song, Haiyan, and Gang Li. "Tourism Demand Modeling and Forecasting—A Review of Recent Research." *Tourism Management*, vol. 29, no. 2, (April 2008), pp. 203–220.

Song, Haiyan, Stephen F. Witt, and Gang Li. *The Advanced Economics of Tourism Demand*. Essex, UK: Routledge, 2008.

Song, Haiyan, and Stephen F. Witt. "Tourism Forecasting: The General-to-Scientific Approach." *Journal of Travel Research*, vol. 42, no. 1 (August 2003), pp. 65–74.

Song, Haiyan, and Stephen F. Witt. *Tourism Demand Modelling and Forecasting: Modern Econometric Approaches*. Amsterdam: Pergamon, 2000.

Turner, Lindsay W., and Stephen F. Witt. *Asia Pacific Tourism Forecasts 2010–2011*. Bangkok: PATA, 2010.

Turner, Lindsay W., and Stephen F. Witt. "Forecasting Tourism Using Univariate and Multivariate Structural Time Series Models." *Tourism Economics*, vol. 7, no. 2 (2001), pp. 135–147.

United Nations World Tourism Organization. *Handbook on Tourism Forecasting Methodologies*. Madrid: UNWTO, 2008.

United Nations World Tourism Organization. *Tourism: 2020 Vision*. Madrid: UNWTO, 2001.

United Nations World Tourism Organization. *Measuring Total Tourism Demand*. Madrid: UNWTO, 2000.

U.S. Travel Association. *2011 Outlook for Travel and Tourism*. Washington, DC: USTA, 2010.

U.S. Travel Association. *Economic Review of Travel in America*. Washington, DC: USTA, 2010.

Witt, Stephen F., and Christine A. Witt. *Modeling and Forecasting Demand in Tourism*. London: Academic Press, 1992.

第14章

Cannon, Thomas. "Relationship of Demographics and Trip Characteristics to Visitor Spending: An Analysis of Sports Travel Visitors Across Time." *Tourism Economics—Special Issue: Measuring the Economic Impact of Tourism*, vol. 8, no. 3 (2002), pp. 263–271.

Crompton, John L. "Economic Impact Studies: Instruments for Political Shenanigans?" *Journal of Travel Research*, vol. 45, no. 1 (2006), pp. 67–82.

Dwyer, Larry, Peter Forsyth, and Wayne Dwyer. *Tourism Economics and Policy*. Bristol, UK: Channel View Publications, 2010.

Dwyer, Larry, Peter Forsyth, and Ray Spurr. "Assessing the Economic Impacts of Events: A Computable General Equilibrium Approach." *Journal of Travel Research*, vol. 45, no. 1 (2006), pp. 59–66.

Dwyer, Larry, Peter Forsyth, and Ray Spurr. "Evaluating Tourism's Economic Effects: New and Old Approaches." *Tourism Management*, vol. 25, no. 1 (June 2004), pp. 307–318.

Dwyer, Larry, Peter Forsyth, John Madden, and Ray Spurr. "Economic Impacts of Inbound Tourism under Different Assumptions Regarding the Macroeconomy." *Current Issues in Tourism*, vol. 3, no. 4 (2000), pp. 325–363.

Dwyer, Larry, Robert Mellor, Nina Mistilis, and Trevor Mules. "Forecasting the Economic Impacts of Events and Conventions." *Event Management*, vol. 6, no. 3 (2000), pp. 191–204.

Faulkner, Bill, Laurence Chalip, Graham Brown, Leo Jago, Roger March, and Arch Woodside. "Monitoring the Tourism Impacts of the Sydney 2000 Olympics." *Event Management*, vol. 6, no. 4 (2001), pp. 231–246.

Frechtling, Douglas C. "An Assessment of Visitor Expenditure Methods and Models." *Journal of Travel Research*, vol. 45, no. 1 (2006), pp. 26–35.

Mak, James. *Tourism and the Economy: Understanding the Economics of Tourism*. Honolulu: University of Hawaii Press, 2004.

OECD. *OECD Tourism Trends and Policies* 2010. Paris: OECD Publishing, 2010.

Smeral, Egon. "Tourism Satellite Accounts: A Critical Assessment." *Journal of Travel Research*, vol. 45, no. 1 (2006), pp. 92–98.

Tyrrell, Timothy J., and Robert J. Johnson. "The Economics of Tourism: A Special Issue." *Journal of Travel Research*, vol. 45, no. 1 (2006), pp. 3–7.

United Nations World Tourism Organization. *Compendium of*

United Nations World Tourism Organization. *Travel and Tourism Barometer*. Madrid: UNWTO, 2010.

United Nations World Tourism Organization. *Enzo Paci Papers on Measuring the Economic Significance of Tourism*, vol. 1. Madrid: UNWTO, 2001.

United Nations World Tourism Organization. *Tourism Satellite Account: Recommended Methodological Framework*. Madrid: UNWTO, 2001.

United Nations World Tourism Organization. *The Tourism Satellite Account as an Ongoing Process: Past, Present, and Future Developments*. Madrid: UNWTO, 2001.

U.S. Travel Association. *Economic Review of Travel in America: 2008 Edition*. Washington, DC: TIA, 2009.

U.S. Travel Association. *Impact of Travel on State Economies 2010*. Washington, DC: TIA, 2010.

U.S. Travel Association. *Tourism Works for America 2010*. Washington, DC: TIA, annual.

Vanhove, Norbert. *The Economics of Tourism Destinations*. Oxford, UK: Butterworth-Heinemann, 2005.

第15章

Agiomirgianakis, George (ed.). *International Journal of Tourism Policy*. Geneva: Inderscience Publishers, quarterly.

Andriotis, Konstantinos. "Tourism Planning and Development in Crete: Recent Tourism Policies and Their Efficacy." *Journal of Sustainable Tourism*, vol. 9, no. 4 (2001), pp. 298–316.

Becherel, Lionel. "The WTO Policy and Strategy Course." *TedQual*, vol. 4, no. 2 (2001), pp. 16–20.

Beirman, David. *Restoring Tourism Destinations in Crisis*. Oxfordshire, UK: CABI Publishing, 2003.

Blake, Adam, and M. Thea Sinclair. "Tourism Crisis Management: U.S. Response to September 11." *Annals of Tourism Research*, vol. 30, no. 4 (2003), pp. 813–832.

Bramwell, Bill, and Bernard Lane (eds.). *Tourism, Collaboration, and Partnership: Politics, Practice, and Sustainability*. Clevedon, UK: Channel View Publications, 2000.

Briassoulis, Helen, and Jan van der Straaten (eds.). *Tourism and the Environment: Regional, Economic, Cultural, and Policy Issues, rev.* 2d ed. Boston: Kluwer Academic Publishers, 2000.

Buckley, Ralf. "Pay to Play in Park: An Australian Policy Perspective on Visitor Fees in Public Protected Areas." *Journal of Sustainable Tourism*, vol. 11, no. 1 (2003), pp. 56–73.

Datzira-Masip, Jordi. "Tourism Policy in Spain: An Overview." *Tourist Review*, vol. 53, no. 1 (1998), pp. 41–50.

Department of Resources, Energy and Tourism. *National Long-Term Tourism Strategy*. Canberra: Australian Government, 2009.

Dredge, Dianne, and John Jenkins. *Tourism Planning and Policy*. Hoboken, NJ: John Wiley & Sons, 2007.

Edgell, David L., Maria DelMastro, Ginger Smith, and Jason Swanson. *Tourism Policy and Planning: Yesterday, Today and Tomorrow*. Oxford, UK: Butterworth-Heinemann, 2008.

Faulkner, Bill. "A Model for the Evaluation of National Tourism Destination Marketing Programs." *Journal of Travel Research*, vol. 35, no. 3 (Winter 1997), pp. 23–32.

Fennell, David, and David Malloy. *Codes of Ethics in Tourism*. Clevedon, UK: Channel View Publications, 2007.

Glaesser, Dirk. *Crisis Management in the Tourism Industry*. Oxford, UK: Butterworth-Heinemann, 2003.

Hall, D. *Tourism and Transition: Governance, Transformation and Development*. Oxfordshire, UK: CABI Publishing, 2004.

International Association of Scientific Experts in Tourism (eds.). Future-Oriented Tourism Policy: A Contribution to the Strategic Development of Places. *Proceedings of 49th Annual Congress of the International Association of Scientific Experts in Tourism, Portoroz, Slovenia*. St. Gallen Switzerland: AIEST, University of St. Gallen, 1999.

Kerr, William R. *Tourism Public Policy and the Strategic Management of Failure*. Oxford, UK: Elsevier, 2003.

Laws, Eric, Bruce Prideaux, and Kaye Chon. *Crisis Management in Tourism*. Oxfordshire, UK: CABI Publishing, 2007.

Laws, Eric, and Bruce Prideaux. *Tourism Crises*. Binghamton, NY: Haworth Hospitality Press, 2006.

OECD. *OECD Tourism Trends and Policies 2010*. Paris: OECD Publishing, 2010.

Parker, Steven. "Collaboration on Tourism Policy Making: Environmental and Commercial Sustainability on Bonaire, NA." *Journal of Sustainable Tourism*, vol. 7, no. 3–4 (1999), pp. 240–259.

Parker, Steven."Ecotourism, Environmental Policy, and Development." In Dennis Soden and Brent R. Steel (eds.), *Handbook of Global Environmental Policy and Administration*, pp. 315–345. New York: Marcel Dekker, 1999.

Ritchie, Brent W. *Crisis and Disaster Management for Tourism*. Bristol, UK: Channel View Publications, 2009.

Ritchie, J. R. Brent, and Geoffrey I. Crouch. *The Competitive Destination: A Sustainable Tourism Perspective*. Oxfordshire, UK: CABI Publishing, 2003.

Ritchie, J. R. Brent. "*Interest Based Formulation of Tourism Policy for Environmentally Sensitive Destinations.*" In Bill Bramwell and Bernard Lane (eds.), *Tourism, Collaboration, and Partnership: Politics, Practice, and Sustainability* pp. 44–77. Clevedon, UK: Channel View Publications, 2000.

Ritchie, J. R. Brent. "Policy Formulation at the Tourism/Environment Interface: Insights and Recommendations from the Banff-Bow Valley Study." *Journal of Travel Research*, vol. 38, no. 2 (1999), pp. 100–110.

Suder, Gabriele G. S. *Terrorism and the International Business Environment*. Cheltenham, UK: Edward Elgar Publishing, 2004.

Thomas, Rhodri (ed.). *Journal of Policy Research in Tourism, Leisure and Events*. Essex, UK: Routledge.

United Nations World Tourism Organization. *Making Tourism More Sustainable: A Guide for Policy Makers*. Madrid: UNWTO, 2005.

United Nations World Tourism Organization. *Co-operation and Partnership in Tourism: A Global Perspective*. Madrid: UNWTO, 2003.

United Nations World Tourism Organization. "India Introduces New Tourism Policy." *UNWTO News*, vol. 2, no. 10 (2002).

Vanhove, Norbert. "Tourism Policy between Competitiveness and Sustainability: The Case of Bruges." *Tourist Review*, vol. 57, no. 3 (2002), pp. 34–40.

Veal, A. J. *Leisure and Tourism Policy and Planning*. Oxfordshire, UK: CABI Publishing, 2002.

第16章

Ashworth, G. J., and J. E. Tunbridge. *The Tourist-Historic City: Retrospect and Prospect of Managing the Heritage City*. Amsterdam: Pergamon, 2000.

Beeton, Sue. *Community Development Through Tourism*. Oxfordshire, UK: CABI Publishing, 2006.

Brown, Frances, and Derek Hall (eds.). *Tourism in Peripheral Areas: Case Studies*. Buffalo, NY: Channel View Publications, 2000.

Burns, Peter, and M. Novelli. *Tourism Development*. Oxfordshire, UK: CABI Publishing, 2008.

Chon, Kaye S. (ed.). *Tourism in Southeast Asia: A New Direction*. New York: Haworth Hospitality Press, 2000.

deKadt, Emanuel (ed.). *Tourism—Passport to Development?* New York: Published for the World Bank and UNESCO by Oxford University Press, 1979.

Dieke, Peter U. C. *The Political Economy of Tourism Development in Africa*. New York: Cognizant Communication Corporation, 2000.

Dredge, Dianne, and John Jenkins. *Tourism Planning and Policy*. Hoboken, NJ: John Wiley & Sons, 2007.

Egmond, T. Van. *Understanding Western Tourists in Developing Countries*. Oxfordshire, UK: CABI Publishing, 2007.
Gartner, William C. *Tourism Development: Principles, Processes, and Policies*. New York: Van Nostrand Reinhold, 1996.
George, E. Wanda, Heather Mair, and Donald G. Reid. *Rural Tourism Development: Localism and Cultural Change*. Bristol, UK: Channel View Publications, 2009.
Godde, P. M., M. F. Price, and F. M. Zimmermann. *Tourism and Development in Mountain Regions*. New York: CABI Publishing, 2000.
Godfrey, Kerry, and Jackie Clarke. *The Tourism Development Handbook: A Practical Approach to Planning and Marketing*. London: Continuum International Publishing Group, 2000.
Gunn, Clare A., and Turgut Var. *Tourism Planning*, 4th ed. London: Taylor and Francis, 2002.
Mill, Robert Christie. *Resorts: Management and Operation*, 2d ed. Hoboken, NJ: John Wiley & Sons, 2008.
Moscardo, Gianna. *Building Community Capacity for Tourism Development*. Oxfordshire, UK: CABI Publishing, 2008.
Murphy, Peter, and Ann Murphy. *Strategic Management for Tourism Communities*. Clevedon, UK: Channel View, 2004.
Nuckolls, Jonelle, and Patrick Long. *Organizing Resources for Tourism Development in Rural Areas*. Boulder: University of Colorado, 1993.
Tourism Center. *Community Tourism Development*. St. Paul: University of Minnesota Extension Service, 2001.
United Nations World Tourism Organization. *Tourism and Community Development: Asian Practices*. Madrid: UNWTO, 2008.

第17章

Aronsson, Lars. *The Development of Sustainable Tourism*. London: Continuum International Publishing Group, 2000.
Bader, Elana. *Sustainable Hotel Business Practices: A Surface Examination*. London: HVS International, 2006.
Becken, Susanne, and John E. Hay. *Tourism and Climate Change: Risks and Opportunities*. Bristol, UK: Channel View Publications, 2007.
Buckley, Ralf. *Conservation Tourism*. Oxfordshire, UK: CABI, 2011.
Buckely, Ralf. *Environmental Impacts of Ecotourism*. Oxfordshire, UK: CABI Publishing, 2008.
Buckley, Ralf. *Case Studies in Ecotourism*. Oxfordshire, UK: CABI Publishing, 2003.
Bushell, R., and P. Eagles. *Tourism and Protected Areas*. Oxfordshire, UK: CABI Publishing, 2007.
Carlsen, Jack, Janene Giburd, Deborah Edwards, and Paddy Forde. *Innovation for Sustainable Tourism: International Case Studies*. Niels Bohrs, Denmark: BEST Education Network, 2008.
Dickinson, Janet, and Les Lumsdon. *Slow Travel and Tourism*. Oxfordshire, UK: CABI Publishing, 2010.
Dowling, Ross, and David Newsome. *Global Geotourism Perspectives*. Oxon, UK: Goodfellow Publishers, 2010.
Edgell, David L. *Managing Sustainable Tourism*. Binghamton, NY: The Haworth Hospitality Press, 2006.
Gossling, S., and J. Hultman. *Ecotourism in Scandinavia*. Oxfordshire, UK: CABI Publishing, 2006.
Harrill, Rich. *Guide to Best Practices in Tourism and Destination Management*. Lansing, MI: Educational Institute of the American Hotel and Lodging Association, 2005.
Harris, Rob, Tony Griffin, and Peter Williams. *Sustainable Tourism*. Oxford, UK: Butterworth-Heinemann, 2002.
Herremans, Irene M. *Cases in Sustainable Tourism*. Binghamton, NY: Haworth Hospitality Press, 2006.
Jones, Andrew L., and Mike Phillips. *Disappearing Destinations: Climate Change and the Future Challenges for Coastal Tourism*. Oxfordshire, UK: CABI Publishing, 2010.
Kütting, Gabriela. *The Global Political Environment and Tourism*. New York: Palgrave MacMillan, 2010.
McCool, S. F., and R. N. Moisey (eds.). *Tourism, Recreation, and Sustainability: Linking Culture and the Environment*. Oxfordshire, UK: CABI Publishing, 2008.
Miller, Graham, and Louise Twinning-Ward. *Monitoring For Sustainable Tourism Transition*. Oxfordshire, UK: CABI Publishing, 2006.
Mowforth, Martin, and Ian Munt. *Tourism and Sustainability: New Tourism in the Third World*, 3d ed. Essex, UK: Routledge, 2008.
Newsome, David, and Ross Dowling. *Geotourism: The Tourism of Geology and Landscape*. Oxon, UK: Goodfellow Publishers, 2010.
OECD. *OECD Tourism Trends and Policies 2010*. Paris: OECD Publishing, 2010.
Ritchie, J. R. Brent, and Geoffrey I. Crouch. *The Competitive Destination: A Sustainable Tourism Perspective*. Oxfordshire, UK: CABI Publishing, 2003.
Saaarinen, Jarko J., Fritz O. Becker, Haretsebe Manwa, and Deon Wilson. *Sustainable Tourism in Southern Africa: Local Communities and Natural Resources in Transition*. Bristol, UK: Channel View Publications, 2009.
Sharpley, Richard. *Tourism Development and The Environment: Beyond Sustainability?* Oxfordshire, UK: CABI Publishing, 2009.
Singh, Sagar. *Shades of Green: Ecotourism for Sustainability*. New Delhi: The Energy and Resources Institute, 2004.
Spenceley, Anna. *Responsible Tourism*. Oxfordshire, UK: CABI Publishing, 2010.
Stern, N. *The Economics of Climate Change: The Stern Review*, Cambridge University Press, Cambridge, 2006.
Stonehouse, Bernard and John Snyder. *Polar Tourism: An Environmental Perspective*. Bristol, UK: Channel View Publications, 2010.
U.S. Travel Association. *Geotourism: The New Trend in Travel*. Washington, DC: USTA, 2003.
United Nations World Tourism Organization. *Climate Change and Tourism*. Madrid, Spain: UNWTO, 2008.
United Nations World Tourism Organization. *Making Tourism More Sustainable: A Guide for Policy Makers*. Madrid, Spain: UNWTO, 2005.
United Nations World Tourism Organization. *Sustainable Development of Ecotourism: A Compilation of Good Practices in SMEs*. Madrid, Spain: UNWTO, 2003.
United Nations World Tourism Organization. *Sustainable Tourism in Protected Areas: Guidelines for Planning and Management*. Madrid: UNWTO, 2003.
United Nations World Tourism Organization. *The Canadian Ecotourism Market*. Madrid: UNWTO, 2002.
United Nations World Tourism Organization. *The French Ecotourism Market*. Madrid: UNWTO, 2002.
United Nations World Tourism Organization. *The German Ecotourism Market*. Madrid: UNWTO, 2002.
United Nations World Tourism Organization. *The Italian Ecotourism Market*. Madrid: UNWTO, 2002.
United Nations World Tourism Organization. *The Spanish Ecotourism Market*. Madrid: UNWTO, 2002.
United Nations World Tourism Organization. *The U. S. Ecotourism Market*. Madrid: UNWTO, 2002.
United Nations World Tourism Organization. *The British Ecotourism Market*. Madrid: UNWTO, 2001.
United Nations World Tourism Organization. *Guide for Local Authorities on Developing Sustainable Tourism*. Madrid: UNWTO, 1998.
Weaver, David B. (ed.). *The Encyclopedia of Ecotourism*. Oxfordshire, UK, CABI Publishing, 2001.
Zeppel, Heather. *Indigenous Ecotourism*. Oxfordshire, UK: CABI Publishing, 2006.

第18章

Bruner, Gordon C., II, and Paul J. Hensel. *Marketing Scales Handbook: A Compilation of Multi-Item Measures*. Chicago: American Marketing Association, 2001.

Crompton, John L., and Shu Tian-Cole. "An Analysis of 13 Tourism Surveys: Are Three Waves of Data Collection Necessary?" *Journal of Travel Research*, vol. 39, no. 4 (May 2001), pp. 356–368.

Dann, Graham, Dennison Nash, and Philip Pearce. "Methodology in Tourism Research." *Annals of Tourism Research*, vol. 15, no. 1 (1988), pp. 1–28.

Jackson, Julie, Meg Houghton, Roslyn Russell, and Petra Triandos. "Innovations in Measuring Economic Impacts of Regional Festivals: A Do-It-Yourself Kit." *Journal of Travel Research*, vol. 43, no. 4 (2005), pp. 360–367.

Richard K. Miller & Associates. *The 2010 Restaurant, Food & Beverage Market Research Handbook*. Loganville, GA: RKMA, 2010.

Richard K. Miller & Associates. *The 2010 Travel & Tourism Market Research Handbook*, 9th ed. Loganville, GA: RKMA, 2010.

Richards, G., and W. Munsters. *Cultural Tourism Research Methods*. Oxfordshire, UK: CABI Publishing, 2010.

Ritchie, Brent W., Peter Burns, and Catherine Palmer. *Tourism Research Methods*. Oxfordshire, UK: CABI Publishing, 2005.

Ritchie, J. R. Brent, and Charles R. Goeldner (eds.). *Travel, Tourism, and Hospitality Research: A Handbook for Managers and Researchers*, 2d ed. New York: John Wiley & Sons, 1994.

Robinson, P. *Research Themes for Tourism*. Oxfordshire, UK: CABI Publishing, 2011.

Smith, Stephen L. J. *Practical Tourism Research*. Oxfordshire, UK: CABI Publishing, 2010.

Sturman, Michael (ed.). "*Special-Focus Issue on Research.*" *Cornell Hotel and Restaurant Administration Quarterly* vol. 44, no. 2 (April 2003), pp. 9–152.

Techneos. *Moving On: Leaving Paper for Mobile Survey Technology*. Vancouver: Techneos, 2010.

United Nations World Tourism Organization. *Compendium of Tourism Statistics*. Madrid: UNWTO, 2010.

United Nations World Tourism Organization. *Yearbook of Tourism Statistics*. Madrid: UNWTO, 2009.

United Nations World Tourism Organization. *Collection and Compilation of Tourism Statistics: Technical Manual no. 4*. Madrid: UNWTO, 1995.

United Nations World Tourism Organization. *Collection of Domestic Tourism Statistics: Technical Manual no. 3*. Madrid: UNWTO, 1995.

United Nations World Tourism Organization. *Collection of Tourism Expenditure Statistics: Technical Manual no. 2*. Madrid: UNWTO, 1995.

United Nations World Tourism Organization. *Concepts, Definitions, and Classifications for Tourism Statistics: Technical Manual no.1*. Madrid: UNWTO, 1995.

第19章

Aaker, D. A. *Managing Brand Equity: Capitalizing on the Value of a Brand Name*. New York: Free Press, 1991.

Abbey, James R. *Hospitality Sales and Advertising*, 5th ed. Lansing, MI: Educational Institute of the American Hotel and Lodging Association, 2008.

Amadeus. *Hotels 2020: Beyond Segmentation*. Sophia Antipolis Cedex, France: Amadeus, 2010.

Beeton, Sue. *Film-Induced Tourism*. Bristol, UK: Channel View Publications, 2005.

Beckendorff, P. J., B. Moscardo, and D. Pendergast. *Tourism and Generation Y*. Oxfordshire, UK: CABI Publishing, 2010.

Clarkson, Diane. *Extending Online Customer Service to the Mobile Channel*. Cambridge, MA: Forrester, 2010.

Dickinson, Bob, and Andy Vladmir. *Selling the Sea: An Inside Look at the Cruise Industry*, 2d ed. Hoboken, NJ: John Wiley & Sons, 2007.

Fyall, Alan, and Brian Garrod. *Tourism Marketing: A Collaborative Approach*. Bristol, UK: Channel View Publications, 2004.

Guaracino, Jeff. *Gay and Lesbian Tourism: The Essential Guide to Marketing*. Oxford, UK: Butterworth-Heinemann, 2007.

Hallett, Richard W., and Judith Kaplan-Weinger. *Official Tourism Websites: A Discourse Analysis Perspective*. Bristol, UK: Channel View Publications, 2010.

Harrill, Rich. *Fundamentals of Destination Management and Marketing*. Lansing, MI: Educational Institute of the American Hotel and Lodging Association, 2005.

Hudson, Simon. *Tourism and Hospitality Marketing*. London: Sage Publications, 2008.

Kozak, Metin. *Managing and Marketing Tourist Destinations*. Essex, UK: Routledge, 2009.

Kozak, Metin, and Alain Decrop. *Handbook of Tourist Behaviour: Theory and Research*. Essex, UK: Routledge, 2008.

Kotler, Philip, John Bowen, and James Makens. *Marketing for Hospitality and Tourism*, 5th ed. Upper Saddle River, NJ: Prentice Hall, 2010.

Market Guide 2010. New York: VNU Business Publications, 2010.

Meethan, Kevin, Alison Anderson, and Steve Miles. *Tourism, Consumption and Representation*. Oxfordshire: UK: CABI Publishing, 2006.

Middleton, Victor T. C., Alan Fyall, and Michael Morgan. *Marketing in Travel and Tourism*, 4th ed. Oxford, UK: Butterworth-Heinemann, 2009.

Mill, R. C., and A. M. Morrison. *The Tourism System: An Introductory Text*, 6th ed. Dubuque, IA: Kendall/Hunt, 2009.

Morgan, Nigel, Annette Pritchard, and Roger Pride. *Destination Branding: Creating the Unique Destination Proposition*. Oxford, UK: Butterworth-Heinemann, 2004.

Nykiel, Ronald A. *Marketing in the Hospitality Industry*, 4th ed. Lansing, MI: Educational Institute of the American Hotel and Lodging Association, 2003.

Pike, Steven. *Destination Marketing Organizations*. Oxford, UK: Elsevier, 2004.

Plog, Stanley C. *Leisure Travel: A Marketing Handbook*. Upper Saddle River, NJ: Prentice Hall, 2004.

Reid, Robert, and David Bojanic. *Hospitality Marketing Management*, 5th ed. Hoboken, NJ: John Wiley & Sons, 2010.

Roesch, Stefan. *The Experiences of Film Location Tourists*. Bristol, UK: Channel View Publications, 2009.

Shoemaker, Stowe, Robert C. Lewis, and Peter Yesawich. *Marketing Leadership in Hospitality and Tourism: Strategies and Tactics for Competitive Advantage*, 4th ed. Upper Saddle River, NJ: Prentice Hall, 2007.

United Nations World Tourism Organization. *Handbook on Tourism Destination Branding*. Madrid: UNWTO, 2009.

United Nations World Tourism Organization. *Handbook on E-marketing for Tourism Destinations*. Madrid: UNWTO, 2008.

United Nations World Tourism Organization. *Handbook on Tourism Market Segmentation*. Madrid: UNWTO, 2007.

U.S. Travel Association, *Use of Mobile Travel Services by Destination Marketing Organizations, 2010 Edition*. Washington, DC: USTA, 2010.

U.S. Travel Association, *Travelers Use of the Internet, 2010*. Washington, DC: USTA, 2010.

U.S. Travel Association, *Emerging International Travel Markets: China 2008, Part II*. Washington, DC: USTA, 2009.

U.S. Travel Association, *Survey of U.S. State and Territory Tourism Office Website Practices, 2008*. Washington, DC: USTA, 2009.

U.S. Travel Association, *Domestic Travel Report*. Washington, DC: USTA, 2007.

U.S. Travel Association. *Gay and Lesbian Leisure Travelers in America*. Washington, DC: USTA, 2007.

U.S. Travel Association. *The Profile of Culinary Travelers*. Washington, DC: USTA, 2007.

U.S. Travel Association. *Travel Through the Generations*. Washington, DC: USTA, 2006.

Vladimir, Andy, and Bob Dickinson. *The Complete 21st Century Travel Marketing Handbook*. Upper Saddle River, NJ: Prentice Hall, 2005.

Wang, Youcheng. *Destination Marketing and Management*. Oxfordshire, UK: CABI Publishing, 2010.

第20章

Canton, James. *The Extreme Future*. New York: Dutton, 2006.

Cornish, Edward. *Futuring: The Exploration of the Future*. Bethesda, MD: World Future Society, 2005.

Creton, Marvin, Fredrick DeMicco, and Owen Davies. *Hospitality 2010: The Future of Hospitality and Travel*. Upper Saddle River, NJ: Prentice Hall, 2006.

Crouch, Geoffrey I. "The Market for Space Tourism: Early Indications." *Journal of Travel Research*, vol. 40, no. 2 (2001), pp. 213–219.

Foot, David K., and Daniel Stoffman. *Boom Bust and Echo: Profiting from the Demographic Shift in the 21st Century*, rev. ed. Toronto, Canada: Stoddart Publishing, 2001.

Steffen, Alex. *Worldchanging: A User's Guide for the 21st Century*. New York: Abrams, 2006.

Weiermair, Klaus, and Christine Mathies. *The Tourism and Leisure Industry: Shaping the Future*. Binghamton, NY: Haworth Hospitality Press, 2004.

United Nations World Tourism Organization Business Council. *Public-Private Sector Cooperation: Enhancing Tourism Competitiveness*. Madrid: UNWTOBC, 2001.

United Nations World Tourism Organization. *Tourism 2020 Vision: A New Forecast from the World Tourism Organization*. Madrid: UNWTO, 2001.

Worldwatch Institute. *Vital Signs 2006–2007: The Trends That Are Shaping Our Future*. New York: W.W. Norton & Company, 2006.

Yeoman, Ian. *Tomorrow's Tourist: Scenarios and Trends*. Oxford: Elsevier, 2008.

Yeoman, Ian, and Cathy Hsu. *Tourism and Demography*. Oxon, UK, Goodfellow Publishers, 2010.

旅游业中常用英文缩写词精选

AAA	American Automobile Association 美国小汽车协会
ABA	American Bus Association 美国巴士协会
ABC	Advanced booking charter 预订包机
ACME	Association for Convention Marketing Executives 会议营销经理人协会
AHLA	American Hotel and Lodging Association 美国饭店与住宿业协会
AIEST	International Association of Scientific Experts in Tourism 旅游科学专家国际联合会
AIT	Académie Internationale du Tourisme 国际旅游学会
Amtrak	National Railroad Passenger Corporation 全美铁路客运公司（美铁公司）
AP	American Plan（旅馆房价的）美式计价
APEC	Asia-Pacific Economic Cooperation 亚太经济合作组织
APEX	Advance purchase excursion fare 提前预付款旅行机票
ARC	Airlines Reporting Corporation 航空报告公司
ARDA	American Resort and Development Association 美国度假村发展协会
ARTA	Association of Retail Travel Agents 零售旅行代理商协会
ASTA	American Society of Travel Agents 美国旅行代理商协会
ATA	Air Transport Association of America 美国航空运输协会
ATME	Association of Travel Marketing Executives 旅游营销经理人协会
BIT	Bulk inclusive tour 大型团体旅游包价票
BTA	British Tourist Authority 英国旅游促进局*
CIC	Convention Industry Council 会议行业理事会
CITC	Canadian Institute of Travel Counselors 加拿大旅游顾问协会
CLIA	Cruise Lines International Association 国际邮轮公司协会
COTAL	Confederation of Tourist Organizations of Latin America 拉丁美洲旅游组织联盟
CRS	Computerized reservations system 计算机预订系统
CTC	Canadian Tourism Commission 加拿大旅游委员会
CTC	Certified Travel Counselor 持证旅游咨询顾问
CTO	Caribbean Tourism Organization 加勒比旅游组织

* 现已更名为 VisitBritain。——译者注

DIT	Domestic independent tours 国内散客旅游
DMAI	Destination Marketing Association International 国际旅游目的地营销协会
DMO	Destination management organization 旅游目的地管理组织
DOT	(U. S.) Department of Transportation 美国交通部
ECOSOC	Economic and Social Council of the United Nations 联合国经济与社会理事会
EP	European Plan (旅馆房价的) 欧式计价
ETC	European Travel Commission 欧洲旅游委员会
FAA	(U. S.) Federal Aviation Administration 美国联邦航空管理局
FHA	Federal Highway Administration 美国联邦公路管理局
FIT	Foreign independent tour 国际散客旅游
GDS	Global Distribution System 全球销售系统
GIT	Group inclusive tour 团体包价旅游
HSMAI	Hospitality Sales and Marketing Association International 国际饭店业销售与营销协会
IAAPA	International Association of Amusement Parks and Attractions 国际游乐园与景点协会
IAF	International Automobile Federation 国际汽车联盟
IAST	International Academy for the Study of Tourism 国际旅游学研究会
IATA	International Air Transport Association 国际航空运输协会
IATAN	International Airlines Travel Agent Network 国际航空公司旅行代理网
ICAO	International Civil Aviation Organization 国际民用航空组织
ICC	Interstate Commerce Commission (美国) 州际商务委员会
ICCA	International Congress and Convention Association 国际会议行业协会
ICHRIE	International Council of Hotel, Restaurant and Institutional Education 饭店、餐馆和集体食宿供应机构教育国际理事会
ICSC	International Council of Shopping Centers 国际购物中心协会
IFWTO	International Federation of Women's Travel Organizations 妇女旅游组织国际联合会
IH&RA	International Hotel and Restaurant Association 国际饭店与餐馆协会
IIPT	International Institute for Peace through Tourism 旅游促进和平国际研究会
IIT	Inclusive independent tour 包价散客游
ILO	International Labor Organization 国际劳工组织
ISMP	International Society of Meeting Planners 国际会议策划商协会
ISTTE	International Society of Travel and Tourism Educators 旅游教育工作者国际协会
IT	Inclusive tour 全包价旅游

ITC	Inclusive tour charter 包价旅游包机
IYHF	International Youth Hostel Federation 国际青年旅舍联盟
MAP	Modified American Plan（旅馆房价的）修正美式计价
MCO	Miscellaneous charges order（机票之外的）杂项收费
MPI	Meeting Professionals International 国际会议专业人员联合会
NACOA	National Association of Cruise Oriented Agencies 全美邮轮代理商协会
NAPVO	National Association of Passenger Vessel Owners 全美客船业主协会
NARVPC	National Association of RV Parks and Campgrounds 美国休闲用车泊车点与野营地协会
NCA	National Council of Attractions 全美旅游景点理事会
NRA	National Restaurant Association 全美餐馆协会
NRPA	National Recreation and Park Association 全美娱乐与公园协会
NTA	National Tour Association 全美旅游协会
OAG	Official Airline Guide 官方航空指南
OAS	Organization of American States 美洲国家组织
OECD	Organization for Economic Cooperation and Development 经济合作与发展组织
OTTI	Office of Travel and Tourism Industries（U. S.）美国旅游业事务署
PAII	Professional Association of Innkeepers International 专业旅馆经营者国际联合会
PATA	Pacific Asia Travel Association 亚太旅游协会
RAA	Regional Airline Association 支线航空公司协会
RPM	Revenue Passenger Miles 收入客英里
RTF	Rural Tourism Foundation 乡村旅游基金会
RVIA	Recreation Vehicle Industry Association 美国休闲用车行业协会
SATW	Society of American Travel Writers 美国旅游作家协会
SEO	Search Engines Optimization 搜索引擎优化
SITE	Society of Incentive and Travel Executives 奖励旅游经理人协会
TIAC	Tourism Industry Association of Canada 加拿大旅游业协会
TTRA	Travel and Tourism Research Association 旅游研究协会
UFTAA	Universal Federation of Travel Agents Association 世界旅行社协会联合会
UNDP	United Nations Development Programme 联合国开发计划署
UNESCO	United Nations Educational, Scientific, and Cultural Organization 联合国教科文组织
UNWTO	United Nations World Tourism Organization 联合国世界旅游组织
USTA	United States Travel Association 美国旅游业协会
USTOA	United States Tour Operators Association 美国组团旅行社协会
WATA	World Association of Travel Agencies 世界旅行社协会

WHO	World Health Organization 世界卫生组织
WTAO	World Touring and Automobile Organization 世界自驾游组织
WTTC	World Travel and Tourism Council 世界旅行及旅游理事会
WWW	World Wide Web 万维网

Tourism: Principles, Practices, Philosophies, 12th edition by Charles R. Goeldner, J. R. Brent Ritchie
ISBN: 1-118-07177-8

图书在版编目（CIP）数据

旅游学：第12版/格德纳等著；李天元等译．—北京：中国人民大学出版社，2014.10
（工商管理经典译丛．旅游管理系列）
ISBN 978-7-300-20229-7

Ⅰ.①旅… Ⅱ.①格… ②李… Ⅲ.①旅游学 Ⅳ.①F590

中国版本图书馆CIP数据核字（2014）第243105号

工商管理经典译丛·旅游管理系列
旅游学（第12版）
查尔斯·R·格德纳
J·R·布伦特·里奇 著
李天元 徐虹 黄晶 译
Lüyouxue

出版发行	中国人民大学出版社		
社 址	北京中关村大街31号	**邮政编码**	100080
电 话	010－62511242（总编室）		010－62511770（质管部）
	010－82501766（邮购部）		010－62514148（门市部）
	010－62515195（发行公司）		010－62515275（盗版举报）
网 址	http://www.crup.com.cn		
经 销	新华书店		
印 刷	北京鑫丰华彩印有限公司		
规 格	185 mm×260 mm 16开本	**版 次**	2014年11月第1版
印 张	30.5 插页2	**印 次**	2019年11月第2次印刷
字 数	758 000	**定 价**	65.00元

WILEY
Publishers Since 1807

John Wiley 教学支持信息反馈表

www. wiley. com

老师您好，若您需要与 **John Wiley** 教材配套的教辅（免费），烦请填写本表并传真给我们。也可联络 **John Wiley** 北京代表处索取本表的电子文件，填好后 **e-mail** 给我们。

原版 ISBN：
英文书名（Title）：
版次（Edition）：
作者（Author）：

教师用书（或指导手册）	习题解答	习题库	PPT 讲义	学生指导手册（非免费）	其他

学校名称：
院/系名称：
课程名称（Course Name）：
年级/程度（Year/Level）：□大专　□本科 Grade：1 2 3 4　□硕士　□博士　□MBA　□EMBA
课程性质（多选项）：□必修课　□选修课　□国外合作办学项目　□指定的双语课程
学年（学期）：□春季　□秋季　□整学年使用　□其他（起止月份________）
使用的教材版本：□中文版　□英文影印（改编）版　□进口英文原版（购买价格为____元）
学生：________个班共________人

授课教师姓名：
电话：
传真：
E-mail：
联系地址：
邮政编码：

John Wiley & Sons Commercial Service（Beijing）Co Ltd
北京市朝阳区太阳宫中路 12A 号，太阳宫大厦 8 层 805－808 室，邮编 100028
Direct ＋86 10 8418 7815　Fax ＋86 10 8418 7810
Email：iwang@wiley. com

教师教学服务说明

中国人民大学出版社管理分社以出版经典、高品质的工商管理、统计、市场营销、人力资源管理、运营管理、物流管理、旅游管理等领域的各层次教材为宗旨。

为了更好地为一线教师服务，近年来管理分社着力建设了一批数字化、立体化的网络教学资源。教师可以通过以下方式获得免费下载教学资源的权限：

在中国人民大学出版社网站 www. crup. com. cn 进行注册，注册后进入“会员中心”，在左侧点击“我的教师认证”，填写相关信息，提交后等待审核。我们将在一个工作日内为您开通相关资源的下载权限。

如您急需教学资源或需要其他帮助，请在工作时间与我们联络：

中国人民大学出版社　管理分社

联系电话：010－82501048，62515782，62515735

电子邮箱：glcbfs@crup. com. cn

通讯地址：北京市海淀区中关村大街甲 59 号文化大厦 1501 室（100872）